图书在版编目（CIP）数据

美国金融体系：起源、转型与创新/（美）凯文·
R.布莱恩，（美）玛丽·普维著；李酣译.--北京：中
信出版社，2022.7
书名原文：Finance in America: An Unfinished
Story
ISBN 978-7-5217-1649-8

Ⅰ.①美… Ⅱ.①凯…②玛…③李… Ⅲ.①金融-
经济史-研究-美国 Ⅳ.① F837.129

中国版本图书馆 CIP 数据核字 (2020) 第 036991 号

美国金融体系：起源、转型与创新
著者： ［美］凯文·R.布莱恩 ［美］玛丽·普维
译者： 李酣
出版发行：中信出版集团股份有限公司
（北京市朝阳区惠新东街甲4号富盛大厦2座 邮编 100029）
承印者： 河北鹏润印刷有限公司

开本：880mm×1230mm 1/32　　印张：19.5　　　字数：550 千字
版次：2022 年 7 月第 1 版　　 印次：2022 年 7 月第 1 次印刷
京权图字：01–2019–4318　　　书号：ISBN 978–7–5217–1649–8
定价：128.00 元

[美] 凯文·R. 布莱恩
（Kevin R.Brine）

[美] 玛丽·普维
（Mary Poovey）

著

李酣

译

起源、转型与创新

FINANCE

IN

AMERICA

An Unfinished Story

中信出版集团 | 北京

目 录

目 录

引 言

　　《美国金融体系：起源、转型与创新》按照时间顺序讲述了从19世纪末期到现在美国金融发展的历史，金融作为富有魅力的文化对象和学术理论研究对象，以及1970年以后创造出来的创新性金融产品而兴起。其中创新性金融产品在美国金融体系的转型过程中发挥了关键性作用，也导致了2008年的全球金融危机。我们将金融的故事放在经济学学科的发展背景下，并与关于美国财政政策和货币政策的讨论放在一起，如果将美国金融与其发展的体制和社会背景分离开来，我们将无法理解金融给美国的历史带来了多大程度的影响，或者美国金融在多大程度上是由美国历史塑造的。《美国金融体系：起源、转型与创新》既不是对现代金融的颂扬，也不是对它的控诉。作为一部历史，它提供了一个长期的视角，试图促进人们对金融在美国和全球经济中的重要性进行更深入的讨论。这一故事之所以仍未终结，是因为如今在世界各地依然可以感受得到2008年全球金融危机带来的转型的后果。

　　2008年的全球金融危机与我们在本书中考察的其他金融危机迥然不同，但如果没有我们所提供的对更长期的历史的考察，人们就不可能理解这场金融危机是如何发展的。这段历史表明，我们当今所了解的美国金融产生于一系列不同的实践、理论和政治议题，直到第二次世界大战后才逐渐融为一体，成为一整套范围明确的活动和制度。

从历史的角度来看，金融难以捉摸的本质使得书写它的历史面临挑战。挑战一部分来自这一应用性学科所采用的复杂的数学方法和晦涩难懂的词汇，另一部分来自金融无形的本质：金融植根于无形的契约或者习惯意义上的财产权，它是法律、立法和社会习俗的产物。它最重要的形态——如大公司、纸币和货币市场基金——都具有历史偶然性，可能会由于新的立法、会计规则的变化或新的制度安排而出现或消失。金融市场也受到诸如品位、信息、期望和心理变化等无形因素的驱动。当今，没有人会怀疑美国金融业的重要性，因为金融机构受到媒体的广泛报道，道琼斯工业平均指数（the Dow Jones Industrial Average）频繁出现在电视和计算机屏幕上，美国政府定期以其在 GDP（国内生产总值）中的占比形式，发布美国金融资产的官方统计数字：1980 年，美国金融资产总值是 GDP 的 5 倍；到 2007 年，这个倍数翻了一番。[1] 然而，在 19 世纪末，尽管当时美国有一个规模大但不受集中管控的金融机构体系，但通常只有在银行和储蓄协会倒闭的时候，金融才会成为新闻话题。那时美国证券交易所吸引的投资者很少，部分原因是证券价格信息没有被广而告之；同时，美国 GDP 所属的国民收入账户体系尚未建立起来。因此，在 19 世纪 90 年代，人们不可能知道美国金融资产占美国 GDP 的比例是多少（尽管那时已经做出了一些估计）。此外，虽然我们可以推测出当时金融交易已经在全美国有条不紊地进行了，但我们几乎没有相关的数据。

我们可以在各种探讨金融主题的课程和教科书当中找到金融早期的

踪迹，例如银行学、会计学、支出和储蓄，以及到 20 世纪 20 年代的投资学。对金融主题进行频繁讨论的另一个场合——也是我们给予最多关注的——是经济理论著作。在这些书籍和文章中，一些 20 世纪初的经济学家详细阐述的原理和技术，后来融合成为现代金融的核心。这些主题包括欧文·费雪（Irving Fisher）基于经纪人和精算师的工作，从现值的常规计算得出的投资者预期理论；建立在文艺复兴时期商人的簿记基础上，为帮助管理美国的新兴大公司而发明的会计原则；阐述了部分准备金制度在货币创造中的作用的银行理论；以及货币的数量和信用观点。对于现在以金融理论和建模为表征的这一成熟学科而言，同样关键的有弗兰克·奈特（Frank Knight）所做的可测度风险和不可知、不确定性之间的区分，这种区分在 2008 年全球金融危机爆发前，一直被那些金融模型的构建者所遗忘；农学家和 NBER（美国国家经济研究局）研究员亨利·勒德韦尔·穆尔（Henry Ludwell Moore）所提倡的统计方法；特里夫·哈维尔莫（Trygve Haavelmo）、雅各布·马尔沙克（Jacob Marschak）、约翰·冯·诺伊曼（John von Neumann）和奥斯卡·摩根斯特恩（Oskar Morgenstern）所支持的关于概率论的创新思想。我们今天所知道的金融——对货币、信贷、债权、银行、资产和负债进行管理、创造和研究的机构、规章、资产类别、理论、模型和基础设施的组合——是在本书所回顾的几十年历史中逐渐形成的。从某种意义上说，作为应对作物歉收可能性的信贷或套期保值，金融似乎和交换行为一样古老。从另一种意义上说，作为一种在世界范围内用一秒钟不到的时间进行大额交易的算法，金融似乎又像是今时今日的产物。虽然它没有单一的起源，但在我们描述的官方文件和插曲逸事中，金融确实已经为人所知了：1907 年华尔街银行家的恐慌；1912—1913 年普约委员会

（Pujo Committee）发布的一个巨大的"货币信托基金"报告；1913 年美国《联邦储备法案》（Federal Reserve Act）的通过；20 世纪 20 年代美国联邦政府采取的边际主义税收政策；同样在 20 世纪 20 年代出现的证券行情显示系统、投资信托基金及大量的投机乱象；当然还有大萧条、20 世纪 70 年代的滞胀和 2008 年的全球金融危机等。无论是单独审视三次金融危机，还是将三者综合起来观察，它们都几乎影响了每一个美国人的生活，从而绝对清晰地表明了，金融在过去和现在都是既成的事实。

本书的一个主要目的是将金融的整合描述为一个渐进的、不平衡的过程，同时也不忽视其各个组成部分的异质性或它现在所具备的包容性。在这样做时，我们发现像经济和金融理论家那样区分经济的实体侧和金融侧是有用的。经济体实际上并没有不同的"侧面"，但这个来自会计账簿相对的两页的比喻，可以帮助我们将涉及实物商品和服务的交易与那些由信用、债权和各种证券类别构成的交易区分开来。20 世纪上半叶的大多数美国经济学家主要关注的是经济的实体侧，尽管一些人，比如欧文·费雪，提出了一些与金融侧有关的思想，比如预期的重要性；而另一些人，比如托斯丹·凡勃伦（Thorstein Veblen），则让他们的读者敏锐地意识到，旨在创造利润的金融体系与旨在生产有用的商品和服务的实体经济之间存在内在矛盾。一些经济学家认为，同时属于经济这两侧的货币在长期来看是中性的；另一些经济学家就像对待其他任何商品一样，把货币当作一种商品（服从供求规律）；还有一些人——尤其是在 1960 年以后——意识到，货币代表着一个经济的实体侧和金融侧交汇的地方。最常见的情况是，经济学家出于理论的原因区分了我们所谓的经济的实体侧和金融侧，来描述他们正在讨论的对象，或者将他们的工作定位于经济分析的传统之中。

引　言

金融的宽广范围意味着我们必须对本书所讨论的内容设定一些范围限制。因此，我们讨论了货币经济学、现代金融和美国现代资本市场的演变，但我们没有讨论全球资本市场和国际贸易协定、美国保险业、金融信息公司、国际金融理论或全球化这些并行发展的历史。我们也没有讨论诸如银行经理的办公室或交易大厅等特定的金融实践发展场所。此外，我们只讨论了一部分经济理论家的理论。例如，我们讨论了美国的凯恩斯主义，但没有讨论琼·罗宾逊（Joan Robinson）和她的同事提出的研究凯恩斯经济学的不同方法；我们也没有探讨后凯恩斯主义的宏观经济学、结构经济学或信息经济学，或者现在被称为"非正统"经济学的各种方法。出于同样的原因，我们讨论了一系列涉及金融的机构，但其他的一些则没有讨论。我们讨论的机构包括现代大公司、美国政府、联邦储备系统、包括金融中介机构在内的美国金融体系的部分机构以及全球金融体系的部分机构。此书不涉及国际货币基金组织（IMF）这样的国际机构、跨国公司，或《巴塞尔协议》等国际金融协定，也不涉及如东欧剧变、中国经济崛起或欧元区建立这类全球金融的关键事件。最后，尽管我们都认识到不管是过去还是现在，我们所分析的理论立场和美国经济都在方方面面深受国际力量的影响，但我们仍主要（尽管不完全是）关注美国。在我们的叙述中，一些最重要的经济学家和金融理论家在欧洲大陆出生、接受教育或度过了他们大部分的职业生涯。如果全球资本市场的发展没有在 1970 年后开始影响美国，我们在第十章中记录的事件就不会发生。我们把故事的叙述设定在美国，并不是因为这个国家有什么例外，而是因为当我们使用有明显局限性的美国"例外论"时，正如我们叙述的三个危机所呈现的那样，会产生非常可怕的后果。

本书并没有提出一个用来避免未来金融危机的计划。尽管美国经济自

2008 年以来开始反弹，但证券价格和就业的上升并没有同等程度地惠及所有美国人。美国民众对经济和金融体系的理解也没有因这场危机及其后果而明显增强。经济学家和金融理论家继续试图用几乎不可能被外界理解的高度技术性语言，让这些学科及其模型更容易被人所理解，比如丹尼·罗德里克（Dani Rodrik）的《经济学规则》（*Economics Rules*）一书和本·伯南克（Ben Bernanke）对美联储在危机中扮演的角色的描述，构建了一座尽管不太稳固，跨越巨大鸿沟的桥梁，将经济和金融理论与大多数美国人的日常语言连接起来。[2] 我们相信历史有可能照亮这些现在对外界封闭的学科，因为本书所包含的故事表明，虽然这些片段被融合在了一起，但迄今为止所发生的事情并不能预测到任何单一的结果。

美国金融的历史脉络

在我们看来，美国金融史上有三大标志性的危机：大萧条，这是一场货币危机；20 世纪 70 年代占主导地位的滞胀，这是一场起源于经济实体侧的危机；2008 年的金融危机，这是一场导致全球金融基础设施几近崩溃的信贷危机。然而，本书的章节并非完全聚焦于这些危机，而是把它们放到更广泛的制度、理论和模型的背景中进行分析。在前六章，我们考察了从 1896 年到第二次世界大战爆发之前金融的发展状况。这几十年的发展有许多部分都可以与耶鲁大学政治经济学教授欧文·费雪引入的方法和概念联系起来。费雪将欧洲开创的数学方法引入美国的经济学研究当中，他还提出了一些被证明是现代金融核心的概念。这些概念包括投资者预期理论；费雪效应，指出投资者预期是名义利率的一个关键决定因素，这使得人们对预期在投资者行为和资产价格中所起的作用有了新的理解；货币数量理论的重新表述，指出货币供应量和价格水平成正比。费雪是一位新古典主义经济学家，他还推动了诸如指数和计量经济学等统计学和统计技术的进步，而计量经济学将经济理论、数学和统计结合在了一起。我们在本书中讨论的许多著名经济学家，包括约瑟夫·熊彼特（Joseph Schumpeter）、詹姆士·托宾（James Tobin）和米尔顿·弗里德曼（Milton Friedman）都认为，费雪即使不是美国最伟大的经济学家，也是美国最伟大的经济学家之一。[3]

费雪的贡献汇集了长期存在于日常金融中的各种实践，如复利、估算价格和未来对产品的需求，以及许多理论和方法，在 20 世纪的前几十年里，学术界的经济学家用这些理论和方法重塑了这一学科。虽然在上述几十年中，现代形式的金融并不是美国大学课程的一部分，但它的一些组成部分是在会计学、农业经济学、银行学或商业统计的专业课程中教授的。正如我们将在第三章中看到的，针对行业定价和库存问题的案例研究方法是于 1909—1912 年在哈佛商学院开创的。在 20 世纪的前几十年里，即使在欧文·费雪自己的许多著作中，金融学和经济学理论通常也都是两个不同的学科，但费雪确实展示了两者如何能够被联系起来，同时他的一些著作被后来的金融理论家（如托宾）、经济理论家（如弗里德曼）以及试图融合这两门学科的个别学者［如后凯恩斯主义经济学家保罗·戴维森（Paul Davidson）］所接受。[4]

在第一章中，我们探究了费雪和其他 20 世纪初的经济学家的研究工作所依据的历史和制度背景的各个方面。最重要的是美国第一批大型工业公司是在历史学家所称的第一次合并运动中涌现的。效仿铁路公司的运营之道后，美国大型工业公司迅速变得强大起来，部分原因是发明了新的会计方法，使职业经理人更容易发起和控制公司。这些会计创新也帮助公司从一个新的来源——股东那里筹集资金。在本章中，我们还考察了支撑这些新公司的金融创新——美国联邦储备系统的引入，以及在世纪之交对银行业理论和实践原则的编纂整理。

在第二章中，我们考察了针对这些事件而发展起来的一些最重要的经济理论。这些理论不仅包括费雪的新古典经济学和数理经济学，还包括凡勃伦对公司的制度主义批判，约翰·贝茨·克拉克（John Bates Clark）为适应美国背景而对欧洲边际主义所做的改造，以及弗兰克·奈特把风险作为一种统计上可测度的（因而也是可保险的）未知状况，与他认为由于真正的不可知性而超越统计分析范畴的不确定性之间的区分。在第二章结束时，我们讨论了美国政府在 20 世纪 20 年代采取的财政政策，因为这一政策明确体现了边际主义原理，并强化了对金融产生影响的第二大机构——联邦政府。

第三章的重点是统计和数据，在 20 世纪初，金融与这些主题有着特殊的联系。当时，美国官方数据的少数来源之一就是美元总会计长（US Comptroller of the Currency），而美国的证券价格数据可以追溯到 19 世纪 60 年代，这是独一无二的。然而，除了金融数据之外，美国缺乏了解企业和商业活动（或对其征税）所必需的官方记录，可用的统计工具也相对比较初级。许多经济学家对统计分析持谨慎态度，因为这似乎与大多数经济理论的演绎性质背道而驰。在美国投身第一次世界大战之前的几年里，这种情况开始在两个方面发生变化：一方面，联邦政府在税收收入增加的激励下，开始系统地收集商业数据，从而为战争做准备；另一方面，统计技术的创新——如指数和时间序列——使处理和解释信息变得更加容易。一些经济学家，如亨利·勒德韦尔·穆尔接受了统计，而另一些经济学家则保持谨慎态度。在战争期间和战后，经济学家对于应该如何对待统计数据这一问题，产生了分歧。与第一章一样，我们把经济学家之间在理论和方法论上的争论放在社会、制度和政治发展的背景下，讨论了 NBER 的成立、对经济周期进行概念化和记录的早期尝试，以及美国国会对美国金融体系被一个由有权势的银行家和工业巨头组成的卡特尔统治的可能性进行的调查。本章最后分析了最早的一本对美国金融体系进行全面描述的书，即哈罗德·格伦·莫尔顿（Harold Glenn Moulton）的《社会的金融组织》（*The Financial Organization of Society*）。

第四章主要讨论的是美国金融体系在两次世界大战之间的转变。我们以"金融化"为例来讨论这些发展，但这个词指的是这几十年来金融变得可见的方式，而不是金融部门规模的增长。[5] 在 20 世纪 20 年代的繁荣时期，当人们谈论"与以往不同的时代"和新颖的投资产品时，华尔街获得了新的突出地位，然而在大萧条时期，失业和不断破产的银行削弱了美国人的信心，金融机构成了美国集体幻想的对象，继而成为人们关注的对象和立法改革的目标。我们把 20 世纪 20 年代描绘成一段短暂的投机狂潮，一方面莫尔顿呼吁美国政府有效利用"控制的测量辅助工具"——数学、统计学和会计学——以限制美国对信贷的日益依赖，另一方面美国股市在 1929 年崩盘了。危机发生后，罗斯福新政很快就出台了，他利用金融改革来实施比莫尔顿所要求的更严格的控制措施。我们展示了新的金融实践、机构和产品——分期付款购买、证券附属机构、投资信托——如何鼓励了投机，金融危机对美国经济产生的影响，以及联邦政府如何利用联邦机构来制定和执行新的法规、改革联邦储备系统，并细化联邦税法。我们还展示了联邦政府如何通过建立承销抵押贷款的机构，以及对房屋所有者提供税收激励的措施，将其影响力扩大到美国住房市场。在罗斯福新政下出台的许多法规和税收政策一直到 20 世纪 80 年代都仍在实施（其中一些持续至今），但此后放松监管的浪潮迭起，接着是减税，这开始扭转了联邦政府主导美国金融机构的趋势。在本章中，我们还讨论了一些在两次世界大战之间对金融产生影响的最重要的出版物，包括阿道夫·伯利（Adolf Berle）和加德纳·米恩斯（Gardiner Means）的《现代公司与私有财产》（*The Modern Corporation and Private Property*）、戴维·多德（David Dodd）和本杰明·格雷厄姆（Benjamin Graham）的《证券分析》（*Security Analysis*）、约翰·伯尔·威廉姆斯（John Burr Williams）的《投资价值理论》（*Theory of Investment Value*），以及欧文·费雪的《股市崩盘及其影响》（*The Stock Market Crash— and After*）。

第五章和第六章探讨了如何利用数据和会计的新应用来创造新的分析对象，以及对金融进行概念化的新方法。第五章针对的是股权和固定收益的研究，以及这种研究所产生的数据集和分析工具。在这一章中，我们详细介绍了美国农业经济学家对经济理论和金融理论的贡献，他们当中许多都是在美国中西部的赠地大学（Land-grant Universities）工作，我们还展示了将概率论应用于股票价格的最早的一个尝试，它引导阿尔弗雷德·考尔斯（Alfred A. Cowles Ⅲ）证明了即使是专业的股票预测者也不可能超越市场。在第六章中，我们转向总量数据集的建立。我们介绍了约翰·梅纳德·凯恩斯（John Maynard Keynes）的理论贡献，但是这一章的大部分内容都用于介绍 20 世纪 30 年代对美国国民收入和生产率的估计。这一章关注的重点是西蒙·库兹涅茨（Simon Kuznets）、米尔顿·吉尔伯特（Milton Gilbert）、包括莫尔顿在内的一群布鲁金斯学会（Brookings Institution）的经济学家，以及华西里·列昂惕夫（Wassily Leontief）的贡献。我们展示了国家范围的估算是如何被国民收入账户所取代，然后被布鲁金斯学会提倡的支出方法和列昂惕夫建立的投入产出账户所加强的。在这一章最后部分，我们讨论了美国政府在两次世界大战之间实施的财政政策。

在第七章中，我们引入了建模的主题。建模变得对经济学——进而扩展到金融——如此重要，以至诺贝尔经济学奖得主罗伯特·默顿·索洛（Robert M.Solow）于1997年在对经济学过去50年的进展进行综述的时候，将建模定义为经济学决定性的方法论。[6]索洛认为建模的出现与凯恩斯的《就业、利息和货币通论》（General Theory of Employment, Interest, and Money，1936，以下简称《通论》）的出版有关，但我们发现，挪威经济学家兼统计学家拉格纳·弗里希（Ragnar Frisch）1930年在耶鲁大学的演讲中就引入了"小模型世界"的概念。弗里希与欧文·费雪一起建立了计量经济学会（the Econometric Society），该学会的杂志《计量经济学》（Econometrica）为开发新方法提供了场所。经济学家在《通论》出版后的几个月里就开始将凯恩斯的理论贡献转化为数学模型，约翰·希克斯（John R. Hicks）的 IS-LM 模型尤其具有影响力。（IS-LM 模型显示了一方面是投资和储蓄，另一方面是贷款市场和货币市场处于均衡状态时，国民收入和利率的决定水平。[7]）20世纪30年代末，雅各布·马尔沙克与伦敦政治经济学院经济学家海伦·马科尔（Helen Makower）合作，调整了凯恩斯的理论框架，建立了一种金融资产选择与配置的投资者决策模型。马尔沙克是纳粹崛起后，深刻地影响了美国经济理论发展的欧洲流亡学者中的一员，他领导着从计量经济学会中分离出来的考尔斯委员会（Cowles Commission）的研究部门。在这 10 年的大部分时间里，经济学家一直在争论如何理解模型与经验数据之间的关系。荷兰经济学家简·丁伯根（Jan Tinbergen）和凯恩斯之间的分歧就是一个缩影，而凯恩斯被公认是西方最杰出的经济理论家。宏观计量经济学是这场辩论的一个分支，它将凯恩斯对经济问题的总量分析方法与计量经济学会倡导的方法论和模型结合了起来。

模型是一些用来近似和简化现实世界的情况模拟，这样就可以运行一些类似实验的东西。与物理科学家不同，大多数社会科学家并不做实验：经济学家不能重复大萧条来研究公共政策和经济因素的不同组合是否会产生不同的结果。建模是一种工具，可以实现实验的某些情况的目的，因为它提供了一种运行"如果……那么"操作的方法：如果我们控制这些变量，那么这组关系就会产生这个结果。[8] 模型不一定要用数学语言来表达。在第一章中，我们研究了欧文·费雪设计的一个早期模型，它就像一个装有水的水箱，里面的浮子（漂浮的小水箱）说明了货币供应对价格产生了影响。然而，从 20 世纪 30 年代开始，大多数经济学家开始偏好使用数学模型，而不是在更早期经济学家（包括凯恩斯）的著作中占主导地位的"文字"模型，数学现在是经济建模的通用语言，就像建模是经济学和现代金融的特征性方法论一样。

作为模拟，模型展现给我们的必然是它们所代表的关系或事件。事实上，模型中所呈现的关系或事件并不存在于模型本身之外的形式当中，这些模型的目的之一是创造一些不存在的东西——因为它比现实世界中对应的事物更简单、更抽象、更容易操纵。正如我们将要看到的，许多模型都是作为政策指南设计的，因此可以说模型与现实世界有着一种操演性（performative）关系。[9] 我们在第六章中探讨的国民收入模型就是这样。另外一些模型因其足够精确而被用于进行具体的分析。例如，在某些模型中出现的事前价格即如此，而另一些模型可能只使用更精确的事后数字。还有一些模型属于关联模型的复合体，被设计来只显示一个视角。在资产负债表（这也是一个模型）中提供的资金观点（fund view）就是这种情况。就公司而言，这种有意为之的偏颇观点在20世纪第二个10年开始被流量观点（flow view）所取代，当时公司开始采用损益表。相比之下，就国民账户而言，在20世纪30年代的国民收入估计中流量观点出现得最早，而资金观点只是在20世纪60年代才加入的，当时美国政府采用了莫里斯·科普兰（Morris Copeland）在20世纪50年代创建的资金账户流量分析方法。对于作为政策指令设计的模型来说，可操演性（performativity）是衡量模型成功与否的一个重要指标。为进行局部分析而设计的模型如果被广泛采用也可能成为可操演的。正如我们稍后会看到的那样，在20世纪70年代和80年代，由于它们开始影响被用作数据来源的市场价格，一些金融模型确实变得具有可操演性了。[10]

在第八章中，我们探讨了20世纪中叶经济模型构建的组成部分。虽然不是所有，但是其中许多模型都使用了凯恩斯主义的框架。从本质上讲，这些模型结合了我们一直在追踪其历史的元素——数学（特别是数理经济学）、统计学、数据和会计框架，但还加入了概率论，因为考尔斯委员会在1948年之前对此有特别的研究兴趣。这些与美国凯恩斯主义有关的模型的数学成分是在保罗·萨缪尔森（Paul A. Samuelson）和唐纳德·帕廷金（Donald Patinkin）的著作中展现出来的；考尔斯委员会的一些成员（特别是哈维尔莫）要求在这些模型中加入概率论；由约翰·冯·诺伊曼和奥斯卡·摩根斯特恩发展的博弈论，后来由雅各布·马尔沙克进行了改进，对理性选择和理性经济人的理论发展做出了贡献；伦纳德·吉米·萨维奇（Leonard Jimmie Savage）重构了概率论，以容纳一个主观因素；理查德·贝尔曼（Richard Bellman）引入了一个帮助解决优化问题的动态规划方程；乔治·丹齐格（George Dantzig）和马歇尔·伍德（Marshall K.Wood）在模型中加入了一种被称为线性规划的技术。其中许多工具最初是在第二次世界大战期间开发的，与运筹学有关，在二战结束后的几十年里被用于和平时期的各种用途，包括经济和金融模型。

20 世纪 50 年代和 60 年代还见证了一些实证研究成果的出版，这些研究被证明是经济学家和金融理论家建立的模型中不可或缺的一部分。除了莫里斯·科普兰关于社会货币流动的研究为资金账户流动奠定了基础之外，雷蒙德·戈德史密斯（Raymond Goldsmith）完成了 NBER 一个关于金融中介机构的项目，同时米尔顿·弗里德曼对货币供给进行了实证研究。在《金融理论中的货币》（*Money in a Theory of Finance*）一书中，约翰·G. 格利（John G.Gurley）和爱德华·S. 肖（Edward S. Shaw）发表了对美国金融市场和金融机构之间相互关系的第一个理论描述。利用科普兰、戈德史密斯、弗里德曼和安娜·雅各布森·施瓦茨（Anna Jacobson Schwartz）收集的数据，格利和肖表明，建立在实证研究基础上的整个经济理论模型可以显示金融中介是如何运作的，以及商业银行是如何与货币供应联系在一起的。所有这些数据都对米尔顿·弗里德曼的货币主义研究，以及他和施瓦茨在 1963 年出版的《美国货币史（1867—1960）》（*A Monetary History of the United States, 1867—1960*, 1963，以下简称《美国货币史》）产生了影响。弗里德曼是自由市场政策的强烈拥护者，也是美联储的批评者，而1951 年美联储和美国财政部的协议（Fed Accord）扩大了美联储的权力。弗里德曼还宣称自己是美国凯恩斯主义的敌人，尽管他基本上是在凯恩斯建立的总体框架内开展研究的。

我们把建模的出现和经验数据的汇编放在 1950—1968 年美国货币和财政政策的背景下。在 20 世纪 50 年代，随着通货膨胀开始变成美国经济一个反复出现的特征，华盛顿的立法者按照 1946 年《就业法》（Employment Act）的规定，采取了旨在稳定物价和保持最充分就业的政策。经济学家松散地与该学科的制度主义派别联系在一起，组成了也是由1946 年《就业法》创建的经济顾问委员会（Council of Economic Advisors, CEA），以及由美联储和财政部的协议赋予更大权力的联邦储备委员会。在阿瑟·伯恩斯（Arthur Burns）、雷蒙德·索尼耶（Raymond Saulnier）和威廉·麦克切斯尼·马丁（William McChesney Martin）等人的领导下，美国政府运用了紧缩银根和审慎的财政政策来管理不断增长的经济。约翰·肯尼迪（John Kennedy）1960 年当选总统时把凯恩斯主义经济学家引入了经济顾问委员会和联邦储备委员会，他们追求的长期增长的赤字支出政策最终促成了 1964 年《减税法案》（Tax Reduction Act）的通过，而这是美国历史上最大规模的一次减税。美国凯恩斯主义者的政策措施受到了由詹姆士·托宾和威廉·布雷纳德（William Brainard）等创立的 IS-LM 模型的影响，这一模型揭示了银行金融中介对美国国民经济的影响。托宾的模型为政府管理金融体系（在这种情况下是通过货币控制措施）提供了支持，并与仅使用和其他财政政策脱节的美联储货币控制措施的抗拒结合起来。肯尼迪政府的这种重心转移——从制度主义者的稳定性政策到旨在促进增长的凯恩斯政策——也借鉴了罗伯特·默顿·索洛在 20 世纪 50 年代建立的模型。这些模型是 1939 年最早设计出来的增长模型的变体，是即将主导 1970—2008 年这几十年的供给侧经济政策的先声。

在第九章中，我们考察了现代金融的兴起。这与金融作为经济学学科中的一个可区分的子领域（虽然经常位于商学院之中）和金融工程作为建模的一种实际应用的出现相吻合。我们展示了新兴的金融学科是如何从农业经济学家在期货市场和套期保值方面的研究中得到启发的，以及当哈里·马科维茨（Harry Markowitz）将运筹学中的线性规划应用于资产配置问题时是如何得出现代投资组合理论的。在接下来的 20 年中，支撑现代金融平台的其余部分被逐渐建立了起来，包括：资本资产定价模型、有效市场假说、股票价格的随机游走以及莫迪利安尼 – 米勒定理（Modigliani-Miller Theorem）。

现代金融的复杂理论时期从 1952 年一直延续到 1972 年，费希尔·布莱克（Fischer Black）、迈伦·斯科尔斯（Myron Scholes）和罗伯特·莫顿（Robert Merton）一起推出了布莱克 – 斯科尔斯 – 莫顿期权定价模型。尽管我们把对 20 世纪 70 年代的全面描述推迟到第十章，但这一模型建立的历史背景是非常重要的，在第十章中，我们展示了一些世界性的事件，例如 1973 年的第一次石油危机和美国废除布雷顿森林协议，是如何暴露出 CAPM 模型（资本资产定价模型）和其他金融模型（当然包括凯恩斯经济学的需求管理政策）的假设的不足的。在 20 世纪 70 年代，本华·曼德博（Benoit Mandelbrot）、迈克尔·詹森（Michael Jensen）、威廉·麦克林（William Meckling）、理查德·罗尔（Richard Roll）等人从经验和理论两个方面列举了这些不足之处。最终，甚至连创造了"有效市场"这一术语的理论家也加入了进来：1990 年，尤金·法马（Eugene Fama）宣布，"β（CAPM 模型的标志性测度）已死"。

CAPM 模型的边缘化恰逢金融领域概率化革命的另一个阶段，这反过来又加速了新一代金融模型的发展。这些模型借鉴和阐述了布莱克－斯科尔斯－莫顿期权定价模型，包括无套利模型（APT）和风险中性定价模型（RNP）。一些模型是离散时间模型，处理的是两期时间间隔内的证券价格；另一些模型是连续时间模型，捕捉的是随机框架下终生投资固有的持续决策。[11] 所有这些模型都基于无套利理论，而不是支撑新古典经济学和大多数早期金融模型的均衡假设。所有这些模型都曾经被用来创造新的金融产品，如债务抵押债券和信用衍生品，目的是从 21 世纪前 10 年市场的波动中获利。我们讨论了金融计量经济学这种通过直面数据来检验理论和模型的实践方法，以及法马对有效市场理论的重新思考。这两种方法都是在 20 世纪 80 年代金融放松监管、金融市场的去中介化和影子银行系统的细化发展、证券化、计算机硬件和软件的迅速发展，以及美国金融部门的大公司和数字技术领域金融部门进行空前投资的背景下引入的。金融工程师创造出的越来越奇特的衍生品和更多价格合理的软件包，帮助金融计量经济学家发现了潜在可获利的市场失灵和套利机会，由此，一个以市场为基础的全球金融体系变得显而易见——这个体系的关联度比以往任何时候都更高，更容易受到系统性风险的影响。最后，我们讨论了行为金融理论，这一研究课题旨在容纳不符合大多数理论模型理性假设的投资者行为。

第十章探讨了导致美国（和全球）金融体系转型的因素、国际金融体系正在发生转变的最初迹象，以及没有考虑到这些结构变化的经济理论内部的发展。我们在 1970—2008 年（我们称之为危机之间的时期）的几十年中所看到的，是美国及其他国家旨在推动经济政策的模型与金融业增长之间越来越严重的错配。20 世纪 80 年代后，随着放松监管、金融去中介化和证券化共同触发了金融领域的迅速增长，证券经纪商开始在提供信贷特别是向美国房地产市场提供信贷方面与商业银行展开竞争。因为经纪商，以及一些商业银行和投资银行结构性投资工具将剥离出来，利用短期杠杆购买流动性不佳的长期债务（通常以资产支持证券的形式出现，如证券化抵押贷款），所以金融体系变得关联性更强，更容易受到整个信贷环境变化的影响。一旦房屋所有者的贷款违约数量超过现有模型预测的数量，整个系统就会陷入困境。2008 年 9 月雷曼兄弟（Lehman Brothers）的破产标志着危机之间的时期结束，以及自 20 世纪 30 年代大萧条以来最严重的衰退的开始。

2008 年的金融危机并不是新兴的以市场为基础的金融体系脆弱的第一个迹象。1987—2006 年，利率一直很低，经济学家依赖那些忽略资产泡沫的模型，金融工程师继续开发奇特的金融工具，美联储主席艾伦·格林斯潘（Alan Greenspan）一再利用联邦基金利率使金融体系充斥着看似无限的流动性来掐灭金融危机的火苗。格林斯潘平息的潜在危机包括 1987 年与投资组合保险相关的崩盘、1997—1998 年长期资本管理公司的崩溃和俄罗斯违约的余波、2000 年互联网公司资产泡沫的破灭以及股市对"9·11"恐怖袭击事件的反应。然而，即便在格林斯潘管理美国经济时，已经在发生的美国金融体系的结构性变化也没有得到妥善的应对。经济学家使用的模型没有考虑到金融许多最基本的组成部分，同时金融工程师使用的模型也没有认识到风险可能是不可知的和系统性的，不能通过估计和统计加以控制。

因此，2008 年那场给人们当头一棒的危机的条件已然成熟了。

本书的四个核心概念

我们将通过对四个概念及其相关术语的简要考察阐明我们在本书中所采取的解释性立场。

第一个概念在其他经济学或金融学的历史描述中并没有出现，尽管少数经济学家使用了它的一些术语。[12] 这些术语——经济的实体侧和金融侧——反映了经济是由各个部分组成的，20 世纪 30 年代的国民收入核算称之为"部门"。我们用"侧"代替"部门"，来表示一个国家经济的这些部分与 20 世纪初暴露出的大公司和国民经济框架的会计惯例之间的密切关系：在复式记账中，公司业务（或国家收入和生产）的借方和贷方账户按其出现的分类账所在一侧进行区分，而涉及实物商品或原材料的实际交易通常与涉及资本支出或债务的金融交易区别开来。我们相信一个经济体的实体侧和金融侧确实不是分开的——但它们往往被当作独立的。我们可以在早期对供求关系进行理论化的尝试中看到这一点，在这种情况下，所讨论的商品通常是真正的商品或服务，而不是金融资产。我们在早期的国民收入估算中也看到了这一点，此时真实的商品生产出现了，而金融中介渠道却没有出现。本书的一个重要分析线索是试图将经济的这两个侧面整合到一个单一的理论解释或模型当中。我们在雅各布·马尔沙克 1938 年的投资模型、格利和肖 1960 年的《金融理论中的货币》、詹姆士·托宾 20 世纪 60 年代的模型，以及海曼·明斯基（Hyman Minsky）的金融不稳定性假说中都看到了这样的尝试。在第七章到第十章中，我们一直在追问这些模型是否包括金融，以及如果是的话，这些模型是如何处理经济的实体侧和金融侧之间的关系的。一般说来，直到经济学家开始使用存量流量分析或接受资金（相对于流量）的观点之前，他们的模型都不包括金融。事实上，许多增长模型，如 21 世纪前 10 年使用的动态随机一般均衡（Dynamic Stochastic General Equilibrium，DSGE）模型，并没有采用资金观点，这就有助于解释为什么它们不包括金融。

在区分经济的实体侧和金融侧的分析中，货币的地位很复杂，因为货币对这两侧都很重要。在实体经济中，货币起着记账单位和交易媒介的作用。在金融经济中，货币是一种交易媒介，此外它还是一种特殊的资产（价值的储存），也是一种延期支付的标准。货币在经济的两个方面所扮演的不同角色导致了一些我们试图回避的复杂问题。例如，像米尔顿·弗里德曼这样的货币主义者认为，管理一个国家的货币供应是政府在经济中扮演的最重要的角色，但弗里德曼关注的是货币数量的供给和需求，他并没有强调银行和其他金融中介机构在扩大货币供应方面发挥的内生性作用或信贷渠道的重要性。照此类推，随着金融学科开发出自己的模型和投资产品，经济交易的实体侧往往会逐渐淡出到幕后。例如，过去 20 年发展起来的一些更奇特的衍生品——合成信用违约掉期（CDS），不需要任何基础的实际资产来支撑它们的价值，同时高频交易不是从实物商品交易中获利，而是从利用在各种数字性交易中出现的瞬时差价的高成交量仓位中获利。在这些例子中，真正的商品永远不会易手，然而，这类交易帮助经济中的金融部门在数量和价值方面以相当于国家 GDP 的一个比例实现增长。这种经济中实体侧与金融侧之间关系的复杂性体现出为何写一部金融历史如此具有挑战性。

对经济史学家来说，第二个概念及其相关术语更为熟悉。"新古典经济学"这个词是由托斯丹·凡勃伦在 1900 年创造的。凡勃伦用这个术语来区分阿尔弗雷德·马歇尔（Alfred Marshall）等经济学家的著作和"历史学派"或马克思主义经济学家的著作。凡勃伦认为，前者从事"分类学"的研究，寻找的是"常态"，而后者则追求一种演化性的探索，只假设"累积因果性结果"，而不是新古典主义学者更偏爱的"正常情况"。[13]凡勃伦还想要区分从事分类学研究的经济学家，因为他认为，有些人，比如马歇尔，正在朝着演化思维的方向发展，而这是他所认为的这一学科未来的发展方向。而另一些人，比如约翰·贝茨·克拉克，则是"古典"的，因为他们不倾向于演化思维，而专门致力于发现"常态"。

"新古典主义"的种种困难之处在于，包括经济学家在内的许多人都以不同的方式使用了这个词，但几乎没有一个人尊重凡勃伦的原文。正如大卫·柯南德尔（David Colander）所解释的：

约翰·希克斯和乔治·斯蒂格勒（George Stigler）将新古典主义的含义扩展到涵盖所有边际主义学者，包括卡尔·门格尔（Carl Menger）、威廉·斯坦利·杰文斯（William Stanley Jevons）和约翰·贝茨·克拉克。大多数在约翰·希克斯和乔治·斯蒂格勒之后的相关作者都在广阔的范围内使用了这一词语。因此，这个词丧失了最初的含义。它不再描述马歇尔式的经济学，而与微积分的使用、边际生产率理论的使用，以及对相对价格的关注联系在一起……凯恩斯以他惯有的方式，无视现有的用法，发展了他自己的用法。他把古典主义和新古典主义混为一谈，把它们统称为古典主义，这意味着前凯恩斯著作中的那些区分并不重要。凯恩斯的使用给古典主义分类增添了另一个维度：它是一个与凯恩斯式的用法形成鲜明对比的术语。在《经济学原理》第三版教科书中，保罗·萨缪尔森以凯恩斯的分类为基础，通过发展新古典主义综合理论，扭转了凯恩斯的用法。在新古典综合分析中，凯恩斯与古典经济学家的争论得到了解决。[14]

在柯南德尔看来，在萨缪尔森之后，关于术语的争议变得更加具有误导性了。柯南德尔认为，"思想史学家目前对术语的使用是精神分裂和前后不一致的"，他建议完全避开这个词。令柯南德尔尤其恼怒的是，新古典主义已成为"非正统经济学家、许多非专业人士和思想史学家在没有防备的情况下，对大多数经济学家今天采取的方法的区分手段……最糟糕的用法出现在那些反对现代经济思想某些部分的非专业人士的讨论之中，这也是人们最常听到新古典主义一词的地方。对他们来说，糟糕的经济学和新古典经济学是同义词"[15]。

我们接受柯南德尔的观点，即"现代经济思想"过于多样，不可能被一个单一术语概括。事实上，第十章的目的之一就是展示其中的一些多样性。我们也同意柯南德尔的观点，即使新古典经济学这个术语有意义，也会"在1935—2000年的某个地方死去"，它的"死亡是渐进的"，而现代经济学的独特特征是其方法论——对数学建模的依赖，"用建模方法来应对问题是现代经济学的核心要素"。但情况也会是这样，即尽管现代经济实践多种多样，今天一些经济学家仍然在现代正统经济学中找到了一种新古典主义的内核，他们把巩固这一内核等同于"对世界一流大学中所有非正统经济学的最后残留的赤裸裸的攻击和驱逐"[16]。新古典主义一词可能不是2000年以来描述正统经济学的最佳术语，但如果这门学科现在的特点是方法和基本假设几乎一致，那么就必须表明这一事实。

大卫·柯南德尔并不是唯一想要取缔新古典主义一词的人。在一系列书籍和文章中，剑桥大学的托尼·劳森（Tony Lawson）也建议放弃这个术语。劳森为他发起的活动辩护的理由，不是作为现代学科特征的研究多样性，而是所有正统经济学家所犯的本体论错误。虽然劳森同意柯南德尔的观点，即数学建模的方法论构成了现代经济学的显著特征，但他认为数学建模是一种从根本上具有误导性的分析模式，因此他认为这门学科所包容的多样性应该大打折扣。

当然，当代这一学科是由主流传统主导的。但是，虽然后者的具体实质内容、重点和政策取向是高度异质和不断变化的，但该课题本身的特点是由它对数学建模方法的长期依赖，实际上是不断坚持所表现出来的。它是经济学语境中的数学演绎主义（mathematical deductivism）的一种形式。演绎主义只是一种理论，即所有的解释都用"定理"或"一致性"来表达，后者甚至被解释为规律的（实际或"假设的"）相关性……数学建模方法本就具有本体论性质的预设。

这些预设包括"事件水平上的规律性"这类主张，进而认为，事件彼此是离散或孤立的，而非"本质上是一个累积因果关系的过程"的一部分。[17]根据劳森的说法，这种规律性在现实世界中很少被发现，正统经济学家对数学建模的持续依赖也能够解释为什么他们的研究常常以深刻的方式误导着人们。

总的来说，在本书中，我们更倾向于描述而不是批评，即使我们对像劳森这样的批评者表示同情。当我们讨论的经济学家在使用新古典主义这个词时，我们也使用了这个术语，我们一般将它应用到 2000 年以前某种特定的经济研究中。我们没有像柯南德尔那样试图列出一系列与新古典主义经济学相关的属性，也没有详细阐述"古典"一词的含义，为其"新的"派生理论提供一个参照点。[18] 虽然我们承认分类在历史上的重要性，但我们的主要目标是追溯金融作为一组实践和理论的兴起，这些实践和理论与经济学家对经济学的理解之间的关系一直是复杂的，但很少受到经济学家关于术语的争论的阻碍。一些早期的金融理论家，如欧文·费雪和哈里·马科维茨，都曾在新古典主义的理论框架内工作，但这一术语对于在现代金融理论的第三阶段进行研究的金融理论家而言没有什么意义，该阶段始于 1972 年的布莱克 – 斯科尔斯 – 莫顿期权定价模型。

对我们还没有使用过的第三个概念的简要考察，揭示了我们在本书中对自己施加的诸多限制。与这个概念相关的术语是新自由主义（neoliberalism）。总的来说，新自由主义不是正统经济学家用来描述他们的研究的术语，因为它是一个指向自由市场意识形态的关键术语，可以说是用于了解经济实践而不是经济学的方法或内容的，而大多数正统经济学家认为后者高于意识形态，因为他们认为经济学是一门科学。相反，非经济学家，以及一些非正统经济学家，挑战了经济学家所谓的"科学性"，指责主流经济学在当今的一系列灾难中难辞其咎。根据乔治·蒙比尔特（George Monboit）的说法，"新自由主义认为竞争是人类关系的决定性特征，它将公民重新定义为消费者，他们的民主选择最好是通过买卖来实现，这是一个奖励优势和惩罚效率低下的过程。新自由主义认为，'市场'能够提供永远无法通过计划实现的益处"。蒙比尔特声称，新自由主义"在各种各样的危机中扮演了重要角色，包括：2007—2008 年全球金融危机、公共卫生和教育的缓慢崩溃、儿童贫困的抬头、孤独的盛行、生态系统的崩溃"[19]。虽然我们在当代社会中看到了蒙比尔特发现的许多弊病，但我们并没有用新自由主义这个词把它们联系起来，也没有把这些问题归因于正统经济学或现代金融的兴起。为了解释我们的选择，我们求助于圣母大学经济学家菲利普·米罗斯基（Philip Mirowski）。

根据米罗斯基的说法，新自由主义建立在弗里德里希·哈耶克（Friedrich Hayek）和路德维希·冯·米塞斯（Ludwig von Mises）1947年于朝圣山学社（Mont Pelerin Society）第一次会议上提出的一套条理分明的原则基础之上。这次会议的明确议题是用马克思主义的计划和凯恩斯主义拯救古典自由主义。这个学社很快扩展为米罗斯基所说的一个分散的"新自由主义思想集体"（Neoliberal Thought Collective, NTC），它的力量在于它有能力在大学内外繁荣发展并渗透到政党和公司管理结构中，而且影响到诸如高校的教科书、地方政府政策和国际货币协定等不同方面。米罗斯基列举了新自由主义的13项核心原则，并像乔治·蒙比尔特一样认为很多损害都来自这些原则的实施，但米罗斯基对新自由主义的严厉抨击集中在经济学学科和现代金融的实践上。[20]

根据米罗斯基的说法，美联储"是一个公开的新自由主义机构，依赖于其与美国经济学界的重要共生关系，使其成员向新自由主义方向倾斜"[21]。他认为，"经济学界已经成为新自由主义机构的附庸，同时……经济学家之间在其他任何情况下可能发生的那种花样繁复的分歧被放大和转移，以产生其真正的目标，即重要的经济改革的瘫痪"。米罗斯基同意数学建模现在是经济学和金融学的突出特点，但他认为经济学家建立模型并不是为了解释或管理经济，而只是为了将"通常通过其他地方和其他方式获得的立场或解释"合理化。"在21世纪建立新古典主义的数学模型是一种迎合一个具有精致品位的狭隘小圈子的追求，人们永远不应把它与解释经济事件混为一谈。"米罗斯基的尖锐分析最终导致了对由此造成的瘫痪的控诉——这是无知学（agnotology，有意制造怀疑和不确定性）的产物——以及一场由"大都会富豪"组织的恶意阴谋。

无论他们是否意识到这一点，经济学家对无关模型进行争论的戏码是公共领域中最有效的干预措施之一，因为它分散了人们对更具威胁性的前瞻性解释的注意力。这些包括：金融部门可能已经发展到蚕食经济的其他部门的地步；或者经济学界在发明和合理化最为复杂且不实际的证券化和规章变更上发挥了作用；新自由主义的无知学已经演变成每个人在理解经济事件时都参考的统计方法；没有所谓单一的市场，只有一系列具有不同体量的市场。这种市场的生态有固有的崩溃倾向，从而破坏了系统运行；"自由贸易"是世界富人阶层政策的幌子，他们相信自己可以逃避系统性崩溃的所有局部后果。

米罗斯基对经济学界"赶尽杀绝式"的轰炸是精明的选择，带有挑衅意味。但是，他没有进行细节描述，而是过于狭隘地聚焦战后时期，无法提供一幅一门学科在朝圣山学社之前形成核心理论的更具质感的图景，也无法展示金融这一分支学科是如何部分地在大学之外组织商业关系的尝试中兴起的。

我们在本书中没有使用"新自由主义"一词，同时我们认为，我们在第十章中对基于市场的金融系统兴起的分析，显示出一种比米罗斯基担心的简单扩展新自由主义更为根本的转变。我们不使用"新自由主义"这个术语，也没有分析这个概念，因为这个术语已经将经济学和金融学的历史融入了这些学科。如果回溯 20 世纪前几十年的历史，看看那时欧文·费雪是怎样艰难地为其关于预期与利率之间关系的初步分析寻找基本数据；或者进一步追溯至 20 世纪 30 年代末，看看雅各布·马尔沙克为把凯恩斯主义的框架扩展到投资理论上所做的努力，就更不会轻易相信是某个阴谋支配了现代金融。即使新自由主义现在已成为许多华尔街金融工作者、央行官员和"世界性富人"共同参与的议程——或许是无意识的——从经济学的外部和内部出现的金融兴起的历史，与新自由主义的历史也并不吻合。

最后一个概念是最重要的，但也是最有问题的，因为没有一个术语能够表达它的影响。当然，如果有一个词能更全面地反映金融对美国和全球经济，以及对更广泛的文化的影响，那将是有所帮助的。对许多人来说，"金融化"似乎是一个显而易见的候选词汇。虽然我们有同样的感觉，即一些这样的术语可以胜任重要的分析工作，但我们通常会避免将金融化作为一个通俗术语使用。我们在第四章中讨论了美国金融机构的转型，有些人可能称之为金融化，但我们避免使用金融化来表达定量或定性的变化测度。

我们想起了布雷特·克里斯托菲尔斯（Brett Christophers）在 2015 年发出的关于金融化的警告。金融化一词在谷歌学术搜索引擎中的点击量在1996—2000 年为 170 次；在 2001—2005 年达到 1 088 次；在 2006—2010年达到 5 790 次；在 2011—2014 年为 12 101 次。在注意到这个词的使用频率增加之后，克里斯托菲尔斯警告说，金融化作为一种理论概念不够准确，作为一种定量衡量手段不够精确，而作为一种分析工具则不够明确。[22] 克里斯托菲尔斯承认，金融化可能会将人们的注意力集中在改变全球经济和文化的力量上，但迄今为止，这些变化的本质——更不用说其原因——仍不清楚，而且该词在澄清这些问题方面没有起到什么作用。

我们更担心的是，大多数关于金融化的讨论对于金融本身而言并没有什么意义。这里指的不仅仅是与金融债权和交易相关的机构和资产类别，还包括当下金融资产日常估值的数学模型。大多数关于金融化的学术分析都很少论及金融交易发生的规则和法律背景，以及它们所假定的本体论规律。结果就是，金融仍然隐藏在概念上的黑匣子中，这个黑匣子使金融无法为大多数人所理解。同时，在不明确其性质也并未解释它是如何改变世界的情况下，金融化暗示了一些已经在进行中的不利的转型。我们对新兴的以市场为基础的金融系统进行了讨论，这些讨论在本质上是全球性的，但仍然只有部分是可见的。我们的讨论为这一关键课题提供了一种分析，但并没有涉及金融化这一概念。

为了理解这一过程，本书对一些最重要的金融模型进行了历史分析和描述。然而，我们的故事仍未完结，这不仅是因为人们仍然可以感受到这一转变的影响，还因为要详细和整体地掌握这一过程所需的分析工作仍然没有完成。来自各种学科的众多研究者必须合作，给这幅图景添加更多质感。

比肩《千年金融史》与《21世纪资本论》

鉴于我们在下面几章中所要讨论的主题很多，本书的资料库是庞大的。我们的主要文本材料包括经济理论的经典著作，也包括关于资产定价的鲜为人知的工作论文，以及关于会计和数理金融的教科书。我们所有的资料来源，无论是主要的还是次要的，都是印刷和数字形式的。我们非常重视档案研究和对当事人的采访，本书根据现有资料来源写出一个综合的历史。一些学术著作的例子说明了我们所采取的方法是非常广泛的，这些都是宝贵的指导文献。例如，马丁·斯卡勒（Martin Sklar）和小阿尔弗雷德·钱德勒（Alfred Chandler Jr.）的著作阐释了早期的美国大公司；菲利普·米罗斯基的《机器梦想》（*Machine Dreams*）揭示了战后的经济学与运筹学之间的关系；我们对现代金融的理解，则受到了佩里·梅林（Perry Mehrling）对于美国货币思想的研究、彼得·L. 伯恩斯坦（Peter L.Bernstein）《投资革命》（*Capital Ideas*）的影响以及费希尔·布莱克的启发；科林·里德（Colin Read）关于现代金融的系列文章，以及杰弗里·波伊特拉斯（Geoffrey Poitras）和弗兰克·约万诺维奇（Frank Jovanovic）的文章都对我们有所帮助。[23] 我们还依赖于一系列的研究生教科书来帮助我们分析现代金融理论。其中最有帮助的包括罗伯特·默顿的《连续时间金融》（*Continuous-Time Finance*）；宾汉姆（Bingham）和吕迪格·基塞尔（Rüdiger Kiesel）的《风险中性定价》（*Risk-Neutral Valuation*）；约翰·考科兰（John Cochrane）的《资产定价》（*Asset Pricing*）；马克·S. 乔希（Mark S.Joshi）的《现代金融的概念和实践》（*The Concepts and Practice of Modern Finance*）；斯蒂芬·布莱斯（Stephen Blyth）的《定量金融导论》（*An Introduction to Quantitative Finance*）；戴维·克雷普斯（David M. Kreps）的《微观基础 I：选择和竞争性市场》（*Microfoundations I: Choice and Competitive Markets*）；斯坦利·普里斯卡（Stanley Pliska）的《数理金融引论：离散时间模型》（*Introduction to Mathematical Finance: Discrete Time Models*）。[24] 其他侧重于这段历史不同部分的学术研究也很有帮助，包括：大卫·韩德瑞（David Hendry）和玛丽·摩根（Mary Morgan）对计量经济学的研究；玛丽·摩根和马塞尔·布曼斯（Marcel Boumans）研究的经济建模；罗伊·温特劳布（Roy Weintraub）研究的一般均衡理论和数理经济学；唐纳德·麦肯齐（Donald MacKenzie）研究的金融市场；格蕾塔·克里普纳（Greta Krippner）研究的金融化；马克·鲁宾斯坦（Mark Rubenstein）研究的金融理论。[25]

我们想把本书和其他两本书放在一起，这两本书延伸或补充了我们要讲述的故事。

一本是威廉·戈兹曼（William Goetzmann）的《千年金融史》（*Money Changes Everything*），这是少数没有将"金融"等同于1952年哈里·马科维茨发表的《投资组合选择》（Portfolio Selection）中所提出的经济学数理分支学科的历史文献之一。相反，戈兹曼发现了古代近东金融的核心组成部分，他认为"金融思维"和"金融时间观"可以在公元前第二个千年的美索不达米亚文物和古巴比伦契约中找到。[26]戈兹曼博大精深的比较历史的描述将金融思想和金融实践与文明的基本组成部分（近东、中国、俄国和欧洲的文字、城市、建筑、工业化、社会保障、契约和法律）联系在了一起。《千年金融史》远比《美国金融体系：起源、转型与创新》更雄心勃勃。事实上，戈兹曼把对我们分析的话题的讨论压缩到这本著作的最后三章里。正如人们所预期的，尽管并非不相容，但戈兹曼的处理方法比我们的分析更为粗略，而且他的作品不那么学术化，更为偏向自传体裁。由于脚注更少、趣闻逸事更多，《千年金融史》会吸引那些想像见证人一样对长时间的金融有一个概览的读者，而《美国金融体系：起源、转型与创新》则会吸引那些希望看到对金融在美国历史上所扮演的角色，以及美国如何赋予 20 世纪和 21 世纪的金融一个特殊特征进行特写式记录的读者。这两本书以相互兼容的方式定义了"金融"，但当我们把金融的核心思想看作起源于其他领域的实践和理论的综合时，戈兹曼声称，这些思想从一开始就存在，而且随着时间的推移逐渐融合为一体。换句话说，戈兹曼用传统的历史术语来描述金融，而我们用的是谱系的方法。最后，戈兹曼对金融的未来赋予了几乎毫无保留的乐观主义，将其与主权财富基金联系在一起。由于他对 2008 年全球金融危机几乎只字未提，也没有分析创造全球市场金融体系的结构性变化，他的乐观或许是有道理的，但我们对金融创新更谨慎的态度，是受到了他未提及的事件的启发。

　　另一本是托马斯·皮凯蒂（Thomas Piketty）的《21 世纪资本论》（*Capital in the Twenty-First Century*），这本书也像《千年金融史》一样补充了《美国金融体系：起源、转型与创新》，该书有着非常不同的侧重点。这本书对 18 世纪以来世界大部分地区的结构性不平等进行了一个历史性和比较性的分析。皮凯蒂探讨了我们在本书中分析的许多问题，包括货币政策、利率、美联储、国民收入账户、金融中介机构和投资组合管理等。皮凯蒂也与我们有相同的信念，即有用的经济分析必须包含历史元素；用他的话说，"该行业对基于所谓代表性主体的简化数学模型的过度热情"是阻止大多数经济学家认识到 1980 年之后已经在进行的结构性变化的一个因素。[27] 尽管皮凯蒂也同意，在危机之间时期推动了大量经济分析的模型使得金融难以理解，不过他主要对这些模型掩盖的另一个问题感兴趣——不平等。在皮凯蒂的论述中，工资、资本回报率和购买力方面的不平等"导致了美国金融的不稳定。反过来，美国金融的不稳定又与"资本收入比的结构性增长（尤其是在欧洲）以及国际资产头寸总额的大幅增加"相互作用，结果就导致了 2008 年的全球金融危机。

我们认同不平等和金融不稳定是危机之间时期的相关特征，但我们认为，我们对后者的分析将有助于读者对皮凯蒂的不平等分析形成更细致的理解。皮凯蒂数据丰富的研究清楚地表明，自 1980 年以来，西方国家一直在发生巨大的财富转移："最富有的 10% 攫取了（国民收入）增长的 3/4，仅最富有的 1% 就吸收了这一时期美国国民收入增长总额的近 60%。因此，对于底层的 90% 来说，收入增长率每年不到 0.5%。"皮凯蒂用一个简单的数学公式来解释这种财富再分配，他称之为"基本不平等"模型："$r > g$（r 代表资本的平均年回报率，包括利润、股息、利息、租金和其他来自资本的收入，以其总价值的百分比表示；g 代表经济体的增长率，也就是收入或产出的年度增长）。"他认为，在给定财富（资本）和收入分配不平等的情况下，只要"资本"的回报率超过了一个国家的增长速度，收入不平等就会继续扩大。唯一可能破坏这一趋势的是通过税收、侵吞或战争来摧毁资本。皮凯蒂的观点开启了对资本和收入价值进行的实证测度。

实质上，《美国金融体系：起源、转型与创新》提供了组织皮凯蒂不朽作品的框架的故事，以及他为支持他的论证而积累的数据。我们展示了国民收入核算是如何发展的，为什么"国家财富"的概念是这样构建的，经济学家和统计学家是如何解决使得皮凯蒂所依赖的这类汇总数据看起来很有权威性的一系列问题的，以及数学模型——与他的模型一样简单的模型，但也有复杂得多的模型——如何成为经济学家首选的分析工具和浮夸的武器。除非人们理解这个框架是如何被构建和归化的——似乎是理解经济问题的一种显而易见的方式——否则很难理解为什么资本和收入的实证测度比皮凯蒂所表明的要困难得多。[28] 从另一个意义上说，《美国金融体系：起源、转型与创新》为理解和评价皮凯蒂的重要著作提供了必要的分析框架。例如，将"资本"的物质成分与其获得"回报率"的金融成分混合起来，掩盖了一个关键的区别（除非将实体侧和金融侧分离开来，否则你是看不见的），这一区别就是："回报率"的一部分可能来自"资本"的物质成分或实体成分的生产功能，而另一部分则来自利率，这属于资本的金融侧。

如果对金融、金融危机和不平等感兴趣的读者阅读了《千年金融史》、《21世纪资本论》和《美国金融体系：起源、转型与创新》，那么他们将拥有必要的分析工具、历史叙述和统计数据，从而可以更好地理解我们今天所生活的复杂世界。他们所没有的——还没有人写过的书——是一部相互关联的全球市场的历史，它与戈兹曼的书一样具有博大精深的历史，像皮凯蒂的书一样有丰富的数据，而且像《美国金融体系：起源、转型与创新》一样是分析性的。那样一本重要的书还需要有人来书写。

为什么读者会愿意阅读本书

考虑到我们在下面几章中所分析的许多文本的范围、大量的史料和难度，我们应该问，为什么对这一主题没有长期兴趣的读者会愿意尝试阅读本书——尤其是在现在，有更多的逸事和更多的新闻历史可供选择的情况下。此外，鉴于关于2008年全球金融危机的书籍数量激增，我们似乎应该问一问，是否需要多几本有关这一主题的书。对于第一个问题，我们能给出的最好的答案是，如果你已经读了这么多书，那么你可能是我们所希望吸引的"热心读者"之一。罗伯特·默顿·索洛和詹姆士·托宾作为约翰·肯尼迪政府的学术顾问委员会成员，在他们所撰写的经济报告的历史导言中使用了"热心读者"这一短语。他们写道："该委员会试图用经济学家和所有热心读者都可以理解的语言来阐述自己的原则，并将其应用于 20 世纪 60 年代的美国。"[29] 我们也试图用一种经济学家，以及对经济学和金融学感兴趣的读者可以接受的语言来写作，但我们认为"热心"一词指的不仅仅是读者的严肃性。在这个采访录音节选和新闻门户网站当道的时代，当人们注意力的持续时间似乎每天都在缩短时，本书的读者需要"热心"地关注并愿意通过一个跨越近 125 年的故事来关注几种叙事。《美国金融体系：起源、转型与创新》的各章，甚至是各节和各个小节都是模块化的，从某种意义上说，它们是相对独立的，可以根据读者的兴趣进行查阅，不管"热心"的读者是否接受过正规的经济学训练，只要想了解更长的金融历史，就会得到回报。

在 2008 年金融危机之后，对经济学、金融学和我们正在经历的变革的影响再怎么讨论都不为过。最近的金融危机并没有激起经济学家进行我们中的一些人希望他们进行的深刻反思，但它确实让更多对经济问题感兴趣的人参与了有关经济学和金融学的讨论。在这些对话过程中，金融学在某种程度上以前所未有的方式变得引人注目了。学术界内外几乎没有人会质疑过去 30 年世界经济发生的变化，但对于经济学和金融学在这些变化中所起的作用还没有达成共识；人们对于这些变化总体来说是有益的还是有害的也没有达成一致意见。在《美国金融体系：起源、转型与创新》一书中，我们想把对话的范围扩大到这些学科的历史，因为从长远的角度来审视，可以提供短期视角所没有的深刻见解。

第一章

20世纪初美国金融的起源：美国现代大公司的兴起和联邦储备系统的建立

对美国现代大公司的估值

　　一个国家的经济是无所不在的，同时也是不可能直接看到的，因为"经济"是一种理论的抽象，是一个试图将一系列不同的交易、机构和惯例呈现为一个单一的、动态的、整体的比喻性说法。同样的道理，"金融"，或者是经济的金融"侧"，也是一个隐喻的抽象概念。尽管"经济"和它的金融"侧"是隐喻，但是，这两种抽象都可以被历史地对待，因为每一个术语所指的阵列在大小和复杂程度、在其所包含的机构中、在个人努力理解自己身处的经济环境所使用的理论概念方面都会发生变化。本书的主要内容之一是技术和理论的发展，这些技术和理论旨在使经济及其金融"侧"可见，从而可以被人们理解和衡量，包括：国民收入和产品账户，国家资本的流量和资金描述、金融机构和金融中介的理论处理。在这些测度工具成形之前——实际上是在区域和国家市场被视为国民经济之前，经济及其金融侧主要是在另一起事件引起人们关注时才被关注到的。比如当 1896 年威廉·詹宁斯·布莱恩（William Jennings Bryan）以"银币的自由铸造"

为名参加竞选活动时，或者当 1907 年华尔街的恐慌暴露出银行受托人的无耻诡计时，美国人无疑把注意力转向了经济及其金融侧。尽管现代分析家估计金融行业在 19 世纪中叶只占美国 GDP 的 1.5%，到 19 世纪末也仅占 GDP 的 3%，但经济和金融问题可能——而且偶尔也确实会——成为有新闻价值的问题。[1] 正是这些事件，以及对技术问题，如货币的"数量理论"与"银行理论"的辩论，最初构建了美国经济及其金融侧的形象。

这一章介绍了在 GDP 等理论指标出现之前的情况，让人们可以大致了解此时美国经济及其金融侧的状况。其中一些发展是明确无误的，并理所当然地在历史上引起了人们的关注，因为在 19 世纪末和 20 世纪的前几十年里，美国正在经历着彻底的变革：这个以农业为主的国家正在经历着人口逐渐向城市中心转移；分散而复杂的银行系统正在被整合；家族企业也被同时代称为"托拉斯"或"公司"的大型企业所吞并。相比之下，其他的发展对公民而言即使不是完全看不到，也是很难看到的。在描述这几十年中一些最明显的发展的同时，我们还介绍了一个非常重要却被忽视的幕后发展历史：会计理论和实践的转变。虽然大多数同时代的人都注意不到这方面，历史学家也常常忽视会计的发展，但会计的发展使得美国现代大公司的崛起成为可能，为 1913 年以后的联邦储备系统的运作提供了支撑，而最终标准化的公司会计结构成为 20 世纪三四十年代创建的国民收入和生产核算的支柱。会计方面的这些发展反过来又是对一个紧迫的社会问题"应该如何评价现代大公司的价值？"的回应，并最终为其提供了一个答案。

公司估值问题在 20 世纪初因两个原因而变得紧迫。第一，这些现代大公司的资产没有以美元进行计价的先例，这些资产不仅包括人们熟悉的实物资产，如房屋和机器，还包括无形财产，如现代大公司从其合并的公司处获得的商誉和盈利潜力。第二，由公司发起人起草的引人注目的广告常常预言着在没有任何以往业绩记录的情况下好得不真实的业绩，这使得我们对于股票"掺水"产生担忧。同时，关于资本化和超额收益的争论开始出现在当时的出版物中，因为公众想知道如何评估和理解这种新的公司形式可能产生的影响。这些问题最终通过在不起眼的会计领域采取的措施得到了解决，尽管是间接的。

历史学家所称的第一次合并运动对美国经济的影响是空前的。[2] 在1888 年或 1889 年到 1903 年或 1904 年这段非常短暂的时期内，自南北战争结束以来一直存在的无数小企业相互对抗的残酷竞争被一种合作形式所取代，大约 150 家大公司进行了合作，其中许多家是通过合并以前的竞争对手而形成的。一位同时代人士认为，这些新的现代大企业集团为美国经济增加了超过 3.5 万亿美元的资本价值，而一位现代历史学家估计，在1895—1904 年，有 1 800 多家私营公司因合并而消失。[3] 宾夕法尼亚大学沃顿商学院的经济学家爱德华·舍伍德·米德（Edward Sherwood Meade）在 1903 年指出，"在这些行业中，托拉斯公司控制了大部分的产出，75%、90%、95% 都是常见的数字"[4]。公司化影响的行业范围很广，按照 19 世纪末铁路公司开创的先例，新的现代大公司接管了能源供应（标准石油）、食品生产（美国制糖公司）、杂货和饰品的制造（钻石火柴公司、国际制绳公司）和休闲产业（美国自行车公司）。尽管一些现代大公司的代言人试图辩解称，这些公司就像铁路部门和公共事业公司（例如煤气和电车公司）一样，是"公共产品"，但大多数公司都用我们稍后将研究的边际主义经济理论的某些版本为这种新的商业方式辩护。康奈尔大学政治经济学教授耶利米·詹克斯（Jeremiah Jenks）等经济学家坚持认为，集团化对于控制与竞争相关的"浪费"至关重要，从而在"边际"上提高了生产力。[5] "无论是否具备垄断能力，如果资本组合有任何真正的经济功能，那就是节省竞争带来的各种浪费，这在很大程度上是通过为工业发展动能的方向提供最有利的条件而实现的。"[6]

对美国现代大公司的法律认可是由始于 1886 年最高法院的圣克拉拉裁决（Santa Clara Decision）提供的，该裁决保障了每一家公司作为法人的地位，并赋予其许多个人所享有的权利。[7] 在 1896 年新泽西州通过"授权"公司法之前，针对成立公司，美国需要一项立法法案，但最高法院扩大公司的宪法地位有助于将公司特权转变为一项普遍享有的权利。除了公司被赋予的法律地位之外，美国现代大公司与它们所取代的私营，通常是家族企业的区别在于新的所有权和管理模式。与家族企业不同，美国现代大公司的合伙人贡献了公司的营运资金，获得了公司的利润，并共同承担了对公司债务的责任。这些美国现代大公司的分散股份由众多投资者持有，这些投资者往往不熟悉对方，也不熟悉企业的日常运营。创立了美国现代大公司，并保证其资本流动的发起人、承销商、股东和经营者的利益是由有限责任法保护的，该法案将每个人的个人责任限制在他对企业的出资额之内。由于美国现代大公司的所有权与管理层相分离，这些公司需要新的会计程序来记录复杂生产过程的成本，将使公司正常运转的资本与可作为股息支付的收入区分开来，并衡量管理者财务决策的相对效率。由于股东可以在任何时候买卖金融权益，公司会计也必须提供定期的现金流汇总和记录，以便个人股东了解他们拥有的权益。正如我们将在第四章中看到的那样，这些特征在 20 世纪 30 年代仍是引起法律和理论界关注的焦点，到那时，现代大公司对美国经济的影响已是众所周知。

在合并运动时期，许多经济学家就像大多数美国人一样，不知道是什么导致了美国商业领域发生了翻天覆地的变化。[8]这些现代大公司对社会有益还是有害？它们是美国资本主义发展过程中不可或缺的一部分，还是垄断美国资源的投机取巧者？新的税收政策应该重新分配企业的"超额"利润，还是应该通过征收关税来保护它们免受国际竞争的影响？在所有围绕着现代大公司的担忧中，最令人烦恼的是那些与估值相关的方面。一家公司应该根据它所持有的有形资产（比如房屋、机器和银行里的资金）来估价，还是应该用它的"无形资产"（包括其盈利潜力、一家公司与另一家公司合并时结转的商誉，以及向公司认购股票但尚未支付的款项）来评估它的价值？在1886—1900年做出裁决的一系列案件中，美国最高法院逐渐扩大了对"财产"的定义，将获得对无形资产的合理投资回报的权利包括在内。这些裁定构成了我们最好把金融理解为债权的法律框架。它们还促使耶鲁大学经济学家欧文·费雪重新定义了"资本"以便将这些主张包括在内，这些主张不仅基于法律规定，也基于实践中投资者的期望。[9]他们也树立了金融理论中的一个里程碑，并最终与欧文·费雪1906年在《资本和收入的性质》（*The Nature of Capital and Income*, CI）中提出的"资本"的重新定义达成了一致，我们在第二章中对此进行了研究。

美国最高法院关于无形资产构成财产的裁决并不能帮助同时代人对公司想出售的债券和证券进行估值。1900年，芝加哥律师兼公司发起人约翰·多斯·帕索斯（John Dos Passos）解释说，估值困境的原因在于对资本化的不同理解。"资本化分为两种：一种是基于财产实际价值的资本化，另一种是基于盈利能力的资本化……你将会发现在这个国家有两类人——

一类赞成前一种方法，另一类赞成后者。"[10] 每一种立场都得到了经济学家和一些州立法机构的支持。第一种观点倾向于仅仅将有形资产资本化，并且（通常）按其历史成本计算，这得到了哈佛大学的威廉·里普利（William Ripley）和康奈尔大学的耶利米·詹克斯的支持。[11] 这种观点被写入了马萨诸塞州和康涅狄格州的法律。第二种观点将商誉和盈利能力等无形资产包括在内，得到了沃顿商学院的米德的青睐，他是美国公司金融领域的首位专家。同时，纽约律师托马斯·科宁格顿（Thomas Conyngton）以弗朗西斯·库珀（Francis Cooper）为笔名写了关于大公司的文章，其中有一些保留意见。[12] 这种方法将边际主义经济理论的部分内容与精算学中的一些金融概念结合起来，但库珀和米德都没有从理论上严谨地证明基于盈利能力的估值方法优于基于有形资产的估值方法。这种估值模式已被写入新泽西、西弗吉尼亚和特拉华州的公司法当中。

在今天的术语中，"资本化"最常指的是公司发行的股票的美元总价值，并且人们可以通过将其流通股票数乘以一股的当前市场价格来计算公司的市值。在20世纪初，当一家公司申请成立，或者预计将会提交申请的时候，其发起人会在向一家承销商寻求金融支持时设定好股票的"票面"价格。发起人没有使用企业界商定的估值理论，而似乎是将新公司实际持有的资产价值假定为公司将从合并的公司继承下来的商誉，以及发起人对未来收益的期望进行某种组合作为进行资本化的基础。鉴于这一过程对于可能想要购买少量股票的个人来说是不可见的，因此没有人能够理解发起人做了什么，也无法判断作为公司资本价值所公布的数字的公平性。

发起人在公司融资中扮演的复杂角色能够解释为什么这样的估值是如此困难。这一时期的大多数人认为，鉴于涉及的交易的复杂性，一些人不得不发起并监督这一进程，因此发起人对于组建大型公司来说至关重要。在 1896 年的文章中，福莱恩耶尔（Frenyear）提出，发起人的"努力推进"是公司融资中的关键要素——它应该得到补偿。"企业的构想、开创、组织是企业价值的基本要素……没有发起人的推进，最聪明和最可行的计划可能只不过是一个梦想……接受了天才的想法、无价的思想、以外在的形式对它们进行了表达并使它们发挥作用的人；拿了资本家一大笔钱，并给它以生产力的人；雇用强壮的、心甘情愿的劳动者，并指导其工作，使其工作更健康、更有价值的人，以上这些人都有权在通过他们的努力所获得的利益中分得一杯羹。"[13]

即使在当代，人们承认发起人的重要性，补偿发起人的方式也使许多人怀疑发起人的利益与他们赋予公司的价值有太过密切的关系。发起人通常至少得到公司股份作为部分补偿，而且由于一家未来公司的股票尚未在公开交易所交易，每只股票的初始价值仅仅代表一个发起人设定的公司总资本的百分比。由于一些州的法律允许发起人在公司的资本中加入无形资产和盈利潜力，所以在一些人看来，这似乎是发起人通过夸大公司的价值来为自己的利益服务。毕竟，发起人在出售股票之前没有得到补偿，他只能通过使公司看起来比实际更有价值来推高股价。

关于发起人是否在一家公司的股票中"掺水"的争论就源于这个过程。用当代的说法讲，"掺水"股票指的是任何一种歪曲了公司合法资产与其总体资本之间关系的做法。[14] 正如里普利所解释的那样，将"水分"注入公司声称的价值的"最赤裸和最简单的形式"是"简单地宣称一种股票或债券的红利，而不向公司注入任何额外资本，这是对股东的直接馈赠"[15]。股票也可以通过其他方式掺入"水分"，比如，公司可以发行债券以购买扩大业务所必需的证券，然后出售证券，并在不偿还相关债务的情况下以股息形式分配收益。[16] 人们认为，当公司合并时，普遍存在股票掺水的情况。里普利指出："成员公司之间的分配可能是如此不公平，以至于那些有盈余的成功公司由于与其他处于不太有利位置的资产组合在一起，回报率会被向下平均。"而且他认为，"一家股票报价为 50 美元的，较弱的公司，可合并到股票价值为每股 150 美元的另一家公司。然后后者可发行自己的新股，以换取 50 美元的股票，以 1 股换取 1 股。这样的操作……构成了超过投资价值的虚拟资本化"[17]。

虽然当代人一致认为这种做法是具有欺诈性的——弗朗西斯·库珀把股票掺水形容为"十足的罪恶"[18]——一些评论家，包括库珀都承认虚增新公司的价值是发起者工作中必不可少的一部分，因为他不得不为一个天生的风险投资企业吸引资本。就像库珀所解释的："通常在一家新企业的设立过程当中……企业的现有价值只是建立的基础。未来的需求必须得到供给，当前的必需品和要求必须得到满足，因此实际上确定的市值远远超出了企业的直接价值。"[19] 库珀仍在考虑公司的未来及其与价值的关系，他还认为，除了有形资产之外，资本化还可以包括"盈利的概率"，甚至是"盈利的可能性"。在这里，他指的不是复利，而仅仅是指任何有生存能力的公司都必须期望能够赚钱，股东们购买的正是这种预期，而发起人的工作是鼓励他们购买这种预期。[20] 库珀没有把押注于这些"可能性"称为"过度资本化"——更不用说"给股票'掺水'"了——这意味着，到 1906 年，将预期作为价值计算的因素的想法已开始受到重视。正如我们将在第二章中看到的，同年，欧文·费雪发表了对以预期为基础的估值理论论证。随着费雪的《资本和收入的性质》的发表，基于对未来回报的预期进行估值的思想将成为现代金融理论的基石之一。现在我们可以看到，这一思想是估值争议的一个重要副产品。

库珀是一名律师，他不是经济学家，也不是公司发起人，他认为尚无法确定发起人这种面向未来的估值是公司形式的基本特征，还是公司成立初期独有的特点。至少有一位当代的经济学家愿意在这些问题上进行思考。沃顿商学院的经济学家爱德华·舍伍德·米德不仅不反对将一家公司的预期利润作为其资本估值的因素，还认为，发起人为公司进行融资的方式——通过吹嘘投资者可以期待的利润——构成了这种公司形式的显著特征。米德不愿将其表述为一种普遍的估值法则。事实上，他把公司金融作为对 19 世纪末新出现的一系列因素的回应："一方面，制造商厌倦了竞争，要么急于合并，要么急于出售；另一方面，公众对托拉斯公司的利润印象深刻，并急于在有机会的情况下购买工业联合企业的股票。"[21] 在米德看来，设立发起人的位置是为了把这两种利益结合起来，一旦发起人出现了，他就不仅揭露了估价过程中固有的含混不清之处，而且想出了解决这些问题的办法。

在米德看来，发起人在创办一家公司时所发现的是一个更普遍的估价问题的缩影。在那些想要合并的公司的账簿中，发起人通常会发现各种各样令人困惑的簿记系统、成本的定义和资产评估的方法。"一家公司将新机器的费用记入资本账户，并对其股东进行评估以支付购买的所有机器。另一家公司在宣布股息前从其净收入中扣除了机器的费用。"[22] 成功的发起人设计的解决方案是将同样一套会计规则强加给合并的公司：使用统一的会计框架，从而发起人能够以一套由单一的类别和程序组织起来的共同形式重新报告公司的收益；这使他能够为每一家公司设定一个价格，并获得购买其资产的权利。随着会计框架的建立和收购权的获得，发起人可以向承销商筹集资金。因为以同样的方式对这些公司进行估值的账簿可以表明，新公司的初始资本化将抵消承销商的风险。

米德明确地赞扬了发起人的作用——他认为这个角色是"创造一种以前不存在的价值的手段"[23]——而且，根据他认识到发起人所增加的价值与对未来的期望之间挂钩的程度，可以说米德已经窥见了费雪的期望估值理论。但像库珀一样，米德也没有支持或理论化这样的估值。相反，他认为这背离了自己所认为的，对一家公司的估值更正常和更可取的方式。米德承认，为了让一家公司运转下去，发起人必须按照对未来利润的期望行事：为了吸引承销商，他必须承诺，一旦公司成立，他就能像发起人计划的那样尽快出售股票。为了确保这一点，现在发起人不得不在承销商的帮助下，通过承诺该公司将有足够的收益来作为初始风险的回报，以吸引众多寻求风险收益的投资者。但米德总结这一过程的方式——在这个过程中，发起人利用自己对未来的预期作为杠杆，吸引承销商的资产，同时将投机性股票营销作为有投资价值的资产——表明，他认为这个方案有些不正当。"简言之，承销商要求公众购买就连他自己都不愿意购买的股票。"[24]

米德并没有将预期因素纳入资本估值的观点延伸到他关于改革"信托金融"（trust finance）的建议中。[25]关于股票"掺水"和估值的争论也没有以支持未来收益观点的方式解决。相反，米德最终将预期的估值与"可疑证券"（doubtful securities）和"投机性促销"等问题联系在一起，[26]当取消了公司对其股票赋予面值的要求时，基本上就把股票掺水的问题搁置在了一边。[27]如果潜在投资者不愿意将公司发起人分配给初始股票的价值与公司上市后交易的市值相比较，那么无面值股票背后的逻辑就消失了，然后"过度资本化"和股票"掺水"的问题也会全部消失。即使发行无面值股票并没有回答在有关公司估值的辩论中提出的所有问题，米德对公司发起人在公司成立时所做的事情的描述也暗示了解决这些问题的最终方法。就像米德所想象的公司发起人那样，大多数美国大公司的管理人员很快就会通过采用统一会计原则的某种版本，来非正式地解决与估价有关的问题。

美国注册会计师的成长

在 20 世纪初，会计师在美国并不是一种公认的职业。那时不需要向投资者或政府官员提供信息的公司使用的是为满足自身需要而量身定制的特殊会计系统，大多数会计师专注于满足雇主的要求，而不是试图制定一套标准的会计"假设"。[28] 在 19 世纪的最后几十年里，人们在会计职业化方面进行了一些尝试。1882 年成立了会计和簿记员协会（the Institute for Accountants and Bookkeepers），1887 年成立了注册会计师协会（American Association of Public Accountants）。纽约州于 1896 年通过了一项注册会计师法，尽管这是会计专业化的一个标志，但它实际上终结了全国性的协会，因为独立的各州协会很快就开始追求各州特定的目标。纽约州、宾夕法尼亚州和伊利诺伊州都成立了协会；然后在 1902 年第一次合并运动的鼎盛时期，美国会计师试图创建另一个全国性组织——注册会计师协会联合会（the Federation of Societies of Public Accounting）。关于该协会使命的争议阻碍了组织者的努力，直到 1905 年，一个可操作的全国性组织——AAPA（美国注册会计师协会）才成立。然而，AAPA 缺乏制定和执行标准所需的权力，直到 1916 年，美国会计师行业的发展仍处于十字路口：尽管大多数美国会计师认识到，会计行业需要采用某种标准才能获得尊重，但他们不愿受到联邦政府的监管；同时，那些关于会计师试图形成自己的垄断地位的指控，也使得一些新公司遭到批评。[29]

通过专业性组织争取认可的努力得到了逐渐增多的、关于会计方面的文献的支撑，这些文献大多来自会计师接受培训的学院和大学商业课程。1882 年，宾夕法尼亚大学新成立的沃顿商学院教授了第一门会计专业课程。该课程在第二年使用了两本教科书：塞尔登·霍普金斯（Seldon Hopkins）的《簿记手册》（*Manual of Exhibit Bookkeeping*）和 C. 马什（C. Marsh）的《银行簿记与股份制账户理论》（*Theory of Bank Bookkeeping and Joint Stock Accounts*）。1888 年，芝加哥大学成立了商业和政治学院（后为商业和行政学院）；1890 年，纽约大学成立了商业、会计和金融学院。亨利·兰德·哈特菲尔德（Henry Rand Hatfield）任教的芝加哥大学，指定的教科书是由德国作者所写；在纽约大学，由于找不到合适的教材，查尔斯·斯普拉格（Charles Sprague）自己写了《账户原理》（*The Philosophy of Accounts*）一书。[30] 在接下来的几年里，另外两本美国教科书相继出版：1908 年，威廉·莫尔斯·科尔（William Morse Cole）的《会计：其构建及对商人和公共事务研究者的解释》（*Accounts：Their Construction and Interpretation for Business Men and Students of Affairs*），以及哈特菲尔德的《现代会计学：原理及若干问题》（*Modern Accounting：Its Principles and Some of Its Problems*）。1916 年，明尼苏达大学的威廉·帕顿（William Paton）和艾奥瓦大学的罗素·阿尔杰·史蒂文森（Russell Alger Stevenson）在这些早期著作之后出版了《会计原理》（*Principles of Accounting*），试图解决人们对持续困扰会计工作的术语混淆问题。帕顿和史蒂文森赞同州际商业委员会（Interstate Commerce Commission）的"标准分类"，称其为"最符合逻辑的会计术语体系"，从而突出了对会计职业尊重的追求与会计师接受美国政府在倡导会计准则方面的作用之间的密切关系。[31]

虽然在实际运用中，多种多样的会计体系和公司希望将其记录和保密的愿望结合在一起，让人无法知道在20世纪前20年中是否存在单一的会计制度，但这些教科书确实使我们能够识别公司会计这一新兴领域的一些内部原则，以及主要的会计理论家所建议的实务做法。会计原则和实务反过来在金融史上占据了一个关键的位置。首先，编制用于现代大企业的财务文件，包括资产负债表和损益表，将公司的财务活动与表明公司在实体经济方面作用的生产和销售数字分离开来。这使得管理人员可以把公司的财务活动和实际活动之间的关系看作独立又有关联的不同部分。其次，正如我们将在第六章中看到的那样，在20世纪三四十年代一些创造国民收入总量指标的统计学家采用了公司会计系统作为国民收入核算的框架。这意味着一些最重要的国民收入和增长测度——GDP和GNP（国民生产总值）——是从帮助管理人员控制和发展现代大企业的会计形式中得出这些原理的。

斯普拉格、哈特菲尔德和帕顿在他们的书中提出的会计基本理论支持了斯普拉格所谓的复式记账原理的"所有权"应用。顾名思义，所有权理论从所有者的角度描述了账目的结构，并假定企业是所有者的延伸。它还假定所有资产、负债、费用和收益都是所有权的附属物，一家商业公司的主要职能是增加其所有者的财富，就像公司资产负债表上显示的年终净资产所表明的那样。为了提高一家公司的净值，企业会计人员的主要责任是明确区分资产和负债，一部分是为了使利润或股息得以分配，另一部分是为了让银行等潜在贷款人能够快速评估公司的信誉。[32]这意味着大多数赞同所有权的理论家都建议不要包括斯普拉格所称的"所谓的资产"——像商誉这样的无形资产——因为它们可能让人认为公司资产"掺水"了。[33]

除了区分资产和负债，所有权理论还要求会计师区分资本和收入，后者被简单理解为"归所有者的受益的增加"。为了确定"在此期间关注的净利润，特别是可用于支付股息的利润的数额"，会计师需要衡量在账目所代表的时期内发生的"净财富"的变化。[34] 考虑到他们对资本的静态看法，这些目标促使所有权理论家强调资产负债表而不是簿记系统中的其他文档。强调资产负债表使会计能够同时列出业务运作中的正向项目（利润、利得、收益、收入、所得——这些都被理解为有助于"财富的增加"）和负向项目（损失、开销、费用、支出）。[35] 通过使用复式记账系统和加减乘除的简单数学运算，会计可以从这些组合类别中生成一个代表公司年终价值的单一数字，这代表了所有者对资产的剩余索取权。在这类会计中，收入或支出来源、获得或使用资金的时间，以及实际交易成为会计账簿中分录的时间并不重要。重要的是公司的整体价值，就像在会计期间结束时资产负债表所展现的那样。该公司的所有者可以通过将一年的资产负债表上的数据与其他年份对应的数字进行比较，来评估这一数字，这样就可以确定该公司是否正在增加财富。

一般说来，所有权会计与复式记账的其他形式一样，是一种代数形式，它将商业的真实方面（货物）与金融方面（价格）结合起来，以便解决具体变量的价值问题。复式记账规则指导会计将各种交易按类别分类，继而将这些交易的价值汇总为一种单一的货币形式，然后将每笔交易输入两次，一次作为一个账户的借方，一次作为另一个账户的贷方，通常是记在对开的页面上。这就是在文艺复兴时期得名的"复式记账"系统。这些双重分录使会计师能够迅速评估记录中是否有错误，因为规则还要求每一类别汇总的交易总数等于对向页上的总数。因此，任何遗漏的数字都可以通过检查相应的数字来计算，同时会计师可以通过对相应的数据进行顺序的核对来检查记录，然后在右侧页面的右下角记录任何不能归为会计错误的盈余或赤字。这个数字作为借方或者贷方结转到下一组账户。请注意，在此过程中，买卖货物的数量已计入其价格之中。

复式记账系统的核心是一个基本的会计恒等式，即资产负债表必须是平衡的。在实践中，这意味着公司的资产必须等于其负债之和加上所有者权益，即资产＝负债＋所有者权益。即使资产和负债包括非金融性的资源和债务，复式记账中出现的数字也总是以货币的形式表达的；一家公司的健康状况与其定期测量的利润挂钩，而不是（至少不一定）与"公司作为持续经营主体的永久收益"联系在一起。[36] 作为复式记账系统的最终文档，年度资产负债因此构成了以财务术语表达的公司整体状况的年终总结。

公司会计并没有一致采纳会计理论家所提倡的这些假说，但他们中的大多数都强调资产负债表而不是其他财务文件。资产负债表对债权人和潜在贷款人是有用的，因为它们总结了公司在年底的整体情况，以及各种资产的相对流动性；它们对所有者也有用，因为它们提供了一个单一的数字，表达了账目期间的所有者利润。然而，当美国现代大企业开始在商业中占据主导地位时，完全依赖资产负债表所固有的局限性变得越来越明显。资产负债表的一个缺点是无法显示出利润是从哪里来的。[37] 另一个缺点是它对交易发生的时间与其"实现"，或者说记入账簿的时刻之间的关系并不敏感。资产负债表也没有对一家公司的制造业务等生产活动或实际活动，以及对利息和债务的管理等金融活动进行区分。资产负债表无法让管理者跟踪生产过程中各个分散部分的效率，因为资产负债表的编制不够频繁，也没有将特定生产过程的费用与直接成本和间接成本联系起来。资产负债表没有会计用于登记材料和设备折旧的位置，而这是在时间和空间上延伸的生产过程中不可或缺的一部分。最后，资产负债表并没有对让大公司成为可能的新所有制形式做出回应。因为这些公司的所有权是按照大量个人持有的部分股份进行分配的，而且由于这些公司是"持续经营的"，而不是为执行具体的项目而成立的，个人拥有的部分股份必须与购买和出售的时刻联系起来，必须与企业及其持续收入相分离。为了使投资者能够在不同的时间以不同大小的份额买卖自己的股票，以及让公司经理通过发行新股来筹集资金，会计师必须能够把公司的业务表达为收入，而不仅仅是资本或财富。此外，正如哈特菲尔德所指出的那样，公司的活动是一个流量，而不是简单的定期资金，这一观点直接解决了一直困扰着大公司形式批评者的估值问题。哈特菲尔德指出："公众虽然是一个永恒主体，却是由不断变化的个体组成的。在消费者群体发生变化的情况下，如果应该由某一时期的消费者支付的费用，被视为由另一时期的消费者来负担，则可能会对某一时期的消费者不公正。一项费用被错误地资本化，会给后来的消费者造成负担。当本应该是资本支出的项目被视为经常性开支时，这种情况就会发生逆转。"[38]

即使在许多会计理论家认同强调资产负债表的所有权理论不足以满足现代大公司的需要之后，公司也没有普遍接受它的替代理论，这种替代理论被称为"实体"（entity）理论，它强调的是公司本身，而不是所有者。[39] 无论理论家之间出现了什么争议，实践层面上的变化已经开始了。虽然我们已经无法找到有关这种会计惯例转换准确时点的证据，但是很明显，在 20 世纪初的个别公司内部，一些会计师已经开始采用一种在工业企业中长期使用的技术。这一技术就是成本会计。随着成本会计的完善及其原理的扩展，它为会计史上的真正创新打下了基础，因为一份新的财务文件——损益表——使会计师不仅能够以货币形式记录和披露公司业务的经营状况，而且可以对未来的利润进行预测。

至少从 19 世纪初开始，许多美国和英国公司就开始使用成本会计或"成本核算"（costing）了。到 20 世纪初，一些美国大学开始使用专门为课堂教学编写的教科书教授这种技术。[40] 成本会计的主要功能是帮助管理人员跟踪成本，并将成本与制造过程的特定部分联系起来。因此，原材料被视为资产，通常按其历史成本进行估价，而生产过程中消耗的任何部分都被视为一种费用（所消耗的资产）；将原材料转化为成品所需的劳动力和费用通常被视为资产价值的增加。当成品被出售时，在制造过程中发生的费用可以在账户中得到确认。在销售时，制成品的累计成本被作为已销售货物的成本注销了。通过跟踪这些事件，管理者可以很容易地识别制造过程的各个部分中的低效之处，并且周期性地——或者如果成本核算执行得足够频繁，实质上是不间断地——对公司经营行为进行盘存。生产过程的实体组成部分（例如原材料、中间产品和劳动力）在这一会计过程中仍然被归入货币性数字当中，但是，正如我们将要看到的，狭义的公司财务维度在损益表中也与实际的生产过程在空间上分离了。

在 20 世纪初逐渐发展起来的损益表使这种成本核算过程变得可见。然而，它的优点并没有立即为当时的人所看到，而且它只在该领域的会计师当中得到程度不一的接受，并在会计理论中被勉强承认。[41] 普华永道的一名会计师——阿瑟·洛伊斯·狄金森（Arthur Lowes Dickinson）1904 年在会计师大会（the Congress of Accountants）上发表的一篇演讲中，介绍了损益表的一个雏形，但从狄金森所讨论的被他称作"损益账户"的方式可以清楚地看出，他认为这并不像资产负债表那么重要。狄金森称成本会计"仅仅是对普通簿记的一种阐述"，他立即从对"利润和亏损账户"的讨论转移到以资产负债表为缩影的综合报表。5 年后，狄金森发表了他的演讲内容和他在 1904 年所描述的文档（图 1.1），他声称这种文档"已经被相当广泛地使用"，但他没有进一步阐述文档的新颖性或益处。[42]

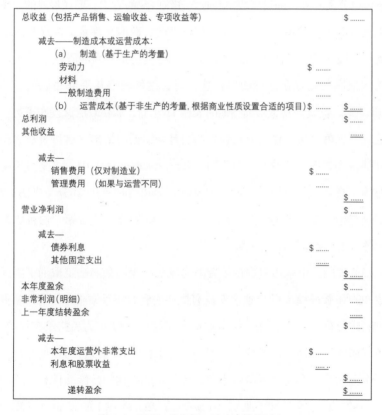

图 1.1 阿瑟·洛伊斯·狄金森的损益表

资料来源：阿瑟·洛伊斯·狄金森的《公司的利润：1904 年 9 月 27 日在圣路易斯举行的会计师大会上宣读的一篇论文》（纽约：琼斯、凯撒、狄金森和威尔莫特公司，以及普华永道公司，未注明出版日期），28 页。

狄金森在 1904 年提出的损益表并不是美国提出的首份损益表。他的损益表遵循并可能模仿了另一份表格，即作为《1894 年税收法案》的一部分而由联邦政府创建的税收表。美国国内税收表 366 的目的是帮助政府向铁路部门和公司征收统一税。与狄金森的损益表一样，这种表格将经营信息和财务信息分离开来，通过将成本与收入连续匹配的方式，形成最终的"净利润数额"就是应纳税的数字。出于税收目的，政府允许企业从净收入中扣除支付给股东的债务融资利息，但不可扣除支付给股东的股息。[43] 当 1895 年美国最高法院宣布这种所得税违宪时，这种表格几乎彻底消失了。但在 1917 年，也就是狄金森描述他的表格 11 年后，联邦政府又发布了另一份损益表，想再次将其作为公司经理和会计师遵循的范本。这种表格出现在联邦储备委员会的"统一会计"（Uniform Accounting）中，这是当年 4 月发布的《联邦储备公报》（*Federal Reserve Bulletin*）的一部分（见图 1.2）。根据理查德·A. 布瑞福（Richard A. Brief）的说法，这是第一份可以说包含了各种财务报告标准的出版物。[44]

损益表的三个雏形只取得了有限的成功：美国最高法院取消了国内税收表 366 和所得税本身；狄金森没有把他的利润和亏损账户作为一项重要的创新进行推广；尽管联邦储备委员会宣称其 1917 年的表格具有权威性，但美联储继续强调资产负债表，因为商业银行家作为报告的主要受众，相较一个公司的盈利能力或融资来源，他们更感兴趣的是流动性和手头的利润。[45] 1923 年，《会计师手册》（*Accountants' Handbook*）的第 14 版印刷了狄金森的表格和稍作修改的表格，然后说这是美联储"推荐"的，虽然该手册承认术语上的差异依然是公司公布的报表的特点，但它将损益表作为资产负债表的公认对等表格提了出来。[46] 与此同时，在 1916 年，会计理论家威廉·帕顿承认，许多会计师都在使用某种版本的损益表，这份文件可能会满足"甚至是公众的利益"。然而，帕顿在 1922 年出版的具有广泛影响力的公司会计教科书中，只是顺便提到了他所称的"损益表"和"收入报表"。[47]

统一会计核算
损益表表格

销售总额	$____
减去销货运费、销货折让与退回	____
净销售额	$____
年初存货	____
购货净额	____
减去年末存货	____
销售成本	____
销售毛利	____
销售费用（根据分类账设定科目）	____
总销售费用	____
一般费用（根据分类账设定科目）	____
总一般费用	____
行政费用（根据分类账设定科目）	____
总行政费用	____
总费用	____
销售净利润	____
其他收入：	
投资收入	____
应收票据利息等	____
毛收入	____
收入扣除项：	
债券债务利息	____
应付票据利息等	____
总扣除项	____
净收入—损益	____
加损益的特殊贷记项	____
减损益的特殊借记项	____
期间损益	____
期初盈余	____
股息支付	____
期末盈余	____

图 1.2　美联储发布的美国公司损益表范本

资料来源：联邦储备委员会，"统一会计"（华盛顿特区：1917 年，政府印刷公司）。

一旦开始使用，损益表就一直是构成公司财务文件系统的一部分，其各个组成部分在不同的时代被重视的程度不同。[48] 与资产负债表一样，20世纪初的损益表依靠的是简单的数学运算（加、减），它提供的信息一般都排成纵列，便于快速计算和分析。然而，与通过横向显示成对的平衡账户来补充各种纵向列报的分录的资产负债表不同，损益表始终是单一的垂直栏，通常被分为三个部分。甚至在 20 世纪初，这一分割就构成了对公司进行描述的一部分，它假设生产可以而且应该与财务活动相分离，而两者都与收入有关：报表的第一部分记录了公司的制造业务；第二部分展示了公司的财务交易；第三部分是公司"盈余"的概览。在前两部分的项目安排中也讲述了一个故事，这个故事是按时间顺序和概念性进行编排的，因为每个类别中的分录都是（而且仍然是）以不断缩减的余额形式出现的。这意味着每种活动的成本都会立刻出现在与它们相关的收入之下，然后从收入中扣除。这种不断缩减的余额形式使得报表阅读者能够快速计算经营成本或利润在每一类总额中所占的百分比。例如，美联储的损益表（图 1.2）从"总收入"或"总销售额"的分录开始，按顺序从该数字中扣除诸如"销出运费"（outward freight）等各种制造和劳动力成本，以生成一个最终的"净销售额"。这个数字是以货币表示的期中总数，然后被额外的细列项目、定价的资源和成本进一步增加或耗减，每一项都与相关交易的其他分录相匹配。在美联储表格的资产项目中，我们可以找到"年初库存"和"购买净额"；在扣除的项目中，我们也可以发现"年底的库存"、"销售和管理费用"，以及"一般费用"。这里的第二个期中总额则以"销售净利润"的形式出现。

20 世纪初，期损益表的第二部分分离出了公司的金融活动，显示了公司如何管理其利息收入和金融负债。美联储的表格将来自金融活动的收益称为"其他收入"，从而使金融活动在早期公司中处于次要地位。美联储损益表中这一部分的增加额来自"投资收入"和"应收票据利息"，其减少来自"债券债务利息"和"应付票据利息"。与文件中的经营业务部分一样，从相应的收入分录中扣除成本，可以产生"净收入"的期中货币余额，美联储的损益表也称其为"利润和亏损"。然后就是损益表的第三部分，记录着一些盈余活动。盈余可以包括特别股息、股票红利、股东退回股票的价格、因赎回股本而做出的调整等。从根本上说，"盈余"是指那些不能纳入（从投资）获得的利息或（对债券或其他债务）支付的利息类别中的金融活动。通过表格的添加和扣除项最终产生了重要的"期间损益"，会计师据此将股息记入股东账户。最后的数字是"期末盈余"，它代表了公司本身积累的收入。对股东来说，最重要的分录是"期间损益"，因为这是在盈余中增加了足够的资金，以维持公司作为一个持续的经营主体，或从内部现金流中为新的机会提供资金之后，可用于支付股息的金额。

　　1904 年和 1917 年的损益表是非常简单的文档。与现代的会计报表不同，它们没有附注来解释复杂的会计问题或描述会计人员使用的方法。直到 1929 年的大崩盘使股东开始要求更清楚地说明如何解释财务报表，这些注释才出现。[49] 此外，即使美联储将其损益表作为一种范本提出，同时会计专业组织帮助创建了它，但是美国公司没有立即普遍采用这种表格，损益表也没有立即取代资产负债表成为公司最重要的会计文件。[50] 此外，公司制定损益表的决策，也没有解决利息应从何处进入分录等重要问题。如果这些项目被记入第一部分，并记作营运成本，则它们会从制造过程的资产中被扣除；如果记入第二部分，则从股东的股息中被扣除；如果记入的是第三部分，则它们作为一个整体由企业实体承担，从而减少了所有者的利润。[51] 在哪里输入这些项目的自由形成了损益表为公司经理提供的一种优势，因为这使他们能够以最符合公司利益的方式调整定期财务报告。总之，损益表的引入——不管采用得多么不平衡——标志着从强调公司年底的财务状况、贷款的安全性和资产的可变现价值这些会计界对公司静态状况的表达，转向开始认可一系列表格，而这些表格可以将公司描述为一个"持续经营的企业"，其活动是连续发生的，同时其财富的流动反映了经营状况的动态性和复杂性。

在 20 世纪初，与资产负债表一起使用的损益表相对于单独使用的资产负债表，对公司管理人员来说有三个明显的优势。而这些都源于损益表允许的灵活程度和管理自由裁量权。第一个优势与会计实现时间，即单个交易进入企业账簿的时刻所造成的差异有关。例如，何时确认应计收入或应计应收账款的决定。如果在收到之前确认，它们将影响定期审查结束时应收款的净值。如果会计在购买时对证券进行估值，则会计分录将反映历史成本，或购买时股票的市场价格；但如果决定等待，而市场价格下降了，会计则可以将市场价值的下降从费用中扣除。即使关于是否推迟记录收入或支出的决定可能不会永久地影响到公司的收入或支出，但是关于何时记录事件的决策可能带来实质性利益。

损益表的优势还影响了会计记录业务活动的位置。许多关于在哪里记录项目的决定都与匹配有关，即特定支出与特定收入来源相联系的过程。例如，如果经理决定将部分业务的维修或维护费用记入固定资产账户，这将产生与记入累计折旧不同的结果。同样，对未来支出或预期折旧费用的估计可以与公司实际产生这些费用的部分经营活动相匹配，或者也可以与"折旧费用"或"累计折旧"等更一般的类别相匹配。

某一项目何时被记入账簿和记录在何处所产生的灵活性还得到了经理

和股东能够如何应用这些信息的补充。实际上，损益表最终影响了公众对一般估值的理解，特别是对个别公司的价值的理解。这种影响根植于损益表中蕴含的会计实践、公司自我表征和会计理论之间不断变化的联系。只要公司因为其强调所有者的净资产而对年终资产负债表特别重视，会计分录就会被视为对过去事件的记录，而这并不鼓励管理者利用会计信息对未来做出决定。然而，一旦公司开始定期编制损益表，就有可能衡量企业组织各部分的效率和生产率。由于公司经理使用定期的信息回顾来对未来做出预测，并且逐渐提高这种操作的效率以满足未来的目标，也就为消除公众对股票掺水的担忧提供了一个依据。一旦公司将注意力从股票的票面价值转移开来，换言之，把从资产负债表所述的市值中派生出来的价值转向作为一个持续经营主体而由连续的损益表处理的公司收入，投资者就有可能计算出一家公司的每股收益。正如公司经理开始将损益表视为公司内部的一种决策工具一样，股东可以将其视为未来收益的指南，因为这种文件以可量化的术语来代表企业的盈利能力，而不是使用其理论上的前期市值。[52]
正如我们将在第二章中看到的那样，早在损益表被广泛使用之前，欧文·费雪在 1906 年就为会计师基于未来的估值提供了一个理论依据。也正如我们将在第四章中看到的那样，当美国在 20 世纪 30 年代陷入经济危机时，有关公司盈利公平性的问题将再次浮现，尽管理论家和立法者在公司应该公开多少信息方面存在争议。

20 世纪早期的银行业和联邦储备系统

20 世纪初，美国的银行业仍然不足以满足美国农场主和商人的需要。

美国是一个地域辽阔的国家，农业部门的季节性需求与资本资源并不协调，而后者集中在东部。在美国法律限制发行全国性纸币的情况下，对于这个正在不断成长的国家来说，其货币被认为缺乏足够的弹性。当麦金莱的当选挫败了通过自由铸造银币来扩大货币供给的企图时，这个时代的人把注意力转向了货币和银行体系的改革。

在两家国民银行［美国第一银行（1791—1811 年）和美国第二银行（1816—1836 年）］倒闭，以及 1865 年绿背美钞时代（the greenback era）结束后，美国依靠各州银行和国民银行的复杂组合以及货币事务主计长发行的债券来发行货币。在两次尝试失败之后，费城第一国民银行（First National Bank of Philadelphia，1863）成立了。对各州银行发行的货币征收10% 的税是为了鼓励这些银行成为国民银行体系的一部分，到1909 年，这一国民银行体系中有 6 865 家银行，个人存款几乎有 50 亿美元。[53] 到了1913 年，国民银行体系中的银行共有 21 478 家。[54] 虽然没有单独的协调性中央银行，但货币事务主计长确实通过检查人员和强制性报告的体系来了解这些银行的情况。1870 年以后，主计长每年都会发布 5 份关于银行和货币的报告。

这个监管不足的银行体系存在的一个问题是，资本市场与货币和信贷市场并不协调。另一个问题是，美国现代大公司发行证券的速度不断加快，给人一种假象，认为美国的资本是流动的，而它实际上正在被转换成股票所代表的固定形式。市场之间的不协调会导致更多问题。资本市场通过类似证券交易所等机构进行股票和债券这样的债权交易，直到 20 世纪 30 年代，这些机构一直遵循自己的规则。货币及信贷市场通过短期、自动清盘的商业票据等工具，为企业提供日常运作所需的资源。这个市场包括各种机构，这些机构也必须接受各种监管，包括联邦政府对国民银行的监管。货币及信贷机构包括商业性的国民银行及州银行、储蓄及贷款公司、金融公司、信用社、土地银行和投资银行。这些机构都服务于不同的目的，但其中的商业银行发挥了特殊的作用。商业银行是唯一能够通过部分准备金制度用超出客户实际存款的货币放贷来创造信贷的机构。而且，在标准化的会计体系与能够例行提供如资产负债表这样的金融文件出现之前，商业银行家有独特的能力来直接监测潜在借款者的信用状况。

然而，在危机时期，商业银行很容易受到恐慌客户的挤兑——很大程度上是因为它们只将储户的一小部分资产存放在储备中。鉴于商业银行扮演的特殊角色，每个人都愿意控制银行挤兑，然而银行恐慌在 19 世纪末很常见，其中特别严重的事件发生在 1873 年和 1893 年。1907 年之前，纽约清算所通过发行票据交换所贷款证书，能够抑制银行挤兑情况。这些证书使银行能够将其非货币资产货币化：通过在清算过程中用凭证来代替货币，银行可以腾出黄金储备，支付存款者所需的现金。严格来说，发行这些证书是不合法的，但由于证书只在银行间流通，而且为了恢复该系统的流动性，一些短期措施是必要的，所以这是被容忍的。[55]

1907 年，这一机制出现了故障，几近崩溃的货币和资本市场暴露出整个银行和信贷体系的弱点。这场危机始于铜市场，这是一种与其他大宗商品一样进行交易的商品，危机也揭示了经济的金融侧和实体侧之间不可分割的联系。10 月 16 日，海因茨（Heinze）试图做空一只在纽约场外交易所（the New York Curb Exchange）交易的铜矿股票，但失败了。在国民经济持续放缓、股价不断下跌，特别是秋季货币市场流动性不佳的背景下，海因茨做空失败后披露的种种信息吓坏了储户和投资者。原来海因茨是许多银行、经纪公司和信托公司的董事会董事，他还与许多令人讨厌的人物结盟，其中一些人也是银行董事会的成员。在海因茨的头寸被暴露 5 天后，储户开始向纽约的一些信托银行提取现金。首先，尼克伯克信托公司（the Knickerbocker Trust）在三个小时内抛撒了 800 万美元之后，于 10 月 22 日倒闭，然后美国信托公司（Trust Company of America）、林肯信托公司（Lincoln Trust Company）相继倒闭。与此同时，在资本市场上，短期同业拆借（call money）的价格飙升，在几个小时内就从 6% 上升到 60%，然后又到了 100%。经纪公司面临破产的威胁，当纽约市政府无法发行筹集资金所需的债券时，灾难似乎近在眼前。当时有报道描述了这场危机的严重性："人们对黄金和现金的大量需求将从纽约的银行传递到这个国家的内陆……在 1907 年的最后 10 天里，股票市场价格大幅下跌，清算下降，股息大多无法发放或减少了，大公司和私营企业开始频繁倒闭。仅股票交易所证券的市场价值就缩水了 50 亿美元。"[56] 在随后的经济衰退中，有 260 多家银行停业。

以银行业巨头、美国钢铁公司的创始人 J. P. 摩根（J. P. Morgan）为首的一群富人阻止了这场灾难全面爆发。J. P. 摩根公司（以下简称"摩根公司"）承销了纽约市 6% 的债券发行，说服一群信托公司的总裁向纽约的信托公司提供了 2 500 万美元的贷款，同时用更高质量的美国钢铁公司的票据与一家经纪公司用对手公司的股票进行担保的短期贷款进行交换，这样摩根公司就可以与竞争对手合并了。尽管这场眼前的危机已经解决，但每个人都清楚，现有的不受监管的系统急需得到修复。

1907 年的恐慌开始于金融体系中最薄弱的环节——信托公司，因为这些机构比国民银行和各州的银行受到的监管要少，而且在纽约，它们不属于清算所系统。信托机构向那些银行不愿向其提供资金的企业提供担保贷款，以及承销证券发行。它们无须维持与国民银行和各州的银行相同的储备水平，而结算活动也比商业银行更少。基于上述种种原因，信托公司持有的投资组合的风险往往较高，而且由于信托公司投资组合在整体系统中所占的比重越来越大，一个或多个信托基金的倒闭尤为危险：1897—1907年，信托资产增长了 244%，而同期国民银行资产只增长了 97%。[57]

整个系统之所以脆弱，不仅因为它由如此多的关联环节和机构组成，还因为商业银行业在理论上受真实票据理论的支配，该理论规定银行只提供短期贷款，在贷款到期时全额收回，而且只有在银行对借款人或背书人的资信非常了解时才能发放贷款。从理论上讲，这可以防止银行挤兑，因为银行家可以将手头资产与相熟悉的借款人未偿还贷款的到期日相匹配。然而，在实践中，尤其是由于美国现代大企业要求有持续的信贷，大多数借款人预计在贷款到期后会续借。面对日益增长的需求，银行开始发行以公司资产为抵押，而不是以其了解的客户的背书为基础的贷款。银行家发现，将活期存款与未偿还贷款的到期日进行匹配越来越困难。

美国国会在 1913 年 12 月批准了《联邦储备法案》（Federal Reserve Act），主要是为了解决 1907 年的恐慌暴露出的问题，尽管该法案在 11 个月后才付诸实施。该法案的主要目的是通过创立一个最后贷款人来提高货币供应的弹性。美联储由美国政府宣告成立，驻地位于美国首都的联邦储备委员会由重要城市的区域性银行组成，能够应对季节性货币扩张需求，并通过新的贴现机制满足银行的流动性要求。该法案还旨在消除银行准备金的累积，在这一过程中，内部银行必须将要求持有的部分准备金存入与纽约商业银行和信托银行的短期同业拆借组合有关的银行余额中。作为一家扩大了资格要求的新纸币发行银行，美联储为真实票据（商业票据和银行承兑票据）提供了再贴现，银行理论家将其描述为以实物资产为后盾的自动清算短期票据。新法案还要求银行将其黄金储备存入中央银行。这个新系统用一个真实票据市场有效地取代了银行先前的短期流动性来源——短期同业拆借市场，更有效地利用了美国的黄金储备。之所以得名短期同业拆借，是因为在任何时候都可以要求赎回资金，它由证券交易所提供担保，同时使得贷款与一项投机资产挂钩。新市场上的真实票据只有在它们是自动清算商业票据或银行承兑票据的情况下才有资格再贴现，这些票据被用于国际贸易当中。将银行的流动性与票据而不是短期同业拆借联系起来，也支持了真实票据理论，正如我们在下一节中将看到的，这使支持银行的货币理论而不是数量理论的货币理论家感到满意。《联邦储备法案》还通过建立中央结算所改善了支票结算系统，降低了费用，提高了效率。[58]

新的中央银行系统应对觉察到的危险的能力，甚至在联邦储备银行尚未正式成立之前就已经显示出来了。当 1914 年 7 月第一次世界大战在欧洲爆发时，伍德罗·威尔逊（Woodrow Wilson）总统领导下的财政部长威廉·吉布斯·麦卡杜（William G. McAdoo）抢先关闭了股票交易所。美国的交易所史无前例地连续关闭了 4 个月，以防止欧洲对黄金的需求或试图清算股票头寸在美国引发银行危机。根据《奥尔德里奇－弗里兰法案》（Aldrich-Vreeland Act），关闭交易所需要发行特别货币，但这也确保了联邦储备系统在 1914 年秋季有足够的黄金储备开始运营。麦卡杜的干预再一次瞄准了支持华尔街的信贷机构与为美国实体经济提供融资的市场之间的关键联系。

在其最初的形式中，联邦储备系统没有解决与美国金融中介网络有关的所有问题。它没有阻止银行在纽约的银行之间积累准备金，也没有像其创建者所设想的那样不受政治因素的影响。[59] 正如我们将看到的那样，到 1918 年，像哈罗德·格伦·莫尔顿这样的银行理论家已经开始批评联邦储备系统的不足，经济学家也未能理解货币在实体经济生产过程的每一个阶段中所起的重要作用。然而，尽管存在不可否认的缺点，甚至在其早期，联邦储备系统确实对这一连接兑现短期现金流的承诺的脆弱桥梁起到了看守作用，但这是连接现在和未来的桥梁。[60] 它努力使美国货币更具弹性，并减少货币市场对资本市场的依赖，这代表着改革的开始。联邦储备系统几乎一创立就被重新设计，因为美国加入第一次世界大战意味着，就像银行一样，美国政府也需要最后贷款人。联邦储备系统的建立并没有凭一己之力将地理上广阔的和政治上不同的联邦变成一个经济上统一的国家，但它确实是金融在美国经济崛起中的转折性事件。

美国银行业的原则

　　1913 年的《联邦储备法案》是以一套原则和银行家的实践经验为基础。与我们将在第二章中提到的货币数量理论不同，这些原则并没有被阐述为一种复杂或普遍的理论；它们更加类似于建立在会计研究之上，而不是由后来的经济学家建立的更全面的理论基础上的那些假设。这些原则有时被称为商业贷款理论或银行业的商业票据理论，认为银行的主要业务是向一般被理解为商品交易的当前交易提供资金。[61] 这些原则与真实票据理论有关，某些人认为其中就包括真实票据理论。居于这些原则核心的两种思想是：支持银行发行的资金包括公众存款；银行为支持商品贸易而发行的贷款和票据（贴现的）不影响物价，也不会增加国家未偿还的长期信贷数额。实际上，《联邦储备法案》是将这些原则从个人银行的业务扩展到了新中央银行的工作中。

在新制度下，各联邦储备银行发行的纸币可以兑换为黄金，并以商业银行家长期以来认为良好的自偿性短期商业贷款（或交易承兑）为后盾，部分原因是它们与实体经济的运作有着不可分割的联系。但是，该法案还扩大了银行存款负债的抵押品的资格范围，将商业和农业贷款纳入其中。而这一扩展虽然顺应了美国的特殊情况，但无疑偏离了商业贷款理论的基本原则。因为无法迅速偿还的贷款所支持的新发行，可能被理解为增加了现有的长期信贷。为了遏制这一范围扩大所产生的影响，该法案的制定者强调了两种信贷之间的区别——投机性和生产性，前者没有资格享受美联储的贴现，后者则可以。正如佩里·梅林所指出的那样，这种区分可能在理论上行得通，但在实践中引发了新的问题，因为美国现代大公司的崛起加剧了美国独有的一种状况：美国银行持有的不仅是刺激经济实体侧的信贷，还持有其金融侧固有的信贷形式。"与英国同行不同的是，尽管有正统的银行理论，美国银行一直或多或少在深度地参与融资，不仅包括流动资本，还包括固定资本。因此，大多数银行持有大量的债券和股票，债券和股票抵押贷款，以及抵押或不动产抵押贷款，而这些正统银行理论都会被归类为储蓄银行或其他长期投资者手中的资产。"[62]这意味着将以商业贷款为基础的银行原则扩展到新的中央银行，同时也提出了一个问题，即美联储应该如何以及在多大程度上积极地管理一个既独立又不可分割的经济体的实体侧和金融侧。

这些问题也与两种观点之间的争论有关，但并不完全等同，这两种观点讲述的是将"货币"概念化的最佳方式及其在美国经济中的作用。虽然这些立场在后来才被充分阐明，并且是为了回应随后出现的问题，但它们的根源在于对银行应该持有两种什么样的早期观点，而这些态度在美联储成立时发挥了作用。第一种观点实际上是从中央银行对货币供应的外部控制开始的，主张该货币主管机关应管理流通中的货币数额，以控制价格水平。这一立场与布莱恩的银币自由铸造运动有关；它在欧文·费雪的货币数量理论中得到了理论上的阐述；而它的现代形式是美国货币主义，倡导者包括芝加哥大学的米尔顿·弗里德曼。第二种观点是从以内生方式创造的货币开始的，这种货币通过银行信贷的扩展，在部分准备金制度下提供，其支持者主张自由放任的政策（假定实行了金本位）。劳伦斯·劳克林（Laurence Laughlin）就持这一立场，他是唯一被指定参加 1897 年为改革银行体系而召开的货币会议的经济学家；1903 年至 20 世纪 20 年代末，阿林·杨格（Allyn Young）对此进行了理论阐述；这一观点的现代倡导者包括约翰·G. 格利和爱德华·S. 肖，他们在《金融理论中的货币》一书中强调了金融中介机构在货币政策中所起的作用。在后面的章节中，我们将看到不同的货币主义形式之间的争论是如何展开的，以及它们是如何塑造了人们对金融的理解。[63]

第二章

20世纪早期的美国经济和金融理论

制度变迁和会计学的发展也许已经揭示了大多数美国人在 20 世纪初了解经济的方式，但有一些学者——最初被称为"政治经济学家"，后来越来越多地被简单地称为"经济学家"——也提出了能够代表这些现象的词汇和分析工具。在本章中，我们将剖析一些在开发适合美国日益复杂经济形势的分析工具方面最重要的成果。虽然经济学家的这些论点在细节上对现代读者来说可能是晦涩难懂的，但这些工作是重要的，因为它们影响了后世经济学家如何看待和归化"经济"的核心象征。同时，这些相对技术性的争论决定了经济的金融侧是如何被看待的。我们最后讨论了关于税收的争论，因为这是经济学家的争论对普通民众产生影响的形式。我们并不会对在 19 世纪 90 年代—20 世纪 20 年代写过文章的每一位美国经济学家都进行介绍，而且我们对其中一些人的讨论没有按时间顺序排列。凸显那些研究工作对后来有关金融的理论研究有所贡献的经济学家，有助于把注意力集中在经济学的重要性是如何逐渐凸显出来的这一问题上；将这些理论家分为不同的专题类别，可以帮助读者了解一些重要的思想，如边际主义等最初是如何形成的。那些思想原本就与主流经济学界相背离，或那些后来才离经叛道的经济学家，如托斯丹·凡勃伦和弗兰克·奈特，对我们后续叙述的主题很重要，但是这些人的贡献是如此独特，以至于很难将他们和同时代的学者进行合并归类。

20 世纪初，美国经济学家仍在努力确定经济学的核心使命，并将其方法与商学院和会计、货币及银行学课程中所教授的会计学和金融学的应用技术区别开来。美国经济学会（American Economics Association，AEA）这一专业组织于 1885 年成立，但各种争论从一开始就造成了其内部的分裂。同时，在美国的大学里，经济学课程通常由法律或神学系的教师进行教授。许多学者详细阐述了这一学科成立早期的斗争，因为经济学家试图找到一个一致的计划，以实现许多相关从业者想要的社会权威。[1]在本章中，我们叙述了 20 世纪初期经济学家提出的一些旨在解决美国经济实体侧和金融侧所面临的最紧迫问题的理论。

凡勃伦的制度主义

大多数经济思想史学家在那些把经济视为一个相对独立分析对象的理论家和那些强调经济活动所处的历史和制度背景的理论家之间划清了界限。[2]虽然这种正统经济学家和非正统经济学家之间的区别对这门学科的历史至关重要，但是我们还要加上第二种区别：那些强调属于经济实体侧的活动与完全的金融活动之间的区别及相互关系的经济学家和那些不这样做的经济学家。我们所讲述的历史悖论之一是，尽管这门学科分离出了一门新的子学科，并用专门为其开发出来的术语来分析金融，但随着金融活动在美国整体经济活动中所占的比例越来越大，正统经济学家对经济实体侧与金融侧之间复杂关系的关注越来越少。

在 20 世纪初，一位经济学专业人士生动地描绘了经济的两个独立但不可分割的方面。然而，因为托斯丹·凡勃伦把他的分析置于同时代的大多数人开始抛弃的制度主义的框架中，即使在他的崇拜者看来，他也被视为处于这一学科的边缘，他的研究工作现在很少在经济学课程中被教授。[3]凡勃伦并不是唯一用制度主义方法处理经济问题的人，他的同时代人或后继者也不乏重视制度主义的学者。[4]另一位早期的制度主义者，威斯康星大学的约翰·R. 康芒斯（John R. Commons），在第一次世界大战前夕担任了美国经济学会的主席。如今，一些非正统经济学家称自己为"新制度主义者"，以显示他们与凡勃伦和康芒斯理论的亲缘关系。然而，当凡勃伦在 1904 年发表《企业论》（*The Theory of Business Enterprise*，*TBE*）时，已经彻底偏离了大多数同时代人所选择的道路。

凡勃伦出生于威斯康星州一个挪威裔的农民家庭，他在耶鲁大学获得哲学博士学位后在家庭农场工作了 7 年，后来才开始攻读经济学的研究生。在康奈尔大学，凡勃伦给时任政治经济学系主任的劳伦斯·劳克林留下了深刻印象。1892 年，劳克林带着凡勃伦到芝加哥大学成立了一个新的政治经济学系。在进入斯坦福大学（1906—1909）、明尼苏达大学（1911—1918）以及最后纽约市的社会研究新学院之前，凡勃伦在芝加哥待了 14 年。

在《企业论》中，凡勃伦探讨了作为现代社会特征的两个独立而不可分割的企业或职业所产生的一系列悖论。虽然这些职业已经演变了几十年，但凡勃伦认为，他所说的商业企业与机器流程（machine process）之间的紧张关系已经达到了一个新的高度，因为在合并运动中形成的美国现代大公司正在破坏机器流程最明显的目标。机器流程致力于生产能够满足人类需求的真正商品，而美国现代大企业则致力于产生财务利润。正如美国在1904 年开始出现的那种情况，在一个由美国现代大公司主导的社会中，商业企业的扩张已开始阻碍工业的发展；广告等伴生性行业正威胁着耐用品的生产；而通过出售债券和股票来实现公司融资的体系，正在生产流程之上堆砌着一种无法支撑的信贷和债务的上层建筑。新公司管理与所有权分离的这种治理结构意味着，经营这些公司的个人这样做是为了自己的利益，而不是为了股东的利益，更不是为了公众。凡勃伦声称，如果这种情况继续下去，企业与工业流程之间的关系，即经济的金融侧与实体侧之间的关系，将不可避免地导致经济周期转向下行轨道。更糟糕的是，由于产业工人与商人这两个群体的思想和行动习惯是由他们在这种复杂情况下所处的位置所支配的，这两个群体正在形成不相容的思维方式，企业与机器流程之间的紧张关系可能会在产业工人中促使社会主义的兴起，他们在生产过程中的参与使他们不认可商人的利润动机。凡勃伦警告说："这种不满现象在先进的工业民族中很普遍，没有任何其他文化现象会对广为接受的经济和政治结构构成如此严重的威胁；没有哪个文化现象对于从事实际事务的人员而言是如此前所未有且让人困惑。"[5]

尽管《企业论》不是一项实证研究，但凡勃伦用来论证的资料来源清楚地表明了合并运动产生的影响。1898 年，国会任命工业委员会（Industrial Commission）对新的托拉斯公司进行调查，而凡勃伦仔细研究了 1900—1902 年公布的 19 卷工业巨头证词。根据他对制度的定义，这些证词可以被称为"是制度主义的"，因为涉及的这两个主导企业都体现和培育了思维习惯，而这又是对工作和价值观的态度。有些人习惯从个人权利、私有财产和利润方面来理解商业思想（TBE, 151），而另一些人却习惯于从"机械效率……顺序规律和机械精度……可测量的原因和影响"等角度来看待生产过程。这也导致了对"资本"的两种不同的理解："资本"在进步的现代企业中是指"资本化"的假定盈利能力（*TBE*，65）；相比之下，对于产业工人来说，"资本"是指供给生产过程的物质资产，包括工人的劳动。这两个群体理解"资本"的方式之间的这种分歧，在凡勃伦对这一基本概念的理解与正统经济学家的理解之间的差异中再次出现，后者被他命名为"新古典主义"。我们将在第三章详细介绍韦斯利·克莱尔·米切尔（Wesley Clair Mitchell），在他关于凡勃伦的大学讲座中，强调了这一区别在 20 世纪初的经济学家中的重要性。

理论家（新古典主义经济学家）在他们的论文中习惯于把资本主要表示为用于生产其他财富的财富总和。也就是说，他们通常会认为资本代表机器、建筑物、土地等。凡勃伦说，理论家要想理解这一现象，要想清楚地思考，就必须把生产中使用的物质商品总量与商人角度的资本区分开来。商人角度的资本是金钱方面的一个数量，它是美元和美分的总和。一方面，它可以代表实际投资于商业的资金的货币等价物。另一方面，在典型情况下，它代表按当前利率资本化的企业假定的盈利能力。[6]

在许多方面，凡勃伦对资本的商业概念的理解类似于欧文·费雪提出的资本理论，后者作为与凡勃伦同时代的人，在经济学界中的声誉已经大大超过了前者。然而，正如我们在讨论费雪的《资本和收入的性质》时所看到的，凡勃伦把资本的商业定义作为理解这一基本概念的一种方式，而不是作为进行演绎分析的一种普遍原则。

凡勃伦在其他问题上也不同意其他经济学家的观点：他坚持认为，人是习惯和本能的产物，而没有从个人理性的自身利益是主要动力的假设出发；他认为，经济学家不应把价格机制视为经济学的核心问题，而应把重点放在制度的优化上，因为这些制度既塑造了人类的习惯又易于改变。就我们的目的而言，凡勃伦最重要的贡献是他强调了所谓的"信用经济"的新颖性，正是因为这种经济从旧的"自然经济"中出现，经由中间的"货币经济"，才产生了我们在这里强调的悖论——经济的实体侧和金融侧的共存，而经济学家只是断断续续地对之进行了理论化。

构成早期现代体系，即"货币经济"的特点，同时让它与之前西欧文化中的自然经济（实物分配）形成鲜明对比的是，极为普遍地将市场作为产品的销售渠道和商品供应的来源。这种货币经济的特点是商品市场……信用经济——近期和现在的经济生活体系——在与货币经济进行区分方面取得了进步。当然，就绝对意义而言，商品市场仍然像以往一样是一个强有力的经济因素，但它已不再是商业和工业交易中的主导因素了。资本市场在这方面占据了首要位置。资本市场是现代经济的特征，它打造和确认了更高的"信用经济"。在这个信用经济中，人们习惯于诉诸市场，把市场作为累积货币价值的渠道和资本供应的来源。（*TBE*，75）

经济学家忽视经济的实体侧与金融侧之间关系的趋势，不仅源于正统经济学家未能将经济安排视为历史现象，还源于那些掩盖了双方相互关系的关键性重叠。首先，正如凡勃伦所指出的，货币经济（实体侧）和信用经济（金融侧）都反复"诉诸"市场机制；前者使用市场作为"产品的出口和商品的供应来源"；后者使用市场来"放出……积累的货币价值和（作为）资本的供应来源"。其次，经济的实体侧以货币形式为投入（劳动力、原材料）和产出（制成品和服务）分配价值，而这种形式是经济金融方面的核心（价格）。这意味着，估值——即使是在经济的实体侧——似乎总是与价格有关，就像会计总是把数量纳入价格当中一样。

尽管凡勃伦分析经济问题的制度主义方法在两次世界大战之间兴盛起来，而且在今天的新制度主义者中持续存在，但对经济学学科而言，这种研究方法仍然是非主流的。经济学家只是间歇性地把经济的实体侧和金融侧的关系作为一个特别关注的问题，尽管我们稍后会看到，欧文·费雪的确为经济交易提供了一种金融观点，而这一观点深刻地影响了金融最终作为经济学的一个子领域的出现。

19 世纪末期美国的新古典主义价格理论和真实的美国经济

1900 年，凡勃伦发明了"新古典"政治经济学一词，以区分一些功利主义的价格理论家，例如英国经济学家阿尔弗雷德·马歇尔，与包括亚当·斯密、大卫·休谟和约翰·穆勒在内的"古典"经济学家的研究工作。马歇尔巩固和扩展了威廉·斯坦利·杰文斯、卡尔·门格尔和里昂·瓦尔拉斯（Léon Walras）在 19 世纪 70 年代开创的边际效用理论。在《经济科学要务 Ⅲ 》（Preoccupations of Economic Science Ⅲ ）一文当中，凡勃伦解释说，这些边际效用理论家在地租、利润、工资、工业回报递增或递减、竞争性价格和生产成本等规律的"基本定理"中识别出了"经济规律"。[7] 19 世纪末的边际主义经济理论是现代价格理论的鼻祖，后者是二战后由芝加哥大学的米尔顿·弗里德曼和乔治·斯蒂格勒等经济学家在美国发展起来的。价格理论建立了竞争市场中的价格决定在实体经济中有效分配资源的机制。换句话说，价格理论是经济学家用来分析实体经济的框架，使用的是新古典经济学的假设。在这种典型的模型设置中，货币被视为交换媒介和记账单位，但为了方便教学，货币没有被视为一种价值储存。因此，人们常说价格理论和相关的一般均衡理论是从货币和金融世界中抽象出来的。

19 世纪晚期的边际主义效用理论家通过对这些因素用图形进行几何分析和用微积分进行解析，形成了科学意义上的供求规律。他们使用微积分来量化边际的概念，这一概念的基础是报酬递减规律或可变比例规律。在这种定量的边际分析形式中，一个"无限小"增量产生了最大的收益（正效用）或最少的成本（负效用）。这个源自（概念上，而不是时间上的）"最后"增量的价值，解释了为什么这套理论原则被认为关注的是"边际效用"。"边际"单位的"效用"或合意性决定了集合中每一个实体的价值。[8] 这种最大或最小增量的概念可以通过应用微积分的导数来量化，因为这提供了一种量化无限小的变化方法。因此，微积分是新古典价格理论的基本数学工具之一。

19 世纪末，美国经济学家约翰·贝茨·克拉克提出了一种不借助微积分的边际新古典主义理论，他将"好劳动"的边际生产率的经典例子应用于土地肥力的分级。[9] 克拉克的主要学术生涯是在哥伦比亚大学度过的，他是美国最早在德国进行深造的政治经济学家之一。19 世纪 70 年代，克拉克不仅在德国接触到历史学派，该学派强调了凡勃伦关注的一些问题，还接触到了欧洲边际主义学者的作品。[10] 克拉克将边际主义的价值理论推广到生产理论，并运用了新古典工资定律，即工资的价格由劳动力对生产的边际贡献确定。虽然一家公司的工资价格，或一个国家的工资总成本，至少在概念上是可量化的，但价格理论家却面临着理论上的困惑，因为现有的历史成本数据并不能反映资本的价值。这一价值是根据对资本回报的预期将资本生产能力折现来确定的。为了发展他的新古典收入分配理论，并为资本主义经济学和工资率辩护，克拉克提出了一种新的资本基金理论。

美国经济学家迟迟没有接受"边际主义"这一术语——到1914年才发明边际主义这个词——直到1966年英语词典中才开始出现这个词。[11] 许多美国经济学家也迟迟不接受数学，在20世纪的最初几十年里，大多数经济学家，就像接下来半个世纪的大部分经济学家一样，用散文式的语句表达他们的观点，而不用今天的经济学家常用的数学语言、方程式和图表。甚至被称为"美国边际主义者"的克拉克也回避数学公式，尽管他确实用图表来证明工资或资本对产出的相对贡献。在某种意义上——他信奉新古典主义的边际效用原则和均衡的比喻——克拉克是美国经济学发展的先驱。在另一个意义上，他依赖书面文字而不是数学语言，这让人回想起了克拉克在政治经济学方面的19世纪的前辈。[12]

克拉克的主要研究工作集中在工资、生产力以及收入和资源的分配上——这些属于经济的实体侧问题。为了量化"资本"，克拉克对"资本"和"资本货物"做了区分。对他来说，第一个术语指的是投资于商品的价值基金，第二个术语指的是商品本身，这两个术语都令人想起实际生产价值，而不是金融价值的世界。"资本是由生产工具组成的，它们总是具体的和物质的。"[13] 资本货物也是具体的和物质的，而且资本和资本货物都可以用货币形式来估价。两者之间的区别在于前者的持久性和流动性，相对于后者的易变性和不动性：克拉克认为，资本基金是持续的，但可以经由投资通过各种资本货物转移，其性质随着特定商品的生产和消费而变化。与凡勃伦不同，他认为根据人们相对于经济的实体侧和金融侧所处的不同位置，资本有着不同的象征。克拉克总是着眼于对商品进行生产和分配的经济实体侧，而那里的收入和其他任何东西一样都是商品。

　　虽然克拉克并没有像凡勃伦那样立即投入与美国金融崛起直接相关的话题，但他确实将边际主义原理运用到了一个在 19 世纪末使美国社会变得紧张的问题上：随着西部边疆不再是美国经济高速增长的地方，城市地区越来越多地冲击着周边的农村环境，工人和雇主之间的关系越来越紧张，人们怎么能了解这个国家的财富分配是否公平呢？在 19 世纪的最后 30 年里，罢工工人一再坚决宣称收入分配是不公平的：工资太低，生产者设定的商品价格太高。无论他是否对 1886 年干草市场惨案做出了直接回应，克拉克都将边际主义原理应用于收入分配生产理论，实际上隐含地分析了工人们关切的问题。[14] 在 1888—1891 年出版的一系列文章中，以及在综合和译述这些论文的书（《财富的分配》，1889）中，克拉克解释了劳动与资本的比率，他认为，这是一个"定律"，"就像万有引力一样真实"[15]。作为一种"科学"的证明，克拉克的论点表明，工资必须保持在相对较低的水平，因为人口的增加提高了劳动力的供应，降低了对这种新资本的回报。[16]"如果人口固定，纯资本增加，新资本必须做什么？必须采取越来越没有生产力的外在表现形式。最后一个新的增量将增加雇主的回报，它将把自己塑造成一种能赚钱的工具，但回报将会低于更早期有着类似成本的工具。"[17] 通过保持另一个变量不变——这一次是资本——克拉克得到的比率是相反的：如果资本不变，工人数量增加，工资必然会下降。

克拉克主要感兴趣的是所谓的生产要素——资本和劳动力的收入分配。事实上，克拉克纳入其著作的为数不多的图表只显示了一条曲线，在数量的横轴上向前移动，同时沿着价格的纵轴向下移动。[18] 克拉克专注于收入分配，因为这是眼前的问题：劳动力（及其工资形式的回报）和资本（和其利息或利润形式的回报）属于新古典价格和价值理论的供给侧，19世纪八九十年代关注的是资本或劳动回报的适当分配。克拉克认为，边际主义原理表明：如果允许雇主在竞争激烈的市场中进行雇佣，那么劳动力和资本的回报都将是公平的，因为即使是"边际意义上的人"（最后一名受雇的工人或受雇从事最不重要的工作的工人）也会得到"他的产品的全部数量"。因此，边际主义法则"提供了衡量市场价值的最终标准。它……将生产与分配联系起来，并表明根据自然规律，社会各阶层得到的是对工业总产出的贡献"。

无论克拉克的结论是否像他所说的那样公正，重要的是要注意到他所做分析的限制条件。[19] 在19世纪的最后20年里，本来并不存在可供经济学家跟踪工资的数据，也没有归纳的方法来判断"最后的工作时间"在特定的产业中会产生什么收益。但是，克拉克并没有因为缺乏数据而哀叹，至少在一定程度上是因为他意识到，劳动回报与资本回报并不完全平衡。他还认识到，创造供需均衡所必需的完全竞争是不存在的，他也看到了美国企业甚至可能不会朝着这种理论上的完美状态发展。[20] 在这种情况下，他用规范性陈述，而不是对实际情况的描述性分析来推广自己的理论。[21] 对克拉克来说，经济理论的作用是说服他的读者，使读者认识到有些条件应该得到满足，即使以边际主义理论为代表的自然规律实际上还没有实现。

克拉克的方法生成了一个处于"不进步状态"经济的"静态"图像。他一个接一个地固定变量，以显示每个变量是如何与其他变量相关的。他承认，这样的简化创造了一种人工的、"想象的"表达，但他坚持认为，由此产生的图像是"现实的"。"我们用这种方式进行一项完全切合实际的研究，因为静态力量在真实的商业世界中占主导地位。为了了解它们的本质，我们分离出了它们。""最后，"他承诺，"虽然不是在这篇文章中（理论家将能够）考虑到现实中发生的所有本质变化，进而获得动态的分配规律。"这种静态分析依赖于让其他条件保持不变（ceteris paribus）的方法，使克拉克得以依次分离和仔细研究具体的经济关系，希望既能实现理论上的一致性，又能接近实际经济的总体情况。静态分析被证明是描绘和最终模拟经济力量的后续尝试的一个重要基石。[22] 约翰·贝茨·克拉克所建立的新古典边际主义观点的形式将在美国金融中发挥重要作用，因为边际主义理论已经变成了制定财政政策和支持竞争性自由市场意识形态的重要工具。

美国早期的一般均衡理论

高度抽象的博弈论的一般均衡理论（General Equilibrium Theory, GET）是二战后由肯尼斯·阿罗（Kenneth Arrow）和吉拉德·德布鲁（Gérard Debreu）发展起来的，这一理论将成为现代金融学和现代经济学最重要的框架之一。尽管阿罗和德布鲁的一般均衡理论与瓦尔拉斯的研究相似，他们的这一理论得到了意大利理论家维尔弗雷多·帕累托（Vilfredo Pareto）的完善，而不与欧文·费雪的一般均衡理论模式相似，但费雪对一般均衡理论的刻画对于美国金融理论的研究具有重要意义，因为费雪的模型包含了他的货币理论萌芽。此外，费雪认为这一研究为他在博士论文中提出的一般均衡理论提供了"缺失的方程"。

费雪在自己的博士论文中发展了一般均衡理论，给经济学——或者人们所称的政治经济学提供了克拉克的著作中所缺乏的方法论。1892 年，费雪以《价值与价格理论的数学研究》(*Mathematical Investigations in the Theory of Value and Prices*，以下简称《数学研究》或 *MI*) 为题出版了这篇论文，后来保罗·萨缪尔森称赞费雪的论文"或许是所有经济学博士论文中最好的"[23]。《数学研究》向美国经济学家介绍了一般均衡范式，即里昂·瓦尔拉斯提出的序数边际效用理论的数学表达。正如斯蒂格勒所指出的，费雪的论文是"对效用函数及其与需求理论的相关性的首次仔细研究"。斯蒂格勒认为，费雪"在数量的边际效用相互独立的情况下，相当令人满意地解决了可测性问题"[24]。

在我们看来，必须指出的是，费雪的论文以抽象掉金融的高度抽象性方式分析了经济的实体侧交易。虽然他确实讨论了货币所起的作用，但他把货币当作一个记账单位和交换媒介，而不是价值储存手段。他也没有把注意力集中在金融中介或金融资产上。正如我们将在接下来的两节中所看到的，费雪很快就会着手分析金融问题，并对金融理论做出重要贡献，但在《数学研究》一书中，他的首要意愿不是把经济的实体侧与金融侧联系起来，而是提供一种新的经济分析方法。费雪想要摒弃克拉克和其他新古典主义经济学家用来分析商品市场价格形成的"其他条件不变"的惯例，转而描述在由许多相互关联的市场组成的经济中，所有商品的交换量与确定的价格之间同时存在相互关系。

瓦尔拉斯在其有影响力的一般均衡的概念中强调了总量：总供给等于总需求。相比之下，在费雪的公式中，一般均衡是在个体买方、卖方和生产者的边际效用相等时达到的。[25] 分析这些均衡条件需要相当复杂的数学知识，即使费雪没有完全应用这些技术，他也象征性地使用了矩阵代数和向量分析——这些数学工具使后来的经济学家能够表达一个具有许多相互关联的市场的经济体。这些技术的表示方法已被费雪的老师之一，约西亚·威拉德·吉布斯（Josiah Willard Gibbs）发展的热力学理论所使用了。[26]

在《数学研究》一书中，费雪用几种不同的方式描述了一般均衡：他提供了纯粹的文字叙述、力学模型的草图、几何图形和数学分析。他使用了很多策略，这表明他既认识到每一种表示形式都能突出均衡过程的某些方面[27]，又认识到自己偏爱的表示方式——数学——并不会受到每个读者的欢迎[28]。大概在 40 年之后，费雪才认为数学语言是充分可接受的，可以把方程式应用在正文中，而不是放在附录中。[29] 他在这里使用的主要数学工具是解析联立方程方法，这是其当时的名称，它用代数求解法均衡求解。这种方法要求方程的数目等于未知数的个数，每个方程代表经济中一个单独的商品交换市场。与他论文中的其他表示模式一样，费雪进行数学分析的目的是说明一个基本观点：价值对边际效用的依赖源于"欲望"和在生产中发现的报酬递减规律（*MI*, 3）。在 20 世纪 40 年代保罗·萨缪尔森提出的现代数理经济学中，基于递减报酬的边际效用概念被显示性偏好理论所取代；矩阵法和向量法成为分析均衡问题的首选技术；费雪所说的"因果悖论"——确定均衡价值的变动如何受到外部因素影响的困难——后来被称为"识别问题"。这个问题被证明是联立方程法遇到的最具挑战性的问题之一，它为实体经济中因果关系方向的许多争议设定了条件。

除了将数学引入经济分析之外，费雪还描述了一个物理模型，该模型允许经济学家测量欲望单位，而欲望是消费者需求难以捉摸最为重要的原因。在边际主义的语言中，欲望是以"效用"来表达的，但效用是出了名难以衡量的，因为没有哪个单位可以被用来量化它。为了解决这一问题，费雪发明了一种测量单位，并称之为"效用单元"（util）。费雪所描述的物理模型中有一个充满液体的方形容器（图2.1），其中漂浮着很多更小的水箱。[30] 这些水箱的大小和形状各不相同，通过水平和垂直的杆相互连接在一起，这些杆子从水箱的顶部延伸到方形容器的两侧。两纵列水箱（右侧和左侧）代表单个消费者，两横排水箱都（前面和后面）代表单个商品。通过木材制成的内部隔板，前后两排的每个水箱都被分成两个部分：前部代表对商品进行估价的物理单位（例如，磅、码），而后部表示货币价值（美元）。要以"保持边际效用的持续比率，对所有个体都相同且等于价格比率"的方式操作这些杆（*MI*, 40）。通过一个由阀门、管道、塞子和泵组成的系统来控制水的输入和输出，操作者可以用这台机器来演示数量之间、单位种类之间以及数量和包含价格在内的单位之间的一系列关系。[31] 该装置作为一个整体代表两个一般原则，一是所有相互作用的部分都趋向于一般均衡，二是增加系统中的货币数量（用水量）将使得所有水箱的水位提至同样的高度。正如我们稍后会看到的，第二个一般原则是费雪货币理论的核心原则之一：它将货币描述为一个外生因素和自变量，而不是将货币视为价值储存的手段或金融体系的内生产物。费雪模型隐含的比喻是，货币的数量就像水一样服从万有引力定律。这不是经济学家用来描述货币行为的唯一比喻，例如，莫里斯·科普兰用一种将货币描述为电的模型取代了费雪的"水力"比喻，这使他们对货币在经济中所扮演的角色得出了相当不同的结论。[32]

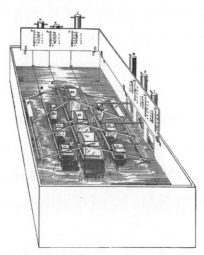

注：费雪把这一物理模型描述为对理想经济市场的模拟。充满液体的方形容器内含随着液体水平面变动而上升和下降的浮动水箱。

图2.1 欧文·费雪理想经济市场的物理模型

资料来源：欧文·费雪. 价值与价格理论的数学研究. 康涅狄格大学周报（9），1892.06:38.

正如费雪所描述的那样，他的模型是"理想经济市场的物理模拟"（*MI*，44）。通过使所有"有助于确定价格的因素……在人们的观察下接受仔细检查"，费雪的模型使得经济学家能够测量在这种机制表达中发生的各种事件，并用数学来表示。因此，费雪的装置使他可以推断和测量本来只是一种理论假设的东西。费雪还能使计量商品数量（加仑、吨、码）的边际效用单位与测量价格的单位（美元）相称，从而计算水箱的移动与价格变化之间的关系。

费雪在论文的第二部分扩展了对效用的量化。他不仅把效用作为个体持有的某种商品数量的函数，还把它作为所有商品的可用数量的函数。他的分析是分阶段进行的，先从一个人消费两种商品的经济开始。即使是这种小的放大作用也需要在表征性的中介里发生一种变化，因为正如费雪所解释的，除非水箱的大小和形状能随着变量之间的每一种可能关系的变化而改变，否则所产生的复杂性无法被有形地表现出来。然而，他意识到，这种新系统可以在三维空间中以无差异曲面的形式绘制出来。当他将这一分析扩展到三种或更多种商品时，不得不改用一种使用矩阵的数学表示方法，因为只有向量分析才能反映由此产生的复杂性。在整个《数学研究》中，费雪从一种表征模式向另一种模式的转变，复制了吉布斯在他三个最重要的理论研究中使用的策略，而后者利用创新的几何技术描绘了热力学系统的性质。

在《数学研究》中，费雪并不是简单地把经济概念和热力学进行类比，在热力学中，向量分析被发展成一种将力概念化的方法。[33] 相反，费雪认为具体的数学技术，包括矩阵和向量分析，与特定经济原理的理论内容特别吻合。根据这种理解数学形式和理论内容之间关系的方法，一种数学形式可以非常适合于理论内容（至少在一开始是这样），以至于理论不能脱离数学公式或在数学公式之外得以表达。随着时间的推移，用来表达理论内容的数学工具的性质，充满了经济分析中发展起来的理论意义；随着由此产生的数学－经济论证方法被归化，人们似乎难以对理论与方法进行区分了，这种理论与方法的融合将成为数学建模的核心，而数学建模已成为现代经济分析的特色方法。

费雪确实在物理学家用来描述力和能量的概念与其经济对应物之间做了一系列类比。因此，粒子对应一个个体，空间对应一种商品，力对应边际效用或负效用等（MI，85）。在《数学研究》中，费雪甚至自觉地思考了经济术语与他所说的力学语言之间的关系。

几乎没有一位经济学作家忽略了经济学和力学之间的比较。有人说"经济力量"的作用与力学均衡之间存在"粗略的对应关系",也有人将价格的统一一比作水寻求水平面。杰文斯将他的交换定律与杠杆的规律做了比较。弗朗西斯·埃奇沃思（Francis Edgeworth）则把他的经济"系统"描述为连接具有不同水平面湖泊的体系。另一个人把社会比作塑性体,一个部位受到的"压力"会向所有"方向"消散,事实上,这位经济学家从力学中借用了大部分词汇。（MI, 24）

费雪之所以同时运用了比喻和数学工具,是因为这些代表性模式使经济学家能够以其他方法不可能实现的方式,将原本难以捉摸的经济形象化。费雪从物理学或力学中借用的这些图形,既不是他的理论公式所附带的,也不是随着自然科学家重新思考他们对世界的主张而可能崩溃的一个有缺陷的子结构。相反,最初借鉴的这些数学图形最终变得与它所传达的内容毫无区别。正如我们将要看到的,结果之一是经济学将开始作为一种数学性质的一致性提升到用作参考的描述模型和真实世界关系的有效性之上。

吉布斯的矩阵和向量分析至少在理论上允许费雪将他对理想化经济的描述扩展到无限数量的商品,这使他能够基于边际主义原理和精细的需求分析,使用复杂的消费者无差异曲线来显示这些商品的效用和数量随时间的变化情况。费雪的各种方法所不能做的,是将机器中复制和矩阵代数捕捉到的力学与现实世界的数据联系起来,或探索经济的实体侧和金融侧之间的关系。为了完成这些事情,费雪放弃了他在《数学研究》中所用的方法，在这部著作中，数学计算主要用于说明一种先验理论，他转而采用买卖双方长期以来计算金融资产价格的方法。利用早期绘制图纸和建造模型的一些见解，费雪发现自己可以回答有关经济金融侧的问题，而不是只关注实体经济中的供求问题。

早期的预期模型：费雪效应

《价值与价格理论的数学研究》只是欧文·费雪对经济问题广泛而有影响力的研究的一部分。在他的下一部重要著作《增值和利息》（*Appreciation and Interest*，*AI*，1896）中，我们开始看到他对未来会成为金融子领域的那部分内容所做出的贡献。这部著作考察了商品价格与货币价值之间的关系，他没有仅从《数学研究》定义的理论意义上这样做，而是利用当时可以得到的表明美国经济规模的最佳数据，对先前的理论观察进行了实证性检验。在这个研究项目中，实证检验是很重要的，因为《增值和利息》是对 19 世纪 90 年代中期人们所辩论的一个实际问题的回应。这个问题与威廉·詹宁斯·布莱恩在他的自由铸造银币运动中所讨论的非弹性货币问题有关。因为在此前的 20 年里，商品价格一直在下跌，而作为美元基础的黄金价值则持续上升，以一种货币价值发生的债务必须用一种价值或购买力发生变化的货币偿还。

许多经济学家曾试图解释商品价格和黄金价值之间的差异，但没有人注意到费雪认为的核心问题：货币升值和贬值对利率的影响。[34] 费雪认为，即使债务人偿还的名义本金可以根据货币相对黄金的价值变化而膨胀或贬值，如果贷款人和借款者能够预见货币价值的变化，并将他们的预期建立在大家都同意的利率上，那么就不会产生不公正的结果。这一预期的证据后来被称为"费雪效应"（the Fisher effect）。[35] 由于利息是以一系列期中付款的方式支付的，因此，随着时间的推移，支付的总额可以弥补货币的升值或贬值导致的变化。正如费雪所解释的那样："一个用黄金抵押进行贷款的农场主，如果利息得到适当调整，就不会出现获利或亏损的情况，而不管他的合同是以'小麦'为标准或'重量'为标准进行抵押贷款。"（*AI*，16）。费雪的分析工作为研究处于通货膨胀和通货紧缩时期的经济周期中的预期对于名义利率和实际利率的影响奠定了基础。这反过来又鼓励后来的经济学家，例如米尔顿·弗里德曼和肯尼斯·罗格夫（Kenneth Rogoff）去解决中央银行应如何应对这些状况的问题。[36]

为了解释市场参与者如何正确调整利率，费雪提出了两种计算方法，他认为，实际借款者和贷款者通常都会这么做。

第一种方法将货币视为一种与其他商品一样的商品，并涉及一种后来被称为"费雪方程"的算法，该算法使得市场参与者能够将两组价值相互联系起来，并在两种估值标准之间来回移动。因此，如果一项债务是以一种标准，比如以美元为标准签订合同，那么农民就必须计算出这种债务以小麦表示的价值，制造商就必须将其转换为小部件表示的价值，而商人就必须从自己出售的商品的角度来理解它。此外，在一个各种形式的资本都拥有着自己利率的经济中，就像费雪针对 19 世纪末美国的情况所宣称的那样，只要参与者了解标准之间是如何相互影响的，美元标准就可以被接受。按照货币标准（美元）来计算利率的传统制度可能是"公正的"，也就是说，即使每一标准的价值都会波动，如果借款人和放款人清楚地了解在一种标准（美元）上归集的利息与另一种标准（例如小麦）上归集的利息之间的关系，那么这种制度就可能是公正的。一个简单的公式使得市场参与者能够计算这种关系。计算一个（相对）贬值标准中的利息率的公式是计算以下三项的总和，即升值标准中的利息率、升值本身的速度和这两个要素的乘积（AI, 9）。

第二种方法是从金融交易中得出的，并且说明了金融交易的含义。这一计算结果反映出为了利息而储蓄的货币未来总额的"现值"，将会通过将该金额贴现到现在来实现。正如费雪解释的那样，"对在未来某天到期的某一笔款项的'现值'的一般定义是：今日以利息计算的款项，将会达到在未来的那个日期给出的金额"（AI, 19）。自 17 世纪以来，现值计算一直被用于保险、年金和固定收益（债券）交易中。那时就像现在一样，现值计算使市场参与者得以在他们的商业和投资决策中考虑对货币价值未来变化的预期。不需要复杂的当场计算，现值是通过参照表确定的，这些表格显示了复利所产生的随时间推移的几何增长。费雪指出，这些现成的表格"是根据这一原则（复合）构建的，以便保险公司在计算保费时实际使用，也是经纪人用以确定各种债券工具的比较方法"[37]（AI, 19）。费雪的见解是，经济学家可以从现值理论中概括出关于预期对名义利率等金融事项的影响的一般性主张。

费雪认为，农场主和商人在考虑他们愿意支付的利率时，通常会将他们对货币未来价值变化的预期纳入考虑，就像他们利用对作物可能的产量或对商品可能的需求的了解来做出种植或定价决策一样。尽管有人认为普通农场主和商人无法进行这些复杂计算，但费雪坚持认为，市场中的每一个参与者都已经习惯于遵循相对价格变化的趋势。此外，当借款人对当前货币价值的变化做出反应时，他实际上是通过供求的市场机制影响了其未来的成本。普通人的"工作不是预测索尔贝克（Sauerback）或康拉德（Conrad）的指数，而是预测自己未来的经济状况，以便做出合理正确的决策，尤其是要知道自己在贷款时是要用它来干什么。如果黄金以这种方式升值了，或者在某种意义上他所期望的利润幅度缩小了，那么除非利率下降，否则他会谨慎借贷；而这种不愿借贷的情况，将会令'货币市场'的需求减少，进而使得利息下降"（*AI*, 36）。

费雪为自 19 世纪 90 年代以来发生的这种激烈辩论贡献了两个基本观点：第一，由于不能只把资本理解为目前可用的资金，还必须理解为未来收入的流量，其形式是定期支付的利息，费雪认为利率可以根据用来对债务进行定价的货币的升值和贬值所引起的标准变化进行调整。流量（未来的利息）和资金（今天的价格）之间的区别，对于为帮助公司计算其资产价值而发展起来的会计理论的各种创新来说也是至关重要的。第二，由于市场参与者在商定利率时，通常会根据他们对未来的预期以及对复利原则的理解行事，因此，费雪将预期的作用——在经济的金融侧发挥关键作用——提升到了经济分析中新的重要地位。事实上，他坚持认为，市场参与者基于预期的行为影响了市场的情况，他的这一观点帮助经济学家将注意力转移到决策制定的过程上来。正如我们将看到的那样，这对金融市场的子领域来说是至关重要的，在二战后，这一领域中的价格被理解为投资者决策行为，而不是边际效用的一个函数。这种从欲望到行为和选择的取向变化为20 世纪 30 年代发展起来的宏观经济模型奠定了一个微观经济基础。

在《增值和利息》的第二部分"事实"中，费雪开始用经验证据来检验自己的观察结果。尽管这与他在《数学研究》中提倡的方法有了很大的不同，但费雪坚持认为这是经济分析的一个进步。"如果没有事实的验证，对增值和利息之间关系的任何研究就都不完整。在一些假想的例证中，如

第一部分所用的那些元素，很容易使计算结果与小数点最后一位保持一致；但我们真正感兴趣的数字必须来自实际的市场报价。"（AI，35）市场报价，即为商品实际支付的价格，经常出现在每周出版的"大量交易期刊和投资者评论"上（AI，37），但正如费雪所发现的那样，很难获得关于在货币方面支付年利率的相应数据。这样的数据构成了巨大的挑战，所以费雪在文本后面附上了他用来创建图表的数据来源的详细汇编，这突出了现有年度记录中的漏洞。第二部分正文的脚注也是对其构建文本中表格所付出的辛勤工作的连续注解。换句话说，费雪的统计检验虽然在雄心和设计上具有革命性，但实际上同样由于缺乏数据而受到限制，约翰·贝茨·克拉克认为这与经济理论无关。与克拉克不同的是，费雪显然对数据的不足——其稀缺性及其所采取的不相称形式，以及经济学家可用工具的相对初级——感到沮丧。[38]

费雪对经济学家使用的工具的失望也体现在他对指数数据的警告上。

使用指数本身就会遭到致命的反对。如果不与其他统计数据进行核对，指数就会产生很大的误导性。不但根据商品数量和进行平均的方法得出了不同的结果，而且即使是最好的方法也不能给出一个可靠的衡量国内一般购买力的标准，这一方面是因为它们基于批发而不是零售价格，另一方面是因为它忽视了住房租金、劳动力和家庭服务的支出，而这些支出在借贷者的家庭预算中必然构成一个非常大的项目。（AI，81）

费雪承认，即使有相关的数据，经济学家仍然不知道"货币的'主观价值'或边际效用。人们也必须考虑可自由支配的美元数量（即货币收入）。即使我们对货币的边际效用和购买力的了解是完整的，我们离解决债务人的损失问题也和此前一样遥远"。问题并不在于黄金相对于商品、劳动力或任何其他标准的升值。正如我们所看到的那样，它完全是一种关于前瞻性和对利率的适应程度的问题（*AI*, 82）。无法解决的数据缺乏和不够成熟的分析工具，显然使费雪感到沮丧，他也注意到了对期望（预见）和行为（适应）建模的任务极具挑战性，但是他没能解决这一问题。[39]

金融的视角

欧文·费雪通过在他的经济分析中引入诸如利率等金融主题和债券等金融资产，在经济学学科中为金融理论开辟了一个新的天地。通过挑战自己和其他经济学家来寻找数据和统计工具，从而使理论能够被检验，他找到了一种将理论与现实世界的经济交易关联起来的方法。这些贡献中的每一个都对这一学科产生了影响：不但金融理论和实践在 1970 年后成为经济学的重要分支，而且费雪对数学和演绎方法的依赖将会在 20 世纪 40 年代保罗·萨缪尔森的著作中再次出现，而他向实证分析的转变则会对米尔顿·弗里德曼从 20 世纪 30 年代开始进行的研究的成果产生影响。然而，在某些方面，费雪对金融史的最大贡献是一些后来的经济学家所追求的深刻见解。这就是我们所说的金融观点——包括商品和金融资产在内的对估值的全面理解。这种对价值的理解坚称收入不应该等同于金钱，金钱没有内在价值，而从金钱中获得的唯一好处是消费，无论后者是在现在发生还是作为一个预期的未来事件。一个概括金融观点的主要洞见的更简洁方法是阐述其激进的价值理论：资本的价值是以现行利率贴现的未来现金流。

费雪在 25 年里出版的三部作品中发展了这种金融观，包括《资本和收入的性质》(1906)、《利率理论》(The Rate of Interest，1907) 和《利息理论》(The Theory of Interest，TI，1930)。他一直认为前两部作品是一对，但当他开始修订《利息理论》之时，才认定这三部作品构成了一个单一的"解释链"。"'不耐烦与机会理论'的组合……把不耐烦、机会和收入结合在一起。收入概念在利息理论中起着基础性作用。"[40] 费雪在《资本和收入的性质》中提出了收入概念，这里的收入既是一种"经济核算哲学"，又是一种"在实务商业交易的思想和用途与抽象经济学理论之间长期缺失的纽带"[41]。收入概念是费雪以一种新方式定义的一系列术语之一，这有助于重新调整经济分析的方向：不仅从我们在约翰·贝茨·克拉克的工作中看到的对伦理的强调转向了数学和哲学，而且从对过去的关注转向了对未来的创新性参与。正如我们将看到的，这一重新定位的核心是大公司用来发挥重大作用的财产形式——金融资产，如债券和股票。

费雪对这门学科的基本术语——收入、财产、资本、财富、利率和风险——所做的一切，使其一些同僚心生厌恶，也把其他人搞糊涂了。[42] 通过把关于未来收入的预期作为价值的中心，正如精算师的复利表和债券经纪人的到期收益率时间表所反映的那样，费雪把这些概念都转向了未来。[43] 我们在他对"资本价值"的定义中看到了这一点，大多数新古典主义经济学家认为资本价值是过去收益的静态总和。"如果没有任何对未来收入的预期，或者至少对其有所预期，那么就不可能有资本价值。与预期收入无关的资本价值是不可能存在的。"(CI，230–231) 在费雪的分析中"财产"也转向了未来。不像古典经济学家和新古典主义经济学家那样，将财产视为所有者的物质财富的契约权利，费雪将财产定义为"未来财富服务的机会"。他的阐述表明其偏离传统有多远："所有财富仅仅是未来服务的现有手段，同时所有财产仅仅是对一些未来服务的权利。只有通过未来的服务，财富和财产才能被捆绑在一起。这种思维的排序为：首先是现在的财富，其次是未来的服务，最后是这些未来服务的现在权利，以及因此而有权获得产生这些服务的现有财富。因此，财产总是一种有机会获得未来利益的权利。"（CI，33-34）诺贝尔奖得主莫里斯·阿莱（Maurice Allais）描述了费雪见解的重要性：费雪"史无前例且清楚地看到，现在的经济只不过是未来的资本化，因此经济前景只是对未来预期的综合预测"[44]。这种面向未来的定位源于股票和债券等金融资产，而它已成为现代金融的主导力量。

这种重新定位也解释了为什么"收入概念在利息理论中起着基础性的作用"。因为如果"收入"指的是人们预期随着时间的推移而可以持续得到的东西，那么关于在现在消费还是推迟到后期消费的决定取决于一个人对未来的预期；同时，根据费雪的观点，利率表达了当前与未来消费决策之间的关系。在这里，我们应该注意到，费雪并没有谈论在给定的借贷情况下实际获得的利率，经济学家称之为"名义利率"。相反，他关注的是一个纯粹的理论概念，即"实际利率"，它通常被定义为名义利率减去货币购买力随时间变化的量。就像他在《利息理论》中发展的这个概念，实际利率是两个因素的函数。第一个因素表达了其与经济的金融侧之间的关系，这涉及人们对货币价值的未来变化将如何影响消费能力的预期。第二个因素表达了经济的实体侧的状况，包括建立了消费和投资环境的生产过程和技术创新。费雪设想每一个人的目标是最大化消费与储蓄的比例，并以最好的方式平衡当前可能的消费（也表达为"急切地花费收入"）与未来可能出现的任何"机会"（也表达为"储蓄"）之间的关系。在这个机制中，"收入"不仅是一个人现在所得到的钱，而且是一个人预期得到的，以及来自这种预期的面向未来的一系列决定；实际利率阐明了这些决策之间的关系。

费雪对经济分析的重新定位也涉及从两个角度看待每一笔经济交易：一个强调静态状态，另一个强调时间性，即它与未来的关系。这些视角也反映了我们已经研究过的公司财务文件所给出的两个观点。第一个提供了一个公司的资产负债表视角，费雪将其称为"资本的闪光灯图片"；第二个给出的是损益表视角，它显示了"一段时间内从资本中获得的服务流"。（CI，66，333）根据这一范式，理解"资本"价值的唯一途径——把它理解为"资本价值"——就是调用它的对应物，即收入（这是一段时间内的一种流量）。换言之，理解资产负债表的唯一方法是将其与损益表联系起来进行分析。

我们不确定费雪是否看到了联邦政府在 1894 年拟定的损益表或狄金森 1904 年的表格，但《资本和收入的性质》一书表明他对成本会计方面的知识很熟悉，而且他对自己所称的"收入账户"和"收支账户"的引用表明，他熟悉损益表所具有的功能。（CI，122，134）他在这三部著作中所做的工作是将复式记账系统的要素与资产负债表和损益表的观点相结合。这使得费雪保留了复式记账系统中固有的验证功能，但又为验证增加了一个额外功能：计算或估计。对于费雪来说，这可以使用他在《增值和利息》中讨论的现值方法来完成。当人们把基于精算表的计算与他在利息分析中隐含的预期理论结合起来时，经济学家就有了一个扩展的、理论上一致的估值体系，而且很可能是实用的。该系统的潜力在于它根植于真实会计人员的日常操作，费雪解释说，会计人员的指导可以把经济学家从许多错误中挽救出来。"对商业簿记稍加注意就可以使经济学家免于出现这些错误（例如，忽略存量和流量之间的时间关系），因为在商业中保存记录涉及可能对此处提出的时间原则来说是无意识的实际承认。例如，铁路公司的'资本账户'在特定的时刻表现了其实际运营状况，而'收入账户'给出了其在一段时间内的经营状况。"（CI，59-60）

费雪金融观的实践层面是通过他对关于消费决策的具体机会的讨论而得到加强的，其中一些，例如"发明和发现"（TI，341）涉及实体经济，而其他一些，例如在给定时间可用的债券和贷款的种类则属于经济的金融侧。然而，重要的是要记住，费雪的利息理论就是这样一个包含了新古典经济学核心假设的理论：价格是由供给和需求确定的，货币的数量并不影响价格，所有的合同都将得到执行，所有的市场都是出清的。这些假设是理论上的，而不是现实的，但它们使费雪得以发展出一系列关于经济的两个侧面在日益复杂条件下相互关联的自洽的图景。这些图景中的每一个都预见了现代经济学家称为"模型"的东西，而这些图景中的最后一个，将所有重要的不确定性范畴添加到了相互作用的很复杂的时间性上，这种相互作用发生在已经不耐烦的消费与偏爱预期的未来机会而愿意推迟消费的意愿之间。正如我们将在本章后面看到的，在那些将费雪早期的研究工作与《利息理论》分开的年份里，风险和不确定性的区别被引入了经济分析当中。

费雪这种向未来的转变不可避免地引入了不确定性，因为未来唯一确定的事情是我们不知道它会带来什么。在《资本和收入的性质》中，费雪只是把不确定性和风险混为一谈，直到这本书的结尾，他才表明自己的方法可以如何适应这种情况。在一个脚注中，费雪建议读者阅读有关"概率论的现代统计应用"的文献。（*CI*，410）在 1906 年，这些文献包括卡尔·皮尔逊（Karl Pearson）的著作《科学的规范》（*Grammar of Science*），弗朗西斯·埃奇沃思的论文《银行业的数学理论》（Mathematical Theory of Banking），以及将概率应用于期货和货币市场的两次尝试。（*CI*，410，注释 1）在这一著作中，费雪没有详细说明他的建议，即经济学家应该用"概率的现代统计应用"来代替"对未来收入情况的猜测"，书中没有任何证据表明他是在用随机的方式思考，而经济学家很快就会用这种方式来管理风险。事实上，即使在 1930 年，当他再一次回到这个话题时，也没有以任何特殊的方式对待风险。对他来说，同时获得不同利率这一事实就表明存在不确定性，并且在某种程度上，它们提供了一系列处理风险的方法。当他将 1930 年看到的利率命名为"短期同业拆借的报价利率、4 个月的最佳商业票据、最佳银行承兑、第一次抵押贷款、第二次抵押贷款，以及储蓄银行提供的利率、活期支票账户上允许的利率、当铺利率、莫里斯计划银行利率、政府债券和铁路债券的变现利率"时，也没有将这些利率与管理风险的策略联系起来。（*TI*，207）费雪没有办法把不确定性或风险理论化，也没有把各种利率与概率或风险管理联系起来。我们不应对此感到惊讶，因为费雪主导的是以 19 世纪政治经济学的确定性术语来理解经济世界，他所追求的是经济的"规律"，而不是统计的概率。

即使费雪没有预见经济学很快会接受概率而不是寻求规律，他所引入的概念和方法也确实供我们来理解金融的基本术语。正如我们将在第九章中看到的，在 20 世纪 30 年代末，马尔沙克将费雪的见解转换成一个可以用来对金融资产进行定价的模型。费雪的估值模式也是资本资产定价理论的基础，而后者是现代金融体系的基石之一。加州大学洛杉矶分校的经济学家杰克·赫舒拉发（Jack Hirshleifer），在 20 世纪 60 年代帮助恢复了欧文·费雪的声誉，他把费雪和亚当·斯密及凯恩斯放在一起，他们都强调了投资心理在价格理论中的作用。这一概念性的重新定位，即转向对未来的预期心理这一现代金融的基础，一直都隐含在金融资产理论中，但在这种资产的本体论可以提升到概念水平之前，它必须被抽象和理论化。在金融的本体可以被建模，转变为新的工具和产品，进行有意义的监管，然后再从监管中解脱出来之前，人们必须明白，买卖农产品期货的古老做法隐含着一种新的思考价值和时间方式。欧文·费雪是最早提出这些见解的人之一，尽管他没有完全用现代金融理论家的术语来思考，但他确实塑造了现代金融理论的许多组成部分。

货币数量论和货币银行观点

1911 年以前，美国人关于货币的辩论主要集中在三个主题上：价格水平的不稳定性，纸币和信贷的非弹性，以及金属本位的选择。正如我们已经看到的，在对金属本位的选择中黄金与双金属本位制相对立，而这将扭转 1873 年白银非货币化所产生的“愤怒”。[45] 尽管经济学家参加了这些有关货币的广泛辩论，但他们并没有发展出货币经济的一般理论。因为他们认为货币和定价是两组不同的问题，所以倾向于将这两组问题分开讨论。一些经济学家区分了“初级”和“信用”货币，而大多数经济学家应用了新古典的供求理论来解决价格问题，但正如约瑟夫·熊彼特所言，他们的“经济过程的模型在本质上是一种物物交换模型，它的运行可能会受到通货膨胀和通货紧缩的干扰，但它在逻辑上是完备和自洽的"[46]。

所谓的"货币数量理论"（Quantity Theory of Money，QTM）是关于货币的主导理论见解。它是在 16 世纪针对产自新大陆的黄金对欧洲商品价格的影响而提出的，该理论认为货币供应量与价格水平有着直接、成比例的关系：货币越多，总体价格水平就越高。在 19 世纪 90 年代的美国，这一理论被用来支持金银复本位制，但在布莱恩的银币自由铸造活动失败后，货币数量理论的支持者开始将这一理论与金银复本位制区分开来。查尔斯·邓巴（Charles Dunbar）、西蒙·纽科姆（Simon Newcomb）和埃德温·沃尔特·凯默勒（Edwin Walter Kemmerer）等货币理论家，试图用数学上更稳健的理论分析来对这一理论的旧版本进行补充。最值得注意的是，在凯默勒 1903 年的博士论文，即后来在 1907 年以《货币和信贷工具与一般价格的关系》（*Money and Credit Instruments in Their Relation to General Prices*）为名出版的著作中，他在货币数量理论中增加了一些方程，旨在显示货币周转速度、需核查的银行存款量和支票的周转速度。在凯默勒的数学论证中，价格是关于流通货币数量（M）、货币流通速度（V）、接受支票的银行存款数量（M'）、支票周转速度（V'）和交易量（T）的函数。这一新的货币数量理论还考虑到了黄金生产的成本和商业信心的变化。[47]

欧文·费雪也对货币数量理论和关于货币供给的争论做出了重要而复杂的贡献。他主要是在《货币的购买力》（*The Purchasing Power of Money*，1911）一书中做出这些贡献的，在这本书中他采用并略为修改了凯默勒的公式。尽管凯默勒的研究先于他，但费雪提出的所谓交易方程是有影响力的。在一封致凯默勒本人的信中，费雪解释说，他的公式是受到一种数学考虑的启发：当他在计算《数学研究》一书中分析商品市场的方程式时，意识到缺少一个方程。"（在《数学研究》中）我注意到，在所有情况下，决定个别价格所需的方程式数目都少于待定的未知数的数量，而且，如你所知，独立决定条件的数目必须等于待确定的未知变量的数目，这是代数和科学的一项基本原则。这给交易方程留下了空间来提供缺失的方程，并以一种漂亮的数学方法说明了这个方程所起的重要作用。"[48] 费雪的交易方程——$MV + M'V' = PT$ 提供了瓦尔拉斯一般均衡理论中缺少的等式，因为货币的均衡价格确定了货币的购买力，或者与之相反的价格水平。

因为费雪认为价格水平"通常是一个被动因素"（是其他变量的效应而不是原因），他对这个等式的解释得出了一个结论，正如米尔顿·弗里德曼后来所说的那样，"通货膨胀始终且在任何地方都是一种货币现象"。费雪认为，这一结论符合模型的逻辑。与任何模型一样，某些假设是基础性的：货币是一个自变量（因为它是基于金本位、银行信贷形成和公众习惯使用定金等机制的）；在"正常"时期（即不是"过渡"的时期）流通速度是稳定的；经济活动水平是人口增长、技术、制度和法律等其他因素的函数。基于这些条件的假定，费雪建立了他的模型：如果货币增加（外生的），速度不变，交易独立于货币条件（当经济处于均衡状态时），而价格水平"通常是被动因素"，那么货币的变化将导致价格成比例的变化。这也是费雪的浮动水箱物理模型用来进行解释的原则：随着货币（水）被加到容器里，所有的水箱（商品价格）都上浮了。

一些学者指出了破坏费雪公式一致性的复杂性。例如，熊彼特认为，由于费雪的数量定理只有在均衡条件下才能得到，在"过渡"的时期无法得到，因此交易方程几乎没有什么价值。"由于经济体系几乎总是处于过渡或非均衡状态，因此似乎与数量定理不相容的现象……几乎总是显而易见的。"此外，由于承认直接影响购买力（M，V，T）的因素本身受到多个间接因素的影响，费雪似乎削弱了数量定理的核心。熊彼特的结论是，费雪采取了"一种特别狭隘和不充分的思维方式，甚至实际上这可能是一种有误导性的形式"，因为他的主要目标是捍卫自己提出的为了解决价格波动问题的方案——补偿美元或"100%准备金率"计划。"《货币购买力》中的理论被认为是统计研究工作的支架，后者反过来又是社会工程的一部分。"[49]

无论费雪版本的货币数量理论有多大的局限性，熊彼特提到的统计工作确实有助于说明这个世纪的前几十年流通的支票账户货币（M'）的数量。欧洲许多国家早已使用支票，但美国接受这种形式的货币却很晚。在19世纪60年代《国民银行法案》（National Banking Acts）通过以及19世纪80年代联邦发行了银元券（silver certificates）之后，支票才开始能够与汇票相抗衡。然而，一旦银行将票据交换所的数量成倍增加，使支票能够更广泛地流通，支票与所有其他形式货币之间的比率就会急剧上升：1890年，银行存款总额是货币存量的3倍；但到1914年，银行存款总额增加到了上升货币存量的7倍。[50]与此同时，电报的发明降低了与资金转移有关的成本，就像美国铁路系统的发展在过去几十年中所做的一样。

费雪援引统计数据表明，支票在美国货币版图中所起的作用越来越大，同时，通过在交易方程中纳入M'（活期存款）和M（流通货币数量），他（和凯默勒一样）在"货币"中为支票存款腾出了空间。在这方面，费雪的想法与许多不愿将支票存款当成货币的同时代经济学家大相径庭。然而，虽然费雪意识到支票存款的重要性，并且对这些账户在经济周期中可能发挥的作用进行了复杂的分析，但他没有从理论上解释信贷在货币体系中所能发挥的更一般性的作用。[51] 由于银行的部分准备金制度允许单个银行只保留其发放给客户的信贷的一小部分作为储备，所以现代支票就像是货币供应和信贷之间的桥梁。事实上，正如我们即将看到的那样，支票的应用既可以说是为了扩大黄金的购买力，也可以说是为了创造一个有弹性的信贷来源，从而有效地产生更多的存款。[52] 当个人将钱存入支票账户时，他们会向银行提供资源，以便向他人提供更多的信贷——就像商店和客户接受支票也代表着贷款一样，至少在支票归还银行以取得付款之前的短时间内是如此。如果一位经济学家从信贷而不是从货币开始对货币体系进行描述，他就会创造出一幅与费雪所认可的数量理论有着重要区别的图景。到 1911 年，许多经济学家采取了这种方法，尽管他们对后来的货币理论家的影响是间接的，但他们所支持的立场为货币数量理论提供了一个重要替代。

正如佩里·梅林所指出的，"在货币思想史上，一直有两种研究货币和银行业的基本方法，即以货币或银行为出发点"[53]。无论是此时在争取自由铸造银币的平民主义鼓动中，还是在凯默勒和费雪提出的更抽象的定理中，从货币着手的研究方法都与货币数量理论有关。从银行业，或信贷方面着手的方法，在 20 世纪初与联合起来击败布莱恩的美国东部银行业利益集团，以及帮助凡勃伦在芝加哥大学创立职业生涯的经济学家劳伦斯·劳克林有关。正如布莱恩的典故所提醒我们的，在这一时期，这两种立场既包括政治层面，也包括理论层面。事实上，它们是关于银行应在美国社会中扮演何种角色的辩论的表现，也是经济学家之间关于货币现象是否应纳入经济理论模型的辩论的焦点。

在 1904 年和 1911 年的美国经济学会（AEA）的会议上，费雪和劳克林至少有两次直接对质。第二次会议特别有趣，因为在主要发言人讲话之后的圆桌会议上，其他经济学家帮助得出了劳克林自 1903 年发表《货币原理》（*Principles of Money*）以来所采取的立场的含义。作为系主任和《政治经济学杂志》（*Journal of Political Economy*）的创始主编，劳克林有许多机会推广他的反数量理论的观点，但总而言之，到 1911 年，他的主张正在逐渐失去光彩。在 AEA 会议上，费雪发放了他即将出版的《货币的购买力》中的部分章节，并充分利用了分配给他的演讲时间，只是为了说明他认为不言而喻的观点："在我看来，旧的数量理论本质上是正确的……一般价格水平将在很大程度上与流通中的货币量对应。"[54] 劳克林首先发言，在他的论文中，除了 1896 年以来一直影响金价的黄金需求之外，他还讨论了"其他事情"。这些"其他事情"之所以被新古典主义经济学家忽视，是因为它们对其他条件不变假设的依赖，包括劳克林所说的由新的大公司代表的"垄断性组合"。"垄断性组合存在的目的是控制价格，防止主动的竞争。正如每一位经济学家都知道的，在今天许多行业都已组织起来的条件下，生产费用与价格没有直接关系。在这种情况下，有些领域是以'按客户承受能力'（what the traffic will bear）的收费政策为主导的，而其中包括一些非公用事业的行业。"[55]

虽然劳克林对托拉斯的影射引起了其同事的一些评论，但他对信贷的讨论也引起了对这一话题的更热烈的讨论。最具争议的是他关于通过银行业务的说法——商品被创造为支付手段。"信贷对价格的影响主要体现在金融机构中，通过这种机制，商品被创造为支付手段，因此，用金本位表示，它们可以互相交换。所以，信用工具极大地缓解了人们对使用黄金作为交换媒介的需求。"这让原本支持欧文的 F．W．陶西格（F. W. Taussig）勉强让步。

虽然我绝对不会像劳克林教授那样进行推理，因为他的推理似乎意味着，每一种交换行为都会自动提供自己的交换媒介，但在我看来，我们现代的存款银行机制提供了一种弹性的存款来源，在相当长的一段时间内，这种机制使它们能够与依赖它们的交易和贷款并行运作。而且，存款的增加以银行持有的现金数量为限。但是，也有一定的调整弹性，即贷款和存款的增长与交易一样快或比交易更快，这在很大程度上反映了活动期间价格的上涨。这一现象在股票交易所贷款中表现得最为明显，特别是在像纽约这样的城市。在这样的城市里，企业为自己创造了准自动的自有交易媒介。[56]

陶西格的赞扬被拉尔夫·H．赫斯（Ralph H. Hess）放大了，后者称赞了他提到的"商品被创造为支付手段"的说法。"在正常的交易条件下，所有合法的市场价值都有可能通过信用机构进行清算，因此，它们所包含的货物变得可以立即且方便地进行交易了。这一过程可以独立于价格完成，而很少考虑实际的货币供应。事实上，这一说法的真实性每天都表现在交易的痕迹中。"[57]

除了围绕理论和方法的学科内部争论之外，这些交流还揭示了对于双方阵营未来辩论至关重要的领域：经济分析应如何以及是否被更广泛地用于分析新的交换媒介（比如支票），以及银行和信贷问题。如果像费雪所主张的那样，货币被视为一个外生因素，那么金融中介就会落在经济学家的视野之中，而信贷看起来就仅仅像是一笔从一方到另一方的贷款。如果货币被视为内生的，可以通过银行系统创造，那么金融中介就必须成为经济分析的核心组成部分。在 20 世纪 20 年代，这两种观点分别在劳克林和费雪关于数量理论方面的研究工作中，以及在阿林·杨格（继拉尔夫·霍特雷之后）从银行或信贷角度所做的研究中得到了阐述。20 世纪 60 年代，正如我们将在第八章看到的那样，它们在货币主义者米尔顿·弗里德曼和凯恩斯主义者爱德华·S. 肖的对峙中得到了更多的关注。正如我们将在本书的结尾所看到的，第一种观点的主导地位，逐渐排斥了第二种观点，这意味着经济金融侧的破坏性发展在 2008 年全球经济陷入极度低迷之前都没有得到主流宏观经济理论家的注意。

弗兰克·奈特的不确定性理论

弗兰克·奈特于 1916 年从康奈尔大学获得博士学位，在 1927 年加入芝加哥大学经济系。20 世纪 30 年代，奈特是"第一代芝加哥学派"的创始成员之一。1947 年，他成为朝圣山学社的缔造者之一，这一学社的成员是二战后一群致力于促进自由市场政策和开放社会原则的经济学家、哲学家和历史学家。对我们而言，奈特最重要的贡献是他在 1921 年发表的博士论文修订版《风险、不确定性和利润》（Risk, Uncertainty and Profit）中对风险和不确定性所做的最早区分。这种区分是在巨型公司带来的变化的背景下形成的，它为公司发起人和经理所获得的巨额报酬提供了一个理由，这有助于证明企业对信用保险的依赖是合理的，而这种保险是 1921 年出现的一种相对新颖的保险形式。矛盾的是，奈特所做区分产生的一个意想不到的影响是加强了后来的经济学家的信心，他们开始感到有能力对经济世界中越来越多的部分进行建模，因为随着可计算风险的领域越来越大，无法建模的不确定性似乎在数量和重要性上都降低了。

和费雪一样，奈特把不确定性理解为经济分析的一个关键组成部分，并且和费雪一样，把这个问题与经济进程的未来方向联系在一起。"经济过程本身的前瞻性特征"导致了"经济学中的不确定性问题"。[58] 然而，与费雪不同的是，奈特不满足于把不确定性与风险等同对待，或者将两者都看作本质上是主观信念的问题。相反，奈特区分了两种未知情况，其中一种可以"简化为客观的、定量的确定性概率"，另一种则不能。他把第一种称为"不确定性"，而把第二种称为"风险"。对于构成风险的各种未知情况，"一组实例的结果的分布是已知的（通过先验计算或根据过去经验的统计）"；相反，属于不确定性的各种未知情况，不服从概率分布"一般情况下，不可能形成一组实例，因为所处理的情况在很大程度上是独一无二的"。

奈特在风险和不确定性之间做出的区分，揭示了很少有经济学家愿意承认，更不用说进行研究的可能性了。因为，即使经济学家对统计数据和概率——帮助他们计算和管理风险的技术——感到越来越满意，但经济世界中包含的事件太稀少或太特殊，因而不能构成同质集合的可能性会破坏任何基于数学和逻辑的分析。就在奈特发表《风险、不确定性和利润》的同一年，凯恩斯附带提出了一个更麻烦的问题：某些未来事件可能是绝对不可知的，因为数据生成的过程可能就是不平稳的。[59] 正如我们将在第七章看到的那样，这个问题出现在凯恩斯与丁伯根关于经济学家从数据集外推出的结论可信度的争论当中。但是，在大多数情况下，大多数经济学家倾向于混淆风险和不确定性，并且越来越多地忽视人类知识有其局限性的可能性，或者生命中只有一次的事件不可知的可能性。在第十章中，我们将看到特别是后来的金融理论家是如何不情愿地开始探索这些可能性的，但在几乎整个 20 世纪，经济学学科通过反复将它们置于讨论背景之中，获得了其特有的问题和方法。[60]

奈特对风险和不确定性的区分是对经济分析的一种理论干扰，但它也是对新的公司形式，特别是公司发起人和公司管理者获得巨额回报的一种反思，是一种隐含的理由。首先，从他写作时的观察开始，公司已成为"现代世界中典型的商业单位形式"，奈特展示了这种机构是如何部分地通过鼓励专业化分散风险并提高效率的。在公司内部，最重要的专业化变成了"承担不确定性"，随着公司的发展，这一任务从公司发起人或企业家转移到经理人身上。奈特继续说道："随着职能的专业化，报酬也出现了差别。"大多数员工都得到了工资或"合同收入"，这实质上是对他们的生产力所支付的"租金"；而经理人则得到了"利润"，这是管理风险的回报。"导致利润的唯一'风险'是由于承担最终责任而产生的一种独特的不确定性，这种责任在本质上不能被保险和资本化，也不可向其支付工资。利润产生于事物固有的、绝对的不可预测性，产生于人类活动的结果是无法预料这一残酷事实的，并仅限于即使对它们进行概率计算也是在不可能且毫无意义的情况下。"因此，利润是一种"纯粹的剩余收益，不能通过竞争机制将其向创造过程中的任何主体归因"。而公司经理有权从中获益，因为只有他的判断力才能引导公司避免这些无法估量的不确定性。"领导的力量和属性是人类可以过上文明或有组织的生活的最神秘且最重要的禀赋……正是这种最优秀群体的判断能力控制了误差范围，而这种判断能力的执行是负责任的控制的本质所在。"

如果奈特对不确定性的阐述证明了向公司经理支付过高比例的公司收入是合理的，那么他将风险与精算分类和概率分布联系起来，暗含对公司购买保险的鼓励，以应对它们所能投保的所有可能发生的事件。保险业迅速响应公司的这些需要，开发了新的意外保险形式。其中包括汽车保险，这是保险公司为了对冲高层管理人员可能造成的损失而提出的措施；还包括信用保险，这是为了在债务人背弃债务时保护资产。在他们关于保险的宣传书中，保险业内人士罗伯特·里格尔（Robert Riegel）和亨利·詹姆斯·洛曼（Henry James Loman）将保险、不确定性和信用联系起来，尽管他们显然没有使用奈特的区分方式，但他们对保险的颂扬符合奈特对风险的考虑。"如果所有的不确定性都可以从企业中去除，那么利润肯定会得到保证；保险消除了许多不确定性，同时在这个范围内是有利可图的。"里格尔和洛曼也表示奈特只阐述了暗示性的内容：如果公司能够更多地增加可保风险相对于不可保不确定性的比例，那公司的信用越高，就能够成长得越大。"信贷扩展是现代商业生活中最重要的服务之一，几乎所有形式的保险都对此做出了贡献。"[61]

在奈特的书中，有一些段落使人认为他同情一种顺应历史变化，甚至可能是制度特殊性的理论方法。然而，这种印象是错误的。奈特坚称"在竞争动机或商品之间的一般选择规律不是制度化的"，他强调说，"没有规定经济行为内容的规律，但存在对其行为形式而言普遍有效的规律。"[62]他对形式而不是内容的强调预示着他的新古典主义方法与经济学家在 20 世纪三四十年代开始使用的数学建模之间的密切关系。正如我们将会看到的那样，数学建模取决于概率分布的存在；而奈特对风险的关注，虽然不如他对不确定性的阐述那么具有创新性，但是为了支持人们随后做出成果的努力，即用与数学建模相一致的简化形式来代表越来越多的经济活动维度。事实上，人们可能会说，尽管奈特努力试图将不确定性理论化，且有一些明显的例外（如凯恩斯），但大多数后来的经济学家往往忽略了这个区分，将越来越多的情况简单地看作服从概率的风险情况，并进行建模。

奈特背离凡勃伦的制度主义的最后一种意义，指向了正统经济理论在1920 年以后的发展走向。正如我们所看到的那样，凡勃伦提供了从物物交换向信用经济转变的历史描述，以及一幅现代社会的图景，这幅图景突出了两种观点之间的持久紧张关系，一种是利用生产满足人类基本需求的观点，另一种观点则认为这一目标服从于利润动机。奈特的分析强调的是后者，不是作为公司形式历史上的特殊结果，而是作为一种普遍的经济规律的表达；在《风险、不确定性和利润》一书当中，为满足人类要求，甚至是消费欲望的需要，它们都被一种增加财富的突出愿望所排斥。"我们怎么强调这一事实都不过分，现代经济生活的动力就是增加财富的欲望，而不是消费商品的欲望。"根据奈特的说法，这是通过现代公司创造的机会，由不确定性满足的无止境需求："在资本化方面，不确定性的作用是使一个人能够通过卓越的判断力或好运在短时间内获得财富的大幅度增长。"后来的经济学家会提出这一观点，就像他们充分利用奈特关于风险的评论一样。

美国的公共财政：个人所得税

经济学家之间的理论争斗，以及正统经济学家开始形成的围绕新古典主义原则达成的共识，主要是在学术领域内登上了舞台——在大学的招聘决策中、在专业期刊的页面上，或在如同费雪和劳克林展开争论的那种会议上。然而，在这几十年中，经济理论确实对美国人的生活产生了影响，而在这个世纪前 30 年出现的金融图景，既受到美国政府的财政政策影响，也受到这些理论争议的影响。

处于财政政策核心的是一场使税收累进程度更高的运动。在关于税收的长期辩论中，累进所得税的支持者明确使用了边际主义的观点——有时甚至是边际主义的经济学家——来支持他们的主张，即累进所得税比关税和消费税更具社会效益，而关税和消费税对较不富裕的人征收了不成比例的高税额。[63] 尽管有几位学者指出，联邦所得税的支持者援引了边际主义的原则，但很少有人评论这场运动的结果使人们对费雪在《资本和收入的性质》中提出理论化的、以未来为导向的现值方法深信不疑了。[64] 规定应对利息和股息征税的法律，并非偶然地也为联邦政府提供了关于这些收入来源的可靠信息，这些收入既是公司和个人应纳税收入的组成部分，也是最终成为可见的"国民收入"的一部分。

在 1913 年第 16 次宪法修正案被批准之前的几年，政府做出了推行个人所得税合法化的宪法修正案的决定。它产生于有影响力的参议院财政委员会主席尼尔森·奥尔德里奇参议员（Nelson Aldrich）与新当选的总统威廉·霍华德·塔夫脱（William H. Taft）在 1908 年前后达成的共识。最初，两人只同意保留现行关税（人们普遍认为这有利于大公司），并以适度的税率向公司征税，而不是征收所得税。据报道，奥尔德里奇支持公司税法案，因为他认为，公司税法案的通过将结束关于所得税的进一步讨论，据称他告诉塔夫脱："我将投票赞成征收公司税，以此战胜所得税。"[65] 相比之下，塔夫脱考虑征收适度的企业特许权税，因为他认为这种税收——不像所得税——将经得起司法审查，与此同时为所得税奠定了基础。换句话说，塔夫脱希望监管美国现代大公司，但他的首要议程是通过宪法修正案，以使所得税合法化。

为了使所得税合法化，美国宪法必须被修改，因为第一条第九款（"对国会的限制"）将任何财产的直接税与"分摊"联系了起来，也就是说，直接税必须根据人口在各州之间按比例分摊。塔夫脱和支持对收入征税的立法者认为，公司税将可以避免遭受 1894 年所得税无效的司法指责，因为公司税是间接税，而不是直接税。由来自田纳西州的，处于第一个任期的民主党议员科德尔·赫尔（Cordell Hull）领导的国会支持者甚至更进一步地认为将无形资产从须课税的财产中豁免是不公平的。尽管他们成功地主张，无论是对公司还是个人，利息和股息都应该被征税，但税收支持者的主要目标不是将估值基础转向那些价值来源于对未来预期的金融资产。对今天的人来说，所得税支持者想要做的事情似乎比对预期进行估值更为激进，因为他们的目标是利用税收重新分配财富。[66] 在这场运动中，巨型公司所拥有的财富似乎是"低垂的果实"，因为美国政府对关税的依赖暗示着大公司不受联邦税收的影响，但正如我们所看到的，大公司的巨额财富开始引起公众的反对。[67] 1909 年通过的《公司所得税法案》取得了一箭双雕的效果：立法针对这些大公司，同时也为个人所得税开了先例，后者是美国 1913 年第 16 次宪法修正案的批准所达成的措施。

1909 年的《公司所得税法案》可能使公司资产被联邦政府征税，但它从公司财富中夺走的税额相对较少：该法案对每一家公司"超过 5 000 美元的全部净收入"规定了 1% 的统一税率。虽然这使"收入"变成了联邦法律下的应税资产，但也引发了一场关于如何定义和解释这一新资源的激烈辩论，因为该法案没有具体说明如何定义收入以及如何计算净收入。[68] 就我们而言，随后辩论的复杂性不如最终达成（某种）裁决的机制重要。最终，司法判决由多项构成，而不是单一权威的答案；法庭有多种，其中包括但不限于联邦最高法院，它们与经济理论家、会计学教授或政治家相比，在界定公司净收入方面发挥了更重要的作用。虽然联邦最高法院对1920年艾斯纳诉麦康伯案例的判决通常被援引为确立"收入的经典法律定义"，但随后的法院裁定对这一裁决的部分内容提出了异议，并持续如此。北卡罗来纳大学会计学教授威拉德·J.格雷厄姆（Willard J. Graham）在1965年指出，1920年至20世纪60年代中期，州法院经常就如何定义收入问题产生分歧。事实上，格雷厄姆认为，利用法院裁决来定义"商业收入"是徒劳的——尽管这些裁决在过去和现在都为有关应缴纳联邦税的企业收入的决定确立了参数："没有一个企业收入的法律概念。法院关注的是各种法规的意图，而不是衡量收入应有的标准。"[69]

关于如何定义收入以及如何（和是否要）从毛收入中分离出净收入的争论，在20世纪30年代的美国国家收入总量讨论中也引起了反响，我们将在第六章中看到这一点。就目前的目的而言，值得注意的是，1909年《公司所得税法案》的通过使得企业收入可以被征税，无论它是如何被界定的，都使费雪对这一概念的重新认识具有了现实意义，因为这一法案和随后的个人所得税法将利息、股息和租金等金融资产包含在将会被征税的收入中了。当第16次宪法修正案的批准废除了按人口分摊各州税收的规定时，它又留出了一种总量（"州人口"），从而为另一种加总方式扫清了道路，这种方式将国民收入与生产"部门"和"产业"联系在了一起。我们还应该注意到，按照后来的标准，这两项立法征收的所得税是最低的。与公司一样，个人净收入超过 3 000 美元的个体只需缴纳 1% 的联邦税。如果一个人的净收入达到 50 万美元，就征收 6% 的附加税。不管这些法律支持者对财富再分配有何看法，新税收中上缴给联邦政府的金额相对较少，而且正如我们即将看到的那样，随后采取的措施更进一步降低了税率，因为边际主义经济学家的观点使应税公众相信，更高的边际效率意味着更高的整体回报。

公司所得税和个人所得税法案的通过导致的结果，使我们可以看到经济学家在 20 世纪前 10 年所处的制度和文化框架。这些结果还揭示了边际主义理论和与数理经济学有关的复杂数学是如何最终与公司会计方法融合的；一个副产品是，参与公司治理的会计师人数急剧增加，同时作为注册会计师和国家统计人员参与管理新税法产生的数据的人数也急剧增加。随着美国开始参与第一次世界大战，界定收入和相关应税类别的挑战从以前做出全部裁决的法院，至少是转移到了一些经济学家身上，这是因为联邦政府越来越多地寻求专家意见，以求说明为什么它在理论上，而不仅仅在法律上有意义。具体而言，美国政府在 1917 年开始向经济学家寻求帮助，当时美国决定不效仿英国的做法，即用一种由文本定义的"战时"税收来资助军事行动。相反，威尔逊总统决定征收一种临时的"超额利润"税，让那些将从战争中不当牟利的公司支付它们应有的份额。一旦美国决定不采取英国的税收战略，就会面临一个问题，即找出哪种利润是"超额"的，这就要求人们弄清楚什么是"正常"利润。美国财政部长威廉·吉布斯·麦卡杜确定大学的经济学教授是做出这一决定的合适人选，他选择了耶鲁大学的托马斯·塞维尔·亚当斯（Thomas Sewell Adams）。亚当斯的贡献之所以重要，是因为他把经济学家带入了政治决策制定的过程之中。然而，最终经济学家并没有像麦卡杜（大概还有很多经济学家）所希望的那样发挥决定性作用。到 1919 年底，亚当斯得出结论，经济学家不可能就如何定义"正常"的企业利润比例达成一致，以便美国政府对"超额"部分征税。[70]

在这一时期，会计理论家在定义收入方面扮演的角色更加边缘化了，尽管他们的职业最终比经济学界更加受益于美国采用的所得税制度。威廉·帕顿在 1922 年出版的关于公司会计的教科书中，一再拒绝对"总收入"或"净收入"（更不用说"超额利润"）提供一个毫不含糊的定义。帕顿认为这样的问题对会计师的工作至关重要，他写道："制定方法，从而在合理的基础上确定总收益的数额，是会计面临的最重要的工作任务之一。"但他一再放弃了使得这种方法标准化的可能性。在专门用一些章节讨论了困扰会计师建立标准方法和定义复杂因素——例如，赊销的优势，以及手头的股票可能贬值的可能性——之后，帕顿最终抛弃了建立标准的想法，转而呼吁对将会产生"合理结果"的"充分了解"进行"全面的考虑"。[71]尽管没有一个全行业的标准，但会计作为一个群体受益于新的税收规定。1909 年的《公司所得税法案》使公司比以往任何时候都更需要会计师，而且随着会计师数量的增加，会计行业发展出越来越多不同的专业，如税务会计和注册会计师这些新分支。

为税收的目的而定义收入的需要也提供了向政府官员和一般公众推销边际主义理论的环境。在某些情况下，经济学家直接提倡了边际主义的价值假设，例如在亚当斯担任美国财政部顾问时，以及当克拉克 1924 年在《纽约时报》公开支持累进税时就是如此；后来，费雪也是如此，他将自己秉持的边际主义的观点加入了关于税收的辩论，并以《建设性的所得税》（*Constructive Income Taxation*，1942）为名进行了出版。的确，正如玛丽·摩内（Mary Murname）所主张的那样，20世纪20年代发起的采用累进的但较低的公司和个人所得税税率的运动，也推广了边际主义思想，这一次用直接从边际主义者的著述中摘取出来的一个关于效率的观点取代了1909年使用的再分配观点。这场由新任财政部长安德鲁·梅隆（Andrew Mellon）亲自主持的支持梅隆税收计划的运动，将边际主义观点作为一种常识来思考税收问题。支持者认为，如果联邦政府将个人所得税最高税率从77%降至24%，那么就会有更多人愿意偿还欠款，联邦政府的整体收入也会增加。梅隆认为，不断提高边际效率从长远来看对每个人都将是有利的。正如我们在"超额利润税"的废除中所看到的那样，边际主义假设的胜利甚至终结了定义"正常"利润率以对"超额"部分征税的必要性，因为根据克拉克这样的边际主义理论家的观点，在一个竞争激烈的社会里，不存在正常利润率。[72]

在1909年后几乎所有的关于收入定义的争论中——包括法律、理论和政治的——我们看到欧文·费雪的金融观所带来的面向未来的决定性转折。例如当经济学家马丁·塞利格曼（Martin Seligman）在1917年声称，公司的"资本"，"不仅是当前收入，而且是预期未来收入的资本化"[73]时，我们听到了费雪的观点和金融资产逻辑的呼应。当票面价值的概念被抛弃，而选择一个包括贴现的未来收益流的价值以确定一家公司的股票价格时，我们也听到了这一观点。同时，当我们看到支持20世纪20年代梅隆税制改革的观点，即认为高税率会通过降低未来收入的价值来降低财产价值时，我们就会再一次听到这种金融观点。到第一次世界大战结束时，随着联邦政府开始从企业和个人的所得税中获得主要收入，由费雪开始的认识论转变正在顺利地进行着。这时候，正如我们将要看到的那样，新税制产生的数据流也开始再次改变经济理论和实践，这一次是通过一个可以衡量国家财富，而不仅仅是公司和公民财富的会计系统。

第三章

美国的统计和现代政府的治理

在 20 世纪的前 30 年间，美国旨在解决经济问题的政府政策具有某种临时性。有些政策，如梅隆的税收计划，得到了经济理论的支持，但大多数政策都清晰表现出从历史、意识形态信念和政治权宜之计中吸取的大量经验教训。将经济进程形象化并制定能够对其做出反应或对其加以管理的政策的能力，期待着一种能够以可理解的形式展现综合信息的技术的到来。今天，我们认为"大数据"的威力是理所当然的，但在 20 世纪的前几十年里，只有在统计工具、案例研究、指数以及如今信誉不佳的经济晴雨表等技术被重新修正后，才能使用或扩大常规收集的稀少数据，并使学术界和政界人士等都对此感到满意。尽管这些工具的最早应用涉及价格，但是它们通常被用来说明经济的实体侧，而不是金融侧；1921 年，当出现对美国金融组织的全面描述时，大量的相关信息是以叙事而不是统计形式呈现的。正如我们在第四章中所看到的，直到 20 世纪 20 年代中期证券交易呈爆炸式发展之时，我们在这里描述的技术才使金融变得引人注目了起来。

需求的统计学理论

欧文·费雪在 1911 年对可用的统计工具的失望，说明了这些领域在 20 世纪的美国呈现的分裂状态（balkanization）。早在 19 世纪 80 年代，人们就开始进行了复杂的统计工作，但大多数研究是由农学家、遗传学家和生物学家，而不是经济学家进行的，而且当时大多数从事统计分析前沿工作的人都在英国或欧洲大陆。[1] 在美国，专业组织美国统计协会（the American Statistical Association，ASA）自 1839 年以来就已经存在，但其影响是可以忽略不计的，直到 1909 年，该协会即将上任的主席诺斯（North）抱怨说，该组织"对统计工作几乎没有直接的激励作用，也没有提出任何新的程序方法，对于那些认识到这个领域的可能性和机会的年轻人来说，这也不是一个集结点"[2]。诺斯进一步指出，由于统计人员所依赖的数据集在早期并不存在，接受历史学派训练的经济学家通常无法找到有用的统计数据，他只知道一位政治经济学家——麻省理工学院校长弗朗西斯·沃尔克将军（General Francis A. Walker）在他的经济学课程中教授了统计学知识。[3]

事实上，当时美国的大学几乎不教授统计学知识，因为除了沃尔克之外，大多数社会科学家都不把统计学看作一门学科。[4] 相反，他们把统计学与政府联系起来，政府会进行人口普查以试图解决劳资纠纷并绘制疾病分布图。因此，当亨利·勒德韦尔·穆尔向约翰·贝茨·克拉克学习经济学以及在英国向卡尔·皮尔森（短期地）学习统计学时，为了提高统计学的地位，他不得不反驳将这一学科与华盛顿政治和阴暗的赌博世界联系起来的质疑。他还必须找到足够可靠的数据来源，以使其结果看起来具有权威性。

穆尔的主要贡献是把新古典的边际主义理论与一套复杂的统计工具结合起来。他的边际主义思想从他的第一本主要出版物，即《工资定律：一篇统计经济学的文章》（*Laws of Wages*：*An Essay in Statistical Economics*，以下简称《工资定律》或 *LW*，1911）中就可以看出。在书中，他谈到了克拉克曾经讨论过的那种伦理问题，但他用统计数据为自己的分析赋予了一种克拉克并不总是能够做到的科学严谨性。穆尔的研究工作隐含着一个问题，即政府是否应该通过制定最低工资标准来解决工人对工资的抱怨。然而，他表面的分析集中在工人罢工上：他检验了罢工是否表现出统计的规律性，如果是的话，是否能认为罢工是成功的。根据 1881 年到 1905 年的数据，穆尔得出结论认为，当工人们宣称的议程是增加他们的工会代表时，罢工是成功的，但当工人们试图提高工资时，罢工只有在某些情况下是成功的。而且，在对边际主义理论的验证中，他发现，当平均工资超过正常水平时，罢工是不成功的；而当工资低于正常水平时，罢工是成功的。[5]

穆尔认为自己是一个"统计经济学家"，他"从个别事实到一般事实，再从一般事实到统计定律，逐步综合起来进行分析"。他以数学形式表达这些规律，并且在可能的情况下，测量了相关现象之间的关联度，视情况将它们表示为相关系数、相关比率或偶然性系数（*LW*，173）。相关性使得穆尔能够测量变量之间的关系，联立方程法使多个因素之间"在其所有复杂性"的相互关系中得以显示出来（*LW*，2）。这些方法将在 20 世纪三四十年代成为计量经济学的核心。

在《工资定律》中，穆尔使用简单相关、偏相关和回归分析将工资与其他经济因素联系起来。1914 年，他扩展了一系列统计技术以纳入多重相关、相对变化和趋势比率。在《经济周期：它们的规律和原因》（*Economic Cycles : Their Law and Cause*）中，穆尔提出了亨利·舒尔茨（Henry Schultz）所称的"从统计中得出需求弹性问题的第一次决定性的探讨"。穆尔得到了表示玉米、干草、燕麦和土豆的需求量与价格之间关系的方程，确定了这些方程作为估算价格的公式的精度，并测量了每一种作物的需求弹性。[6] 在《棉花产量和价格的预测》（*Forecasting the Yield and Price of Cotton, FY*, 1917）中，穆尔将这些统计工具以及多元回归和相关性一起应用于棉花价格。这使他创造了一种需求的统计理论，这一理论吸引了统计学家和经济理论家的关注。

这类工具在那个时期的农业经济学家中并非闻所未闻，但作为哥伦比亚大学的一名经济学家，穆尔在向其他经济学家推广这些工具方面处于独特的地位。他证明了自己的方法优于美国政府目前使用的方法。穆尔认为，美国农业部的年度作物报告是不可靠的，因为它的方法是不科学的：没有关于如何衡量产量的明确定义，也没有人访问棉农以确保他们的报告是准确的，最重要的是，政府只测量了指定地理区域的平均产量，没有将随时间的变化纳入平均数当中加以考虑。[7] 穆尔指责说，其结果就是不精确的数字和静态的价格图景。他继续说道，这种静态的图景重复了大多数经济理论的局限性，即"局限于假设的静态状态下的常态"（*FY*, 9）。对穆尔来说，对假定的，即不是基于数据的各种假设的依赖就像大多数经济学家所描绘的静态图景一样有缺陷，唯一的方法是使用可靠的统计数据和数学方法。作为为数不多的在著述中使用了"数学模型"这一短语的早期美国经济学家，穆尔对他自己的方法论做出了澄清："利用原始统计数据的唯一恰当手段是数学模型。"（*FY*, 1）[8]

为了改善美国农业部关于棉花产量的数字质量，穆尔查阅了美国气象局关于棉花种植地区降雨量和温度的报告。气象局的报告使得穆尔能够提供边际主义等式的价格或者说是需求方，一种比联邦政府声称的提供给供给方的具有更高精确程度的方法（FY, 10）。[9] 但是，穆尔的工作也针对政府误导性数据在金融方面的影响，因为他看到，当政府发布报告时，期货交易所的价格做出了反应，因为投机者根据政府《农作物报告》（Crop Reporter）中印刷的误导性信息抬高或压低棉花价格。穆尔想通过引入数学方法来限制投机行为，以便进行更合理的交易："概率的数学方法将系统简化到对官方统计数据中包含的真相的提取，使知情的交易者能够相对准确地计算出常规市场因素对价格的影响。"（FY, 2）

《棉花产量和价格的预测》一书详细阐述了穆尔的统计数学是如何运作的。首先，他以表格和图形的形式表达了收集到的数据。后者以散点图的形式显示了数据点的频率分布和均值分布，以及连接数据点的平滑曲线，从而使得数据点具有意义。其次，他用代数的方法和符号将这些几何表达转换成数学方程。这涉及他为指导数学计算而假定的一系列数学定理，以及他所证明的数学命题。最后，他用一系列统计技术进行了计算，这些技术是在 20 世纪初流行的概率论的基础上发展起来的。其中包括逆概率技术，该技术旨在估计数据样本的准确性；[10] 相关性，即两个或多个相互依存因素之间的关系在数学上的表达；以及周期性变化，即时间序列的相关性，使统计学家能够确定是否有规律性（周期性）波动，如棉花价格波动。此外，穆尔还使用了我们稍后会谈到的指数，以使价格和产量数据易于管理。

这些统计技术揭示了穆尔所谓的"经验法则"，而它们与克拉克和费雪认为是经济过程中固有的自然规律不同。按照弗朗西斯·高尔顿（Francis Galton）和卡尔·皮尔逊提出的原则，穆尔认为，总体现象中可以观察到的规律才是统计规律。因为这些规律在有足够数据支撑的情况下是可观察的，可以被用于检验经济学家的理论公式的充分性。当他把他的"多重相关的统计理论"与他认为当时最先进的经济方法，即"数理经济学"进行对比时，穆尔强调了自己的方法是多么激进。我们可以认为穆尔是在暗示采用类似费雪那样的工作方法（即使这看起来似乎过于简化了费雪的贡献）。

数学方法从一个极端假设的结构开始，然后通过连续的编译，对具体目标进行理论描述。多重相关的方法逆转了这个过程：它从其所有的自然复杂性的具体现实开始，分离重要的因素，测量它们的相对强度，并确定它们据以产生共同作用的规律。（通过这样做，后一种方法）将演绎经济学的发现与"现实和生活的事实"相结合，这是演绎经济学的统计学补充。（*FY*，173）

并非每一位经济学家都赞同穆尔关于统计能够"补充"经济理论的观点。韦斯利·克莱尔·米切尔也主张将经济实践建立在数据上，他认为统计方法之所以有价值，正是因为它们挑战了理论。无论个别经济学家在统计技术与理论之间倡导什么关系，穆尔确实促进了"经济函数的统计可能成为现代经济学的一个组成部分"，这正如斯蒂格勒后来所说的那样。[11] 他所提倡的相关技术也将成为资本资产定价模型的基石，而这一模型是现代金融体系的基础之一。

哈佛商学院的案例方法

在 20 世纪初期，穆尔的统计方法只是解决产生可用数据这一挑战的方法之一。另一种方法是哈佛商学院开发的案例法。相比穆尔的统计方法，案例法更是在"科学"的名义下得到推广的，是提高社会科学地位的一种刻意的努力。[12] 1913 年，曾担任哈佛董事会（Harvard Corporation）秘书的杰罗姆·格林（Jerome Greene）建议创建一个经济研究所，"可以像洛克菲勒研究所（Rockefeller Institute）在医学方面所做的那样，为社会科学做出贡献"，也就是说，通过将这些学科与可靠、公正的数据联系起来，从而把这些学科建立在科学的基础上。[13] 格林与新近成立的哈佛商学院院长埃德温·盖伊（Edwin Gay）进行了商谈，盖伊也在游说建立一个与洛克菲勒研究所对应的经济学研究机构。作为一所新生的专业性学院的院长，盖伊当时正在寻找创造性的方式来经营一个缺乏足够财力和声誉的学术项目。格林和盖伊设想的经济学研究机构直到 1920 年才成立，而且在那时还不是一个学术机构。在哈佛商学院引入的创新确实解决了因缺乏充分的数据而为社会科学和商业利益带来的问题。当 NBER 成立时，采用了许多在哈佛大学商学课堂中首次提出的策略。其中包括一种解决数据问题的方法，该方法将工程师的优先事项与将实证研究的结果嵌入新的一般化和加总模式的努力相结合。

由于没有足够的资金聘请全职教师，盖伊从一开始就依赖兼职讲师在哈佛构建和教授商学课程。其中一位兼职教师弗雷德里克·温斯洛·泰勒（Frederick Winslow Taylor）是米德维尔钢铁公司费城工厂的车工工长。泰勒很快就以被称为"科学管理"的工厂生产工程方法出了名,他在哈佛商学院课堂教学中强调使用详细的数据收集、标准化的制造过程和严格的会计系统来提高企业的生产率。通过最大限度地减少浪费并提高效率,泰勒的科学管理旨在将信息与产出结合起来,而不是偶然地使数据能够为那些想要销售产品或发展商学教学理论原则的人所用。

泰勒的工程优先事项与盖伊对"商业"高瞻远瞩的定义很好地结合在了一起,盖伊将商业定义为"制造物品(效用)并以合适的价格出售的工作"。根据盖伊的说法,这份工作需要勇气、判断力和"有同情心的机敏……一种善良的精神……通过消除它最粗野的好斗性来净化勇气并用善解人意的心来节制判断"[14]。盖伊寻求激发商人的勇气、判断力和智力的方法,是他从哈佛法学院借用而来的案例法的一个变体。由于没有类似于司法案件的商业案例,盖伊采取了一种"更谦逊"的方式。"为什么不让来访的商人,或者有能力的教职员工在课堂上介绍一些具体的问题及其背景?"盖伊建议,"让学生们努力解决这个问题,并以书面形式提交处理建议。他们的努力将为以后的班级对整个问题进行批判性研究奠定基础。"盖伊的传记作者称这种课堂练习为"问题教学法",而导师们很快又加入了一种"项目教学法",要求学生参观工厂或公司,使他们沉浸在生产和决策的过程中。该项目教学方法的目的是让学生直接接触商业,并反驳商学院学生对教授太多抽象理论的指控。[15]

这种"归纳"、"数据驱动"和"问题导向"的方法将科学管理与实际经验结合起来,阿奇·萧(Arch Shaw)在成为哈佛商学院教师时做了进一步的阐述。作为《系统》(System)杂志的编辑,萧长期致力于改善商业实践。盖伊派萧去哈佛法学院研究案例方法,他很快就改进了这种方法并做出了相应的商学院版本，并在《商业问题的出路》（*Approach to Business Problems*）一书中进行了传播，这本教科书于 1916 年出版，几乎为全美国所有商学院所采用。这本书建议用鲜活的案例而不是书面的案例来训练学生，既强调了标准化会计惯例的重要性，又强调了与科学管理和工程相关的、以问题为导向的生产和管理方法。萧还建议使用统计分析来使现场收集的数据变得有用。1909 年 6 月，萧游说哈佛商学院成立一个商业研究部，它的第一个项目是对鞋业制造商和经销商要求研究"工厂成本与零售价之间的价差"的统计响应。哈佛商学院的调查人员发现，他们必须为整个鞋业建立统一的会计体系，然后才能从单个公司收集并分析数据。在这样做之后，哈佛商学院的研究部于 1912 年制定了"美国第一个标准化的成本分析方案"。正如盖伊的传记作者所指出的，这是哈佛商学院在战前进行的最后一个营销项目，由于缺乏资金，进一步的研究一直到 1920 年之前都是被限制的。[16]

从哈佛商学院的科学管理、案例法的研究方法、标准化的会计系统和描述性统计的结合中，我们看到了联邦政府的战时生产委员会和成立不久的 NBER 对数据采取的方法的发端。此外，在最初的鞋业项目中，我们看到了这样一种说法，对嵌入在个案中的数据进行的归纳方法将产生更普遍有用的结果：现场研究产生的关于特定工厂制鞋成本的信息，可能对整个鞋业是有用的。但哈佛商学院鞋业项目也提醒我们，还有两个问题仍然困扰着这一做法。从单一行业的角度来看，与制鞋业一样，第一个问题是法律上的：如果每个鞋匠知道自己的竞争对手如何将成本分解到价格当中，那么就没有什么创新动机，因为没有人能够建立有竞争力的价格优势。在法律方面，正如美国司法部所坚持的那样，这一做法将带来的价格固定可能违反《谢尔曼法》(Sherman Antitrust Act)。第二个问题来自尺度的扩大，在这种情况下，是从一个鞋匠扩大到整个产业，但更一般地说，是从一个单一行业扩大到整个美国工业。一旦加总的尺度扩大，分析师如何从异质、局部和不同度量的单位中创造出可用的加总数字呢？在美国参加一战期间，这两个问题都浮出水面，经济学家转向指数和估计技术，从而在某种程度上解决了这两个问题。

各州数据的收集

当美国开始准备参加一战时，人们就感觉到有必要收集更多的数据，进而解决与案例方法相关的问题。1917 年 1 月，在 7 艘美国商船被德国潜艇击沉后，美国政府意识到自己缺乏动员所需的海运和生产能力方面的信息。同年 3 月，在国会正式宣战前的 1 个月，威尔逊总统通过创建商业经济委员会（Commercial Economy Board）来解决数据不足的问题，他让该委员会负责收集关于现有生产力的信息并消除商业企业中的浪费情况。盖伊担任了这一委员会的成员，但在 12 月，他把自己的精力转移到了美国海运委员会（Shipping Board），这一委员会的任务是收集更多信息，以向法国派遣美国军队。1918 年 2 月，海运委员会开始与 4 个月前成立的美国战争贸易委员会（War Trade Board）合作。盖伊被要求在海运委员会内建立一个计划和统计部门，以管理收集到的有关船舶和进口的信息。在短短几个月的时间内，缺乏必要的信息来动员一场战争的挑战已经让位于一个新的挑战：如何利用目前已涌入政府机构中的数据。

埃德温·盖伊并不是唯一被战争卷入政府服务中的学者。韦斯利·克莱尔·米切尔是一位经济学家，他用最早的三本著作确立了自己的声誉，这三本著作分别与绿背纸币（1903）、黄金、物价和工资之间的关系（1908）和经济周期（1913）有关。他担任了战时工业委员会（War Industries Board，WIB）物价部门的主席，该委员会成立于1917年7月，目的是协调军需品的购买和分配、设定生产配额、协商价格和劳资争议。米切尔曾在芝加哥大学学习经济学，并于1913年进入哥伦比亚大学经济系任教。甚至在搬到哥伦比亚大学之前，米切尔就担心"经济学弱点最大的来源之一"是理论家愿意满足于"有吸引力地呈现出来的看似合理的推测，而不是坚持把自己的想法置于与已知事实相符的最终检验中"[17]。为了纠正这一弱点，米切尔毕生致力于收集数据，思考可使其变得有用的模式，选拔掌握最新统计技术的统计人员，并使解决数据问题的团队方法制度化。

米切尔在战时工业委员会的努力成果是，产生了一战后首批公开的大规模价格数据。这些价格数据被设计用来反映经济的实体侧，同时这些数据的发布也从实质上影响了实际生产。通过在全美层面上提倡并被泰勒倡导的科学管理，即大规模生产、标准化、统一的会计测度和统计分析，战时生产委员会在战争期间促使美国的生产水平提高了20%。1918年6月，美国政府成立了一个中央计划和统计局（Central Bureau of Planning and Statistics），其成员包括盖伊，中央计划和统计局很快就成立了一个统计信息交换所（Statistical Clearing House）来整理对其调查问卷的答复。一战结束时，盖伊和米切尔敦促威尔逊总统将该局作为政府的常设机构，尽管该局负责一个重要的战后项目（为国际和平会议收集美国经济数据），但在1920年4月之后，该项目并没有得到资助，而盖伊和米切尔参与的数据收集计划也不得不由非政府机构接管了。1921年，美国国会在财政部设立了一个预算局，其活动范围大体就是盖伊为该局所设想的那些。由于对政府未能支持中央计划和统计局感到沮丧，盖伊和米切尔恢复了早先建立独立数据收集机构的计划，并在联邦基金的短期支持下，于 1920 年成立了 NBER。

指数构建和数据的传播

与收集、加总和管理新的数据同样重要的是，制定最好的办法，将这些内容传播给那些能够很好地利用它们的群体，在战后更是如此。负责出版战时数据的政府印刷局（Government Printing Office）于 1921 年开始印制《现代商业概览》（*Survey of Current Business*，以下简称《概览》或 *SC*）。这份至今仍在印发的《概览》是由当时在赫伯特·胡佛（Herbert Hoover）领导下的商务部资助，并由美国人口普查局、美国国内外商业局及标准局组织实施的。这份报告可以被视为政府收集、处理和传播大量数据并使之迅速成为战时数据所做工作的代表。对此起重要促进作用的是指数，它使用统计技术创建了一系列总量数字，显示出价格、行业或经济部门随时间变化的情况。[18] 正如我们将在后文看到的那样，经济学家最初对建立指数的最佳方法存在争议，但在这些分歧平息之前，反映分歧的文本就已经帮助美国人学会了阅读这些指数，同时让指数看起来是使加总数据可用的显著方法。

对指数进行简要回顾将为本书的后续内容带来好处，因为内在于指数构建中的那些问题会重新出现在我们接下来要讨论的主题中，这些主题包括：样本理论，即频率分布的统计概念，以及阿尔弗雷德·考尔斯对股票市场预测的分析，那些问题在我们关于计量经济学会的讨论中还会再次出现。此外，指数构建这一方法的归化（naturalization）——对大多数使用指数的人来说意味着，那些跟指数有关争论的结束——集中体现了几乎所有的经济方法，包括现代金融的核心方法，在某种程度上都是建立在一种文化健忘症上的。第一次世界大战期间产生的并不是第一批指数，它们的用途——用来代表经济实体侧和金融侧之间关系的变化——也并非指数能发挥的唯一功能。但是，由于这种指数在现代经济中起着非常重要的作用，以至于我们将观察范围限制在价格／数量指数上，而这变成了1900年以后的常见类型。[19]

每一笔经济交易都由三种数据构成：时间、价格和数量。为了描述经济实体侧的现象（比如出售的小麦总量）与经济金融侧相关的术语（比如为这种小麦支付的平均价格）之间的关系，经济学家构建了一个指数，将这两种因素以两个统计总量的比例的形式组合在一起。时间成分是通过将指数放入时间序列来捕捉的，而时间序列显示了随着时间推移发生的变化。由这些元素构成的指数——如道琼斯工业指数（1896年5月首次发布）——只显示综合指数的价格方面或数量（交易量）方面：你可以有一个价格指数或一个数量指数，但不能两者兼而有之。作为一种价格指数，道琼斯指数对股票的交易量没有提供任何信息。

由于大多数指数将数量和价格等衡量标准中的两种结合在了一起，而把这两种衡量标准组合在一起就会产生一个问题：人们如何用单个数字来表示不同类型的单位测度的实体？这就是拉格纳·弗里希提出的著名的"指数问题"的难解之谜："每当我们想要一个由没有共同物理单位的量组成的事物的定量表达式时，就会出现指数问题。统一这些量的愿望和仅

仅使用物理或技术的比较原理不能做到这一点的事实构成了指数问题的实质，而且所有的困难都集中在这里。" [20]

这个问题虽然没有被完全解决，但可以通过突出两个测量单元之间的比率而不是两个测量单元之间的差异来解决。当将两种衡量标准结合在一起的指数被表示为另一个比率时，这两个部分之间的比率就会变得突出，而不论任何时间点被用作时间序列中的一个基准都将如此。通过构造一个连续的序列，将其划分成代表时间单位（例如，年或月）的相等片段，并通过选择这个序列中的一个点来表示这个基准点，分析人员就能够绘制出相对于基准的个别指数，通常是给定 100 的值，所以偏离它的值可以用百分比表示。因此，不以实物或价格单位表示所绘制指数数值的变化，只将其表示为一个单一数字：比率或百分比。当作为比率被排列成一系列表示随时间的变化而变化的情况时，指数数字综合显示了数字值变化所反映的一般趋势。由此产生的图表使人们能够通过一条线相对于图的两轴的上升或下降看到这一趋势。

指数构建过程的每个阶段都涉及同时具有理论意义和解释性的决策，这些决策完全消失在对指数或时间序列本身的典型描述中。必须有人决定多少个数据点可以构成一个适当的样本，何时取平均值，被指数所反映的数据点是否会被加权（如果是的话，根据什么原则），什么间隔构成时间序列，以及这些时间间隔是否一致。分析人员使用技术术语来表示做出这些决定的数学和统计过程，例如，平均、平滑、趋势适配、回归。尽管这些术语已经在数学和统计的意义上达成一致，但也掩盖了无数的其他意义，现在看来由此产生的数字是如此的通俗易懂，充满了理论性和解释性的假设。当我们看到像哈佛大学沃伦·珀森斯（Warren Persons）这样一位在方法上有自知的评论员平淡地说："每一系列的每一项……是一个适用于一段时间的总和、平均或相对数字。"我们看到了归化的过程发挥的作用，即当人使它们服从于那段时间的精确性时，"总计""平均"和"相对数字"之间的差异就会被最小化。[21]

在研究建立国民账户之前的这段时间里，我们经常使用指数和时间序列来建立商业状况的整体分析——或者可以说是因为公司、机构和个人想要了解这些条件下的商业，而构建了一个可以算作整体业务的图景。这些方法支撑了哈佛商学院鞋业研究项目组、战时生产委员会的工作以及米切尔监督的 NBER 工作中使用的统计描述方法。我们很快就会看到，另一批经济学家很快就会在这些早期的方法中加入概率元素，以便在不确定的环境下进行预测。随着这种从描述性统计到推断性统计的转变，并且由于引入了关于数学和测量本质的新理论，经验数据和经验主义理论的认识论的地位随着时间的推移而发生了深刻的变化。现代金融模型中的数据处理正是基于这些重大变化进行的。

要了解指数是如何完全且迅速地被归化的，最好研究一下《概览》的第一期。这一期内容几乎完全由表格组成，每个表格都有显示不同价格随时间的变化情况的列。没有任何发散性的叙述引导读者浏览这些表格，因为根据介绍，这些表格的构造方式使读者能够"一目了然地看到一种运动总体向上或向下的趋势，这是很难从实际的数字中掌握的"。这本《概览》的作者还指出，能够以这种方式"看到"信息，"将有助于扩展商业判断"。[22]

胡佛希望《概览》所包含的信息能够鼓励私营企业帮助改善美国整体经济。胡佛认为，如果商界领袖能更好地了解美国境内各种商品的生产和销售情况，他们就会相应地调整自己的活动。反过来，公司根据市场的需求调整各自的产出，将有助于缓解一战之后出现的严重的物价和就业问题。一些人担心，这会使美国容易受到劳工运动和布尔什维克主义的影响。23根据胡佛的说法，提供普遍可获取的信息将使商业部门能够进行自我管理，并缓解大银行和大公司的垄断。"为了有价值，这些信息必须被广泛扩散，同时被全国的商人消化吸收。只有银行和大企业了解商业趋势还不够；小制造商和小经销商也必须对其有一些了解，以便在行动中可能出现某种形式的统一性。该部门希望通过向其提供这些数据来触达它们。"（SC，3）。

虽然《概览》中包含的大部分数据都涉及经济的实体侧，但有几张表格确实说明了金融侧的问题。以下是一个关于纽约银行清算表格的例子，作者把它作为更广泛的阅读表格的指南。

以表 2 第一栏中的数字为例，它涉及布拉德街每月报告的纽约市的银行清算情况。1913 年，平均每月清算额达到了 78.86 亿美元。按相对尺度计算，这一数字等于 100。1920 年 1 月，银行清算总额为 232.1 亿美元，相当于 1913 年的平均数取 100 时 294 的相对数。在 1921 年 6 月，纽约市的银行清算仅为 16 849 亿美元，按相对比例计算，只有 214。从任何相对数中减去 100，就能得到高于或低于基准年的增减百分比。因此，1920 年 1 月的银行清算额比 1913 年的平均数高 194%，1921 年 6 月的银行清算额比同一基数高 114%。企业破产的数目，如表 2 第三栏所述，1920 年 1 月的相对数为 43，表明该月比 1913 年的月平均数减少了 57%（SC，3）。

顺便说一下，作者承认，构建这些数字会增加事情的复杂性，但他们没有详细说明自己所做的决定，"在许多情况下，基本统计数字不能追溯到一战前的年份，在这种情况下，1919 年的平均数已被作为一个基准。在其他一些情况下，其他基准年也被用于特殊目的……某些商品活动，如棉籽油的生产、冷藏库的使用情况等的季节性都很强。在计算指数时，没有考虑到这一点，因为人们认为最好是让这一事实以相对数字的形式显示出来"（SC, 3）。

从技术上讲，这段文字不包含指数，因为其中的数字记录了银行每月清算的美元金额，而不是价格和数量的总和。但《概览》的作者使用了指数格式（数字关系的系统），因为这样便于读者看到他们想让读者看到的比较，他们称这些数字为"指数"，因为即使到了 1921 年，这个词依然是读者想要寻找的。事实上，《概览》的作者可以用"指数"来指代一个没有经过我们所描述的复杂过程而形成的数字，这一事实表明，1921 年指数构建归化的进程已经在顺利进行了，而自由裁量的决定基本上尚未被注意到。《概览》也促成了归化，当然，自相矛盾的是，即使是相似的数字，在技术意义上也不是指数。[24]

由于只提供了数字的表格，《概览》还忽视了在一开始收集数据时所涉及的法律和技术问题。唯一一提及胡佛发动的有争议的宣传活动是一份为了说服行业协会公布相关的信息，美国商务部对数字的"准确性或正确性"不承担任何责任的，平淡无奇的免责声明（SC, 3）。然而，我们知道，胡佛不仅要说服各个企业发布自认为专有的信息，还要对抗司法部以捍卫企业自由经营权的名义对发布信息进行的限制。正如塔夫脱总统希望利用公共宣传和税收来控制企业最严重的越轨行为，胡佛也认为公开数据将促进健康的竞争。为了推进这一议程，胡佛在担任商务部长期间任命了一个统计咨询委员会，由米切尔、盖伊和其他战时经济学家担任成员，这个委员会敦促胡佛加强政府的统计服务。《概览》就是对这项建议的一个回应，同时，尽管已发布的文件阐明了胡佛雄心勃勃的目标，但它仍然只包括了美国的部分行业。事实上，虽然从这些表中看不出这一点，但胡佛的倡议一再遭到美国农业部和美国内政部以及交易协会成员的抵制。与此同时，司法部的反托拉斯部门也反对一个似乎违反了《谢尔曼法》的项目。司法部长多赫蒂（Daugherty）试图对发布胡佛想要包含在《概览》中的数据施加了两项限制：一是信息只能提供给政府机构，二是信息的表述必须笼统到没有任何读者能够识别出具体的企业信息。胡佛强烈反对这些限制，也反对贸易协会的信息在定义上就受到保护的说法。但是，为了保护竞争而限制专有信息发布的企图一再威胁着他们为收集和公布数据而做出的努力。这一问题直到 1925 年才暂时得以解决，当时最高法院裁定，交易团体之间的信息交流不一定违反《反垄断法》。[25]

早期统计资料汇编的挑战

尽管它的创立引发了场外争议，但《概览》立即取得了成功，而且美国商界领袖很快就从这类出版物中学会了如何使用指数，并没有因为其构造的复杂性而停下来。然而，在经济学家中，仍存在对指数的分歧，因为生成这些指数必须做出的决策使得经济学界触及了继续造成该领域存在争议的理论差异。一个长达 10 年的关于指数的争论就体现在韦斯利·克莱尔·米切尔 1919 年发表的关于战时生产委员会数据集的报告中。在《战争期间的价格史》（*History of Prices During the War*，*HP*）一书中，米切尔解释说，在其前所未有的信息收集过程中，政府机构发现了一场真正的"价格革命"，波动是如此突然且极端，以至于他们测试了各种特殊的测量形式。米切尔断言，"伴随 1914—1918 年的战争而来的价格革命是如此突然、如此猛烈且如此广泛，没有其他价格革命能与之相提并论"[26]。一些商品的价格上涨了 50 倍，其他商品已经完全消失，商界领袖所需要的不是更多关于自己行业的数据，而是对总体"市场趋势"的感觉。唯一的办法是使用指数和时间序列让这一切可见。米切尔接着说，如果趋势是明显的，商人和政府官员可以决定他们是否应该共同努力来控制市场。"市场是否有任何趋势，或者是否会出现双向和长期杂乱无章的变化？最重要的是，未来的价格变动是商业人士和非官方人士应该努力预测的问题吗，人们应该试图对此进行控制吗？"（*HP*, 3）

为了回答这些问题，米切尔的价格团队为 50 类商品制定了指数。尽管他们给自己的项目设定了严格的限制（将调查范围限制在美国，忽略了劳动力、土地、证券和公用事业的价格，只记录了批发价，而不是实际支付的零售价），但是仍然遇到了问题。事实证明，仅是界定"商品"就已经非常具有挑战性，识别类似商品的重复登记更是如此。许多加工制品没有被标准化也令人沮丧，贸易统计记录良莠不齐也是如此，同时，根据相对重要性来赋予商品不同的权重需要一次次做出决策。除了分类、非标准商品、记录良莠不齐等所带来的挑战外，米切尔还提出了另一个问题：分析师如何才能决定哪些因素是原因，哪些因素是后果？米切尔拒绝回答这个问题，因为考虑到目前的统计分析状况，这样做需要一定程度的理论概括，而他并不赞成这样做。他坚持称："任何已知的分析方法都不够精妙也不够有效，不足以解开因果关系的交叉联系，并衡量各因素产生的影响。"（HP，8）矛盾的是，米切尔不愿从事投机活动的行为也有助于对指数的归化，因为它将指数构建中隐含的解释性问题推入了背景环境中。从长远来看，米切尔的立场也促使其他经济学家将 NBER 的描述性统计项目定性为"无理论的测量"，因为他们认为，在没有理论框架的情况下收集数据是一项毫无意义的工作。[27]

尽管存在这些挑战，但是几乎可以用任何标准进行判断，《战争期间的价格史》与此前试图建立的一个全国性数据集的各种尝试相比，都可以说是取得了巨大的进步。然而，当米切尔试图向上扩展到国际一级时，他的工作人员遇到了不得不重视的困难：一些国家几乎没有收集任何数据或是遗漏了整个行业，商品类别在国家之间并不总是相同的。一些国家的货币经历了剧烈的波动，因此不可能将价格进行比较。在 1919 年战时生产委员会发布的《国际价格比较》的结论中，米切尔承认，《战争期间的价格史》中使用的方法不适用于这种不规则的数据。因此，这份报告只能提供"美国与从几个外国中选定的一个国家的价格变动进行一系列比较"，而不是一个世界整体趋势的图景。物价部门的统计学家在处理美国的数据时，通常使用三步法统计流程，即分别用乘法、加法和将加总数转化为相对数的过程，与之不同，用于与外国进行比较的指数是通过"在计算开始时将实际价格转化为相对数，然后对这些相对数进行平均"创造的。米切尔解释说，统计学家不得不采用不同的程序，因为外国的非官方数据根本不能被正确地加权。

在这种情况下，物价部门依然取得了相当大的成就：至少从 13 个国家收集到了一些价格数据，其中不仅包括 7 个同盟国成员和 2 个轴心国成员，而且还有 4 个中立国家（3 个斯堪的纳维亚国家加上阿根廷）。然而，米切尔知道，他的数据和方法的成果有限。不但数据和计量单位在各国之间不对应，而且分析人员使用的统计工具也不同，这样做所导致的缺陷是，除了进行最粗略的比较之外，现有的数据不能用于解决任何事情。到1919年底，米切尔已经意识到了另一个指数悖论：指数对于描述大规模趋势来说是必不可少的，但在数据不对应或不均衡的情况下，它们实际上毫无用处。

1921年，新成立的NBER发表了它的第一份报告，这时米切尔已经开始相信，如果研究人员采用严格的方法，保证方法的客观性，那么指数中固有的方法论上的挑战就可以被大大减少。这些方法可能无法完全弥补数据的不均匀性，也不能抵消做出自由裁量决定的需要，但它们可以应对这样一种反对意见，即数据集只是简单地反映了汇编者的偏好。长期以来，这一反对意见一直困扰着社会科学家和政府资助的数据项目。事实上，杰罗姆·格林和埃德温·盖伊最初决定成立一个社会科学研究所，在很大程度上是为了反驳这种猜测，因为早期最著名的政府工资和价格数据报告之一——1893年的《奥尔德里奇报告》——一再被指控带有偏见。

虽然《奥尔德里奇报告》经常被引用为"一次伟大的工资统计数据收集工作"[28]，但包括米切尔在内的很多批评者认为，其调查结果在政治和方法依据上都存在严重缺陷。[29]产生这份报告的研究是在一段激烈的辩论中开始的，当时人们正在激烈地辩论公司，尤其是美国现代大公司是否在不公平地垄断国家财富。正如约翰·贝茨·克拉克所做的，当这份报告总结认为美国工人的工资并没有相对于商品价格的变化而变化，劳工抗议再次爆发了。由于参议院财政委员会有权势的主席奥尔德里奇曾聘用几位著名的社会科学家来编写这份报告，因此新兴的经济学学科也被这份报告的污点玷污了。新成立的 NBER 的第一个项目——美国的收入研究，是在"战争"刚结束的时候，以及在 1920—1921 年短暂而剧烈的经济衰退中进行的，这一做法冒着与《奥尔德里奇报告》遭到同样敌意对待的风险。米切尔在《美国的收入：数额和分配》（*Income in the United States：Its Amount and Distribution*）一书的导论中称赞客观性的部分原因是为了应对那些指责。

从某种意义上说，米切尔为 NBER 的第一份报告所撰写的导论直接引发了围绕国民收入问题的争议，因为他不怕指出分配和平等这两个爆炸性问题。他解释说，这项研究的目的是发现"国民收入是否足以为所有人提供体面的生活，国民收入的增长是否与人口增长一样快，以及其个人分配是否或多或少地变得不平等"[30]。米切尔认为他可以承认存在这些有争议的话题，因为他使用了一种方法使这项研究具有客观性——即使它们不是结论性的。在承认现有数据非常"杂乱无章"，且这项研究的结论是估计数而不是精确的测量值之后，米切尔解释了他的方法是如何纠正偏误的。他对国民收入的估计采取了两种方法：一种是基于得到的收入（从所得税申报表和工资及薪金报告中获得），另一种是基于生产的收入（从煤炭和金属开采、木材砍伐、作物种植和制造业运输或消耗的原材料的统计数据中获得）。两个独立的小组分别对这两组数据集进行了研究，每个小组都编制了一个独立的估计数。米切尔将其中一项估计数与另一项数据进行对比，发现两组数据之间的最大差距仅为 7%，但他仍然不满足，要求团队将第一组数据中的每一项与第二组数据的对应项进行比较。不管结果如何，他们都试图通过回到指数背后那些支持其构建的研究来完善每一个数据。最后，尽管米切尔承认错误因项目而异，而且不同年份的数据来源差异很大，但令他满意的是 NBER 的检查方法，这再一次核查了每一个指数的偏误。即使如此，米切尔还是谨慎地陈述了自己的发现，不是用确定的数字，而是用统计范围的方式，即以国民收入可能落入的范围的形式。

NBER 对美国收入估计采取的两种方法——收入和生产方法——于 20 世纪 30 年代在国民收入的第一次官方估算中被采用，然后在接下来的 10 年里，以第三种方法，即支出方法，作为补充。对米切尔来说，在进行理论辩护之前，这些方法就已经是有效的了——而且实际上，他并不愿意让理论主导实证工作——这种两部分方法的主要优势在于，保证了用来自方法的客观性超越研究者可能持有的个人信念。米切尔对方法持有的信心有助于解释为什么他可以同时辩称，NBER 的报告不应该做出明确的政策建议（正如布鲁金斯学会所做的那样），并坚信一些政策比其他政策要好。在很大程度上，米切尔和 NBER 能够走在制度公正和个人党派的界限之间，不仅因为该组织不是由任何政府机构或商业利益直接资助的，而且因为它几乎从不同意承担一项不源自其内部的项目。偏离最后一条规则的那一次——NBER 参与了胡佛在 20 世纪 20 年代末对"最近的经济变化"进行量化的尝试——引起了 NBER 长期以来想要回避的关于存在偏见的指控。[31]

关于指数的争议

就目前的目的而言，《美国的收入》一书是最重要的，因为米切尔自觉接受的限制，意味着背离了约翰·贝茨·克拉克践行的，但明显有争议的政治经济学理论和费雪所代表的理论驱动的演绎方法。像克拉克一样，米切尔得出了收入在社会阶层中的分配相对公平的结论，尽管他承认一战导致了一些暴利。然而，米切尔的结论并不是基于边际主义原则，而是基于他的研究人员收集到的经验数据,并建立了单独的小组来研究和比较不同的数据集,这些结论在方法论上是严谨的,至少可以解决统计方法可能引发的一些问题。米切尔和费雪之间的差异需要得到更多关注,因为在 20 世纪 20 年代,这两位经济学家就构建指数的最佳方法展开了坦诚的辩论。这场辩论清楚地表明,至少对于经济学家来说,指数还没有完全被归化进来,即使商人和政府官员已经在利用它们来做出一些决策了。

米切尔和费雪之间的冲突混杂在许多出版物中,主要可以通过对比米切尔的《经济周期问题及其调整》(*Business Cycles : The Problem and Its Setting*, 1927)和费雪的《指数的编制》(*The Making of Index Numbers*, 1922)来捕捉。[32] 米切尔坚持认为,应该构造适合手头数据的指数,但费雪认为,可能产生一个可以用于每一组数据的"理想"指数,而且也更可取。费雪相信,如果能找出一个构造理想指数的公式,就能节省经济学家的时间,最大限度地减少任意选择的不确定性,最重要的是,使指数与经济符合自然规律的运作保持一致。米切尔和费雪都想衡量一些无法被观察到的东西——对米切尔来说是经济周期,而费雪对通货膨胀感兴趣——尽管两人都用统计技术来表现他们无法观察的东西,但这两位经济学家对归纳或演绎方法是否能最好地捕捉到不可观察的现象持不同看法。

两人的第一点意见分歧涉及均衡以及这一概念在经济学中所起的作用。正如我们在第二章中所看到的,费雪认为均衡是所有经济系统的固有规律:价格是在生产者和消费者达成协议时设定的,而经济达到或趋向于均衡是因为在合适的价格下,供给自然会被需求耗尽。相反,米切尔把均衡当作一种类比,而且,作为一种从物理学中借用的比喻,在他看来,这似乎是一种限制和缺陷。虽然这个类比可以促进某种"静态"分析,但米切尔认为它干扰了理解经济周期等动态现象的尝试。[33] 米切尔认为均衡只在作为一种会计等式时才是有用的：会计师在将基本收支关系纳入簿记分录中时，使用均衡（或平衡）的思想来掌握企业所涉及的无穷多的变化因素。用复式记账形式记录交易可以让经理看到，收入是否以"一个令人满意的利润率"超过了支出。

这里有一个不同的均衡概念可以帮助我们——资产负债表的平衡或收支表的平衡。这份报表与机械力量无关，是一种防范错误类比的保障。它涉及金钱数量，是我们问题中真正的要素。它总结了许多与我们有关的过程的结果，通过时间期限，我们可以根据它们的业务特点来划分该结果。不仅如此，连续一段时间的报表是相关的，这正是报表的应有之义。一段时间的报表显示了在它之前的报表中的某些项目发生了什么，同时也显示了某些项目的处置将出现在它的后继报表当中。最后，所取得的平衡实际上是一种计算支出和收入失衡程度的手段。这两个项目总额的差记在收入方面，作为收益和损失，是一个正的或者负的总数。这一特点也满足了我们的需要。我们没有理由预先假定业务流程"倾向于"保持平衡，而不是假定它们"倾向于"失衡。当我们使用均衡概念时，需要的是一种在各种过程中显示相互对立的集合之间的关系的装置，如支出和收入在簿记中的对立。在找到了相等，或者一组超过另一组的项目后，我们的问题就是追踪结果。这不是一个当然的结论，即这些后果总是会自我修复，恢复平衡，也不是说企业今年遭受的损失在明年一定能得以弥补。然而，我们知道，当报表中某些配对的对应项目的总数过度失衡时，现代商业系统就无法顺利运转了。

20世纪20年代，费雪和米切尔之间的另一个问题是关于均衡含义的分歧。费雪对不变定律的假设和演绎方法意味着，相对于那些作为运算工具的数学原理，他更不太担心的是将任何经验观察汇总成数据集与应用于它们的统计工具之间的匹配情况。相反，米切尔却一再担心指数"将被绝对化地视为对它们加总的事实的完全反映"，为了抵消他所认为的对指数盲目的、可能具有误导性的信念，他一再回到"它们（价格指数）所依据的，以及它们想概括的价格的实际变化"[34]。费雪确实认识到了经验数据的重要性，但他希望用数据来检验统计工具的充分性，而不是评估米切尔所谓的"最终数据"与指数之间的匹配。尽管费雪坚持认为他在1922年撰写的书中使用了一种"归纳"方法，而这种方法是"通过根据实际历史数据进行计算"的，但他所说的"实际历史数据"是"韦斯利·克莱尔·米切尔为战时生产委员会生成的指数"，而不是米切尔一直引用的"前指数"。换句话说，费雪想要检验的不是指数与某种原始历史数据之间的关系，而是公式的数学性质和构造各种指数的统计程序之间的关系。[35]

费雪强调了构造各种指数的数学，而不是指数和它想捕捉的原始数据之间的拟合，从而朝着经济分析的正规化又迈出了一步，这将在经济学家对数学模型的拥护中达到顶峰。追随制度主义者凡勃伦的米切尔在一个脚注中提醒人们注意这一差异，米切尔说："我的理解是，费雪教授在通常真实的和历史上真实的东西之间划清了界限。通常真实的情况是那些将会在某些永远不会绝对满足的假设条件下发生的事情。历史上真实的情况是在将理论家想象中的因素和不断变化的其他因素相结合的条件下实际发生的事情。因此，在通常情况下成立的关系可能在历史上永远无法实现。"

我们在这场关于历史和常态条件的尖锐分歧中所看到的，必须在数学学科发展的背景下加以理解，更确切地说，是以两次世界大战之间经济学家理解经济学与数学和统计方法之间的关系的方式来理解。正如罗伊·温特劳布所说，要理解经济学是如何在 20 世纪上半叶成为一门数理科学的，就要理解在这一时期"不断改变的数学形象"；经济学不是一夜之间就成为一门数理科学的，这不仅是因为数学和经济学的发展中存在滞后性带来的分离，还因为不同的经济学家以不同的程度接受了这些变化。温特劳布认为，在 20 世纪初，数学家对算术和逻辑基础的挑战导致 19 世纪末获得的基于物理学的数学形象受到质疑。一旦物理学证明无法解决与黑体、辐射和相对论等新发现相关的问题，那么数学似乎就不再能够为物理学提供可靠的基础，温特劳布解释说："对新物理学所关注的问题进行建模似乎需要一种新的数学，一种不那么基于确定性动力系统，而更多基于统计论证和代数的数学。随着数学家接受了挑战，开始研究可以促进对世界的理解的数学思想，数学物理学将与代数（例如群论）和概率论（例如测度理论）中较新的数学思想联系起来。"[36]

对于像费雪这样一位由数学家转变成的新古典主义经济学家（他仍然接受物理类比和与之相关的数学）的人来说，经济分析可能被从历史中解放出来的论点是令人兴奋的，因为它提供了一种新的方法来构思数学公式和经验观察之间的关系。相比之下，对像米切尔这样的制度主义经济学家（他对经济学的物理类比和任何一种数学方法都持怀疑态度）来说，经济分析应该是建立在数学原理之上的主张，往好了说是天真的，往坏了说就是危险的。虽然米切尔接受了一种被他称为"数理经济学"的实践，但他所说的"数理经济学"与费雪的做法有很大的不同。米切尔版的数理经济学并不是从逻辑原理中演绎出来的，它没有把数理逻辑视为经济事实主张的基础，也不依赖物理学家使用的数学。最后，米切尔的数理经济学并没有假设一个单一的数学公式可以被用来为经济学家可能遇到的每一种经验情况构造指数。费雪确实认为存在这样一个"理想的"公式，对他来说，标准化构建指数的方法是必要的，因为这样做将使经济学家能够为他试图解决的问题添加更多的维度。

在费雪看来，"所有关于'适合不同目的的不同公式'的讨论都落空了"，这正是因为各种"计算指数的合理方法"都在公式被数学运算"修正"时达成了"惊人的一致"。费雪认为自己 1922 年的著作最具原创性的贡献之一是使公式彼此对应，从而消除"所有扭曲或片面的来源"，即尽可能消除影响指数的偏见和"怪异性"。[37] 该方法包括一些正式的检验，如"时间反转检验"和"因子反转检验"，前一个检验用于判断构造指数的公式是否前后一致，后者检验了当公式应用于价格和数量时是否给出一致的结果。

费雪在他对数学符号的简要论述中，主要强调了在经济分析中引入的这种表示方式的灵活性。他的公式"适用于如果 p 是批发价，q 是输入美国的数量；如果 p 是零售价，q 是在纽约市的杂货店销售的数量，那么也适用这一公式；如果 p 是每小时的工资率，q 是所有库纳德汽船从纽约运往利物浦的商品数量，则同样适用；如果 p 是工业股票的价格，q 是约翰·史密斯 1 月份卖出的股票数量，那么它们同样适用"。数学符号也使得人们首次能够处理费雪在这里提到的所有维度——价格、数量和由不同的代理人在不同的时间间隔，以及在不同的地方进行的多种交易的时间。通过引入一种能够反映这些因素之间关系的表示模式，所有这些因素都是可测量的，但不是通过相同的单位，数学符号帮助创造了一种新的"数理经济学"，这为米切尔的版本所不允许的分析复杂性开辟了可能性。

哈佛经济晴雨表项目

经济统计和加总的另一种方法也值得一提，因为该项研究从描述经济的实体侧转移到了金融侧。与案例研究方法一样，哈佛经济晴雨表项目起源于马萨诸塞州的坎布里奇市。在沃伦·珀森斯的领导下，哈佛经济晴雨表由一系列相关的综合统计数据组成，这些统计数据产生了在建立宏观经济学、国民收入估计和 GDP 这样的单一总量之前，可能对整个国民经济情况最接近的判断。在哈佛大学的支持和资助下，珀森斯能够将 1918 年所有行业特定的数据集组织成一个由三部分组成的指数系列，试图预测整体经济周期的转变。在这样做的过程中，他既借鉴和完善了现有的统计技术，又使用了新的技术工具，并将统计分析的重点从描述转移到推断。[38]他的研究显然要归功于穆尔，他使用费雪创造的交易和通货膨胀指数，并将自己的研究定位在一个广阔的领域，这就将米切尔的谨慎做法与费雪对数学和理论的坚定支持区分开来。[39] 20 世纪 20 年代初，哈佛经济晴雨表代表了最先进的统计工具，将美国经济反映为实体、金融和货币因素的一种动态互动，但它未能预测 1929 年的崩盘，这在很大程度上使得这个项目在当时被放弃并声名扫地。

为了创造哈佛经济晴雨表，珀森斯从《商业和金融纪事报》（*Commercial and Financial Chronicle*）、《布拉德街》（*Bradstreet's*）、《钢铁时代》（*Iron Age*）和《纽约商业杂志》（*New York Journal of Commerce*）等出版物中筛选出一系列"基本统计"，开始了他的工作。他获得的这些统计数据的系列时间足够长，足以揭示各种短期的波动——月度的统计数据可以追溯到 1903 年，而年度的统计数据可以追溯到 1879 年，珀森斯将其分为四类：长期趋势或长久趋势；类似波浪或周期性的运动；一年内的季节性运动；以及他所称的"残差变动"，即对战争等"重大事件"的反应。[40] 他主要感兴趣的是短期的波动，而不是趋势、季节性或残差的波动，因为这些类似波浪的运动，在理论上揭示了经济中不同部门之间的互动是如何形成一种深刻而一致的节奏的。

为了确定最重要的部门，珀森斯把这些序列归类为具有相似周期行为的各种类别。这使他能够建立三个综合指数，其中有两个显示经济的金融侧，另一个集中于实际生产上：投机指数显示股票的平均价格，货币市场指数跟踪短期信贷水平，商业指数由销售量和商品价格水平组成。使用移动平均、回归和互相关，珀森斯发现，这些综合指数之间存在规律性的滞后关系，这清楚地描述了实体和金融因素之间的相互作用。在这一周期的扩张性阶段，投资者的乐观情绪导致股价上涨，反映在投机指数的上升当中；对商品和服务的需求增加，价格普遍上涨，是在商业指数中显示出来的；物价上涨导致利率上升则出现在货币市场指数中。利率上升标志着一个转折点，因为固定收益资产价值的下降导致对投资可盈利性的预期降低，就像投机指数下降所反映的一样；投资减少导致需求下降，然后是价格，就像商业指数所跟踪的一样；这导致了利率下降，而这就是货币市场指数所反映的。在珀森斯的指数研究开始的年代，他能够使用商业数据来测试自己的综合统计工具；同时，从哈佛经济晴雨表显示的周期性运动和相互作用中，他能够预测周期的一个新阶段从什么时候开始。不幸的是，这些预测并不总是准确的，当晴雨表未能预测 1929 年的股市崩盘时，珀森斯就知道了这些预测是不准确的。

1928 年，也就是崩盘使得晴雨表方法失去信誉的前一年，维也纳经济周期研究所（Viennese Institute for the Study of Business Cycles）所长奥斯卡·摩根斯特恩发表了对哈佛经济晴雨表项目的严厉批评。A. W. 马格勒特（A. W. Magret）在一篇文章中总结了摩根斯特恩的批判。摩根斯特恩认为，经济预测项目从一开始就注定失败，因为数据不充分：它忽视了经济过程不会完全重复的性质；同时，在一个日后的新兴的古典经济学家也会附和的观察中（见第十章），预测本身会改变参与者的行为。马格勒特对摩根斯特恩的文章总结道："这样的预测没有什么用处，因此，所有发展正式预测技术的尝试，都会失败。"[41] 尽管哈佛经济晴雨表项目失败了，但我们将在第五章看到另一次评估预测的尝试，这一次是在阿尔弗雷德·考尔斯对股票市场预测的分析当中。我们也将看到随后的尝试，即试图在金融市场和包括经济周期的宏观经济活动中，以及在现代金融学的理性市场假说和宏观经济学中的相关理性预期假说中发现潜在的规律。

普约调查和"货币信托"

亨利·勒德韦尔·穆尔对棉花价格的研究、哈佛商学院的案例研究、NBER 的报告，以及第一次世界大战期间和之后不久发表的美国政府报告，都提供了关于在 20 世纪的头几十年里，金融所扮演的角色的线索。此外，指数融合了价格和数量的比率，可以说概括了经济的金融侧和实体侧之间难以分离的联系。最后，哈佛经济晴雨表一方面在空间上代表了投机和货币市场指数的趋势，另一方面又显示了商业指数，这显然是试图让美国经济的金融侧和实体侧的相互关系更加清晰。然而，所有这些项目都没有引起公众的注意，特别是在美国卷入第一次世界大战的紧张年代以及在冲突之后价格急剧上涨的时期。商界领袖无疑对政府的数据表示欢迎，经济学家在指数争议中选择了立场，但无论是美国商务部还是学术论文，都没有给出足够广泛或足够令人信服的经济描述，以帮助大多数美国人了解这些数据所贡献的整体情况。

有两个文本确实试图创造出这样一幅图画，它们似乎比我们在本章中所研究的技术性工作更加引人注目。第一篇是 1913 年出版的由国会一个小组委员会撰写的报告，该委员会负责调查所谓的"货币信托"，这是一个由 385 个重叠的董事会和监督委员会组成的网络，这一网络将一些最大的美国工业、运输公司和金融机构联系在一起。该小组委员会由路易斯安那州民主党人阿尔塞纳·普约（Arsene Pujo）担任主席，他们发现了从 1907 年拯救了纽约银行的摩根公司，到美国钢铁公司、纽约铁路协会，以及像大陆银行、商业银行还有第一国民信托基金这样的银行（仅举几个例子）的一系列不同寻常的联系。1913 年 2 月，该小组委员会向国会提交了一份复杂的、将这些担忧与摩根公司联系在一起的彩色图表，以及一份详细说明其发现的长篇报告。[42] 这份报告在美国的报纸上引起了广泛关注，因为它表达了一种普遍的信念，即 1907 年的恐慌是由一群为了个人利益操纵市场的银行家策划的。这份报告也促使摩根公司起草了一份为金融集聚辩护的辩词，其节选被刊登在报纸上了。在该公司的辩词中，被称为"金融拿破仑"的该公司董事长描绘了一幅美国经济的画像，这幅画像不仅将美国的金融经济与实体经济相提并论，而且坚称，没有前者，后者是无法生存的。

正如粮食、棉花和制成品是服从不变的供求规律的商品一样，货币和信贷也同样受制于不变的规律，但程度更深……纽约和芝加哥的银行规模的稳步扩大，以及两家或两家以上银行频繁合并为一家机构，这些行为在你们的委员会中被错误地指定为"集聚"。然而，这种稳步扩大合并只是因为需要更大的银行设施来服务这个国家的商业增长。随着我们城市的规模和重要性扩大了一两倍，随着铁路的扩展和工厂的扩大，我们的银行机构自然有必要增长，以满足人们对银行业务日益增长的需求。[43]

不管是因为被摩根公司对金融和商业相互渗透的描述说服，还是由于他们无法找到合谋的证据，该小组委员会决定，即使存在货币信托，它也没有操纵市场或造成恐慌。然而，美国用立法对这次调查做出了回应。1914年，国会通过了《克莱顿法案》(Clayton Act)，旨在打破这种公司董事会之间环环相扣的制度。

美国经济实体侧与金融侧相互渗透的第二幅画像出现在1921年。哈罗德·格伦·莫尔顿当时是芝加哥大学商业和行政学院的讲师，他写的《社会的金融组织》一书原本是金融组织概论课程的教科书。在这本书的序言中，莫尔顿承认对这种概论的需求。"不仅在我们的学院、大学和商学院的金融学课程有大量学习者，中学也在努力将这门学科纳入其迅速发展的商业课程之中；基督教青年会（Y. M. C. A.）和研究院金融学习课程在全国范围内建立了起来；更重要的是，许多商业公司也认识到成功的商业管理依赖于对金融原则的透彻了解，正在为雇员和管理人员组织特殊的课程。"莫尔顿的教科书即使只触及这些场所中的一部分，也帮助塑造了许多美国人对经济的理解方式。它的成功也在其作者日益突出的社会地位中得到了体现。1927 年，莫尔顿成为华盛顿布鲁金斯学会的第一任主席。

《社会的金融组织》是对美国金融机构的范围、历史发展、相互关系和与经济实体侧关系的一种制度主义的描述，其叙述的组织主题是"几乎所有企业对借来的资金，即对信贷的依赖"。根据莫尔顿的观点，这种依赖虽然推动了美国经济的增长，但也在 1907 年的恐慌之后几乎摧毁了美国经济，当时显然没有中央主管部门对信贷进行监管。正是为了解决这个问题，联邦储备系统才建立起来，他解释道："《联邦储备法案》……承诺组织国家资源，防止信贷系统在恐慌时期再次崩溃，并尽量减少商业活动的起起落落。"在这方面，联邦储备系统是经济的金融侧和实体侧之间的纽带：它通过管理"信贷机制"来控制金融市场，并通过"使（信贷）服从于不同的商业需求"来支持实体侧。

继凡勃伦之后，莫尔顿将这种复杂的"金融与商业的相互依存"称为"信用社会"，并再次与凡勃伦一样，承认美国"几乎普遍地表现了现代经济活动和金融方面的成就，这导致了货币价值的提高，从而极大地破坏了社会的理想"。尽管如此，他的主要目标并不是批评由此产生的组织，而是为了解释美联储通过国民银行和州银行流出的信贷，以及这些贷款是如何贷给商人和消费者，从而提高了国家的生产力的。在他看来，每个人都对——或者应该都对——金融体系感兴趣："在现代条件下，几乎每一个人和每一家机构都对金融体系的有效运作极为感兴趣。"他振奋人心的结论呼吁读者将美国经济视为一个双面但一体化的"有机体"，"无论好坏，这个经济系统已经由金钱主导；现代生活在很大程度上是围绕着金钱计算单位组织起来的；通过金融手段，商业流程随处可见；甚至经济组织的更大方面也在很大程度上是通过金融组织和机构的中介作用来调节的。毫不夸张地说，我们这个时代的经济社会是由金融组织和控制的"。通过使金融中介成为经济体系的纽带，莫尔顿把金融提升到了他的新古典主义同僚很少会承认的地位，他们倾向于将价格形成理论化为一个独立于其发生制度的过程。

　　莫尔顿除了勾画出一个双面但一体化的著名经济形象外，还对商业银行与资本形成之间的关系做出了重要描述。鉴于短期信贷工具与新公司的持续融资需求之间的紧张关系（真实票据学说在理论上限制了银行），莫尔顿认为，不受约束的商业可能无法解决信贷问题。在1918年发表的关于"商业银行和资本形成"的系列文章的第一篇中，莫尔顿呼吁经济学家关注改变美国社会的力量，"需要研究的是这样一个进程，通过该进程，一定比例的社会生产力从消费品的创造转向资本品的创造。此外，这应该是一种制度研究，研究在复杂的工业世界中，资本形成是通过哪些制度进行的。最后，这种研究不反对利用社会机构控制资本积累的数量和方向的可能性"[44]。

　　正如我们所看到的，其中一个社会机构是联邦储备系统，但当美国于1917年加入一战时，美联储肩负着一项任务，这项任务使其对资本形成的监督变得更加复杂，即为战争提供资金。美联储通过发行债券和扩大公开市场操作来启动融资，但是，只要一个国家的信贷受到真实票据理论的阻碍，任何中央银行都无法筹集资金和管理国家的信贷。这就是莫尔顿针对真实票据理论的原因。在他看来，在证券市场上交易的长期债权要优于自行清算的商业票据，因为前者提供的流动性更大。虽然后者应该是安全的，但商业票据没有交易的事实意味着，这种形式的信贷与长期证券一样，是"不可转移的"。莫尔顿在随后的出版物中提出的可转移性原则，为商业银行和联邦储备银行的主导政策提供了支持。20 世纪 20 年代，在本杰明·斯特朗（Benjamin Strong）的领导下，美联储开始改变庞大的美国债务组合，作为管理国家经济和控制资本形成的一种方式。这一为中央银行而发展的，以中央银行的责任原则为特点的学说，逐渐取代了并不太古老的可兑换原则。在新的理论中，联邦储备系统负责监督货币的购买力、信贷和资本形成，而旧的体系只要求美联储确保银行存款能够转化为合法的货币。[45]

第四章

两次世界大战之间的美国金融

两次世界大战之间的转型

1918—1941 年，美国金融体系发生了显著转变。在这一时期的初期，美元可兑换为黄金；联邦储备系统由 12 家相对独立的银行组成，仍然主要应对区域性的信贷状况问题；全美国 30 多家证券交易所是自我规制机构，每一家都受到自己的交易规则和上市要求的制约；公司主要受到各州法律和法院监管（除联邦贸易委员会和联邦储备委员会监管的领域外）；证券主要由投资银行和信托公司分配给相对较少的机构买家和富人。到两次大战之间时期结束时，随着美国动员起来并加入了第二场国际性战争，所有这些体制性的安排都变了：美元对黄金贬值近 60%；美联储在华盛顿的分支机构占主导地位，成了联邦政府的最后贷款人；证券交易所和公司受到联邦更严格的监管；越来越多的机构向更多的美国人出售证券。

这些剧烈的变化是美国经济的金融侧日益重要的外在标志，而且一些关键出版物的出现帮助普通民众了解了莫尔顿在他的商学院课程中所描述的美国金融系统是如何运作的。现代分析人士估计，在 19 世纪中叶，金融行业大约占美国经济活动的 1.5%；在飞速发展的 20 世纪 20 年代中期，这一比例上升到超过 6%；到 1940 年，它已降至 2.4%。[1] 金融侧的变化也影响到经济的实体侧：在 1921 年经济急剧衰退期间，美元遭受了美国历史上最严重的通货紧缩，这导致年度批发价格下降了 37%。[2] 在随后 7 年的经济生产力提升时期，出现了诸如电气化、汽车和道路改进、新通信技术，以及化工和制药行业的突破等创新，在这段繁荣时期，长期债券利率普遍下降，股票市场整体价值上升，美元成为一种全球货币，美国人借款比以往任何时候都多，在本杰明·斯特朗的领导下，联邦储备系统试图利用公开市场操作稳定经济。1929 年，所有这些趋势，无论是货币方面的还是实体经济方面的，都开始逆转。在大萧条时期，股票价值急剧下跌，工业生产率下降了 37%，失业率上升到 25%，货币供应萎缩，美元再次大幅贬值，物价下跌了 33%。1938 年，罗斯福政府推出了单一的凯恩斯主义政策，经济又开始了另一次逆转，1940 年 6 月，罗斯福对法国的沦陷做出了回应，经济复苏开始加速。到 1941 年 11 月，美国失业率为 3.9%。[3]

经济中的实体侧和金融侧的这些明显的波动让美国人前所未有地看到了金融的力量。即使一个人在 20 世纪二三十年代并未持有任何证券，他也不可能忽视股市的波动、美元购买力的变动以及普遍失业产生的影响。随着人们努力试图了解、衡量和理解 20 世纪 20 年代的美国金融，以及随后罗斯福新政带来的金融改革，新的机构、职业和专家出现了，以解释不断变化的世界。到这一时期结束时，一些美国经济学家开始使用一种新的工具，即建模来理解两次世界大战之间经济的发展，包括金融部门本身的崛起。

罗斯福新政和 20 世纪 20 年代的美国投机狂热

1920 年，至少有 33 家美国交易所能够买卖证券，范围从位于华尔街的纽约证券交易所（New York Stock Exchange）到与该交易所毗邻的纽约路边市场（New York Curb Market），再到像芝加哥和波士顿交易所之类的地区市场，还有许多以不同程度正式运作的场外交易所。这些交易所使用各种方法向业内人士传播信息，但总的来说，它们吸引公众注意或吸引资金的能力相对有限。H. T. 沃肖（H. T. Warshow）于 1924 年、加德纳·米恩斯于 1930 年记录道：估计 1900 年只有大约 440 万人持有股票，到 1920 年，这一数字增加到 1 200 万人。[4] 据另一位同时代人弗雷德里克·刘易斯·艾伦（Frederick Lewis Allen）说，在 1920 年，美国人把华尔街与政治暴力，而不是金融机会联系在一起。9 月 16 日，一个激进团体在一个十字路口引爆了一枚炸弹，而这是摩根银行总部、纽约证券交易所、美国国库纽约分库和美国贵金属检测办公室（US Assay Office）迎面相对的地方。对许多人来说，这象征着有权势的精英和愤怒的多数人之间持续的冲突。"政府财政、私人金融、工业的私人控制从资本家手中传到另一方：在这里坐落着一座又一座城堡，仿佛象征着联合成为一个由政府、货币力量和商业方向组成的体系，而这就是激进分子如此强烈地谴责的体制。"[5]

即使美国人在 20 世纪 20 年代初对华尔街的活动相对来说不大了解，但许多人已经通过购买自由和胜利债券（Liberty and Victory bonds）成了投资者。美国资本市场民主化的第一阶段是战时必要性、爱国主义和名人营销的结果，而不是人们普遍认为的证券投资可以增加个人财富的结果。

联邦政府最初在 1917—1918 年的运动中推动了债券购买，作为平民支持战争的一种方式。1917—1919 年，政府出售了价值 270 亿美元的自由债券和胜利债券，以支持打击德国的战争。来自几乎所有收入阶层和职业的 2 200 多万名美国人购买了这些债券。正如迈克尔·E. 帕里什（Michael E. Parrish）所指出的，这对许多人来说是"证券市场的奥秘"的第一次尝试，这场运动的大受欢迎鼓励了更多的个人购买债券，也鼓励了更多的公司发行股票："政府战时债券计划的巨大成功鼓励了越来越多的公司在未来 10 年寻求公开融资。"[6]

虽然第一批债券是以大面额形式发行的（在 1917 年，最小的自由债券面额是 50 美元），这些债券迅速以几乎适合每一个美国人的面额发行。储蓄凭证书被分发给学童，并计划为劳工、妇女和儿童发行面值为 5 美元的债券。[7] 战时债券计划将个人储户、政府官员和私人银行聚集在一起，无缝地将个人储蓄转化为计息的投资，目的是利好个人投资者、政府和从政府借款以便向小投资者提供贷款的私人银行。对许多人来说，这种交易并不是偶然的，它是保证金购买（buying on margin）的早期例子，尽管它把金融行业的各个部门带入了一个更加一体化的体系。1917 年初，正如詹姆斯·格兰特（James Grant）所解释的：

美国财政部很清楚，人民的储蓄将不能满足政府的需要。为了增加实际资本的存量，政府指示银行系统以债券的价格贷款给潜在投资者。反过来，美联储将贷款给银行。实际上，工人投资者会以保证金进行购买，而且他们中的一些人在 20 世纪 20 年代的股市繁荣时期会重复这样的经历。乔治·贝克（George Baker）的银行（纽约第一国民银行）成了爱国金融机构的典范。它为自己的账户购买了自由债券，借出它们以方便他人购买，并采取了额外的，在当时来看是非常新颖的步骤，即从纽约联邦储备银行借款，以扩大其规模。[8]

1923，当卡尔文·柯立芝（Calvin Coolidge）宣誓就任总统时，一战已经结束了，1920—1921 年的经济和政治焦虑开始消退。除了农产品价格持续下滑外，之后 7 年是由美元稳定、利率下降和经济强劲增长推动的几乎无与伦比的经济扩张时期。尽管没有确切的数据，但几乎可以肯定的是，美国证券市场的增长促成了这一繁荣。[9]我们知道的是，个人投资者的数量在 20 世纪 20 年代大幅增长。在这一年代初由沃肖和米恩斯估计的 1 200 万投资者，在短短 3 年内增长到 1 440 万人；到 1928 年，持股人数已跃升至 1 800 万人。更突出的是机构投资者，如国民银行和保险公司，这两者都增加了投资组合中的证券持有量。[10] 1929 年股市崩盘前，许多美国人认为一个焕然一新的大时代已经开始了，技术革新和美国货币无穷无尽的流量似乎使一些古老的真理过时了。

当时的经济学家和今天的经济学家一样，并没有就 20 世纪 20 年代股市繁荣的原因达成一致意见。欧文·费雪在金融危机爆发后不久，援引与经济实体侧和金融侧相关的基本面，为证券的估值提供了理由，包括：企业合并运动促进的成本节约、劳资合作的新时代、科技创新在商业企业中的应用、通过更好地理解成本来消除浪费、预示着未来回报的大量新发明和诸如团体保险这样的金融创新。费雪还强调了其非常重视的货币因素：美元在这一时期的稳定。[11]

我们没有争论繁荣的起源或 1929 年崩盘的原因，而是集中讨论了 20

世纪 20 年代改变金融部门的一些结构性变化。这些变化影响了金融的基础设施：莫尔顿 1921 年描述的金融机构体系，以及通过对两位同时代人所称的证券"数量制造和分销机制"产生的中介作用的扩展。[12] 这一机制，以一种新的金融机构、证券关联公司和已经被现代化的老投资信托基金为代表，不仅创造、销售和帮助向更多的投资者发行证券，而且还帮助把美国经济转变为凡勃伦在该世纪前 10 年所预见的"信用经济"。

证券关联公司使得商业银行能够做以前禁止做的事情，即发行和交易证券。第一家证券关联公司是被从国民城市银行分拆出来的，成立于 1911 年，而国民城市银行是今天总部设在纽约的花旗银行的前身。国民城市银行是一家商业银行，源自建于 1812 年的纽约城市银行。建立后的 100 年来，它一直以平稳的速度发展，其董事严格遵循美国对商业银行实施的法律约束进行业务运作，其中包括 1864 年禁止商业银行进行"非银行"业务。这些业务包括发行和出售证券。根据法律，证券的发起仅限于投资银行，而投资银行不以自有资金进行投资或接受存款，只为其他机构发行、承销和交易证券。

1911 年，国民城市银行的董事决定通过创立一种新的公司，即国民城市公司来增加银行的收入。因为它不是商业银行，所以国民城市公司被允许提供银行被禁止参与的投资服务。理论上，这两家公司是不同的，但在实践中，该公司仍被作为银行的"证券关联公司"，只不过是商业银行的另一部分。就像费迪南德·佩科拉（Ferdinand Pecora）在 1932 年召开的参议院听证会上所说的那样，银行及其证券关联公司就像"连体人"。[13] 商业银行提供了启动该公司所需的所有资金（1 000 万美元）；国民城市银行向股东提供了这家新公司的折价股份；该商业银行的股东同意不行使公司投票权，而是将控制权让给银行的三名资深高级职员。甚至连该公司的无表决权股份也体现了两家机构的融合：公司的股票被印在银行股票证书的背面，这样就不可能卖掉一个而不卖另一个。

当国民城市银行拆分出它的证券关联公司时，它选择了一家规模不大的投资基金的负责人查尔斯·米切尔（Charles Mitchell）担任新公司的总裁。米切尔很快就把原来只有 4 人组成的办公室变成了一个金融巨头，它拥有在 6 个分支机构工作的 1 900 名员工，每年出售价值超过 15 亿美元的证券。为了达到他们的指标，米切尔的债券销售员设立了新的办事处，在美国全国性杂志上登广告，并敲开潜在投资者的大门，兜售他们的产品。一位对此表示欣赏的同时代人说："这些方法，以如此充沛的精力和如此之广的规模进行，都是革命性的。"[14] 1921 年，米切尔也被任命为该银行的行长，1929 年，米切尔成了该银行的董事长。[15]

许多州一级的和全国性的银行对这家国民城市公司的成功感到震惊，因此纷纷成立了自己的证券关联公司；另一些仅仅只是为现有的债券部门配备了销售人员和专门从事证券分析及销售的研究人员。[16] 国民银行率先购买有价证券，并随时向投机者和券商提供短期贷款。在 1921—1930 年的 10 年里，发行了估值为 662.3 亿美元的新证券，这还不包括政府发行的债券。其中大部分是由国民银行提供的资金，这些银行得到了客户的信任，并且提供了必要的投资机制和专家意见来处理这项业务。[17]

1927 年，《麦克法登法案》（McFadden Act）的通过明确赋予了国民银行购买和出售债券的权利；该法案还允许它们开设分支机构。当该法案通过时，100 多家国民银行已经通过其债券部门发行证券。到 1929 年，从事证券业务的国民银行、各州银行，以及从事证券业务的关联公司数量已经从

1922 年的 277 个增加到 591 个。[18] 这些机构几乎处理各种有价证券：美国政府债券、外国政府债券、城市和各州发行的债券，以及美国和外国公司的债券及公司抵押债券。20 世纪 20 年代末，这些关联公司开始创造和发行普通股票，以满足对这种风险更高的证券日益增长的需求，这种证券与基础资产或固定到期日无关。虽然 20 世纪 20 年代的数据只允许我们估计这些关联公司发行了多少证券，但 1941 年的一位分析师认为，在这个 10 年的最后几年里，银行和证券关联公司的发行量约占证券发行总量的一半。[19]

在此期间，证券关联公司大幅增加了可出售的各类证券的数量，但它们也造成了法律上的两难困境。几乎不可能把证券关联公司和创建它的银行区分开来，因为有太多银行效仿国民城市银行的做法，给其关联公司提供了一个从它们自己的名称演化出来的称呼。这在商业上很有意义，因为它帮助证券关联公司利用了该银行的商誉，但当一位受到损失的股东寻求法律援助时，这一名称的重叠也可能造成混乱。造成混乱的原因是这些孪生公司的其他常见做法，包括：两家关联公司经常将利润和支出混在一起、共享同一会计系统的部分（但不是全部）账目、将一家公司赚取的利润分配给另一家公司的股东。然后，关联公司的董事也常常组成一些连锁的分支机构，以增加他们的资本。这些复杂的结构性相互关系并不局限于银行及其证券关联公司。当这种连锁所有权和附属机构也扩展到其他类型的、进行证券发行和融资的公司时，投资者几乎不可能知道自己所持股份的实际价值或意义。附属公司连锁现象在公用事业行业尤其常见，令人困惑的是，在 20 世纪 20 年代末，这些公司的股票交易特别具有波动性。弗雷德里克·刘易斯·艾伦写道：到 1929 年夏季，公用事业公司的所有权变得如此复杂，以至于"即使是金融资产的专业分析师有时也会感到困惑，他发现甲公司持有乙公司 20% 的股份，乙公司在丙公司有利益，丙公司反过来投资甲公司，同时丁公司又在每家公司持有股份"[20]。

在 20 世纪 20 年代，银行及其证券关联公司并不是唯一准备借钱投资或自己购买证券的金融机构。事实上，当 1937 年 NBER 金融研究探索性委员会的成员试图列举"金融系统"在金融危机和随后的银行破产中幸存下来的部分时，他们仍然发现"数以万计的单独机构规模大不相同，专业化程度不一，其中包括商业银行、储蓄银行、莫里斯计划银行（Morris Plan banks）、产业工人银行、抵押贷款银行、投资银行、联邦储备银行、住宅贷款银行、信用合作社、金融公司、保险公司、投资信托、证券交易所、经纪公司等"[21]。并不是所有这些机构都发行或承销证券，但大多数机构至少是证券市场的间接参与者，因为它们贷款给向投资者贷款的机构，从发行股票的机构借款，或者本身就是弗雷德里克·刘易斯·艾伦描述的复杂控股公司链的一部分。

比参与证券市场的具体金融机构更重要的是，用自有现金储备向投资者提供贷款的公司（它们实际上已成了金融机构）的数目。一家公司通过发行债券或股票来筹集资金比从商业银行借款更为合理，因为这可以让公司避免银行手续费，投资者也似乎愿意为公司股票支付几乎任何价格。在 1928 年和 1929 年（而不是 1926 年和 1927 年）资金变得昂贵，因为美联储保持较高的贴现率，试图阻止投机，但徒劳无功。赎回利率，即经纪商可以借入资金的利率甚至比 1929 年初的贴现率还要高。[22] 尽管存在资金成本，但投资者仍在寻求购入股票，公司的反应是将现金储备中的资金（其中许多公司的资金处于战后最高水平）或通过流动性证券（floating securities）筹集到的资产贷给经纪商。这些公司通常在自己的账户中将这些贷款简单地记为"其他贷款"。反过来，这些经纪商把钱借给了想购买证券的消费者。结果形成了亚历山大·诺伊斯（Alexander Noyes）所说的"一个完美的循环"："经纪商所借的，其实就是给他们的投机客户的借款；客户用这些借款以融资的形式购买这些公司已发行的股票。"[23] 据诺伊斯称，在 1926 年 1 月，这些"其他贷款"的未偿还总额为 5.64 亿美元；1929 年 10 月初，该数字为 39.4 亿美元。在接下来的 7 周里，随着市场的崩溃，"其他贷款"的未偿还金额下降了近 20 亿美元，至 19.8 亿美元。到 1930 年底，仅为 3.63 亿美元。[24] 因为这些贷款中的大部分在整个过程的每一阶段都被用来融资买入，当公司或经纪商试图收回未偿还的债务时，损失就会在整个金融体系中大量涌现。

投资信托和 1929 年的崩溃

在 1929 年，这种不受节制的投机带来的风险实际上是无法估计的：不存在将风险计入证券价格的分析范式。然而，有些机构确实存在着分散风险的潜力，即使这还有待于理论化。其中之一是投资信托基金，它起源于英国，是一种汇集投资者资金的工具，通常由专业人士管理，用于购买不激进的投资组合。债券推销员劳伦斯·张伯伦（Lawrence Chamberlain）和威廉·沃伦·哈伊（William Wren Hay）称之为"真正的投资信托"，专注于抵押贷款和债券，而这种投资组合的唯一风险是债券存续期间利率可能会发生变化。[25] 投资信托的首要义务是向投资者偿还他们所投的本金；这是由基金的股本担保的。然而，当所投资的信托机构适应美国市场时，它就采取了一种略有不同的形式。通常建立这些信托基金的职业经理人，不仅要管理投资者的集合基金，还会出售信托本身的股票。1928 年以前，信托公司的投资倾向于相对保守，但它们的结构意味着所承担的风险以及因此可能产生的收益要比英国同行高。正如张伯伦和哈伊所解释的，"受委托的资金体现为企业的股份，因此，无论信托的收益如何，支付本金并不是管理者的义务"[26]。

根据张伯伦和哈伊的说法，1924 年以前，美国的投资信托相对较少，但就在那一年，"成立的信托基金数量就与此前几年成立的信托基金总和一样多，而且 1924 年投入这些企业的资本（7 500 万美元）是之前所有年份的 5 倍之多。在 1925 年、1926 年和 1927 年，公司数量迅速增长，总投资额每年至少翻一倍，因此到 1928 年中，大约有 200 只信托基金，总资本为 12 亿美元"[27]。在接下来的 12 个月里，席卷证券市场的上涨行情推高了投资信托交易的股票价格和交易量；当下跌开始时，这些股票下跌的速度与程度和美国市场上其他股票一样。此外，因为一些信托基金是由投资银行资助的，而且信托的利益与其广泛地用杠杆购买证券交织在一起，一些美国信托基金的投资者承受了特别严重的损失。

张伯伦和哈伊批判了投资信托，因为 1928 年以后，它们交易的主要是普通股，张伯伦和哈伊都认为这些股票是投机性的。他们解释说，"普通股作为长期投资的错误信念"，是股市崩盘给美国投资者带来痛苦的关键。他们将这种信念归因于 1925 年出版的一本书，即埃德加·史密斯（Edgar Smith）的《用普通股进行长期投资》（*Common Stocks as Long-Term Investments*）。债券分析师得出结论认为，史密斯的书转移了投资者对更可靠数据（比如一家公司的长期盈利历史）的注意力，从而使他们对投资决策应该遵循的真理，即"未来价格趋势的唯一确定性是其不确定性"

视而不见。[28]

此刻赞成投资信托的人就包括欧文·费雪。事实上，对费雪来说，投资信托的出现是金融危机发生后少数几个令人们乐观的理由之一，因为这些信托公司使用了作为竞争对手的金融机构中不同寻常的保护性功能。首先，它们把自己的利润重新投入基金，而不是以股息形式发放资本收益；费雪解释说，这种再投资导致了"可以说是复利的积累"。其次，由于投资信托汇集了资产，所以它们能够为个人投资者分散风险。最后，信托公司利用专业人员提供专家评估和股票管理，这不但使投资者能够选择最好的股票，而且使他们的投资组合变得多样化。[29]

费雪的研究解释了，甚至可能证明了现代投资的一个深刻变化：那些能够长期投资的人偏爱股票，而不是债券。在 20 世纪 20 年代，股票的收益率是否高于债券是一个存在激烈争议的问题。就像我们将在第五章中看到的，到 1930 年，考尔斯委员会的创始人阿尔弗雷德·考尔斯对于股票分析师能够对个股做出准确预测的能力深表怀疑。然而，当考尔斯对整个股票市场进行了更复杂的分析时，他能够经验性地证明，随着时间的推移，美国股票作为一种资产类别，其回报率要高于债券。

埃德加·史密斯对普通股的支持曾经让债券分析师张伯伦和哈伊非常愤怒，早在 1925 年，他就阐述了现在投资规划中最重要的一个原则——持有期对股票风险的影响。[30] 史密斯的论点是，持有股票的风险随着持有期的延长而下降；尽管个股存在期中波动，但对于更长的期限而言，投资者的回报将更接近于整体市场的长期正向趋势。费雪给史密斯的论点提供了一个更精确的历史背景，同时也给出了一个理论解释：他认为，在 20 世纪 20 年代末，投资者有充分的理由将资金从债券中转移出去，因为债券已经远远不是投资者曾经认为的安全证券了，而是变得极其危险。这种风险可能被"货币幻觉"，即美元的购买力不会改变的假设所掩盖，但曾经的幻觉（以及现在的幻觉）也是实实在在的。就像 1901—1922 年一样，当美元的购买力下降时，债券的固定美元计价的回报和本金的偿还被大幅减少了。因此，在那些货币购买力波动的时期，如 20 世纪 20 年代末，债券构成了一种风险，而股票不存在这种风险，因为固定收益回报（收入支付和资本最终回报）无法得到保护而不受债券面值贬值的影响。在这种时期，债券和股票之间正面交锋后的净优势将转移到后者。事实上，费雪总结说，在这种时期，"债券具有投机性" [31]。

费雪还认为，谨慎的投资者需要了解利率对股票和债券的影响。虽然利率下跌对股票和债券都有好处，但利率上升对这两个资产类别的影响是不同的。利率的变化影响了所有债券的价值，但一些股票受益于上升的利率，而另一些股票表现良好，则是出于与利率的变化无关的原因，例如技术创新。因此，当利率上升时，只持有债券的投资者无法保护其投资组合的任何部分，但股东可以通过多元化投资来抵消利率变化带来的一些风险。"如果一个人在 10 家不同的公司投资 10 000 美元，向每一家公司投入 1 000 美元，虽然他在其中一两家公司所投的全部资金都有损失的风险，但这种风险大多被其他公司特别繁荣的可能性所抵消了。" [32] 这解释了投资信托在 20 世纪 20 年代给投资者提供的优势。通过汇集许多投资者的投资资金，这些信托公司利用了一个概率悖论：

　　如果孤身参与这场游戏的人的投资风险越大，那么把风险集中在一个投资信托中，并进行广泛的多元化投资就会越安全，这样个人风险就会被吸收。因为随着风险的增加，它可以不断地被多样化投资所吸收。因此，信托中的成员可以从风险较高的投资中获得更多的收益，这些投资由信托以远远低于其数学价值的价格购买，这要比他独自进行风险较小的投资，但以更接近数学价值的价格买入的收益更多。因此，投资信托已经证明，投机可以转化为比许多所谓的"金边"证券的个人投资要安全得多的投资。矛盾的是，由于"谨慎因素"，风险最大的投资的市场价值被压制到大大低于其真实的数学价值。这些投资信托公司秉承大范围多元化经营的原则，已经设法从投资中获得更高的平均回报，同时他们也从这些投资中剔除了大部分风险因素，因为单独进行这些投资将是相当冒险的。[33]

由于投资信托基金还对其客户进行了"不断的审视或检查，以了解发行股票的公司的状态"，它们可以通过明智的多样化确保管理风险所需的"持续周转"。"普通股中的理智投资者必须不断地把它们周转起来，出售那些已经失去价值的，并对那些正在获利的进行投资。今天，这一职能由熟练的投资顾问履行，在他们的警惕性的保护下，投资于普通股在一定程度上比以前的个人债券投资更安全。"[34]

费雪的《股市崩盘及其影响》一书主要面向普通读者，包括那些刚刚在1929年大崩盘中遭受了灾难性损失的投资者。尽管它包含了深刻的见解，但这本著作在当时并未被经济学家所接受，或许在1930年，书中关于迅速恢复繁荣的预测过于乐观，不太可信；也许这本书只是出现得太早了（费雪的著作集中只包含了这本书一段简短的摘录）。但是，正如我们将要看到的，这本书中的许多观点很快被其他作者所接受，他们也希望帮助投资者了解证券市场及其风险，以及如何评估公司的股票。

在谈到这些作者之前，我们简要介绍一下费雪的下一部著作《繁荣与萧条》(*Booms and Depressions*，1932)，因为这本书是那个时期为数不多的关于经济的金融侧和实体侧之间结构性关系的理论描述之一。在1936年凯恩斯的《通论》发表之前，《繁荣与萧条》就大胆地提出了：以美国货币市场和信贷市场之间结构性失调的形式出现的金融本身，是美国无法摆脱大萧条的直接原因。费雪认为，如果一个国家的货币在经济衰退期间急剧贬值，此时过剩的信贷被破产、庭外和解和债务重组所消灭，那么债务人即使在其大量名义债务被消灭之后，也将面临相当大的实际债务水平。在这种情况下，不可持续的信贷水平和货币贬值的风暴会导致一个下降的螺旋通道，缩小了资产负债表，挤压了这个国家企业的净资产，从而损害了他们的信誉和获得信贷的机会。由于许多在20世纪20年代向商业部门提供信贷的商业银行在20世纪30年代初也破产了，信贷流动枯竭了。[35]为说明这一论点，费雪收集了统计数据，表明1929—1932年，美国债务按实际价值计算增加了29%——尽管债务名义上减少了370亿美元。费雪认为，由于美元贬值，债务增加了。费雪从中得到的教训是明确的：美联储在这场危机中的作用是尽一切可能使货币"重现膨胀"，以防止发生进一步损害。尽管这在当时颇有争议，但费雪的论断后来得到了海曼·明斯基和理查德·库斯（Richard Koos）等经济学家的发展。[36]

"美国人民的新政"：全民抵押贷款

1929年股市大崩盘后，联邦政府开启了罗斯福总统所谓的"美国人民的新政"，这是一项旨在重振美国经济实体侧的运动，它部分是通过改革金融侧来实现的。罗斯福政府采取了一系列激进且持久的立法和监管措施，试图为所有美国人提供一个社会安全网，包括保护他们的储蓄不受不稳定的银行的影响，改革事关公司信息披露的法律，以及为失业人群和老年人提供资源。与新政有关的规制使美国现有的金融机构或金融工具都受到了影响。新的法律也建立了全新的机构，如社会保障署和联邦存款保险公司。同时，通过修改《合同法》和《证券法》的各个方面，新政立法重新定义了此后数十年如何正确理解借款、信贷、投资，甚至投机等词语。

非常能体现新政政策触及经济的实体侧和金融侧的是美国政府制定的"居者有其屋"政策。反过来，新政对美国居民住房问题的回应是由美国政府在 20 世纪 20 年代采取的政策的不足所引起的。在这 10 年里，住房建设是一个繁荣的行业，房价飙升，每年增长 50%~75%。[37] 时任美国商务部长的赫伯特·胡佛通过名为"美国更好的家"的全国性运动及约翰·格里斯（John Gries）和詹姆斯·泰勒（James Taylor）写下的名为《如何拥有自己的家》（*How to Own Your Own Home*）的小册子，极力推动住房拥有率的提升。[38] 在 20 世纪 20 年代初，必须大力提倡"居者有其屋"，因为几乎没有人能够买得起房子，此时至少在一定程度上，贷款买房仍然带有 19 世纪末的污名。为了让借贷看起来高尚，而不是道德上的可疑——尤其是在胡佛大肆宣扬的节俭运动的背景下——这位美国商务部长掀起了美国人争相购买自由债券的爱国热忱，并鼓励美国人利用分期付款购买住房，而这种方式最初是在汽车工业中发展起来的。

在 20 世纪 20 年代，胡佛的节俭运动将"为战争支出而储蓄"与"在美国国内维护民主"紧密地结合在了一起。实现"居者有其屋"是其中的一个关键组成部分。例如，在 1924 年美国节俭教育会议上，纽约州储蓄和贷款协会联盟的一位发言人解释说，维护民主需要让更多美国人拥有住房，这可以通过储蓄和贷款协会鼓励的那种"明智的支出"来促成。[39] 在同一次会议上，基督教青年会的全美节俭委员会执行秘书约翰·古德尔（John Goodell）强调了"居者有其屋"在美国美德殿堂中的地位："我们的金融信条如下：工作和收入、做好预算、记录支出、拥有银行账户、购买人寿保险、拥有自己的房子、设立遗嘱、投资于安全证券、及时支付账单并与他人分享。你会注意到这一信条完成了个人和家庭经济教育的循环，包括收入、支出、储蓄、投资和捐赠。"

在《节俭运动史》（*History of the Thrift Movement*，1920）一书中，西蒙·威廉·施特劳斯（Simon William Strauss）一再强调，被称为"节俭"的"明智支出"与美国资本主义完全相符。施特劳斯宣称，节俭是"谨慎消费和明智储蓄的节俭"[40]。施特劳斯是美国节俭协会的第一任主席，他也是一个具有创新精神的成功的推销员：1909 年，他创立并在接下来的 20 年里出售房地产抵押贷款债券。施特劳斯将这些优先债券作为超级安全债券进行推销，保证购买者的年回报率为 6%。根据 1924 年《纽约晚邮报》（*New York Evening Post*）发表的一篇文章，当时的人将这些债券等同于"安全投资"。

房地产债券被出售的范围可能比任何其他类型的债券都要广泛。在很多情况下，它们非常适合小投资者，以至于许多人认为它们是安全投资的化身。房地产抵押债券在扩大这个国家的投资者阶层方面的作用，可能比自美国政府战争债券出售运动以来的任何其他事情都要多，它们已经证明，通过密集的商品推销方法（不一定是不体面的方法）创造了大量的新债券买家。在这样做的过程中，房地产银行家理应得到债券业务以及一般企业和公众的赞赏。[41]

除了节俭，胡佛提高住房拥有率的运动也建立在分期付款购买的基础上，而分期付款购买长期以来一直被用来帮助美国人购买诸如农业机械和缝纫机等大宗商品。[42] 1919 年，通用汽车公司通过成立自己的金融服务公司，向消费者提供分期付款计划，拯救了汽车工业。在通用汽车金融服务公司成立后，其他公司也纷纷效仿，到 1925 年，仅从事汽车销售的金融公司就在 1 600 ~ 1 700 家，占到 70% ~ 75% 的汽车销售都是通过这些公司进行的。[43] 分期付款购买很快被应用于花费更少的消费，如留声机、收音机、吸尘器、洗衣机、冰箱和成衣，但也适用于房屋，其形式是抵押贷款，其中大多数不是由美国政府，而是由施特劳斯承销的各种债券提供担保的。[44]

对于施特劳斯和购买他债券的人来说，繁荣时期在 1926 年开始步入终结，当时他的一位竞争对手的失败引发了政府对房地产抵押债券行业的调查。随着其中许多项目被披露本质上是庞氏骗局，施特劳斯的债券的人气骤减。[45] 到 1929 年，股票市场大崩溃时，美国人总共欠下了 300 亿美元的抵押债务，除此之外，他们还欠下了 70 亿美元的其他形式的消费债务。

美国政府的反应是加倍努力争取实现"居者有其屋"，不仅仅是为了支持民主和提倡节俭，而是因为住房建设和销售将使美国人重新开始获得就业。正如即将被罗斯福选中而成为联邦储备委员会主席的马里纳·埃克尔斯（Marriner Eccles）所解释的那样，新的住房建设开工"将惠及从蕾丝窗帘制造商到木材、砖头、家具、水泥和家用电器制造商的每一个人。仅仅运送这些物资就能影响铁路建设，而铁路建设又需要钢铁厂生产铁轨"[46]。

为了促进"居者有其屋"，罗斯福创立了业主贷款公司（Home Owners' Loan Corporation），从 1933 年开始，这个机构对 100 多万名抵押贷款者进行了再融资。通过首次提供 30 年的定息抵押贷款，而不是通常的 3~5 年的抵押贷款，业主贷款公司使得许多美国人能够生活在自己的房子里。在美国联邦住房管理局（Federal Housing Authority, FHA）和美国联邦国民抵押贷款协会［Federal National Mortgage Association，房利美（Fannie Mae）的前身］的支持下，这些措施确保了任何愿意放贷的银行都能提供贷款，因为这些机构基本上保证了借款人无法偿还的贷款将由美国政府偿还。房利美有权向银行回购贷款，从而允许银行提供比过去更多的贷款，美国联邦住房管理局为任何一家遭受抵押贷款损失的银行提供了保险。这些新政政策将消费者的福利与爱国价值观和为建筑及贷款提供担保的金融机构捆绑在一起，将美国政府置于房地产行业的中心地位，它们同时支持经济的实体侧和金融侧。新政政策创建的金融机构也是最终组建影子银行系统的金融机构的第一批成员，这些机构与正式的银行系统一起运作，但不属于监管机构的职权范围。

公开披露和现代公司

一些新政改革的目的是做虽然存在，但在很大程度上无效的各州《蓝天法案》[①]（State Blue-sky Laws）试图做的事情：让现代公司披露"关于所出售证券的准确的完整信息"[47]。在这方面最重要的措施是 1933 年和 1934

---

① 《蓝天法案》又称"股票买卖控制法"，是美国一些州为保护投资者免受证券欺诈之害而制定的法规。——译者注

年的美国《证券和交易法案》（Securities and Exchange Acts），而这些法案则是对 1932 年出版的一本书的部分回应，即阿道夫·伯利和加德纳·米恩斯所写的《现代公司与私有财产》。这是一项具有开创性的研究，它揭示了改变信息观念发挥的关键作用，因为美国政府试图让美国金融体系的某些部分更容易为消费者所知。

1932 年，阿道夫·伯利是哥伦比亚大学法学教授，也是美联储"智囊团"（brains trust）的成员，加德纳·米恩斯是一位在哈佛大学执教的制度主义经济学家。其他学者关注的是这本书的一些重要方面，即对"代理成本"的预见，公司资产证券化对传统产权所构成的挑战的分析，或其倡导的管理层对股东所负责任的法定或信托模式。[48] 就我们的目的而言，《现代公司与私有财产》的核心是其对公开证券市场的分析，作者将此称为现代金融体系的"经济谜团之一"[49]。正如我们在第一章中所看到的，现代公司的一个显著特征是所有权与公司日常运作控制权的分离。我们尚未探讨的是这种分离的悖论效应。其中包括公司投资者的需求与公司本身的需求不匹配：前者希望能够随心所欲地买卖证券，而后者则需要源源不断的收入。股东是凡人，需要流动性。根据法律，公司是一个不朽的"持续经营的实体"，需要永久的资本流动。

到 20 世纪 30 年代初，大公司对金融的需求甚至比最初的合并时期更为贪婪。在伯利和米恩斯为他们的书收集数据时，大公司"看起来似乎……（将会）成长得比"所有其他非法人公司制企业"要快 2~3 倍"。这些公司所代表的财富集中同样值得注意，它们的规模也是如此。到 1930 年，"573 家独立的美国公司中有 130 家……可以被归类为大公司，每个公司的申报资产都超过 1 亿美元。这 130 家公司控制了所代表的全部公司 80% 以上的资产"。最大的 200 家公司控制了 49.2% 的公司财富、除银行业以外 38% 的商业财富和 22% 的国家财富。最大的非银行公司都拥有超过 1 亿美元的资产，更有 15 家非银行公司的资产超过 10 亿美元。

虽然股东作为一个整体也积累了大量财富，但公司结构剥夺了他们的能力，使他们无法亲身体验公司的运营，也无法对公司进行任何干预。但是，正如伯利和米恩斯解释的那样，通过将控制权让渡给管理层，股东实际上获得了公司制度特有的东西，即将部分或全部利益随意兑现的能力。这是《现代公司与私有财产》所揭露出的第二个悖论：在购买股票时，股东用控制权交换了流动性。但流动性要求并创造了更多的创新。这一要求很简单：一种流动性的财产形式要有价值，就必须有某种机制给它定价。这款新产品更为复杂，它开启了欧文·费雪的金融观点中所阐述的重新定位：为了让市场机制为证券定价，它必须考虑的不是某些潜在资产的价值，而是投资者对未来的预期，即他们持有股票的公司是否会以股息的方式分配部分利润，以及他们的股份是否会升值。[50] 这里还有第三个悖论，因为投资者对公司派息意愿的预期，反过来是由定价机制评估的，并被计入股票的市值。"简单地说，股东有一张具有公开市场价值的凭证，作为这份凭证的持有人，在管理层允许的情况下，他可以不时地收到定期分配。他被迫以市场报价，而不是以资产来估计其参股价值，这个市场报价对关于分配的预期进行了打折或评估。"

伯利和米恩斯承认，"公司证券机制"因此是建立在一种特殊的动态基础之上的，而它的法律地位对其满足投资者期望是至关重要的，"从经济层面讲，各种所谓的'合法权利'或股东施加的经济压力可能会导致公司管理层做得很好，但这些压力本身只是置于管理层手中的不确定期望值。

因为这些期望值是由公开市场归集和解释，并在证券交易所进行评估的，它们确实具有具体和可衡量的价值。正是由于这个价值，股东必须而且确实需要自己解决。投资者的想法被它所影响，而在很大程度上，公司的证券体系就是以它为基础的"。由于评估和为证券定价的机制对这一体系如此重要，伯利和米恩斯将《现代公司与私有财产》一书的最后两篇用于专门讨论公开的证券交易所的运作。通过会聚买方和卖方，这些交易所纠正了个人投资者的短期异质需求与公司的长期需求之间的不匹配。

由于这些交易所不断为股票定价，所以只要价格合适，就允许股东买卖；由于交易所使几乎无限的投资者进入市场，交易所为公司提供了其所渴望的资本。在公司制度的另一个悖论中，这些交易所甚至在股东没有出售股票的情况下，也给股东提供了想象中的回报。"如果持有普通股的股东期望普通股最终能支付高额股息，尽管实际上它没有支付任何股息，但如果他的股票价格稳步上涨，他就会认为自己的预期是合理的，他就可以通过公开市场的机制出售自己的证券，获得现金来实现自己的期望。"换句话说，如果交易所给股东的证券设定的价格上涨，那么不管出售是否真实发生，股东都会对将来出售证券的回报感到满意。交易所甚至将这些预期的回报转化为实际信用额度，否则这些信用额度将不存在。这一信用可以通过允许个人股东以股票的市场价值进行借款的方式，使个人股东受益；也可以通过允许公司借入或发行与其资本化价值相关的新股的方式，使公司受益。这种信用甚至可以通过提高其整体生产力的价值的方式使美国受益，这一数字很快就会在美国国民收入和生产账户核算产生的总估计数中显现出来。[51]

伯利和米恩斯解释说，市场通过处理大量信息来为证券定价。"评估必然会涉及信息。"一些信息是由交易所获得的，这些交易所要求上市公司"不断披露信息"；还有一些信息出现在专门针对该行业的通讯录中（如《普尔、穆迪和标准统计数据》），以及《华尔街日报》或《纽约商报》（*New York Commercial*）等报纸上。股票价格收报机也会发布信息，这一切是发生在一个连续不断的流程中的，而经纪商发出的买卖指令则会产生更多的信息。"这些信息和更多其他的信息不断地涌入市场，讲述了各种事实、虚构、数量、意见等，这些都会影响到证券交易的价值。"即使有些信息不是真实的，即使有关的信息并不总能到达预定的目的地，即使不可能不受阻碍地提供完美的信息，"理想的情况，不断地披露与价值有关的所有信息也可以趋近真实情况；当然，传播的机制发展得如此之好，以至于任何与价值有关的信息几乎都可以瞬间成为共同市场财产"。

"不断地披露所有信息"也使得交易所能够对证券进行评估和定价，至少在理论上应该给予每个买卖双方同样的机会，无论他们有多少资源。这种"披露哲学"体现在 1933 年和 1934 年的美国《证券和交易法案》中，体现了罗斯福的要求，即"让阳光照进"华尔街，而且，这些法案并没有要求充分披露信息，它们试图利用公众的关注让市场自行监管。[52] 在论述这两项证券法的规定之前，我们考虑了信息与披露之间关系的复杂性，因为这些复杂性说明了所有新政政策都将透明度作为改革工具的目的。在讨论披露问题时，伯利和米恩斯提到了股票估值的现值理论，并开始探讨这一理论对公司负债的影响。

如果承认这种经济观点，即股票份额主要是公开市场对公司和该行业现状的评估，而且进一步承认这些评估将会根据所提供的信息发生变化，那么就不难理解，一家公司的管理层将对如下行为负责：①故意歪曲事实，其目的是诱使在市场上交易的人采取行动；②也许是因为疏忽才虚报事实，而不是为了在市场上采取诱导行动，但是事实上导致了波动；③可能是因为未能披露信息而导致了估价错误。

从公司业务律师的身份来看，伯利知道要证明一家公司传播虚假或误导性信息是有困难的，更不用说仅仅因为没有披露信息了。[53] 但他和米恩斯也意识到，由于信息在定价过程中所起的关键作用，这种困难可以通过坚持信息来源或发布的关键点的透明度来克服：起草公司章程、在证券交易所登记、定期公布公司账户、宣布特殊事件，以及发放股息报告。他们认为，法律不应只在透明度必不可少的特殊时刻发布信息，还应限制传播某些信息，主要是内幕信息，即公众无法看到的信息。

虽然《现代公司与私有财产》主要聚焦在市场交易和法律的交集上，但这一著作确实为经济理论增添了新的有关信息的思想，即预期是价值的关键组成部分。如果正如现值理论所述，预期透露着价值，同时如果信息预示着预期，就像伯利和米恩斯所主张的，那么信息流就是金融的一个关键组成部分。金融市场要想公平有效地运行，就必须同时发布和规范信息。必须将披露规则叠加在证券交易所的公开操作上；必须迫使公司达到要求公布某些特殊事实的具体标准；必须禁止管理人员从他们单独掌握的信息中获利。伯利和米恩斯在《现代公司与私有财产》中得出了这些结论，但他们也认识到这种披露是不够的，"不能说所要求的披露提供了准确评估所需的所有资料。这种要求的制定可能是无法实现的"。

伯利和米恩斯对他们的研究所揭露的悖论的态度显然是矛盾的，一方面，他们公开哀叹公司产权转型的一些影响：股东，而不再是所有者，已成为"一个纯粹而简单的风险承担者"；曾经与财产所有权交织在一起的精神价值已经消失；而股票可能还没有被从它们可能代表的资产中分离出来，就被抛到了"从一只手滑到另一只手，不负责任且没有人情味"的地步。另一方面，伯利和米恩斯还将现代企业视为"一种主要的社会制度"，其经济力量的集中使大公司能够"与现代国家平等竞争"，他们甚至认为"经济政治家风度"可能是未来的外交手段。这部作品矛盾的语调——哀思而又欢庆，刻薄而又听天由命——概括了贯穿整个罗斯福新政的模棱两可之处，美国立法者大胆地试图同时改造几乎每一个金融机构，同时也对过去投去怀旧的目光。

1933 年和 1934 年成为美国法律的《证券和交易法案》也传递了这种矛盾的心理，不过，可能简单地这样表达更准确，即它们代表了一心想改革华尔街的总统顾问与那些财力雄厚、在华盛顿拥有许多政客支持的金融家之间的妥协。1933 年的法案将金融行业的监管监督权分配给了美国联邦贸易委员会（Federal Trade Commission，FTC），还包括了一份要求在华尔街上市的新公司披露信息的清单。它还规定了从一家公司提交登记声明到发行股票之间要有 20 天的等待期，这将使美国联邦贸易委员会能够对该公司进行更详细的审查。然而，1933 年的法案并不允许美国联邦贸易委员会评估上市证券的质量，也不允许它执行现有的《蓝天法案》。最后，该法案豁免了许多种类的证券，包括所有已经上市的证券、所有银行证券以及由州和联邦政府发行的所有证券，以至于只有很少几家发行公司受到了很大的限制。菲利克斯·法兰克福（Felix Frankfurter）曾大力游说国会通过一项更有力的法案，他承认美国国会决意通过的法案具有局限性。法兰克福称其为"勉强的初步举措"，他表示，该法案"会因为有效的公开披露而强大，但如果公开披露不够，就会变得软弱"[54]。而《证券和交易法案》实际上削弱了对金融行业的监管。为了成立一个专门机构，即美国证券交易委员会（Securities and Exchange Commission，SEC）来监督华尔街，1934 年的法案将金融从美国联邦贸易委员会更严格的标准中解放出来。该法案确实赋予了美国证券交易委员会对证券交易所的监督权力，并要求在交易所上市的公司向美国证券交易委员会提交季度和年度报告。然而，1934 年的法案并没有具体规定强制向股东全面披露信息的机制，尽管它赋予了美国证券交易委员会"为了公共利益或者为了保护投资者"而发布新规则的模糊权力。[55]

尽管他们对信息在现代金融中所扮演的角色有先见之明，但伯利和米恩斯并没有像后来的经济学家所做的那样，将他们的见解理论化。事实上，由于现代金融为了评估证券所代表的有形和无形产权的价值而将预期资本化，因此，创造合理利用信息的技术和规范其运作的方式，将是金融理论未来发展的关键。即使他们没有发展这一理论，即使他们所提倡的两种证券法案没有立即实现监管信息的新制度，伯利和米恩斯也确实帮助投资者理解了监管证券交易的法律，他们还帮助美国政府官员了解到为什么不受阻碍的信息对经济而言至关重要。

证券研究

1934 年出版的另一本书也让那个时代的人对金融体系的运作方式有了一些了解。本杰明·格雷厄姆和戴维·多德的《证券分析》因重新定义了"学术界在证券分析实践中的作用"[56] 而受到赞扬，它也提高了这个在

1929 年金融危机中名声受损的行业的信誉，为未来的华尔街分析师提供了一批宝贵的案例研究和实用指南，并证明了证券分析虽然不是一门科学，但可以被系统化并进行传授。此外，与伯利和米恩斯一样，格雷厄姆和多德也引入了现代金融理论的关键部分，但并没有将其理论化：鉴于伯利和米恩斯只是概述了信息在市场机制中所起的作用却没有继续发展它，格雷厄姆和多德揭示了在这些概念被放在统计基础以前，人们是如何对待资产类别和风险的。在《证券分析》中，我们可以看到一些概念得到了继承，但随着新的《证券和交易法案》规定的信息收集和新的风险理论的建立，这些概念将被彻底改变。

1928 年，本杰明·格雷厄姆开始在哥伦比亚大学工商管理学院的夜校任职，并一直在该校任教到 1956 年，他的"高级证券分析"课程的学生注册人数有时能达到 150 名。多德是格雷厄姆在哥伦比亚大学的年轻同事，后来成为一名成功的金融分析师和顾问。格雷厄姆则与这一发展路径相反，他是从华尔街来到了哥伦比亚大学执教的。他的第一份工作是 1917 年在纽伯格·亨德森·劳伯公司（Newburger, Henderson & Loeb）的债券部门担任助理，在那里他创建了公司的统计部门，并很快就成了该公司的合伙人。他在纽伯格的技术成就之一是开发了一种解决股票"掺水"问题的方法，这在 20 世纪初期引起了广泛的关注。1923 年，格雷厄姆离开纽伯格，成为格雷厄姆公司的投资组合经理；1926 年，他创建了本杰明·格雷厄姆投资公司，他和他的合伙人通过对冲和套利交易，获得了可观的回报。1929 年市场崩溃时，该基金的收益也随之下降：1929 年回报率下降了 20%，1930 年下降了 50%，1931 年下降了 16%。1932 年，格雷厄姆带着一份非凡的成功与屈辱的失败并存的记录，离开了华尔街前往哥伦比亚大学。后来他说，单是让他的基金在金融危机后的岁月里能够继续存在，就是他最伟大的成就之一。[57]

为了了解《证券分析》倡导的基本面研究，我们需要把 1934 年的这本书放在这一时期证券交易的背景下来看。这些交易和现代证券交易一样，总是具有两面性。一方面，公司的发起人或首席财务官（CFO），通常由投资银行家提供建议，决定如何为企业筹集资金，例如，是否发行债券（债券有支付固定的利息义务和预定的到期日），或者发行股票（股票带有一些定期红利的预期，有可能使购买者分享更多的企业利益，支付市场驱动着回报，并且没有到期日）。在交易的另一方面，投资者必须决定通过购买什么来获得最大的回报，以及如何确保其整体投资的安全。重要的是要记住，发行人一方的细节对投资者来说是看不见的，就连 1933 年美国《证券和交易法案》制定的新的信息公布要求也没有规定这样的细节，因为交易的双方在时间上不对应。换句话说，尽管每次购买都涉及发行人和买方，但发生在投资者决定购买什么证券之前的，是将这些证券带到金融市场的公司决策。此外，在首次发行特定证券之后，公司可以发行更多的证券，这可能会影响已经售出的股票的价值。[58]

我们可以这样看待证券分析师的工作：他试图重构发行人在交易中所做的决定，以判断所售证券的价值，并确定这些证券是相对于其"内在价值"而言被高估了，还是相对于公司的整体价值和它们能带来的回报而言，定价是正确的。对格雷厄姆和多德来说，这涉及几项操作，所有这些操作都是在三个关键假设下进行的：第一，投资和投机是对立的活动；第二，虽然"内在价值"对分析师的估值很重要，但往往涉及近似；第三，市场价格并不总是表明"真实价值"。格雷厄姆和多德认为，可以将投资与投机区分开来，以证明证券分析行业是合理的；他们假设分析师可以近似得到内在价值，因为在缺乏资产类别回报的统计数据的情况下，他们需要某种基准来判断证券的市场价格；他们认为，市场价格和真实价值可能会出现偏离，因为这种差异产生了他们所寻找的"价值被低估的证券"。格雷厄姆和多德通过诉诸"事实"，并承认否定的定义有时是必要的来证明这些假设。因此，他们承认很难在"投资"和"投机"之间划出一条清晰的界限，但他们坚持认为，前者取决于对事实的"彻底分析"。[59] 他们也承认，"内在价值是一个难以捉摸的概念"[60]。他们还解释说，价格有时会偏离内在价值，因为"市场不是一台称重机（weighing machine），证券发行的价值不是在称重机之上，通过一种准确和客观的机制记录下来的，未必符合具体的特质。我们应该说，市场是一台投票机器（voting machine），无数个人在那里进行选择，这些选择一部分是理性的产物，一部分是情感的产物"。市场作为一种投票机器的形象抓住了格雷厄姆和多德对信息流通受阻的看法，而这让伯利和米恩斯十分担心：伯利和米恩斯寻求法律措施来确保信息能够流动，而格雷厄姆和多德在受阻的信息流中看到了精明投资的机会。事实上，我们还可以这样看待证券分析师的工作：他利用在信息流中的阻塞，通过"精明的侦探工作"，可以在别人只能看到已公布价格的情况下找到便宜货。

格雷厄姆和多德进行的分析包括但不限于以下活动：他们重建了在公司发行某种特定证券背后的公司核算和资本预算的过程；分析了发行公司的"资本化结构"，并将该公司与同行业中的其他公司进行比较；分析了公司账目的错误陈述或遗漏；最重要的是，判断在购买时，特定的证券是否被市场低估。他们把重点放在发行公司的"资本化结构"（现代分析师称之为"资本结构")上，这是《证券分析》最重要的贡献之一，因为这一重点承认，每一次发行的证券都以同等程度影响投资者和发行公司的指定权利、特征、保护条款和协议（包括投票权、破产情况下的债权状况，对未来股息的要求等）。从本质上审视一家公司的资本结构关系，就是要掌握其损益表和资产负债表隐含的内容，以了解公司的整体财务是如何被组织起来的。这使得分析师能够提醒投资者，购买一种证券，它的价值部分取决于发行担保附带的条件，正如其价值部分取决于公司同时发行或随后发行的证券一样。因为一家公司有很多债权，所以投资者不仅要知道自己想要购买的证券的价格，还要了解在交易所或公司资产负债表上的报价；投资者还必须知道，这一特定的发行价格将如何受到公司资本结构其他方面的影响。这就是格雷厄姆和多德《证券分析》中的第一个名词是如此独特的原因之一：证券分析师必须逐个检查与公司承担的全部债务有关的每一种证券。

在一家公司的资本结构中，将证券分为不相关的类别是至关重要的，因为这种分类确定了每一组证券的相关特征，并确定了证券组合之间的关系。《证券分析》的次要目的之一是引入一种新的分类系统。这本书的主要目的是提醒读者，在 1929 年经济危机之后必须对"债券"、"优先股"和"公用事业"等术语所载的含义进行重新审议。因此，这本书包括大量关于债券、优先股和普通股的传闻，这些都背离了传统上与每一类证券有关的规范。尽管格雷厄姆和多德对分类感兴趣，但他们并没有使用现代资产类别的概念，也没有特定的统计数据，让以后的分析师能够根据资产类别的总收益来评估某一特定证券。他们多次建议投资者通过多元化投资来提高其所持有财产的安全性，但他们没有后来的那种在可比基础上确定资产配置的统计汇总方法。不像随后的理论处理，即通过随机性、效率、信息和市场结构等概念来解释证券的价格，格雷厄姆和多德的市场决策方法是务实且符合常识的：他们知道有时公司让会计作假；华尔街往往愿意接受证券定价中的"花招"；公司经理的"胡说八道"可能会严重扭曲他们给一次发行设定的价值。要深入了解公司会计师和华尔街经纪商所玩的"烟幕弹"游戏，分析师不能只依赖数学计算或统计分析，而是必须将定量分析和定性分析相结合。只有这样，他才有机会对抗公司在证券交易背后实施的各种花招策略。格雷厄姆和多德反复表示的信念是：任何公式化的分析都不能保护无辜的投资者，他们对 1933 年美国《证券和交易法案》的有效性持怀疑态度。

1933 年的美国《证券和交易法案》通过要求充分披露有关事实，并追溯此前既存的隐瞒或失实陈述的法律责任，来保护证券买家。虽然全面披露无疑是可取的，但除了对熟练精明的投资者或训练有素的分析人员外，它可能没有多大的实际帮助。值得担心的是，典型的股票买家既不会很仔细地阅读很长的招股说明书，也不明白其中的所有含义。许多现代的金融方法和魔术师的戏法并没有太大的不同，它们可以在公众的视线下执行，而不需要更多的智慧。

格雷厄姆和多德意识到，在 20 世纪 20 年代，投资环境已经发生了变化。他们认为，在这一年代的初期，投资者可以把每种证券当作债券的一种形式对待，因为法律要求公司按面值发行股票，并从利润中分红。到该年代末期，公司只需向潜在投资者提供资产负债表，没有面值的股票早已被允许，公司经理已经开始限制甚至减少股利的发放。在这种情况下，随着债券收益率的下降，投资者不再把所有的证券当作债券来对待。他们可以看到，公司的收益超过了派息；他们知道一家公司可以利用留存收益对其业务进行再投资；他们开始根据公司未分配的资产，并根据投资者预期的未来股票回报来预计这些资产可能产生的收益从而评估证券。到这一年代末期，在这短暂而狂热的"新时代"阶段中，投资者开始更偏好普通股，而不是债券和优先股；他们在评估普通股的价格时，会运用一种"伪分析"（pseudo-analysis）来评估现有的事实和假设。欧文·费雪认为债券持有者会认识到债券对于波动的货币价值的脆弱性，而格雷厄姆和多德认为，投资者在股市崩盘的累积过程中真正做的事情，只是逃避令人失望的债券收益率，对公司账面上无形资产的价值给予了不应有的重视，以及实质上是出于不合理的信念购买工业普通股，因为他们认为每一个"蓝筹股"的价格都会继续上涨。[61]

为了恢复对 1929 年经济危机后普通股估值的正确判断，格雷厄姆和多德提出了三条准则，这些准则预测了一些现代概念，但没有把它们放在统计基础上。第一条准则呼应了费雪对多元化投资的赞同：投资者应该把他们的投资看作一种"集团操作，在这种操作中，风险的分散化将产生有利的平均结果"。虽然费雪曾赞同埃德加·史密斯在《用普通股进行长期投资》一书中所认可的投资策略，但格雷厄姆和多德坚持认为，投资者应该专注于"公司的真实市盈率（价格/收益）"，即像史密斯的市盈率那样，强调"平均收益，而不是最高收益或盈利趋势"。第二条准则扩展了他们早先关于完全依赖定量或定性检验不足的评论，他们建议："通过与那些用于在固定价值投资选择中使用的方法相对应的定量和定性检验"来选择个别证券。相反，他们的第三条准则确定了在债券和股票之间进行选择的标准；在后一种情况下，"已做出更大的努力……确定所考虑的问题的未来前景"。这种对"未来前景"的预期不应与基于未来回报预期的估值相混淆，格雷厄姆和多德一再强调："分析主要关注的是那些得到事实支持的价值，而不是那些主要依赖预期的价值……分析师必须考虑到未来可能发生的变化，但他的主要目的不是从中获利，而在于防范它们。"

这最后一次警告——分析师应警惕未来的变化——开启了对《证券分析》中隐含风险的解读。本杰明·格雷厄姆和戴维·多德没有像后来的理论家那样，从相对意义上来看待风险，他们没有把风险与资产类别、投资者的投资组合或市场作为一个整体来衡量。对他们来说，风险是没有统计成分的；它无法管理，因为在他们的分析中，风险和损失都是绝对的。换句话说，风险既不会与不确定性相混淆，也不会与其相对，而格雷厄姆和多德认为风险是无法克服且不可避免的。投资者要么从个别证券中获得利润，要么没有；他要么得到回报，要么没有。现代投资组合经理和证券分析师，致力于为长期投资的机构管理大型投资组合，运用基于美国资本市场历史的统计方法，建立相对的风险/回报框架，而不是使用格雷厄姆和多德假设的绝对风险框架。如果没有对资产类别的统计理解或资本市场回报的长期重建，格雷厄姆和多德就无法像他们的同时代人通常所做的那样，表达出市场总是会卷土重来的这样一种信念。

格雷厄姆和多德曾明确表示，应结合整体市场的情况对个别证券进行估值，他们写道：股票的高价和低价应该始终相对于整体市场的价格进行衡量，并与这些股票的过去价格相比较。他们还附带着承认，市盈率是相对衡量的标准：在批评史密斯的《用普通股进行长期投资》时，他们指出，证券的价格可能不仅相对于自己的价格上涨，相对于整体市场的股票价格也会上涨。不过，总的来说，格雷厄姆和多德的投资理念是以绝对原则为基础的：他们认为10倍的市盈率几乎总是一项不错的投资，而证券分析师可以建立一个"保守或投资估值的基础"，即使这涉及某种近似。尽管他们建议多元化，但他们并没有在很快就会支撑投资组合分析的理论框架内工作；尽管他们提倡基本面分析，但他们无法预见统计方法会如何改变这种方法的使用方式。本杰明·格雷厄姆和戴维·多德对证券市场进行了仔细观察，他们对此做出了精辟的判断，但他们认为证券分析是一门"艺术"，而不是一个利用数学或模型的科学的一部分。"投资本质上不是一门精确的学科，"他们断言，"必须永远记住分析师发现的真相并不是全部的真相，也不是永恒的真理。"他们遗憾地总结道："无论是在华尔街，还是在其他任何地方，都没有可靠的方法可以轻松、快速地赚钱。"

股利贴现模型

1938年，在股市崩盘近10年后，美国经济仍然深陷大萧条，另一位投资者出身的经济学家试图揭露证券市场的奥秘。与主要为政策制定者和律师而写作的伯利和米恩斯，以及主要为见习中的证券分析师而写作的格雷厄姆和多德不同，约翰·伯尔·威廉姆斯希望经济学家阅读他的书。威廉姆斯认为《投资价值理论》是对经济学整体的一种贡献，他引入了新技术，即"代数预算法"，作为一种"强大的新工具，有望在投资分析方面取得显著进展"[62]。正如大多数其他经济学家一样，威廉姆斯拒绝为广泛使用数学而道歉，威廉姆斯也做出了只有少数经济学家在1938年做出的转变，即转向了对这一学科来说具有决定意义的数学形式主义。虽然威廉姆斯没有认识到风险将会在现代投资理论中所起的作用，但他开发的技术以及他所推崇的数学形式主义很快就会改变经济理论的构建并提出方式。[63]

和本杰明·格雷厄姆一样，约翰·伯尔·威廉姆斯在 20 世纪 20 年代作为波士顿的年轻投资银行家，在金融领域获得了实际工作经验。然而，他的目标是将自己的经验与经济理论结合起来。威廉姆斯和两位作为他博士论文答辩委员会成员的教授一起来到哈佛：1931 年离开基尔大学的经济学家华西里·列昂惕夫和曾在波恩大学任教的奥地利人约瑟夫·熊彼特。威廉姆斯博士论文答辩委员会的第三位成员阿尔文·汉森（Alvin Hansen）1937 年才来到哈佛。

正如我们在第三章中所看到的，20 世纪 20 年代，哈佛大学经济系发起了一个研究项目——经济周期晴雨表。它是一种统计工具，用来测量被认为对经济周期至关重要的指标。尽管该项目在 1929 年被放弃，但它确实留下了一笔有影响力的遗产，因为作为一个致力于时间序列和大型数据集的收集和数学分析的项目，沃伦·珀森斯的工作已经把曲线拟合、频谱分析、回归和相关分析等数学工具引入了哈佛经济学家的视野。威廉姆斯从经济统计学家的工具箱中获得了一项有益的技术，即逻辑曲线（logistic curve）公式，它被用来使快速增长现象的经验数据与时间序列趋势相吻合，这些现象包括不断扩张的人口、盈利的新公司或从并购中成长的公司。逻辑曲线早在 1845 年就被应用于人口研究中，因为它捕捉到了作为人口成熟特征的初始快速增长，以及之后放缓的过程。正如统计学家哈罗德·戴维斯（Harold Davis）解释的那样："逻辑曲线可以被看作介于较低初始水平和较高稳定水平之间的过渡线。在这种转变曲线中，必然有一个临界点，即产出的增长率开始下降……上渐近线这条完备的最大值直线的存在，是逻辑曲线的一个显著特征，使得它在经济时间序列的应用中优于纯粹的指数增长规律。"[64]

威廉姆斯还采用了长期以来存在于哈佛工具箱中的第二种方法——案例研究。威廉姆斯意识到，他可以用这种方法生成数据，测试他的经济理论和代数预算方法所做的预测。他把《投资价值理论》的第二篇专门用于通用汽车、美国钢铁和凤凰保险公司的案例研究。两份附录包含了他的原始数据表格——显示着价格、季节性订单、产出和公司资本化结构——让感兴趣的读者能够评估威廉姆斯的判断。

威廉姆斯的主要贡献是用逻辑曲线来模拟一家成功的年轻公司的预期盈利增长模式，从而预测公司未来的业绩。该曲线的参数是根据分析师的研究假设估计而来的，这也为估值奠定了合理的基础。这使得分析师能够将长时间序列分解为较小的单位，因此可以区分一般趋势、季节性趋势和他感兴趣的任何局部趋势，威廉姆斯将曲线中某一段的趋势转变为另一种模式的点确定为拐点。哈佛经济晴雨表项目的批评者指责，将这种方法应用于经济周期太过频繁，而且往往只是简单地证实了统计学家预期的结果，因为识别和测量趋势和拐点完全取决于分析师的判断，统计学家没有外部参照点来评估自己的判断结果。[65]然后，他们也在试图从自己构建序列和曲线的数据中发现规律。当经济萧条来临时，他们不得不承认，他们认为反映了趋势的规律已经消失。威廉姆斯关注单个公司的业绩，而不是总体经济过程；着眼于未来而不是过去，从而用预测的单个公司的增长模式来代替熟悉的规律概念。威廉姆斯的最终目标是帮助投资者通过预测公司未来的增长模式来确定公司股票的"真实"或"内在"价值。换句话说，与格雷厄姆和多德一样，威廉姆斯认为有可能确定股票的内在价值，但与他们的不同之处在于，他提供了一种数学技术来这样做。[66]

威廉姆斯对内在价值的理解是建立在众所周知的数学思想基础之上的。这个模型的核心，也就是让其得以运转的数学机制是现值算法，它是投资者最熟悉的复利或对数增长的几何增长率。在威廉姆斯看来，股票的估值应以债券估值所依据的数学为基础，每种证券的投资价值都是其未来的付款按目前的贴现率折算的总和。以下是威廉姆斯对他所说的"这本书的主要论点"的陈述：

让我们把股票的投资价值作为所要支付的所有股息的现值。同样，让我们把债券的投资价值作为其未来息票和本金的现值……购买股票或债券，就像其他引起利息现象的交易一样，代表着将当前的货物换成未来的货物——股息或息票和本金，在这种情况下是对未来货物的债权。为了评估投资价值，有必要估计未来的付款额。根据货币价值本身的变化而调整的支付年金可以按投资者所要求的纯利率进行贴现。

在关于这一点的论述中，威廉姆斯开始将这些定义转化为数学方程，但就像20世纪30年代其他数理经济学家所写的一样，他不能假设大多数读者能理解数学。在写给"非技术读者"的一个脚注中，威廉姆斯试图安抚这些读者，尽管他显然是在鼓励其他经济学家使用数学。"为了理解这本书的其余部分，掌握以下章节中的所有代数是不必要的。"威廉姆斯解释道，"因为这些方程之间的文本已经足以概括论点，并使获得公式推导必然得到的结果成为可能。"威廉姆斯显然站在这门学科的方法论的十字路口上。很快经济学家就会分成两组:一组人不得不认为"公式的推导是理所当然的",如果他们完全理解数学论证;另一组人直到 20 世纪 70 年代才主导这一职业,他们将用数学的术语来推理和表达自己的观点。[67]

威廉姆斯的著作也站在了制度经济学与新古典理论相结合的十字路口。和制度主义者一样,他在估算为贴现率的第一次计算提供依据的长期利率时,也考虑了"税收、发明、重整军备、外国贷款、战争和社会保障"可能产生的影响。相比之下,威廉姆斯对数学的依赖又回到了与新古典主义相关的演绎方法上。将这些方法结合在一起的结果是一个公式,我们可以称之为一个模型,通过预测股票的未来股息来帮助投资者评估股票的价格,然后再将它们折成现值。如果公式给出的价值高于股票交易的价格,投资者可以假定股票价值被低估了,并且在购买股票时更有信心。今天,这被称为"股利贴息不变增长模型",或者被称为"戈登股利增长模型"(Gordon Growth Model,GGM)。

威廉姆斯的估值技术包括 4 个步骤:第一步,他利用不受美联储货币干预措施影响的长期政府债券,来确定市场认为未来实际利率会是什么样的。第二步,他根据对当前情况的分析,对这些利率做出了自己的判断,并利用这一判断来修正不符合市场预期的条件。根据对通货膨胀的恢复可能产生的影响的评估,例如,市场没有考虑到实际利率的上升,他认为这将伴随着从萧条中将复苏和战备的经济刺激,威廉姆斯得出结论认为,需要将 1959 年到期的长期政府债券 2.78% 的到期收益率向上调整到 4%。威廉姆斯还在长期政府债券利率上面增加了风险溢价,从而使股票贴现率达到 5.75%。威廉姆斯引用了华尔街的常见做法,包括了股票的风险溢价,但即使这样的做法是 1938 年的惯例，他也是第一位对股票风险溢价进行建模和估算的经济学家。[68] 第三步，预测公司未来的盈利模式。如果公司还年轻，而且还在不断成长，那么威廉姆斯就使用逻辑曲线；如果它是一家有固定收益的垄断型企业，就像一家公用事业公司一样，他就不得不使用另一种分布，因为逻辑曲线不会符合它的增长模式。第四步，威廉姆斯将预期的未来收益折算回它们的现值，这使他能够得出"投资者所要求的纯利率"，在这种情况下，利率足以吸引投资者买入。在这四个步骤中，确定未来的盈利模式是最重要的，但也是最具挑战性的。这就是代数预算的编制进入这个进程的地方。"解决方案……是编制一份预算，显示未来几年公司在资产、债务、收益和股息方面的增长。然而，这个预算不是像会计那样使用日记账和分类账并按照借方和贷方编制的，而是以一种对会计行业来说完全陌生的方式变成了代数形式。然后，通过对代数符号的操纵，以一种普通会计所不知道的方式，利用时间的推移来追踪发展的情况。"正如这一段文字明确指出的，代数预算将代数的抽象和可操作性与基本会计规则和原则结合起来，就像要求借贷双方相等的会计恒等式一样。此外，它还依靠公认的统计分布来预测增长。这些代数方程建立在格雷厄姆和多德所提倡的基本面分析的基础上，但代数预算将此与数学方程和统计概率相结合，根据过去观察到的模式和未来可能带来的模式来模拟未来各种因素之间的关系。威廉姆斯认为他的创新是可靠的金融数学的延伸。

在被称为金融数学的学科中，用代数制作债券表和计算折旧的做法由来已久，现在似乎是时候扩大这门学科的范围，使之容纳在各种条件下处理各种证券的方法了。过去，这门学科可以处理的只有债券；如果预期货币购买力或利率发生变化，它甚至无法处理债券；现在最好让它具备处理股票、认股权证、可转换债券以及债券的能力，并在通货膨胀、通货紧缩，或者当利率似乎会上升或下降的情况下也要能够用于处理债券。

　　威廉姆斯的研究工作所代表的概念和方法上的突破取决于制度和理论因素，这些因素在 20 世纪 30 年代趋同了。一方面，这些因素来自公司会计和公司法的总体发展，我们在第一章中研究了这些因素：如果没有稳定的每股收益定义和特定的公司账面价值、股本回报率、债券和股本负债以及股息支付时间表的定期、可靠的信息，就不可能想象这样的价值可以由代数等式来求解。虽然公司在 1938 年没有被要求公布任何此类信息，但伯利和米恩斯在 1932 年概述的法律因素——如果公司不披露信息，股东就会起诉的威胁——使得这些信息的发布不仅是可以想象的，而且至少在某些情况下也是实际的。另一方面，其中一些因素是哈佛大学所特有的，这是经济周期晴雨表和案例研究的方法蓬勃发展的地方，虽然前者的研究范式已经被放弃，但它使人们对先进的数学和统计技术产生了一定程度的熟悉，还有一些在理论上非常成熟的经济学家——其中包括两位著名的欧洲流亡学者——在学科变革的关头加入了教师队伍。

　　本章所考察的发展，包括从美国证券交易的飞速发展时期，到 1929 年的股市大崩盘，到 20 世纪 30 年代的美国政府改革，再到旨在阐明公司金融和证券交易所运作的实践和理论论文，都增强了公众对经济的金融侧的意识，即使这种意识的形式是贪婪或恐惧。正如约翰·伯尔·威廉姆斯的著作提醒我们的那样，金融机构的形式和运作方式发生了变化，经济理论和方法也随之产生了创新——尽管两者并不总是直接联系在一起的。我们还必须承认，严格地说，威廉姆斯在金融问题上的工作与该学科无关，像资产价格这样的金融话题直到 1952 年才得到广泛关注。到了 20 世纪 30 年代末，由于美国和欧洲国家在大萧条中挣扎求生，大多数经济学家都把注意力转向了更重要的问题。随着 1936 年凯恩斯的《通论》发表，经济周期分析的研究在很大程度上被现在称为宏观经济学的新理论所取代，该理论的重点是分析多个因素相互作用所产生的聚合过程，不是所有这些因素都按照经济学家给单个行为者设定的原则行事。财政学（public finance）是在一个新的基础上建立起来的，该学科形成于欧洲的各相关机构和诸如 1937 年阿尔文·汉森开始在哈佛教授的美国研究生研讨班上；在 20 世纪 40 年代，这些理论所产生的政策通过新的预算编制和税收政策在华盛顿颁布实施了。这些政策是基于对中央政府应该扮演的角色的新认识而制定的，这种新角色就是通过创造财政盈余和利率管理来稳定经济结构，从而增加国民收入的。

经济研究工作的技术基础也在不断改变。以前主要以价格数据的图形指数表示的经济周期的周期性组成部分等总量经济现象，在第六章通过国民收入核算等式的新定义稳固了这些总量的定义之后，开始被重新表述为代数表达式，理想情况下是用来表示真实数据。[69] 在这门学科与凯恩斯主义进行了短暂的接触之后，凯恩斯主义确实试图将实体侧和金融侧结合起来，美国经济学家开始开发模型，将与经济实体有关的测度，比如工资单位（工时），用来自金融侧的价格测度进行替代。这是为了从经济的形象中抽象出货币因素，包括通货膨胀、通货紧缩和金融中介的所有效应的影响。正如我们将看到的，从长远来看，以这种方式描述经济内部机制的影响是巨大的：当 20 世纪 80 年代最具影响力的宏观经济模型对金融和货币因素进行系统的抽象，并假定人们不接受欧文·费雪所说的货币幻觉时，它们无法跟踪正在改变金融世界的证券交易的发展。威廉姆斯的基本模型可能已经站在了多个十字路口当中——金融与经济学相遇，数学与制度主义相遇——但很快不同道路的开启使人们越来越难以理解这些发展轨迹之间的关系。

第五章

美国金融：1920—1940年的股权与固定收益市场研究

两次世界大战之间这段时期的发展所带来的新的金融图景具有更多技术层面的特征。除了展示金融机构如何运作的著作外，这几十年来还出现了一些新的出版物，这些出版物在资产类别方面，例如股票和债券的长期收益呈现了一些新的数据。这些书籍中的数字可能看起来像是对股票和债券购销的直接记录。但是，就像指数一样，它们实际上是复杂的统计工作、艰苦的研究和经过激烈辩论的理论假设的产物。撰写这些数据所涉及的劳动对同时代人来说基本上是不可见的，而大多数经济史学家也忽略了它。然而，对于想理解两次大战之间金融市场情况的投资者来说，这些出版物中所包含的数据是无价的，对于现在想要了解这一时期金融市场基础设施的历史学家来说同样如此。

美国中西部农业经济学家与偶发的连接

在20世纪30年代末发布的金融数据流中，至少有一部分数据起源于一个意想不到的地方：20世纪二三十年代农业经济学家所做的研究工作。

他们中有许多人在美国中西部的赠地学院和大学工作，是少数在亨利·勒德韦尔·穆尔的著作最初发表时就欣然接受它的经济学家群体。他们这样做是因为穆尔的方法论提供了一种路径来解决他们每天在美国中西部的与经济部门相关的试验站和扩展项目中遇到的问题，涉及诸如数量和价格、供求以及多元因素相互作用等实体侧的问题。新古典主义经济学家提出的后瓦尔拉斯主义经济理论不能容纳这些因素，新古典主义经济学家通常对农业经济学家分析的实际问题也不感兴趣。没有人比华莱士家族的报纸《华莱士的务实农民》（*Wallace's Practical Farmer*）的副编辑亨利·阿加德·华莱士（Henry Wallace）更了解这些问题的重要性。华莱士既不是经济学家，也不是政治家，但他可以从他的父亲在华盛顿特区农业部养猪委员会的工作中看出，实践、理论和政治问题是如何结合在一起的。

1915 年，在与父亲在华盛顿团聚之前，年轻的华莱士写信给穆尔寻求帮助。华莱士读过穆尔的《经济周期》一书，尽管他无法完全理解其中的计算，但他可以看出穆尔的方法与他试图解决的一个问题有关。"我想推导出需求规律，就像你对牛、猪和羊所做的那样。"华莱士写道。同时他让穆尔推荐一本书来帮助他学习统计学和数学。华莱士的最终目标不是像新古典主义经济学家那样确定均衡点或农产品的边际效用，而是弄清楚如何干预市场以促进更全面的繁荣。"英亩产量高的单位售价应该低于英亩产量低的单位，这当然是正确和合理的，但高英亩产量的总价值低于低英亩产量的总价值也是正确和合理的吗？为了建立真正的持久性农业，难道你不认为建立某种价格机制是必要的吗？这种机制将奖励获得高英亩产量的农民，并惩罚低英亩产量的农民。"[1]

穆尔的建议是去阅读尤德尼·尤尔（Udny Yule）的《统计学理论导

论》(*Introduction to the Theory of Statistics*, 1911), 而这一定是对华莱士有所帮助了, 因为到1920年, 华莱士已经完全掌握了这一主题, 推出了第一个玉米-猪的比率, 该比率是用1蒲式耳^①玉米的价格除以100磅^②猪肉的价格。到1923年, 华莱士已经非常精通相关性和回归的统计方法以及计算器的使用, 并在艾奥瓦州立大学做了一系列的讲座。这些讲座最终促成了一本名为《相关性和机器计算》(*Correlation and Machine Calculation*) 的手册的出版, 这是他与艾奥瓦州立大学的数学教授乔治·斯内德克 (George Snedecor) 合著的。[2]

因此, 艾奥瓦州立大学作为第一个被授予土地的学院, 是穆尔的统计经济学在20世纪20年代被引入农业经济学的关键。同时, 它也是通过一种偶然的结合, 将先进的统计工作纳入金融数据汇编的渠道中。在那10年里, 华莱士帮助在艾奥瓦州建立了美国二次世界大战期间的第二个计算实验室。第一个是在华盛顿的农业经济局。华莱士最初使用得梅因 (Des Moines) 保险公司的制表机, 但斯内德克为他的大学办公室租用了一台穿孔卡片计算机, 他在那里完成了大部分最初的打孔工作。到1925年, 斯内德克已经成为艾奥瓦州计算实验室背后的驱动力, 部分原因是华莱士开始将更多的时间投入他的杂交玉米公司上。斯内德克租用了一台人工计算器, 1927年他买了一台电动制表机, 它能够对数据进行汇总, 并进行最初的计算, 这使得分析师能够用曲线拟合数据。同年, 一家名为"国际商业机器"(IBM) 的公司开始把制表机租借给其他美国大学; 第一批获得这些

---

① 蒲式耳: 一个计量单位, 在美国1蒲式耳相当于35.238升。——编者注
② 磅: 质量单位, 1磅合0.453 6千克。——编者注

制表机的是康奈尔大学、哥伦比亚大学、密歇根大学和田纳西大学。被斯内德克命名为"数学和统计服务处"的艾奥瓦州实验室，在使用机械制表器和人工计算器方面是独一无二的。人工计算器仍然是必要的，因为穿孔卡片计算机只能执行计算的第一部分任务，即将数据简化为一系列正规方程式。为了完成计算，人类必须使用麦里克·杜立德（Myrrick Doolittle）在 19 世纪末发明的数学方法来处理这些方程式。[3]

艾奥瓦州立大学依然是统计计算和经济研究的中心，特别是在农业经济学和农业研究领域。1929 年，综合经济系、农业经济系和工业经济系合并为一个系；同年，该大学授予了第一个农业经济学博士学位。大萧条加剧了农民的痛苦，艾奥瓦州立大学的研究和扩展计划也随之加强。时任农业部长亨利·阿加德·华莱士建立了一个玉米 - 猪的研究项目，当时艾奥瓦州立大学是该项目最重要的参与者之一。西奥多·舒尔茨（Theodore W.Schultz）是威斯康星大学的一名年轻教师，在他的领导下，经济系聘请了一些重要的新成员：1937 年加入该系教师队伍的格哈德·廷特纳（Gerhard Tintner），1936 年从芝加哥大学来到这里的乔治·斯蒂格勒和 1943 年被聘用的肯尼思·博尔丁（Kenneth Boulding）。这些人所代表的研究兴趣组合表明，艾奥瓦州立大学经济系继续将农业经济学与 1930 年开始出现的新计量经济学研究联系起来：1940 年起，舒尔茨担任《农业经济学杂志》（*Journal of Farm Economics*）的编辑；廷特纳担任计量经济学会于 1933 年建立的期刊《计量经济学》的书评编辑，他的著作《变量差分法》（*The Variate Difference Method*），由考尔斯委员会和艾奥瓦州立大学于 1940 年联合出版。最重要的是，正是通过考尔斯委员会的创始人阿尔弗雷德·考尔斯，人们将与农业经济学和计量经济学相关的统计工作运用于经济金融侧的数据上。

　　华莱士和斯内德克于 1925 年出版的计算手册也是艾奥瓦州立大学与即将被命名为计量经济学的方法创新之间的纽带，因为这本手册帮助印第安纳大学的数学教授哈罗德·戴维斯完成了对最小二乘计算的杜利特尔方法的学习。在缺乏资金的情况下，戴维斯在印第安纳大学建立了一个小型计算实验室，并开始为缺乏计算设备的研究人员编制数学函数表。然而，戴维斯对经济学史、计量经济学史和金融数据史的持久贡献，并非来自他的计算实验室，而是来自他在这个行业和在科罗拉多的斯普林斯度过夏季期间的机缘。1931 年夏天，在科罗拉多州的斯普林斯，科罗拉多州结核病研究基金会（Colorado Foundation for Research in Tuberculosis）负责人查尔斯·布瓦塞万（Charles Boissevain）向戴维斯请教了一个投资顾问向其提出的不寻常的问题：在涉及 24 个变量的问题上，能计算出相关系数吗？创立考尔斯委员会的想法是从戴维斯和阿尔弗雷德·考尔斯之间的友谊中产生了，考尔斯向计量经济学会提供资金支持推出《计量经济学》期刊，并首次运用依赖频度分布和随机化的统计方法对金融数据进行分析。虽然考尔斯、计量经济学会和计量经济学之间的联系此前已经得到了讨论，但考尔斯利用统计技术研究金融数据的重要性却没有得到足够的重视。戴维斯对数学和计算机器的兴趣，考尔斯的股票预测研究，以及英国生物统计学家的研究（我们将在下一节中对此进行分析）之间的偶然结合，为构建和理解金融数据创造了一种创新和科学的方法。这反过来为最终被称为"有效市场假说"的理论奠定了基础。"有效市场假说"认为，股票价格不能被预测，因为它们的走势构成了一种"随机游走"[4]。

股票市场怀疑论与样本理论

阿尔弗雷德·考尔斯出身于一个富裕的出版世家，对克利夫兰、芝加哥、华盛顿、俄勒冈州和爱达荷州的报纸行业有重大影响。考尔斯从斯波坎市的《论坛报》（*Tribune*）开始了自己的职业生涯，但是沿着从信息到证券市场的道路，他很快来到了芝加哥的一家投资公司，这家投资公司专门收购和重组铁路公司。该公司还出版了一份分析市场和提供投资建议的小型投资通讯。[5] 20 世纪 20 年代末，考尔斯被诊断出患有肺结核，为了改善自己的健康状况，他退出了商界，搬到科罗拉多的斯普林斯。他继续管理着家族的投资，但在 1929 年股票市场大崩溃时，他对整个股票预测事业产生了怀疑。1928 年以来，考尔斯收集了各种市场通讯所做的股票预测数据。在 1931 年，他想评估这些出版物和其他预测者所做的预测。于是考尔斯向布瓦塞万提出了疑问，并根据布瓦塞万的建议，与戴维斯取得了联系。戴维斯反过来让考尔斯去研究 IBM 正在销售的新计算机器，即霍勒瑞斯计算器（the Hollerith Calculator）。在参观了一家使用这种计算器的公司后，考尔斯租了一套计算器，在戴维斯的帮助下，在科罗拉多的斯普林斯建立了一个计算实验室。这两个人很快就意识到霍勒瑞斯计算器不能计算相关性或求解回归方程，考尔斯把他的研究项目压缩到机器可以处理的一系列计算中，并借助英国生物统计学家在研究作物产量等实际问题时引入的一套统计方法，开发了另一种分析股市预测的方法。这一方法，我们会在下文中谈到，涉及将过去市场通讯所做的预测及有经验的投资者如保险公司所做的投资决定，与实际的历史价格及考尔斯和他的团队从现有证券随机挑选所得到的一套数据进行比较。在此基础上，考尔斯于 1932 年 12 月在美国统计学会和计量经济学会联席会议上发表了一篇题为《股票预测员可以预测准吗？》的论文，该论文于 1933 年被发表在《计量经济学》杂志上，为即将成为现代金融学的学科引入了一些极为重要的概念。

考尔斯在 20 世纪 30 年代初面临的问题有三个部分，每一个部分都困扰着实体侧和金融侧数据的收集和使用。第一，考虑到每个数据集仅代表某些较大的（可能是无限多的）观测集的子集，如何才能更好地理解可供分析的有限样本与样本可能所属的较大总体之间的关系呢？第二，什么数据能进入数据集是由分析人员开始时采用的理论假设所决定的，那么如何才能检验理论假设和数据收集与处理之间的这种关系呢？第三，鉴于误差是不可避免的，分析人员如何才能确定其结果是否受到误差，甚至是受到偶然性因素的影响呢？

1927 年，哥伦比亚大学统计学家兼经济学家哈罗德·霍特林（Harold Hotelling）在对最近出版的一本书的评论中提出，经济学家也许能够通过使用样本理论来解决这些问题，更确切地说，是通过阅读英国生物统计学家罗纳德·艾尔默·费希尔（Ronald A. Fisher）的著作来解决。[6] 如果霍特林的观点是正确的，那么在 1927 年很少有美国人知道费希尔的著作，尽管他已经发表了一系列重要的文章，还出版了一本供统计人员参考的手册。[7] 不过，这位英国统计学家很快就对美国进行了两次访问，他的研讨会、讲座和个人活动给每一个遇到他的人都留下了深刻的印象。费希尔的第一次美国之行是在 1932 年，他得到了艾奥瓦州立大学校长和乔治·斯内德克的邀请，后者曾与亨利·华莱士合作撰写了有关相关性和机器计算的手册。费希尔曾在剑桥大学学习过统计学和遗传学，当时他供职于位于伦敦以北约 20 英里[①] 的罗瑟姆斯特德试验站（Rothamsted Experimental Station），他从 1919 年起就一直在那里从事统计员工作。统计学家斯内德克对费希尔的研究工作可能对农业经济学做出的贡献感到非常兴奋，为此他发誓要写一本书，这本书可以"引导初学者"读懂费希尔 1925 年出版的著作。[8] 在这次访问期间，费希尔除了在艾姆斯举办讲座和研讨会外，还访问了明尼阿波利斯、芝加哥、伊萨卡、费城、波士顿和纽约等地的经济学家和遗传学家。1936 年费希尔第二次访问美国时，他再次担任艾奥瓦州立大学的客座教授（在那里他被授予荣誉博士学位），然后他前往科罗拉多斯普林斯向考尔斯委员会发表演讲，并前往了芝加哥、安娜堡、伊萨卡、普林斯顿、华盛顿、旧金山、伯克利、帕洛阿尔托和渥太华，同年 9 月，费希尔成了被哈佛大学授予荣誉博士学位的 62 名学者之一。[9]

对我们而言，费希尔对统计学最重要的贡献，也就是对考尔斯项目最重要的贡献，是由一系列技术组成的，这些技术将数据样本与其所属的更大总体之间的关系概念化了。[10] 费希尔并没有发明这些技术，这些建立在 17 世纪和 18 世纪天文学、数学和概率论已经完成的研究，以及高尔顿和皮尔逊此前不久在遗传和计量生物学方面的突破的基础之上，他们中的最后一位给亨利·勒德韦尔·穆尔留下了深刻的印象。但是，费希尔给这些统计技术带来了清晰的思想和精确的方法，使美国经济学家能够最终明白为什么样本理论可能是重要的。从本质上说，这些技术使研究人员能够从样本到总体进行推理，测量两个（或更多）变量之间关系的强度，衡量原始假设对既有数据的充分性，以及评估概率和误差在最终结果中发挥的作用。所有这些

---

① 英里：长度单位，1 英里约为 1.609 千米。——编者注

技术都依赖于频率分布的概念，这是一种进行数值排列的统计方法，这些数值要么通过观察在自然界中发现，要么通过某种随机化方法产生。

与指数一样，样本理论将理论与一系列随着时间推移而衍生出来的方法结合起来。样本理论也依赖于数学家和理论家在几个世纪中重新修正的一些分布。其中包括以钟形曲线表示的正态分布，它描述了对自然现象的测量，包括自然界中发现的随机性；二项分布，它只记录了具有两种可能结果的现象，如抛硬币（正面或反面）。数学指南教会了研究人员通过收集和组织在现场采集到的数据，来识别给定数据集中的分布模式，这样他们就可以直观地看到其固有的模式。这种方法还允许他们可视化一个样本是如何与它所属的假设群体相关的，并在样本中分析被测属性的频率。这种方法几乎被所有在 20 世纪 30 年代试图解释样本理论的人所采用，包括费希尔和哈罗德·戴维斯，他们在 1935 年出版了一本教科书，将统计推断应用于经济学，并于 1941 年出版了另一本关于经济时间序列的教科书。

为了研究可视化样本中的分布并分析属性之间的相关性，研究人员被建议按照以下方法组织数据，即利用在现场收集到的信息，创建一个表格，以一些有用的方式对数据进行分类。例如，为了研究父亲的身高和女儿的身高之间的关系，记录每个父亲的身高值，以及同样测度单位的每一个女儿的身高值。[11] 然后，取一张图纸，画出两个相交的轴，一个是水平的，另一个是垂直的，每个轴对应两个相关变量中的一个。水平的 x 轴代表父亲身高的频率分布，垂直的 y 轴代表女儿身高的频率分布。在用轴构成的区域中划出间隔，以表示用于量化每个单元的单位（例如，英寸）。接下来，对于每个观察值，在配对值的交点的图上放置一个点（例如，特定的父亲 x 和特定的女儿 y 的数据交叉点）。这个点代表一个父亲的身高和一个女儿

的身高的相关性。如果这两个变量之间存在某种有意义的关系，图纸上就
会显示一个图案，该图案由图形象限的各个部分的点集中而成。图案的整
体形状显示了这些属性之间是如何相互关联的，聚类点的形状和密度可以
表示变量的协变强度：如果扩散的阴影形状均匀地分布在全部四个象限上，
则变量之间可能没有相关性。为了使图表有用，下一步应该沿着形状的方
向，在点的集合上拟合一条直线或一条曲线，这被称为"回归线"。通过
对回归线和交点阴影图之间的吻合度进行定量分析，可以让研究人员了解
这两个变量之间是否存在线性关系。然后，分析师可以使用绘制在每个轴
上的变量的频率分布和显示它们之间关系性质的回归线，生成有关变量及
其关系的有用统计数据。这些统计数据包括各个分布的均值和标准差，回
归方程的均值和标准差，以及相关系数。[12] 这些汇总统计数据构成了可以
从原始数据中提取的变量之间关系的信息。

　　一般来说，这种抽样方法的要素来自天文学，这是最初进行这种分析
的领域：纵轴和横轴可以说取代了经度和纬度的测度，而构成散点图的点
类似于用来绘制星空中恒星位置的点。从高尔顿开始，同时利用最小二乘
法的图形和代数技术——从散点图中计算回归线的数学技术——被从天文
学迁移到生物统计学，然后在我们描述的过程中，它再次被迁移，这一次
是农业经济学，然后继续迁移到了经济学。每一次迁移都会给变量之间关
系的构建和解释方面带来重大变化。虽然天文观测可能被精确地观测并标
明日期，产生对可观测现象的单一测量，且对于预示它的确定性规律来说
是有意义的，但遗传学或经济学中两个"变量"之间的相关关系可能根本
无法表明任何因果关系，或者揭示出一个自然规律。天文学家、生物学家
和经济学家研究的对象大不相同：物种与行星是不同种类的现象，玉米价

格与这两者也都不同。与指数一样，由此产生的数据点并不代表在特定时刻所做的单一实体的离散测量。从技术上讲，指数和数据点都不是测量值，而是由解释性构造元素构成的比率或加总值，它们每一个都属于另一个分布，而这些分布又属于一个看不见的、无法测量的总体。最重要的是，经济学家面临着天文学家和农业经济学家未曾经受过的挑战。与天文学家不同，经济学家无法两次观察到同样的现象，而且与农业经济学家不同，他们不能进行实验。因此，当包括相关分析在内的样本理论技术被迁移到经济学中时，各种各样的问题使天文学家，甚至农业经济学家从他们的观察中得出相对准确的推断变得更复杂了。

在研究人员面临的所有决策中，最关键的是从图表、表格或数学呈现的信息中得出的推论。这些推论间接地回答了一系列问题：由图形、表格和曲线生成的统计数据能揭示数据点所属的总体的情况吗？它们在多大程度上符合或限定了指导研究的假设？汇总统计在多大程度上是偶然产生的，或是由误差造成的？研究者能宣称自己的结果具有何种重要性？对于不能通过重复实验进行结果检验的经济学家来说，统计推断和显著性检验方面的工作任务是最大的。

费希尔对统计方法的主要贡献包括三种解决这些问题的方式，如果不是精确地回答这些问题的话。

首先，通过将使用频率分布的概念从样本转移到总体，费希尔展示了如何从概率上对部分和整体之间的关系进行概念化。在这样做的过程中，费希尔采用了概率的数学理论，该理论可以追溯到 17 世纪。费希尔认为概率是"最基本的统计概念"，但他想要区分数理概率和似然性，他的意思只是"关于假设总体参数的信息状态"[13]。通过概念化总体不可避免地包含的变差，费希尔确实鼓励了研究人员从样本扩大到总体，但他并不保证两者之间会存在数学上的精确关系。事实上，费希尔对变差的强调淡化了通过最小二乘法等技术对集合和平均值进行的数学探索，而是强调变化的模式和可以度量协变的工具，或者是变量之间的关系（回归和相关分析所衡量的正是这些关系的强度）。

其次，费希尔在提供实验设计的基本原理和模板时，展示了随机化和重复等技术如何解决误差和纯粹的偶然性对其结果的影响。费希尔解释说，有意义的实验应该以"假设的无限总体"的构建开始，其中实际数据被视为构成了一个随机样本。为了检验所收集的数据是否真的是整体的一个随机样本，研究者应该按照随机化的过程（比如从一副纸牌中抽取卡片）构建额外的样本，并根据收集到的数据测试所构建的样本。假设每个数据集都服从正态分布，那么研究者就可以"评估从所考虑类型的随机抽样中得到更差拟合的可能性"[14]。

最后，通过提供技术来检验研究人员的结论性统计的显著性，费希尔提供了一种方法来控制不可避免地由偶然、误差以及假设和数据可能的失调带来的不确定性。[15]本质上，费希尔设计的检验旨在验证分析师的理论假设、数学公式和统计假设相对于现有经验数据的充分性。这一点很重要，因为分析师想知道他的工作所提供的信息是否有意义，以及作为一个逻辑结果，他可以在多大程度上相信这些结果。如果统计检验证实了假设的充分性——因为该假设已经根据经验数据进行了调整，并被纳入了数学方程和汇总统计中——那么他对它的有用性（虽然不是精确性）就会有足够的信心，可以对未来总体的行为做出判断。[16]做出预测的能力解释了为什么这种方法被称为推断统计学：根据这种方法，分析人员可以从样本中得出的推论不仅针对目前的总体，还针对该总体的未来状况，即总体经过一段时间可能会扩展。

最明显的是，《研究人员的统计方法》(*Statistical Methods for Research Workers*) 为从事实体方面因素，如作物产量、猪肉价格和杂交谷物品种等相关试验的农业科学家和研究人员提供了一本手册。然而，正如斯内德克、戴维斯和考尔斯委员会的其他成员所认识到的那样，这本书的见解也可以用来塑造具有金融数据的研究工作。为了了解费希尔关于实体侧问题的研究是如何应用于金融研究的，我们可以来看看阿尔弗雷德·考尔斯 1933 年发表的关于股票预测的文章。

股票预测

即使在 1929 年华尔街股市大崩盘之后，阿尔弗雷德·考尔斯也仍在继续收集市场通讯。到 1931 年底，他已经积累了近 4 年来订阅最广泛的 24 份通讯，这些材料使他得以绘制关于市场预测者预测准确性的图形，时间上是从危机前繁荣时期的最后一刻到 20 世纪 30 年代初令人喘不过气来的熊市。在科罗拉多，斯普林斯与哈罗德·戴维斯会谈后，考尔斯获得了霍尔瑞斯穿孔卡片计算器，并对费希尔和皮尔逊的方法有了一定的了解，于是他开始研究如何将生物统计学家所设计的那种统计测试应用于这些预测者。[17] 为了产生更多的数据，他用来自 20 家火灾保险公司的投资信息和 16 份金融出版物提供的预测，补充了从市场通讯中收集到的建议；然后，他补充了威廉·彼得·汉密尔顿 (William Peter Hamilton) 的建议，后者是被称为道氏理论的技术分析的支持者。考尔斯之所以选择这些消息来源，是因为他认为它们代表着对应的产业。唯一的例外是《华尔街日报》前编辑汉密尔顿 26 年的预测记录，考尔斯之所以选择这份记录，"是因为他在很长一段时间里建立起来的成功预测声誉"[18]。

1933 年考尔斯所描述的做法的目的是研究选股者和市场预测者是否能够进行准确预测，其证据将是他们的表现是否优于整个证券市场。[19]用现代的华尔街术语来说，考尔斯是在测试两种投资过程，即证券选择和股市时机。[20]考尔斯的"实验"与费希尔的农业试验一样可行——尽管考尔斯在比较中使用的是过去的表现，而不是可控制或可复制的实验——就像费希尔在问哪些作物的收成最好一样，考尔斯也在问对股市的建议是否值得专业人士收取的费用。然而，在理论层面上，考尔斯也在检验欧文·费雪在 1906 年提出的深刻见解：如果正如费雪所说的那样，价值是对未来期望的函数，那么个人对经济未来的预测在多大程度上是对未来经济发展状况的可靠指导呢？这个问题出现在美国历史上最严重的萧条时期，而且最初是在欧文·费雪本人主持的一次专业会议上提出的，这确实是一个重大的问题。但考尔斯在 1932 年的最后一天给出的答案更令人震惊。他发现，所有的预测者——包括市场通讯、保险投资者、金融周刊，甚至华尔街专家威廉·彼得·汉密尔顿——"都没能证明他们有这种能力"。此外，考尔斯对这些资料来源的结果进行的统计测试表明，"即使有最成功的记录，也几乎没有比纯粹的偶然性可能产生的结果更好"[21]。

鉴于考尔斯在美国统计学会、美国经济学会、美国劳工立法协会、美国农业经济协会和（仍然相对年轻的）计量经济学会的联席会议上，以及在名为"统计预测"[22]的会议环节中发表论文的背景，我们不应感到惊讶的是，没有受过经济学或统计学训练的考尔斯，并没有把他的结论带到更进一步的理论层面。他没有像 4 年后那样问道：预测者未能击败随机组合的投资组合或预测市场的活动是否意味着市场本身是不可预测的（即本质上是随机的）。[23] 尽管考尔斯是个富有的人，也是考尔斯委员会的正式成员，但在这次由世界上一些最著名的专家参加的聚会上，考尔斯无疑是个业余人士。要充分了解考尔斯论文的含义，我们必须仔细阅读它。[24] 这样做可以揭示英国生物统计学家的影响力，并说明从皮尔逊和费希尔那里借鉴的思想和方法如何开始改变经济学这门学科，以及金融经济学的分支学科处理数据问题的方式。

在他的论文中，考尔斯没有强调他的思想的创新性质。然而，尤其是在现代应用的背景下，这些想法似乎和欧文·费雪对价值的重新定位一样具有远见。[25] 考尔斯的创新性框架建立在 4 个基本假设之上，这些假设从费希尔的统计方法开始，后来又做了修正。第一个假设是，可以从投资者的角度来考虑证券市场，而不仅仅是作为一个可以从远处观察到的自治实体。从投资者的角度来看，最重要的金融数据关系到回报率的分布，而不仅仅是一个按时间顺序排列的价格序列。这种从明显客观的、无利害关系的角度到投资者角度的转变是现代资本市场理论的基础。为了强调收益，考尔斯将现有的股票价格指数转化为一系列的周期内变化，这些指数不仅可以作为累积收益进行分析，还可以作为特定时期内的收益分布进行分析，而专注于这类分布的决定带有费希尔方法的痕迹。第二个假设是，回报应以总回报为基础来评估，它们应包括股息和其他随时间推移而由投资者带来的资本变化。第三个假设是，分析股票市场平均数的适当基准由一组具有广泛代表性的行业组成，指数中的每一个行业的地位都是按组成该行业的公司的市值进行加权来衡量的，即每一家公司的每股价格乘以已发行股票的数量。第四个假设是，任何对市场的分析都应该基于股票投资最基本、最具挑战性的特点，即股票价格的波动。正如英国生物统计学家已经表明的，用正式的统计术语来说，股票收益的波动最好是通过方差和标准差来衡量，而方差和标准差又是由投资者持有股票期间的收益分布计算出来的。

考尔斯重新定义金融的四大支柱牢牢扎根在股票指数和时间序列的统计性质当中，就像费希尔在农业研究中对它们所做的定义一样。考尔斯证明，市场指数回报的统计特性可以与样本股票投资组合的回报进行比较，并且两者都可以进行统计分析。这一比较产生的统计推断，使投资者能够评估实际股票投资组合和为检验实际投资组合回报率而构造的投资组合的市场回报率。在此过程中，实际或模拟的投资组合所显示的回报率分布与生物统计学家的样本相对应，而在同一时期整个市场的回报率分布则与总体相对应。考尔斯还借鉴了生物统计学家的汇总统计思想，将大量数据减少为几个有意义的数字，既捕捉了个体和种群之间的自然差异，又捕捉到了这两者的特定属性之间的相关性。考尔斯遵循费希尔的方法，计算了股票市场总收益指数的回报和变异性，并测度了其与样本组合的总收益和变异性之间的相关性。基于两者的比较，他能够对市场预测者所产生的样本投资组合回报是其技能带来的结果还是运气的结果做出统计推断。这种财务决策的重新调整，使得它突出了投资组合内部的差异，以及它们与整个市场的变异性之间的关系，是现在所谓的投资组合理论的核心所在。

考尔斯不仅利用这些数字衡量了累计总收益，而且衡量了平均收益的变异性。这就要求他同时找到单只股票和投资组合的平均回报，并根据整个市场回报的标准差来评估这一收益的变异性。鉴于整个市场不可避免地具有波动性，个别股票的风险必须放在一个时间框架内，在评估资产回报时也必须对风险进行计算。这种并列产生了以下波动性度量，至今仍用于衡量风险：持有股票的时间越长，其相对波动性就越大。换句话说，一只股票的收益与市场回报的偏差随着时间的推移而增加。最后，考尔斯意识到，评估预测者引领了这些回报的业绩表现，要求他对这些业绩表现进行概率检验，也就是说，要对随机生成的投资组合进行检验。为了构造这个检验，他使用费希尔推荐的随机化过程作为对所有研究人员的结果显著性的最终检验。

我们可以通过聚焦于 1933 年的两项研究来更清楚地说明考尔斯的方法。

第一项研究针对的是股票选择问题。在分析主要金融出版物的记录时，考尔斯发现，16 位预测者中有 6 位取得了成功，表现最佳的比市场领先 3%；然而，所有样本投资组合的平均表现都不佳，比实际低了 1.3%。为了评估最佳预测者的成绩是否表现出技术或运气的影响，考尔斯检验了包括 16 位预测者在一个总体中的统计概率，他观察到有一位预测者的表现将比市场的表现好 3%。考尔斯的推理是基于这样一种认识，即在动荡的股票市场中，股票价格的波动幅度一定很大，因此，一个样本投资组合可能只是偶然地处在"市场的右边"。利用正概率和逆概率的代数，同时假设股票价格表现出收益的正态分布，他证明了 16 个投资组合中有一个投资组合表现出优异业绩的可能性为 50%。确切地说，最好的预测者的投资组合的表现，在 9 个长达 6 个月的时期中有 7 个时期超过了市场表现，超额回报率为 3%。即使孤立地看，这也像是技能的表现，然而当它被认为是 16 次试图击败市场的尝试之一时，预测者的成功同样可能是运气使然。

第二项研究涉及市场的时机问题。根据 24 份金融出版物所给出的建议，考尔斯创造了一套随机产生的投资组合。这项研究表明，即使"预测机构取得了收益，其中最大的收益也在我们 24 个假想记录中最好的记录所能达到的范围内"。考尔斯承认，在预测修正的情况下，很难创建统计上所需的独立观测数量，他检验了每一个关于何时投资与成功的预测决策之间的相关性。在这种情况下，对相关的最佳和最差预测者记录的比较表明，最佳预测者的决策时机与市场表现良好之间的相关性很弱，他还发现最佳预测者和最差预测者的市场时机记录之间存在决定性的差异。考尔斯利用费希尔开发的一项统计显著性的检验方法，对这位预测者的技能进行了"轻微"推定。然而，综合考虑所有因素——研究设计中的技术问题、随机产生的投资组合的表现与实际投资组合的记录的相似性，以及即使是最好的预测者的技能也未得到证明——考尔斯认为他的调查统计结果"没有定论"。这些结果显示，"如果有的话，可能未必会比纯粹的运气带来的结果好多少"。

20 世纪 30 年代，在数字计算机出现之前，产生这些结果所需的实证工作和计算工作对大多数经济学者来说是令人望而却步的。为了创建数据，考尔斯的人工计算器不仅要收集个股的历史价格清单，还要构造历史时间序列来表示被选择代表证券市场的股票的总体表现，并根据这些公司的资本价值对它们进行加权，同时，还要从金融服务公司获得所有列入指数或由预测者推荐的公司分配股利的数额和时间的记录。正如我们即将看到的那样，在 1938 年，考尔斯委员会公布了这项研究的结果，以作为其他研究人员可以使用的一项记录。

美国的普通股指数和固定收益久期

1938 年，考尔斯委员会出版了考尔斯关于这些研究工作的成果，即《普通股指数：1871—1937》(*Common-Stock Indexes: 1871—1937*)，书名页上印有该委员会的标志：科学就是测量。同年，参与 NBER 第一次收入研究的弗雷德里克·麦考利（Frederick Macaulay）发表了《1856 年以来美国利率、债券收益率和股票价格变动所提出的一些理论问题》(*Somee Theoretical Problems Suggested by the Movements of Interest Rates, Bond Yields, and Stock Prices in the United States since 1856*)。在由 NBER 的创始人韦斯利·克莱尔·米切尔撰写的序言中宣布了这本书的机构归属。[26]

　　这些书为那个时代的人提供了伯利和米恩斯的《现代公司与私有财产》以及格雷厄姆和多德的《证券分析》等著作中缺少的技术数据，它们仍然是当今金融专业人士的重要研究工具。考尔斯为创建市值加权股票指数提供了理论基础和数学方法。如今普遍存在的市值加权指数（cap-weighted indexes）被用来重建资本市场的历史、衡量投资经理的业绩、建立现代投资理论的实证基础，也是构建目前最常见的投资形式之一的指数基金的基础。考尔斯于 1938 年开始编制的特殊的市值加权指数仍然作为标准普尔 500 指数被保留着。[27] 麦考利开发了现代固定收益投资中最重要的统计量之一——麦考利久期（the Macaulay duration）。随着后来的修正，这一指标被用来衡量经调整的债券到期日，并用于衡量和调整债券或投资组合的利率敏感性。[28] 与 NBER 对实证研究的专注保持一致，麦考利还极力主张，当时流传的许多经济理论，包括欧文·费雪和约翰·梅纳德·凯恩斯提出的理论，并没有被他的历史研究和统计数据所揭示的事实所证实，就像在他之前的格雷厄姆和多德一样。但现在，随着债券收益率的历史变化以及各种金融工具和经济总量的趋势被广泛重建，麦考利坚持认为，从原始数据中得出的事实为经济分析奠定了关键的基础，尽管这些事实是由 NBER

办公室里的统计学家创造的特征性事实。[29]

考尔斯和麦考利的工作为金融分析提供了一个新的实证和统计基础，它建立在我们已经研究过的法律和制度基础之上。这些研究为尤金·法马在 1976 年使用的"金融学"这一术语提供了一个"基础"。[30] 这一经验和统计基础成为后来几乎所有金融理论的平台：现代金融理论是建立在按照考尔斯和麦考利所建议的方式来构建和描述的数据集的基础之上的。从长远来看，这一基础使金融学成为一个相对自主的理论和应用实践，它既在经济学学科和商学院金融课程，以及象牙塔之外的证券业中，也在因随着证券交易从经济大萧条中恢复过来，换手的股票数量不断增加的实体和虚拟的交易所中。

在某些方面，两位研究者以不同的方式——或者至少从不同的角度——探讨了证券指数的构建。考尔斯从投资者的角度探讨了普通股指数，虽然他的投资者是一个假设性的概念，在 1871—1937 年进行连续投资，而不是一个真实的或一个"正常"的投资者。[31] 考尔斯所使用的大部分价格数据是由标准统计公司（Standard Statistics）的每周出版物提供的；在 1918 年标准统计公司开始发布数据之前的时期，考尔斯不得不把各种来源的数据拼凑起来，包括麦考利正在为铁路公司股票构建的指数。标准统计公司的数据是现有指数中最全面的，涵盖 351 只股票，涵盖面居于其后的是穆迪指数，只涵盖 60 只股票。考尔斯认为，使用标准统计公司的指数，他可以获得"约 73% 的美国所有交易所上市普通股的市值，以及约 77% 的活跃程度足以定期纳入指数的股票的市值"的信息。考尔斯决定排除一些上市公司的股票，其中就包括 1921 年纽约路边证券交易所搬到室内之前交易的上市公司股票，因为他认为它们是"不可靠"的。考尔斯的目标是"描绘1871—1937年在美国投资这类证券（普通股）的人的平均经验"。为了捕捉一个"假设投资者"的"平均经验"，他决定忽略经纪费用和税。他还假定投资者将股息再投资，并在每个月月底将持有的股票重新分配到所有上市股票中。考尔斯以现在所谓的总回报为基础进行投资研究，他所建立的指数也考虑到了投资者经历的那种"货币性变化"，包括该公司出售自己的股份以换取现金，决定以低于市场的价格向投资者提供股票，以及以现金支付股利。

相比之下，麦考利是以经济周期分析师，而不是以主要对投资者经验感兴趣的人的身份看待债券和金融市场的历史的。麦考利研究了1856—1936年的150种铁路债券价格，面对着在从没有被连续收集的数据中创建连续时间序列的挑战。他还解决了建立金融总量与实体经济之间的经验关系的艰巨任务。广义来看，他的目的是确定"这些比率（利率）和（债券）收益率之间，以及与股票和商品价格、与实物交易量和货币交易额，以及与信贷和银行状况之间的统计关系"[32]。正如这份清单所显示的那样，麦考利的项目所涉及的数据来源，比考尔斯对普通股有限的处理所涉及的数据更多，麦考利还希望区分季节、周期和长期趋势，以揭示总量变动之间的时间关系（可能是因果关系）。麦考利认为，如果要衡量经济周期过程中关键变量之间的相关性，经济学家必须对时间序列中波动的来源做出明智的假设，无论这种波动是反映了季节性的、周期性的还是长期的趋势。然而，正如我们将看到的那样，麦考利没有对他所记录的变动之间的因果关系进行理论化，他一再呼吁经济学家用他的研究所建立的新事实来验证他们的理论。

将这两个项目联系在一起的特点是，它们都依赖一个特定的指数公式来加总数据。正如我们在第三章所看到的，"指数构造"以及选择使用哪一种指数公式，基本上是一个设计问题，经济学家和统计学家在 20 世纪初曾对此进行过激烈的辩论。欧文·费雪坚持认为一个单一的、"理想"的指数公式可以捕捉各种加总数字，而考尔斯和麦考利的主张都得到了米切尔的赞同，即应该选择一个与手头的任务相关的指数公式。在他 1938 年出版的书中，考尔斯特别仔细地列出了各种指数公式的优缺点，其中包括费雪的公式，但他最终选择了一个适合于金融数据某些特点，同时不涉及费雪的理想指数公式所需大量计算的公式。事实上，即使是考尔斯选择的公式也需要大量的计算。在 1939 年出版的《普通股指数：1871—1937》一书的第二版中，考尔斯对该项目所涉及的 15 万个工作表条目以及编制指数所必需的 2.5 万个计算机工作小时数感到惊讶。此外，尽管他使用了 IBM 的霍尔瑞斯穿孔卡片计算器，但是大部分计算都是由人工完成的：在序言中，考尔斯承认这项工作是由 5 名工作人员和 45 名科罗拉多大学的学生完成的。

考尔斯和麦考利所选择的指数公式具有以下几个设计上的特点：以发行公司未偿还证券的市值加权；回报是逐段连锁的；[33] 考尔斯所称的"价值比率"的分母中包含一个可根据公司资本结构的变化或该类未偿证券的构成进行调整的除数；而且，当收到股息或利息时，该公式假定这些款项被再次投资于这种资产类别。这种总收益计算程序使统计学家能够根据严格定义的方法，在共同的基础上评估任何产生利息或红利的金融资产。换句话说，采用单一公式来构造指数和一种通用计算方法意味着所有金融数据集可以相互对话，或者被视作相互关联，这正是麦考利想要做的。总之，这两个实证项目以及采用这种设计的其他项目，有望使美国的资本市场可以进行比较统计分析，也就是说，使它们成为科学研究的对象。[34] 为此，考尔斯和麦考利根据一个特定的原因选择了指数设计的每个元素：考尔斯选择通过市值来加权指数，代表"假设投资者"的"平均经验"；他选择使用一种链式系统，而不是费雪的"理想"公式，既是为了简化计算，也是因为连锁回报消除了在资产类别中逐期投资的美元数量的影响；他选择假设股息和利息支付是用于再投资的，因为他认识到，在较长期的投资范围内，来自再投资的回报是投资者累积回报的主体。

在讨论债券收益率和股票价格时，麦考利解释了使用市值加权、连锁指数公式的好处。在这个过程中，他强调了资产类别的概念，这对于他和考尔斯从事的概念性研究工作至关重要。

我们关心的是作为一种证券的铁路公司普通股，因此，我们感兴趣的是铁路普通股东作为一个类别发生了什么，但不关心如果一个人以这种或那种方式利用市场，会发生什么。我们对整个美国铁路系统的价值变化感兴趣——只要市场价格可以用来衡量这个价值的变化——而不是对任何无关紧要的，或者是虚幻的和误导人的单位价格的变化感兴趣。

只有一个指数是为此目的。事实上，如果不是因为已发行股票数目的变化，没有合并、联合和重组的发生，也没有随之而来的需要更换和改变所使用的股票清单，就不会出现任何问题。无须讨论，每只股票的每股价格将乘以已发行股票的数量，以求得到每一家公司的"权益"价值总额，即其对股东的价值，然后将这些总数加起来。但是，有了流通股票数量的变化，以及资本结构中能改变甚至摧毁"一股"价格重要性的变化，连锁指数就变得绝对必要了。

在这里，我们看到麦考利指数是如何进行统计测量的，其中一些问题涉及伯利和米恩斯在 1932 年所描述的公司的资本结构。随着资本结构发生变化，例如当一家公司发行可能属于新的资产类别的证券，或者当它发行股票权证时，一股普通股的价值必然发生变化。只有连锁指数可以在时间序列呈现的加总中考虑到这些改变。

随着这两部著作的出版，两个重要的概念——资产类别和总收益被概念化、构建和度量。现代金融理论的第三个核心概念后来从考尔斯和麦考利收集的经验证据中衍生出来，但这两位开拓者并没有像后来理论家所做的那样，将风险概念理论化，作为与资产类别有关的历史总回报数据的标准差或方差。麦考利特地开始进行理论化的——尽管篇幅并不长——是预期在所有证券价格变动中所起的作用。正如伯利和米恩斯凭直觉认为的，人类对未来的期望是投资环境的关键组成部分，因此麦考利意识到，就像米切尔在对麦考利的债券著作的介绍中所强调的，"要理解债券收益率和利率的行为，就必须考虑到未来"。麦考利坚持认为，要考虑到未来，就意味着要考虑到"人性"，其中包括充满人们预期的希望和恐惧。正如麦考利所言："押注于如果一个人在一个过高的价格上买进，他将能找到一个比他更傻的傻瓜，以更高的价格从他那里买东西，这将永远是人类的天性。人类必须适应经济未来的多样性的主要原因在于人自身。"

阿尔弗雷德·考尔斯没有将其理论化或命名为"股票风险溢价"，但他的表格确实让欧文·费雪和约翰·伯尔·威廉姆斯所假设的那些情况变得清晰了：在总回报基础上，以及作为一种资产类别，普通股的回报率要高于债券和商业票据。在对"指数披露的重要事实"进行的描述中，考尔斯坦言，他的表格清楚地说明了有关股票和债券投资相对价值的特征性事实。"如果我们将现金股息加到股票市值的变动中……铁路类股的总回报率为 4.8%，公用事业类股为 6.1%，工业类股为 8.3%，三大类股票合在一起的回报率为 6.8%。与此相比较，在此期间，高评级债券的平均回报率约为 4.2%，而优质商业票据的回报率则为 4.7%。"由于考尔斯的表中描述的这一时期包含了 1929 年大崩盘后证券价格的灾难性下跌，他认为有理由赞同费雪和威廉姆斯得出的结论：从长远来看，尽管股价波动较大，但股票的回报率仍高于债券。

麦考利与考尔斯一样，对自己的表格所采用的方法和概念有足够的信心，但他对这些表格的使用方式的乐观态度要有限得多。他没有像考尔斯那样暗示对长期实证研究的仔细关注应该有助于提高投资决策中的可信度，相反麦考利一再表示他担心即使是最艰苦的历史研究也永远不会产生足以适应经济世界复杂性的预测。他偶尔看起来是如此困惑于自己的经验数据将如何，或者是否会导致社会进步，以至于他有时呼吁"控制"，这些措施可能是由立法者采取的，从而使预测变得没有必要。

当然，研究事情实际上是如何发生的是非常可取的，不论它们离遵循"理性"模式的距离有多远或者多近；不管是研究经济预测的问题，还是进入"非理性"结果的领域；不论是研究作物规模与作物价格之间的经验关系，还是研究长期和短期利率之间的经验关系。然而，仅仅是为了提高经验预测的质量，我们已经花费了这么多的精力，这一事实就强烈地表明了这样一种可能性：任何预测都不足以防止规模巨大的全球经济动荡，就像我们所遭遇的，但最近刚刚出现的那种情况。

一个更有希望的方法是控制。与其试图提高预测的质量，不如尝试让预测变得不那么必要……仅仅在从法律上消除使预测特别重要的条件方面，就可以做很多事情……我们必须摆脱"自由放任"的神秘主义。已经有无数次，"看不见的手"把人类带入了经济困境的鸿沟当中。

这种有别于传统说法的差异性，特别是在共产主义和国家计划的影响越来越大的历史背景下，是如此令人震惊，以至于 NBER 的主任 M.C. 罗蒂（M. C. Rorty）两次用限定性的补充说明打断了麦考利的悲观主义。[35]

虽然麦考利偶尔会哀叹，但他的不朽研究的大部分内容都致力于提供精确的、后来经济学家会使用并产生巨大效用的那种严谨的统计数据。事实上，将麦考利如此辛苦地揭示时间模式的原因理论化，在很大程度上是现代货币经济学的核心目标，因为他的表格以一种令人着迷的方式表明，一种确定的关系将利率的金融侧因素与实体经济的增长或下降联系在一起。麦考利精心构造的特征性事实，创造并呈现出了真正的 NBER 的风格，即抵制早熟理论，这使得未来的经济理论家能够质问——有时甚至是回答——什么是现代金融的核心问题。在这方面，麦考利也带头质疑了利率理论的传统焦点。"大多数利率理论仅仅试图解释'纯'利率，然而'纯'利率的性质总是很模糊……经济学家逐渐认识到，利率问题本质上是一个数字问题，也应该将其作为这样一个问题来处理。从根本上讲，这是一个利率问题……人们很少努力去发现关于实际比率及其行为的所有相关事实，并且从这些事实中找出人类是如何真正发挥作用的。"麦考利对金融理论最重要的贡献是，他坚持认为，经济学家关注的是一种新的、从经验上可以观察到的现象——利率体系，而不是"利率"自身，这是欧文·费雪和奥地利的庞巴维克（Böhm-bawerk）等经济学家所关注的抽象概念。麦考利对于利率体系的强调，即家庭、政府和公司持有的金融资产组合的收益、风险和预期回报，为现代投资组合理论奠定了基础。

第六章

两次世界大战之间美国经济的衡量和征税

凯恩斯革命

在两次世界大战之间的时期，重新定位经济学学科的发展，让美国人得以了解像曾经的金融一样令人难以捉摸的东西——国民经济。约翰·梅纳德·凯恩斯没有发明宏观经济学，更不用说把国民经济作为一个统计的、部门化的和可计算的实体，以适应政府预算和规划的想法。[1] 然而，凯恩斯的《通论》、关于总收入和总产量的统计数据的可得性、建模方法以及一套帮助一些国家摆脱大萧条的政策的结合，使得我们几乎不能不把国民总收入的力量，政府支出的好处以及经济学家数学建模的优点都归功于凯恩斯革命。国民收入和产品账户的深层结构是凯恩斯主义的，英国和美国的"充分就业"是政府增加国防开支的结果之一，经济学家采用数学模型的一种动机来自努力稳固凯恩斯论著的意义。

凯恩斯的《通论》，如其书名所示，也使金融的某些组成部分——利息和货币——更接近经济分析的中心。然而，因为凯恩斯的分析是宏观的，他的著作最初将宏观经济版的金融——总储蓄和总投资之间的关系——提升到了我们在第四章开始所探讨的关于投资的微观决策之上。正如我们将在第九章所看到的，一些经济学家很快就会回到金融的微观层面，但凯恩斯的著作的第一个影响是将人们的注意力集中在同时具有宏观范围和抽象性质的概念上。除了它们的名称之外，这些概念——消费函数、边际消费倾向、资本的边际效率、流动性偏好——并不局限于经济的金融侧。它们也没有立即为数据或政策的实施做好准备。为了使这些概念可用，并发展凯恩斯关于经济的金融侧和实体侧之间联系的具有争议的暗示，经济学家不得不将凯恩斯的理论与 20 世纪 30 年代各国统计学家开始吸收的数据联系在一起。如果凯恩斯的著作是"与现实接触"[2]，那么经济学家还必须将他的文字性语言转化为数学模型。

我们把对凯恩斯主义的主要讨论留到第八章，在那里我们将展示他的观点是如何在美国的环境中得到实施的。在这里，我们集中讨论 20 世纪三四十年代创造国民收入和生产总量的方式，因为关于汇编和提供汇总数据的最佳方式的辩论结果，对凯恩斯革命在随后几十年采取的形式起了很大的推进作用。

编制美国的收入和生产的总量

20 世纪并不是人们第一次对一个国家的总收入和总生产量进行估算，尽管这些估算在两次世界大战之间的形式，以及政府对国家总量数据的支持都是新出现的。[3] 1947 年最终公布的估算数是美国国民收入和生产账户（National Income and Product Accounts，NIPA）的第一个官方数据，这比以前的估算更全面，对复杂的统计数据的依赖程度也更为广泛。这些数据账户使人们首次能够将国家经济视为一个统计实体，分成各个部门，并可以简化为一个数字，即国内生产总值。[4] 可以从三个互补的角度来看待这些估计数，这反映了它们的创建方法：收入方法、生产方法和支出方法。国民收入账户的发明可以说是经济学家在 20 世纪前半叶对美国生活做出的最重要的贡献，因为这些账户使联邦政府能够创造出从过去发生的收入和支出中向前做出计划的预算。

1932 年，当美国政府首次发起对国民收入的官方估算时，人们对于建立这样的估算数的最佳方法还没有达成共识。正如我们在第三章中所看到的那样，1920 年在一次非官方的建立估算数的尝试当中，NBER 采用了收入和产品方法。为了研究收入分配，米切尔和他的同事在《美国的收入》中强调了国民收入（个人收入与企业盈余的总和）与生产出的收入（产出来源的总和，如手工贸易、制造业和农业）之间的关系；为了证明这些结果，米切尔将收入团队的计算与生产团队的发现进行了交叉核对。西蒙·库兹涅茨在《1929—1932 年的美国国民收入》（*National Income*, *1929—1932*, 1933）中向美国参议院提出了对国民收入的这种二元观点，即得到的收入和用于消费支出的收入。我们马上就会发现，在 20 世纪 30 年代，布鲁金斯学会根据消费和投资的统计数据，提出了第三种处理国家总量的方法，即支出法。这两种方法——米切尔和库兹涅茨采用的二元观点，以及布鲁金斯学会引入的支出法——将金融数据和实体数据结合起来，两者都不可能清楚地看到经济的金融侧。

在两次世界大战之间的时期，国民经济核算人员和立法者不仅在收集哪些数据方面存在分歧，而且对如何最好地组织和展示这些结果也存在分歧。最终的结果，即 1947 年 NIPA 中所使用的会计格式，是在关于许多相互关联问题的一系列激烈辩论之后来之不易的结果，每一项辩论都具有相当的技术性和非常重要的意义。甚至在这一共识达成之后，关于国家总量的另外两种观点也被加入了 NIPA 的框架中：我们在下面考察的收入和产出账户是在 20 世纪 50 年代增加的；我们在第八章中描述的资金流动账户（flow-of-funds accounts）是在 20 世纪 60 年代被采纳的。正是最后一种观点，终于让人们看到了金融资产的流动对国家经济和金融中介产生的影响。

我们可以将经济学家在两次世界大战之间辩论的问题减少到 5 个：范围、估值、加总、净值化（netness）和部门划分。[5] 范围涉及确定归属于三个国内部门（家庭、企业和政府）的生产活动；而估值涉及如何、何时和以何种表达方式对它们赋予货币价值；加总涉及如何将同一活动的不同实例合并成一个汇总统计，以揭示一段时间内的增长和发展；净值化是库兹涅茨提出的一个术语，其涉及的问题是，在排除折旧和资本重置成本之前或之后，是否表示收入总量和生产总量；部门划分涉及决定组织加总系统的基本类别。到 1932 年，很明显，尽管美国家庭为政府提供资金并使其合法化，家庭也拥有公司，但政府和企业在国家经济中发挥着如此重要的作用，因此它们应该被人为地视为在统计和分析上有别于家庭。因此，NIPA 将国民经济划分为 4 个部门：家庭、政府、企业和"世界其他地区"。将企业和政府部门与家庭部门分开，就可以看出蓬勃发展的联邦政府和美国大型公司在美国经济中所扮演的角色，而最后一类"世界其他地区"则清楚地表明，尽管国际关系将各国联系在一起，但美国占据了自己经济领域的中心位置。在争论到最后的时候，关于净值化的问题最终决定了支持总额数字，而美国的统计学家也接受了关于范围、估值、加总和部门的共同定义，正如他们最终一致认为的，把从公司会计中提取的会计框架叠加在一起，将使估计值的可用性最强。

在两次世界大战之间，关于国家总量这一议题有两个主要的争论者。第一位是 1922 年来到美国的俄国移民西蒙·库兹涅茨。库兹涅茨和米切尔曾一起在哥伦比亚大学学习，他在 NBER 工作过，并且从 1931 年开始在宾夕法尼亚大学教授统计学。1932 年，美国商务部委托库兹涅茨为美国编制第一份官方收入估算数据，重点是大萧条前的年份。[6] 库兹涅茨于 1934 年向参议院提交了他的第一份报告，并在 1937 年和 1941 年向参议院提交了更详细的汇编。第二位是米尔顿·吉尔伯特，他和库兹涅茨曾一起在宾夕法尼亚大学学习，并与他合作进行了第一次收入估算。1939 年以来，吉尔伯特就一直是《现代商业概览》的编辑，在商业总量方面也有相当丰富的经验。1941 年，商务部与吉尔伯特接洽，要求他提供收入和生产的新估算数据，以便罗斯福政府评估是否——以及多快——可以调整美国的经济发展方向，以适应战争生产。吉尔伯特和他的团队所做的工作在美国参战很久之后仍在继续。[7] 1947 年，《美国国民收入和产品统计：1929—1946》（*National Income and Product Statistics of the United States：1929—1946*）作为《现代商业概览》的增刊发表，标志着其研究取得了丰硕成果。这些账户，即 NIPA，是基于公司会计框架组织的第一份美国国民经济估算数据。

当库兹涅茨开始研究全美的收入总量时，他知道经济学家在这个课题的几乎所有方面都存在分歧，包括如何最好地定义"国民收入"。然而，他坚持认为，这一理念存在一个"明确、普遍的概念"，应该加以利用"在现实中，国民收入最明确、最普遍的概念是个人所得；而且……商品和服务在经济体系中不间断地流动，最好是在其到达鲜活的个体之时、在其彻底离开生产单位之后和流入各种消费渠道之前进行分析和测量"[8]。这一早期的陈述证实了库兹涅茨关于国民经济会计必须解决的大多数理论问题的立场。"个人所得"表明了他对收入方法的偏好和库兹涅茨的研究课题的范围（从事经济中的生产活动的个体）、他喜欢的估价方式（要素成本）和他的汇总原则（从个人开始向上扩展）。此外，"不间断地流动"强调了他所支持的流量观点和支撑他的系统的循环模式；"到达鲜活的个体之时……进行分析和测量"表明他倾向于用最终产品，而不是中间产品来确定收入。当一家公司购买生铁等商品时，以及当该公司出售由中间产品制成的铁轨等最终产品时，他所衡量的收入就会是这样。库兹涅茨在其他地方强调了另外两点：他想要的是净指标，而不是总指标，也就是说，在扣除税收、折旧和重置成本后进行计算。他想把政府当作一个行业对待，就像对待任何其他行业一样。

库兹涅茨的立场遵循两个基本假设：经济活动的最终目标是消费真正的商品和服务；构建国家总量的目的是以消费衡量经济福利。库兹涅茨的观点是在20世纪30年代的大萧条背景下形成的，当时供应过剩的危机尚未缓解，他的首要目标是了解如何解决供过于求的问题。库兹涅茨对净指标而不是总指标的偏爱，反映出他认为最重要的测度是扣除税和折旧后的金额。由于这个原因，库兹涅茨用来组织他的系统的两个概念——支付的国民收入和生产的国民收入——并不相等，也并不能形成一个会计恒等式。相反，已支付的国民收入包括流向个人收入所支付的，相对而言较大的数字，即所生产的国民收入，并在已支付的国民收入中增加了一笔"企业储蓄"。"企业储蓄"也是从公司未分配利润中扣除营业税和资本折旧的一个净指标，它的值可能是正数，也可能是负数。在大萧条时期，由于企业无法积累资本，这一总额出现了赤字。[9] 这是企业无法招兵买马、国家无法形成新资本用于额外投资的原因之一。

虽然库兹涅茨认为政府是国家的主要"产业"之一，但他对待政府收入与对待其他行业收入的差别很大。就政府而言，组成库兹涅茨体系的两种类别并不相等，因为库兹涅茨认为，根据定义，政府不能产生企业储蓄，或者，从广义上来说，产生企业赤字的对应物。因此，尽管美国政府在大萧条期间确实存在巨额赤字，但库兹涅茨的体系并没有将这些赤字看作负的"企业储蓄"。此外，由于政府交易没有在市场交易中定价，库兹涅茨还必须想出一种不涉及市场价格的评估这些服务的方法。为此，他将来自个人的政府税收收入（所得税）作为国民收入的一部分进行处理，并将从企业征收的所有税收以及间接税（如销售税和财产税）排除在国民收入总额之外，因为公司在自己账户的利润中扣除了这些税收。换句话说，在他的体系中，库兹涅茨把政府的一些支出当作对个人有利的，而其他支出则是向企业提供中间产品，而不是向个人提供最终产品。前者的例子包括政府在教育和公路方面的支出；后者的例子包括为了保护公司不受某些竞争压力或给予减税优惠的立法产生的收入。[10]

虽然库兹涅茨的统计数字确实让政府了解了美国创造资本、生产以及流通真实商品和服务的能力（或者不具备此能力），但无论是他对国民收入的定义，还是他对计算国家总量所涉及问题的处理方式，都未能从 20 世纪 30 年代延续下来。这并不是因为他的体系本身就有缺陷——他的每一项决定都可以找到充分的论据——而是因为国家总量的编制环境，以及这些总量的用途，在这 10 年结束时已经发生了巨大的变化。到 1940 年，美国将很快卷入二战当中，美国国防开支将不得不迅速增加。当罗斯福总统宣布一项将美国一半以上的收入用于国防开支的预算时，很明显，国民经济核算师必须解决这样一个问题：本来致力于提供国民消费的经济体是否能够，以及如何转向战时生产。1941年，美国商务部向米尔顿·吉尔伯特提出这一挑战之时，他还面临着库兹涅茨不需要解决的第二个问题：美国经济能否在不经受通货膨胀影响的情况下，向战争生产转型？吉尔伯特简明扼要地描述了这两个问题："人民和他们的政府是否试图一起购买超过生产能力的商品，以及超过了多少？"[11]吉尔伯特的总量数据提供了这些问题的答案，进而带来了一些决定许多美国人在战争中的经济体验的政策：沉重的税收、美国国库券形式的债务增长、价格管制和一些消费品的定量配给。

为了解决消费者需求是否可能削弱战争努力的问题，吉尔伯特认为，库兹涅茨所偏爱的生产出的国民净收入，相对国内生产总值和国民生产总值等总指标（不扣除折旧、保养维修费和营业税的总额）而言，不会更有用。这与库兹涅茨的策略大不相同：就像库兹涅茨一样，吉尔伯特同时使用了收入和生产这两种方法，但他更强调后者；吉尔伯特还采用了一种比较新的方法，按支出估算国家总量。为了利用后者，吉尔伯特按市场价格对支出进行估值；不同的是，他按要素成本来对国民收入进行估值。按照市场价格估算支出，是因为政府的战争支出是具有最直接重要性的一类，主要包括购买美国的工业商品和服务，而实际上，这些产品和服务是按市场价格估值的。按要素成本计算收入是因为国民总收入以生产要素的净收益之和来衡量当前产出的净值。吉尔伯特认为，总额为战争开支的短期分析提供了一种更合适的衡量标准，因为政府实际上可以利用一些被减掉的净数字——比如营业税——来资助战争。[12]为了得出总额，吉尔伯特不得不将他开始使用的数据集——国民净收入额——加上企业已缴纳的税款和被库兹涅茨扣除的产生净总额的折旧，从而转化为总额。继英国统计学家科林·克拉克（Colin Clark）之后，吉尔伯特将由此产生的总额称为"国民生产总值"或"按市场价格计算的国民支出总额"[13]。吉尔伯特决定不把政府债务的利息作为国家收入的一部分来计算，因为他认为，政府债务主要是为了资助战争而发行的，它与公司未偿付债券的利息支付并不类似，后者应被视为该公司目前资本使用的一部分。战争结束后，前者可能会停止积累，而后者则是经营企业业务的持续成本。

正如理查德·凯恩（Richard Kane）所主张的那样，吉尔伯特的介入反驳了其他经济学家关于战争可能对美国经济福祉产生影响的可怕预测。这反过来又支持了罗斯福增加用于战争的资源的愿望。通过在收入法和生产法之上增加新的支出法，吉尔伯特可以展示出国民收入流向消费和投资的比例。根据定义，这一余值可以被视为国家的"储蓄"[14]吉尔伯特强调，国民生产总值也帮助决策者预见与战争有关的通货膨胀压力，因为支出法产生的"最终支出"部分使政府得以观察到战争期间工资往往会增加，而消费品支出会随着国内商品生产的减少而减少，这两者之间的关系发生了变化。随着时间的推移，这一突破还将显示，消费品支出在整体中所占的比例趋于相对稳定，而投资支出则波动剧烈，这反过来又将为理解经济周期的动态提供一种新的途径。

吉尔伯特的这些决定所产生的影响因他决定借用公司会计的核算框架来进行估算而被放大。莫里斯·科普兰曾在1932年建议这样做。在英国，一个国家会计团队在1941年提供了一种经过修订的国民账户版本。对许多经济学家来说，会计方法的好处似乎是显而易见的：实行复式记账会计框架的国民总收入，将库兹涅茨的国民收入总额所呈现的循环流转图景转变为一个相互关联的账户体系，显示了经济各部门之间复杂的关系。正如我们在第一章中所见，账户的形式是由复式记账法的规则决定的，这就要求每个部门的收入等于其支出和净储蓄；此外，按照会计恒等式的规定，国家的总收入必须等于其总支出。这一代表性变化的结果是所提供的总额的详细程度的提高，最重要的是产生了一个强调国民经济结构的整体图景。因此，当各部门收入或支出的比率在相当长的时间内发生重大变化时，经济学家可能会说，经济正在发生结构性变化，而其他那些并没有引发被视为重大关系改变的变化就不是结构性变化。

将国家总量数据纳入复式会计框架，不仅有助于国民经济核算师以新的方式看待经济，还使在没有数据的情况下估计某些数值变得更容易了。与公司会计（理想情况下）拥有所有公司交易的记录不同，国民经济核算师无法获得这些记录：一些被认为是生产性的活动没有在市场上发生，一些本应该定价的活动可能实际上并没有发生。因此，长期或正在进行的活动的价值也可能随着货币购买力的变化而改变。为了应对这些挑战，国民经济核算师使用了一种被称为推算（imputation）的技术。在没有实际记录的情况下，会计人员会被认为提供"具有生产力"的服务或贡献计算价值，但这些并不以价格来衡量。复式记账会计框架使推算更加容易，因为基本的会计恒等式——收入等于生产——意味着相对容易获得的数据（收入）可以用来对更难或不可能获得的数据（生产，在某些情况下是支出）进行估算。因为这一会计恒等式及其所要求的平衡是强加于每个部门内以及在整个经济中的，所以缺失的数据是由现有数据在每一个层次上有效地生成的。[15]

1944 年，吉尔伯特通过解释如何计算国家"储蓄"这一金融侧的分类，明确地为推算进行了辩护。吉尔伯特解释说，从国民收入的角度来看，当国民经济核算师从家庭收入总额中减去个人在消费品和服务上的支出以及他们支付的税收和费用时，储蓄只能作为一个余值，通过推算得到。吉尔伯特解释说："没有用于消费或税收支付的收入余额，都必然构成储蓄。"这种将消费与储蓄分开的突破至关重要，因为储蓄额是家庭部门与企业产生和结转的盈余（即利润）最接近的值，正如我们将看到的，这是因为消费和储蓄之间的区别可以用凯恩斯理论加以实现。推算出的储蓄额也代表了这个会计制度对经济金融侧所能采用的最接近的方法。

除了利用推算来生成无法获得的数据，吉尔伯特还能计算出政府赤字的规模。为此，他再次依赖会计框架。"一方面，是政府支出的主要类别——生产要素的支付、从私营企业购买货物和服务以及转移支付。另一方面，还有政府收入——个人所得税和营业税。平衡政府账户支出和收入所缺失的项目是借款，即政府赤字。"通过在每一个"需要平衡的缺失项目"中加入两个相匹配的账户，同时合并并重新安排账户中的各种分录，吉尔伯特不仅能得出储蓄和政府赤字的规模，而且能证明这两个数字之间有一种固定的相互联系，他认为这是一种不受通货膨胀影响的关系。"据统计，超过私人资本形成总额（投资）的储蓄总是等于政府借款，不管是否存在进行中的通货膨胀都是如此。"这个公式是复式记账会计制度的产物；国民经济核算师把分录放在相匹配的账户中，这样相关的项目就可以互相抵消。虽然吉尔伯特承认，这些数字是会计制度规则的产物，而不是对"经济体系的平衡状态"的精确反映，但是他认为这足以解决大多数读者的担忧和疑虑。

这一证据可能会让读者感到不安。读者可能会问："如果没有足够的储蓄，政府会印制钞票或向银行借款以弥补赤字时，会发生什么呢？""赤字不会超过储蓄吗？"假设在汇总表中描述的情况下，政府印出 100 亿美元的额外货币并将其花在购买私营企业的产品上。此时，政府赤字将增加 100 亿美元，但同样的 100 亿美元也会显示为私人业务的收入，而在其他项目不变的情况下，私人企业的未分配利润亦会增加同样的数额。储蓄总额将会正好以赤字总额的数量增加，统计数字不会显示新的货币已经被创造出来。

到 1944 年，吉尔伯特就可以抛开这种担忧了，因为依靠收入法、生产法和支出法的国民经济核算为政府提供了所需的工具："它们使政府能够根据我们巨大的经济生产潜力为战争生产设定目标，并为确定工业从和平转向战争生产的总体特征提供了依据……在通货膨胀问题上，收入和产品统计也使得持续的定量评估成为可能，这在绘制反通货膨胀计划的细节和时机方面具有不可估量的价值。"然而，让吉尔伯特最高兴的似乎是，他的核算也让美国商人相信，总额将使他们能够计划未来的活动，就像它们使得政府能够计划和起草预算一样。"由于国民生产总值的统计数据提供了一个历史记录，说明了某一特定类型的商品或服务的产出如何与整个产出相联系，所以（这些总量）对于企业确定某一特定行业在未来的总产出方面可能如何变化是有用的。当然，这在商人必须进行的每月定期评估中很重要，商人必须根据其业务前景做出改变……可以肯定地说，大多数试图从数量意义上解决战后问题的企业都在使用国民生产总值的估算值。"

在吉尔伯特的 NIPA 发布后，库兹涅茨对国民收入估算的这些变化做出了严厉的批评；吉尔伯特和他的团队只在一篇稍微不那么刻薄的文章中做出了回应。[16] 对我们的分析而言，库兹涅茨最重要的观点是他对吉尔伯特使用复式记账法框架、偏好总数而不是净值数字，以及吉尔伯特将政府活动视为最终产品而不是中间产品的决定的批评。这些反对意见的矛头指向了吉尔伯特的创新要求国民经济核算师行使解释自由裁量权的程度。尽管所有参与构建国家总量争论的人都同意，国民经济核算师必须做出解释性的判断——尽管库兹涅茨是最直言不讳地主张并明确自己观点的人——但他仍然反对吉尔伯特将他的解释隐藏在会计规则体系后面。基于对导致吉尔伯特将一些数据分配给复式记账账户的一方而不是另一方的判断，以及对会计框架本身的反对，库兹涅茨向 NIPA 开火了。

如果恰当地使用"经济核算"来表示一种方法，那么应该应用会计的基本概念……但是，即使有更具体的定义，会计系统本身的技术也很少有助于我们确定国民收入的适当范围和代表净收益的可观察到的流量，以及从国民经济的角度来表示的成本，决定所使用的估价方法的依据，在任何经济循环水平上都要进行区分的重要部门。事实上，对该报告的研究，并没有令人产生这样的印象，即设立账户对解决这些定义和分配问题有任何帮助；相反，我们的印象是，这些问题在没有从这些账户中获得帮助的情况下就得到了解决，而会计制度是为解决这些问题而建立的。

库兹涅茨的反对显然来自他试图解决创建国家总量时所涉及的各种疑难问题。他问道："当国民收入被定义为衡量一个经济体净产出的指标时，会计体系是否有助于学者解决范围、净值性和估值的一致性等令人烦恼的问题?"但是,他的这些反对意见也注意到了吉尔伯特团队没有明确提到的一些问题;在一些重要的方面,这两个团队对经济部门的划分在根本上是不匹配的。因为,与家庭、公司甚至"世界其他地区"不同,政府不是营利性的企业;因此,要将为利润驱动的公司设计的会计制度应用于政府活动,就要求国民经济核算师将国民收入视为公司收入,将政府消费等同于公司的成本,将国家的资本形成视为利润。就像 1958 年吉尔伯特团队的成员之一乔治·贾齐(George Jaszi)所写的那样,他冷冰冰地承认了这一不匹配:"公司会计对于其被国民经济核算师移植到其他部门的土壤而言并不是土生土长的。"[17]

根据库兹涅茨的说法,没有一种会计制度可以回答国民经济核算师不可避免地面临的棘手问题。同时,利用对会计规则的申诉来撤销国民经济核算师实际做出的决定,与隐藏加总数字实际所包含的自由裁量权的危险程度非常接近。库兹涅茨并没有说,但他对吉尔伯特强调总量测度的反对中暗含着一项指控,即当吉尔伯特把政府部门的象征转变为最终产品时,他悄然地将政府的增长(支出和成本)与国家经济的增长等同起来。这意味着他的立场与库兹涅茨所采取的立场有了很大的差异,库兹涅茨认为,建立国家总量的目的是衡量国家福利。当政府的增长等同于国家的增长时,国民经济核算师提供的政策工具可以用来证明政府增长的合理性。事实上,国民经济核算师成为一名政府的辩护者,也是其所衡量的政府中不可缺少的成员。

布鲁金斯学会和支出法

国民经济估算的支出法与收入法、生产法一起被纳入了 NIPA，但很少得到学术界的注意，尽管它提供的视角对于揭示金融中介如何影响经济至关重要。[18]当然，收入法在利息、股息和利润的统计中描述了金融活动，这些都是作为生产要素的资本的代理变量。生产法还包括一些描述银行和保险行业活动的金融统计数据。然而，只有在支出法下，金融中介的战略重要性才开始呈现，即便如此，国民账户也无法显示资本流动对美国国家经济产生的影响。

支出方法使用了 4 个额外的总和——消费者在最终产品上的支出、企业投资支出、政府支出和净出口——产生了一个更高层次的经济管理的观点。这一观点由于凯恩斯的著作所激发的政策而变得颇具影响力，因为在他的《通论》中，凯恩斯认为这 4 个要素——消费、投资、政府和净出口——的相互作用，决定了国家对商品和服务的需求。尽管这种方法与凯恩斯的政策立场相吻合，但在美国，它并不完全源于罗斯福政府招募到华盛顿的凯恩斯主义经济学家，如阿尔文·汉森和劳克林·柯里（Lauchlin Currie）的研究，也源于独立于罗斯福这些倡议的、由与布鲁金斯学会相关的经济学家进行的研究工作。[19]像 NBER 一样，布鲁金斯学会是一个非营利性非政府组织，然而它与华盛顿还是有着密切的联系。它成立于 1916 年，曾使用政府研究所（Institute for Government Research）的名字。在 1927 与经济学研究所（Institute of Economics）以及罗伯特·布鲁金斯研究生院（Robert Brookings Graduate School）合并后，布鲁金斯学会宣布它是第一个"基于事实的美国国家公共政策问题研究机构",其目的是"把科学带到对美国政府的研究中来"[20]。

20 世纪 30 年代布鲁金斯学会最著名的经济学家是哈罗德·格伦·莫尔顿、克拉克·沃伯顿(Clark Warburton)和埃德温·格伦·努尔斯(Edwin G. Nourse)。总的来说,这些人所拥有的地位表明,在两次世界大战之间,经济学学科的地位有所提高:我们在第三章中提及的芝加哥大学教授莫尔顿成了布鲁金斯学会的首任会长;沃伯顿担任了美国联邦存款保险公司首任总裁;努尔斯后来成了总统经济顾问委员会的首任主席。20 世纪 30 年代,他们开发了一套广泛的统计数据集,成为国民经济核算支出法的基础。这项研究的结果在 1934 年和 1935 年分四卷出版,包括:《美国的消费能力》(America's Capacity to Consume,1934);《美国的生产能力》(America's Capacity to Produce,1934);《资本的形成》(Formation of Capital,1935);《收入和经济进步》(Income and Economic Progress,1935)。1936 年,在 NBER 主办的财富与收入会议上,布鲁金斯学会的经济学家将他们的统计工作与库兹涅茨关于资本形成和洛夫(Lough)关于消费的可比实证研究进行了协调。[21] 由此产生的数据为国民收入的支出法提供了统计基础,因为吉尔伯特将此纳入了 1947 年的 NIPA。

布鲁金斯学会的经济学家所持的理论立场与凯恩斯的立场截然不同。例如,前者坚持认为,经济下滑的根源在于有利于较高收入人群的收入分配模式,也在于相对于随后的投资消费限制,即富人倾向于储蓄更多的收入。正如莫尔顿所解释的,其结果是"长期无法——尽管有高压销售手段(high pressure salesmanship)、分期付款信贷和方便外国进行采购的贷款——找到足以吸收我们全部生产能力的市场渠道"[22]。莫尔顿还认为,过剩的储蓄主要流入了股市，推高了证券价格。然而，尽管有一些显著的区别，但凯恩斯理论的大部分内容都存在于布鲁金斯学会的经济学家的著作中，但后者在广泛的统计工作中树立起了自己的理论立场，这是最重要的区别。

美国经济的投入一产出核算

NIPA 与国内生产总值和国民生产总值等焦点数据一起构成了美国国家总量数据最常见的信息形式，但在暂时离开国家总量这一主题之前，我们描述了另一套数据集，它是 20 世纪 30 年代引入的——尽管没有完全投入使用——投入一产出账户（Input-output accounts，IOA），也被称为"美国工业账户"（US Industry Accounts）。投入一产出账户由华西里·列昂惕夫在 20 世纪二三十年代创建，它们在 20 世纪 50 年代肯尼迪政府时期得到了改进，美国经济局从 1958 年开始定期编制投入产出表，并于 1964 年出版。1968 年，投入一产出账户被纳入了联合国国民账户体系（System of National Accounts，SNA）。投入一产出账户是基于向量和矩阵代数的数学系统，欧文·费雪在早期的研究中使用过这种技术，萨缪尔森在 20 世纪 40 年代采用了这种技术。这一技术在更广泛的战后经济转型和数理经济学的改造中被证明是关键性的。[23]

华西里·列昂惕夫是一位出生于德国的移民，他于 1931 从苏联来到美国。在 NBER 工作了一年之后，列昂惕夫加入了哈佛大学经济系，在那里他是约翰·伯尔·威廉姆斯博士论文的指导老师之一。美国对列昂惕夫项目的资助始于他离开苏联之前，最初是由 NBER 提供的，后来由哈佛社会科学研究委员会（Harvard Committee on Research in the Social Sciences）

接管；1941 年，美国劳工统计局（US Bureau of Labor Statistics）承担了资助这项研究的责任。[24] IOA 的目的是跟踪各部门之间的资源流动，以便会计能够将经济想象成一个各个部分相互联系且相互依存的系统，而不仅仅是一个生产和消费，或者总储蓄和点投资的整体系统。为了生成这种表达，列昂惕夫的 IOA 根据产业，而不仅仅是根据吉尔伯特的估计值和 NIPA（家庭、公司和政府）的大型加总数据对经济进行了部门划分。列昂惕夫的系统在使用核算框架方面与 NIPA 相似，但 IOA 框架在外观和目标上不同于 NIPA 固有的复式记账系统。以列和行的交叉形成排列，列昂惕夫的投入—产出账户使用了线性的概念、矩阵数学和向量表示法来模拟经济各个行业和部门之间的相互依存关系。

虽然他在 20 世纪 30 年代发布了关于核算体系的几个版本，但列昂惕夫投入—产出账户的最佳写照出现在《美国经济结构》（*The Structure of American Economy*）一书中，其第 1 版于 1941 年出版（涵盖 1919—1929 年这段时间的数据），10 年后又发行了修订版和增订本。[25] 在这本书中，列昂惕夫解释说，投入—产出经济学使用了一种推断分析技术，这是他根据对工业生产过程、消费者支出模式和储蓄行为的某些高度特征性的假设而发明的。[26] 这些假设是特征性的，因为他所渴望的理想状态从可用的数据或者从事实上来说是无法从任何数据中得出："生产企业"不能被归类为同质范畴，因为"生产和消费的实际过程排除了对产业的明确区分"；同时，家庭不能"根据他们提供的服务类型被细分为不同的类别"，因为每个家庭都提供了多种服务。换句话说，列昂惕夫的部门比凯恩斯主义理论、早期的收入、产品和支出估算或 NIPA 中的部门更细，但 IOA 仍然必须依赖一些为其他总量数据提供了依据的基本理论和虚构实践。此外，像其他国民经济核算师一样，列昂惕夫也承认，有一长串经济活动"在我们的分析中完全被忽略了，其中最重要的是包括分销、批发和零售、银行业和金融以及所有非铁路运输在内的整个领域。同样重要的是，联邦、州和地方政府预算的遗漏"。

投入—产出经济学的基础在新古典经济学以外的其他学科中使用的三种实践方法包括：用矩阵方法求解的联立线性方程组的数学；测量工业生产、家庭消费和收入支出的统计学；用于生成公司损益表上的收入和支出分录的会计原则。列昂惕夫将他的研究描述为"试图将一般均衡或大体相互依存的经济理论应用于通过价格、产出、投资和收入的共同变化来揭示经济不同部门之间相互关系的实证研究"。因此，他的目标类似于国民经济核算师在两次世界大战之间改进的总量项目，最主要的是试图发现经济的实体侧和金融侧之间的联系；但它与库兹涅茨和吉尔伯特的工作的差别在于，他所用的数学方法和愿景，即经济中所有相互依存的部分都可以通过在数据上叠加一个巨大的会计核算系统连接起来，其中最相关的文件是损益表。这个核算体系为他的模型奠定了基础。

整个国家的经济活动就像被一个庞大的核算体系所覆盖。工业、农业和运输的所有部门，以及所有个人预算都应该包括在这个系统中。每个企业和每个家庭都被视为一个单独的核算单位。一个完整的簿记系统由大量不同类型的账户组成。然而，就我们的特定目的而言，只有一项是重要的，那就是支出和收入账户。它在贷方记录企业或家庭的商品和服务支出（对应总收入或销售总额），在借方记录特定企业或家庭获得货物或服务的情况（对应总支出），换言之，该账户描述的是商品和服务的流动，因为商品和服务从一端进入特定的企业（或家庭），然后从另一端离开。与资产负债表不同的是，这类账户不是与某一时刻，而是与某段时间，比如一年、一个月或一周相关。

IOA 系统的一致性来源于矩阵代数的方法。矩阵代数是有用的，因为它可以处理大量的联立方程，因此也可以处理大量的变量。它不仅让列昂惕夫能够将方程组写成一个紧凑的形式，而且使他能够测试方程组是否存在确定性的解。为了进行这个测试，他必须根据模型的数学特性来表示填充模型的每一个元素，这些特性包括同质性、线性和所有元素（除了用于封闭系统的因变量）的独立性。该系统还要求整个系统中的方程个数等于未知数的个数。列昂惕夫将这些元素排列成一系列矩形数组，每个数组都包含数字、参数或变量，通常用括号括起来。矩阵中每个元素的位置都是固定的；每个矩阵都是一个有序集合，行数和列数定义了它的维数。若要使用此系统，可以通过横向读取行或纵向读取列，以识别行或列的向量。

列昂惕夫所使用的特殊矩阵系统是方阵，数学家称它为弗罗贝尼乌斯（Frobenius）矩阵，以德国数学家费迪南德·格奥尔格·弗罗贝尼乌斯（Ferdinand Georg Frobenius）的名字命名。列昂惕夫使用弗罗贝尼乌斯矩阵是因为它支持瓦尔拉斯式的一般均衡理论，该理论要求所有经济关系同时被表示出来。瓦尔拉斯式一般均衡理论不同于马歇尔式的局部均衡理论，因为它回避了其他条件不变的惯例，即允许经济学家为解决其他问题而抛开一些因素或关系。[27]

虽然列昂惕夫没有使用其他条件不变的假设，但他确实简化了经济的某些方面来构建这一的模型。例如，他将生产限制在假定规模报酬不变的单一技术系数上，同时他对生产和消费函数中的要素的可替代性进行了限制。此外，列昂惕夫还将家庭作为一个产业单位来对待，这使得该模型能够作为一个封闭系统运行，其中所有行业因素相互影响。

在我们的理论方案中，家庭与任何其他行业被视为完全一样的……现代消费者行为理论在其概念发展的大部分方面与生产理论几乎是一致的。等产量曲线系统和无差异曲线系统的形式相似性是不容置疑的。这种类比可以很容易地通过将家庭的服务产出与企业的生产等同起来进行扩展。这种方法的某些心理阻力——由于人们对考虑不周全的生计成本工资理论记忆犹新——在我们意识到其中隐含的就是一个人的支出和他的收入之间存在着明显的联系时，就会消失。

列昂惕夫"完全像对待其他行业一样"对待家庭部门的决定，再一次说明，在两次世界大战之间，金融部门正在对美国家庭产生影响，因为通常采用分期付款方式的家庭消费，在当时已成为美国总量的一个关键组成部分。

就我们的目的而言，列昂惕夫最重要的调整涉及他对储蓄和投资活动的处理。由于他的会计系统缺乏一个资金（或资产负债表）的视角，他不得不根据流量数据推断出每个部门的投资和储蓄系数。为了得到这些估计值，他必须进行一些修改：

引入储蓄和投资显然需要修改所有的成本方程式……任何产业（或家庭）的产品价值，不是简单地等于其总支出，现在可以比它更大或更小。

换句话说，总成本现在必须等于总收入除以某种储蓄系数，即 B_i……当 B_i 大于 1 的时候，特定产业显示出正的储蓄；如果企业或家庭的总收入正好抵销其支出，则 B_i 等于 1；如果出现负储蓄，即正投资，则 B_i 小于 1。

在 1919 年被列昂惕夫划分为 44 个产业部门的矩阵中，有一个包含全部余项的"未分配部门"，被用来替代政府、银行和金融部门。在 1919 年之后的 30 年里，正如我们即将看到的那样，政府税收和服务呈指数增长，许多技术创新被引入，美国家庭的金融化也达到了前所未有的程度，部分原因是银行和保险机构的规模扩大。列昂惕夫矩阵的发展如下：在 1939 年的产业矩阵中，他增加了分立的政府和飞机产业；后来他在 1947 年的矩阵中将金融和保险作为单独的部门加以显示，并于 1951 年进行了公开发表。

列昂惕夫的开创性见解是，如果关键的核算项目被注入新的经济内容，那么用于衡量利润（收入减去成本等于利润）的公司会计系统可以用来衡量产出和增加值（投入—产出）。他通过操纵损益表上的项目来揭示生产的测度，从而将成本核算与生产核算相叠加。为了达成这一目标，他对会计的成本概念进行了推广，使其成为经济学家的生产投入概念，同时他将会计收入概念推广为产出。这种为一门学科（会计）开发的概念被改造而适应了另一门学科（生产经济学）的要求，使列昂惕夫能够使用一种复式记账形式，将由美国劳工统计局、美国人口普查局、美国税务局、美国农业部和美国联邦储备系统编制和标准化的大量成本、收入和其他财务数据系统化并相互关联，所有这些数据现在都可以在容易获得的出版物中查阅到。

两次世界大战之间的美国财政政策

大萧条开始时，美国的税收政策相对简单，至少与英国和德国那些更为复杂的税制相比是这样的。1930 年，只有 12% 的美国家庭要缴纳个人所得税，房产税很低，公司税税率为 12%。而在 20 世纪 20 年代末实行的累进税制下，大多数个人所得税税率已大幅降低。然而，大萧条的爆发严重打击了联邦收入：1929—1932 年，美国国民收入下降了超过一半——在短短三年内，国民收入从 878 亿美元降至 425 亿美元，使得梅隆税收计划的设计者、胡佛总统时期的财政部长安德鲁·梅隆在 1932 年被迫向国会申请增税。梅隆的继任者奥格登·米尔斯（Ogden Mills）则更加激进：由于认识到美国税收体系的基础过于狭窄，主要依靠富人，并依赖稳健的商业环境，米尔斯建议将税率恢复到 1924 年的水平，将附加税率提高一倍，降低个人免税额，提高企业税率，并将房产税税率恢复到 1921 年的水平。虽然 1932 年的《税收法案》（Revenue Act）没有采纳米尔斯的所有建议，而且它比米尔斯建议的要更多地依赖消费税，但它确实标志着转型的开始，它将把美国大萧条前的个人所得税的"阶级税"性质转变为目前的"群众税"制度，这一转变在 1945 年就已经完成。1932 年的《税收法案》导致了所谓的美国历史上最大幅度的增税，因为所得税缴纳者的新税率是在名义 GNP 显著下降的时期实施的。[28]

税收显然是公共财政的核心，对许多美国人来说，这是金融最不可逃避的一面。税收是政府收入的主要来源，如何产生和使用这些收入的决策构成了政府社会政策的核心，而政府是否有能力证明其税收政策的合理性往往决定了它能否赢得选民的支持。关于税收的决策可以基于道德、政治或经济方面的理由做出，而这些决策的提出方式要么巩固，要么破坏了国家的社会结构。因此，税收是将个人与政府联系在一起的结缔组织；税收政策表达了政府的价值观和愿景；20 世纪 30 年代末开始应用于税收政策的模式，以及使得税收可以被问责的预算制度，都有助于证明政府的资金需求是合理的，这是需要服务和保护的人们与能够为他们提供这些内容的政府之间理论上保持一致的契约的一部分。

针对美国 1932—1942 年通过的税收法案的辩论揭示了所有这些税收的维度，1938 年后具有前瞻性的预算编制的应用也显示了威廉姆斯在他的博士论文中为公司开发的模型是如何开始适用于国家财政政策的。但是，这一时期的税收历史也显示了对个人和公司征收的税收数额出现了前所未有的稳步增长。在我们审视罗斯福政府为使选民接受这些税收增加举措所做的工作，以及在其中做出贡献的人时，我们不应忽视这一整体的增长，因为它构成了今天仍然在支撑美国社会和财政契约的支柱，以及现在围绕税收进行的辩论。我们强调这一每个当代纳税人都会认可的增长，以及会让大多数读者感到惊讶的现代税收政策历史的一个方面，因为这会让经历过新政的美国人感到惊讶，1938 年以后实施的税收和预算编制方法，至少部分源自德国短暂的魏玛共和国（Weimar Republic）。

罗斯福最初的征税方式是由他对税收公平的坚定使命感所驱动的。他所掌权的政府的第一批税收举措是试图追捕和起诉逃税者。税收公平之网广到让银行家 J. P. 摩根和胡佛减税计划的设计者安德鲁·梅隆最终都落网了。[29] 罗斯福政府的第一个积极的税收法案直到他上任一年后才获得通过，1934 年的《税收法案》揭示了他热衷于揪出逃税者，并限制了股东对股票损失的抵扣，而这是 1932 年的《税收法案》所允许的。1934 年的法案还延续了自 1932 年法案开始的对富人增税的政策，对高收入纳税人征收更高的附加税，并降低较低税档的有效税率。此外，它限制了合伙企业对损失的扣减额，目的是打击有利于 J. P. 摩根和他的合伙人所采取的那种避税行为。[30]

1935 年和 1936 年的《税收法案》对富人征收了更高税率的所得税，并处置了未分配利润，即公司积累的且没有分配给股东的资本储备的问题。1932 年以来，关于对未分配利润征税的辩论一直在激烈进行，但在 1936 年，财政部长亨里·摩根索（Harry Morganthau）开始以税收公平的名义推动这项税收时，这场辩论变得更加激烈了。其他人，如罗伯特·H. 杰克逊（Robert H. Jackson），认为对未分配利润征税将有助于防止危险的企业整合，正如我们所看到的那样，这一趋势也让伯利和米恩斯感到担忧。1936 年的《税收法案》颁布了这一规定，对公司未分配利润按 7% ~ 27% 的税率征税，具体税率取决于公司规模和保留的利润比例。该法案还将有效的公司税税率提高了约 1%。[31] 未分配利润税在企业和股东中非常不受欢迎，部分原因是该税既会迫使企业管理者寻找新的资本来源，又会减少投资者收益。1938 年的《税收法案》削减了未分配利润税，而剩下的部分在 1939 年被废除。在这一次调整完成之前，1937 年的《税收法案》是为了弥补使得一些纳税人减少个人税负担的漏洞而制定的。关于税收漏洞的公开辩论再次引发了税收公平问题，特别是当一些富有的美国人，包括杜邦家族成员，被披露通过将维修游艇和乡村别墅的支出作为可扣减的商业支出进行避税时更是如此。[32] 无论是公司还是个别纳税人的避税，都是这些税收法案最明确的目标，富人承受着税收和引起公愤的双重负担。

美国 20 世纪 30 年代中期立法通过的增税，不仅是出于税收公平的诉求，也是出于显而易见的国家财政需求。不仅是大萧条的爆发使个人收入和企业收入大幅减少，而且在 1936 年 1 月，美国最高法院宣布《农业调整法案》（Agricultural Adjustment Act，AAA）违宪，这再次打击了国家的偿付能力。通过废除这一法案，美国最高法院收取了美国政府大约 5 亿美元，这主要是对 AAA 的审核费用。几周后，国会推翻了总统对士兵奖金法案的否决，这些奖金的成本在当时的财政年度估计为 1.2 亿美元。最初，这些损失似乎不太可能被 1935 年的《社会保障法案》（Social Security Act）产生的收入所抵销，尽管其收入到 1937 年会达到 2.26 亿美元，而这一数字到 1938 年增加了 5.15 亿美元。在那一年，美国的国内生产总值估计刚刚超过 800 亿美元。[33] 1936 年，有 120 多万美元被返还给社会保障的受益人，但在一年之内，这一支出就膨胀到了 1 050 万美元。无论如何，许多人仍将 1937—1938 年美国经济再次陷入衰退归咎于强制性社会保障税。

在罗斯福执政的第一年到 1938 年，总统、国会议员和热门的新闻通常都在意识形态意义上讨论过税收法案。不管是要求找出"逃税者"，还是"榨取富人"以便重新分配企业利润，促进"税收公平"，还是利用"社会税收"来加速这个国家的经济复苏，当他们没有明确地以罗斯福偏爱的公平和经济公正表达这些思想时，这些年来对税收的政治和大众讨论往往带有道德色彩。[34] 然而，在 1938 年，关于税收的一个新论调开始流传——至少在立法者和白宫中是这样。这种论调来自并且反映了政府对待税收的新做法，以美国财政部的内部重组为信号。1938 年，美国财政部建立了一个新的税收研究部门，在经济学家罗伊·布劳（Roy Blough）的领导下，这个部门开始将税务专家带进政府，着眼于加强统计研究，使税收成为协调一致的财政政策的一部分，并制定具有前瞻性和定期提交的预算。这些专家与被聘请来为国会和总统提供建议的专家一起，促使税收成为更突出重点的财政政策的核心组成部分。1938 年之后，随着美国迅速开始为二战做准备，税收不再被视为确保社会正义的工具，甚至不是联邦收入的来源，而是被视为宏观经济政策的一个关键组成部分，也是国家安全的一个基石。

以 1938 年税务专家抵达华盛顿为标志的新税收方法，至少在一定程度上是在学术研讨会和专题讨论会上进行讨论的结果，经济学家和政治学家试图在这些场合了解罗斯福政府对美国收入不足的非理论性反应的影响。在有关财政政策的讨论中，有两个学术中心尤为重要。第一个是哈佛大学的财政政策研讨班，由阿尔文·汉森和约翰·伯尔·威廉姆斯共同教授。该研讨班于 1937 年秋季首次召开，在其漫长的生命中，研讨班邀请华盛顿内部人士到剑桥讨论税收、预算和财政管理。许多帮助塑造了 20 世纪 30 年代末以来美国政府财政政策的人都与这个研讨班有过一定的联系。[35]除汉森和威廉姆斯外，这些人中还有 4 人成了经济顾问委员会成员，4 人担任联邦储备委员会理事会成员，2 人担任财政部副部长，还有 2 人成为负责经济事务的助理国务卿。

最让人印象深刻的是，这个财政政策研讨班是凯恩斯主义理论进入美国经济学界的切入点。1932 年至 1935 年秋季，2 名参加了凯恩斯在英国的讲座的加拿大研究生带着他们的笔记来到哈佛大学，他们很快就设法把《通论》的一本样书送到了哈佛大学，尽管最初他们对凯恩斯思想的价值持怀疑态度，但汉森和威廉姆斯还是把凯恩斯的著作作为第一年教学大纲的中心。[36]虽然现在许多人把新政政策，包括税收政策，与凯恩斯主义理论联系起来，而这些理论在 20 世纪 40 年代的影响力是不可否认的，但无论与哈佛大学相关的经济学家，如劳克林·柯里和沃尔特·萨兰特（Walter Salant）变得如何有影响力，都不能直接将 20 世纪 30 年代的政策归因于凯恩斯的思想。[37] 正如经济顾问委员会主席莱昂·凯泽林（Leon Keyserling）所言，几乎所有的新政政策都是"在凯恩斯之前制定完成的……从 1930 年失业率上升的那一刻起，在 1930 年、1931 年和 1932 年公众开始真正听说凯恩斯之前，公职人员——纽约的罗伯特·瓦格纳（Robert F. Wagner）和科罗拉多州的爱德华·科斯蒂根（Edward Costigan），以及威斯康星州的年青一代鲍勃·拉·福利特（Bob La Follette）——正在提出一项又一项公共工程法案，以解决失业问题，这是原始的凯恩斯主义，但并不来自凯恩斯本人"[38]。经济学家保罗·斯威齐（Paul Swezy）对此表示同意："新政根本没有按照凯恩斯主义的政策采取行动。"[39]

第二个学术中心在 20 世纪 30 年代进行了有关财政政策的讨论，在某种程度上，它对罗斯福政府的财政政策产生了更直接的影响，尽管可以肯定的是，对 20 世纪 30 年代初提交给国会的法案没有产生任何影响。这就是 1920 年由经济学家韦斯利·克莱尔·米切尔和阿尔文·约翰逊（Alvin Johnson）等人一起在纽约创立的社会研究新学院（New School For Social Research）。新学院最初致力于成人教育，尤其是在社会科学方面。约翰逊对社会科学特别感兴趣，同时他也是《社会科学百科全书》（*Encyclopedia of the Social Sciences*）的编辑，这是一个由卡耐基和洛克菲勒基金会赞助的雄心勃勃的项目，旨在把这些学科放在一个现代化的基础上。作为为这套百科全书寻找作者的工作的一部分，约翰逊与欧洲经济学家保持着联系。因此，在 1933 年 4 月 7 日德国恢复其《文官法》（Civil Service Act），即《重建公务员任命法》（Law for the Reconstruction of Public Service Appointments）时，他很好地组织了一次救援行动，把一些最重要的社会科学家救出德国。约翰逊在为最初所称的"流亡大学"招聘的第一批 12 位流亡到美国的教授中，就有格哈德·科尔姆（Gerhard Colm），他是一名受过社会学训练的德国人，当德国《文官法》恢复时，他正在基尔工作。[40] 科尔姆是德国最重要的经济周期分析专家之一，与我们的论点最相关的是，他是一位雄辩的发言人，主张将税收和预算视为国家财政政策的核心组成部分。通过聚焦于科尔姆，我们表明最初德国在魏玛共和国时期开发的一些政策和技术是如何被带到美国的，回顾性地用来证明已经制定的政策是合理的，至少在内涵上看起来很明显是凯恩斯主义的。对科尔姆的讨论也让我们能够表明约翰·伯尔·威廉姆斯在他的博士论文中所提出的模型的一个版本，是如何被应用于美国的税收和预算编制的。

虽然格哈德·科尔姆似乎不是犹太人，但他是第一批根据德国《文官法》被解雇的学者之一，可能是因为他一再公开反对迅速兴起的纳粹运动。在科隆大学基尔研究所，科尔姆和其他经济学家一起工作，这些经济学家很快自愿移民美国，比如华西里·列昂惕夫，在那里，他还和那些被纳粹镇压被迫离开的经济学家一起工作过，其中包括雅各布·马尔沙克、阿道夫·洛厄（Adolph Lowe）、汉斯·奈塞尔（Hans Neisser）和阿尔弗雷德·克勒（Alfred Kahler）。[41] 对我们而言，更重要的是科尔姆以前的职位：在 20 世纪 20 年代，他在恩斯特·瓦格曼（Ernst Wagemann），以及更为直接地在统计学家汉斯－沃尔夫冈·普拉策（Hans-Wolfgang Platzer）的领导下，为德国统计办公室工作。1925 年，瓦格曼创立了经济周期研究所（Institut fur Konjunkturforschung, IfK），他把普拉策和科尔姆带到了研究所。在普拉策的管理下，科尔姆领导了一个研究小组，负责对国民收入进行官方估算。

德国统计办公室和 IfK 属于德国为应对一战后的动荡而仓促建立的新的德国经济管理体系。虽然其他国家在第一次世界大战结束时也面临挑战，但魏玛共和国的情况尤其严峻。除了被要求支付战时赔偿外，德国还面临着国内动乱：心不在焉的士兵使军队瘫痪；在法国边境出现了分离主义运动；布尔什维克主义一直是德国的威胁；德国的经济陷入了恶性通货膨胀，并在 1924 年达到了顶峰。就像亚当·图泽（Adam Tooze）所解释的那样，德国统计办公室，特别是 IfK 成立的目的是"把对经济波动的集中监控和经济周期的科学分析结合起来"，以期结束经济不稳定。[42] 科尔姆在 IfK 的初期工作主要是评估卡尔·霍夫里奇（Karl Helffrich）在战争前对德国国民收入的粗略估计。在 1925 年，建立一个可靠的国民收入估算值是至关重要的，因为美国领导的道斯委员会（Dawes Committee）在 1924 年就棘手的赔款问题提供了一个临时意见，已经把德国必须支付的金额与粗略的国家繁荣指数，也就是国民收入固定了起来。1921 年，赔偿金额设定为 2 690 亿德国马克。1922 年，凯恩斯在《条约的修正》（*A Revision of the Treaty*）一书中极力主张应该削减这一数额，但与其他人一样，凯恩斯只能利用霍夫里奇的未必准确的数字来计算。道斯委员会基本上同意凯恩斯的意见，得出了 1 320 亿美元的临时数字，但它也缺乏比霍夫里奇的估计值更可靠的数据。当 IfK 启动德国国民收入项目时，风险就很大，因为德国的赔款数据，以及它必须从美国借来多少钱来偿还这笔赔款，都取决于这些官方的估计数字。

科尔姆和他的团队特别怀疑霍夫里奇关于战前逃税的数字，他们认为这个数字被严重低估了，但他们很快就把注意力集中在战后的数据上。[43]
科尔姆和他的同事在瓦格曼所赞扬的愿景中工作，并可能与他有这一愿
景的共识：根据瓦格曼的说法，一个合理构建的国民核算体系不仅可以使
国家的经济状况变得可见，还可以使其服从政府的计划，即便不是控制。
通过经济专长和政治权力的完美结合，德国新的国民核算制度不仅将设
法跟踪过去的经济波动状况，还将设法掌握经济周期，以便管理未来。[44]
IfK 制定并经常采用的会计制度与哈佛经济晴雨表有着极大的相似之处，
但后者只是提供了一组作为征候的指标的任意集合，而 IfK 的方法则强调
国民收入是关键的描述性和预测性宏观经济变量。这种方法还将其他重要
的变量——收支平衡，包括利息收支的平衡、价格数据和失业数据——作
为国家经济体系的一部分。因此，IfK 团队能够利用其对国民收入的测量
数据来展示一个经济周期的新图景。"将数据序列扩展到 1890 年，就证实
了最初的直觉，（经济）是在波浪状的运动中发展起来的。数十亿马克通
过生产、收入和支出的循环流动潮涨潮落，而与此同时，一个更大的生产
和再生产过程按照自己的节奏发展，基本没有受到周期动荡的困扰。"[45]

科尔姆从他在 IfK 的研究工作中得出的结论是，对经济周期和宏观经
济变量的统计研究可以融合形成一个国家经济的有用图景，而且他注意到
这种研究可以推动制定具有前瞻性的政府政策。换言之，他认为，当被视
为国家收入流量的组成部分时，税收、预算，甚至政府宣布的财政政策都
可以被用来作为管理国家未来经济的杠杆，而不仅仅是监控或对经济状况
做出的反应。在这种情况下，个人的预期发挥了关键作用，信息最大化对
收入最大化来说至关重要，而有效的举措只能发生在总体层面（在美国，
就是在联邦层面），这时统计专家对整个国家经济的了解直接影响了决策

者对待经济问题的方式。税收、预算和财政政策不再主要被视为地方或政治事务，也不再是政治或道德议程的附属必需品。从这个角度来看，它们是国家管理和规划的基本组成部分，没有它们，任何政府都不可能取得成功。

1927 年，当 IfK 的环境开始恶化时，科尔姆离开了这里前往基尔大学，列昂惕夫、洛厄、奈塞尔和克勒也在那里担任教授。[46] 如我们所见，列昂惕夫于 1931 年离开基尔大学，最初加入了 NBER，一年后又加入了哈佛大学经济系；而科尔姆、洛厄、奈塞尔和克勒则在德国于 1933 年 4 月恢复《文官法》后立即离开。这些经济学家有时被称为"新古典主义者"或"德国改革经济学家"（尽管其中至少有三名成员——科尔姆、洛厄和奈塞尔——没有获得经济学学位）。[47] 他们对经济和金融的理论和实践的贡献包括：洛厄关于技术创新在经济周期中所起的作用的研究、奈塞尔对资本主义动态过程中的劳动和技术之间的竞争的分析、克勒关于多部门增长模型的研究以及列昂惕夫早期发展的投入—产出模型。在这里，我们只关注科尔姆对财政政策的贡献，因为这将是科尔姆在华盛顿最有影响力的研究工作。我们首先关注科尔姆在两次世界大战之间，也就是他在 1933 年抵达纽约至 1941 年美国进入第二次世界大战期间发表的文章。尽管他已经用德语发表了大量文章，但只有这些以英语发表的文章——其中许多发表在由新学院创办的《社会研究》（Social Research）杂志上——将被大多数美国政策制定者接触到。

就像克劳斯－迪特尔·克罗恩（Claus-Dieter Krohn）所指出的那样，1933 年，美国在公共财政上的工作"处于一个古老的状态"[48]。正如我们所看到的，美国的税收制度上一次更新是 20 世纪 20 年代末的梅隆税收计划和 1932 年的《税收法案》，它们将税收主要作为经济中从生产性用途中撤出的资金来处理，而在所占比例相对较小的必须缴纳所得税的个人中，有相当多人认为避税是可以接受的。在州和联邦各级的预算编制中当然受到重视，但预算往往是短期的，而且是基于估计和有希望实现的预测编制的。国家债务也不一直被认为是公共财政政策的核心，更不用说财政政策了。大多数政治家，包括在第一届任期伊始的罗斯福，都主张平衡国家预算，避免赤字支出，并将减税作为审慎的政治政策问题。此外，尽管 1920 年以后出现了更可靠的经济数据，但是大多数可能希望建构理论或向立法者提供财政政策建议的经济学家还是受到了关于如何将实证研究与经济理论结合起来的不确定性的限制。正如列昂惕夫讽刺地指出的那样，在美国，实证研究和经济理论"始终是一种有单独的钢琴伴奏的歌曲"[49]。

在科尔姆最早发表于 1934 年 8 月的两篇英文文章中，有一篇是专门讨论税收问题的，题为《理想的税收制度》(The Ideal Tax System)，该文章将美国的极简主义税制与英国和德国的税收制度进行了对比。科尔姆认为，大萧条迫使美国认识到，它目前的财产税政策，再加上从所得税和公司税得到的收入不足，所提供的财政支出不能支持启动停滞的经济所必需的政府干预水平。科尔姆把他以前在经济周期方面的研究与他对财政和社会问题之间相互关系的社会学兴趣结合起来，认为在这种情况下，"发展税收周期性理论……成为财政科学的一项新任务"。他提出，经济学家必须根据经济周期制定一套"最佳的税收政策规则"。如果他们制定了这些规则，"税收可能会成为……经济规划的工具"[50]。尽管他乐观地认为把税收置于财政政策的核心将为社会科学家带来新的机会，但他也对美国能否使一个连贯的税收体系发挥他所设想的重要作用感到悲观。"在应对周期性不稳定方面，政府必须首先依赖于对经济进程更为重要的、除税收以外的其他工具。"[51]

科尔姆在战后提出了他对财政政策的理论和实践最全面的观点，我们看看他更明确的想法是有益处的。通过把财政政策定义为"政府支出、收入、借款和债务管理，考虑到它们对购买力流量的影响"，他把财政政策放在了国民收入的框架中，反过来，它被概念化为一种流量，最好理解为"购买力"，也就是凯恩斯所说的"有效需求"。[52] 在科尔姆为美国政府1946 年颁布的《就业法案》辩论的过程中所写的一篇文章中，他提倡用国家预算进行经济预测，这一预算既用于规划，也作为刺激商业投资的激励；他还强调了在财政决策制定中产生和使用信息的必要性。[53] 在《国民收入中的公共财政》（Public Finance in the National Income, 1950）一文中，他提供了一份流程图，将政府收入和支出作为国民收入的一个尽管特殊但重要的组成部分，正如我们刚刚看到的，这是一个既有争议又重要的问题。[54] 同时，在 1951 年的《国民经济预算》中，科尔姆阐明了国民收入估计值与通过预算编制过程实现这些统计数据的操作之间的关系。在这里，和其他地方一样，他也满怀敬意地讨论着自由企业经济目标，压抑着自己对国家计划的热情——这个问题在 20 世纪 50 年代的美国仍有争议。[55] 科尔姆一如既往地建议美国追求平衡的经济而不是平衡的预算，国家经济预算是在大萧条和战争的特殊情况下"作为评价政府财政和经济政策的工具而发展起来的"，在和平时期被用来评估政府的表现以及确定其未来的发展方向。[56]

就本文而言，科尔姆对两次世界大战之间金融方面最令人关注的贡献是 1936 年在《社会研究》第三卷中发表的一篇文章。这篇题为《美国的公共开支和复苏》（Public Spending and Recovery in the United States）的文章引起了华盛顿官员的注意，在这篇文章发表后不久，科尔姆就被作为金融专家受邀加入预算局。特别有趣的是，科尔姆在这篇文章中使用的方法和约翰·伯尔·威廉姆斯在其学位论文中所用的方法有相似之处。在这篇文章中，科尔姆没有试图为经济建模，也没有使用"模型"一词，尽管到了 1951 年，科尔姆既使用了这个词，也把模型放在了其他具有前瞻性的技术，包括预测的背景之中。[57] 在 1954 年他为这篇发表于 1936 年的文章增加的脚注中承认，"衡量政府支出的经济效应的方法"在 20 世纪 30 年代中期相对不完善，他所使用的方法对于 1954 年的读者来说似乎是"基础的"。他提到的方法论"改良"显然是把主导这篇文章的文字和图形表达转化为"数学公式"。[58]

我们或许可以把科尔姆在 1936 年提出的方法称为"原型"。他用这一原型来分离罗斯福政府从多方面应对大萧条的方法的一个维度，并由此回答了一个问题：这一支出是否导致了美国似乎正在启动的经济复苏的开始？考虑到 1937 年开始的第二次经济衰退，科尔姆的分析似乎为时过早。为了分离出公共开支这一他最感兴趣的因素，科尔姆识别、评估并排除了其他可能影响美国复苏的变量，例如利率下降或新政措施会提振消费者信心的预期；同时，他还开发了各种方法，将影响的传播速度、逸漏和乘数考虑在内——这些分别是他从克拉克、卡恩和凯恩斯那里借用的一些理论概念。他还试图容纳时间上的滞后，这将反映公共开支影响的迟滞。他从西蒙·库兹涅茨的《资本形成总额，1919—1933》（*Gross Capital Formation, 1919—1933*）、NBER 公报、《概览》这些当时最先进的统计资料来源，以及一些不那么熟悉的来源，如克利夫兰信托公司（Cleveland Trust Company）、（美国）全国工业协商委员会（National Industrial Conference Board）和《美国联邦主义者》（*American Federalist*）中提取数据。他想必是使用回归分析来关联自己的关键变量和其他因素之间的关系，同时他制作了两个图表来说明自己的假设：在公共支出是决定性因素的情况下，国民收入应该增加的数量，以及实际的国民收入之间的关系。这两张图表显示，如果逸漏率先是 50%，然后是以 33%（即 1/3）计算，那么关于（为刺激国民经济）政府对商业企业的投资的假设是正确的：如果逸漏率为 50%，那么 66% 的实际经济恢复是由于联邦政府的赤字支出产生的；如果逸漏率为 33%，那么 80% 的经济恢复可以归因于赤字支出。[59]

科尔姆的论证类似于一些经济学家很快就会接受的那些模型，因为他使用了"如果……那么"这样的结构：如果我们将这些因素包括在内，以下列方式定义，并陈述我们的基本假设，在我们关于最重要的变量（联邦开支）的假设和现有的数据（关于国民收入）之间得出统计上可测量的关系，那么我们的结果就会以图形形式证实（或反驳）我们开始时所用的假设。如果我们改变一些假设（关于逸漏率的大小），那么新的图表也会处理这个假设，这一次是与一些新的假设条件有关。由于科尔姆不能确切地知道逸漏率是多少，所以他得出的结论是，最合理的答案就在这两张图所描绘的关系之间。在这里，我们看到了科尔姆特有的谦逊，虽然他把图表显示的关系展现得很可靠，但是他没有为这些结果赋予确定性。如果给定现有数据的局限性和逸漏这样的理论概念的不精确性能得出什么结论的话，那么他的结论针对的是这种原型无法显示的内容。"我们的实证成果，尤其是数据，必须更多地理解为说明，而不是精确的衡量。这项研究至少清楚地指出了我们关于事实信息中的差距，这些事实本应该作为对我们的问题的确定性回答而为人所知。例如，整个逸漏问题表明我们对经济发展基本事实的认识存在着巨大的空白。然而，我们认为至少可以声称自己的假设有一定的可能性。"[60]

与后来的数学模型相比，科尔姆的方法似乎相对初级。不仅是测量总量的方法，比如政府支出甚至是国民收入影响的方法，在1936年仍然有点杂乱无章，而且科尔姆并没有像威廉姆斯那样使用数学语言或复杂的数学技术，比如联立方程、矩阵和向量分析，来计算和表示各种因素之间的关系。他没有试图把这些关系联系起来，而是提出了看似无关的变量，虽然他用暗示着概率的术语来说明自己的结论，但他为结论所声称的"一定概率"并不是围绕均值的方差的一种数学表达式。虽然科尔姆清楚地看到了市场主体的预期在经济活动中所起的作用，而且他明白信息——或者在这种情况下缺乏信息——对市场主体和经济学家的行动都至关重要，但他并没有试图将预期或信息纳入自己的分析。他的原始模型是根据马歇尔主义的经济学家所熟悉的其他条件不变的范式制定的：所有其他条件都是相同的，如果这些假设得到满足，那么我们就可以从现有的数据和理论范式中得出这些结论。

科尔姆大概是在1938年将这种方法带到了华盛顿。他首先在预算局工作，然后成为美国总统顾问委员会的成员，科尔姆在整个20世纪40年代继续为新政政策做出实质性贡献。他对1946年的《就业法案》做出了重要贡献；他帮助起草了紧急或特别预算计划，该预算用于支持一次性项目；他坚定地支持《就业法案》要求的面向未来的预算规划；并广泛发表了关于如何使用税收、国家预算和预算预测来帮助指导自由市场社会中的经济的文章。科尔姆得到了经济理论家，如广泛发表货币理论文章的沃尔特·萨兰特，以及担任经济顾问委员会主席的莱昂·凯泽林等政策专家的尊重。[61]

    讨论科尔姆的一些学者要么把他当作一个特别成功的流亡者，要么把他当作一个凯恩斯主义者。[62]当然，他的同时代人认为他是"凯恩斯主义的坚定信徒"，尽管他为包含莱德尔和奈塞尔对凯恩斯《通论》的批判性评论的一期《社会研究》写了文章，但科尔姆无疑尊重了凯恩斯的大部分思想。[63]然而，当时一些看来似乎最凯恩斯主义的思想——现在仍然如此——实际上来自德国经济改革学派。这些思想的形成不仅先于凯恩斯的著作，而且远比凯恩斯激进，愿意更进一步地支持国家计划。像许多新政的政策（特别是在 1938 年之后美国的财政政策重组）一样，在凯恩斯的理论被阿尔文·汉森改造之后，在哈佛大学的凯恩斯主义者于华盛顿获得了各种行政职务之后，以及在科尔姆缓和了一些在其早期作品中出现的对国家计划的热烈赞同之后，科尔姆的思想看起来似乎是对凯恩斯主义的反思。一旦美国经济学家开始接受凯恩斯的理论，一旦华盛顿吸引了更多凯恩斯主义经济学家从事战时工作，罗斯福政府成员必然会继续发展已有政策，以使新政的一些举措在理论上似乎比原先更加一致。[64]很容易将格哈德·科尔姆的贡献吸收到"凯恩斯主义"的总体氛围中，因为像凯恩斯和他的美国追随者一样，科尔姆也希望联邦政府实施计划，运用前瞻性的预算来影响行政政策和企业活动。与那些支持早期新政政策的人一样，格哈德·科尔姆严格来说并不是凯恩斯主义者，但很容易把他看作凯恩斯主义者，因为他所建议的行政改革——这深受他在德国魏玛共和国时期进行的研究的影响——与大多数美国人习惯的自由放任传统相去甚远。

    1940 年，美国国会通过了两项税收法案，提高了个人和公司的税率；1941 年，当美国准备进入第二次世界大战时，征收了超额利润税；1942

年，公司和个人所得税税率再次大幅提高。所有这些税收举措都是在一个系统的、前瞻性的预算过程中制定的，此书后文马上就会对其理论基础结构进行研究。对于政府将税收用于这种前瞻性预算的能力来说，最重要的是制定了强制性的工资预扣缴政策，而这是 1942 年《胜利税法案》的一项成就，这项税收被称为"美国历史上最大的税单"[65]。直接从美国纳税人的工资单上扣缴税金，而不是简单地希望个人自愿留出税款，这改变了美国人与税收的关系，也改变了所得税本身。所得税不再是一种估计，其征收也不再无法确定，而是变成了一种可计算的资金，可以作为面向未来计划的基础。通过对比 1945 年 90% 的美国工人申领个人所得税退税的比例和 1930 年 12% 的比例，我们可以看到，这一税种对于管理国家经济而言是个多么强大的工具。

第七章

经济和金融的模型：1930—1940年

至少从 20 世纪 90 年代末以来，大多数经济学家将建模视为经济学的决定性方法论。[1]然而，这种实践在两次世界大战之间才开始理论化，同时"模型"这个词，直到 20 世纪 40 年代才被经济学家广泛使用。拉格纳·弗里希 1930 年将这个词引入经济学家的词典，这个概念由约瑟夫·熊彼特在其 1939 年关于经济周期的书中进行了理论阐述，到 1940 年，像简·丁伯根这样的宏观计量学家经常使用现在与建模相关的技术来反映国民经济。建模成为经济学家首选方法的过程，以及经济建模依赖于数学的方式，提供了早期经济理论与战后这一学科之间的关键联系，而经济模型与金融之间的复杂关系，构成了经济学与金融学相关但有显著差异的学科的不成文历史。

"小模型世界"和计量经济学会

1930 年，挪威经济学家拉格纳·弗里希在欧文·费雪的邀请下访问了耶鲁大学。弗里希在耶鲁大学的第一次讲座中解释说，必须将经济学提升到"科学"的水平，要做到这一点，经济学家需要把统计学和理论结合起来，前者是分析数据的最佳工具（"经济学中真正的理论家必须同时成为统计学家"），后者是"理解事物，并将理性秩序带入事物进行的尝试"。弗里希解释说，这样做的结果将不是真实世界的精确复制品，而是简化的模拟，他称之为"小模型世界"[2]。正如弗里希所描述的那样，模型世界构成了"智力的技巧：我们在头脑中创造了一个属于自己的小模型世界，一个不太复杂而不容忽视的模型世界，并配备了思想可以控制的点，这样我们就可以在不被迷惑的情况下找到出路。然后我们分析这个小模型世界而不是现实世界。这个脑力技巧是构成理性方法的东西，也就是理论"。

弗里希承认，一个"鸿沟"将模型世界和可观察的世界分隔开来——前者受"理性法则"的支配，而后者受"经验法则"的制约——但他坚持认为，理解模型世界可以照亮经验世界中的事件，即使模型世界中包含着理论家发明的东西，即"超越观察的创造"（transobservational creations）也是如此。弗里希解释说，大多数时候，模型世界"只存在于类型化中，是对某些观察到的经验定律的理想化"，但有时，通过"一种夸张的猜测"，经济学家可以在模型中添加一些他没有观察到的东西："一种新的物体，不像从实际观察中知道的任何东西，它可以是一种现象之间的关系，这些现象本身是从实际经验中所熟知的，但从来没有在观察上有过联系，因为没有人想到它，或者因为这些是无法用给定的观测技术直接观测到的现象。"这些"超越观察的创造"使得"只要不违反形式逻辑法则，就是模型世界的君主"的理论家得以进行经济学家此前无法进行的实验。也就是"如果……那么"这种我们最初在威廉姆斯关于投资的研究中看到的模型结构。通过减少使经济交易变得复杂的变量，为那些被认为最相关的变量暂时采用理论假设（即使是不现实的），并使用严格的数学语言，经济学家的模型世界允许他们测试各种假设，即使在无法进行直接观察和实验的情况下也是如此。

在耶鲁大学之旅结束后的 12 月，弗里希提出了另一种方法来推进自己的经济学科学抱负。这是一个国际协会，它的工作是在模型对理论和统计的依赖之上加入数学。在美国经济学会和美国统计协会的一次联席会议上，弗里希召集了一小群志同道合的学者，计量经济学会由此诞生了。计量经济学会从一开始就被认为是一个国际性的机构，同时也是一个跨学科的项目，它会集了一些著名的欧洲学者，比如约瑟夫·熊彼特和在美国帮助塑造各自学科的美国学者。美国的发起人包括艾奥瓦州立大学的数学家哈罗德·戴维斯；哥伦比亚大学教授哈罗德·霍特林，他是推广费希尔研究的统计学家；数学家埃德温·威尔逊（Edwin Wilson）是美国统计协会主席，也是美国当时最前沿的微积分教科书的作者；沃尔特·谢哈特（Walter Shewhart）是工程师、物理学家和贝尔实验室研究员；耶鲁大学经济学家欧文·费雪当选为该学会的第一任主席。[3] 阿尔弗雷德·考尔斯是学会早期的资金提供者。

计量经济学会的章程草案本身并没有强调模型，但正如奥拉夫·毕哲浩特（Olav Bjerkholt）和秦朵（Duo Qin）所指出的那样，模型构成了一种"关键媒介"，这也是学会认可的三种方法可以结合起来的唯一媒介。[4] 没有建模，以统计形式提供的数据就无法与经济理论保持一致，而且两者只有在用数学语言表达时才会都变得精确。模型成为计量经济学的首选方法，正是因为人类创造的"理性法则"并不——也不可能——与经济的实体和金融方面的复杂动态相对应。1939 年，约瑟夫·熊彼特对学会使用的建模实践方法进行了理论描述。熊彼特将模型描述为分析工具，"构建了"经济学家对待事实的方法。但是，模型也是由为它们提供信息的理论"构建"的，正是模型和事实之间的这种递归性相互作用促进了经济和计量分析。熊彼特解释说："在我们掌握自己想要测量和理解的材料之前，经济学家必须拥有'分析工具'。如果是为了处理形成一个不同过程的现象，我们称这样一套分析工具为这个过程的模型或模式。"[5]

计量经济学会几乎立即遇到了各种理论和方法方面的问题。这些问题在一定程度上是由于该学会想要统一的三种实践各自固有的局限性造成的。如果计量经济学家想要纳入数据，统计是必要的，但正如我们在第三章中开始看到的那样，统计带来了实践者尚未解决的理论和方法问题，其中最重要的是相关的抽样（估计）和推断问题。20世纪30年代初，大多数经济学家采用的数学形式给经济关系分析带来了很高的精度，但对计量经济分析所固有的大量变量的处理却是不够的。一种解决办法是限制给定模型中方程的数量。正如我们下面将看到的，这是约翰·希克斯将凯恩斯的《通论》浓缩为IS-LM模型时所走的道路。另一种解决办法是使用更复杂的技术——联立方程法——来处理更多的变量。这是计量经济学会的研究分支——考尔斯委员会的做法。然而，正如我们将看到的那样，联立方程法有其自身的局限性，在对计算进行技术改进之前，求解联立方程所需的时间就是其中很重要的一部分。最后，经济理论在这一时期仍然是一个引起激烈争论的问题，因为凯恩斯等一些实践者继续使用马歇尔式的局部均衡范式，并坚持理论的优先性，而其他人，如约翰·希克斯和伦敦经济学院的经济学家，则支持瓦尔拉斯的一般均衡理论。这些问题最初是在作为最具献身精神的实用计量经济学家之一的简·丁伯根，与被普遍认为是西方世界主要经济理论家的凯恩斯之间的一场争论中浮出水面的。我们在下文将回到凯恩斯和丁伯根之间的争论。这些问题在 20 世纪 40 年代初以不同的形式重新出现在占据考尔斯委员会成员和计量经济学会成员注意力的关于概率的辩论中，我们在第八章将再次谈到这些问题。尽管存在使计量经济学遭受质疑的问题，但经济分析的建模方法继续在这一行业获得广泛传播，因为它被证明几乎适用于每一个理论框架，也适用于各种不同的项目，如建立国家总量数据、改进货币理论和发展一种方法来理解经济实体侧和金融侧之间的关系。

在我们离开计量经济学课题之前，应总结一下它的方法和计量经济学对经济学学科的贡献。20 世纪 40 年代，在雅各布·马尔沙克的领导下，考尔斯委员会进一步阐述了以结构建模过程为中心的联立方程法。它将以可测量、可检验的形式表述的经济理论，与多步骤过程中进行统计汇总的数据联系起来，这一过程旨在弥合关于经济关系如何运作的数据和理论之间的差距。因此，这种方法试图同时克服描述性统计和使用小样本来估计时间序列的局限性。这个过程涉及三个原则：它使用理论来识别相关变量，并依赖统计估计的结果来识别附加变量；它主要使用线性、微分和混合差分－微分方程来描述变量之间的关系；它在模型中创建了一个相互依赖的关系系统。这些原则产生了作为今天宏观计量模型特征的一般形式：它们是"逻辑系统，其中的整体的行为并不总是可以从组成系统的各个部分的性质来预测"[6]。

与这一正式程序同样重要，也许更为重要的是统计推断方法经过 20 年发展所带来的影响。这一发展始于 20 世纪 20 年代，当时出现了概率论和统计推断的结合，它的起源可以与费希尔的工作联系起来，我们在第五章中对此进行了描述。1932 年，耶日·内曼（Jerzy Neyman）和埃贡·皮尔逊（Egon Pearson）提出了一种检验统计假设的新范式，亚伯拉罕·瓦尔德（Abraham Wald）从频率论观点的角度将其发展成一个一般的决策理论。同时，在 20 世纪 50 年代，耶鲁大学的伦纳德·吉米·萨维奇（Leonard Jimmy Savage）在这些方法中加入了一种贝叶斯分析方法。

与此同时，我们将在第八章谈到的《计量经济学中的概率方法》（1944）一文提到，考尔斯委员会研究员特里夫·哈维尔莫通过整合概率论发展出来的推断程序、联立方程法和一般均衡理论所形成的一种新的实践方法，对这一行业提出了挑战。[7] 尽管这些方法之间的联系从未完成，但哈维尔莫的挑战表明计量经济学项目已开始将经济学重塑为这样一门学科：其从业者可以将传统曲线拟合技术的"误差"范式重新概念化为一个概率概念，它存在于一个随机的宇宙中，不仅能容纳测量中的误差，而且能容纳被理解为随机性的不确定性。[8]

凯恩斯、希克斯和数理经济学

建模在本质上并不需要使用数学，正如我们在欧文·费雪的理想经济市场的物理模型中看到的，模型可以采取多种形式。同样，在 20 世纪 30 年代，许多经济学家仍然对数学的价值持怀疑态度，不管他们是否明确地认为自己的研究是在建模。例如，凯恩斯的理论研究启发了最具影响力的早期模型之一，但他本人认为经济学家不需要通过数学来得到自己的思想。"最近的很大一部分数理经济学只不过是捏造的而已，"凯恩斯写道，"就像它们所依赖的最初的假设一样不精确，这使得作者在一个充满虚妄且没有意义的符号迷宫中，忽略了现实世界的复杂性和相互依存性。"[9]然而，尽管凯恩斯不愿支持数学，甚至没有对建模进行持续分析，但凯恩斯的研究与两种方法论的创新紧密相连，因此我们需要简短地考察凯恩斯与建模在20世纪30年代末开始采用的数学形式之间的关系。[10]我们把对凯恩斯理论的更全面的论述放在第八章。

数理经济学不是经济学的一个领域，而是一种解决经济问题的方法，它既依赖于数学方程，又依赖于在推理过程中使用数学定理。[11]正如我们已经开始看到的那样，20世纪30年代产生的国家总量本质上是统计分析的产物，但像列昂惕夫的矩阵和向量分析这样的数学方法很快就使这些总量具有了更灵活的版本。正如欧文·费雪解释的那样，一旦经济学家意识到"经济世界是一个 n 维的世界"，而不是供需图所描述的二维世界，他们就可以看到将数学应用于经济数据的价值。[12]一些经济学家更进一步认为经济学理论也将受益于数学带给这一学科的严谨、清晰和简化。

其中一位提出这一论点的经济学家是约翰·希克斯，他在剑桥大学教授经济学课程，当时他所在系中最具影响力的成员是凯恩斯。在凯恩斯发表《就业、利息和货币通论》时，希克斯被认为是"反凯恩斯主义者"之一，即便如此，正如我们将在第八章中看到的那样，美国经济学家很快就把凯恩斯的理论建立在希克斯创立的基础上，形成了所谓的"新古典综合派"（neoclassical synthesis）。理论和方法论上的实质性差异将希克斯和凯恩斯的研究分开了：希克斯赞同的是瓦尔拉斯的一般均衡理论，并想强调个人、微观基础和经济主体的最大化行为，而凯恩斯则运用马歇尔式的局部均衡理论来模拟抽象相互关联的力量，如"倾向"和"偏好"所产生的宏观经济结构，而且他相信是"动物精神"，而不是纯粹理性的行为激励着个体。[13] 然而，希克斯赞同凯恩斯对古典经济思想的一些重大背离：希克斯认为，在经济萧条时期，经济可能在低于充分就业的情况下达到均衡；在经济周期的关键时刻，政府的财政或货币干预可以刺激国民收入增长、增加就业，而不会引发通货膨胀。

顾名思义，凯恩斯的《通论》希望创造一种"一般理论"，将实体经济的某些部分（就业）与经济金融侧的特征（利息和货币）联系起来。根据我们在这里提出的论点，凯恩斯坚持把实体侧和金融侧联系起来，这本来可能是经济分析历史上的一个分水岭。然而，碰巧这个课题没有引起人们持续的关注，许多与凯恩斯同时代的人甚至不认为它是凯恩斯研究的核心。例如，琼·罗宾逊加入了讨论凯恩斯思想的剑桥俱乐部（Cambridge Circus），强调了凯恩斯对金融侧的分析：凯恩斯的论点表明，"储蓄率由投资率决定，价格水平由货币工资水平决定，利率水平受货币供求关系控制"。相比之下，诺贝尔经济学奖得主劳伦斯·克莱因（Lawrence Klein）强调了凯恩斯对实体经济问题的贡献：《通论》是"确定总就业和产出水平的最重要理论"。而阐释凯恩斯命题的微观基础的唐纳德·帕廷金也专注于实体侧的问题，他认为《通论》的"本质新颖性"在于："认为过剩的总供给对产出水平有直接的抑制作用，而产出的下降本身最终消除了过剩供给，从而使经济处于一种失业均衡状态。"[14] 虽然一些经济学家确实看到了凯恩斯在实体侧和金融侧之间进行的关联——美国的萨缪尔森就是其中之一——但许多人只是强调了凯恩斯理论与他们自己的研究兴趣相交叉的部分。

在许多方面，这都是有道理的，因为正如大卫·柯南德尔和哈里·兰德雷斯（Harry Landreth）所指出的，凯恩斯未能发展出他的理论的"复杂核心"。他们认为，"凯恩斯主义理论革命是一场革命的开端，但它回避了争论中的主要问题：总体均衡的多重性，以及动态因素是否足以使经济恢复到一种唯一的理想均衡状态。凯恩斯革命没有把重点放在这些抽象的问题上，而是集中在一个不同的理论分支，即所谓的理论性政策上"[15]。此外，还有凯恩斯的写作风格问题。矛盾的是，凯恩斯以典故、比喻和词语的急剧转换为标志的独特文体所产生的模棱两可之处，虽然造成了同时代人的困惑，但是促成了《通论》的全面成功。[16]因为不仅凯恩斯对关键问题的模糊表述鼓励读者详细阐述一系列的理论立场，而且他的文体神韵实际上要求其他经济学家用能够提供这位大师主旨的精确的数学术语，来重启凯恩斯的工作。

这就是希克斯介入的地方。希克斯不仅在凯恩斯的著作中看到了一种将经济的实体侧和金融侧联系起来的理论，还找到了瓦尔拉斯价值论和货币理论之间的桥梁，这以前一直是经济分析分离的两翼。瓦尔拉斯价值论是一种边际效用理论，它使用微积分方法，按边际定价来量化需求；在边际效用理论中，当真实商品的市场在供需交汇处出清时，即达到均衡，而没有留给金融任何空间。相反，货币理论没有使用边际主义的假设或微积分，而是通常依赖交易方程。1935年，当他阅读凯恩斯的著作手稿时，希克斯开始意识到，这些传统的构思价值理论和货币理论的方法已经被最近的研究所取代。例如，维尔弗雷多·帕雷托等经济学家就证明，"边际主义的效用分析只不过是一种一般性的选择理论，只要是在能够定量表达的备选方案之间做出选择，就适用于这种理论"。通过阅读凯恩斯的研究，希克斯意识到《通论》也引入了一种选择理论，这一次是投资的选择。由于明白了边际主义理论和凯恩斯对待投资决策的相似之处，希克斯看到了一种将价值理论与货币理论联系起来的方法："当凯恩斯先生开始谈论投资品的价格水平时，当他表明这个价格水平取决于投资者持有银行存款还是持有证券的相对偏好时……这就是一种在边际上的选择！"[17] 希克斯不仅看到了一种将货币理论和边际主义理论置于可衡量选择的微观基础上的方法，还在边际效用理论中创造了一个位置，以便对金融有一定的理解——将金融看作投资者反复选择的一组可以相互交易（但不是完全相同）的金融资产。

希克斯在 1935 年对凯恩斯的研究中，强调了两个选择。第一个选择是个人决定持有现金或购买金融资产的时间点，并关系到投资者做出的决策类型。金融决策的时间性帮助希克斯认识到"收入和货币需求之间的联系总是间接的"，他最终形成了关于跨期替代的理论，这是投资者在投资生命周期过程中所做的选择。第二个选择涉及是否持有不产生利息的货币，或是一些实物商品或金融资产（"资本品"）。"因为资本品通常会产生正收益率，而货币则不会。必须加以解释的是，以没有收益的货币形式，而不是以产生利息或利润收益的证券形式持有资产的决策。"换句话说，希克斯想要解释的是凯恩斯所谓的"流动性偏好"：一些个人相对于支出或投资，表现出的对储藏的偏好。

希克斯识别出了一些可能导致理性行为人选择储藏的因素。其中有一个就是"风险因子"，它可以用类似弗兰克·奈特对待风险的方式，以概率的方式进行描述。希克斯解释说："在有风险的地方，对无风险情况的特殊预期被一系列概率所取代，每一种概率都被认为或多或少是有可能的。以统计的方式，用平均值和一些适当的离差测度来表示这些概率是比较方便的。"然而，希克斯并没有始终如一地强调奈特在统计上对可计算的风险和不确定性之间所做的区分，相反，像许多经济学家一样，希克斯交替使用了这两个术语，从而实际上将不确定性变成了统计上的可计算风险，对于奈特来说，这种不确定性包括无法计算的未知数。"随着以我们所描述的方式引入不确定性，投资现在提供了一个获得更大收益的机会，但被同等机会的等价损失所抵销。"不过，希克斯确实研究了风险的一些复杂性。就像欧文·费雪对投资银行的讨论一样，希克斯讨论了多元化投资（"当单独投资的数量很大时，总风险有时可能会降到很低的水平"），他意识到投资者的选择是基于"客观事实"和"承担很大或很小风险的主观偏好"的一种组合。

希克斯 1935 年对凯恩斯的分析也涉及货币理论。希克斯没有应用费雪的交易方程，这一方程始于货币，实质上无视了金融中介，希克斯援引了银行理论或信贷观点，这始于银行业，并强调了银行在创造货币或金融替代品方面所发挥的作用。希克斯解释说："我们应该把社会上的每一个人都看作一家小规模的银行。货币理论就变成了银行理论的一种一般化。"与瓦尔拉斯的一般均衡理论不同，该理论使用损益表方法分析个体在其个人账户的收入、支出以及生产方面的决策，这种银行理论方法将侧重于个人的资产负债表。"我们必须编制一种适用于所有个人和机构的通用资产负债表。"与一般均衡理论一样，在这一修正后，分析货币理论的银行理论方法将侧重于均衡，然而，并不是瓦尔拉斯的以价格为中心、市场出清的均衡，而是相互抵销的资产与负债之间的会计平衡，资产负债表的两边都受到客观投资机会和"预期等主观因素"的制约。由于这一货币理论必须考虑到期望，即费雪的预期理论的希克斯版本，希克斯承认，"这种纯粹的货币理论研究永远不可能取得像价值理论在其更有限的领域中所能达到的那种具体且精确的结果"。

希克斯看重数学方程式给经济分析带来的"具体且精确"的结果，他仍然对凯恩斯抗拒数学语言感到失望。在 1935 年，我们可以看到希克斯对凯恩斯在同样问题的讨论中感到沮丧的根源。当凯恩斯在《通论》第十五章中研究"流动性偏好"时，将一组概括性的抽象词汇（收入动机、商业动机、预防动机、投机性动机）与一系列连接这些抽象词汇函数关系的特定描述结合在一起。例如，凯恩斯在讨论风险与利率的关系时，引入了"道德风险"作为一种特殊的风险，这种性质的风险使情况更加复杂。"因此，典型的借款人所需支付的利率可能比纯粹的利率下降得更慢，而且可能无法通过现有的银行和金融机构的方法，将利率降至一种确定的最低水平以下。如果对道德风险的估计很高，这一点就尤其重要。如果风险是由于贷款人对借款人的诚实心存怀疑造成的，那么对于诚实的借款人来说，没有任何办法抵销由此产生的更高的费用。"[18]

凯恩斯的主要目的是确定货币主管机构的干预如何以及何时能够改善决定一个国家就业水平的经济和金融条件。他感兴趣的是变量之间的函数关系，而不是追求一套普遍规律，但他的方法是逻辑学家而不是统计学家或数学家的方法，他作品中抽象性和复杂性的结合使一些读者感到困惑。凯恩斯的理论既借鉴了我们在第六章中研究过的国民收入数据，也对这些数据做出了贡献，但除了提供组织这些数据和执行政策的框架之外，凯恩斯的《通论》本身只与国民收入账户有着间接的关系。[19] 为了使凯恩斯的《通论》真正有用，经济学家希望消除其中的含混不清之处，并给出对他所描述的函数关系更精确的表述。约翰·希克斯又一次发挥了领导作用。1936 年，就在《通论》发表几个月后，希克斯为凯恩斯在经济的实体侧和金融侧之间建立的联系的描述提供了一个数学模型。

IS-LM 模型

凯恩斯《通论》的第一个数学模型是由布赖恩·雷德韦（Brian Reddaway）创建的，它出现于 1936 年 6 月发表在《经济记录》（*The Economic Record*）上的对凯恩斯著作的评论当中。[20] 很快，其他经济学家也加入进来：1936 年在牛津大学举行的计量经济学会第一次小组会议上专门讨论了《通论》，希克斯、詹姆斯·米德（James Meade）和罗伊·哈罗德（Roy Harrod）都提出了凯恩斯思想的数学模型。其中最具影响力的是希克斯的 IS-LL 模型（后来改名为 IS-LM），于次年在《计量经济学》杂志上发表。在保罗·萨缪尔森和阿尔文·汉森的著作中，这一模式既成为凯恩斯主义宏观经济学的标准教科书表述，也被决策者用来起草新立法和证明已经制定的政策是合理的。[21]

尽管希克斯后来认为 IS-LM 模型是一种"课堂小工具"，但它所依据的图表和方程式仍然既有影响力又有示范作用。它们不仅促成了对凯恩斯理论的某种理解的经典化，强调了货币市场与资本品市场之间的关系，还说明了这一时期数理经济学家将文字经济学转换为数学模型的方法。通过这种方法，一个代数方程组解被赋予了经济内容，它代表了一个处于均衡状态的经济。希克斯的宏观经济数学模型是在约翰·伯尔·威廉姆斯研究微观经济内容的数理模型的同时提出的，该模型于 1938 年被发表在《投资价值理论》一书里面。正如我们在第四章中所展示的那样，威廉姆斯将逻辑曲线应用于企业的基础研究，以计算股票的内在价值。在他基于会议论文写成的文章，即《凯恩斯先生与"古典学派"》(Mr. Keynes and the "Classics")中，希克斯将市场供求的瓦尔拉斯均衡条件的数学运算应用于国民收入的支出视角，建立了消费（实体）、储蓄（金融）与投资（金融）之间的关系模型。在这两种情况下，数学建模都是如此有说服力，以至于尽管这两种模型后来都因其均衡假设而受到批评，但每一种模型似乎都捕捉到了一种关于经济世界的传统智慧。根据威廉姆斯的研究，投资者只是假定股票具有内在的或"真实"的价值；根据凯恩斯－希克斯模型，许多人开始相信政府必须干预经济事务，以稳定不受控制的经济周期。这些数学模型——基于公司核算框架的第一个模型和基于国民收入会计框架的第二个模型——都是支撑人们理解资本主义经济运作方式的现代结构。

在《通论》中，凯恩斯认为，国民收入的抽象驱动因素——消费或储蓄倾向和投资动机——是资本边际效率、流动性偏好和消费函数（消费与储蓄之比）的影响因素。当希克斯将这些思想转化为数学语言时，他从三方面改变了凯恩斯的观点：第一，他将凯恩斯的核算框架转化为一种联立方程体系；第二，通过增加利率和收入变化的影响，他改写了凯恩斯所描述的一些经济关系，这使他能够同时解决货币和资本品市场的均衡与国民收入水平和利率问题；第三，希克斯将组成国民收入框架的三个会计恒等式简化为一个由两个方程组成的系统，每个方程代表一个市场：资本品市场（IS）和货币市场（LM）。这种简化要求他从方程中剔除一个公共变量（消费）。在将一个会计核算系统转换为一个联立方程系统时，希克斯提出了核算等式，即投资 = 储蓄，也就是当（且仅当）计划投资和储蓄相等时处于均衡状态（投资 – 储蓄 =0）。[22]

在他用来说明数学模型的图表中，希克斯用横轴代表国民收入水平，用纵轴代表利率。当个人选择从国家总收入中进行储蓄的金额等于投资（在金融侧）时，代表资本品市场和货币市场的曲线的交点取决于这些曲线的形状，它来自经济的实体（非金融）侧的一系列均衡点。货币市场曲线（LM）向上倾斜，用来捕捉资本品市场（IS）的曲线向下倾斜。这两条曲线的位置表明的是"为了使储蓄与投资相等，必须保持的收入和利息之间的关系"。"收入和利率现在是一起在 P 点确定的，这是曲线 LL（LM）和 IS 的交点。它们是共同决定的，正如在现代供求理论中价格和产出是共同决定的一样。"[23] 通过观察曲线的潜在位置及其形状和斜率的变动状态，分析人士可以看到，在经济大萧条的特殊情况下，货币政策的改变——货币存量的增加——将两条曲线都移动到一个新的交点（新的均衡点 P），并在不增加利率的情况下提高收入和就业水平，正如古典经济理论所预测的那样。相反，在充分就业时，将获得古典理论所预测的那种动态。[24]

在文章的结尾，希克斯解释了他的"小工具"是如何改进凯恩斯的文字论述的，同时他提到了凯恩斯未能回答的几个问题。希克斯指出，凯恩斯没有处理有争议的贬值问题：他没有处理经济过程的时间问题，因此他的理论是静态的，而不是两次大战之间时期经济学家所希望的那种动态理论。[25] 其他经济学家会在希克斯的清单中加上凯恩斯《通论》中的一些遗漏。[26] 最重要的是 10 年后，当唐纳德·帕廷金开始扩展凯恩斯的研究时提出的一个观点。为了使凯恩斯的马歇尔局部均衡方法与他和希克斯都喜欢的瓦尔拉斯的一般均衡理论相一致，帕廷金在资本品市场和货币市场中都补充了一个专注于个人决策的微观视角，以及一个额外的市场——债券市场。帕廷金认为，只有加入这个市场，并理解所有这些市场之间的相互作用，人们才能理解价格的设定和预期的确立，以及不确定性如何在经济学家的理论体系中成为一个可计算的因素。为了加上这个债券市场——这是经济金融侧的一个重要组成部分——除了流量的视角，还必须有资金的视角。为了使这一资金／流量视角可以运作——这对真实世界的研究很有用——必须有显示资产负债表和收入变动的数据。这是 NIPA 没有提供的资金观点和资产负债表的价值。因此，直到美联储的资金流量账户提供了资产负债表数据之后，才弥补了帕廷金在凯恩斯《通论》中所发现的遗漏。[27]

为金融观建模：马尔沙克的"资产理论"

在这一章和前几章中提到的几位经济学家都出生在美国以外的地方。除了西蒙·库兹涅茨、华西里·列昂惕夫、拉格纳·弗里希、简·丁伯根和像凯恩斯和希克斯这样的英国人，约瑟夫·熊彼特、格哈德·廷特纳和阿道夫·洛厄也都是欧洲人。正如许多学者所指出的，20 世纪初最活跃的经济研究中心可以说都分布在俄罗斯、奥地利和德国；直到两次世界大战之间时期，美国都在某种程度上是一个学科落后的国家——尽管拥有大量的资源，即知识分子、机构和财力——准备支持有前景的研究。

在我们详细研究过的经济学家中，只有格哈德·科尔姆在 20 世纪 30 年代初日益加剧的纳粹迫害下直接移民到美国。[28] 在其他迫于希特勒政权而离开欧洲的经济学家中，另一位——雅各布·马尔沙克——值得我们特别注意，因为他为建模和数理经济学做出了改变学科的贡献，他还帮助实现了把统计、理论和数学结合在一起的计量经济梦想。马尔沙克 1898 年出生于乌克兰，19 岁时，他在北高加索短暂的捷列克（Terek）革命政府担任劳工部长。1915—1916 年，他在基辅跟随尤金·斯勒茨基（Eugen

Slutsky）学习，1919 年在柏林跟随数理经济学家和统计学家拉迪斯劳斯·冯·鲍特凯维兹（Ladislaus von Bortkiewicz）学习。马尔沙克于 1922 年在海德堡大学获得博士学位，1928—1930 年，他在基尔研究所工作，阿道夫·洛厄、华西里·列昂惕夫和埃米尔·莱德勒（Emil Lederer）也是那里的研究人员。1930 年，马尔沙克被任命为海德堡大学的一名教师，在那里他领导了一个关于凯恩斯《货币论》（*Treatise on Money*）的热门研讨班。1933 年 4 月，当纳粹将犹太经济学家从大学里开除的时候，他已经离开了德国，经由巴黎、维也纳、西班牙和荷兰到了英国，在那年秋天他抵达了牛津大学。

在牛津大学，马尔沙克首先受命在万灵学院（All Souls）教授经济学，然后成为统计学的副教授，并于 1935 年成为牛津统计研究所的创始所长。正是这个组织赞助了 1936 年 9 月的计量经济学会会议，希克斯在会上发表了关于凯恩斯的论文。马尔沙克也出席了那次会议，正如我们将要看到的那样，他已经在研究一个凯恩斯思想的模型，来补充希克斯的研究。在执掌牛津统计研究所的三年里，马尔沙克培养了从事实证研究的经济学家，尤其是那些像他一样，途经英国或在这里寻求新家的逃亡学者。简·丁伯根和拉格纳·弗里希是计量经济学发展的关键人物，但他们都很尊重马尔沙克，罗伊·哈罗德在 1938 年向凯恩斯解释说："我们这里有一个小丁伯根，就是马尔沙克。"[29] 同年 12 月，马尔沙克因获得洛克菲勒基金会提供的为期一年的研究资助而前往美国，该基金会也帮助支持了牛津统计研究所。1939 年 9 月，马尔沙克加入了纽约的新学院的经济系。在新学院，马尔沙克接替了格哈德·科尔姆空出的职位，而后者从基尔到纽约，再到华盛顿的行程我们此前已经描述过了。

为了分析马尔沙克对两次世界大战之间建模研究产生的影响，我们需要把他在牛津统计研究所的工作放在另外两个英国经济研究中心——剑桥大学和伦敦经济学院的背景当中去看。牛津统计研究所是在英国一场关于研究经济的最佳方式以及该学科的公共角色应该是什么的辩论的背景下成立的。虽然伦敦经济学院（LSE）的教员——即使是在经济系内——也没有一致的立场，但到了20世纪30年代，这所大学已成为英国对瓦尔拉斯一般均衡理论研究的中心。因此，约翰·希克斯和其他伦敦经济学院的学者不仅被鼓励阅读阿尔弗雷德·马歇尔的著作，还被鼓励阅读瓦尔拉斯、帕累托、卡塞尔、巴罗内、路德维希冯·米塞斯和瑞典经济学家克努特·维克塞尔（Kurt Wicksell）的著作。相比之下，剑桥大学经济学课程是由强调马歇尔局部均衡分析的著作所主导的。[30] 两种路径在方法论、理论和对经济学家在政策辩论中应该扮演的角色的态度存在差异。在20世纪30年代的早期，特别是在1932—1933年，这两所学校之间的竞争是如此激烈，以至于希克斯发现他对自己曾经接受过一个教学职位的剑桥大学感到"很陌生"，莱昂内尔·罗宾斯（Lionel Robbins）将英国经济学的这种状况形容为"兄弟之间的冲突"[31]。在牛津统计研究所成立的那些年，即1935—1936年的冬天，一个由伦敦经济学院、剑桥大学和牛津大学的与会代表参加的联合经济学研讨会驱散了激烈的竞争，因为大多数年轻的经济学家将注意力转向了对凯恩斯的研究工作。

因为伦敦经济学院是作为剑桥大学和牛津大学这些教育堡垒的替代者而被设立的（在1895年），该大学为自己比传统大学更开放而自豪——对年龄较大的学生和欧洲大陆的流亡学者来说，他们中的许多人都坚定信奉政治参与和在英国的大环境下表现得不太好的中央计划。伦敦经济学院经济系的核心人物并不是一位流亡学者，但他欢迎那些流亡学者，他就是英国人莱昂内尔·罗宾斯。他于 1929 年从研究者身份升到了伦敦经济学院的教授职位，而他对路德维希·冯·米塞斯和奥地利学派的热情，为弗里德里希·哈耶克和其他来到这里的人敞开了大门。罗宾斯于 1931 年邀请哈耶克到伦敦经济学院讲课，哈耶克在那一年晚些时候加入了该学院，20 世纪 30 年代早期所谓的罗宾斯圈子也包括尼古拉斯·卡尔多（Nicholas Kaldor）、约翰·希克斯、阿巴·勒纳（Abba Lerner）、沙克尔（Shackle）、阿诺德·普朗特（Arnold Plant）、乌苏拉·韦伯（Ursula Webb）、罗纳德·科斯、罗伊·艾伦（Roy Allen）、理查德·塞尔斯和罗森斯坦·罗丹（Rosenstein-Rodan）。来自波兰的奥斯卡·兰格（Oskar Lange）是在伦敦经济学院任教的另一位有影响力的流亡学者。兰格 1929 年曾经在这里学习，1934 年又回到了英国，并和许多流亡学者一样，得到洛克菲勒基金会资助。[32]

尽管剑桥大学和伦敦经济学院之间的对立在 1935 年平息了下来，但第二年又爆发了一场新的争论，这一次主要发生在伦敦经济学院的经济学者之间。渴望把更多变量纳入被马歇尔局部均衡研究闲置在一边的经济模型的伦敦经济学院的一般均衡理论家，在一般均衡理论的政治含义问题上意见不一。这一理论既可以支持由埃文·杜宾和奥斯卡·兰格等社会主义者持有的立场（他们坚持认为，中央计划者纠正了经济周期的灾难性波动），也可以支持哈耶克、罗宾斯和普朗特所持的自由市场立场。这关系到对市场调整的性质、分散和不完全的市场信息的影响以及驱动市场参与者动机的理解。这场被称为社会主义估算辩论的争论显然是关于以下几个方面的：国家政府是否应该干预市场；在缺乏市场理性的情况下，政府是否能够合理计算、设定价格并重新分配资源，以防止垄断和萧条；以及政府是否可以"鼓励"经济主体采取相同的决策过程（或表达相同的"偏好函数"），而不是以反社会、利己主义的方式行事。

这场争论直到第二次世界大战后才达到顶点，当时莫里斯·阿莱和其他经济学家愤怒地拒绝了弗里希将计量经济学用于中央计划的提议，但社会主义估算辩论是马尔沙克在微观经济建模方面做出贡献的模型中的一个重要组成部分，他的这些论文将会帮助推出现代金融理论。马尔沙克最早的经济著作专注于对社会主义估算的争议，但当他在20世纪30年代中期转向金融的话题时，他已经放弃了自己年轻时在政治上的直言不讳。然而，马尔沙克对希克斯和凯恩斯的研究——尤其是金融——发生在这场辩论的背景下，他对一般均衡理论（因此对于希克斯的课题）的专注，应理解为是对政府计划的偏好，只不过他的这种偏好表现得不那么直接，并不是偏好严格放任自流的经济决策。马尔沙克对计划的偏好似乎类似于凯恩斯支持政府干预低迷的经济，但马尔沙克寻求将理性经济人的投资决策建模为一系列选择，以及他对联立方程法的依赖，将他创建的模型置于希克斯认可的框架中了。

马尔沙克在1935年9月于比利时举行的第六次欧洲计量经济学会会议上提出了一项初步尝试，即建立一个包括金融变量在内的一般均衡模型。马尔沙克题为《论投资》（On Investment）的论文提出了衡量"若干国家年度净投资"模型具有方法论性质的前提条件。[33] 显然，马尔沙克在美国参与过西蒙·库兹涅茨和哈罗德·格伦·莫尔顿的资本形成研究，他还与凯恩斯在总投资上的研究和希克斯通过在变量中添加时间印记来提供一个关于总量的资金视角的工作进行了对话。当马尔沙克描述这个项目的起源时，他意识到经济学家在继续工作之前，必须就一组定义达成一致。马尔沙克在他的"试探性"定义中将资产分为两类：实物资产或"商品的复合体"，以及金融资产或"债权"。他还澄清了对所有资产的价值的定义，无论是实物的还是金融的，都是以现值为基础的资产未来收益贴现。该框架提供了在给定时间周期内对投资的可靠的、数学推导的定义，即作为"从时间点 n 到时间点 $n+1$ 的资产 C 的价值增量"[34]。随着人们对现值的一致性使用提供了方法上的明确性，马尔沙克进一步稳固了实体侧变量"消费"和金融侧变量"投资"的定义："个人的进项（或收入）由消费和投资构成。当然，后者可能是负的，（而且）它应该包括像商誉这样的资产。"[35]

马尔沙克对一般均衡理论的重新研究对即将成为现代金融理论基础的研究有 4 个含义：第一，该模式将经济的金融侧（债权）描述为自治且独立于实体侧（商品或投资品的消费）的；第二，马尔沙克对资产价值的定义为双方的估值制定了一个共同的衡量标准——现值；第三，该模式定义并证明了对金融更具包容性的新理解，这种理解将货币与股票、债券和其他金融债权都放在一个连续体内，该模式还兼顾了负债权和正债权，并明确包括了商誉等会计估值；第四，马尔沙克将资产评估的微观基础，无论是实物的还是金融的，都置于一个基于投资者预期的概率均值－方差框架中，这一框架为投资者做出决策提供了依据。这些见解借鉴并扩展了希克斯在 1935 年的论文中提出的观点，最重要的是，他认为投资者对一项资产的未来收益形成了预期，不仅作为一笔支出，还是一系列回报，这可以被建模为可能回报的频率分布。[36]

马尔沙克在接下来的两年里写了两篇论文，并于 1938 年发表，概述了 1935 年演讲的含义。其中一篇是与牛津统计研究所的研究员海伦·马科尔一起写的，她后来继续在伦敦经济学院度过了杰出的经济学研究生涯。[37] 我们不知道是马尔沙克，还是马科尔应该对这些论文中表达的观点负有主要责任，但比较这篇已发表的文章和马科尔在伦敦经济学院的博士论文（合著者在第一个脚注中引用了该论文），可以发现一种逐渐加深的一般化和数学形式化，这与马尔沙克的学术偏好是一致的。[38] 此外，与马科尔的论文和共同撰写的文章相比，马尔沙克在《计量经济学》杂志上发表的论文将他们的共同研究转化为数学形式——联立方程法，这直到 1948 年之前都是考尔斯委员会研究项目的动力。这两项事实都表明，随着合作的进行，马尔沙克的思想占据了上风。

这些论文是现代金融理论的基石之一，即资产理论的基础。他们提出的观点在马科尔的博士论文中得到了最清晰的阐述，尽管她把图表和大部分数学内容都放在了附录中。[39] 正如马科尔自己所说，她的目标是在由帕累托推导出来的一般均衡框架中，"将价值分析……扩展到资本品市场"。为了扩展一般均衡框架，她使用了资本品的实际价格，借鉴了欧文·费雪的两期时间偏好模型，强调了在边际做出的决定，并将风险因素表示为频率分布加以考虑。她的论点是，所有这些变量都是相互依赖的。因此，她得出结论，"资产的价值……取决于对质量、时间和收入风险的偏好之间的相互作用，以及获得不同质量、时间分配和风险的收入机会"[40]。

马科尔的论文对资产理论做出了两方面的贡献。第一，她继承并在某些情况下改进了马尔沙克 1935 年引入的希克斯的定义："资产"给出了随时间推移的一系列收益，"债权"是指"包括货币在内的所有信用工具"，"债务"代表负资产。第二，她对偏好或者"品位"的处理，阐述了希克斯和马尔沙克对期望的处理。马科尔是这样解释"品位"的："指的不是确定的数量，而是或多或少可能的数量。"这种解释允许马科尔量化偏好，它不仅借鉴了希克斯 1935 年的文章，还借鉴了莱昂内尔·罗宾斯 1932 年《关于经济科学的性质和意义》（Essay on the Nature and Significance of Economic Science）的论文，它将经济学改写为"选择的科学"[41]。正如她提到的"可能数量"所表明的那样，这一解释还使得马科尔遵循了希克斯和马尔沙克的概率、均值－方差框架和频率分布。

通过在消费品中添加投资品，以及将时间偏好和"风险偏好"加入更典型的一般均衡模型变量，马科尔希望扩展经济学家对经济的描述，将金融资产与其他消费品结合起来。在她的报告中，金融资产和消费品的混合构成了个人的初始禀赋和寻求最大限度地扩大偏好的种类；个人的挑战是从最初的禀赋转向金融资产和消费品的结合，这将满足个人对什么最适合自己的感觉。为了解个人如何在各种资产之间分配资源，马科尔将"商品品位"、"时间品位"和"风险品位"作为一个因素矩阵；个人通过计算商品和金融资产随着时间推移的可能收益，并通过形成对为应对风险将付出的代价的预期，来估算其组合中每一项资产的价值（以及每项资产的相对合意性，作为整体的一个比率），而这一切都是在个人的"品位体系"的背景下进行的。因此，马科尔的工作将凯恩斯所使用的宏观经济模型重新定位到个人投资者身上。在这样做的过程中，马科尔给出了个人对凯恩斯提出的作为总量的经济因素的看法（例如，流动性偏好），在这个分析中，随着时间的推移，投资者投资组合的每一部分都可以被"转换"，其原因要么是时间的推移改变了特定资产的价值，要么是投资者买卖具有不同回报和风险配置的资本。这些分配决策的目标是使投资者的收益最大化，投资者根据对未来的预期（这反过来由概率分布决定）、当前的市场条件和投资者独特的"品位体系"来决定要获得的资产组合。马科尔明白每个投资者都是独一无二的，但是由于在现代世界，"所有人都是投资者"（正如马尔沙克所说），她把整个经济建模为一个系统，无数人在其中同时做出类似的决定。[42]这些对消费品和投资品价格的决定都是在存在未知数的情况下做出的。值得注意的是，尽管马科尔考虑了未知的因素，但她默默地将弗兰克·奈特的"不确定性"归入了她所称的风险这一统计上可计算的范畴。换句话说，她所纳入分析的那些未知数并没有违背统计处理原则，而是使用了统计分析来管理风险。

在 1938 年 10 月于《计量经济学》发表的《货币与资产理论》一文中，马尔沙克将马科尔以文字表达的个人品位、偏好、决策的分析和关于未来收益率的加权计算转化为一组联立方程，将这些变量之间的相互关系模型化了。就像马科尔一样，马尔沙克直接分析了凯恩斯的《通论》，或者更确切地说，他试图通过增加所有重要的金融债权变量，包括货币，用希克斯的一般均衡方法来取代凯恩斯的局部均衡模式。任何试图将货币纳入一个基于供求均衡假设的一般均衡模型的人，所面临的挑战都有来自货币的特殊性。第一，与商品不同，货币没有固定的供给：中央银行（如美国联邦储备银行）可以通过发行债券来增加货币供应量，而部分准备金制度也允许银行借入多于其持有量的货币。第二，和商品不同的是，货币没有固定的需求量，因为它是无摩擦的，它可以产生很大的影响并且不会被耗尽。将金融债权和希克斯所谓的"贫瘠货币"纳入均衡模型的最佳方法是，不仅使用凯恩斯所使用的流量视角，还使用由资产负债表提供的资金视角，就像希克斯直观地看到的那样。和希克斯一样，马尔沙克认识到，如果把价值理论和货币理论都当作决策分析，那么这两者可以统一。他还认为，这样做将使经济学家能够模拟客观条件（可用资产的范围）与预期和风险容忍度等主观因素之间复杂的相互关系。

　　与一般经济学相比，货币理论的状况并不令人满意，原因是瓦尔拉斯和帕累托为消耗性的消费品和劳动服务世界所建立的确定性原则从来没有在耐用品上面有很大的一致性，更没有适用于债权（证券、贷款、现金）。要做到这一点，第一，需要扩展人类品位的概念：不仅要考虑到人们对等待的厌恶，还要考虑到他们对安全的渴望，以及在经典静态经济学所假设的完全确定的世界中并不存在的其他行为特征。第二，假设是客观给定的生产条件，更实际地说，只是投资者的主观预期，而所有个人都是投资者（在一个永恒的经济中除外），就好像所有市场交易都是投资。要解决的问题是：给定个人在这一时刻的主观品位和期望，去解释在任何时间点持有的货物和资本的客观数量，以及交换货物和债权的客观市场价格。

　　马尔沙克通过纳入金融债权和货币，希望提供"一种适当的广义经济理论"，他指的是一种一般（而非局部）均衡观点和经济变量相互作用的数学（非文字的）表达。清除传统但分散人们注意力的术语（用"资产"代替无用的术语"资本"，用"经济确定性"代替"经济均衡"这一难以定义的概念）之后，马尔沙克通过将联立方程方法应用到马科尔的理论公式中，成功处理了草率术语产生的模糊性。当然，数学的这种形式化使奈特的不确定性进一步被边缘化了，因为数学方程甚至不能暗示不可想象的状态或关系，尽管它们确实包含了负值。对这个问题的数学处理使马尔沙克能够演示变量之间的相互关系，并为同时满足几种关系的数据保留一个位置。由此产生的一系列方程提供了一个数学证明，即在"均衡中"，两套资产之间的价格比率等于它们的转化率。这一提法在商品、投资品和货币等各种资产之间建立了一种"联合需求和联合供给"的关系。

马尔沙克在他的分析中确实引用了不确定性（"真实不确定的世界"），但他认为奈特版本的不可知性相对于它的概率版本而言不太重要——至少在一定程度上是因为前者不太适合数学处理。实际上，马尔沙克明确引入了均值－方差框架，以计算投资者决策的可能结果。

由于在现实不确定的世界中，未来的生产情况（技术、天气等）和未来的价格是未知的，所以转换方程 $T(a, b, \cdots; x, y, \cdots)=0$ 不是严格成立的，只要它在生产者的心目中意味着每个资产组合对应一个且只有一个 n 维的产量组合。更正确的假设是……在他看来，每一种资产组合都对应着收益的 n 维联合频率分布。因此，与其假设一个人知道未来事件，我们不如假设他知道未来事件发生的概率。我们可以把这种情况称为一种机会博弈，并认为这是比认为自己是预言家的常见假设更好的对现实以及对相关货币问题的近似，虽然仍然是不完全的。

在这段文章中，马尔沙克承认他用来计算概率的投资者是一个假设，但他并不为模型中的投资者与现实生活中的投资者之间的差异所困扰，因为前者对于马尔沙克正在构建的数学模型来说是必要的。如果没有计算概率的投资者的假设，数学模型就无法成立，因为超出统计可控制集合的某种形式的随机性会进入这个场景。马尔沙克引入了第二个假设——投资状况和机会博弈之间的类比——以支持第一种假设，即投资者计算概率，他承认两者都只是"近似的"现实。当他为每一项收益建立两个可测量的参数——"数学期望（'可营利性'）和变异系数（'风险'）"之时，马尔沙克淡化了依赖假设和类比之后可能出现的含混不清之处，因为这是在概率占主导地位的数学中嵌入了他的分析。

根据《货币与资产理论》一文的结论，马尔沙克将凯恩斯的三个宏观变量改写为个人投资者层面上量化的变量：凯恩斯的"流动性偏好"总量现在变成了投资者愿意持有多少现金总量；"消费函数"成为个人寻求在其持有的资产（包括商品和金融债权）中建立的比率。凯恩斯的"资本边际效率"变成了"营利性"，即个人对未来收益的数学期望，它被理解为在不确定的条件下运作。然而有迹象表明，奈特版本的不确定性一直困扰着马尔沙克的模型，因为马尔沙克认为有必要提醒读者，普通的统计分布可能不适合从观察到的样本中进行外推。但他在提出这种可能性的同时，还通过引用最近引入统计学理论的一项创新，找到了将其影响降到最低的方法。在论文的第三部分中，马尔沙克建议使用耶日·内曼引入的似然性原理代替与费希尔联系在一起的小样本推断方法。虽然它产生的分布不像高斯概率分布那么为人们所熟悉，但是内曼的似然性原理对于太大或不确定且难以精确测量的总体，要比从可观测现象推断估计值的小样本方法更有效。通过使用内曼的方法，马尔沙克既将概率论纳入了他的数学框架，又帮助经济学家扩大了可计算风险的范围，同时缩小了他们不得不承认的真正不可知的领域（奈特的不确定性）。

在前两节中，假设个人知道相关的概率，即假定所定义的转换函数的参数是已知的。但是这种概率的知识——在机会博弈中所接近的情况——

只是一个有限的例子。现实中，这个人并不认为自己能够根据经验来给每一个收益的组合分配确定的概率。假设转换函数的形式取决于一组参数 S。对于分配给这组参数的每一组值，例如 S_1，可以表示一个概率 $P(E/S_1)$，即如果 S_1 是真的，实际观察到的事实 E（例如，过去的作物和产出、价格等或任何其他可用信息）就会发生。因此，我们得到了变量集 S_1 的一个似然函数 $L(S)$，即 $L(S) = P(E/S)$……特征参数可以用于测量 $L(S)$ 在其最大值附近的陡度（steepness），或类似于离差测度的某种度量，或内曼的"置信区间"等。

马尔沙克对现代金融理论的贡献是相当大的，他定义了风险的均值－方差框架，决策的资产负债表视角，将债务描述为负资产，两期消费模型（取自欧文·费雪），时间测定（time-dating）视角（借用自希克斯），以及相信每个人都是投资者，通过计算未来结果的概率不断做出决定，着眼于根据独特的"品位系统"最大化未来的收益等。马尔沙克和他的大多数同事都没有停止把奈特的不确定性降到经济分析的边缘位置，因为无论他们对经济和金融领域在统计规律上是否类似于自然现象有任何疑问，似乎都是由一种新的统计工具管理的，这种工具将令人担忧的各种未知因素推到了更远的地方。

凯恩斯－丁伯根争论

两次世界大战之间时期发生在经济学家内部的分歧被称为"凯恩斯－丁伯根争论"，这场争论所涉及的方法论程序充满了深刻的理论含义。

这场争论的核心是经济理论是否可以或应该由统计数据来检验，而这个问题的核心是经济和金融过程是否平稳（显示出统计规律）。这场辩论不仅关系到计量经济学会的方法项目，而且关系到计量经济学家建立的模型是否可以用来制定政策。要想对决策者有用，模型必须相对简单，而且与实际的经济数据也有相当好的拟合。正如简·丁伯根所深知的，要满足这些要求是极其困难的，这对于坚持理论优先于统计证据的经济学家而言是更加艰难的任务。[43]

丁伯根是一位荷兰经济学家，他的职业生涯始于海牙的荷兰中央统计局。1969 年，他和弗里希一起获得了第一届诺贝尔经济学奖。[44] 1936 年，丁伯根以荷兰语出版了关于荷兰经济的由 24 个方程式构成的模型；1939 年，在国际联盟的赞助下，他出版了反映 1919—1932 年美国经济状况的由 48 个方程式构成的模型。[45] 正如丁伯根用英语写成的研究报告的标题所示，《经济周期理论的统计检验》(Statistical Testing of Business-Cycle Theories) 是对在哈佛大学和 NBER 进行的经济周期研究项目的一种扩展，但丁伯根使用的方法是计量经济学会其他成员在 20 世纪 30 年代倡导的正式增长和周期模型的延伸。[46] 如维克多·扎诺维茨 (Victor Zarnowitz) 指出的那样，这些模型"以高度综合的形式表述并解释了明确而完整的经济周期数学"[47]。

对丁伯根的方法产生影响的是弗里希的"摇摆木马"(rocking horse) 模型，它是在 1933 年计量经济学会的莱顿会议上被提出的，这次会议专门讨论数理的经济周期分析。在约翰·希克斯和亨利·舒尔茨等人参加的一次分会上，弗里希和米哈尔·卡莱斯基 (Michal Kalecki) 提出了满足他们所谓的"动态经济学"要求的模型。这些模型是"动态的"，因为时间滞后在方程中得到了充分设定；即使这些模型没有包含实际数据，它们允许数据在序贯的时间周期内具有时间标注。这些模型是"确定的"，因为每个方程中的因果因素都是被充分设定的。同时，它们是"完备的"，因为方程系统包含的方程数量和未知数一样多。[48]

1936年，丁伯根发表了他的荷兰经济模型，他打破了NBER经济周期分析的描述性规程和弗里希模型中所体现的纯粹的数学形式主义。就像1936年的模型一样，他1939年发布的美国经济模型包括一个完整的基于统计证据的方程组，而不是米切尔和弗里希所青睐的语言描述和纯数学。通过使用多重相关性将数据与自己的方程进行拟合，丁伯根可以测试其他经济学家根据经验数据设计的理论。在他1939年发表的研究成果的第二卷第一页中，丁伯根提供了这一方法的一个简单例子，只使用了三个方程式。第一个方程式估算投资品的价值在一个时期内对前期利润的依赖性，从而引入利润作为"解释了"未来资本形成的滞后变量。第二个方程式模拟了消费支出与几个因素的关系：总工资、消费/储蓄率以及投机收益的存在；后者又是前期利润的函数。第三个方程式定义了利润的计算方法。综合起来，这三个方程式在弗里希的用词上是"动态的"。[49]利用简化的方法，丁伯根先消去变量，得到一个最终方程，这是一个表示利润的时间路径的差分方程，它包含了对结构方程进行估计得到的回归系数。他用这个最终的差分方程，可以测量利润的时间路径，用图形表示它，并将它与实际数据的历史时间序列进行比较。丁伯根认为，如果由回归模型生成的模拟路径与数据的路径密切相关，统计模型就"解释"了人们所讨论的趋势。为了进行政策分析或计划，计量经济学家可以测试不同的假设回归系数，以判断目标变量对工资/消费、储蓄或投机收益变量的替代参数的敏感性，在这个模型中，目标变量是利润。[50]

丁伯根充分意识到计量经济学家面临的挑战。他承认，为真实经济构建这种模型"在许多方面是一个试错的问题。我们事先并不知道究竟应该包括哪些变量，哪些应该被忽略，只有随着工作的不断进展，它才会变得明显"[51]。那么，结果也必然是暂时的，至于相关性，他的方法的基础模型只可能展现联系，而不是因果关系。因此，丁伯根经常把"解释"的动词和名词两个形式放在别人很少使用的引号当中。凯恩斯并不反对丁伯根的结论，正如我们将在本章末尾看到的，这些结论普遍支持凯恩斯在《通论》中赞同的立场。相反，凯恩斯反对这件事情本身——这位计量经济学家的基本主张，即统计数据可以用来检验，进而评估通过演绎和逻辑产生的理论。凯恩斯对方法的怀疑背后是更深层次的担忧，经济和金融数据可能无法为理论提供充分的检验，因为生成数据的过程可能不是平稳的。

凯恩斯对丁伯根的用词以及往往近乎夸大的研究工作表达了不耐烦："最糟糕的是，他更感兴趣的是继续做这份工作，而不是花时间决定这份工作是否值得继续做下去。"[52]然而，在这种修辞性很强的言论之下，有着真正的方法论差异，这凸显出计量经济学的一些局限性。凯恩斯提出的6项反对意见中，有3项是特别相关的。第一项反对意见提到了丁伯根公认的试错方法：不同于丁伯根，他希望通过模型序列来识别相关变量，凯恩斯则坚持认为，经济学家必须通过他的理论分析，提前弄清所研究的经济关系中所涉及的"重要原因"。如果他在建立模型之前不知道所有的重要变量，那么对于丁伯根的研究来说如此重要的多重相关性，就无法"发现"所识别因素的相对数量的重要性，因为未被识别的因素可能会影响经济学家所指出的那些因素。[53]这个问题将以"识别难题"的形式继续困扰着计量经济学家。

凯恩斯的第二项反对意见是针对丁伯根对时间性的处理。凯恩斯指责丁伯根编造或任意选择了处理时间的模型的时间滞后项和趋势。"据我所知，丁伯根教授并没有向他的经济学家朋友呈现他的时间滞后，就像他的定性分析一样，这些都是为他自己发明的。也就是说，他一直在摸索，直到发现了一个不太符合他正在测试的理论和方法的一般假设的时间滞后……引入一个趋势因素后就更棘手，讨论得更少了……如果我理解的正确的话，他已经说服了自己，不论采取什么样的趋势线都不会有任何区别。"[54] 这里的关键在于，凯恩斯认为经济过程不是静态的，而是逐步发展的，内部的不平衡，以及复杂的相互交织——尤其是随着时间的推移——可以像丁伯根试图做的那样简化成一个简单的模型；此外，还包括时间是否为同质的——因此过去为未来提供了模板——或以不可预测的变化为特征。[55] 这是现代金融计量经济学中仍然要解决的核心问题之一：过去的趋势，比如股票价格，在多大程度上可以被看作未来趋势的预测因子？

凯恩斯对丁伯根处理规律性和时间方式的关注，是区分这两个人的本体论和认识论分歧的核心。这个问题涉及经济学家将经济过程置于其中的模型的"环境"。指定这种"环境"——决定哪些因素是它的内在因素（内生的）以及哪些是外部因素（外生的），并确定如何（如果有的话）将随机性纳入模型——过去和现在仍然是建模者的中心任务之一。凯恩斯认为，1939 年建模者面临的基本任务是确定环境"在一段时间内是否一致且同质"。或者，如果不是，那么将"期间"划分成足够短的片段，以达到适当程度的一致性。

概括地说，最重要的条件是，除我们特别考虑的因素外，环境在所有相关方面，以及在一段时间内都应该是一致且同质的。我们不能肯定这种情况将来是否会继续存在，即使我们过去发现它们是这样的。但如果我们过去发现是这样，无论如何，我们都有了一些归纳论证的依据。因此，第一步是将所研究的时期分解成一系列子周期，这是为了发现将我们的方法应用于不同的子周期，来观察结果是否为合理一致的。如果是，那么我们就有理由将自己的结果映射到未来。[56]

凯恩斯认为，丁伯根的划分仅仅区分了战后和战前时期，并不是基于理论上对环境问题的正确理解，而仅仅是"现有统计数据迫切需要的结果"。凯恩斯认识到，环境问题是整个计量经济建模课题的核心，因为如果经济过程不是由稳定且同质的"结构"组织起来的，那么就不能用结构函数或方程来表示它们。如果变化性、不确定性、非均衡性和复杂性——而不是稳定性、确定性、均衡性和一致性——成为经济因素之间关系的特征，如同凯恩斯所认为的那样，那么，无论统计数据有多好，数学形式主义都是不够的。[57]

大多数计量经济学家都一致反对凯恩斯对他们方法的全盘批评，但他们的做法将被证明对现代金融理论和实践的出现来说至关重要。[58] 因为，通过放弃凯恩斯对不确定性（类似奈特的理解，但与之不完全相同）的理解，而转向了量化的随机性和概率的范式，计量经济学为现代金融理论的矩阵形式提供了一个要素。当然，这偏离了凯恩斯版本的奈特不确定性，它暗示了人类知识领域以外的认知，也有助于扩大风险领域的范围，而风险可以通过统计和概率来建模和管理。矛盾的是，这一转变偏离了对奈特和凯恩斯共有的不确定性的理解，也转向了凯恩斯的《通论》，因为雅各布·马尔沙克在 1943 年担任考尔斯委员会研究主任时发起的研究项目，是试图将凯恩斯的思想模型化。但是，在只有当计量经济学和金融的历史被一起叙述时才会出现的另一个悖论当中，该委员会放弃了凯恩斯的核心理念之一，转向他的总体研究本身就是该组织的一个转变，这一次是从金融这一该委员会创始人的首要兴趣，转向了政府政策团队在战争及其后果的背景下要求计划资源分配的那种宏观经济观点。正如我们所看到的，在考尔斯委员会的早期工作中，阿尔弗雷德·考尔斯和哈罗德·戴维斯使用费希尔的统计方法研究投资顾问的业绩记录，这是有效市场理论的一个明显的前兆，他们将指数理论应用于构建美国股票的总收益序列，这为推动现代金融估值模型的股票风险溢价奠定了实证基础。但是，这一工作在考尔斯委员会于 1938 年离开科罗拉多斯普林斯前往芝加哥大学时被搁置一旁了。马尔沙克是计量经济学会的成员和考尔斯委员会的负责人，也是后者新的研究项目负责人，他在 1938 年的文章中重新提到阿尔弗雷德·考尔斯对金融的兴趣，但就连马尔沙克也很快放弃了这个项目，并屈服于对凯恩斯系统建模的醉人诱惑。

美国经济的宏观计量模型

丁伯根的美国货币和资本市场供求模型，发表在他的国际联盟报告的第四章，是现代宏观计量经济学的一个重要里程碑；它是加总技术、回归分析和数学分析的综合。正如我们刚才所看到的，丁伯根的目标是通过将统计工具应用于现有数据，检验经济学家关于 20 世纪 20 年代经济波动的原因的理论。丁伯根从许多我们之前已经谈及的 NBER、布鲁金斯学会等组织，以及使用美联储数据的货币经济学家，如哥伦比亚大学的罗杰·安格尔（Roger Angell）和哈佛大学的劳克林·柯里那里获得了他想要的数据。[59] 该模型考察了经济学家认为对这一时期的经济动态至关重要的几个因素，包括对商品和服务的需求以及商品和服务的价格。丁伯根补充的内容使他的模型有别于几十年来试图"解释"这一问题的其他模型，"货币市场和资本市场的供求关系"是第四章的主题。在这一章开始时，丁伯根认可了马科尔和马尔沙克的文章以及凯恩斯的《通论》，但他没有说出他分析这些市场的两个明确的因素：马尔沙克在凯恩斯的工作中增加的微观基础和决策成分，以及国民经济核算的支出法。后者有助于产生高水平的加总数据，使丁伯根能够将投资和储蓄作为自变量来揭示，也就是说脱离了实体消费和生产活动。像丁伯根那样分离出货币和资本的市场，产生了一种新的统计观点，说明了经济的金融侧作为一个独立部门的相对自主性和独立性，更不用说重要性了。

丁伯根的金融部门计量经济模型由 48 个联立方程式的系统组成，是通过对历史时间序列数据的相关分析进行统计估计的。该模型遵循马尔沙克提出的模式——货币。丁伯根将之定义为"时间 + 所有银行的活期存款 + 公众持有的货币"[60]，构成了一个包含短期债权、债券和股票的连续体；该模型由资产所有权的组织形式（银行、非金融企业和个人）构成。在丁伯根的分析中，"投机者"的行为类似于部门，尽管在最初的描述中，他并没有把它们指定为一个部门，或者用他的术语来说，这是一个主体。每一类主体都会做出不同种类的相关金融决策，但所有这些决策都是基于"最大化"的行为。

人们通常认为，个人的收入和支出方式存在两种不同的最大化：首先，他试图获得最大化的货币收入，然后他从给定的货币总额中寻求最大的满足感。同样，我们可以假设企业首先决定生产过程的需求（建筑和机器的建造，库存商品的持有，以及他们准备持有的债务和股票数量），以及之后他们需要持有多少资金才能维持这些计划。银行首先决定允许存在多少资金，然后通过短期债权和债券来分配这些资金。投机者首先确定他们的持有量，然后在必要时借入短期信贷。

以结构方程为形式的丁伯根模型的自主性和独立性，突出了马尔沙克的理论主张，即金融部门的机制不能从实体经济所获得的环境中抽象出来。这是出于多种原因：投机活动本身改变了经济实体侧的消费和生产趋势；通过作用于生产者预期、企业开支和工资基础的扩大，高于趋势水平的利润在多种渠道引起了反应；即使是适度的通货膨胀率，也能刺激投资、消费和工资增长。丁伯根使用与历史数据相适应的相关性解释了"家庭囤积、企业发行新股、银行发行新信贷、政府和企业发行债券，以及投机活动对消费和储蓄的影响"。他的方法描绘了 20 世纪 20 年代的"投机态度"或"繁荣心理"，以及市场崩盘和随之而来的银行倒闭之后的资金囤积。丁伯根承认，分析得出的结论是，大多数经济学家强调的因素——过度投资、生产成本的变化、消费不足或农业因素——在这一时期的商业"周期"中所起的作用都不会与货币因素一样大：投机在危机爆发前扮演了非常重要的角色，囤积有助于延长这一萧条。后者的影响，"通过利率影响股票价格并通过它们对消费……和投资……的影响，从货币领域看似乎是最重要的"。

丁伯根的宏观经济计量模型具有开创性，但它们并不是宏观计量经济学或数学模型中的最后一项工作。正如我们将在后面的章节中所看到的那样，丁伯根的非随机确定性模型将被随机建模所取代；他对相关分析的依赖将受到一系列新的统计显著性检验的影响；作为列昂惕夫投入－产出分析和丁伯根的模型基础的线性假设将被新的计算操作所利用；从数学上推导出风险定义和多元化将彻底改变投资组合理论；博弈论将重塑对预期的普遍理解；计算机和信息科学将彻底地改变信息的处理方式，并通过使金融机构相互依存而彻底地改变它们。

第八章

二战后美国的经济学：1944—1970年

总的来说，经济学家对二战同盟国胜利的贡献是众所周知的：除了在美国政府的财政部、商务部和农业部担任职务外，经济学家还帮助开发了资源配置的军事应用，解决了搜索问题，开发了计算程序以破解敌军密码，并解决了估算问题。作为运筹学研究团体的成员，经济学家帮助盟军定位敌人的潜艇，在低海拔、高风险、高增益轰炸袭击及高海拔、低风险、低增益轰炸行动之间做出权衡，并引导资源（如钢铁），提供必需产品。如果资源配置是经济学作为一门学科所解决的基本问题之一，那么第二次世界大战就为经济学家提供了一个前所未有的机会，使他们能展示精心构建的理论的实际价值。[1]

　　这场战争还深刻地改变了经济学学科。作为以 1950 年美国国家科学基金会（National Science Foundation）的成立为高潮的科学重组的一部分，经济学研究开始从政府赞助的组织，如美国海军研究办公室（Office of Naval Research，ONR）和空军在圣莫尼卡的研发中心（RAND）等处获得资助，补充了一些传统的资金来源，例如大学和富有的赞助者。其他变化，包括态度的转变，很难被记录下来，但也同样重要：作为战后对数学和科

274

学的尊重的一部分，经济学家沉浸在与该学科更为严谨的学术同行相关的乐观情绪中。经济学——以及一些独立的经济学家——所享有的声望是这门学科不断提高的声誉的组成部分。随着经济学家作为一个群体逐渐接受了从运筹学、线性规划和博弈论中发展出来的数学技术，他们声称要运用而不仅仅是模仿这些数学技术，数学的严谨性似乎开始变得合理。[2]

经济学学科在战后也获得了公信力，因为许多最杰出的成员都在追求根据一套核心理论和方法推进研究项目，这套理论和方法松散地与"美国的凯恩斯主义"一词联系在一起。而一些经济学家强烈反对凯恩斯主义经济学的核心原则——米尔顿·弗里德曼的名字跃入我们的脑海——即使他们倾向于就凯恩斯主义的术语和政策提出论点，而不是从一个新的地方开始。[3]凯恩斯在《如何支付战争费用》一书中所建议的政策，曾帮助美国为战争筹措资金，并在战争结束时控制住通货膨胀，而且按照凯恩斯主义路线发展的研究项目使推进这些项目的经济学家像凯恩斯一样有远见。[4]在第二次世界大战之后的 25 年间，凯恩斯的宏观经济理论拥有了更稳健的数学运算方式，能够将概率和凯恩斯的思想与实际数据联系起来的统计方法，一组将经济过程中以前看不见的部分呈现出来的经验数据集，以及一个帮助经济学家在单个主体的行为中建立凯恩斯的总量的微观基础。20 世纪 60 年代，美国凯恩斯主义者加入了华盛顿特区一些强大的政府机构，如白宫经济顾问委员会和美国联邦储备委员会。在这些职位上，经济学家能够根据自己在研讨会、教室和专业出版物中阐述的模型来实施政策。在 20 世纪 60 年代，美国的财政和货币政策是由美国版的凯恩斯主义经济学管理的。

经济学学科内部的发展是在第二次世界大战和新的国际货币安排改变

了世界的背景下发生的。这一转变的某些方面对于理解战后美国财政政策和货币政策的发展，以及 20 世纪 60 年代以后美国金融的全球化至关重要。从国际货币和金融秩序的角度来看，宣告第二次世界大战结束的协定中影响最持久的是在 1944 年 7 月举行的布雷顿森林会议上提出的内容。在这次会议上，44 个同盟国的代表同意采取一系列措施，旨在鼓励真实商品和服务的市场开放和资本流动，并管理西方的政治－经济秩序。为了促进汇率稳定和有规律的资本流动，与会者创建了国际货币基金组织，并将汇率与由黄金储备支撑的美元挂钩。为了援助那些饱受战争蹂躏的国家，他们成立了国际复兴和开发银行（International Bank for Reconstruction and Development，IBRD），负责监督用于重建基础设施和促进经济发展的贷款。尽管布雷顿森林会议批准的一些措施未能发挥作用，例如，美国参议院拒绝接受国际贸易组织，国际清算联盟也遭到了美国议员的拒绝，但其中许多协议提供了一个稳定的环境，使包括美国在内的多数国家能够开展从战时过渡到和平时期的经济活动。

第二次世界大战留下的第二个遗产即使对美国这样的胜利者来说也不那么有益。战争期间政府开支的增加导致以 GDP 衡量总需求的短期增长，随着战争的结束，军事开支的减少导致了美国经济的短暂收缩。与凯恩斯在《如何支付战争费用》中概述的政策保持一致，美国政府在战时通过提高税收、在物价和工资控制环境中的强迫储蓄所保持的流动性、配给、削减非国防开支、向公众借款（我们在第四章中研究过美国的自由债券和胜利债券）以及美联储发行的新货币等，为战争提供了资金。美国政府还指示私人工厂转向对战争物资的生产。在战争期间，将近一半的国内生产总值被联邦政府使用了，1946 年，美国公众持有的债务达到 GDP 的 108.6%。战后的收缩幅度也很大,因为美国调整了政府开支,从占 GDP 的 40% 减少到大约 15%。虽然这种收缩最初很大,但与 1919 年的经济衰退相比,却相对温和,并于 1948 年结束。[5]

虽然战后的经济收缩对 20 世纪 50 年代的美国经济增长没有产生持久的影响,但是从战时到和平时期的经济转型,确实加剧了人们对失业和通货膨胀的双重担忧。然而,针对"持续的通货膨胀"会对就业产生影响的担忧只在 20 世纪 40 年代才成为美国决策者关注的问题。即使在战争期间,就业人数也达到了历史最高水平,然而价格水平的变化与就业水平之间的联系这一问题在未来 30 年的多数时间里面,却一直困扰着立法者和经济学家。我们已经看到,米尔顿·吉尔伯特负责修订国民账户,以预测美国参与战争的通货膨胀效应。战后,决策者将稳定货币购买力作为一项重要的政策目标,这一次是通过 1946 年的《就业法案》来实现的,该法案责成政府行政部门确保最大限度地稳定就业和物价。[6] 正如我们将看到的那样,政府通过设定价格和实施信贷控制进行干预的倾向与支持鼓励竞争性自由市场定价的政策之间的波动引起了争议,在接下来的 30 年里,经济学家就理解(或限制)政府在竞争性市场经济中应扮演的角色的最佳途径展开了辩论。

旨在管理美国经济的其他措施包括《美联储协议》,这是由美国财政部与美联储在 1951 年达成的,是一部确立了美联储自主地位的协议。自 1913 年美联储成立以来,它的主要业务一直是贴现商业票据:在金本位的背景下,同时受真实票据理论的制约,美联储提供了支持农业生产和出口的贷款。20 世纪 20 年代中期,贴现业务几乎完全消失,美联储管理短期利率和银行储备的主要工具已变为公开市场操作。二战期间,美联储的首要职责是为军事和战时的生产提供资金。为此，它使用了历史上最低的利率和最宽松的信贷监管。二战结束时，1946 年的《就业法案》增加了美联储对经济稳定的责任，因为该法案要求美联储维持与充分就业相一致的经济状况。尽管它被赋予了上述责任，但美联储仍因与负责债务管理的美国财政部的持续角力而未能发挥应有作用。直到 1951 年，债务管理一直被视为最重要的优先事项，美联储不得不在改变利率之前咨询美国财政部。在战争结束时，美国财政部希望保持低利率，最初是因为它想发行一笔胜利债券，然后控制还本付息的成本。1950 年 8 月至 12 月，美国财政部和美联储之间的冲突加剧了，一旦美联储获得国会支持，这一问题就将最终被所谓的《美联储协议》解决。该协议允许美联储可以使长期国债利率超过2.5%，短期债券利率上升至贴现水平。通过采取一种"稳定"（even keel）政策，美联储同意在财政部借贷期间维持利率。这使得当预算赤字增加时，货币供应量得以增加，就像 20 世纪 60 年代它们所做的那样。[7]《美联储协议》有效地将货币政策的责任从行政和国会监督转移到模糊自治的美联储，并为美联储联邦储备委员会预算的增长创造了条件。这又使美联储研究人员成为经济研究和数据收集的主要贡献者，只有国际货币基金组织的研究人员能与之相媲美。

战后的数理经济学和计量经济学

美国凯恩斯主义的数理基础

在第六章中，我们描述了约翰·梅纳德·凯恩斯的《通论》中的一些基本原则：凯恩斯致力于总量层面的研究，提出了一种旨在解决大萧条暴露出的资本主义缺陷的理论。凯恩斯希望恢复那些生产率仍然较低，失业率较高的经济体稳定、高效增长的能力。自亚当·斯密的《国富论》发表以来，经济学家就一直推崇价格机制，但在他的分析中这一机制无法协调产出和就业的总体水平。他认为，在不稳定时期，政府应扩大其传统职能，以监管总需求，确保令人满意的总产出和就业水平。凯恩斯认为，政府不应侵犯个人自由或主动性，但除了承认有时激励个人行动的非理性"动物精神"之外，他没有对个人行为给予广泛关注。

在第七章中，我们研究了凯恩斯思想的一个早期数学模型，即约翰·希克斯的 IS-LM 模型，同时我们展示了马尔沙克和马科尔如何借鉴希克斯的研究，使凯恩斯框架包括个人对资金和投资配置的自我最大化决策。正是凯恩斯的加总理论、建模方法（常常使用的是希克斯效用的微积分）和理性自我最大化主体假设提供的微观基础结合在一起，构成了美国凯恩斯主义的核心。保罗·萨缪尔森的 1955 年版《经济学》中阐述了凯恩斯主义宏观经济学框架、希克斯的微观基础和瓦尔拉斯一般均衡理论的更一般性的协调，萨缪尔森称之为"新古典综合"。[8] 正如彼得·休伊特（Peter Howitt）所描述的那样，这一"综合"开始假设短期和长期经济现象之间存在差异："由于人们普遍认为短期内无法完全调整工资，因此似乎很自然地认为凯恩斯主义理论适用于短期效应，而一般均衡理论则适用于可以安全地忽略调整问题的长期问题。"[9]

在第二次世界大战结束后的 20 年内，根据诺贝尔经济学奖获得者弗兰科·莫迪利安尼（Franco Modigliani）的说法，希克斯的 IS-LM 模型对经济学家来说变得几乎像新古典供求模式之于前一代人一样熟悉。[10] 著名的经济学家如拉尔夫·乔治霍特里、雅各布·维纳、弗兰克·奈特、马尔沙克和阿尔文·汉森都在书本和课堂上接触过凯恩斯－希克斯模型。[11]反过来，有数学天赋的博士生被鼓励为凯恩斯的宏观分析建立一个确定的微观基础。保罗·萨缪尔森和詹姆士·托宾在哈佛大学的汉森和约翰·伯尔·威廉姆斯教授的财政政策研讨班上，了解了凯恩斯的宏观分析。作为一项课堂练习，萨缪尔森构建了汉森－萨缪尔森乘数－加速数模型。萨缪尔森的博士论文后来以《经济分析的基础》（Foundations of Economic Analysis, 1947）为名公开发表。在马尔沙克的指导下，弗兰科·莫迪利安尼撰写了一篇关于凯恩斯流动性函数的博士论文，在 1944 年以《流动性偏好与利率和货币理论》（Liquidity Preference and the Theory of Interest and Money）为题公开发表。在芝加哥大学，考尔斯经济研究委员会（Cowles Commission For Economic Research）的博士预科生和后来的芝加哥大学博士生唐纳德·帕廷金，与其他人一样，也开始在微观经济学（通过增加货币效用理论来扩展瓦尔拉斯的一般均衡系统）和宏观经济学（对劳动力服务、商品、货币和债券等市场进行模型化）之间做出区分，以显示在充分就业经济中和存在非自愿失业的情况下，货币数量的增加或流动性偏好转变的影响。在《货币、利息与价格》（Money, Interest, and Prices, 1956）一书中，帕廷金最终将他在微观经济学和宏观经济学方面的研究工作结合了起来。

在这些著作中，萨缪尔森的博士论文在方法论上是最雄心勃勃，也是最具影响力的，部分原因在于它为美国凯恩斯主义制定了数学框架。《经济分析的基础》首先证明了新古典主义关于消费、生产和交换的理论的统一性，其基础是关于最大化（最小化）行为的共同假设，这些假设可以用均衡方程来表达。[12]然而，萨缪尔森并没有满足于早期经济学家的均衡模型，他在他们的"初步研究成果"中添加了一个证明，展示了如何利用不同的数学系统族来描述各种不同的经济现象。比较静态方法是通过求解一个联立方程组来进行的，而动态方法则是利用一段时间内各种线性和动态系统的确定性或随机性行为。基于这个更大的结构，萨缪尔森根据拉格纳·弗里希在动态系统方面的开创性工作，将"凯恩斯系统"当作一个包含消费函数、资本的边际效率和流动性偏好状况这三个函数的联立方程系统进行分析。由此产生的小数学模型提供了美国凯恩斯主义的第一个关键因素。萨缪尔森的数学框架现在仍然被用于在本科和研究生课堂上建立新的模型和教授经济学。

帕廷金的《货币、利息与价格》一书通过将货币理论和价值理论结合起来，为美国凯恩斯主义贡献了第二个关键因素。[13] 帕廷金的目标是完善我们在第二章中遇到的货币数量理论，并将失业重新表述为一种非均衡现象。[14] 他能够通过引用实际余额效应（real balance effect）这一由英国经济学家庇古引入的概念来整合货币理论和价值理论。这一概念考虑到货币价值的变化，使得帕廷金能够将希克斯关于消费者对商品的行为的理论扩展到他对货币的行为。

顾名思义，这一新效应衡量的是在其他条件保持不变的情况下，实际余额的变化对需求的影响。例如，如果一个人面临单一商品价格的变化，那么他需求的各种商品数量的相应变化是所有这三种效应的结果：相对价格有变化，从而产生了替代效应；实际收入发生变化，因此有了收入效应；最后是价格水平有变化，因此他最初持有的货币的实际价值发生了变化，从而产生了实际余额效应。[15]

帕廷金的综合还使他能够整合对市场的分析，而新古典和货币理论家通常分别对待这些分析："由于假定货币变化会影响到经济的所有市场，因此只有同时研究所有市场才能充分认识到它们的作用。事实上，可以看出，在大多数情况下，我们得出的结论与已经被人们接受的不一致，这是商品市场价格水平变化与债券市场利率变化之间的动态相互作用的直接结果。市场的这种相互依存关系是这一论点的一个基本的、反复出现的要素。" 16

除了对经济的实体侧和金融侧进行综合分析外，帕廷金的工作还帮助解释了各国如何才能摆脱经济萧条，例如 20 世纪 30 年代的毁灭性萧条。欧文·费雪在《繁荣和萧条》（*Booms and Depressions*，1932）中引入了这一原则，而庇古则在《古典的静态》（*The Classical Stationary State*，1943）中再次对它进行了阐述。根据这一理论，随着失业率上升和商品价格下跌，银行账户的实际货币价值超过其名义价值。至少从理论上讲，这种"财富效应"让有钱的消费者可以通过消费来帮助国家摆脱萧条。尽管在缺乏旨在管理短期需求的政府计划的情况下，个人支出可能需要一段漫长到令人无法接受的时间才能稳定经济。

概率方法的计量经济学

如果新古典综合为凯恩斯理论打下了更坚实的数学基础，另一组研究项目则为凯恩斯－希克斯模型阐述了一个计量经济学的维度。这些研究项目中有许多内容与我们在第七章介绍的考尔斯委员会有关。17 虽然并不是所有考尔斯委员会研究人员开发的理论或技术都能被直接应用于美国经济学的凯恩斯学派，但考尔斯委员会是该版本的计量经济学的发起者之一。此外，在政府资助者，例如美国海军研究办公室、兰德公司、美国原子能委员会和美国国家航空航天局（NASA）的帮助下，考尔斯委员会推动经济学家将战争期间开展的机密工作转移到更大范围的经济学界。[18] 这一转移部分是在一系列会议上发生的，这些会议会集了运筹学界的成员和其他几个学科的研究人员。在这些会议和随后的出版物中，与新古典综合有关的理论和技术得到了阐述、巩固，并且传播到了整个行业。

正如我们在第七章中所看到的，挪威经济学家拉格纳·弗里希在 1930 年的耶鲁大学讲座中介绍了一个计量经济学项目。然而，直到另一个跟随弗里希学习的挪威人特里夫·哈维尔莫，将弗里希的"模型世界"建立在一种新的概率理论基础之上以后，这个项目才得以实施。1945 年 1 月底，已经于 1939 年搬到了芝加哥大学的考尔斯委员会召开了一次会议，以探讨哈维尔莫的计量经济学的概率方法，会议上讨论了在凯恩斯宏观计量模型中使用统计系数的估计问题。哈维尔莫倡导基于波兰统计学家和数学家耶日·内曼和伦敦经济学院统计学家埃贡·皮尔逊开发的统计推断范式来理解概率，前者是一名犹太流亡学者，逃离了纳粹压迫，搬到了伦敦经济学院，然后在 1938 年又去了伯克利；后者发明了"生物统计学"一词，这启发了"计量经济学"这一术语的形成。通过采用皮尔逊－内曼假设检验方法，将数理经济学方程中的变量与统计数据联系起来，哈维尔莫的目标是最小二乘法，而凯恩斯主义经济学家通常使用最小二乘法来估计"消费倾向"等概念方程中的常数和参数。哈维尔莫坚持认为，如果理论家要将他们的模型与真实世界联系起来，统计中必须包括一些适应随机性的技术。

我认为，在不引入随机变量和概率分布概念的情况下，那种人们可以用一些关于"小误差"的模糊概念进行操作的想法是错误的。事实上，某些这样的（随机）元素……一定存在于适用于一切真实观测的方程中……换句话说，如果我们考虑一组相关的经济变量，一般说来，任何一个变量都不可能仅仅表示为其他变量的精确函数。将有一个"无法解释的剩余部分"，而且，为了统计目的，必须将某些随机属性归因于这种剩余部分，而且是先验地……我们需要一个随机的公式，使简化的关系具有足够的弹性，以便应用。[19]

哈维尔莫的论点发表在 1944 年的《计量经济学》杂志上，这对传统的统计学提出了挑战，因为传统的统计学不是建立在数理概率理论的基础上的。[20] 大多数统计学家反对这样的观点，即每一个观测都服从一种分布，它可能属于随机或不可知的总体，因此必须做出相应的处理。哈维尔莫认为，统计数据和经济理论都必须建立在概率的基础上，而且必须有一座连接两者的桥梁。虽然这座桥梁还没有被发现，不过哈维尔莫认为内曼的统计理论是一个很有希望的开端。

内曼已经证明，任何一组可作为统计推断依据的经验观测，都必须被理解为从具有未知特征的总体中抽取的一个分布的样本。为这个总体建立模型的唯一方法是，根据一个假设进行重复抽样，找出样本可能代表的分布类型。仅这一方法就可以生成已经观察到的数据的两个统计轮廓（或"矩"）：均值和方差。哈维尔莫对内曼思想的改造，要求经济学家方程中的每一项都包含一个系数来表示随机性。这样做将改变丁伯根、皮尔逊和其他推断统计学家对从以模糊边界为特征的总体内部的单值观测，到区间内数值范围观测的解释。哈维尔莫总结道，如果统计学家继续只选取适合他们的概率理论部分，他们的工作将一文不值，因为他们的工具是有缺陷的。"如果没有指向某种随机架构，从统计理论中发展出来的任何工具都没有任何意义，除非出于描述性目的。"[21]

"动态经济模型中的统计推断"会议记录了哈维尔莫的概率研究工作对经济学、计量经济学和统计学的影响。至于考尔斯委员会本身，1943 年成为研究主任的雅各布·马尔沙克接受了将概率纳入凯恩斯框架的挑战，将其作为该机构的主要关注点。考尔斯委员会在随后 5 年仍然专注于概率方法的计量经济学——尽管哈维尔莫对内曼客观统计方法的偏爱很快将被更主观的贝叶斯概率所取代。

数理概率论

1945 年 8 月，第二个有影响力的会议致力于将概率整合进来，这一次是将其整合进数理统计。首届伯克利数理统计与概率研讨会在加州大学伯克利分校的统计实验室举行，这所实验室是内曼在 1938 年加入该校时创立的。除内曼外，发言者还包括著名哲学家汉斯·赖欣巴哈（Hans Reichenbach），他在柏林学派当中非常出名，后来在逃离纳粹德国之后加入了加州大学洛杉矶分校。此外，还有美国最著名的统计学家哈罗德·霍特林，他在 20 世纪 30 年代初曾支持费希尔的研究。虽然这些论文对美国凯恩斯主义的发展没有直接贡献，但它们确实引入了这一学派代表人物所采用的数学和统计技术。最直接的是，这些论文扩大了概率革命对统计学的影响：赖欣巴哈宣布了利用集合论和拓扑学将费希尔的概率方法转化为函数符号的程序，并将公理化引入概率论；霍特林概述了如何改变统计教学以容纳概率；内曼提供了新的检验来评估随机样本实验中的假设。

这次会议的基调是由赖欣巴哈的论文《概率的哲学基础》（Philosophical Foundations of Probability）中振奋人心的结论决定的。赖欣巴哈抛弃了像欧文·费雪这样的经济学家所追求的"寻求确定性"，费雪认为经济学是一门精确的科学，适合于确定性的世界，赖欣巴哈则完全接受了随机性的含义，而且并不对此感到绝望。

归纳规则的使用……在我们不知道充分条件的情况下，可以看作对成功的必要条件的满足。在这种情况下，合理地使用一条规则，似乎与关于"正当性"一词的语言用法相一致。因此，我们认为麦哲伦的计划是合理的，因为如果他想找到一条通向美洲的大道，就必须沿着海岸航行，直到找到为止，但他不能保证有这样一条大道存在。他只能在成功的必要条件的基础上采取行动，却不知道这些条件是否会变得充分。[22]

赖欣巴哈认为，在一个充满随机性且必须满足必要性的世界中，研究的最佳指南是一个"正规的公理系统"，该系统将原始术语联系起来，从而可以演绎出逻辑上一致的语句。他引用的公理指向的是俄国概率学家柯尔莫哥洛夫（Kolmogorow）引入的概率论的公理化。这样一个系统提供了额外优势，适用于几何和其他数学表达。但是，赖欣巴哈所使用的数学不是微积分或几何学那种旧数学，而是集合论和拓扑学这样的新数学。在概率世界中，这种新的数学是必要的，因为拓扑的"空间"比欧几里得几何的"点"更好地容纳了概率的"范围"和"分布"。在集合论中，映射代替绘图作为表示函数关系的方式，而随机性和频率可以被纳入每一个概念中。通过使用集合论，赖欣巴哈将概率分布整合到其他数学的、统计学的，以及经过扩展的经济陈述中。在这种情况下，他宣布实现了两个曾分开过的传统——哲学逻辑和数学综合。这为概率论奠定了一个严格的基础，而凯恩斯只是援引了这一理论。

赖欣巴哈使用包含了马尔可夫链（Markoff Chain）的随机性作为新工具的一个例子，它是一个数列的数学序列，或赖欣巴哈所说的"序列格"。[23]这些序列的关键性质是它们的迭代部分是独立的：当序列经历从一种状态向另一种状态转换时，新的状态并不取决于之前的情况。这一创新提供了一种新的时间序列处理方法，将随机性纳入皮尔逊和丁伯根所使用的相对简单的方法中。它也解释了特别适用于金融的随机性的起源：马尔可夫链是一个随机过程，并且随着序列的展开，它将随机性引入后续迭代中。许多过去的事件仅部分地决定未来状态（如资产价格和市场波动）的真实情况，随后都被马尔可夫链模型化了。

霍特林和内曼的贡献说明了在一个被重新概念化为"随机"的世界里，统计学必须变成什么样子。霍特林强调了这一学科"未能正确运用概率论"。霍特林还宣称，"没有概率论，统计方法就没有多大价值"，"虽然它们可以把数据转换成很容易直观推断的形式，但这种推断很可能是不正确的"[24]。内曼试图展示一个有概率论的统计实践会是什么样子。和费希尔一样，内曼采用了一种频率论的方法来解决统计研究的一个核心问题：人们如何从观测值中提取知识？然而，费希尔处理的是对自然现象的观测，假定的是规律性和正态分布的情况，内曼的处理方式可能不符合这些条件的现象。他坚持认为，统计学家使用的重复样本具有随机性，他对特定事件的相对频率的估计都包含了随机实验。他的技术性论文影响了内曼长期以来对"归纳行为"或误差检验（拒绝或有条件接受一个假设的规则）的研究兴趣。在内曼转到伯克利任教之前就与埃贡·皮尔逊一起开展的合作中，两人解释了为什么他们对行为的重视优于费希尔对"归纳推断"或"归纳推理"的强调。"我们不希望知道每一个独立的假设是正确的还是错误的，我们可能会寻找规则来规范针对它们的行为，这样我们就可以确保，从长期的经验来看，我们不会经常出错。"[25] 因为每个假设都有可能存在错误，同时每个样本都是随机性的来源和后果，只有规则——数学公理和误差检验——才能作为可靠的指南。

博弈论与贝叶斯概率

1948 年秋天在威斯康星大学麦迪逊分校举行的计量经济学会会议预示着对整个学科产生影响的事件的到来。这次会议由美国数学学会、美国数学协会和数理统计研究所共同主办，探讨了经济理论与数学内部理论发展的交叉。本次会议的主要内容包括了为期一天的博弈论研讨会。1944 年出版的《博弈论与经济行为》（*Theory of Games and Economic Behavior*）的两位作者冯·诺伊曼和奥斯卡·摩根斯特恩在会上提交了论文。[26] 雅各布·马尔沙克利用这一机会阐述了自己的观点，即博弈论为凯恩斯主义框架奠定了它迫切需要的微观基础——"理性"自我最大化的经济人假设。[27] 隶属于考尔斯基金会或者兰德公司的其他人也出席了在麦迪逊举行的会议，他们也正在开发新瓦尔拉斯版本的一般均衡理论。这些经济学家、统计学家和数学家包括乔治·丹齐格、佳林·库普曼斯（Tjalling Koopmans）、哈罗德·霍特林、肯尼斯·阿罗、伦纳德·吉米·萨维奇和亚伯拉罕·瓦尔德。马尔沙克对理性假设发展的贡献是由萨维奇的《统计学基础》(*Foundations of Statistics*，1954）一书正式确立的。这种对统计理论的贝叶斯式重新表述变成了美国凯恩斯主义的核心，在很大程度上取代了内曼在经济学和金融方面的许多后续工作中所使用的更为客观的方法。[28]

马尔沙克赞扬了冯·诺伊曼和摩根斯特恩所介绍的数学工具，因为他们引入的公理方法既简单又清晰。[29] 对马尔沙克来说，冯·诺伊曼和摩根斯特恩使用的数学有一个额外的优势，那就是让经济学摆脱了对物理学和与物理学相关的数学，特别是对微积分和微分方程的依赖。博弈论依赖于集合论、拓扑学和凸集的组合数学，而不是微积分，这使得冯·诺伊曼和摩根斯特恩能够模拟一些新颖的"与博弈和市场相关的关系"［如"占优"（domination）和"解"］。

由于马尔沙克已经对解决存在未知数的选择问题，即投资者所面临的情况感兴趣，他对冯·诺伊曼和摩根斯特恩在《博弈论与经济行为》一书中做出的关于理性的分析进行了两个重要调整。第一个调整是关于计算概率的统计方法。在分析扑克牌游戏等博弈时，分析人员可以使用费希尔和内曼等人改进的客观、频率论的统计方法，因为这类博弈的频率和概率分布是由博弈规则给出的。相比之下，未来经济变量和金融回报的概率分布并不是预先给定的，它们需要一种能够容纳例如信念和预期等主观因素的统计方法。

马尔沙克最重要的创新之处是在冯·诺伊曼和摩根斯特恩认为对任何"博弈"中的"理性"行为都至关重要的公理的基础上增加了第四个命题。[30]《博弈论与经济行为》中提出了三个命题：（1）理性主体（参与者）必须做出逻辑决策，将其偏好表述为一系列有序选项中的选择；（2）博弈中可用的有序选择集合必须映射到一组有序选项的算术集合中，这样才能适用数学规则；（3）博弈行为人必须以一致的方式表达自己的偏好。马尔沙克补充的这一假设考虑到了投资者必须就未知的未来做出的跨期决定：主体必须愿意并能够持续地从一系列有序的（有等级的）实物和货币商品中进行选择，而且还要从一系列统计分布或概率中进行选择。在马尔沙克的例子中，理性主体必须在各种"前景"中做出选择："比如说，一辆汽车，一张1 000美元的钞票，以及一张赢得一辆汽车和1 000美元的概率分别是0.2和0.8的彩票。"后者指在不同的概率条件下，有机会赢得汽车或1 000美元钞票的可能性相当于一种金融债权，人们只能在概率分布范围内估计未来的报酬。在马尔沙克的公式中，这些概率分布是已知的，因为赢得汽车和1 000美元有明确的可能性（"概率分别为0.2和0.8"）。尽管马尔沙克还没有完全接受随机性，也就是说，他坚持认为投资者不仅是自我最大化的"经济人"，而且是"统计人"，愿意并能够估计未来收益的不同概率。[31]这种提法没有考虑到金融资产价格所显示的某些模式可能超出了正常或公认的统计分布范围。纳西姆·尼古拉斯·塔勒布（Nassim Nicholas Taleb）称之为"黑天鹅"的这种可能性，最终成为金融市场的一个显著特征。[32]

活动的线性规划

尽管第二次世界大战结束时在芝加哥和伯克利举行的会议有望给社会科学，特别是经济学带来概率革命，但在二战期间发明的许多数学技术仍然是机密，而且在《博弈论与经济行为》中发布的新方法并没有立即被经济学家采纳。第二次世界大战结束4年后，在兰德公司资助的研究合同下工作的考尔斯委员会研究人员，正式、合法地将被描述为"规划和配置理论"的军事技术从军队移植到了大学环境中。在 1949 年 6 月举行的会议上，马尔沙克所赞扬的一些数学技术得到了展示，当时这些被称为"相互依存活动的规划"，后来被称为"线性规划"。这些方法所体现的严谨和公理化的数学价值被认为是理所当然的，以至于会议上的 34 篇论文中的大部分，对没有受过这些技术训练的人来说是无法理解的。少数例外之一是摩根斯特恩撰写的一篇简短的、仅有三页的论文，该文谴责所有试图估计经济统计中的误差项的行为，因此几乎完全否定了会议的许多主题："线性规划或任何其他对大量经济数据的类似利用，都不可能取得决定性的实际进展，除非这些数据所必然隐含的广泛而昂贵的数值运算得到满足。"[33] 如果与会者听从了摩根斯特恩的警告，他们可能会把注意力从线性规划等技术转移到数据的理论和实践的充分性上，这一直困扰着经济理论的数据问题卷土重来，凯恩斯在与丁伯根的辩论中一直对此忧心忡忡，而它重新出现在每一种新的计量经济学研究中。

关于活动分析和线性规划的这场会议没有涉及数据问题，而是标志着在非军事环境中引入运筹学。[34] 该会议由考尔斯委员会主办，该委员会的研究项目现在由荷兰数学家兼经济学家库普曼斯指导，他在加入考尔斯委员会之前曾为美国政府研究战时的运输和最佳路线问题。1949 年，库普曼斯与兰德公司签订了"资源配置"的研究合同，这次会议以及大多数与会者开展的研究项目都是由这项合同赞助的。尽管仍在凯恩斯主义的框架内工作，这些项目却标志着与马尔沙克所青睐的概率论研究工作的背离。正如提尔·杜普（Till Düppe）和罗伊·温特劳布所主张的那样，这次会议"明确了……从博弈论、运筹学、线性规划以及凸集、分离超平面、不动点理论等相关数学技术中产生了一种新的经济理论"。用杜普和温特劳布的话来说，这次会议"为经济学成为一门建模科学创造了历史条件"，一部分原因是将考尔斯委员会的经济学版本与早先经济学家所进行的政治化辩论拉开了距离，另一部分原因是将这门学科的形式与新的数学联系了起来，而新数学的价值却自相矛盾地建立在数学家在二战期间不可否认的成就和战后那些蔑视应用研究的数学家所声称的"纯粹性"的双重基础之上。[35] 虽然我们同意杜普和温特劳布的观点，但我们想要强调会议对分析配置和最优性，或者在约束条件下最大限度地实现结果的最大化的模型偏好。如同我们将在第九章中看到的，最优性是从经济学领域开始出现的分支中衍生出来的金融模型的核心。正如我们将在第十章中所看到的那样，配置首先是以分配的形式（生产要素得到了其边际产品），然后作为稳定性的形式（跨期最优化的理性代理人保证所有资源的充分利用，仅受随机冲击的影响）出现的，在 20 世纪末，它将以理性预期假说和真实经济周期理论的名义接管经济理论。这种对配置的强调，排除了其他主题，使得理论家的模型不可能包含金融因素，这是我们在第十章中研究的反常状况之一。就目前的目的而言，我们首先要注意到会议对经济学的另一项数学贡献——冯·诺伊曼将拓扑学引入了经济理论。

1949 年会议的明确目标是将保密的战时技术转移到商业和管理环境当中。大多数论文涉及的基本任务是开发一种方法，以确定"有限的手段的最佳配置，达到预期的目的"，这一提法同时使优化成为中心，但仍然有足够大的空间，足以容纳许多应用。[36] 在抛弃传统上被理解为经济理论中心目标的最大化之后，对于最优化这一与运筹学相关的价值目标，参会者承认现实世界的约束条件，并提供了在某种约束下管理或分配资源的手段。

在这次会议上，与会者虽然发表了关于作物轮作、飞机工业和运输业这几个实体经济问题的论文，但没有人将这一理论应用于金融领域。然而，三年内，在被大多数历史学家视为现代金融起源的文章中进行了这一应用：哈里·马科维茨在 1952 年提出了最优性在投资者创建投资组合中的应用。由此，我们可以看到一条从运筹学及其线性规划方法到以经济应用作为某种垫脚石的金融理论的兴起笔直的发展轨迹。

正如赖欣巴哈在伯克利会议上致的开幕词为这次会议定下了基调，经济学家马歇尔·伍德和乔治·丹齐格的论文确定了 1949 年会议的核心问题。在战争期间，伍德是 SCOOP（最优方案的科学计算）项目的负责人，而丹齐格则是该项目的首席数学家。当时 SCOOP 是美国空军的一个项目，从 1947 年开始运行了 8 年，它的主要目标是将开发一个复杂组织——比如武器或经济的综合体——从一种确定的状态转移到另一种确定的状态的规划策略。在研究 SCOOP 的过程中，丹齐格提出了一般线性规划的第一种数学形式，并和伍德一起识别了计划的数学和经济成分。他们的数学方法之一是为人们所熟悉的，作为考尔斯委员会主力模型的联立方程法，但是，在一篇随附的论文中，丹齐格呼吁用单纯形算法解决规划问题。在这篇技术性文章的末尾，丹齐格提到了一些可能应用线性规划的研究项目，其中包括列昂惕夫和劳工统计局所进行的行业间关系的研究、库普曼斯在二战期间研究的运输问题、杰尔姆·科恩菲尔德和斯蒂格勒提出的最低成本饮食问题，以及卡恩提出的仓储问题。

即使只是个简短的描述，也清楚地表明了这次活动分析会议的许多口号都具有运筹学研究的价值：最优化、效率、配置和规划，尽管最后一个词的社会主义内涵使几个与会者限定或放弃了这一术语。[37] 丹齐格明确地将模型添加到会议的指导术语中，他将模型定义为"一项技术的数学表达"[38]（将技术定义为所分析的"一整套可能的活动"）。库普曼斯在《将生产作为一种有效的活动组合的分析》（Analysis of Production as an Efficient Combination of Activities）中阐述了建模的概念，但他提到了在这样做时的一种区别，这将对经济学，特别是对金融学产生重大影响。

管理者在几个过程之间选择或使用有效组合，以获得某种意义上最好的结果……一个有效率的管理者选择生产活动的组合，从而使给定数量的、具有质量特征的要素的产量最大化。在这个概念中，可用要素和期望产品的质量特征指定了进入生产函数的变量和这个函数的性质。该要素的可用数量指定了变量的值，同时最大产出指定了由该函数假定的值。[39]

库普曼斯关于建模的描述似乎与运筹学相同：效率是符合期望的结果；资源有限；质量可以量化，因为每一种"商品"都是"质量上同质且数量上连续可分的"；每一项活动都"能不断按比例增加或减少"，因为每一项活动都是规模报酬不变的。在会计意义上，这个建模版本将一个流量概念（活动或规划）和一个资金概念（配置）结合在一起。在计算方面，它的关键是线性规划。但库普曼斯实际上是在将一套新的数学工具加入运筹学的建模版本中，这些工具来自运筹学研究之前的一个来源——冯·诺伊曼的经济均衡的公理化方法。冯·诺伊曼在1937年用德语发表的一篇论文中论证了这一公理方法，这篇论文在1945年被翻译成了英文。[40] 在1948年之前，库普曼斯对与冯·诺伊曼的方法有关的文献中"进行学习并从中受益"，当时他在麦迪逊的经济计量学会的同一次会议上发表了一篇论文，而马尔沙克则在那里介绍了他关于理性的研究。

尽管库普曼斯并没有明确指出这一点，但他所描述的数学转变——从微积分到拓扑学和集合论，代表了经济学基础平台的根本改变——从力的基础比喻（从物理中得出的、含蓄地表示实际的力量），到数学的基础比喻（这里指没有超出数学本身的逻辑）。正如丹齐格（和马尔沙克）所解释的那样，冯·诺伊曼的研究工作——他的早期文章和 1944 年关于博弈论的书——给经济学家提供了一个新的操作程序：创建一个能够奠定数学结构的公理体系；展示系统各部分之间的数学关系；然后添加经济内容。或者我们可以用相反的方法：从经济内容开始，然后推广到它固有的形式结构，而且必须用数学的形式来表达。这就是库普曼斯在他的活动分析会议论文中所做的：他从二战期间涉及的运输问题开始，然后使用拓扑学和不动点定理，推广了它的形式结构，证明效率代表了生产系统的极限点，而运输是生产系统的一部分。库普曼斯的学生之一哈里·马科维茨也是马尔沙克的学生，他很快就会使用由新数学、新理性概念和库普曼斯应用于分析运输的方法组成的工具包，创建了一个正式的模型，展示了如何构建最"有效"的证券组合。很少有经济史学家承认马科维茨从马尔沙克、库普曼斯或 20世纪 40 年代创建的平台中受益良多。[41] 正如我们将在第九章中看到的，金融学这一新兴学科立即接受了线性规划会议中的数学方法，但是，动态规划经过了几年时间之后，才成为宏观经济学的基本模型。

测度、货币主义、凯恩斯主义的稳定政策和增长理论

尽管凯恩斯的《通论》不依赖或没有引用经验数据，但凯恩斯所引入

的分类已经为数据做好了准备，同时正如我们在第六章中所看到的，国民收入估计与核算隐含地依赖凯恩斯所强调的类别。在 20 世纪五六十年代，经济学家和统计学家发起了一些研究课题，旨在为国民收入核算中未具体说明的领域提供数据集。在这一过程中，他们也使金融和金融中介变得可见了。这些研究人员忽视了我们刚刚研究过的复杂的数学和统计工具，而更偏好时间序列、指数和抽样这些西蒙·库兹涅茨和米尔顿·吉尔伯特用来建立国民收入账户的基本工具。这些项目大多由 NBER 或布鲁金斯学会发起，属于经济学中的制度主义传统，显示出 NBER 不愿接受理论指导或急于得出理论结论的特点。然而，在与新的数学框架相结合时，这些实证研究为 20 世纪在经济学和金融领域的大部分后续应用和理论工作提供了支撑，因为它们增加了一个在 20 世纪 30 年代发展起来的 GNP/GDP 核算框架中明显缺乏的要素，即一种国家资产负债表的资金观，这使得金融机构的作用越来越明显，并且揭示了构成美国金融体系的中介机构和市场的制度结构。[42] 这些实证研究项目在美国凯恩斯主义和货币主义中都发挥了关键作用，而货币主义并不总能成功地成为主流凯恩斯主义的替代品。

测度金融流量

西蒙·库兹涅茨的国民收入估算方法和米尔顿·吉尔伯特对库兹涅茨研究工作的修订都没有给其他经济学家带来满意的结果。早在 1932 年，莫里斯·科普兰就指出了库兹涅茨的估算所依据的理论中存在的问题，在 20 世纪 40 年代，科普兰开发了一种替代美国商务部每年公布的国民收入账户的方法。[43] 科普兰把他的资金流量账户作为美国经济的另一个视角，这个视角与国民收入账户加总的规模并不相同，它还能够将资金流量和贷款资金的部门报表结合起来，从而揭示各种资金是如何在美国经济中流动的。受他在会计和经济学方面所受培训的影响，科普兰将 NBER 发起的实证研究工作概念化，将其作为核算过程的一部分，这将为凯恩斯的理论陈述（例如，储蓄等于投资）提供细节，并使美国人能够看到以前看不见的东西——经济的实体侧与金融侧之间的联系。

科普兰在芝加哥大学获得博士学位，并在康奈尔大学度过了大部分学术生涯。科普兰是韦斯利·克莱尔·米切尔的弟子，1933—1939 年担任美国中央统计委员会执行秘书，之后成为美国预算局局长。二战期间，他是战时生产委员会军火部门的负责人。科普兰也在布鲁金斯经济学研究生院任教，并且是美国联邦储备委员会研究和统计部门的成员。在 NBER，他致力于对 1936—1942 年美国的资金流动进行实证研究，该研究于 1952 年以《美国资金流动研究》（*A Study of Money Flows in the United States*）为题出版。虽然科普兰的工作受到许多经济学家的忽视或误解，但它对美国政府的官方经济统计表达产生了强烈的影响。1955 年，美国联邦储备委员会发布了关于资金流量账户的第一次说明；1965 年，人们在资金流量账户与国民收入账户之间建立了统计关系；现在，美联储每季度编制并发布资金流量账户。

科普兰的资金流量账户与国民收入账户有 4 个主要区别。[44] 第一，与国民收入账户不同的是，资金流量账户记录了金融交易情况，如借款、贷款或囤积。这使得人们可以看到金融是如何保障生产和消费的，而且不是偶然地提供了经验证据来检验凯恩斯的理论主张，即储蓄等于投资。第二，由于国民收入账户衡量的是最终产品的当前产出，它们消除了现有资产的交易，这是资金流量账户中的一部分内容，使人们能够更加全面地了解国家经济交易的全部情况。第三，国民收入账户将所有资本支出视为商业活动，而不是投资，而资金流量账户将消费者购买耐用品视为投资。这明显增加了账户中显示的消费者储蓄数额。第四，资金流量账户使用了一种更为详细的部门划分，以反映金融流量通过的渠道。虽然资金流量账户的详细部门划分使得这些账户与国民收入账户的整合具有挑战性，但是这两者的结合第一次为资金流量账户提供了"一套完整的、内部一致的资金流动数据，并且与国民收入数据相互关联"[45]。

尽管科普兰研究项目的标题突出了"流量"，但他的工作明显挑战了经济学家的主张，比如欧文·费雪所倡导的货币的水力学观点。科普兰把经济想象成一个水箱，就像费雪在20世纪初所做的那样，把货币想象成水箱的水和管道中流出来的水，这就带来了科普兰更偏爱的比喻要解决的几个问题。科普兰没有把货币看作通过水库和管道流出的水，而是提出了一个经济的电力模型，其中电池提供的是费雪的水库的功能，电路取代了费雪的管道。这种比喻的更改消除了水流所具有的时间滞后性，强调了每一笔交易所代表的双方的同时性：当一个交易人花了一笔钱或者借了一笔钱时，另一个交易人立即收到了这笔钱，或者以同样的金额签订了一笔债务。"一个交易人支出的是给别人的收入，另一个交易人收到的是别人的一笔支出。"[46]

科普兰的电力类比与其他经济学家将新古典主义供求模型应用于货币的倾向相矛盾，它还挑战了关于货币供应的两种常见误解：一是货币供应由有限的金额组成；二是在困难时期，美联储只是通过印钞来增加货币供应。[47]科普兰的电力比喻并没有把货币供应描述为固定的，或者描述为汇集在最底层的水库里，而是把货币当作一种随处可见的电流，只受"断路器"的作用，而"断路器"可以暂时停止供电。科普兰没有把美联储看作一个全能的印钞机构，而是强调了众多经济行为者的自由裁量权，他们都有能力用"断路器"打断货币流动。他认为，这就是大萧条期间所发生的事情，当时银行未能发放贷款。

科普兰指责说，货币供给观点与费雪的交易方程有着不可分割的联系，但并没有揭示美联储的货币政策到底是什么或有什么相关举措。[48] 它也不能表明货币供给是一个连续体，各种金融资产和活动也都属于这个连续体。事实上，正如他的数据所显示的那样，在 1936—1942 年，抵押贷款、保险、证券和信贷额度等金融资产已成为"真实"的，就像金融资产使消费者和企业能够购买的产品一样，也就是说，它们构成了每个交易方"财富"的重要组成部分。将货币和金融作为一个单一的连续体，由不同种类的元素组成，通过银行和其他金融机构的"渠道"涌动，从而为詹姆士·托宾理论化的金融的投资组合观提供了基础。这一观点与希克斯和马尔沙克关于投资者选择的一系列金融资产的陈述有着密切的关系，但与马尔沙克和马科尔在一般均衡的理论框架上建立的逻辑模型不同，科普兰提供了统计证据，以说明信贷和货币实际上如何为个人、公司和政府的购买提供资金，通过借款获得的资金与"经济的股权结构"之间的关系，以及现金余额和信贷在业务扩张与收缩中所起的作用。科普兰的统计数据为许多问题提供了新的答案，其中包括那些自 20 世纪 20 年代以来进行的经济周期研究项目的核心问题："我们如何追踪政府财政政策对企业和家庭的周期性影响、商业政策对家庭和政府的影响，以及家庭金融对企业和政府的影响？我们如何确定哪些经济部门在经济活动水平的各种变化中正在主动地采取行动？"

科普兰用来阐明国家经济结构框架的核算框架由三个部分组成：一系列部门，在国民收入账户的三部门方法中增加了金融部门；资金来源和用途表，这是一份合并公司资产负债表和损益表特征的混合文件；以及一份以列昂惕夫投入—产出核算为基础的资金流量矩阵。[49] 作为一个整体，资金流量账户的运作方式使分析师能够看到以前看不见的一些特征：在任何特定时期，新账户都能显示每个部门资金的余额来源和用途，各部门之间的相互关系，以及整个经济的储蓄、投资、囤积、贷款和借款总额。已经出现的宏观经济图景利用会计恒等式，使人们有可能对没有数据的函数进行估算。

对任何一个部门来说，投资都可以多于或少于储蓄，借款额也可以多于或少于贷款额。但是，对于整个经济来说，储蓄必须等于投资，借款额必须等于贷款额加上囤积，因此，那些投资多于储蓄的赤字部门的存在，必然意味着其他盈余部门的存在。这不仅因为整个经济范围内的储蓄总额必须等于投资，还因为一个赤字部门必须通过借贷、减少囤积或出售证券来为赤字融资。这意味着存在盈余部门进行贷款、囤积或购买证券。同样，储蓄多于投资的盈余部门必然意味着其他赤字部门的存在。[50]

金融中介

如果说科普兰的工作第一次让金融渠道变得清晰，那么，雷蒙德·戈德史密斯则揭示了货币、信贷和其他形式的资金流经的实际机构。《1900年以来美国经济中的金融中介》（*Financial Intermediaries in the American Economy*

Since 1900）属于 1950 年由 NBER 出版的关于资本形成主要趋势的系列丛书。在这一系列的 7 本著作中，有 5 本致力于研究经济的实体侧。戈德史密斯在其对金融中介的研究中反复强调，金融的主要功能是促进"真实资本形成"，并扩展到经济增长。事实上，戈德史密斯的书名中包含了"中介"一词，而不是"机构"，以突出金融机构"作为储蓄者和资金使用者之间的渠道"的作用。[51] 在数据方面，他利用了自己的《美国储蓄研究》（*A Study of Saving in the United States*），以及美国商务部和联邦储备委员会为不同法人主体编制的总资金来源和用途报表。

戈德史密斯是一名德国犹太人，1934 年在德国统计办公室工作，当年他从德国逃到了美国。在接下来的 17 年里，他在美国证券交易委员会和战时生产委员会工作。在华盛顿期间，戈德史密斯与我们此前已经谈及的德国流亡学者格哈德·科尔姆合作，起草了一份德国货币改革的计划。1951 年，作为 NBER 的工作人员，他开始撰写《美国储蓄研究》。戈德史密斯的著作为凯恩斯主义理论家和米尔顿·弗里德曼的永久收入消费理论提供了数据。

戈德史密斯对金融中介机构的研究揭示了同时代人已经猜测存在的几个趋势：联邦政府在吸收资金方面发挥了极其重要的作用，尤其在过去半个世纪的两个非"正常"时期（大萧条和第二次世界大战）更是如此；各种类型的保险公司（包括政府资助的实体，如联邦存款保险公司）比其他金融机构，特别是商业银行增长得更快；在此期间，金融中介机构在"美国资产"（实物和金融资产）中所占的比例急剧上升，从 1900 年占总额的 1/9 上升到 1929 年的 1/6，再到 1955 年的 1/4。戈德史密斯还提供了金融中介的分类，把金融中介分为 5 个主要类别，这与哈罗德·格伦·莫尔顿 1921

年发表的调查结果形成了有益的比较。虽然时间的流逝推翻了他的一些预测（他预测"金融中介机构在美国资产中所占份额的增长速度将减速或停滞"），但戈德史密斯对商业银行、保险公司以及储蓄和贷款协会的资金来源和用途的仔细记录，构成了对金融进行更多理论分析的数据宝库，例如，我们马上就要讨论的约翰·G.格利和爱德华·S.肖的《金融理论中的货币》一书。

就我们来说，戈德史密斯的《1900年以来美国经济中的金融中介》中最重要的一点就是他在讨论银行资金来源的结构性变化时顺便提出的观点。戈德史密斯指出："在过去50年里，银行资金来源的显著变化是股票基金所占比例（相对于总资产和总负债）的下降。对于整个银行体系而言，这种下降……是从1900—1929年的大约20%，到1939年的约10%，再到1952年的8%。"他继续说道：这一下降"反映了自大萧条以来留存收益相对较低和新银行股票销售量较少的情况"。但是，他向读者保证，这不应该成为惊慌的理由。

应该强调的是，股票基金相对于总资产或总负债的比率下降本身并不表示银行系统的金融状况恶化或银行存款承担的风险增加。在解释这种比率下降时，必须考虑到所持资产涉及的风险程度的变化，以及自20世纪30年代以来引入的存款保险等保护措施。即使没有进行详细的调查，也很明显，由于现金和短期美国政府债券在资产中所占份额的增加，银行系统的损失风险已经大大降低了。

在援引存款保险时，戈德史密斯暗示的是美国联邦存款保险公司

（Federal Deposit Insurance Corporation，FDIC），这是 1933 年《格拉斯－斯蒂格尔法案》（Glass-Steagall Act）要求成立的，这一法案是罗斯福政府用来改革和监管银行体系的核心立法。联邦存款保险公司通过为存款提供一定金额的保险，帮助平息了储户对商业银行倒闭风险的担忧。美国政府还成立了联邦储蓄和贷款保险公司（Federal Savings and Loan Insurance Corporation，FSLIC），为储蓄和贷款机构的存款提供保障。这两家保险公司的设计都是通过向会员银行收取费用实现自我保护的，但在紧急情况下，它们被授权最多向美国财政部借款 1 000 亿美元。除了制订保险计划外，美国政府还设立了监管机构：除了我们在第四章中看到的负责监管美国证券交易所的证券交易委员会之外，立法者还成立了联邦住房贷款银行委员会（Federal Home Loan Bank Board）来监管储蓄和贷款行业，以及让联邦信用合作局（Bureau of Federal Credit Unions）负责监管信用社。监管保险公司仍然是各州的义务。

20 世纪 80 年代以后，《格拉斯－斯蒂格尔法案》新加入了两项吸引越来越多人关注的条款。第一项是禁止商业银行从事"非银行业务"，其中包括股票或其他证券的交易。正如我们在第四章中所看到的，这种做法在 20 世纪 20 年代很普遍，导致证券的数量和风险迅速增加。第二项是一项被称为"规则 Q"的条款，禁止银行就活期存款支付利息，并对银行对其他类别的账户，例如储蓄和定期账户支付的利率上限做出限制，以阻止银行机构争夺存款人的资金，这是政策制定者在 20 世纪 30 年代初用来压低贷款利率和借款利率之间差额的做法。

在 20 世纪 50 年代中期进行写作时，戈德史密斯可能会认为这些保护措施和规制是理所当然的，他可能会认为商业银行将继续经营自大萧条以来相对稳定的业务。构成银行主要业务的各种中介——流动性转换、期限转换、资产置换和资产转换——旨在填充科普兰用机制描述的有效、安全和以相对较低成本运转的渠道。[52] 这种保险制度和监管制度恰恰提供了大萧条时期立法者所希望的那种保护。在 1940—1970 年，美国没有经历银行危机，也很少有银行倒闭。

这种平静给银行业本身带来了不利影响，戈德史密斯所记载的银行资金来源，即储户的储蓄、货币市场上的短期借款以及通过债券发行的、通常出售给保险公司或养老基金的长期借款，对银行家和华尔街投资者所要求的那种增长方式来说，似乎是不够的。20 世纪 70 年代，随着戈德史密斯指出的金融机会中又出现了一些创新，比如可转让支付命令账户（NOW accounts）和货币市场基金，"规则 Q" 开始显得不堪重负，加上那 10 年间石油问题的冲击以及对整个经济增长的持续需求，整个《格拉斯－斯蒂格尔法案》体系开始显得压力重重。我们很快就会看到，从 1980 年到 2008 年，支撑戈德史密斯所谓的平静的监管的保护体系和规制体系，由于放松监管而化为了乌有。

金融中介的第一个理论分析

由约翰·G. 格利和爱德华·S. 肖撰写的《金融理论中的货币》一书是展示美国所有金融市场和金融机构之间相互关系的首个理论研究成果。该项目由布鲁金斯学会赞助，最初是对商业银行发展趋势的研究，后来发展成为一种新的货币理论方法，旨在超越我们将在下一节讨论的弗里德曼和施瓦茨的货币主义。格利和肖没有将他们的分析局限于美国的货币存量，而是讨论了各种金融市场（初级和间接证券市场、债券市场等）之间的相互作用，以及金融市场与真实生产和服务市场之间的相互作用。通过使用科普兰、戈德史密斯，以及弗里德曼和施瓦茨汇编的数据，格利和肖证明了一个以实证研究为基础的，整个经济理论模型可以展示的金融中介是如何运作的，以及商业银行是如何与货币供给联系在一起的。

二战期间在价格管理办公室工作后，格利加入了斯坦福大学的经济系，肖是他的学生。尽管他们的研究没有达到自己所希望的效果，特别是在美联储政策方面，但确实引入了佩里·梅林所说的货币分析"新路线"。[53] 格利和肖结合新古典经济学的假设推出了他们的"新路线"，即"充分就业、价格弹性、没有货币幻觉和分配效应"。然而，他们使用这些假设，不是为了支持而是推翻新古典主义经济学家的结论："我们已经按照新古典经济学的基本规则进行了分析，以表明即使在这里，货币也不是蒙着面纱，它可以在确定产出水平和组成方面扮演重要的角色。"[54] 他们的"货币总额"（gross money）理论同时考察了非货币金融机构以及产生货币的美联储，根据该理论，货币不仅从美联储进入金融体系，而且通过商业银行和其他"非货币金融中介机构"的经营活动进入金融体系。[55] 这些非货币金融中介机构类似于美联储，将一些个人储蓄转移到需要资金的借款人手中，这两种中介机构也通过购买初级证券来创造间接证券。就像米尔顿·弗里德曼这样的货币主义者所做的那样，要从"货币"的分析中忽略这些中介机构的贡献，就是要从历史中忽略对美国货币供给发挥过重大内生性贡献的因素。

格利和肖一再强调所有金融市场与国家实体市场之间的关系："金融发展脱离其实际发展的背景是不可理解的。商品市场和证券（包括货币）市场同时是消费单位寻求收入和支出、净资产和财富之间的最优调整媒介。对当前产出的超额需求，无论是正还是负，都必然是证券供应过剩，需求过剩的部门所处的位置在一定程度上决定了即将发行的初级证券的类型。真实世界和金融世界是同一个世界。"要看到这种相互关系，就需要采用科普兰在资金流动方面的研究中所形成的资产负债表方法，因为只有银行资产负债表才能反映资本的增值和亏损。此外，资产负债表还揭示了银行高级职员所做的投资组合决定，这有助于显示货币失衡是如何在金融系统中发生的。事实上，正如梅林所指出的那样，格利和肖认为货币供求不平衡既是经济增长的引擎，也是一个健康经济的"正常状态"。"对肖来说，经济增长是一个货币失衡的问题，是事前投资先于事前储蓄的扩大，以及货币供给先于货币需求的扩大。在任何特定的时刻，货币供给不一定等于货币需求。'如果不是这样，就存在货币失衡……正常状态'（1958）……'货币失衡对产出水平的压力可能会提高或降低实际收入的历史增长率'（格利和肖，1961）。从这一角度来看，货币供给滞后于货币需求的长期趋势，是对实际产出增长的一种通货紧缩压力，这是一种由金融中介的长期扩张所抵消的力量。"[56] 根据这一理论，金融中介的长期扩张——商业银行和其他非货币中介机构的活动增加——可以完成仅靠美联储而无法完成的事情，即通过增加国家的金融资源来增加实际产出。

格利和肖提出的一些想法，在事后看来似乎有些可疑。例如，基于规模较大的银行将降低成本的假设，他们支持银行业内部的合并运动，同时曾短暂地幻想过合并美国财政部和美联储，将美国货币供给的监管与政府债务管理联系起来。然而，在许多方面，格利和肖都领先于他们的时代。例如，他们对非货币机构创造信贷过程的讨论，预测到了1970年后席卷美国的证券化加速，他们对流动性和支出之间关系的见解是足够有先见之明的，足以促使道格·诺兰（Doug Noland）在 2001 年重新开始他们的研究，诺兰在安全天堂（SafeHaven）网站上以"谨慎熊"（PrudentBear）为名写作博客文章。2001 年，在美联储意外降息后，诺兰写道："我们必须追溯到 40 年前，找到一种对金融中介的关键性和重要性进行如此有洞察力且审慎的分析。"诺兰引用了格利关于金融中介的评论，以支持自己的观点，即美国进入了一个"令人难以置信的复杂的'受管理的流动性'的货币体系"。格利写道："虽然支出并不直接受到利率的影响，但它受流动性的影响，流动性是由货币供给和人们能够持有的货币组成的。私营部门的流动性由于出现商业银行和其他金融中介的贷款而增加，因为这部分贷款增加了可贷资金（'人们可以持有的货币'）的供应，而流动性的增长刺激了支出。金融机构的重要之处不在于它们创造的流动性负债（无论是货币还是其他形式），而在于它们所提供的贷款，即它们购买的资产。"[57] 在证券化的助推之下，2008 年的金融危机有一个长期的积蓄过程，格利的观察被证明是有预见性的，而"谨慎熊"的警告则找到了愿意倾听的人。

货币主义

米尔顿·弗里德曼对金融在美国的崛起有着超乎寻常的影响，他提倡美元的自由浮动，废除了利率上限，制定了一项新的货币增长规则，后来被命名为"泰勒规则"（the Taylor Rule），并在 20 世纪 80 年代被美联储采用。弗里德曼还致力于对消费理论、稳定性政策、货币需求、自然失业率、资本主义和自由的研究，对战后经济学的发展做出了重要贡献。[58] 人们铭记弗里德曼，也是因为他坚持将经验统计方法与理论假设相结合。他为自己的"实证经济学"辩护，坚持认为经济理论只能以预测的成功来衡量，而不能用假设的真实性来衡量。[59]弗里德曼的实证和统计方法以及他对预期所起作用的强调，让人想起欧文·费雪的《增值和利息》一书。在该书中，费雪认识到了预期在投资市场中所起的作用，并使用了从美国货币审计官和英国驻印度办事处收集的数据，对他的假设进行了一系列准经验性的"思想实验"。

弗里德曼受过统计学训练，在以阿尔弗雷德·马歇尔《经济学原理》（Principles of Economics，1890）为基础的边际主义新古典传统的框架下开展研究。他在罗格斯大学被 NBER 未来的主席阿瑟·伯恩斯带入经济学领域，但他仍然致力于对统计学的研究。弗里德曼的统计修养得到了美国两位杰出的计量经济学家哈罗德·霍特林和亨利·舒尔茨的进一步指导。前者在哥伦比亚大学教授过弗里德曼，后者在芝加哥大学指导了弗里德曼的研究。弗里德曼的第一篇期刊文章《使用秩来避免方差分析中隐含的正态假设》（The Use of Ranks to Avoid the Assumption of Normality Implicit in the Analysis of Variance）发表在美国统计协会会刊上，他的毕业论文《独立专业工作的收入》（Income from Independent Professional Practice）使用统计分析来研究专业人员随时间推移的收入稳定性问题。在此研究的基础上，弗里德曼引入了费雪的永久收入概念，用以对凯恩斯框架的一些假设提出质疑。弗里德曼也很精通效用理论，他与伦纳德·吉米·萨维奇合作撰写了一篇关于预期效用理论的文章，同时作为朝圣山学社的创始成员之一，他撰写了一篇关于奥斯卡·兰格的《价格弹性和就业》（Price Flexibility and Employment）的批判性书评。作为一位积极的凯恩斯主义者，保罗·萨缪尔森在麻省理工学院建立了理论模型，弗里德曼则将他在芝加哥大学的学术生涯一方面奉献给了价格理论，另一方面给了货币和银行学。作为一名杰出的公共知识分子，他坚决反对凯恩斯主义政策，主张以自由市场的方式应对经济挑战。

即使弗里德曼把自己的研究看作对美国凯恩斯主义的驳斥，但只要让其他经济学家对其对凯恩斯主义概念（如"非自愿失业"）的许多批评进行回应，就能在短期内加强凯恩斯主义的优势。弗里德曼对经济学最重要的贡献——货币主义，就可以说是与凯恩斯主义有关，从某种意义上说，它选取了总需求的一个组成部分——对货币的需求——并将其提升到了理论和实践的支配地位。当然，弗里德曼得出的结论与 20 世纪 70 年代主导华盛顿的美国凯恩斯主义者的结论截然相反，他反对中央银行利用货币供给来稳定物价和鼓励就业。在被埃德蒙德·菲尔普斯定性为货币主义"大宪章"的《充分就业政策对经济稳定的影响》（The Effects of Full-Employment Policy on Economic Stability，1953）一文中，弗里德曼认为，当美联储使用激进的货币政策时，就有可能破坏经济的稳定，因为分析师无法模拟其行动产生的影响——或时间滞后。[60] 在《货币数量论研究》（The Quantity Theory of Money: A Restatement，1956）中，弗里德曼在芝加哥学派描述货币需求函数的口头传统中提出了一个数量理论的"模型"，这一函数中所要求的货币的实际数量"是持有货币的替代性选择——债券、股票、实物货物和人力资本——的实际收入"的回报向量和一个"混合变量"（portmanteau variable）的函数。这个变量给弗里德曼的模型提供一种马歇尔式的微观基础，因为它重新考虑了影响个人品位和偏好的因素以及制度性因素。[61] 正如这篇文章的标题所表明的那样，弗里德曼的货币主义回归了欧文·费雪的数量理论，但与费雪的物理模型不同，弗里德曼的模型明确地建立在"以'实际量级'定义的（货币的）效用函数最大化"基础上。[62]弗里德曼的货币理论并不是关于产出、货币收入或价格水平的理论，因为"关于这些变量的任何表述都需要将数量理论与货币供给条件以及其他变量的一些细节结合起来"。他的结论是，数量理论家应该持有一些"经验假设"："货币需求是高度稳定的"；它在确定对整个经济分析具有重要意义的变量方面起着重要作用；而且"影响货币供给的重要因素并不总会影响对货币的需求"。这些经验假设是至关重要的，因为稳定的需求函数有助于追踪供给变化产生的影响。

弗里德曼认为，根据戈德史密斯对美国家庭储蓄的研究所提供的数据，货币需求是相对稳定的。在《消费函数理论》（*The Theory of Consumption Function*，1957）中，弗里德曼再次使用了戈德史密斯的数据，这一次是根据费雪的"永久收入"（例如，所有预期的终生收入流和财富的年金价值）概念重新构建的消费理论，并对没有强调金融决策前瞻性的美国凯恩斯主义政策提出挑战。除了批评凯恩斯主义强调短期决策之外，弗里德曼还提出了"自然失业率"一词，作为对凯恩斯"非自愿失业"概念的回应，他还引入了"适应性预期"的概念，这是理性预期理论的先导。

接受审视的美联储

米尔顿·弗里德曼与安娜·雅各布森·施瓦茨合作，并在 NBER 的支持下，在《美国货币史》中为他的理论性货币主义提供了经验主义的论据。这一著作是弗里德曼早期在经验性统计和经济理论方面研究工作的延续，但它对 NBER 来说是一种背离，正如我们所看到的，NBER 引以为豪的是回避其研究项目的理论意义——更不用说政治意义了。弗里德曼和施瓦茨把美联储在大萧条期间的作为或不作为定性为"无能"，他们实际上已经摒弃了 NBER 不偏不倚的立场，并坚决支持弗里德曼在余下的职业生涯所致力的自由市场经济自由主义。这项工作现在被普遍认为是对美国百年货币历史的权威分析。[63]

《美国货币史》是 1948 年发起的一个更大的实证研究项目的一部分，该项目旨在分析经济周期中的货币因素。[64] 虽然这本书中有大量的图表，但并不包含这个更大项目产生的大部分统计数据，作者的分析也不具有从这一货币项目衍生出来的其他书籍所具有的相关性或回归分析特征。[65]弗里德曼和施瓦茨把这部作品的历史叙述说成是"统计工作的背景"，但他们也承认，统计工作和分析性叙述是相互影响的。[66] 在历史叙述和统计分析的背后是一个单一的"支柱"，那就是 NBER 于 1947 年开始编撰的货币系列。1947 年，刚刚被芝加哥大学经济系聘用的弗里德曼第一次参加朝圣山学社组织（致力于维护自由市场价值观）的会议，成员们担心凯恩斯主义、市场社会主义和欧洲政治混杂在一起会危及这种价值观。[67]

在《美国货币史》中，弗里德曼和施瓦茨相当宽泛地把"货币"定义为"所有现金加上商业银行中的所有存款"。弗里德曼在 1948 年对此进行了辩护，他呼吁人们关注货币作为一种资产的作用："'货币'与'近似货币'之间或'近似货币'与'证券本身'之间没有明显的分界线。任何要考虑'货币'作为资产所起作用的研究，也必须清楚地考虑到其他资产；实际上，从这个角度来看，'货币'和其他资产之间的任意界限很可能是在不同点上划定的，而不是在强调货币作为流通媒介的功能时的那个点。"[68] 正如这段话所暗示的——也正如弗里德曼和施瓦茨在书的结论中所强调的——货币"充满了神秘和悖论"，因为货币既属于经济的实体侧，也属于经济的金融侧。作为一种交换媒介，货币促进了实际的交易；作为一种资产，货币是众多债权中的一种；而且，更复杂的是，货币可以在实际交易中用来买卖金融债权。然而，如果弗里德曼和施瓦茨在他们的货币定义中留有一些回旋余地，他们就会把银行这样的内生机构视为货币供应的来源。事实上，当洛克菲勒基金会董事会主席沃尔特·斯图尔特（Walter Stewart）鼓励弗里德曼开始研究银行的借贷和投资活动时，弗里德曼拒绝了；洛克菲勒基金会也没有为这个项目提供资金。[69] 不管他们的定义有多宽泛，弗里德曼和施瓦茨关注的是货币存量的变化，因为他们认为货币是外生的，而且充足的货币供给是美国国家名义收入增长中最重要的因素。[70] 尽管他们确实提到了信贷供应等其他金融问题，并对许多学者认为是大萧条至关重要的因素（例如 20 世纪 20 年代建筑业繁荣或崩盘前的不良贷款决策）给予了一些关注，但他们总是会回到自己的中心话题——美国经济的"货币侧"。

在弗里德曼和施瓦茨的分析中，有三个因素决定了一个国家货币存量的变化。第一种是"高能货币"，它结合了"铸币或……作为政府的直接或间接负债的纸币"，以及 1914 年《联邦储备法案》之后作为银行储备金的"库存现金"，后者不仅包括公众的存款，也包括联邦储备系统对银行的存款负债。"这一总额被称为'高能货币'，是因为作为银行储备的这样的一美元货币，可能会创造出几美元的存款。"另外两个因素包括银行存款与银行准备金的比率和银行存款与现钞的比率。在影响美国货币供给的三个行为主体——美国政府、银行和公众——中迄今为止最具影响力的是政府。

此外，在弗里德曼和施瓦茨的分析中，无论从哪一点来看，美国政府都可以被简化为联邦储备系统，弗里德曼和施瓦茨经常简单地称之为"系统"。请注意，弗里德曼倾向于把美联储当作美国政府的唯一面孔——当然，这是唯一可以利用金融政策影响变革的部分——淡化了负责管理债务的财政部和更广泛意义上的财政政策的重要性，尽管税收可以提高财政收入。这种对美联储的强调，与旨在减少政府任何部门在经济中所扮演角色的弗里德曼的职业生涯是一致的。随着财政和金融政策被边缘化，他只需指责美联储，就能质疑政府采取的所有干预行动。

弗里德曼和施瓦茨认为，经验数据证明，美联储应该对货币供给量不可预测的变化负责，因为这些数据显示，金本位制经济与受制于美联储"无能"决策的经济形成了鲜明对比。"相较于在促进货币稳定的制度安排中进行深思熟虑且自觉的控制而言，金本位制这种盲目的、非设计的、准自动操作的运作方式最终产生了更大程度的可预测性和规律性，也许是因为它的准则是客观的和不可避免的。"在讨论大萧条的时候，他们明确地指责美联储："货币崩溃不是其他力量不可避免的后果，而是一个很大程度上独立的因素，对事件的进程产生了重大影响。联邦储备系统未能防止崩溃，这反映的不是货币政策的无能，而货币当局所遵循的特定政策，也在较小程度上反映了其中存在的特殊安排。"弗里德曼和施瓦茨提出的历史分析的要点是：货币力量很重要，如果政府不干预货币供给，稳定的货币供给将导致名义收入的增长。

在这个对美国新政的分析中，这项旨在稳定美国经济的措施既开创了一个可怕的先例，又强化了在 20 世纪 30 年代造成如此巨大破坏的机构。

扩大金融体系的权力比改变其结构更有意义。联邦储备管理委员会和联邦储备银行将该体系未能阻止 1929—1933 年的收缩和防止银行业恐慌归咎于其权力不足而不是其权力的使用。它既要求增加权力，又被敦促接受这些权力。按照这些原则采取的第一项措施先于恐慌：《格拉斯－斯蒂格尔法案》……扩大了美联储票据的可接受抵押品范围，并允许向成员银行提供基于任何资产的紧急预支款。1935 年《银行业法案》的其他条款都扩大了该系统的权力范围：（1）扩大联邦储备委员会改变准备金要求的权力……（2）扩大（联邦储备）银行的借贷权力……（3）授权该委员会设定成员银行定期存款利率的最高限额……（4）赋予该委员会权力，对银行和经纪人为购买和持有注册的证券而向其客户提供的信贷进行监管。

除了给无数美国人带来痛苦之外，美联储未能缓和 20 世纪 30 年代货币存量下降，还有另一种有害影响：它让经济学家和立法者相信，货币与"政府的财政干预和直接干预"不同，它对美国的生产率只起很小的作用。1935 年的《银行业法案》甚至赋予了美联储更大的货币供给权力，但这加大了弗里德曼和施瓦茨所认为的美联储干预造成的危害。20 世纪 50 年代，随着凯恩斯主义理论家强调货币政策对利率的"信贷效应"，而不是货币存量，美国进一步偏离了弗里德曼所认可的自由市场政策。美联储试图用反周期政策来指导经济，但不可预见的事件——朝鲜战争，然后是冷战——揭示了设计和安排合适的干预措施是多么困难。弗里德曼和施瓦茨对历史分析的结论表明，正是美联储未能履行 1946 年《就业法案》的授权，才使得政策制定者恢复理智。"结果是，美联储越来越重视货币政策，将其作为促进'充分就业'和价格稳定的一种手段。"

　　弗里德曼和施瓦茨从他们所分析的一个世纪的美国货币史中得出的结论是自相矛盾的，但他们明确表示："对 20 世纪 50 年代货币政策有效性的信心与货币稳定程度成反比。随着这种信心的增长，货币存量越来越不稳定。"换言之，只有认识到美联储引导经济的尝试是有缺陷的，才有可能让政策制定者给予市场（包括货币市场）繁荣和增长所需的自由。

　　鉴于弗里德曼致力于在经济分析中坚持实证研究，他可能会惊讶地发现，近几十年来，美联储已成为比 NBER 更有成效的经济数据来源，而 NBER 在 20 世纪的大部分时间里都扮演过这一角色。鉴于他对美联储干预市场的能力持怀疑态度，他可能也对美联储在 2008 年金融危机中实施的激进政策持保留态度。但是，几乎可以肯定，弗里德曼不会对美联储现在行使的权力的增加感到惊讶，这不仅是出于对市场波动感到震惊的政策制定者的要求，也是因为它与金融行业的关系，一些经济学家指责金融行业帮助和教唆了一个实际上自治的、无所不能的联邦储备系统。[71]

　　我们可以为弗里德曼的货币主义提供一个更广泛的背景，指出它在 20 世纪六七十年代经过激烈辩论，然后在 20 世纪 80 年代由新兴的古典经济学家，如背离了马歇尔局部均衡模型和弗里德曼所认同的货币主义的罗伯特·卢卡斯（Robert Lucas）和托马斯·萨金特（Thomas Sargent）等人进行了重建。然而，货币主义并没有被一套公理性的命题所定义，而是被由共同反对凯恩斯主义的稳定政策而结盟的货币经济学家，所共同享有的一套态度和技术假设定义的。根据托马斯·梅耶（Thomas Mayer）和马丁·布朗芬布伦纳（Martin Bronfenbrenner）的说法，在这些共同的假设中，有"对私营部门固有稳定性的信念""不喜欢政府干预""与其他经济学家相比，对通货膨胀的担忧比对失业的担忧要多得多""对小型而非大型计量经济模型的依赖""在货币因素对名义收入影响的主导意义下对货币数量理论的承诺"，以及"关注作为一个整体的价格水平，而不是个别价格"。[72] 正如我们将在第十章中所看到的，货币主义者也不同意菲利普斯曲线所暗示的失业和通货膨胀之间存在着权衡的观点。尽管新兴的古典经济学家在 20 世纪 80 年代抛弃了弗里德曼的马歇尔局部均衡模型，但他们保留了弗里德曼研究工作中的许多政策含义。[73]

《塞勒－克福弗法》

弗里德曼对《就业法案》的引用是有益的，他提醒我们，这些著作是在我们在本章开始时讨论过的社会和制度背景下编写的。除了布雷顿森林协议、1946 年《就业法案》和《美联储协议》之外，还有第四项措施对美国的金融产生了持久的影响，尽管它在大多数经济思想史研究中受到的关注比其他三项少，这就是于 1950 年通过的《塞勒－克福弗法》（Celler-Kefauver Act）。这项法案禁止公司通过战前使用过的横向兼并来垄断自己的产业。

在第一章中，我们看到，尽管 1890 年的《谢尔曼法》将掠夺性贸易行为、垄断和联合企业定为非法，但美国现代大公司能够通过合并现有公司来形成。在大萧条时期，当所有的生意都不景气时，这些大公司试图通过削减产量和保持价格来维持生存，希望能获得短期的利润。二战后，公司数量又开始增长。1950 年，为了阻止兼并和由此产生的经济活动集中，美国国会通过了《塞勒－克福弗法》。然而，这项法案并没有阻止所有的合并，而是实际上鼓励了公司间通过多元化而不是整合的方式来进行合并。在这项法案之后，最大的公司变得更加多元化，这导致了一种公司管理的新方法出现。这些新型现代大公司的管理者不再是从特定产品线的知识中获得专业知识，而是利用金融知识来评估和管理公司中除了创造短期利润以外几乎没有什么共同之处的那些部分。在这种"控制的金融概念"中，短期收益和高回报率是最重要的，没有产生盈余收入的产品线被认为是可以抛弃的。[74] 这些公司的参照组由跨不同行业经营的其他公司组成，业绩指标是回报率和股票价格。

管理者把公司看作资产的一种组合，他们经常接受财务管理或会计方面的培训，开始使用创新的金融技术，例如杠杆控股收购，以增加利润和市场份额。[75] 1962 年，《财富》杂志的一篇文章指出，在过去 10 年里，美国企业发生了巨大的变化："顶级财务管理人员现在参与从兼并到预算，再到人事和市场营销的各方面工作。他们也吸引银行家和股票分析师。因为他们对公司的了解比任何人都多，所以他们往往最终会直接坐到公司的支配位置上。"[76] 财务管理人员不仅占据了大公司的支配位置，当他们建立了从金融衍生出来的业绩指标时，他们还将诸如回报率等财务原则的地位，提高到用来衡量实际商品产出的数量指标之上。由此产生的将商业和工业过程抽象为金融测度指标的做法，将成为 20 世纪末期发展的新产业的标志之一。

从制度主义到凯恩斯主义的美国货币政策和财政政策：1950—1968 年

既然我们已经审视了经济学家为推进其学科而开发的一些数学、经验和理论工具，现在是时候再回到应用经济理论和工具的背景上来了，尽管有些工具并不像它们的创造者所希望的那样有效，而另一些并不是用来应用的。事实上，长期存在但一直在演变的经济学学科内部的分歧，是那些青睐"应用性"研究的人与追求更多"理论性"研究项目的经济学家之间的分歧，这使得我们不可能将学科内部的发展与美国立法者采取的政策直接联系起来。我们可以看到的是，在 20 世纪 50 年代，那些工作人员主要是组成联邦政府机构（例如由 1946 年《就业法案》设立的经济顾问委员会和联邦储备委员会）的经济学家，其员工主体都是由与这一学科的制度主义派别有松散联系的人构成的，即使他们没有用这个术语来描述自己（即便这些人不是受过学术训练的经济学家）。[77] 在一些领先的学术性经济系（如芝加哥大学、哈佛大学和麻省理工学院），这门学科最著名的学者都是在货币主义者、瓦尔拉斯一般均衡或凯恩斯主义传统中开展研究的。在整个冷战时期，博弈理论家和考尔斯委员会的学者从兰德等政府实体获得了大量资源，不过虽然他们的理论见解和数学方法受到了罗伯特·麦克纳马拉（Robert McNamara）和其他国家安全政府部门的构建者的重视，但是这些经济学家在经济顾问委员会或联邦储备委员会中并没有发挥突出的作用。[78] 在制度主义者短暂统治华盛顿之后，凯恩斯主义经济学家——他们中的许多人都是哈佛大学的阿尔文·汉森培养的，而且都精通保罗·萨缪尔森 1948 年的凯恩斯主义教科书——都对货币和金融政策做出了直接贡献。许多经济学家在 20 世纪 60 年代追随格哈德·科尔姆来到华盛顿。他们担任肯尼迪政府的职务，直接制定了这个任期不长的政府中一些最重要的法案，包括 1964 年的《减税法案》。这些经济学家使用的模型包含了对失业和通货膨胀之间关系一种具有争议性的重要理解，即菲利普斯曲线。

在 20 世纪 50 年代，华盛顿的大多数经济学代言人都属于这一学科的制度主义派。我们可以通过引用几个名字来了解 20 世纪 50 年代及在此之后制度主义者所施加的官方影响，其中许多名字已不再出现在本科经济学教科书中。阿瑟·伯恩斯是韦斯利·克莱尔·米切尔在国民经济研究所的门生（当时是米切尔关于经济周期的著作第一卷的合著者），杜鲁门总统时期（1945—1953 年）的 NBER 理事，艾森豪威尔总统时期（1953—1956 年）的经济顾问委员会主席，尼克松总统时期（1970—1978 年）的联邦储备委员会主席。莱昂·凯塞林是一位从事农业经济学工作的律师，曾帮助起草《社会保障法案》的部分内容，也曾担任杜鲁门总统时期（1950—1953 年）的经济顾问委员会主席，随后创立并领导了经济进步会议（Conference on Economic Progress，1954—1987 年）。哥伦比亚大学经济学家雷蒙德·索尼耶担任过艾森豪威尔总统时期（1956—1961 年）的经济顾问委员会主席，同时也是 NBER 金融研究项目的负责人（1946—1961 年）。威廉·麦克切斯尼·马丁的本科学位是英语和拉丁语，他从未获得过经济学博士学位，但在 1951 年担任美联储主席之前，他曾担任进出口银行行长（1946—1949 年）。马丁担任这一职位的时间比其他任何美联储主席都要长，他跨越了五任美国总统任期，一直任职至 1970 年。

我们把这些人与经济学的制度主义联系起来，是因为他们致力于将经验数据应用于实际问题，也因为他们认为经济政策适用的制度条件是随着时间的推移而演变的。当数据不支持特定的经济理论时，这些经济学家和其他制度主义者一样，往往愿意搁置理论结果，甚至把理论放在一边。制度主义者对理论驱动的计划持怀疑态度的一个很好的例子是他们与凯恩斯主义的复杂关系。虽然他们中的一些人认可凯恩斯本人的一些观点，但大多数人对凯恩斯主义的简单模型持怀疑态度，并对模型的经验基础和由理论驱动的长期赤字支出的智慧表示怀疑。[79] 反过来，一些最著名的美国凯恩斯主义者指责制度主义者明显与理论脱节。例如，保罗·萨缪尔森曾嘲讽道，"对经济理论的敌视是唯一能确定制度主义者身份的徽章"。佳林·库普曼斯对伯恩斯和米切尔的经济周期著作的猛烈抨击导致了制度主义者和凯恩斯主义者之间的裂痕，即对"没有理论的测度"的争论。[80] 但是说所有的制度主义者都拒绝理论，就像指责考尔斯委员会的每一位成员都对数据漠不关心一样，是不公平的。与托斯丹·凡勃伦和约翰·R.康芒斯这两位有影响力的早期制度主义者一样，20世纪50年代的制度主义者确实持有理论信念，但他们的理论强调，历史背景比普遍的经济规律更为重要，经济行为是由培养习惯和体现惯例的制度所塑造的，而不是源于本质的人性。简言之，假设所有经济参与者都是理性主体的博弈论方法、只强调少数几个总体变量的凯恩斯模型，以及强调规则驱动的货币政策而非自由裁量权的货币主义理论，对于赞同制度主义的经济学家来说都是毫无意义的。这一时期的许多先进数学技术和教条理论似乎与这些经济学家无关，而这些人最直接地为总统提供建议，并在20世纪中叶制定了货币和金融政策。

我们可以从威廉·麦克切斯尼·马丁对通货膨胀的反应中看出这一点。作为美联储主席，马丁是这10年当中最具影响力的经济顾问之一，也是实施1946年《就业法案》和指导独立的新美联储的负责人之一，他为管理维持价格稳定和促进充分就业之间的紧张关系开创了一个先例。马丁把他倡导的政策称为"逆风而行"，以表明美联储公开市场委员会如何利用短期利率调整来抵消不可持续的经济强势或弱势。马丁的美联储只以国库券的形式进行公开市场购买，从而允许由市场设定长期债券利率。这些长期债券利率的上升或下跌将告诉美联储，市场是否认为美联储将始终如一地贯彻马丁所说的维持价格稳定的目标。因为他一再支持自己的立场，到

1960 年，马丁创造了一种环境，使市场产生了他的政策所要促进的价格稳定。

马丁的主要目标是稳定物价水平，用 1946 年《就业法案》的话来说，就是保护"购买力"；他把通货膨胀描述成"夜间窃贼"，并利用对通货膨胀的担忧来获得对自己政策的支持。[81] 1951 年 5 月，也就是马丁上任几周后，他在提交给众议院银行和货币委员会的一份报告中，把自己的货币政策投射到了大多数人伴随朝鲜战争而预期的"严重的通货膨胀危险"的阴影之下。马丁敦促立法者更新 1950 年《国防生产法案》（Defense Production Act）制定的信贷措施，并列举了一系列积极事态的发展状况——"有确凿的证据表明，银行储备减少了，银行贷款政策变得更加严格，而且，尽管为国防生产提供资金的贷款加速了，但银行信贷的全面扩张速度毫无疑问已经放缓"，对消费信贷的限制（比如汽车、耐用品和房地产的最低首付）减少了过度借贷。尽管取得了这些不可否认的成就，但马丁得出的结论是，像杜鲁门总统所希望的那样，将国防开支增加一倍，意味着"这个国家和国外的基本形势仍然具有很强的通货膨胀倾向"。他鼓励听众去感受并逆着通胀的风前行，说服他们以他的方式看待事物。[82] 他在过去 10 年的大部分时间里成功地控制了通胀压力，甚至以短暂的衰退为代价，在 1957 年和 1960 年使用了紧缩的货币政策，以抑制物价不稳定的迹象。

马丁的货币政策也表达了一种关于失业的观点，这一观点得到了这 10 年的经济政策制定者的认同。克里斯蒂娜·罗默（Christina Romer）和戴维·罗默（David Romer）认为，20 世纪 50 年代的政策制定者"相信通货膨胀随着总体就业率开始以适当的速度上升……而且试图推动经济高于充分就业将适得其反……因此，20 世纪 50 年代的模型认为，通货膨胀与失业之间存在着正向的长期关系"[83]。在 1955 年 8 月失业率达到 4% 的情况下，美联储公开市场委员会的一名成员将美国的经济形势描述为"沸水中的泡泡"，并担心这种泡泡"会给经济处于合适水平的生产能力带来压力……因此，相应的通货膨胀是不可避免的"。经济增长被认为不如马丁所倡导的稳定那么重要：1958 年，《总统经济报告》（Economic Report of the President）宣称，"在这种情况下想要加速经济增长，只有在产生通货膨胀的压力时才能成功"[84]。这一事实反映了 1956 年的《总统经济报告》中表达的立场："作为一个国家，我们坚持自由的经济和有竞争力的企业必须继续增长的原则，但我们不希望以通货膨胀为代价来实现这一目标，这不仅会造成不平等，而且迟早有可能导致萧条。"[85]

在 1959 年温和的经济衰退期间，人们对通货膨胀的担忧帮助约翰·肯尼迪击败了共和党候选人理查德·米尔豪斯·尼克松，并开创了一个新的财政政策体制。随着失业率上升到 7%，美国工业开始失去战后的领先局面，来自德国和日本的经济竞争，以及对来自其他国家意识形态领域的威胁的持续担忧，肯尼迪政府的"新经济学家"面临着一系列挑战。马丁仍是美联储主席，除了对通货膨胀的习惯性担忧之外，他还对美国黄金外流及其对美元价值的影响提出了新的担忧。为了阻止黄金外流和管理通货膨胀，马丁希望维持相对较高的利率，但肯尼迪新的经济顾问委员会成员（詹姆士·托宾、克米特·戈登和担任主席的沃尔特·海勒）有着不同的计划。受到凯恩斯主义理论的启发，并得到了新的统计模型的支持，这些新的统计模型估计了就业增加将如何提升美国国内生产总值，因此，这些经济学家青睐赤字支出和浮动的利率。从 1961 年开始，经济顾问委员会的经济学家开始制定减税政策，该政策在 1964 年实施时，代表了美国历史上最大规模的所得税减免。

1964年美国通过立法实现的转变，标志着美国政府经济行动以及货币政策和财政政策组合运用背后的理念的重大转变，这些新经济学家没有像他们的前任那样，提倡米尔顿·弗里德曼支持的政府退出，也没有像他们的前任那样强调价格稳定、货币约束和财政审慎，而是促进了政府赤字支出和短期内增加消费需求以减少失业，其长期目标是提高整体经济增长的政策。根据经济顾问委员会成员经济学家阿瑟·奥肯（Arthur Okun）提出的模型，失业率每减少1%，就会（通过对生产水平的直接影响和在经济萧条时期间接减少合同工的"就业不足"）产生3%的GDP增长。[86]根据肯尼迪政府发布的第一份《总统经济报告》（1962年），美国"合理且谨慎"的失业率为4%，减税是刺激总需求的主要手段。要用控制失业和促进经济增长的运动来取代反通货膨胀的政策，经济学家必须为持续发生的一系列通货膨胀现象寻求其他解释。因此，1962年的报告并不是把通货膨胀归因于需求过剩，而是归为耐用品生产的繁荣，以及工会和企业的力量。1966年的《总统经济报告》将食品和商品价格的上涨归咎于1965年的通货膨胀（当时失业率为4.5%），而次年的报告将这种持续的通货膨胀视为经济增长过快的一个迹象，而不是经济需求过大的表现。尽管财政政策制定者坚持认为这种通货膨胀情况会减轻，但在1967年下半年（当时失业率为3.9%），这一数字却在继续上升。[87]

肯尼迪政府的新经济学家相信，降低失业率以刺激经济增长比稳定物价更为重要，同时，他们相信失业与通货膨胀之间需要权衡。1967年的《总统经济报告》明确表示："经济现在处于失业率下降和物价上涨之间的权衡范围。"报告继续说："理想的利用水平的选择是一种社会判断，这需要在高就业率和合理的价格稳定的国家目标之间取得平衡。"尽管马丁仍是美联储的掌舵人，但货币政策制定者对产出和就业的可持续水平也持乐观态度，虽然他们比经济顾问委员会的同行更关心通货膨胀，例如早在 1968 年，联邦公开市场委员会就达成一致，认为通货膨胀率不久将开始下降。[88]

1964 年的《税收法案》实现了其缔造者的期望：它刺激了消费者支出，降低了失业率（仅略高于 4%）。它也极大地提高了经济学学科的声誉，就连凯恩斯激进主义的批评者，如米尔顿·弗里德曼，也不得不承认这一点。通过所谓"三驾马车"（经济顾问委员会、财政部和预算局的成员），然后是"四驾马车"（前三组成员加上美联储的官员）的非正式会议，税收运动的成功也重新调整了华盛顿的经济权力的平衡，赋予了经济顾问委员会比以前更大的影响力。同样重要的是，《税收法案》促使立法者相信，通过宏观经济建模可能实现的管理，可以促进实现美国国民经济增长的新目标。[89]

支撑肯尼迪政府的新美国凯恩斯主义政策的许多最重要的宏观经济模型都是由詹姆士·托宾创立的，他既是经济顾问委员会的成员，也是耶鲁大学的经济学家。20 世纪 60 年代，托宾将减税模式置于他更大的理论议题背景下：凯恩斯理论的微观基础的具体细节。托宾作为于 1955 年搬到耶鲁大学的考尔斯基金会主席，继续进行着对阿尔弗雷德·考尔斯的投资理论和雅各布·马尔沙克的投资组合选择的研究。在第九章中，我们将回顾托宾对投资理论的贡献。在这里，我们剖析了托宾对一个用来估计货币政策和金融中介之间关系的模型的描述，以及他 1981 年在诺贝尔奖颁奖典礼上的演讲，因为这些论文展现了托宾在阐述科普兰和戈德史密斯所揭示的金融"渠道"上的理论贡献。

1963 年，托宾与他之前的研究生，后来成为耶鲁大学同事的威廉·布雷纳德共同发表了一篇文章，在该文章中，托宾提供了一系列模型，展示了金融中介机构是如何影响政府货币控制的。托宾－布雷纳德模型都是从希克斯的 IS-LM 模型演化出来的，试图阐明"银行金融中介的影响、银行业务不受监管的后果以及以各种方式对银行进行监管的效果"[90]。这些模型表明，金融中介对货币控制的有效性来说至关重要：在某些情况下，银行和非金融中介机构之间的相互关系，以及监管和利率之间的关系削弱了货币控制的影响，但在所有情况下，"货币控制仍然有效"。为了与肯尼迪的税收计划保持一致，托宾的模型将支持政府管理金融体系（在这种情况下是通过货币控制）与拒绝仅使用美联储的货币控制措施结合在一起，这些控制措施不受其他财政政策的约束，也不考虑其他因素。"提高系统对控制手段的反应能力也可能增加其对随机的外来冲击的敏感性。此外，扩大对金融中介机构和市场的控制不仅涉及对经济稳定的考虑，还提出了公平、配置效率和政府权力范围的问题。"

如果托宾在 20 世纪 60 年代的研究能预见后来关于货币政策的"银行贷款"或"信贷渠道"层面的研究工作，那么他在随后的几十年中建立的模型则阐述了货币、金融和财政政策之间的相互关系。[91] 在 1981 年诺贝尔获奖颁奖典礼上的演讲中，托宾用以下三个观点作为开场白：宏观经济学家的目标是阐明"经济相互依存"；他的一般均衡模型不是封闭的，而是"取决于外部参数，包括由决策者控制的工具"；他的"替代框架"建立在凯恩斯－希克斯 IS-LM 模型基础上，但其目的是修复这一模型的一些"缺陷"。[92] 托宾承认，货币经济学家的共同愿望是找出人们愿意选择并持有金融资产的"基础"，"这些资产对效用或技术没有内在贡献"，但他将自己的工作与罗伯特·卢卡斯强调"个体主体的优化行为"的理性预期模型，以及米尔顿·弗里德曼将货币政策视为中央权威的唯一保留的倾向区分开来，"而弗里德曼没有清楚地描述执行该政策的行动"。我们马上就会回到理性预期理论和真实经济周期经济学家（托宾后来把他们描述为"敌人"）的问题上来。[93] 托宾还把他的模型与肯尼斯·阿罗的状态依存模型（contingent state models）区分开来，我们在第九章中将回到这个模型。托宾同意阿罗的观点，即如果期货市场和状态依存存在于包括金融资产在内的所有商品中，那么就有可能建立起适用于整个经济的一般均衡模型。但储蓄的独特性质和缺乏对这种市场的结合意味着"金融和资本市场最多是非常不完美的储蓄和投资协调人"[94]。托宾继续说道："这种协调失灵是宏观经济不稳定以及实施宏观经济稳定政策的可能性的根本来源。"

为了确定最佳的稳定性政策——在托宾看来，这些政策包括货币政策、财政政策和金融政策——他设计了将储蓄和投资组合决策结合起来的模型，将存量和流量的观点结合起来，并将时间标识放在金融中介以及财政政策和货币政策的各种组成部分上。他的模型还估计了"内部货币"需求影响"外部货币"需求的方式，"内部货币"是指私营部门在金融中介化过程中产生的信贷和债务，"外部货币"指的是中央货币管理机构创造的高能或"基础"法定货币。[95] 虽然他的模型旨在为源自美联储和财政部的政府政策提供参考，但托宾还指出，金融体系的总体"趋势"正朝着一种更不可预测，也可能更难以控制的增长模式发展："金融体系的趋势是扩大拥有可变市场决定利率的资产范围，这是通过增大基础货币供给的杠杆和对市场利率的等效冲击来实现的。这一趋势使希克斯的'LM'曲线更接近垂直，从而使财政政策和其他'IS'冲击变得不那么重要了。"

托宾在 1981 年的演讲中展示了我们在前几章中所研究的金融理论的组

成部分，是如何融入 20 世纪 60 年代主导美国政策的凯恩斯主义宏观经济模型的。托宾的模型吸收了凯恩斯的《通论》和约翰·希克斯 1935 年发表的关于货币的文章的见解。它借鉴了与阿尔文·汉森有关的经济"货币观"、麦考利在资产类别方面的研究、马尔沙克在资产选择方面的研究、戈德史密斯对金融渠道的分析，以及格利和肖关于内部货币在金融体系中所起作用的理论解释。托宾的模型还依赖于科普兰的资金流量账户所形成的资产负债表方法，而他对关键会计平衡的强调——例如，家庭对期末持有资产的需求，必须等于家庭对期末财富的需求——使他能够超越大多数其他宏观计量模型所共有的流量分析。他的"财富效应"理论，以及他关于实物资产的市场价值与重置成本比率"Q"的理论发展，对经济理论和金融做出了重大贡献。事实上，后一种观点即"Q"作为"金融市场与商品和服务市场之间的联系"，对经济的实体侧和金融侧之间的联系进行了理论化。[96]

虽然美国凯恩斯主义者在制度主义学派官僚的帮助下，在 20 世纪 60 年代统治了美国的货币政策和财政政策，但他们的统治很快就会被外部因素（20 世纪 70 年代石油问题的冲击）和不同寻常的政府行为（为越南战争和约翰逊政府发起的普惠运动提供资金的企图）的叠加所终结。我们在第十章中会回到这些事件。在此，必须承认至少有一位美国经济学家在海湾国家建立 OPEC（石油输出国组织）之前就已经发出了对于凯恩斯主义势力过大的警告。1967 年，米尔顿·弗里德曼在美国经济学会发表讲话，坚称以托宾的凯恩斯主义宏观经济模型等为基础的货币政策从长远来看不会有效。弗里德曼提出了两个关键的观点。首先，他认为失业与通货膨胀之间的统计学意义的权衡（菲利普斯曲线）是凯恩斯模型中的一个关键的计量经济学假设，它只描述了一个短期现象，因为它既没有考虑到人们在政府调整货币政策时形成的预期，也没有考虑到新政策的实施与预期动态之间的时滞。"让更高的货币增长率导致不断上涨的价格，让公众开始预期价格会继续上涨。然后借款人将愿意支付，而贷款人将进而要求更高的利率——正如欧文·费雪在几十年前指出的那样。价格预期效应进展缓慢，而且消失得也缓慢……这些后续效应解释了为什么每一次将利率保持在较低水平的尝试都迫使货币主管机构进行越来越大的公开市场购买。"[97] 弗里德曼的第二个论点是菲利普斯曲线未能区分名义价值和实际价值——无论是名义利率与实际利率，或是名义工资与实际工资。

货币管理当局控制名义数量 —— 直接控制自己的负债数量。原则上，它可以利用这一控制来固定名义数量 —— 汇率、价格水平、国民收入的名义水平、货币数量的增长率。它不能利用对名义数量的控制来固定实际数量——实际利率、失业率、实际收入水平或实际货币数量的增长率。

当菲利普斯曲线的模型在 20 世纪 70 年代失灵时，美国凯恩斯主义名声扫地。在美国经济陷入滞胀——面临高通货膨胀和增长停滞叠加的危险——的重压下，政策制定者转向了以一系列不同的宏观经济模型作为指导。然而，他们使用的模型——动态随机一般均衡模型——在大幅增长的金融部门中却没有一席之地，而后者已经开始重塑美国经济了。

新古典增长理论

在 1962 年提交国会的《总统经济报告》中，肯尼迪总统赞扬 1946 年

《就业法案》指导了 20 世纪 50 年代的美国政策，但他也确定了一个新的目标，旨在将他的政府与杜鲁门－艾森豪威尔时代区分开来，即"经济增长的加速"。[98] 为了实现肯尼迪的目标——每年增长 4.1%，或在 1960—1970 年增长 50%——美国已与其他 19 个成员方一道加入了经济合作与发展组织。总统进一步对国会宣称，未来的财政政策和货币政策不仅将支持经济稳定，还将支持旨在加速增长的计划。除了削减投资税和更宽松的折旧备抵外，这些政策还包括增加教育和 NASA 最近推出的航空航天计划等领域的开支。

经济顾问委员会随之在 1962 年发布的报告中更加明确地表达了肯尼迪的愿景，三人委员会宣称："稳定性政策是不够的。"虽然以前美国对扩大需求的关注仍然重要，但现在是时候以"私营和公共部门共同努力，加快潜在产出增长"了。为了避免美国人担心从促进需求的政策转向鼓励供给的政策会损害国家的福祉，该委员会向其听众保证，"稳定性政策和增长政策的目标被结合在了一起"。该委员会得出结论说："生产能力本身并不是目的，而是满足需求和履行职责的工具。"

从强调稳定到强调供给的转变表明，肯尼迪政府对经济学家自 20 世纪 30 年代以来一直在发展的理论模型保持开放态度；这些模型支持了鼓励增长，特别是（虽然不只是）技术增长的政策。伴随而来的经济理论也构成了 20 世纪 70 年代将重新出现的供给经济学的早期版本。影响肯尼迪和他的经济顾问——沃尔特·海勒、科米特·戈登和詹姆士·托宾——的增长理论的变体，最直接地借鉴了罗伯特·默顿·索洛在 20 世纪 50 年代开发的模型。索洛则试图改进罗伊·哈罗德和埃弗西·多马（Evsey Domar）分别于 1939 年和 1946 年推出的增长模型。在 20 世纪 50 年代，萨缪尔森、詹姆士·托宾和其他凯恩斯主义理论家也设计了增长模型；从 20 世纪 30 年代到 20 世纪 50 年代中期，正如我们在第六章所看到的那样，华西里·列昂惕夫曾致力于研究旨在描述美国各行业增长的投入—产出模型。[99] 20 世纪 70 年代初，几十年来关于增长理论的研究被戴尔·乔根森（Dale Jorgenson）称为"罕见的专业共识"，这以 1970 年索洛的《增长理论》（*Growth Theory*）的出版，以及在 1971 年国民收入估计奠基人西蒙·库兹涅茨的《国家的经济增长》（*Economic Growth of Nations*）的出版为缩影。[100] 库兹涅茨因其在增长理论方面的工作而获得了 1971 年的诺贝尔经济学奖，而曾在哈佛大学担任过列昂惕夫研究助理的索洛于 1987 年因其增长模型也获得了该奖项。

索洛认为，增长理论的"发明是为了提供一种系统的方法来讨论和比较经济的均衡路径"[101]，其方法是研究技术变革是如何提高劳动率的。它是一种可以将增长归因于劳动增强型技术或技术进步率的方法。虽然 20 世纪 50 年代的增长理论与凯恩斯主义理论是一致的——凯恩斯主义者萨缪尔森和托宾都致力于增长模型的研究——这些模型的政策含义背离了旨在维持（或恢复）稳态均衡的凯恩斯主义政策。事实上，索洛的增长模型是对凯恩斯的《通论》的一种含蓄的否定，从某种意义上说，它们把后者作为一种只涉及了非常短的期限的特殊理论。在索洛看来，为了实现增长，政策必须设法推迟目前的消费，以利于在未来享有更高的消费水平。就像索洛所说的："增长理论提供了一个框架，在这个框架内，人们可以认真地讨论宏观经济政策，这些政策不仅能实现并保持充分就业，而且能在当前消费和未来消费之间做出深思熟虑的选择。"这些模型构成了经济理论的一个新方向：基于对长期趋势的新关注，它们不仅将重点从需求转向供给，还补充了经济学家对短期经济波动（经济周期）的长期兴趣。

索洛在 20 世纪 50 年代发展起来的模型是新古典的长期增长模型。它们假定了充分就业和一个无摩擦、竞争性的因果系统，同时他们把技术变化视为外生变量。通过放松那些较早时期学者的固定比例假设条件，索洛的模型突破了哈罗德－多马模型（"经济系统最多能够在均衡增长的刀刃上实现平衡"）的悲观含义。[102] 索洛得出的结论是，模型中最重要的变量是资本强度的变化，"最广义的技术进步速度"决定了"每单位劳动投入所带来产出的永久增长率"。索洛在 1956 年写道，"这一分析的基本结论"就是"这一制度能够适应劳动力的任何增长率，并最终接近稳定的比例性扩张状态"。

索洛知道，他的模型并没有解决从短期波动转向长期趋势所涉及的所有问题。他承认，20 世纪 50 年代的增长理论变体无法解决短期波动导致的偏离长期均衡路径的问题，他也知道自己的增长模型所隐含的资产定价理论只适用于"平静环境"，而不是 1987 年道琼斯工业指数下跌 22.6% 时所经历的那种"动荡情况"。[103] 他的模型所鼓励的乐观情绪出现在 1963 年，换句话说，在那时肯尼迪宣布美国经济转向增长似乎是有道理的，但随着全球股市在 20 世纪 70 年代开始以索洛的模型未能预测的方式增长，理解增长以及股票定价的新方法变成了人们的迫切需求。

第九章

现代金融

现代资产组合理论的起源

我们在上一章讨论的方法、数据、理论、建模和宏观计量经济学方面的创新都是在经济学的学科范围内发展起来的，即便它们的创建者不是学院派经济学家。虽然这些创新有时相当抽象或是基于不切实际的假设，但所有这些都是直接或间接地用来协助政策进行决策的。作为配置有限资源的工具，这些创新是经济学理论和实践的外在表现，即使在这一学科的理论核心发生显著改变时也是如此。

从某种意义上说，现代金融起源于经济学。从另一种意义上来说，金融的根在每一门大学学科之外，在和交易本身一样古老的商业实践、学徒制和行会、农产品期货市场以及将商业技能传授给年青一代的商业和会计学校中，都可以找到金融的踪迹。[1] 一旦同时居于大学之内，经济学和金融学之间就有了复杂的关系。从某种程度上说，它们从 1970 年开始就有了机构层面的分歧，随着后者在商学院找到了家，经济学家和金融理论家之间的分歧似乎越来越大，即使有两所大学——麻省理工学院和芝加哥大学在这两门学科上发挥了重要的影响力，它们都将经济系与商学院紧密结合在了一起。正如经济学产生的理论可以用来制定政策一样，金融学通常也会产生一些产品。无论这些产品来自商学院还是经济系，它们通常都被用于证券市场，就像我们在第四章中所概述的那些市场一样，同时，它们也被越来越多地应用于电子交易中，在那里，如今每天有数十亿美元通过大量的金融工具进行交易。综合起来，这些产品，连同支撑它们的有形的和理论上的平台，构成了现代金融的核心。

金融可以成为经济学学科中一个独特的子领域的思想，最初是在1940年被提出的，当时一群对金融感兴趣的经济学家发起成立了美国金融协会（American Finance Association，AFA）。然而，尽管有这种一闪而过的认可，但金融始终处于两次世界大战之间时期的学科边缘地位，即使美国经济学会指定的14个子领域包括了"公共财政"和"私人金融"，这一新学会的成员人数仍然"贫瘠"，只有23个人名被列入该组织的首个花名册之中。[2]

与此形成对照的是，在1970年，美国金融学会的会员人数增加到超过5 000人，该子领域已经确定了一组权威的基本教材，金融和与金融有关的课程构成了经济学和商学院课程的主要内容。[3]美国金融学会成立后不久就开始出版自己的杂志，但由于战争而被中断，《金融学杂志》（*Journal of Finance*）直到1946年才开始定期出版。那时，对于这一子领域而言，战争是一个黑匣子，它使得大多数人无法看到工具和理论是如何被改进、应用和深刻改变的，因为它们是为战时部署而被改造的。战后，该杂志的订阅量开始增加，对感兴趣的读者来说这一领域也变得可见。学术领域的爆炸式增长只是20世纪末金融迅速崛起的一个方面。另一个方面是华尔街和伦敦金融城等投资中心的改造，这些投资中心的企业开始雇用刚毕业的 MBA 学生和接受过金融培训的学生。这些现代金融中心长期进行疯狂的"凭直觉"完成的交易，此后逐渐演变成由理论驱动的、依赖于模型的、计算机化的综合体，具有精巧细致的投资风格，他们既雇用又帮助培训员工，为不断增多的机构和私人投资者销售和设计新产品。

套期保值

尽管少数学者，特别是弗兰克·约万诺维奇，注意到了现代金融学与农业经济学之间的关系，但在 20 世纪的前几十年里，没有人探讨过这些领域之间的复杂关系。[4] 这一关系的复杂性反映了这两个领域关心的问题之间的滞后性。一方面，由于期货市场在农作物生产的经济学中一直扮演着重要角色，农业经济学家反复讨论着一些金融问题，比如投机性价格，这后来成为现代投资组合理论的核心。另一方面，因为 1972 年以前金融合约中没有期货市场，例如，没有投资者可以对货币期货进行投机的正式交易所，在 20 世纪 70 年代中期以前，期货只在金融学课程的教学大纲中占据边缘的位置。正如理查德·惠特利（Richard Whitley）所表明的，这些课程往往侧重于"制度安排、法律结构，以及公司和投资项目的长期融资"[5]。它们往往是实践性的，教授的是税收、价格、保险和会计的经验法则，同时将对"投资"的讨论限制在流动性和养老金融资等话题上。在对《金融学杂志》上发表的文章的分析中，彼得·L.伯恩斯坦报告只发现了 5 篇"可被分类为理论而非描述性的"且包含了数学内容的文章。[6]

在 1962 年，刚从斯坦福大学食品研究所退休的农业经济学家霍尔布鲁克·沃金（Holbrook Working），发表了一篇概述过去 40 年农业经济学家所取得研究成就的文章。[7] 沃金强调了农业经济学家取得的 6 项突破，其中 5 项对于金融的变革而言至关重要。首先，作为对 1922 年成立的谷物期货管理局（Grain Futures Administration）带来的可靠数据收集工作的响应，杜维尔（Duvel）等经济学家重新思考了大宗商品期货市场的功能。他们没有把这类市场视为所有权转移的场所，而是认为期货市场的"存在主要是为了促进合约的持有"。然而，自相矛盾的是，通过强调期货是一种直到资金转移结算之前都保持开放的合约式债权，大宗商品期货成了所有期货在金融层面和所有特定金融债权的契约性质的原型。为了研究开放式合约在这些市场中的运作方式，杜维尔和他的同事引入了新的术语——"多头头寸""空头头寸""多头套期保值"和"空头套期保值"。通过采用这种开放式合约的概念，引发了针对套期保值行为的新的定量研究，而这是一种如果统计学家只追踪实际交易就无法对其进行测度的活动。[8]

对套期保值的统计和理论上的重新思考，引发了农业经济学家的第二个创新：套期保值市场的概念。谷物期货管理局的一位职员欧文，没有把期货市场视为投机市场，也没有将套期保值视为投机的"幸运副产品"，他跟踪记录了黄油和鸡蛋期货市场的套期保值净额，以表明形成期货市场的激励因素并非来自投机者，而是来自套期保值者。根据沃金的观点，这项工作使得欧文认为"期货市场不应被视为主要是投机性市场，而应被视为主要是套期保值市场"，同时这种多头套期保值"创造了对于做空投机的需求"。通过扭转投机和套期保值之间的优先顺序，欧文展示了将套期保值按其自身条款视为一种离散的投资策略的好处，同时他也使长期以来被人们认为与赌博近似而受到诟病的投机概念重新焕发生机。[9]

一旦农业经济学家开始研究套期保值，他们就会发现套期保值不仅仅涉及规避风险。事实上，他们认为，套期保值具有许多功能：它可以用来确保利润，在价格关系中（不仅仅是在价格变化中）预测利润，简化商业决策，避免损失（而不是简单地避免风险），利用当前价格（以预期未来价格变化），或抵消预期损失。所有这些功能都突出了套期保值的两个组成部分：成功的套期保值者需要拥有的专业知识，或"特殊知识"；以及这些知识使他能够做出的相对决策，或"在备选方案之间做出的选择"。第一个部分被证明对现代金融理论至关重要，因为信息和预期的结合被认为是市场行为的基础。第二个部分不仅与博弈论范式相契合，总是强调决策和选择，而且与从相对利益的角度衡量备选方案相契合，这是理性假设和资产配置的基石。

在沃金的论述中，农业经济学家的第四个贡献阐述了不同经济因素的关系构成，在这种情况下是现货价格和期货价格之间的关系。而经济学家长期以来一直认为，取决于某些商品当下的丰富程度或稀缺程度的现货价格与取决于随后收获的期货价格之间没有必然的联系，从 1933 年开始，农业经济学家就证明了这种关系确实具有规律性。"实际上，一个遥远的、新收割的小麦期货价格的任何变化往往都伴随着目前可用于供给的小麦价格的均等变化。"这种关系之所以存在，是因为有买方对未来价格的预期，即使在有关商品可以储存时，甚至在未来相当遥远的时候也是如此。这反过来意味着，即便是那些有形的，而且一经消费就消失的商品，消费者对未来的看法也会对它们当前的货币价值产生深远影响。从期货市场的角度来看，大宗商品与金融债权的相似程度，超出了经济学家此前的想象。

与现代金融理论最明显相关的农业经济学突破，阐述了信息和预期对

1900 年路易·巴舍利耶（Louis Bachelier）提出的观点，即证券价格变化是随机的，或符合一种随机游走。在沃金的描述中，只有当与"完美期货市场"的关系得到解释时，随机游走才具有经济学意义。沃金没有提到保罗·萨缪尔森，尽管他是发现巴舍利耶研究成果的经济家之一；在他看来，农业经济学家之所以领先，是因为他们对期货市场有经验。

大约 25 年前，当人们注意到某些价格特征时，这一发现没有引发任何评论，显然也没有引起统计学家或经济学家的持久兴趣。这是一种没有经济意义的事实观察，即使对那些理解随机变化和随机游走之间技术区别的人来说也是如此。但目前这一发现的经济意义已经被找到了：期货价格的纯随机游走是期货市场完美运行所导致的价格行为，完美的期货市场被认为是一个市场价格在任何时候都能对期货合约交付日价格的现有信息做出最佳估计的市场。

据沃金说，这一见解使农业经济学家设计了"对期货价格能够进行可靠预测的经济概念，也就是说，它们代表着当前对未来前景的最佳评估的紧密近似"。

当沃金阐述商品期货中的"随机游走"概念时，他强调了这一概念在其他经济学者的分析中已经隐含的但并不总是给出细节的特征。例如，通过引用阿尔弗雷德·考尔斯和琼斯（Jones）的一篇论文，沃金指出，"在统计序列中，随机游走不是任何一个特定检验可能检测到的具体特征，而是一个术语，指的是没有任何系统性的特征，即没有任何类型的'结构'"。沃金指出，期货和股票价格中最常见的"结构"类型是趋势和周期，但在讨论随机游走中没有结构性问题和在相关性分散等现象中揭示的"二级结构"时，他还暗示，对于某些分析中，例如在不确定条件下的投机价格或预期价格分析，必须对统计序列进行结构调整，使之具有理论意义，并合理地选择具有不确定风险和收益的证券。当他努力解决现有观念和数据不足的问题时——"在这个术语的全部意义上，期货价格能被可靠预期的观念，显然并不完全符合事实"——沃金承认了建模在这种复杂情况下所起的关键作用。可靠地预期性期货价格的观念"避免了期货价格的变化在很大程度上是毫无根据地呈波浪式波动这一观念中存在的严重错误表述，而且，作为一个为了简单起见、完全不能代表全部事实的观念，它本身的误述是不可避免的"。

通过将"投机价格"表述为"预期价格"，以及将投机性风险描述为可发挥多种功能中的一种套期保值，沃金消除了风险承担的贬义内涵，并使风险管理成为良好业务的核心组成部分。这些理论修正预示着对金融学中出现的投机价格进行的重新评估——这种重新评估在 20 世纪 70 年代被用来证明金融期货交易的合理性。随着农业经济学家引入的这些概念在后来的 20 年中得到了调整，它们帮助理论家使风险转移成为经济的金融侧交易中心，并将预期和信息明确为这种转移的关键组成部分。

相关性分析和多元化

大多数学者认为，哈里·马科维茨在 1952 年发表的《投资组合选择》一文是现代金融理论的单一来源。[10] 在我们看来，马科维茨的文章与其说是新事物的开始，不如说是 1935 年约翰·希克斯发起的均值 – 方差选择革命的逻辑延伸，这场革命由海伦·马科尔和雅各布·马尔沙克于1938年进行了扩展，并由库普曼斯、丹齐格和沃德在1949年描述的线性规划方法加以扩充。马科维茨对投资组合问题的分析也不是1952年发表的关于投资组合选择的论文中唯一的一种均值－方差方法。同年，正在学习哈拉尔德·克拉梅尔（Harald Cramér）的《数理统计方法》（*Mathematical Methods of Statistics*，1946）的 A. D. 罗伊（A. D. Roy）将克拉梅尔的方法应用于资产持有理论，即不是特定的证券投资组合，而是一般的资产，其中可能包括金融资产。罗伊展示了克拉梅尔对损失的数学期望计算均值和标准差的精算技术，如何能够被推广为一种持有风险资产组合的"安全第一"准则。罗伊结合对资产回报的数学期望和该项回报的预期方差的计算，与投资者持有的资产之间的相关性分析，得出了安全第一准则。[11]

马科维茨的相对风险理论和罗伊的安全第一准则中的关键思想是，相关性分析是投资组合多元化的关键。在前几章中，我们看到亨利·勒德维尔·穆尔、阿尔弗雷德·考尔斯和简·丁伯根都使用了相关性分析，我们也看到欧文·费雪、戴维·多德和本杰明·格雷厄姆都主张多元化投资。但是，只有当相关性技术被应用于资产持有或投资组合选择的理论时，多元化的数学理论和相对的风险度量才变得可用。通过将具有相关性的数学应用于资产价格的统计事实，罗伊和马科维茨能够看到，投资组合中持有的资产的预期收益是可加的——总收益可归因于按其在投资组合中的代表性比例加权的每一项资产——但投资组合的方差及其标准差或风险并不是可加的，因为不相关资产以不同的模式上下波动。如果一些证券价格上涨而另一些证券价格下跌，那么投资组合的综合波动性小于所有证券波动之和的加权平均值。在某种程度上，单个证券的运动是相互独立的——可能是因为它们受到不同外部因素的影响——价格的波动，因此带来的回报形成了多元化的"保护伞"。由于复利的魔力，这种益处会随着时间的推移而显现：如果两个投资组合的预期回报相同，但波动性不同，那么波动性较小的投资组合将比波动性较大的投资组合更快地创造财富。

马科维茨和罗伊在1952年的文章中对弗兰克·奈特在1921年提出的统计学上可衡量的（因此是可保险的）风险和不确定性是受不可知因素的影响，以及不确定性之间的区别给予了更具体的描述。这些文章还超越了本杰明·格雷厄姆和戴维·多德对绝对意义上的风险的描述，欧文·费雪所认为的风险"不适用数学公式表达"的判断，以及约翰·伯尔·威廉姆斯对回报的现值分析。[12] 我们应该注意到，为了得出结论，马科维茨简单地把他认为是投资组合选择的第一阶段，即投资者形成"对可得证券未来绩效表现的信念"的过程放在了一边，而强调了第二阶段，在这一阶段，投资者从信念转向理性选择。[13] 因此，马科维茨回避了投资者如何做出决策、形成预期和提高他们对风险的具体承受能力的问题，但他能够证明，"正确类型"的多元化可以减少方差（围绕均值的波动），从而增加投资组合的总体回报：如果选定的股票互不相关，那么通过两两相互对应计算出的投资组合中所有股票的预期风险与回报率的最优关系，就构成了最"有效"的投资组合。

线性规划的另外两个应用很快补充并简化了马科维茨所描述的这种劳动密集型方法。[14] 第一个是由托宾于1958年提出的，我们在第八章中讨论了他与布雷纳德的研究。虽然托宾对金融中介分析的贡献与他的投资组合分析之间有一些连续性，但是这两种研究有不同的侧重点。托宾的金融理论在很大程度上分析的是资产组合的选择。在《流动性偏好作为对风险的反应》(Liquidity Preference as Behavior toward Risk)一文中,托宾引入了"分离定理"(separation theorem),该定理概括了可用的资产类别,将它们简单地表示为现金或非现金。前者是无风险的,后者是有风险的。托宾的无风险资产被描述为"可销售的、货币价值固定的、没有违约风险的",可以用政府发行的国库券来表示,但通常被简单地称为"货币"。托宾的这种简化的优点是证明了投资者的风险承受能力和财富并不影响投资经理对流动性比率的选择,流动性比率独立于集合在投资组合中的一篮子高风险资产。托宾还将马科维茨建立风险与回报之间关系的模型扩展到包含证券和货币的投资组合中。托宾关于无风险资产和高风险资产之间特殊关系的理论也揭示了凯恩斯"流动性偏好"的行为基础,也就是说,它帮助托宾解释了为什么投资者持有现金,尽管现金赚不到利息。

连同马科维茨的投资组合理论一起,托宾的分离定理被用来支持货币市场基金,该基金最早在 1971 年被引入。货币市场基金提供了一种方法来规避萧条时期的"规则 Q"的限制,即禁止银行支付活期存款利息。在美国证券交易委员会的监管下,货币市场共同基金限制了投资者由于信贷、市场或流动性风险而遭受损失的风险,通常情况下,它们是投资者持有资金的安全方式,因为它们寻求维持稳定的 1 美元的每股收益。

这两篇足以单独成书的分析文章促使投资组合理论成为金融学课程的一部分,而且不久之后,投资者就更容易使用它了。哈里·马科维茨 1959年的《投资组合选择》一书扩展了他在 1952 年发表的论文,并提供了支撑论文中假设的叙述。在题为"不确定性下的理性选择"(Rational Choice under Uncertainty)一节中,马科维茨总结了我们已经遇到的许多理论和技术:在博弈论和统计决策理论中发展起来的信息和选择的概念、与线性规划和活动分析相关的计算过程、"理性人"的思想、"预期效用最大化"的概念，以及贝叶斯（或"个人"）概率分布和偏好。马科维茨运用集合论，给出了理性行为的三个公理，并用集合论的语言做了表达。他使用向量符号、程式化的轮状图、矩阵和示意图来表示决策者可用的组合。但是，虽然他在文章中提到过伦纳德·吉米·萨维奇的名字，也在参考文献中提到了冯·诺伊曼、摩根斯特恩和马尔沙克的几部作品，但马科维茨并没有详细讨论这些作品中的任何一部。我们指出这一点并不是为了指责马科维茨的直率，而是要强调，随着投资组合理论被接受，理解其起源或思想方法是如何从早期的争议中获胜的，似乎变得越来越不重要了。到目前为止，金融领域的几代研究者已经阅读了马科维茨这本出版于 1959 年的书，书中为投资组合理论提供依据的假设已经被吸收，并消除了它们与军事的渊源。此时，投资组合理论隐含的投资策略也被无数投资顾问用来帮助个人和机构投资者构建"有效"的投资组合。

主观概率理论

20 世纪 50 年代初，大多数对金融话题感兴趣的经济学家开始就至少一种基本假设达成共识。在《博弈论与经济行为》一书出版后，他们普遍认为，那种基于效用的选择理论不应再根植于 19 世纪边际效用的观念，而应根植于一种公理化的理性的认识论。冯·诺伊曼和摩根斯特恩引入的理性假设，后来由马尔沙克进行了扩展，这些假设都基于频率论的框架和客观概率分布，但正如我们在第八章中所看到的，到 20 世纪 50 年代，统计学的频率方法得到了统计理论家系统阐述的主观概率方法的补充，这些理论家包括芝加哥大学的统计学家伦纳德·吉米·萨维奇、哈佛大学管理经济学家霍华德·雷法和罗伯特·施莱夫（Robert Schlaiffer）。这些理论家对期望值和概率分布提出了一种主观的贝叶斯方法，用来描述在此基础上做出选择的结果。这种概率论的方法给投资组合理论赋予了一个鲜明的特征，用来区分现代金融学概率革命的这一阶段。

由于概率论对现代金融理论和实践是如此重要，而它本身又是如此复杂的课题，因此对统计方法的简要回顾将有助于阐明贝叶斯观点的重要性。概率的"经典"方法体现在例如掷色子或从瓮中选择球等游戏中，其中的概率分布被假定为正态分布（又称"高斯分布"）。第二种是"频率"方法，基于重复的试验，如费希尔所做的试验，虽然它并不总是符合高斯分布，但通常假定它符合钟形曲线。相比之下，贝叶斯方法是建立在这样一种假设的基础上，即主体的选择取决于对未来的主观期望，而主观期望又是由经验决定的。这意味着，除其他因素外，随着个人经验的变化，一个人的预期也会发生变化。因此，贝叶斯方法为理解概率增加了一个可执行的组成部分，因为当预期受经验影响时，主体开始根据对未来会发生什么的期望来做出决定——尽管过去、现在和未来不一定是有因果联系的。在贝叶斯方法中，人们不能假定分布为高斯分布。寻找符合各种期望知情决策过程的概率分布是贝叶斯方法实施中最具挑战性的一个方面。

在意大利概率学家布鲁诺·德·菲耐蒂（Bruno de Finetti）的影响下，萨维奇在《统计学基础》（*The Foundations of Statistics*，1954）中发展了这种方法所隐含的理论基础。萨维奇继承了冯·诺伊曼－摩根斯特恩的设想，即选择应该被理解为对赌注结果的数学期望，但他将分配给赌注的价值——个人愿意承担风险的金额——建立在个体对最佳结果可能性的主观信念程度上；主体在对概率进行正式或非正式的权衡后，达到了这一信念程度。冯·诺伊曼－摩根斯特恩预期效用的频率主义观念和萨维奇的贝叶斯决策理论今天仍然在使用，都是根据应用情况而定的。

将贝叶斯方法和由此产生的决策理论加入我们上一节讨论的概念和工具之中，意味着现代金融的大部分核心纲要在 20 世纪 50 年代中期就准备就绪了。但是，仍然有必要在金融理论和实践中引入某些不确定性和风险。简单地说，不确定性和风险都被归在随机性或偶然性中。在几个不同的研究项目中都出现了将随机性概念化的努力，这些研究项目只是间接或间歇性地与金融有关。我们已经考察了农业经济学家的价格风险套期保值研究对现代金融的贡献。我们现在回到博弈论和线性规划上，正如我们在第八章所看到的那样，它们是在战时运筹学的跨学科合作中发展起来的。

线性规划与金融

在第八章中，我们展示了从运筹学中发展起来的理论和方法是如何在战争之后转移到涉及资源配置和优化的非军事性后勤问题上的。在 1949年的活动分析会议上，库普曼斯、丹齐格和伍德介绍了线性规划，并详细地描述了该方法适用的许多应用领域，包括运输和资源配置问题。丹齐格和伍德将"规划或项目规划"定义为"建立一种行动计划，使一个经济体、组织或其他复杂实体可以从一种定义的状态转到另一种定义的状态，或从一种特定的状态向某些具体定义的目标移动"[15]。马科维茨曾在芝加哥大学与库普曼斯一起学习，并在兰德公司与丹齐格合作过，他 1952 年的文章将线性规划应用于投资。在这种语境下，线性规划所讨论的"复杂的活动"包括投资者从所有可用的证券中做出的选择，而"具体定义的目标"涉及建立一个"有效"的投资组合，以实现投资者期望的风险回报率。因此，马科维茨颇有影响力的文章既提供了如何将风险融入现代金融体系的理论陈述，也提供了一套指导金融顾问和机构投资者的原则。投资分析师现在经常使用软件程序，这些程序依赖于马科维茨的投资组合选择原则，为客户构建投资组合，一些投资顾问将马科维茨的"有效边界"（efficient frontier）作为图形证据，证明他们推荐的投资组合相对客户的风险承受能力而言提供了最高的预期回报。

竞争均衡理论

另一项对现代金融学至关重要的研究项目——一般均衡理论的现代版本——于 20 世纪 20 年代在维也纳的卡尔·门格尔数学座谈会上被提出。在那里，数学家亚伯拉罕·瓦尔德和冯·诺伊曼提出要在不确定条件下建立竞争均衡模型，但未能完成这一挑战。直到 30 年后，才出现了一种概念装置来解决这个问题。肯尼斯·阿罗的或有商品（contingent commodity）——对世界未来状况的一种或有债权——通过使模型不仅包括目前已经定价的商品，还包括免费商品（free goods）和未来价格未知的商品，给出了一般均衡问题的理论解。阿罗进一步进行理论分析，下注在一种未来状态上的成本都可以被视为风险的代价，无论一起事件是否会发生。正如我们在第八章中所看到的那样，正是因为没有实际的市场适用于这种或有债权，所以约翰·梅纳德·凯恩斯和詹姆士·托宾认为非均衡是经济中的一种自然状态，并将金融中介机构的低效率作为宏观经济干预的一个有希望的"靶子"。

在维也纳数学座谈会等以德语为主要语言的战前环境中引入的工具包括冯·诺伊曼的高等代数（凸锥的拓扑性质）、冯·诺伊曼和摩根斯特恩的博弈论、瓦尔德的序贯决策理论、内曼和皮尔逊开发的显著性检验，以及（二战期间）丹齐格的线性规划技术。这些工具将价格系统中使用的实数推广为超平面上以锥的几何图形为界的选择空间中的点。在这个非常抽象的空间中，约西亚·威拉德·吉布斯的矩阵和向量表示法所提供的坐标是去实体化的。在以锥的几何形式表示的拓扑空间内部，描述效用和无差异曲线的凸平面和凹平面收敛于被称为"纳什"或"布劳威尔'不动点'"的灭点上。根据他们的说法，像库普曼斯和阿罗这样的经济学家使用了集合论、组合学和博弈论以取代传统的微积分数学，因为微积分中应用的导数，在旨在寻求资源最优配置的福利经济学中，或者在无数不可能因素产生的一般均衡理论中不能产生均衡解。自 19 世纪 30 年代安东尼·库尔诺（Antoine Cournot）的研究以来，一直被用来建立均衡模型的牛顿导数只能用正数来衡量真实商品的价值。确定性微积分不能适用于未交易的商品（零数量）或免费商品（零价格）。但是，当购买一篮子商品时，消费者需要选择某些商品的数量而不选择任何其他商品，或者有时用定价的商品代替免费的商品来表达偏好。由于传统的微积分不能对零或负数进行微分，所以边际效用的概念也不能充分模拟一般均衡。

阿罗的突破性成果使状态依存定价理论（contingent state pricing theory）出现，这是我们在希克斯和马尔沙克的研究工作中所讨论的风险的均值－方差方法的另一种选择。阿罗的研究成果于 1952 年首次在巴黎被公开，他借鉴了与马尔沙克和萨维奇的讨论，并使用了我们刚才描述的工具［以及他从逻辑学家阿尔弗雷德·塔斯基（Alfred Tarsky）——阿罗的一位本科老师那里学到的东西］提出所谓的"角点解"。另一位均衡理论家，也是阿罗在斯坦福大学的学生，罗斯·M. 斯塔尔（Ross M. Starr）解释了阿罗所提出的问题："很少人会发现，所有可能的商品和所有可能的投入品都在以严格为正的数量使用……必须有一个包含角点解的福利经济学；不需要微积分，也必须能呈现福利经济学。"[16] 在尝试建立没有微积分的经济均衡模型的过程中——阿罗在 1949 年活动分析会议上提交的论文中表示已经在进行的一个项目——阿罗被引导形成了或有债权和阿罗证券的概念。[17] 后者是一种工具的简单模型，该工具用于买卖由未来世界状态所定义的未来商品的或有债权。通过不仅像希克斯一样用时间来描述商品，还用"状态"来描述商品，阿罗的理论突破使一般均衡理论更加稳健了。

1964 年，在《证券在风险承担的最优配置中的作用》（The Role of Securities in the Optimal Allocation of Risk-Bearing）一文中，阿罗将"或有商品"引入"讲英语的世界"中。[18] 他假设，如果将每一种商品——包括在或有状态偏好基础上概念化的未来商品——都包括在内，就可以在竞争性经济中实现均衡。阿罗还使用了萨维奇的贝叶斯方法和基于俄国概率学家柯尔莫哥洛夫用公式表达的"自然状态"的交易或有债权的概念。[19] 为了使这样的或有债权可以想象，他设计出阿罗证券（或阿罗－德布鲁证券），作为一种债权所能采取的最简单的形式。它可以按各种大小的"束"来扩展。在最"基础"的形式下，它在最基本的层次上描述了风险：一个事件要么会发生，要么不会发生。通过这种投资者可以用一种工具交易或有风险的简单思想，阿罗和法国经济学家吉拉德·德布鲁进一步证明了一般均衡的存在，而没有借助微积分。他们对风险的表述也为以前无法在市场上交易的各种债权和"事件"的证券化提供了理论依据。在金融产品方面，阿罗的或有债权理论的遗产包括以前无法想象的一系列通过证券化而成为可能的新工具。[20] 阿罗的状态偏好理论也将成为为各种衍生债权定价的关键。

复杂理论时期

如果说 20 世纪 50 年代见证了由我们刚刚研究过的不同理论构成的现代金融理论平台，那么随着旨在使金融理论在证券市场上发挥作用的产品激增，接下来的 20 年将是一个理论巩固和实践植入的时期。在肯尼迪和约翰逊政府的背景下，随着凯恩斯主义的新经济学家对宏观经济模型能够管理国家经济的希望高涨，然后崩溃，金融学的理论家构建了模型和产品，以期在日益神秘的证券交易世界中赚钱。在 20 世纪 60 年代和 20 世纪 70 年代后半期，美国经济的实体侧似乎已经走向了"地狱"，但金融侧终于有了自己的发展。

资本资产定价模型

斯坦福大学经济学家威廉·F. 夏普（William F. Sharpe）在 1963 年和 1964 年发表的两篇文章中，介绍了一种能够比较单个证券与整体市场的均值方差比的技术。这种技术是投资组合理论中最具影响力的应用之一，它使投资经理能够专注于新资产可能对投资者的投资组合带来的风险，而不需要创建一个具有与投资组合中的资产数量相同的因子的协方差矩阵。由此产生的模型，即资本资产定价模型（Capital Asset Pricing Model，CAPM），使用一种后来被称为 "beta" 的简单度量来显示市场水平对证券收益的解释程度。[21] 夏普绘制了一个简单的带有坐标轴的图来表示风险和收益，他指出，当价格随着需求的变化而调整时，就会产生交点的一个线性组合——一条直线——他称之为 "资本市场线"。任何与这条线相交的风险/回报率的投资组合都被认为是 "有效"（最优）投资组合，而这条线则被认为是 "有效边界"。马科维茨也发现了这条线，但他使用的更复杂的方法使投资分析师很难找到它。夏普的模型揭示了证券的价格及其总体风险的各个组成部分，以及其可以通过多元化投资来消除的风险的回报要求。夏普认为，市场投资组合包含按其相对市值对其进行加权，并且 "有效地" 定价，或者根据每一种证券的风险进行定价的所有可用证券。他还假设所有投资者都拥有相同的信息，市场是 "完美的"，也就是说，交易不涉及交易成本或税收，没有任何交易员能够影响价格，资产可以在不受损失的情况下进行无限可分的交易，所有的交易员都是 "理性的"，想要最大化他们的效用。鉴于这些假设，在考虑是否在投资组合中增加一种特定的证券时，投资者被建议只考虑特定资产的风险/回报率与市场组合的风险/回报率之间的关系。如果目标资产随着市场投资组合涨跌，它们就会同样面对夏普所谓的 "系统性风险"。他最初将与市场组合的波动不相对应的目标资产的波动称为 "非系统性风险"；后来，这被人们称为资产的 "特定性风险"。虽然系统性风险不能被分散，但 "多元化投资使投资者能够逃避除经济活动波动所带来的风险之外的所有风险"[22]。在后来的论文中，夏普展示了如何从这些不同的风险成分的估计，转向优化投资组合的总体风险回报率的权重。最优投资组合的预期回报为无风险收益率（这在美国通常是由国库券代表的），加上基于市场方差的风险溢价。

随机过程的数学

正如我们所看到的，概率论在统计学、数学、博弈论和金融学的各个发展阶段都扮演着关键的角色。作为一种处理不确定性的方法，概率论即使没有明确地涉及，也不可避免地要触及信息问题，因为一旦人们超越了信息是在给定环境中流通的数据的总和这一天真的观念，就有必要从理论上说明什么信息是可用的，以及如何获得信息。信息问题很可能包括广泛的不可知领域，但在实践中，信息理论家很少冒险进入未知领域。[23] 概率分布提供了一种解决这个问题的方法，但确定数据点和密度可能落在其中的概率分布的性质，仍然是对经济和金融理论家的一种挑战。接受这一挑战是现代金融学复杂理论的最重要贡献之一。

20 世纪初，概率数学理论的两项贡献对于信息的重新概念化来说尤为重要。1903 年，瑞典精算师菲利普·伦德伯格（Filip Lundberg）在其博士论文中表示，对于某些精算风险，特别是再保险和集体风险，不能得到标准的高斯分布。[24] 虽然伦德伯格的工作没有立即展开，但它的含义最终由瑞典数学家和精算师哈拉尔德·克拉梅尔和在美国几所大学教授数理统计和概率论的德国流亡学者威廉·费勒（William Feller）提出了。这些理论家一起重新定义了泊松分布，并引入了中心极限定理的概念，从而为这种分布提供了近似结果。

另一篇博士论文也写于 20 世纪初，但被忽视了几十年，它为理解作为现代金融核心的信息提供了另一个关键的组成部分。在我们已经提到过的 1900 年的一篇博士论文中，法国数学家亨利·庞加莱（Henri Poincaré）的学生劳伦斯·巴施里耶（Louis Bachelier）将概率论应用于法国证券交易所的期权价格可用数据。巴施里耶表明，期权的价格与所谓的"布朗运动"非常相似。[25] 布朗运动描述的是一种物体或价格的连续运动"偏离"了其起点的"随机游走"。正如农业经济学家霍尔布鲁克·沃金在 1962 年指出的那样，经济学家早就意识到，有些现象表现出了这种随机的步骤，但直到 20 世纪 60 年代巴施里耶的论文被重新发现之前，这些随机运动是否可以被映射到数学上可形式化的概率分布情况并不明朗。事实上，随机游走假说的全部意义只有在电子计算机使得经验性地检验巴施里耶的数学公式成为可能时才能被理解。这种检验始于 20 世纪 60 年代中期的芝加哥大学，当时美林公司开始在股票价格研究中心为股票价格的计算机分析提供资金。

1964 年，麻省理工学院斯隆管理学院教授保罗·库特纳（Paul Cootner）将巴施里耶的博士论文的翻译版本放入了《股票市场价格的随机性》（*The Random Character of Stock Market Prices*）一书当中。正如库特纳在书名中所表明的那样，该书强调了随机游走假说对于特定金融应用的重要性，但这套书的作者并非都是金融理论或实践方面的专家。库特纳在导言中承认，这个话题可能看起来"相当狭窄"，但他辩解说，把重点放在证券的价格形成上，是随机过程理论的一个主要例子，换言之，是作为对随机性的统计分析的一项研究，这就是他对不确定性的理解。[26] 库特纳还解释了随机游走模型背后的原则——"理性"。这一基本命题依赖于完美市场竞争的特征：

这样一个市场中的参与者将消除任何高于诱使其继续维持在这个市场上所需的最低限度的利润，但那些可以使某种程度的市场垄断的人可能获得的利润除外……我们不应指望在这样一个市场上，交易员可以继续从使用仅依赖于过去的价格数据和一般可用的"技术分析"规则的公式中获利。如果这样的话，所有的价格变化都应该独立于任何的公司历史，而这类历史信息通常是向交易公众开放的……正是从这种具有独立增量的股票价格的概念出发，产生了股票价格具有"随机游走"性质的思想。

库特纳的解释清楚地表明：如果股票价格随机波动，就没有任何"图表分析家"或"技术分析师"能够表现得优于市场。他还暗示，但没有详细地说明，运作良好的证券（和商品）市场的两个关键属性：对买卖双方都是平等或公平的，这是一个在下一时段每一次价格变动上升／下跌的概率为 50/50 的函数；没有持续的套利机会，因为交易者急于利用出现的任何此类机会。前者——公平——也可以在数学上表述为或归因于鞅（martingale）属性的存在；后者——不存在持续的套利——可以表述为随着时间推移，证券价格存在收敛性，因为这些价格接近其内在价值的数学期望。投机性证券的随机模型必须同时考虑交易区间和投资期限；平等性是通过小区间来衡量的，比如交易日、交易小时或逐笔交易；而市场的合理性则是用在较长的时间段内是否存在套利机会来衡量的。

尽管布朗运动的概率分布所提供的信息（统计描述）能够提供短期价格变动的客观概率，但在较长的一段时间内（如权证或期权到期所需的持有期）的回报是否符合这种分布，并不是显而易见的。1963 年，出生在波兰的数学家本华·曼德博检验了一种长期存在的假设，即收益符合高斯分布的一种较新的观点，而且这是一种布朗运动。通过使用 IBM 的计算机跟踪美国农业部对 1815—1940 年棉花现货价格变化的记录，曼德博证明，无论是高斯还是布朗运动都不能描述这些变化，这些变化太"峰化"且不符合任何一种分布。曼德博提出用另一种概率定律族来分析投机价格，他称之为"稳定的帕累托"分布。[27] 这种分布包含"跳跃"，即股票的价格会突然发生上升或者下跌的剧烈变化。

几乎就在库特纳的书引入随机游走假说的同时，哈佛大学经济学家保罗·萨缪尔森也提出了随机游走的假设，但已经因为太晚而无法纳入这本书了。他使用了一个先验的随机投机价格模型进行演绎。在《正确预期的价格随机波动的证明》（Proof that Properly Anticipated Prices Fluctuate Randomly）一文中，萨缪尔森提出了一个"价格变动的相当一般化的随机模型"以推导出"一个相当广泛的定理，在这个定理中，下一时期的价差与上一时期的价差不相关（如果不是完全独立于上一时期的价差）"[28]。萨缪尔森的文章之所以值得注意，至少有两个原因。第一，就像受到柯尔莫哥洛夫影响的数理概率学家一样，萨缪尔森使用了一种公理性方法，他的基本公理是：证券的预期价格服从概率分布，如果出现鞅的数学性质，就可以假定存在"公平博弈"。第二，萨缪尔森的方法要求他保留未具体说明的，或者简单地假设一些投机股票行为的特征，包括：价格变化序列是否平稳，它是否形成了马尔可夫过程，相关的概率分布是高斯分布还是其他分布，以及在证券价格的时间路径中是否会出现可识别的模式。[29] 这些问题中的每一个都为今后关于证券价格的研究制定了一项工作任务，但萨缪尔森的论文的主要含义，如同库特纳的论文集一样，阐述了"通过外推期货价格过去的变化，无法获得预期利润"。

1965 年，芝加哥大学的尤金·法马发布了另外两个随机游走模型的公式。法马在他的《股票市场价格的随机游走》（Random Walks in Stock Market Prices）和《股票价格行为》（The Behavior of Stock Prices）两篇文章中引入了他的同时代人开始认为是理所应当的一个短语——有效市场。并不是每一个金融理论家都同意所谓"有效市场假说"与"随机游走模型"是一致的，但法马的说法被许多人所接受，当人们认为市场是在不确定的情况下运作时，它开始成为一种关于证券市场的不言自明之理。[30]法马在技术含量较低的《股票市场价格的随机游走》一文中定义的这一不言自明之理所固有的假设："一个'有效'市场是指这样一个市场，在这个市场中，有大量理性的、寻求利润最大化的人在积极竞争，每个人都试图预测单个证券的未来市场价值，而当前重要的信息几乎可以免费提供给所有参与者。"[31]尽管在随后的几十年中，这些假设中的许多都会被修改或放宽，法马的表述巧妙地抓住了人们逐渐接受的、被转化为金融学这门学科的本质的东西：有效市场的参与者是"理性的利润最大化者"；市场具有竞争性，并通过一个均衡过程来设定价格；不确定性，几乎总是被概念化为"风险"，[32]它要求根据期望做出决定；每个人都"几乎可以免费获得"信息；而且，股票与市场消除套利机会的趋势相结合意味着"许多竞争性参与者的行动应使证券的实际价格随机地围绕其内在价值游走"。

与推导了随机游走定理的萨缪尔森不同，法马想对这个定理进行实证检验，他把职业生涯的大部分时间都用于开发合适的检验。在这两篇论文中，他的检验的主要目标是华尔街分析师的主张，即他们可以通过图形分析技巧或其他形式的分析来超越市场的表现。与阿尔弗雷德·考尔斯和保罗·库特纳一样，法马证明了这种说法是经不起检验的。事实上，法马比考尔斯或库特纳更明确地强调了本杰明·格雷厄姆和戴维·多德所推崇的基本面分析的表现效果。"许多经验丰富的分析师的存在有助于提高市场的效率,这反过来又意味着一个更加符合随机游走模型的市场。尽管这些经验丰富的分析师的回报可能相当高,但他们建立了一个市场,在这个市场中,对一般分析师和普通投资者来说,基本面分析都是一个相当无用的程序。"[33]

金融理论家关于有效市场假说仍然存在分歧,有些人认为它只有在长期才能成立,而另一些人则像法马在 1970 年所做的那样,更倾向于区分有效市场假说是不成立还是勉强成立,或是完全正确的。[34]萨缪尔森也承认随机游走模型的基本定理有矛盾之处:"我必须承认,在我的脑海里,多年来一直在把它看作非常浅显的(而且几乎是空洞的)和把它视为非常彻底的之间摇摆不定。"他最后警告说:"不要对定理……做太多解读……这不能证明实际的竞争性市场运作良好,也没有说投机是件好事,或者价格变动的随机性将是一件好事。这并不能证明任何通过投机赚钱的人当然应该得到收益,甚至不能证明他已经取得了一些对社会或除他以外的任何人都有益的成就。"[35]无论持保留观点的理论家对有效市场假说和随机游走模型表达了什么,这些概念在现代金融基础设施的扩展中都发挥了关键作用:它们现在通常被用来提供一个基准,投资者可以据此评估投资经理,并证明统计分析胜过格雷厄姆和多德倡导的基本面分析。最重要的是,人们使用有效市场假说和随机游走模型来创建指数基金,包含与特定市场指数,如标准普尔 500 指数的组成部分相匹配的投资组合的共同基金。由于其较低的运营成本和广泛的市场敞口,指数基金的受欢迎程度和市场份额与1970 年首只指数基金 Qualdex 的毫不起眼相比,已大为改观,而后一种基金跟踪了道琼斯工业平均指数。

现代金融的经典化

帮助现代金融成为商学院和经济学课程主干的教科书是《金融理论》（*The Theory of Finance*），由法马和莫顿·米勒于1972年出版。这本教材提供了作者所称的"金融基本理论的严格基础"，删掉了对有效市场假说的"制度性和描述性材料"以及实证检验；在均值/方差框架内，将不确定性视为风险，假定证券在完美的市场中交易，并强调了"投资者和公司经理的微观决策问题"，而不是"社会政策的宏观经济问题"。[36] 这本教科书被迈克尔·詹森称为"投资圣经"，通过一系列连续的更复杂的模型来指导学生，这些模型首先涉及的是在确定性条件下的资源配置，其次是在不确定条件下的资源分配。在第二部分中，马科维茨的投资组合选择模型非常突出，但是法马和米勒完成了夏普和托宾用公式表达的均值-方差框架的简化和扩展。就像马科维茨1959年的著作一样，《金融理论》一书的书目中也出现了这些作者，但是法马和米勒展示他们的材料不是作为对思想和模型的历史发展的叙述，而是作为一系列模型，这些模型的日益复杂仅仅反映了学者技术技能的提高。为了捍卫他们在整本书中使用的市场是"完美的"和"有效的"假设，法马和米勒肯定了有效市场假说的真实性："从过去10年所做的大量实证研究中得出的最显著的一个印象是，完美而有效的市场模型在面对数据的时候有多么稳健，尽管在它们的构建过程中似乎存在着令人难以容忍的简化。"

期权定价理论、金融工程和金融计量经济学

现代金融的理论与数学支柱

在 20 世纪 60 年代，以 CAPM（资本资产定价模型）为基础的金融理论模型占据了金融理论的主导地位。到了接下来 10 年的中期，许多华尔街投资公司都采用了这些模型并经常使用它们来进行投资决策。然而，在 20 世纪 70 年代，尽管投资经理们普遍接受了 CAPM，但是一些金融理论家回到了曼德博在 1963 年提出的反对意见。[37] 虽然 CAPM 从未被抛弃，但它所依据的理论假设很快就加入了一种新的金融理论和实践方法，并在一定程度上取代了它。这种新方法并不主要基于证券定价、风险 / 回报率与投资者风险偏好的匹配，或者是投资管理者的评估。新方法也不需要那些作为 CAPM 基础的假设，即关于对称信息、投资者理性和利润最大化投资者的假设。金融工程师不再试图对在不确定性下做出选择的个人行为建模，而是开始对金融市场自身的结构进行建模。他们开始创造新的金融资产，而不是简单地对资产进行定价，这些资产是从初级证券衍生出来的，可以独立交易。这些衍生品可以使用费希尔·布莱克、迈伦·斯科尔斯和罗伯特·莫顿在 1973 年设计的模型定价。随着越来越多的资产类别被转化为此类衍生品的标的证券，衍生品交易实现了阿罗的"完全"市场梦想，该市场适应于每一种可能的资产和每一个可想象的未来状态的套期保值。在这场衍生品革命之前，普通股票和保险合同就是这种或有合约的例子，而在创新开始时，观察者似乎认为，新的以衍生证券为基础的交易工具将带来帕累托最

优。然而，正如 2008 年的金融危机告诉我们的那样，我们没有理由事先假定商业上可用于风险套期保值的实际合约将适合眼前的情况。看看在危机前投机者试图做空住宅房地产时所面临的困难吧。此外，正如肯尼斯·阿罗所坚持的那样，在不确定的情况下，"我们有获得信息的可能性，当然，也有信息缺失的可能性。在执行时，如果任何一方不知道具体的或有事项是否已经发生，则不得订立任何或有合约"[38]。

基于衍生品定价数学的定量金融和金融工程出现于 20 世纪 70 年代，也就是我们在第十章中将回到的那动荡的 10 年。在这 10 年中，美国仍需面对因 20 世纪 60 年代不断增长的通货膨胀，以及美国在越南战争和超前的社会福利上不可持续的支出的叠加而引发的困难，1973 年的石油冲击也使得价格波动变得更加极端。新的波动也是对其他因素的反应：布雷顿森林协议的崩溃；市场的全球化和日本等新经济强国的崛起；许多不发达国家迅速工业化，而这些国家的廉价劳动力能供跨国公司就近使用；获取、处理和实施信息的速度加快，成本降低（数字革命）。[39]

20 世纪 70 年代的价格波动搅乱了全球资本市场。事后看来，CAPM 成为金融理论家的宠儿时的 20 世纪 60 年代，看起来更像是喧嚣的 20 年代，而不是之前或之后的任何年代。这两个 10 年的资本市场都取得了优异的回报，并且都以毁灭性的金融损失，以及学术理论和专业人员管理货币的工具受到广泛质疑而告终。CAPM 没有像埃德加·劳伦斯·史密斯的普通股买入－持有方式（buy-and-hold approach）那样受到嘲笑，保罗·萨缪尔森关于经济周期已被驯服的俏皮话也没有像欧文·费雪声名狼藉的断言——1929 年股市高点只不过是一个新的平台——那样，对他的声誉造成如此大的损害。尽管如此，20 世纪 70 年代货币和真实商品市场的外生冲击，以及 1971—1975 年美国股市和债券市场遭受的破坏，让许多人怀疑金融理论家和经济学家是否对逐渐变得类似新常态的经济现状有所了解。尤其令人困惑的是，在经济衰退放缓期间，通货膨胀加剧了。衰退期间的闲置生产本应缓和对货币的需求，从而遏制投资。但在被后人称为"滞胀"的环境中，这种情况并没有发生，1971 年布雷顿森林协议被放弃时，在世界范围内开始了一场逃离美元的活动。没有全球固定的汇率体系，所有货币的价值都可以自由波动，交易商也被授权进行货币期货和汇率投机。

继 CAPM 和有效市场假说之后的金融理论发展阶段——定量金融、金融工程和金融计量经济学的三重理论——在一定程度上是作为对价格波动、通货膨胀，以及滞胀对全球资本市场和投资者信心的冲击的回应而发展起来的。正如我们将在第十章中所看到的，不断变化的环境和技术革新所带来的税收不对称和投资机会也引起了金融企业家的兴趣，他们利用这场危机以新的方式赚钱。这两种解释都可能是导致迅速进行闭门谈判以建立一个新货币期货交易所，即芝加哥商品交易所（CME）的芝加哥国际货币市场（International Monetary Market，IMM）的原因。布雷顿森林体系实施的固定汇率体系刚一崩溃，IMM 创始人利昂·梅拉米德（Leon Melamed）就委托自由市场倡导者米尔顿·弗里德曼撰写一篇论文，倡导一种货币的期货市场。以弗里德曼的理论论证为武装，即将上任的财政部长乔治·舒尔茨以"因为他睿智地认同了"为该交易所祝福。[40] IMM 于 1972 年开业；于 1981 年进行了第一笔利率互换交易；在 1983 年，芝加哥商品交易所推出了它的第一个基于指数的期权合约，即标准普尔 500 股票指数。这类衍生工具的数量、种类和价值——无论是在芝加哥商品交易所、芝加哥交易委员会（CBOT）、纽约商业交易所（NYMEX）、伦敦国际金融期货和期权交易所（LIFF）等正式交易所交易的，还是在场外交易的——自那时以来都大幅上升。到 2011 年 12 月，仅利率衍生品的全球未到期合约市场的名义价值就达到了 500 万亿美元。[41]

这些交易不仅得益于我们接下来会讨论的金融理论和数学，还得益于信息技术的创新。计算机硬件的创新，如高速处理、台式计算机、网络系统和高速数据输入，完全克服了 20 世纪 30 年代阻碍阿尔弗雷德·考尔斯及其团队的计算困难。随着实时国际会议和即时数据传输的到来，通过硬布线和卫星传输，在以前难以想象的规模上进行的国际证券交易成为可能。为方便制作电子表格而设计的软件程序使人们有可能对华尔街交易员以前无法量化的复杂金融交易进行建模。在这些工具引入之后，货币和利率互换的数量成倍增长。到了 20 世纪 80 年代中期，纽约证券交易所开始使用一种名为"指定订单周转系统"（Designated Order Turnaround System，DOT）的订单匹配计算机系统，同时金融工程师开始计算出不仅可以定价期权，还可以利用衍生品的市场价格与公允价值之间的临时差异的数学关系。通常首先作为一个特定问题或需求的解决方案建模，然后将产生的金融产品写入软件程序，这样其他交易员就可以将其应用于更一般的问题。到 1985 年末，被人们称为"程序交易"或"期货－现金套利"的交易策略正在帮助主要的投资银行（和金融工程师）致富，同时也增加了短期股价波动。这些发展也有助于加快信息技术产业的发展，后者的进步对金融的转型至关重要。这两个行业之间的共生关系从美国金融业在 IT 中的大量投资可见一斑。在 IMM 成立后的几十年里，金融部门成为信息技术的主要购买者，1979 年占计算机投资的 32.5%，1989 年占 38.7%，1992 年占 37.8%。与此同时，与其他资本购买相比，计算成本大幅下降，微芯片性能不断呈现指数式增长。[42] 分析人士指出，金融业的风险管理支出是美国 IT 资源大比例地分配到该行业的主要原因。1984 年，我们在下文将重新提及的罗伯特·莫顿说服了高盛公司雇用其第一个"定量分析师"或定量金融理论家。新雇用的费希尔·布莱克已经制定了助推定量金融的期权定价模型。

　　鉴于金融衍生工具建模的技术性质，首先总结 1973 年以后金融理论和实践变革的各个组成部分，然后再转向模型本身，可能会有帮助。以衍生产品革命为高潮的金融概率革命，是跟随着物理学和自然科学的同行，后者将随机过程的数学和测度理论概率论应用于量子物理、工程和生物科学中来开发新的应用。20 世纪 70 年代以后，定量金融这一新兴研究领域的专家开始将同样的随机过程技术应用于金融问题，他们中的许多人在理论物理或数学方面受过训练。这一代"定量分析师"使用了维纳过程（Weiner process）等随机方法的修正版本，为股票价格的"随机游走"提供了更具体的特征，劳伦斯·巴施里耶曾在 1900 年描述过这一点。该方法以维纳这位数学家的名字命名，并在物理学中被用来描述被中子轰击的粒子的漂移。正如我们所看到的，这种随机游走也可以描述为具有漂移项（平均预期收益）的几何布朗运动，巴施里耶还提供了风险中性概率的概念、市场理性的前提，以及时间序列中"鞅"性质的数学特征在市场交易中折射出一种"公平博弈"的思想的早期描述。"鞅"是一个时间序列的数学性质，其中证券的未来价格与当前价格是相同的。在 20 世纪 60 年代，保罗·萨缪尔森以《破产法》下证券收益的不对称性为例，重新定义了金融资产"几何"运动的特征。

　　金融的概率革命也以肯尼斯·阿罗的思想为前提，即风险承担涉及与未来世界客观状态相关的赌注和收益。"状态价格"，即或有结果定价的概念是基于这样一种思想，人们可以将或有债权的风险作为回报进行定价。在一个被概念化为随机的（但并非不可知的）世界中，未来被视为一个"状态空间"，其中各种结果产生不同的回报。只有利用这个原始概念，建模者才能创建不同的投资和回报组合来构造各种市场模型——执行一价法则（无套利条件）的模型，完备市场的模型（每个资产和衍生产品在其中都能被套期保值），以及在两期世界中的风险中性价格测度模型（风险已经被从模型中剔除，期权到期日构成第二期）。

衍生产品理论还借鉴了弗兰科·莫迪利安尼和莫顿·米勒、费希尔·布莱克和迈伦·斯科尔斯，以及罗伯特·莫顿的研究。所有这些理论家都以不同的方式探讨了假定在一个有效的市场上运作的无套利条件的含义。这个假设为期权和其他证券实施了合理的定价策略。后来的理论家将布莱克－斯科尔斯－莫顿期权定价模型的一些关键要素扩展到概率模型和多期证券市场，在这些多期模型中，我们可以看到，理论家发展了在风险中性概率测度下的鞅的关键属性。

最后，正如我们将要看到的，罗伯特·莫顿引入了连续时间模型，该模型使用随机微积分和伊藤清（Kiyoshi Itô）的公式来创建套期保值投资组合（通过创建看涨期权对证券进行套期保值）和复制投资组合（基础证券和银行或货币市场账户可以达到动态平衡，以复制看涨期权的价值）。[43] 无论是固定长期交易策略，还是每一种策略，都构成了 1949 年活动分析会议提出的线性规划技术在金融上的应用。莫顿关于连续时间建模的重要性的见解是布莱克－斯科尔斯－莫顿期权定价模型的自然延伸，它为金融工程提供了一个关键的组成部分。

套利理论

区分或有债权定价与 CAPM 最重要的概念之一是套利理论，或者更准确地说，是无套利理论。正如斯蒂芬·布莱斯在 2014 年所解释的，"无套利的假设——没有套利投资组合——是定量金融的基础"[44]。作为最早提出这一概念的论文之一，《资本成本、公司金融和投资理论》（The Cost of Capital, Corporation Finance, and the Theory of Investment）是 1958 年由弗兰科·莫迪利安尼和莫顿·米勒发表的，他们是卡内基理工学院（现为卡内基梅隆大学）工业管理研究生院的成员。这篇论文的表面主题是陈旧的公司估值问题，自从第一家美国公司成立以来，投资者就提出了这个问题。但该文章既不试图评估公司对其股票"掺水"的可能性，也不继续对本杰明·格雷厄姆和戴维·多德倡导的企业资本结构进行基本面分析，莫迪利安尼和米勒认为，公司金融结构——债务和股权的混合体——与公司的价值无关。虽然这一说法令人震惊，但更重要的是他们用以证明这一点的套利论点。

任何一家公司的市值都与其资本结构无关，否则投资者就可以用将一种收入流换为另一种收入流的方式买卖股票和债券，这种收入流在所有相关方面相同，但以较低的价格出售。该交易对投资者有利，但与其对风险的态度完全无关。随着投资者利用这些套利机会，定价过高的股票价值将下跌，而定价过低的股票价值将上涨，从而消除了企业市值之间的差异。[45]

说完这些话，莫迪利安尼和米勒摒弃了两条公认的常识：每一个企业都有一个最优的资本结构，而投资者对风险的态度是投资决策的基础。通过只假设投资者的行为是理性的（即他们更喜欢更多的收入而不是更少的收入），莫迪利安尼和米勒强调了任何竞争性市场的基石之一：如果两种成本和回报相同的证券以不同的价格进行交易，套利机会就会存在，有人就会利用这种价格差异，通过这样做，套利者将帮助定价过高的股票回归到公平的价格。

假设竞争性市场受无套利原则支配，金融工程师就可以根据它们的收益，对市场上的可交易证券进行排序。1973 年以后，可交易的证券不仅包括股票和债券，还包括各种衍生产品，这些衍生品与它们获得自身价值的标的证券的价值有一定的关系。一旦有可能创造和定价衍生品，并在个人投资者的风险偏好被认为无关紧要的环境（风险中性环境）中运作，投资经理和金融工程师就可以对每种证券在期权到期之日的收益的随机性产生预期，并构建一个投资组合或一种新的证券，其中一个合同的风险被另一个风险反向运动的合同所抵消。莫迪利安尼和米勒没有追求在衍生品定价问题中引入套利的观点，但他们明确表示，无套利假设对此至关重要。

期权定价模型

20 世纪 70 年代初，在凯恩斯主义者和货币主义者之间的争论结束后，费希尔·布莱克和迈伦·斯科尔斯解决了如何定价衍生品的问题。当时，布莱克在他的金融咨询公司工作，而斯科尔斯是麻省理工学院斯隆管理学院的经济学家。就像他在许多私人金融机构和学术界之间转换角色一样，布莱克体现了 20 世纪 70 年代推动金融理论和证券交易的协同效应，同时斯科尔斯带着他的芝加哥博士学位来到坎布里奇，缩小了"淡水"和"盐水"区域大学 ① 之间的差距，在这 10 年里，人们经常以此为标准把经济学家的队伍划分开来。[46] 布莱克和斯科尔斯提出的解决方案的核心是无套利假设："如果期权在市场上被正确定价，就不可能通过建立期权的多头和空头头寸与它们的标的股票的投资组合来获得确定的利润。这就是无套利原则。利用这一原则，他们推导出期权的理论估值公式。由于几乎所有的公司负债都可以看作期权的组合，由此产生的公式和分析也适用于公司负债，如普通股、公司债券和认股权证。特别是，该公式可用于得出由于可能发生违约而应适用于公司债券的贴现。"[47] 对于一只股票来说，股权可以被看作在企业破产清算期间对剩余债权的一种看涨期权，有限责任原则保护了股权投资者不会遭受比他原来投资数额更大的损失。[48]

衍生品是双方之间的合约或交易，其价值来源于标的资产。衍生品交易允许投资银行和主权国家完成农民和商品生产商长期以来在商品期货市场中做的事情：对冲风险。投资银行和金融工程师使用金融衍生品来对冲与金融资产——外币、利率变化或合同规定的任何其他标的资产——所有权相关的风险，而不是像农民长期以来所做的那样，利用期货合约来对冲农作物价格未来上涨（或下跌）的风险。随着越来越"奇异"的衍生工具被构造出来，使用越来越复杂的产品来对冲无数种风险已经成为可能。[49]

当然，金融资产与经济实体侧的资产并不完全相同。特别是前者与流

———————————

① "淡水"区域指美国五大湖区，来自这一区域的芝加哥大学、卡内基梅隆大学、罗切斯特大学、明尼苏达大学的经济学家秉持自由市场经济的新古典经济学；"盐水"区域指美国的大洋两岸，这一区域的哈佛大学、麻省理工学院、斯坦福大学和加州大学伯克利分校的经济学家更偏向支持政府干预的凯恩斯主义。——译者注

动性的关系比实物资产与流动性的关系更为复杂。一方面，金融资产的流动性比房屋或汽车的更强，因为金融资产可以而且已经被市场标价——它们的"公平"价格每时每刻由自动报价系统产生，并由自动报价系统（向交易员）公开，该系统不断为所有期权生成价格。这种增强的流动性意味着它们的持有者比房主或车主更愿意以抵押品借出资金。金融资产的更大流动性可以产生杠杆作用，换句话说，这可以鼓励更积极的交易。这些资产的流动性越大，也就意味着——而这是另一方面——围绕着衍生品的风险超过了经济实体侧的风险。特别是衍生品有引起流动性危机并受之影响的风险，一旦发生这种情况，衍生品就根本无法交易。在流动性危机，如1998 年引发长期资本管理公司（Long Term Capital Management）崩溃的危机和 2008 年全球金融危机当中，流动性的供给者，例如券商和对冲基金，认识到对流动性的需求正在上升，并从市场撤出资金。如果随后的证券价格下跌得足够多，那么对积极清算的需求就会失控。在严重的情况下，例如我们刚才提到的两种情况，金融市场可能会完全冻结，这也是经济的实体侧开始受到影响的时候。[50]

不用说，期权定价理论的创建者在设计衍生产品定价公式时，并没有考虑到这样的流动性危机。他们只是试图"完善"金融市场，使之更好地满足投资者需求，更快地进行一系列期权和其他衍生工具的交易。随着期权定价理论的引入，通过对期权进行再优化比例的套期保值，投资分析师能够动态地优化收益过程，因为每种证券都是以随机方式交易的。当然，为随机性建模是很棘手的——既是科学的也是艺术的——而且没有一个模型能够考虑到道德风险、欺诈、流动性危机，或者是在 2008—2009 年发生的那种套利"违规行为"。[51] 因为模型是基于设定限制的假设的模拟，它们最多只能通过尝试找出潜在解决方案的特性，而不能预测将会发生什么。

布莱克－斯科尔斯－莫顿期权定价模型基于建模者可以观察到，从而预先知道的三个变量：标的（如普通股）的价格、期权合约到期的时间以及基准证券的无风险利率；此外还有一个变量，即证券的波动性或标准差，它可以在事后进行观察，但不能事先或者预先观察。利用可以观察到的变量，布莱克－斯科尔斯期权定价模型允许建模者计算出看涨期权的理论值。推而广之，建模者还可以使用一种交易策略，将股票的多头头寸和期权中的空头头寸结合起来，得出接近完美的套期保值头寸。[52] 结果就是以无风险利率增长的对冲头寸。由于受套期保值过程的影响，投资专业人士可以根据无风险利率将其未来价值进行折现，从而计算出买入期权的价值。同时，也可以确定买入期权价格的界限：它们是由股票的波动性和买入期权的到期时间决定的。这些边界条件为标的和买入期权之间的关系确立了参数。

期权定价模型为公司发行的所有有价证券（包括普通股、债券、期权和认股权证）之间的相对定价奠定了基础。同样重要的是，该模型使投资专业人员能够通过包括普通股和银行账户在内的交易策略来复制期权的价值。[53] 通过将证券分解成嵌入式期权的组合，这一模型永远地改变了金融，因为它将无套利原则的理性凝聚力赋予了所有金融市场。此外，由于它几乎完全建立在可观测变量的基础上，因此，布莱克－斯科尔斯期权定价模型不必依赖于 CAPM 所必需的"同质性信念"，也不必假设一种高斯分布。由于期权定价理论在衍生品定价、套期保值和套利中的广泛应用，基于定量金融数学的或有债权定价成为当代投资组合管理的基础之一。

就像布莱克－斯科尔斯期权定价模型一样强大而有影响力，不可观测的变量所扮演的角色也不应该被低估。特别是，我们不可能观察到某一特定金融资产未来的价格波动；通常，建模者使用过去的波动率作为这个变量的代理变量。使用过去的波动性作为其未来对应物的代理，意味着假定生成相关数据的过程是平稳的，也就是说，未来将是对过去的重复。这不仅仅是凯恩斯在批判丁伯根时所担心的那种理论未知。正如我们将在第十章中看到的，在 1987 年股市崩盘之后，这也成了一个可以观察到的事实，当时股票的隐含波动率与相同到期日的期权的商定价格之间的关系开始偏离由布莱克－斯科尔斯期权定价模型所假定的对数正态直线分布。由此产生的"波动率偏差"或"波动率微笑"可能表明，投资者因担心未来不可预测的事件而改变了行为，也可能表明存在与布莱克－斯科尔斯期权定价模型的预言相矛盾的结构性问题。无论如何，1987 年崩盘的一个遗留问题是一种"崩盘恐惧症"，它似乎对这种大有希望的模式提出了很大挑战。

连续时间期权定价

1973 年，在布莱克和斯科尔斯发表那篇具有开创性的文章后不久，麻省理工学院斯隆管理学院的另一位经济学家罗伯特·莫顿阐述了随机微积分在期权定价中的作用。在《理性期权定价的理论》（Theory of Rational Option Pricing）一文中，莫顿还阐述了套利理论、期权定价与肯尼斯·阿罗和吉拉德·德布鲁 1973 年引入的或有债权（或有状态）理论之间的关系。当然，在 1973 年，期权在金融证券领域所占的比例很小，莫顿承认这种情况，称其"相对不重要"。

由于期权是专门的和相对不重要的金融证券，用于发展其定价理论的时间和空间的数量可能会受到质疑。一个理由是，由于期权是一种特别简单的或有债权资产，期权定价理论可能会导致一种或有债权定价的一般理论。有些人认为，所有这类证券都可以表示为基本期权合同的组合，这样，期权定价理论就构成了或有债权定价理论。因此，期权定价理论的发展至少是走向统一理论的中间一步，这一理论可以回答关于企业负债的定价、利率期限和风险结构以及投机市场理论的问题。[54]

莫顿的文章在布莱克－斯科尔斯期权定价模型中增加的内容是模型的"严格推导"，即数学推导。莫顿使用随机微积分向其他金融工程师展示了如何将少量股票和银行账户结合起来，创建一个与买入期权的价值相匹配的复制投资组合。莫顿的研究非常接近于布莱克和斯科尔斯的模型，故而其结果现在被称为布莱克－斯科尔斯－莫顿期权定价模型。

正如唐纳德·麦肯齐所主张的，在这些文章发表后的 15 年里，这种模型对金融市场产生了深远的影响。因为这种模型容易获得、易于使用且相对便宜，交易员很快就采用了它，而且，随着他们将其投入使用，期权的市场价格开始与模型的预测类似。"从 1973 年起，市场价格降到了布莱克－斯科尔斯－莫顿期权定价模型预测的水平。"[55]该模型不仅有助于消除先前与金融期权交易有关的投机内涵，而且为交易商提供了支持他们赋予期权的价格的理论依据。这在很大程度上是由于对模式的依赖，期权市场的规模很快就达到了 668 万亿美元。这个数字代表着当时每个活着的人平均可以分摊 10 万美元。[56]

莫顿能够详细地阐述布莱克和斯科尔斯在他们的文章中所做出的数学方面的提示，因为他自 1969 年以来就一直在使用随机微积分。那一年，莫顿与他的老师保罗·萨缪尔森合作，运用随机微积分为认股权证定价，以模拟一个给定认股权证的最佳行权日期。[57] 在他的毕业论文中，莫顿再一次运用随机微积分来发展他所谓的"连续时间金融"，这使他得以建立一个终生消费和投资的模型，投资者可以在这个模型中不断地及时修改自己的决定。[58] 正如他在 1990 年出版的一本书中所解释的，"时间和不确定性是影响金融行为的核心因素。正是它们之间相互作用的复杂性为金融研究提供了智力上的挑战和刺激"[59]。

随机微积分之所以能够捕捉到证券价格的布朗运动，是因为它使用了随机微分方程，而不是传统计算中使用的简单微分方程。证券价格给后者带来的挑战是，即使价格的样本路径是连续的，但它是如此参差不齐，以至于不可能计算出它在一个很小的区间内的变化率（价格没有任何差别）。连续时间模型，再加上随机微积分推导非线性布朗运动规律的能力，使金融工程师能够通过动态调整股票和债券等更简单证券的投资组合，复制期权和其他衍生品的收益。在莫顿的模型中，买入期权的价格与标的股票价格和无风险债券模型的随机模式相关联。为标的股票的价格建模，需要使用到日本数学家伊藤清在 1944 年提出的一个公式；对无风险债券建模很简单，因为它的回报仅仅是时间的函数。这一系列期权定价的数学技术——统称为"定量金融"——现在被用来复制证券、投资组合和风险敞口的风险/回报率特征。

衍生产品定价的三种方法

目前用于对证券（包括衍生品）进行定价、利用金融债权对投资组合进行套期保值，以及为连续或离散时间交易制定策略的无数模型，都体现了三种定价方法中的一种或某种组合。这三种定价方法包括：布莱克、斯科尔斯和莫顿引入的随机微积分；由马克·鲁宾斯坦、约翰·考克斯（John Cox）和斯蒂芬·罗斯（Stephen Ross）开发的二叉树；戴维·克雷普斯、迈克尔·哈里森（Michael Harrison）和斯坦利·普利斯卡（Stanley Pliska）详细阐述的测度论概率方法。[60] 在时间顺序上，布莱克、斯科尔斯和莫顿的微积分方法是最早的，其他两种方法则是在 1979 年发表的。从概念上讲，二叉树模型是三种计算方法里面最简单的，也是计算效率最高的一种，测度论概率方法是最抽象的。在应用方面，二叉树模型简化了期权价格的计算，已成为期权交易者的最优选择模型（go-to model）。随机微积分方法产生了包含波动率、利率和其他定价参数等因素的期权定价模型；概率方法导致了将风险（作为随机变量的时间路径）理论化并建模的模型，并对金融市场的信息结构进行了建模（因为信息是通过概率矩阵过滤的）。综上所述，这些方法衍生出的模型是复杂的估值技术的基础，这些技术现在将世界各地的金融机构连接成一个单一的、错综复杂的全球金融市场。虽然它们是专门为管理和分散风险而设计的，但这些模型也产生了现在的系统性风险，从某种意义上说，当风险模型失灵时，世界金融机构的相互联系能够并确实导致了世界范围的失灵。

我们已经描述了莫顿方法中最核心的随机微分方程方法。在此我们简要地描述另外两种期权定价方法。每种方法都是由一组经济学家开发的，因为随着模型在数学和理论上变得越来越复杂，团队建模方法已经取代了单一研究者和双人研究者的方法。鲁宾斯坦、考克斯和罗斯在《期权定价：一种简化方法》（Option Pricing: A Simplified Approach，1979）一文中描述了二叉树期权定价公式，目的是简化将时间和不确定性纳入期权定价的艰巨任务。[61] 它是基于一个二叉树，提供了一种滤波过程的图景，这一术语指的是扩散过程的结构。这种扩散过程发生在热传导过程中，也出现在电路和量子空间粒子的运动中。在金融术语中，滤波过程是指当新信息进入市场时，证券价格的运动。随着新信息的到来，投资者的概率预期发生了变化（被过滤了），证券的价格在巴施里耶描述的随机游走中上升或下降。

二叉树模型允许建模者将这一过程表示为在离散周期内进行的一系列二项式运动。假设时间是有限的，有一个确定的终点，并且是离散的，即由不同的片段或部分组成。时间的流逝是通过从左（起点）到右（终点）的移动来表示的。离散的片段被表示为分支，新信息进入市场的点作为节点，节点支持了新分支的分离。在每个节点上，建模者将概率分配给新分支所能采取的两个可能的未来方向，比如说，有70%的可能性价格会上升（向上的分支分叉），有30%的可能性价格会下降（向下的分支分叉）。该模型不要求对投资者的风险偏好做出限制性的假设，也不要求对投资者关于支配收益产生过程的分配方式做出限制性的假设。相反，通过对每一个节点的上升和下降的概率进行同样的加权，它使用了一种"风险中性测度"的关键应用，简单地假设投资者偏爱更多的收益而不是更少的收益。通过同样加权每一个期望，建模者有效地使个人投资者对每一个节点的模式的预期变得不相关。建模者可以通过改变任意给定节点上向上和向下扩展的概率来调整树形图，并且可以通过增加概率节点和停止点的数目对树形图进行依次扩展。由于信息随机且连续地进入市场，其影响受到预期概率的变化的过滤；二叉树标准化了对该滤波过程的表示，并使得计算看涨期权价格的随机游走更简单。虽然这显然是一个简化，但这个模型比 20 世纪 30 年代伯利和米恩斯的模型，或者马尔沙克研究的模型，提供了一种更丰富的信息处理方式。

测度概率方法提供了一种更抽象的方法来模拟证券价格的变动。该方法提出了一个可测度的样本空间，该空间被认为带有概率测度和滤波。为了对衍生品进行定价，建模者通过随机过程描述样本空间，该随机过程模拟了衍生品的价格与其在前者的到期日的标的证券价格之间的收敛性。为了建立证券市场的整体模型，以制定长期交易策略，建模者将样本空间调整为肯尼斯·阿罗的"世界所有未来状态"；这一空间上的概率测度是由投资者对"真实世界"中证券定价过程的或有结果的预期所决定的，同时滤波描述了在随机性的不确定性中，证券价格将采取的概率路径。

测度概率方法为定量金融提供了鞅的概念，它是概率空间中的一个重要对象。鞅是用时间序列表示的在随机扩散过程中，变量路径的一个数学属性。如果价格过程具有了鞅属性，那么数学期望就是证券的下一个价格不会高于（或低于）目前的价值。这个概念定义了"公平博弈"（买卖双方都没有优势），并构成无套利市场的条件（市场没有"免费午餐"的机会）。

鞅是由杜布（Doob）最先描述的，他是我们在前几章中提及的统计学家哈罗德·霍特林的学生。在《随机过程》（*Stochastic Processes*，1953）一书中，杜布将一个随机过程描述为"一个经验过程的数学抽象，其发展受概率定律的支配"，如果变量在每个连续停止点的预期回报与先前的停止点相同，则该随机过程是一个鞅。[62] 1979 年，斯坦福经济学家戴维·克雷普斯和迈克尔·哈里森给出了这一概念的经济内容，从而拓展了巴施里耶的观点，即在投资市场上，鞅的存在是公平博弈的标志。在《多期证券市场的鞅和套利》（Martingales and Arbitrage in Multi-Period Securities

Markets）一文中，克雷普斯和哈里森将证券市场模型化为一个价格体系。在他们的多期模型中，克雷普斯和哈里森将投资理论置于宏观经济背景下，并为其奠定了微观经济基础：金融市场作为一个整体，允许个人获得用于未来消费的资源；个人根据自己对世界未来状况的主观预期做出投资决策；或有债权（衍生品和期权）是依据投资者群体的期望进行定价的；价格被模型化为随机向量。这篇文章的重要见解之一是"等价鞅测度"的概念，它有助于在随机世界中定义无套利价格的概念，在随机世界中，风险承担是通过对一项或有债权进行定价来确定的。这也为风险中性定价这一重要技术提供了理论依据。它还提供了无套利理论和鞅理论之间的第一次正式联系，这是所谓"金融的基本定理"的核心。[63] 所有这些定价策略构成了衍生产品革命的关键组成部分，在 20 世纪七八十年代，这场革命改变了现代金融。

资本资产定价模型的套利理论

同时，人们利用二叉树模型这样的工具，简化了布莱克－斯科尔斯－莫顿模型，并利用鞅理论将其推广到测度理论模型中，金融理论家开始放松 20 世纪 60 年代对资本资产定价模型的一些限制性假设。这种重新思考始于斯蒂芬·罗斯对 CAPM 的阐述，他称之为"资本资产定价模型的套利理论"。1973 年，罗斯是宾夕法尼亚大学沃顿商学院的金融学教授，他提出了一个简单的因子模型，将 CAPM 的资产回报和风险之间的线性定价关系扩展到一个随机投资／收益设置中，该模型是基于对世界未来状况和无套利条件的押注。[64] 通过放宽 CAPM 对投资者风险偏好和对证券波动性的事前处理的关键假设，罗斯想把模型的因子扩大到风险和回报以外。此外，与布莱克和斯科尔斯使用一般均衡观点开发的模型不同，罗斯的模型在无套利的条件下为证券定价，即在取得均衡的经济中，相同的证券不能以不同的价格进行交易。罗斯的模型被称为"套利定价理论"（Arbitrage Pricing Theory，APT），它没有具体说明投资者的风险承受能力，只说明了投资者喜欢更多的回报而不是更少的回报。APT 不像 CAPM 那样将未来收益分布的信息限制在高斯分布上，而是允许不同类别的概率分布，包括具有其特征性跳跃函数的列维过程（Levy process）。不将模型限制在回报与方差（风险）的线性关系上，这是 CAPM 定价的标志，APT 则认为，从宏观到局部的多种因素都可以解释预期的价格变化。因此，基于贝叶斯方法对建模者的预期进行建模的因素，包括对总体通胀的预期、行业或公司的具体发展，以及纯粹的财务因素。与现在仍然使用的 CAPM（特别是用于评估基金经理的业绩）、布莱克－斯科尔斯－莫顿期权定价模型及其分支，以及基于风险中性定价（Risk-neutral Pricing，RNP）的模型一起，APT 模型是当今金融模型中被广泛使用的核心模型之一。

金融工程师手册

1982 年，迈克尔·哈里森与伊利诺伊大学芝加哥分校的斯坦利·普利斯卡合作，研究了"完备市场"所需的条件，在这个市场中，每一项资产都可以用工程设计的衍生品进行套期保值。这项研究是迈向普利斯卡的研究生教科书《数理金融学引论：离散时间模型》（*Introduction to Mathematical Finance：Discrete Time Models*，1997）的第一步。1995 年，作为《数理金融学》（*Mathematical Finance*）杂志的编辑和创始人的普利斯卡在剑桥大学艾萨克·牛顿数学科学研究所举行的一次会议上展示了这一研究成果。该会议由英格兰银行赞助，主题为"金融的数学理论：模型、理论和计算"。会议的发起人和议程设置都表明了 20 世纪 90 年代中期量化金融的数学和商业导向，而与普利斯卡的研究工作相关的术语——金融工程，则强调了在 20 世纪的最后 10 年里高级金融研究工作已经发展到了什么程度。

金融工程最早出现于 20 世纪 70 年代，当时正处于与滞胀相关的经济不稳定时期。在那 10 年里，布莱克－斯科尔斯－莫顿期权定价模型使为许多新的衍生品定价，以及管理投资组合、商业和政府风险敞口成为可能。金融工程的明确特征——它不同于两次世界大战之间时期的投资理论和二战后投资组合理论的特点——是金融工程以无套利理论，而非以处于现代经济核心的均衡概念为基础。普利斯卡在 1995 年的会议上讨论的内容为研究生教科书提供了金融工程的理论基础、经济理论和数学方法。他首先认为，建立投资组合（或终生消费／投资计划）是一项线性规划研究工作，涉及为风险和回报设定目标函数。金融工程师通过指定价值、收益和贴现过程的子模型来开发交易策略模型，在"套利和其他经济考虑"的基础上认识到某些特定的细节和限制，以及基于世界未来可能的状态为债权定价。后者"如果存在线性定价测度"，将在逻辑上是一致的——如果证券市场允许无套利机会。每项债权（每项金融资产）的价格可以用矩阵形式建模为"价格向量"。[65] 这就造就了将投资者行为、纯数学和经济理论结合在一起的关键性综合：假设每种证券的初始价格在给定的概率测度下代表一个正期望。"为了排除套利机会……必然存在一个线性定价测度，它给出了世界上每个状态的正质量"。普利斯卡通过对风险中性世界中公平博弈的鞅的刻画，满足了这一条件：在指示概率测度（风险中性概率测度）下，"每种风险证券的贴现价格等于其初始价格"。因此，风险中性概率测度只是一种线性定价措施，对世界上的每一种状态都给予了严格的正质量。有了这些假设，交易策略被概念化为线性过程，为回报的过程提供簿记，将价格股息和利息转换为资本收益，基于预期的正概率测度的无套利限制，以及风险中性定价过程，金融工程师可以建立模型，对证券进行相互定价，并用离散时间、两期变量或连续时间变量来描述金融市场。2009 年，斯蒂芬·罗斯将这些基础称为"金融学的基本定理"。从这一基本定理出发，金融工程师不仅可以建立期权定价模型，还可以建立收益率曲线、息票债券、债券期权、利率衍生品模型、互换和掉期期权、信用违约掉期（CDS）和债务抵押债券（CDO）等模型，简言之，这一整组模型存在的目的是为全球金融市场上交易量越来越大的证券提供纯粹的理论价格。然而，正如我们在第十章中将看到的那样，金融市场的实际行为可能并且经常违反这个基本定理的理论纯洁性：在现实世界中，资产价格可能以一种非线性的方式变化，某些工具的结构产生了模型无法捕捉到的复杂性，金融系统作为一个整体可以像一个紧密耦合系统般运作，期权和其他衍生品的收益可能与其标的证券的价格没有线性关系。1987 年的股市崩盘和 11 年后长期资本管理公司的崩溃提供了充分的警告，即金融工程师最有说服力的理论和强大的模型可能无法实现他们所承诺的结果。[66]

金融计量经济学

据麻省理工学院斯隆管理学院金融学教授罗闻全（Andrew Lo）表示，

金融计量经济学的出现是"三个方面并行发展的结合"，包括：全球金融体系日益复杂；金融市场定量建模（基于现代投资组合理论和金融工程）的突破；数字技术的发展，包括硬件、软件、数据收集和数据组织等方面的创新，以及国际数字通信系统的建立，如 SWIFT（环球同业银行金融电讯协会，创建于 1973 年）。[67] 到了 20 世纪 70 年代中期，金融学已成为美国各类商学院开办 MBA 项目的重要专业，金融学的一些课程也可以在经济系的本科和研究生项目中找到。到下一个 10 年末，金融学的分支学科已经开始分离出自己的分支专业，其中最重要的是金融计量经济学。[68] 在学术界内部，金融计量经济学开创了一系列新的统计工具和计量经济学概念，并直接在华尔街的应用中取得了成果。此外，相对便宜的金融计量经济学软件包已经面世，这使得计量经济学课程成为最受本科生和研究生欢迎的经济系课程之一。使用这种软件，即使是学生也可以在每一个可能的时间尺度和总量水平上对数据集进行复杂的时间序列和回归分析。人们现在可以将大量数十年范围内的指数数据下载到统计回归包中，以进行投资组合模拟和回归分析。这种软件与功能更强大的台式计算机和笔记本计算机相结合，使华尔街交易员能够以各种形式，如封闭式基金、开放式基金，或电子交易证券和基金（ETS 和 ETF）等创建和交易证券。到 20 世纪末，金融计量经济学已成为金融工程师、投资经理、套利者和各行各业的交易员——从在纽约或新加坡的全球贸易中心工作的专业人士到坐在威斯康星州拉辛市家中的短线交易商的共同语言。从 1982 年电子交易平台商（E-Trade）成立后，个人投资者就可以在全球资本市场上进行交易、投资、套期保值和套利了。

金融计量经济学的一些最重要的工具是在 20 世纪 80 年代早期发展起来

的，但这一新的专业直到 2007 年才推出它的标志性组织——金融计量经济学学会（the Society for Financial Econometrics，SoFiE）。金融计量经济学学会就像 20 世纪 30 年代作为其前身的计量经济学学会一样，将理论——在这种情况下是金融理论——与数学和统计学相融合。与两次世界大战之间时期的计量经济学一样，金融计量经济学也渴望用数据来对应理论，并利用经验数据来改进或发展理论。金融计量经济学所挑战的理论是 CAPM 的基本假设：所有资产和投资组合的平均回报可以用其市场系数来解释，回报是不可预测的，简单指数的表现总是优于管理基金，证券市场是有效的。[69]

有效资本市场 II

1991 年，有效市场假说的缔造者之一尤金·法马发表了他 1970 年对 CAPM 基本假设进行的研究工作的续集。在《有效资本市场 II 》（Efficient Capital Markets II ）一文中，法马将迅速发展的资本市场研究和检验分为三个领域，这些领域反映了与金融计量经济学相关的一些重大理论突破。"收益可预见性检验"被一种全新的理念彻底改变，即金融时间序列的波动在本质上是时变的；"事件研究"已经被时间序列的横截面研究加以更新；"私人信息检验"已开始将对市商和证券公司客户之间，以及在内部人士、职业经理人和投资大众中间的不对称信息流的分析包括在内。[70] 其结果是对广泛使用的模型进行了重新思考：CAPM、布莱克－斯科尔斯－莫顿期权定价模型和 APT 多因素模型，所有这些模型都用金融计量技术进行了重新评估。

20 世纪七八十年代金融计量经济学的发展与这几十年的宏观经济和

宏观经济计量研究项目并驾齐驱。此外，这两类研究至少在一定程度上都是对持续了近 10 年的滞胀现象的回应。正如凯恩斯主义新经济学家未能应对滞胀导致了罗伯特·卢卡斯的新兴的古典和理性预期革命（我们在第十章中将对此进行考察），考尔斯委员会针对同一问题的联立方程方法的失败，也导致其他金融理论家对此方法进行了改进。一种是向量自回归技术（VAR），由克莱夫·格兰杰（Clive Granger）、克里斯托弗·西姆斯（Christopher Sims）和拉尔斯·彼得·汉森（Lars Peter Hansen）提出，他们分别在加利福尼亚大学圣地亚哥分校、普林斯顿大学和芝加哥大学任教。相较于考尔斯委员会的联立方程法，这种方法对模型方程的识别和估计施加了更少的先验限制。

　　除了 VAR，还增加了三种计量经济学技术，它们都是在 20 世纪 80 年代发展起来的，在金融中都有重要的应用，包括：广义矩方法（General Method of Moments，GMM），自回归条件异方差模型（ARCH，即后来的GARCH）技术，以及协整。由拉尔斯·彼得·汉森引入的广义矩方法引出了一种估计方法，它克服了一些阻碍研究人员试图选择、估计和检验金融变量的统计模型的技术难题。它还使得金融理论家能够用一种广义模型对资本市场中的随机收益生成过程进行建模，该模型可以容纳多种随机收益生成过程，即不同类型的金融工具。由加利福尼亚大学圣地亚哥分校的罗伯特·恩格尔（Robert Engle）创建的自回归条件异方差模型允许计量经济学家放宽 CAPM 和原始的布莱克 – 斯科尔斯 – 莫顿期权定价模型中的一个假设——波动不随时间变化的假设。在几年内，丹麦出生的经济学家波勒斯勒夫（Bollerslev）成功地对时间序列的持久性和平稳性进行了建模，这是预测未来价格差异所必需的测度。衡量金融市场波动性变化的能力是非常重要的，在不同地方，对这一项目的研究工作一直持续开展着，其中包括纽约大学波动性研究所的 V-Lab。[71] 时变波动率的测量使得金融计量经济学家可以量化投资者"动物精神"的变化，凯恩斯将个人对交易的渴望归因于这种非理性力量。协整是由克莱夫·格兰杰、罗伯特·恩格尔、查尔斯·纳尔逊（Charles Nelson）（华盛顿大学）和查尔斯·普洛瑟（Charles Plosser）（罗切斯特大学）开发的，以缓解确定性时间序列与随机性时间序列之间的"虚假相关"问题。2013 年获得诺贝尔经济学奖的耶鲁大学的罗伯特·席勒（Robert Shiller），在 20 世纪 80 年代利用所有这些技术对股票价格波动进行了研究。席勒和他的学生约翰·坎贝尔（John Campbell）（后来在哈佛大学）一起进行了计量经济分析，结果显示价格的变化性打破了理性的"方差界限"，因此应该被理解为"非理性的繁荣"。自回归和协整技术帮助计量经济学家回答了两个问题："第一，根据 VAR 系统中的信息，可以预测股票收益的哪些组成部分？第二，股票回报的哪些部分可以通过未来股息的消息进行事后分析？"[72] 席勒和坎贝尔的研究工作说明了金融计量经济学既可以检验现有理论（理性市场理论），又可以引入新的研究领域的方式。

行为金融学

2003 年，罗伯特·席勒开始对尤金·法马在 1970 年创立并在 1991 年更新的有效市场假说进行评估。然而，席勒的结论与法马大不相同，因为席勒并没有寻找调和金融计量经济学至少 10 年来观察到的股票总价格波动与有效市场假说的方法，而是宣称数据激发了一种新的方法。"20 世纪

90年代，学术讨论的大部分焦点从对价格、股息和收益的时间序列的经济分析转向了发展与金融市场相关的人类心理学模型。"通过引用他与芝加哥大学理查德·泰勒（Richard Thaler）共同主持的NBER行为金融会议研讨会（自1991年以来一直在进行），以及约翰·坎贝尔、罗闻全和克雷格·麦金雷（Craig MacKinlay）编辑，于1996年出版的《金融市场计量经济学》（*The Econometrics of Financial Markets*）中的观点，席勒宣布，"一场金融革命的基础"已经到位。[73] 在世纪之交，这场革命正在顺利进行，它仍然是金融理论最活跃的领域之一。

杰里米·边沁（Jeremy Bentham）试图将经济分析建立在对"享乐主义"，或者是快乐与痛苦两种感觉的比例的评估上，而19世纪末期，衡量"效用"的努力，却因将这门学科引向歧路而闻名。欧文·费雪提出的"功用"可以用来衡量奖励的心理回报的观点，以及保罗·萨缪尔森的"显示性偏好"的概念都是试图调和一门学科的尝试，这门学科的分析框架越来越接近数学，并带有人类心理学这一众所周知的难以捉摸的问题。[74] 半个多世纪以来，经济学家和金融理论家试图将心理动机——包括违反理性约束的行为——简化为可以用数学术语表述的模式，经济学家和金融理论家发现很难让心理学回归这门学科，这是可以理解的。同时，强调主体"缺乏信息"或"不完美信息"的分析可以被看作要把心理学定位在经济学家所选择的数学范畴内的努力，以便在严肃对待"动物精神"的情况下，遏制可能造成的大破坏。

1979年，斯坦福大学行为科学高级研究中心的两位心理学家丹尼尔·卡尼曼（Daniel Kahneman）和阿莫斯·特沃斯基（Amos Tversky）发表了《前景理论：风险条件下的决策分析》（Prospect Theory : An Analysis of

Decisions under Risk）一文，改变这门学科与心理学之间扭曲关系的基础思想出现了。[75] 这篇论文与理查德·泰勒的《走向消费者选择的实证理论》（Toward a Positive Theory of Consumer Choice, 1980）一起，开创了行为经济学。虽然主流经济学家并没有立即接受前景理论，但许多华尔街金融公司都接受了这一观点，因为它似乎解释了分析师在投资者中观察到的行为，而且它至少有望在短期内发现违反有效市场假说的投资趋势。

在前景理论的主张中，有一种观点认为，个体系统性地偏离了博弈理论家和理性选择的理论家会预测的决策。有时人们"不能充分地区分小概率事件"；有时他们对自己的判断过于自信（"有偏见的自我归因"）；有时，事后看来，他们所做的预测没有声称的那样好；而且，个人总是非理性地对损失感到的不满要超过因等量收益而感到的愉悦。[76]

虽然对将这些结论纳入金融理论的研究还有待完善，但不可否认的是，行为金融理论放松了有效市场假说对理论和实践的束缚。2003年，席勒对行为理论可能对这门学科产生的影响持谨慎乐观的态度："我们不应指望市场效率出现如此严重的错误，以至于即时利润竟能持续可得。但在其他意义上，市场效率可能是大错特错的。例如，有效市场理论可能导致对重大股票市场泡沫等事件的严重错误解释……虽然有效市场的理论模型可以作为理想世界的说明或特征，但我们不能把它们的纯粹形式作为对实际市场的准确描述。"[77] 无论是建立并依赖理想世界的模型，还是创造某种更接近于"真实市场"的模型，对于经济学和金融学的实践者来说，都是一个悬而未决的问题。

2008年雷曼兄弟公司的破产使这个研究课题有了新的紧迫性。随着大萧条的重演突然具备了非常现实的可能性，席勒回到了"动物精神"的

观点，这次是借助了行为宏观经济学家乔治·阿克洛夫（George Akerlof）
的观点。除了股票市场的过度波动性，阿克洛夫还识别出了 5 个无法由理
性最优化经济人的新古典假设解释的额外因素。根据阿克洛夫的观点，这
些因素需要行为基础，其中包括：非自愿失业的存在，货币政策对产出
和就业的影响，退休储蓄不足的普遍现象，以及弱势群体缺乏社会流动
性。[78] 在全球金融危机之后，席勒和阿克洛夫合作出版了两本书，试图综
合行为金融学和行为宏观经济学。在《动物精神：人类心理如何驱动经济、
影响全球资本市场》（*Animal Spirits：How Human Psychology Drives the
Economy and Why It Matters for the Global Economy*，2009）和《钓愚：操纵
与欺骗的经济学》（*Phishing for Phools：The Economics of Manipulation and
Deception*，2015）两本书中，席勒和阿克洛夫探讨了动态随机市场一般均
衡模型观点的局限性和内在矛盾。在此过程中，他们还提出了一种全新的
方法来思考市场、市场参与者以及理性和非理性的行为。

第十章

美国金融的转型

两次危机之间的时期：从沃尔克通货紧缩到 雷曼破产，1982—2008 年

　　虽然经济史学家还没有给这个时期起一个名字，但 1982—2008 年这一时期是非常独特的，值得我们注意。我们称之为危机之间的时期，因为尽管它中间的年份是以工业发展的波动性减弱和美国的日益繁荣为特征的，但它的开端以一场危机——1982 年的沃尔克通货紧缩为标志，同时它的高潮（虽然不是结局）以另一场危机——美国第四大投资银行雷曼兄弟于 2008 年 9 月 15 日破产为标志。这一时期也因两次衰退而有了界限：1981—1982 年的衰退和始于 2007 年第四季度的大衰退。沃尔克通货紧缩是美联储货币政策的结果，该政策的目的是在经过 10 多年的努力控制住通货膨胀后，进一步粉碎通货膨胀。[1] 这项政策有两个阶段：第一个阶段，始于 1979 年的一个短暂的货币主义试验，试图盯住货币总量；第二个阶段，盯住的不是总量而是联邦基金利率。这一政策是一项由两部分内容组成的战略中的一部分，该战略将严格的货币政策与重大减税政策相结合，

前提是如果同时伴随着第二个政策，在没有通货膨胀的情况下，第一个政策的刺激可能会产生没有通货膨胀的经济高增长。直到 1982 年夏天，沃尔克一直保持着高利率，尽管在那时，美国经济已陷入严重衰退长达一年的时间了。随着失业率超过 10%，制造业和建筑业等行业受到打击，公众开始游说美联储放松对货币的控制。沃尔克在 1982 年夏末艰难推进的放松政策确实降低了通货膨胀率，将其从 1979 年加入美联储时的 13% 降至 1982 年的 4%。尽管这一政策是严厉的，但它给人留下了是市场而不是政府在控制经济的印象，因为美联储所做的一切似乎都是为了确定和维持货币供应的非通货膨胀性增长率。[2]

在沃尔克通货紧缩之后，美国经济进入了一个被经济学家命名的时期，这一时期的特点是美国经济周期的波动性减少，并与艾伦·格林斯潘担任美联储主席的任期重叠，这一时期被另一位美联储主席本·伯南克称为"大缓和时期"。[3] 这种广受欢迎的宏观经济波动的减少要归因于 1981 年由罗纳德·里根提出，并在乔治·布什和威廉·克林顿总统领导下继续推行的供给侧革命。[4] 始于 1984 年的大缓和时期出现了美国的总产出波动率下降（尽管总股价波动没有下降）的情况。[5] 几乎所有工人的收入都增加了，同时股票价格的上涨为投资者创造了更多的财富。在克林顿两届任期内的美国政府（1993—2000 年）采取了统称为"进步的保守主义"的政策，从而在执行预算纪律的同时，温和地重新分配了国民收入。我们在后文中将会谈及放松的金融管制给消费者带来了一系列新的金融创新，范围从信用卡、住宅权益贷款到衍生品，这意味着理论上他们可以在更长的时间内分配自己的支出和投资。1984—2007 年，美国只经历了两次相对短暂的衰退——在 1990—1991 年和 2001 年——而且扩张的时间也相应延长了。

在克林顿的第二个任期内，实际经济增长率平均每年为 4.5%，失业率达到 1978 年《汉弗莱 – 霍金斯法案》（Humphrey-Hawkins Act）规定的 4% 的目标。[6] 通货膨胀率比较稳定地保持在低水平，20 世纪 80 年代初期的预算赤字被预算盈余所取代。由于 20 世纪 90 年代的繁荣是由私营部门的支出和私营部门的就业所带动的，而不是扩张主义的财政或货币政策，"大缓和"提供了一个似乎无可辩驳的证据，即市场力量比 20 世纪 50 年代的凯恩斯主义政策提供了更多的稳定和繁荣。

我们把被称为"大缓和"的那些年份归入一个更长的时期，因为危机之间时期抓住了伯南克更为乐观的周期划分所掩盖的现实。"大缓和"不仅从严重衰退中出现并再次崩溃，而且那些以温和的经济波动和实体经济总体繁荣为标志的年份，也包含了令人担忧的迹象，显示出更深层次的力量在发挥作用。在所谓的"大缓和"期间，个人破产数量增加，按国民收入统计数字计算的个人储蓄率下降；贸易赤字大幅增加；1987 年，道琼斯工业平均指数下跌 22.6%，标准普尔指数一天之内损失了 20%，这些都表明金融市场出现了一些问题。股票市场崩盘极为可能与金融工程师引入的金融创新之一——投资组合保险的广泛使用有关。[7] 就实体经济而言，较不明显但更危险的是所谓"重大风险转移"，即将政府和公司承担的风险转移给个人和家庭。[8] 罗斯福新政立法，如《格拉斯 – 斯蒂格尔法案》《社会保障法》和《联邦存款保险法》（Federal Deposit Insurance Act），旨在保护个人免受各种风险的影响，这些风险包括银行的轻率行为，及医疗保险或养老保险金不足。20 世纪 90 年代，随着总体就业形势更加稳定，政策制定者认为，失业的美国人很快就会转而从事其他工作；随着私人医疗保险提供了更多的选择，1994 年《健康保障法》（Health Security Act）实施失败后，他们认为个人将以个人保单来补充社会保障；而且随着几乎所有证券价格的上涨，许多人认为，公司用固定缴款退休计划，如 401（K）等，取代养老金和固定福利计划将更具成本效益。这些基金的投资以及允许向个人开放的个人退休金账户，理论上将被基金经理监督。《雇员退休收入保障法案》(The Employee Retirement Income Security Act, ERISA) 于 1974 由杰拉尔德·福特总统签署，正如我们马上将看到的，它的签署使投资于股票市场的接受管理的基金大幅增加。

只要收入不断增加，通货膨胀保持在低水平，而且大多数人都有工作，这种巨大的风险转移就不会在美国造成普遍的困难。国际环境也支撑了美国的繁荣：世界石油价格持续较低，美国进口价格普遍较低，部分原因是美元升值，部分原因是其他国家，特别是东亚国家，经历了通货紧缩。[9] 尽管美国经济实体侧的波动性似乎已经受到抑制，但其他国家的经济在 20 世纪 90 年代开始受到了严重的压力。由于部分资本流入发展中经济体，4 个东盟重要成员的外债与其国内生产总值的比率飙升，从 1993 年的 100% 上升到 1996 年的 167%。1997 年 7 月，泰铢崩溃，随后印度尼西亚、韩国、中国香港地区、老挝、马来西亚和菲律宾的经济迅速下滑。为了控制损失，国际货币基金组织向韩国、泰国和印度尼西亚提供了 400 亿美元的资金。然而，亚洲金融危机并不局限于该地区。1998 年，危机蔓延到俄罗斯，迫使政府将卢布贬值，造成了其债务违约。

虽然这场危机由很多原因造成，包括油价波动，但其中一个重要原因是对国际资本流动管制的放松。这使得资金可以投入许多具有投机性本质的项目，并鼓励发展中国家的政府借入超出其偿还能力的资金——以储备货币美元的形式。虽然这种损害最初看来由于发生在境外而对美国是安全的，但美国没有完全摆脱放松管制的全球资本市场的回击。1998 年，长期资本管理公司崩溃，这些冲击波及了美国金融部门。长期资本管理公司是成立于 1994 年的对冲基金。现代金融学的两位设计师迈伦·斯科尔斯和罗伯特·莫顿是长期资本管理公司的董事会成员，该基金在很大程度上依赖于这两位诺贝尔经济学奖得主设计的绝对收益和高杠杆率交易策略。1998 年该对冲基金在仅 4 个月内就亏损了 46 亿美元。在格林斯潘的联邦储备委员会的监督下，16 家金融机构同意对该公司进行资本重组，但它在 2000 年被清算并解散了。[10]

在宏观和货币理论方面，经济学家在 2000 年形成了一种新的综合理论，即新新古典综合派（New Neoclassical Synthesis），这一理论将我们在第八章中讨论的凯恩斯主义和货币主义理论的要素结合在一起，并用新的理论——内生增长理论、新兴的古典宏观和货币经济学、真实经济周期理论，对与现代金融的随机框架（动态随机一般均衡模型）密切相关的复杂的计量经济学模型进行了改进。这一新的综合派的成立是 1980 年以后宏观经济学范式转变的结果。对许多宏观经济学家来说，新古典（内生）增长理论（1957 年罗伯特·默顿·索洛提出的外生模型的一个分支）取代了凯恩斯主义 IS-LM 模型框架固有的范式，成为学科的主导范式。内生增长理论以技术和劳动力技能提升推动的生产率提高为基础，侧重于长期增长的福利效应，而不是解决产出或就业方面的短期波动所造成的不稳定影响。基于新兴的古典宏观经济学假设，真实经济周期理论家将随机技术冲击——而不是投资和储蓄过程中的凯恩斯主义式的错位——建模为经济周期中的波动，或他们所理解的经济增长率波动的来源。由技术创新以及税收政策和人力资本投资等供给侧激励推动的经济增长，被建模为一个线性、随机、向量增长的过程。从这个模型的角度看，围绕该向量增长轨迹的经济产出和失业波动，并不是一个需要通过宏观经济计量学的短期稳定政策来解决的凯恩斯主义问题。相反，经济增长在时间路径上的波动，就像股票市场的波动一样，需要从长远的角度来看待，因为人们认为这种波动是不可避免的。

新兴的古典模型建立在一系列限制性很强的理论假设之上：市场以阿罗－德布鲁均衡出清、货币中性、假定理性主体的总体家庭行为模型、个体的自利行为以及理性预期。将这些假设作为基础的加总技术抽象掉了家庭收入不平等这类问题。新兴的古典模型假设企业表现出不受金融或货币幻觉约束的竞争性利润最大化行为。他们还认为，政府层面的政策干预将是无效的，因为理性的家庭和企业可以预见并中和这些干预措施带来的影响。虽然在新兴的古典经济学设定中，高度抽象的假设完全忽略了日常生活中的许多事实，但其政策含义与新兴的自由市场意识形态的政治非常吻合。由此可见，新兴的古典经济学模式使制度性安排和联邦的行动变得无关紧要，甚至是危险的。将联邦政府视为不合法的经济主体是符合朝圣山学社建立伊始就规定的原则的。这一思想由米尔顿·弗里德曼孜孜不倦地加以提倡，并由里根总统发起的供给学派经济理论和政策赋予新的生命。后来，同样的动态随机均衡框架被用来整合强调劳动力和市场无效率的传统凯恩斯主义主题，这些新兴凯恩斯主义模型假设重新提出了政府政策干预的理论基础。所谓的新兴的古典综合，将新古典主义、新凯恩斯主义和货币主义观点结合在动态随机一般均衡模型中了。

在新新古典综合派假定的范式下，宏观经济学家专注于鼓励实体经济增长政策，而美联储的货币经济学家则专注于利用公开市场委员会的工具维持可信的通货膨胀目标。在 2008 年全球金融危机爆发之前，尽管两组经济学家都在"大缓和时期"从事自己的研究工作，但无论是宏观经济学家还是货币经济学家，都不认为金融监管是一种货币政策工具。相反，根据供给学派经济学的理论，几乎任何形式的监管都被认为是经济增长的障碍。因此，对新兴金融部门的监管被认为不是宏观经济学家或货币经济学家的研究领域，尽管理论上监管监督是美联储、证券交易委员会和财政部的责任。在"大缓和"令人眼花缭乱的背景下，人们没有注意到的是，美国金融体系的规模、结构和投资正在不断发生变化。没有人注意到的是——目前流行的宏观经济计量模型和货币模型也没有让人看到——美国金融体系正在变得比以往更像一个以市场为基础的体系，对它的监督要求监管机构具备目前尚未被使用过的政策工具。

由哈罗德·格伦·莫尔顿在 1921 年描述、雷蒙德·戈德史密斯在 20 世纪 50 年代进行量化、格利和肖于 1960 年对其进行理论化的金融体系，是由美国中央银行监督组织的，它由各种金融中介渠道组成，将金融机构联系在一起，最终将资金从储户转移到借款人手中。相反，在 20 世纪 80 年代开始发展的市场体系中，证券化的进程使银行与资本市场密不可分。虽然以前，银行通过扩大或减少贷款来应对外部环境的变化，但在新的条件下，银行和其他金融中介机构（包括证券经纪人和经销商）往往通过减少风险敞口、缩减贷款和收取更高的风险溢价来应对信贷损失。正如我们在本章中描述基于市场的金融系统时所看到的那样，这可能已经对实体经济产生了严重的影响。

当然，更加完善的市场经济所表明的新环境也意味着美国金融体系的规模和重要性大幅度提升。按其占美国 GDP 的百分比测量，金融部门从

1950 年的 2.8% 上升到 1980 年的 4.9%。到 2006 年，金融部门的 GDP 占比达到了 8.3%。[11] 在 "大缓和时期"，华尔街高管对联邦政府机构的影响也在增加。美林公司前总裁唐纳德·里根帮助提出了《经济复兴计划》，该计划导致了 1986 年的大规模减税。高盛集团的前联席董事长罗伯特·鲁宾（Robert Rubin）曾担任克林顿总统时期的财政部长；后来，在桑福德·威尔的领导下担任花旗集团副董事长，鲁宾游说通过了《格雷姆–里奇–比利雷法案》（Gramm-Leach-Bliley Act），这一法案在 1999 年促使《格拉斯–斯蒂格尔法案》退出了历史舞台。高盛集团董事长兼首席执行官亨利·鲍尔森（Henry Paulson）曾任乔治·布什总统时期的财政部长。或许最重要的是艾伦·格林斯潘，他在 1987 年被罗纳德·里根任命为美联储主席，他是继威廉·麦克切斯尼·马丁之后，任职时间最长的美联储主席。格林斯潘是一位股票经纪人的儿子，他在布朗兄弟哈里曼公司（Brown Brothers Harriman）担任华尔街分析师，开始了自己的职业生涯，并随后创立了汤森–格林斯潘合伙人公司。

为了了解自 20 世纪 80 年代以来改变美国金融体系的因素，以及为什么 "大缓和" 最好被理解为 "危机之间时期" 的一部分，我们需要理解 4 个相互关联的过程：去中介化和建立影子银行系统、放松监管、金融工程以及证券化。这些过程共同创造了我们今天所处的以市场为基础的全球经济。

转型的早期迹象

虽然当时很少有人认识到它的重要性，但美国经济结构正在发生变化，一个最明显的迹象就是金融去中介化的现象急剧增加。[12] 在 20 世纪六七十年代，受"规则 Q"等限制的金融机构投资资产的损失产生于收益率更高的产品，因为它们不受"规则 Q"上限的限制，通常，这些资产被直接投资于资本市场，而不是由其他金融机构作为中介。由于美国的法规覆盖了所有美国国民银行和储蓄机构，美国人投资美元的早期竞争者来自其他国家。一个重要的早期参与者是 20 世纪 60 年代由花旗银行在伦敦推出的欧洲美元（Eurodollars）市场。欧洲美元是以美元计价的基金，这些基金基本上不受监管，在美联储的管辖范围之外。1966 年，花旗银行伦敦分行为大额存款（以百万美元计）发行了它的第一笔欧洲美元债券，而它的许多早期客户是美国的共同基金。由于它的发行银行可以比美国的银行的利润幅度更窄，而且存款的流动性较低，这些基金使投资者的收益比受到"规则 Q"限制的美国金融机构更高。正如我们稍后将看到的那样，美国政府很快就对这种国际竞争的威胁做出了反应，大幅缩减了其金融监管体系——作为放松管制计划的一部分，旨在增强美国经济的实体侧和金融侧在全球市场上的竞争力。

对经济理论家来说，货币和金融开始影响美国经济的一个早期迹象是被称为菲利普斯曲线的宏观经济关系的失灵。菲利普斯曲线描述了实体经济中的失业与作为一种金融现象的通货膨胀之间的关系。菲利普斯曲线的基础是 1958 年威廉·菲利普斯提出的一组覆盖时间范围长达一个世纪的数据，该数据显示了失业与货币工资变动率之间的反比例关系。在 20 世纪 60 年代初，美国凯恩斯主义者接受了菲利普斯的发现，因为他似乎提供了支持凯恩斯理论的经验证据。如果菲利普斯曲线是一种固定关系，政策制定者可以选择曲线上的一个点制定政策，通过接受更高的通货膨胀率来促进实现或"购买"更多的就业机会。20世纪70年代初，经济学家对菲利普斯曲线的信心被滞胀——停滞的工资增长和高通货膨胀的结合——给打破，它揭示了对这种不断变化的理论关系进行估计的宏观经济计量模型的缺陷。这些缺陷表明，关于经济周期的凯恩斯主义观点已经陷入困境，许多经济学家认为，这不是因为新的经验证据具有挑战性，而是因为凯恩斯主义理论缺乏充分的微观基础。[13]尽管他们指出了凯恩斯主义框架的这一缺陷，但多数经济学家未能看到20世纪70年代美国经济灾难的根本原因：此前与美国绝缘的全球金融经济已开始影响这一理论形成和政策制定的环境了。由于美国在1968—1973年废除了布雷顿森林协议，货币的价值变得可以浮动，货币已开始向最有利的市场流动，而美国面对的是以前没有考虑过的全球竞争对手。所以当国际经济的实体侧（尤其是在农业和石油领域当中）发生巨大变化时，尽管波及了全球经济体系，但美国却没有采取任何缓冲措施。

继巨头公司和美国政府之后，20世纪80年代得到进一步完善的以市场为基础的美国金融体系，构成了深刻塑造美国金融历史的第三种制度。当然，在这种以市场为基础的体系中表现出来的结构性转变，要比那些在20世纪初改变美国生活的美国现代大公司，以及在不可避免的税收、监管和公共财政的周期中取得显而易见增长的政府更难观察到。早在20世纪70年代，人们就开始感受到这种突如其来的转变的一些迹象，然而这些影响却是若隐若现的，它们仍然处于萌芽状态，尚未稳定下来。不可否认，作为全球化这一更大进程的一部分，这种结构转变进一步塑造了美国以市场为基础的金融体系，迅速影响了经济的金融侧，逐渐改变了国际实物贸易，并最终改变了美国人对自己在世界上的地位的想象。在被命名或给出理论解释之前，这种转变就让人们知道了它的影响，尤其是在资产买卖和风险管理方面。

经济学家和金融理论家盲人摸象似的对这种结构转变中最直接影响到他们的部分做出反应。[14] 在 20 世纪 70 年代，经济顾问委员会和美联储的 12 个研究部门的经济政策制定者的主要目标是设计货币、财政、监管和监督政策，以满足 1946 年《就业法案》提出的双重任务，在滞胀的阴影下，他们的两个目标都落空了。这些经济学家的任务是在利率上升、美国国内产出下降、通货膨胀水平持续上升、失业增加、资本市场波动加剧、投资者焦虑等情况下，保持美国在全球的卓越地位，而上述都是尚未得到承认的重塑全球和各国金融体系的转型标志。[15] 相反，金融理论家、模型构建者和华尔街顾问的目标是寻找创新的方式，以尽量减少纳税，避免监管，并制定战略以使投资组合能够从高通货膨胀、高利率和市场的投资心理中获益。[16] 金融理论家已经回应的市场波动构成了正在进行的结构转变的另一面，尽管他们很快就利用了这些机会，但很少有人意识到为什么会有新的套利机会出现在他们身边。

自相矛盾的是，他们都无法认识到这两个群体所经历的转型的本质，这种本质似乎被它们的差异掩盖了。尽管到了 1970 年，宏观经济学和金融学这两门学科都严重依赖于按时间序列分析的复杂计量经济学和概率论的随机数学，宏观经济学中使用的数据的加总程度、及时性和质量所提出的问题与金融数据所展现的问题截然不同，金融数据是在拍卖市场的大量即时交易中产生的，这导致了计量经济实践中的第二次革命，我们在第九章中将其称为"金融计量经济学"。[17]

全球金融体系结构的转变不仅使美国出现了令人不安的现象，比如金融去中介化、出现了投资美元的竞争者以及菲利普斯曲线的宏观计量经济学的失败，还带来了一系列来自经济实体侧和金融侧的冲击。在金融侧，美国废除了布雷顿森林协议，使得作为全球法定交易货币的美元的价值可以大幅度波动。波动性不仅影响到外汇市场，还影响到美国债券和股票市场。1973—1974 年股市的急剧下跌状况仅次于 1929 年的大崩盘，而固定收益证券的熊市则从 20 世纪 50 年代初美联储与财政部达成协议一直持续到 1982 年，美国的通货膨胀率不断提高，就像美元外部价值的不稳定提高了利率一样。结果，投资者开始预期并在决策中考虑利率上升和不断增长的通货膨胀。这些预期，以及推动它们的通货膨胀，都是沃尔克通货紧缩想要解决的目标。在经济的实体侧，农产品短缺、石油禁运导致油价空前上涨，然后是 OPEC 卡特尔组织的形成，伴随着美国企业破产数量增加，经济产出下降，美国劳动力生产率下降，失业人数增加。[18] 20 世纪 70 年代，随着 1972 年"水门事件"的爆发，以及随后对理查德·尼克松的弹劾程序，导致他于 1974 年辞职，美国的政治格局也出现了严重混乱。1969 年 12 月，尼克松宣布结束在东南亚旷日持久的、不成功的战争，但是这两个国家在冲突中的纠葛仍在继续。

在美国放弃布雷顿森林体系后的 10 年里，美国经济遭受了三次衰退，显然每一次衰退都是由美国政府的政策引起的。最后一次也是最严重的一次衰退是通过沃尔克通货紧缩结束的，这次衰退也打破了 1951 年《美联储协议》后开始的固定收益债券熊市。[19] 但是，经济衰退的动荡为那些急于利用我们在第九章中描述的创新模式的金融家提供了新的机会。正如我们所看到的，芝加哥商业交易所于 1972 年推出了第一份金融期货合约，提供了 7 种主要货币的合约，并在 1981 年上市了第一份利率期货，这是一份美国政府全国抵押贷款协会采用的合约。与此同时，伦敦的欧洲美元市场蓬勃发展，成为未来变化尚未被人们认识到的先兆。1974年，ERISA颁布之后，规定了固定收益和合同退休计划的资金，资产管理公司创造了新的机构产品来争夺退休基金池子里的资金，以寻求投资回报。在随后的几十年中，退休基金成为传统资产管理公司和利润丰厚的对冲基金的生计所在。[20]

危机中间时期的宏观经济理论

新兴古典宏观经济理论、动态随机一般均衡模型和真实经济周期理论

这些冲击对金融理论家和投资者来说是机遇，却给宏观经济理论家带来了长达10年的挑战。对许多人来说，这一挑战似乎来自凯恩斯主义理论无法解释的20世纪70年代出现的失业和通货膨胀并存的模式。一些人认为，这种无力是由于凯恩斯理论缺乏微观基础，它未能将经济现象的变化建立在主体的优化行为分析之中。一组有影响力的宏观经济学家为解决这一失灵而设计的解决办法的根源在于我们已经研究过第二次世界大战结束后那段时期，与运筹学有关的保密技术被转移到非军事应用中。

在第八章中，我们看到乔治·丹齐格和马歇尔·伍德在20世纪40年代末将运筹学技术应用于交通运输问题。在随后几年内，希望解决与企业管理有关问题的产业经济学家也采用了动态规划技术，以及概率流的基本数学结构。事实上，在这些早期产业应用中至少有一项资金来自支持大量运筹学研究的SCOOP项目。1949年，SCOOP项目授予新成立的卡内基

梅隆大学工业管理研究生院为期三年的资助,用于对"企业内部计划和控制"进行研究。在这笔资金的资助下,经济学家、计量经济学家和计算机科学家将动态规划、随机过程和 NASA 设计的控制理论应用于企业间商业活动中出现的问题。1960 年,查尔斯·霍尔特(Charles Holt)、莫迪利安尼、约翰·穆斯(John Muth)和赫伯特·西蒙(Herbert Simon)出版了《计划、生产、库存和雇用》(*Planning, Production, Inventory & Employment*)一书,经济史学家将这卷书称为"经典运筹学教科书"[21]。第二年,穆斯在《理性预期和价格变动理论》(Rational Expectations and the Theory of Price Movements)中采用了略有不同的研究方向。在这篇文章中,数理经济学家穆斯为一套更强的假设提供了理论基础,这些假设是关于经济主体如何在预测中形成期望的。穆斯没有使用他的老师和同事赫伯特·西蒙提出的有限理性的思想,他坚持认为:经济主体不仅通过回顾,而且通过向前看来做出决定。事实上,穆斯认为,主体的决策不仅是根据他们的个人经验或预期经验,而且也根据用来模拟这些决策的经济理论做出的。因此,根据穆斯的说法,"动态经济模型并没有假设足够的理性"。正如穆斯所解释的那样,"因为期望是对未来事件的知情预测,它们基本上与相关经济理论的预测相同"[22]。穆斯的构想很快被应用到宏观经济学的每一个分支——经济周期理论、货币理论、国际贸易和增长理论。随着罗伯特·卢卡斯、托马斯·萨金特、爱德华·普雷斯科特(Edward Prescott)和芬恩·基德兰德(Finn Kydland)的发展和阐述,穆斯的理性预期假说引发了一场革命,成功地挑战了凯恩斯主义的宏观经济学。[23] 到 20 世纪 80 年代,与理性预期相关的模型得到普遍接受,在美国更是如此。

与理性预期相关联的一类宏观经济模型被称为"动态随机一般均衡模

型"。这些模型动态地反映了时间上的经济关系，特别是经济主体的前瞻性行为，并且在包含冲击方面是随机的，这使得模型能够容纳非奈特版本的不确定性。它们是一般的（瓦尔拉斯式的），因为它们包括整个经济，而且它们是均衡模型，因为它们对家庭和企业施加了明确的约束和目标。这些模型以最基本的形式为观察过程，提供了一种数学机制。它们没有一个特定的内容，但可以用来模拟从行业间的商品流到证券价格，再到商业波动的一切。事实上，费希尔·布莱克、迈伦·斯科尔斯和罗伯特·莫顿引入的期权定价模型与这类模型密切相关。尽管它们接近布莱克－斯科尔斯－莫顿期权定价模型这样的金融模型，但从宏观经济的角度来看，一般均衡模型假设货币的影响在长期来看是中性的，因此经济学家称之为"中性假设"。

　　一般均衡模型最初与一个被称为新兴古典经济学派的宏观经济学家理论学派联系得最为密切，该学派在 20 世纪 70 年代由芝加哥大学的卢卡斯、明尼苏达大学的托马斯·萨金特，以及卡内基梅隆大学的普雷斯科特和基德兰德的团队领导。最初，卢卡斯使用这些模型来解释经济周期的波动，方法是将总体波动放在一个选择理论框架上：他证明，经济主体对随机冲击的反应充分考虑了通货膨胀率与就业率之间的正相关关系。这种理论反思的含义是，政府不可能像以菲利普斯曲线为基础的政策假设那样，利用或调整这种关系。[24] 卢卡斯在他的卢卡斯批判（Lucas critique）中阐述了这一观点，即因为经济主体可以预见政府和中央银行的行动，他们将把这些预期纳入自己的行为中，从而中和政府影响经济的企图。宏观经济问题的新兴古典分析方法涉及两项技术创新和新的理论假设：为凯恩斯主义者，如希克斯、卢卡斯和萨金特引入的建模方法增加了新的数学工具，他们借用了工程科学，以及使先进的计算能力成为可能的计算机科学的突破。[25]

从 20 世纪 80 年代开始，普雷斯科特和基德兰德在一种名为"真实经济周期理论"的建模方法中阐述了理性预期范式和新兴古典假设。真实经济周期理论在新兴古典宏观经济学中加入了一种新的经验策略，即校准，它用卢卡斯强调的随机自相关技术冲击取代了货币冲击。[26] 这些修正是为了用最优控制理论综合卢卡斯经济周期假设，以作为一种将经济周期经济学与增长理论结合起来的方式。在建模方法上，普雷斯科特和基德兰德遵循卢卡斯的方法结合了两种传统元素：来自 NBER 的参考周期法和罗纳德·费希尔的脉冲传播模型。在前者中，他们采用了韦斯利·克莱尔·米切尔的观点，即每个经济周期都是独特的；从后者出发，他们采用了分解增长趋势的传统，并把波动视为由脉冲和传播机制驱动的。普雷斯科特和基德兰德的《构造和加总波动的时间》（Time to Build and Aggregate Fluctuations，1982）一文将这种传播机制识别为技术冲击，它放弃了有争议但被广泛模仿的校准技术，转而采用了考尔斯委员会联立方程法中使用的估计技术。这使他们能够"完整地利用动态随机一般均衡理论和国民账户统计，定量地得到理论和测度对经济周期波动的意义"[27]。

人们从 20 世纪 80 年代开始可以获得校准需要增强的计算能力。当普雷斯科特和基德兰德使用它的时候，校准依赖于一个软件程序，该程序包含了由电气工程师和数学家鲁道夫·卡尔曼（Rudolf Kalman）引入的一种被称为"卡尔曼滤波"的算法。在计算机和航空航天应用中，卡尔曼滤波被用于从长序列的技术性测量中提取信号；在普雷斯科特和基德兰德的宏观经济模型中，它处理了理性预期的假设。正如米歇尔·德弗洛埃（Michel De Vroey）所解释的那样，使用校准的好处是"消极的：它首先避免了可以用计量经济学检验得出的反驳结论，其次，它回避了构建'深度结构性'的计量模型的困难工作"[28]。德弗洛埃认为，基德兰德和普雷斯科特为卢卡斯所做的工作与希克斯为凯恩斯所做的工作相同：这两组"追随者"通过将先驱的原创性见解扩展到一个可供广泛采用和应用的框架，巩固了这位先驱的革命性影响。[29]

新兴古典和真实经济周期宏观经济模型于 20 世纪七八十年代得到了蓬勃发展。新的计量经济技术、大型计算机（然后是个人计算机）不断提高的计算能力，以及美国国家科学基金会和联邦储备委员会提供的资金，使研究人员得以使用这些模型推进重要的研究项目。早期，卢卡斯和普雷斯科特将投资建模为一个随机动态规划问题。[30] 之后，他们在理性预期的基础上，采用瓦尔拉斯式的一般均衡理论和新兴古典假设的共同框架，将该模型扩展到货币、经济周期和增长经济学。普林斯顿大学的克里斯托弗·西姆斯基于时间序列分析的向量自回归方法开发了该模型的"非理论性"变体。依赖大型计算机的凯恩斯主义宏观经济计量模型，如美联储－麻省理工学院－宾州大学模型，建立在最初的克莱因－戈德伯格模型和布鲁金斯模型基础上，继续被用于为中央银行和政府机构提供预测，但到 20 世纪 80 年代末，使用写入计量经济学软件程序并在个人计算机上运行的 VAR 宏观计量经济模型的动态随机一般均衡模型，成为经济学专业的基础模型。[31]

尽管理性预期革命与动态随机一般均衡模型一样具有很大的影响力，但必须指出，即使在这种宏观经济方法的鼎盛时期，人们也对其假设、遗漏和经验适用性提出了严肃的反对意见。在一个旨在庆祝凯恩斯主义范式终结的会议上，出现了与这一迅速成为宏观经济正统观点的立场不同的早期迹象。1978 年举行的由波士顿联邦储备银行（Boston Federal Reserve）赞助的，以"菲利普斯曲线之后：高通货膨胀和高失业率的持续存在"为主题的会议，最终形成了一套由卢卡斯和萨金特编辑的两卷本论文集。这套书的书名《理性预期和计量经济学实践》（*Rational Expectations and Econometric Practice*）宣布改革派的胜利到来。[32] 卢卡斯和萨金特在会议上发表了名为《凯恩斯主义之后的宏观经济学》（After Keynesian Macroeconomics）的论文，旨在成为新宏观经济学的宣言，也是对被取代的、信誉扫地的经济学家的最后祈祷。在波士顿这个凯恩斯主义正统理论的起点，理性预期革命者宣布，凯恩斯主义模型存在"广泛的错误""有着根本上的缺陷""毫无价值"，代表了"广泛的失败"，以及"没有希望"可言。[33] 卢卡斯和萨金特在论文的结语中指出了他们研究工作的政策含义："虽然这样的理论预测了通货膨胀率和货币供应量与产出水平之间的正相关关系，但它也断言，这些关联并没有描述政策部门可以利用的权衡关系。"[34] 实际上，他们是在说，以菲利普斯曲线为基础的政策是错误的，政府不应该影响经济。

然而，正当卢卡斯和萨金特为凯恩斯主义者的日渐式微而欢欣雀跃之时，新兴古典方法的局限性也暴露了出来。紧接着劳伦斯·克莱因在卢卡斯与萨金特的论文演讲内容中，发现了一个动态随机一般均衡模型中遗漏的因素——全球化的影响。克莱因是凯恩斯主义的、结构性的、大规模的沃顿宏观经济计量模型的主要设计师，而萨金特和卢卡斯刚刚将之称为"残骸"。在《国际经济动荡》（Disturbances in the International Economy）一文中，克莱因报告了其构建的一个国际贸易模型，它是名为"LINK"的项目的一部分，该项目旨在通过增加一个国家经济与全球经济关系的更丰富的参数来扩展封闭的国内经济模型。这个庞大的国际项目将发达国家和发展中国家的宏观计量模型用一个单一模型联系起来，这与理查德·尼克松的新经济政策，包括放弃布雷顿森林协议相吻合。正如克莱因向与会者报告的那样，这只是该模型不得不承受的众多冲击之一。

在 LINK 项目赞助下建立的国际贸易模型运行的第二个整年里，我们遇到了一系列世界范围的冲击中的第一个，即 NEP（尼克松总统的新经济政策），NEP 使美元可以兑换成黄金的时间窗口被关闭、汽车进口量增加，并给美国经济带来了一系列限制。这一阶段在日本被称为"尼克松冲击"，导致了关于汇率的史密森协议（Smithsonian Agreement）的出台，以及 1973 年的美元贬值。这只是一个动荡时期的开始，这一时期的许多其他冲击的程度与尼克松冲击及史密森协议相当：苏联的粮食、食品价格不断上涨、原材料价格上涨；石油禁运和 OPEC 石油价格翻了两番；保护主义；资本转移；工资上涨。[35]

克莱因告诫听众，如果像动态随机一般均衡这样的封闭的宏观经济模型一样，把注意力完全集中在一个国家的国内经济上，就可能会掩盖更多全球冲击即将来临的可能性。在他看来，这些冲击包括"债务违约、货币和大宗商品的投机浪潮，以及大规模农作物歉收造成的饥荒"[36]。

另一个迹象表明，人们对新兴古典和真实经济周期宏观经济学的创新提出了反对意见，这一次会议于 1987 年 9 月，即美国股市暴跌前一个月，在跨学科的圣菲研究所举行。这个"全球经济演化路径研讨会"会集了重要的经济理论家和自然科学家，探讨如何更好地理解非线性动力系统，例如全球经济和生物共生系统等。肯尼斯·阿罗和菲利普·安德森担任主席，研讨会的目的是促进对很少相互交流的学科所做贡献的了解。然而，在最后的全体会议上提出的问题成了一个明确的风向标，研讨会引起了自然科学家的怀疑，他们对宏观经济学家处理可能不是静止，而是不断演变的系统所采用的方法和理论的局限性感到震惊。物理学家理查德·帕尔默（Richard Palmer）在他的总结评论中提出了三个问题，这些问题总结了他对经济学家的理论和方法的失望："为什么经济学家轻视或忽视了心理、社会和政治力量在经济系统中的作用？具有无限预见的理性预期理论显然是错误的，为什么它被广泛接受了？一个有限变量的系统能被充分模拟创新吗？"[37]

当然，新兴古典和真实经济周期宏观经济学家并不是不了解物理学家所认为的理论和方法上的局限性。然而，参加圣菲研讨会的经济学家愿意接受这些局限性，因为这些局限性是由建模本身造成的。事实上，正如许多经济学家愿意承认的那样，理性预期假说和卡尔曼滤波技术都不是用来指现实世界的。相反，这些都是模型世界的特性，自弗里希和马尔沙克时代以来，模型的使用就成为宏观经济理论的核心。"人们可以问……在美国经济的克莱因－戈德伯格模型中，预期是否是理性的，"罗伯特·卢卡斯解释说，"我们不能问美国人民是否有理性的预期。"鲁道夫·卡尔曼甚至进一步强调："更直截了当地说，控制理论不涉及现实世界，而只涉及处理现实世界某些方面的数学模型。"[38]

强调动态随机一般均衡模型的这一特点是很重要的，因为模型的世界和现实世界经济之间的关系正好抓住了这些模型的优点和弱点。就像所有数学模型一样，建立在这个框架上的模型简化了现实世界经济的复杂性，以便分离变量和检验假设。然而，正如卢卡斯（以及在更大程度上，是由普雷斯科特和基德兰德提出的）提出的动态随机一般均衡模型改变了弗里希所称的模型世界和模型之外的世界之间的平衡：动态随机一般均衡模型不是简单地捕捉到现实世界经济的一个简单化的方面，而是创造了一个虚构的经济并提出了关于它的命题。这些命题可能与模型世界一致，就像它们被用来构建模型世界一样，但模型世界和命题之间的匹配在这些命题与模型之外的世界的相关性上几乎没有什么发言权。[39] 即使普雷斯科特和基德兰德声称，他们比卢卡斯的进步之处在于，他们使卢卡斯的模型可量化，并将它与实体经济的数据相关联，上述观点仍然成立。在使他们的模型回答普雷斯科特和基德兰德开始提出的问题（"可以观察到的美国的产出波动在多大程度上……可归因于技术冲击？"）所需的 5 个步骤中，只有最后一个——将该模型产生的时间序列与美国国民收入统计数据所提供的时间序列进行比较——试图将模型映射到现实世界。[40] 在提高一致性和数学精度而不是准确性或相关性的标准方面，以及在使用代表性主体的同质化构造来简化人类行为时，动态随机一般均衡模型可能已经完成了自欧文·费雪时代以来一直朝着正规化经济学方向发展的流程，但它作为政策指南仍有许多有待改进之处。

起初，为了与卢卡斯和萨金特承认的模型及世界之间的脆弱关系保持一致，在动态随机一般均衡理性预期框架上建立的小型动态模型并没有用于制定政策或进行预测，但在 2000 年以后，动态随机一般均衡模型被用于进行预测和制定政策，它们补充了大型结构模型、更简单的趋势外推模型，以及世界各地决策者一直使用的临时性判断。[41]

信息技术的发展、新兴凯恩斯宏观经济学、新兴古典综合和海曼·明斯基

我们已经看到，数字计算的突破对于发展动态随机一般均衡和真实经济周期模型至关重要。事实上，尽管《构造和加总波动的时间》一文是一个简约模型的范例，它根据仅有的 8 个变量相对于第 9 个变量（产出）的测度标准差和相关性，解释了实际产出和劳动时间的波动，但它利用了20 世纪 60 年代末正在进行的信息技术革命，因为新软件得到了开发，且对集中式主机计算机的依赖程度随着个人台式计算机数量的激增而逐渐变低。到了 20 世纪 80 年代，考尔斯委员会的研究人员在二战后开发的计量经济技术已被整合在教科书中，并开始提供软件程序的商业应用，如 TPS（由麻省理工学院罗伯特·霍尔开发）、MODLR（由布鲁金斯学会开发）和PcGive（最初是在伦敦经济学院开发的 AUTOREG）。[42] 1984 年成立的商业公司 Mathworks 售卖并分销了一个被称为"MATLAB"的软件程序，它使建模人员能够利用强大的新算法进行动态分析和计量经济学研究。PcGive为确定"良好"模型是否已经得到估计的复杂检验提供了诊断程序。

虽然个人计算机的出现与在理性预期框架下形成卢卡斯式新兴古典理论是同期的，且部分地解释了动态随机一般均衡模型的影响力，但可以说，从凯恩斯的 IS-LM 模型到新兴古典模型和动态随机一般均衡模型的范式转变，再到一群被称为"新兴凯恩斯主义"的理论家给动态随机一般均衡一套新假设，这一过程才得以完成。这些假设以强调垄断竞争和刚性价格的框架取代了强调完全竞争和灵活价格框架的新兴古典主义。新兴凯恩

斯主义者也把经济的货币侧带回了舞台中心，而新兴古典主义和真实经济周期理论家则抽象掉了货币。[43] 尽管存在这些差异，新兴凯恩斯主义模型延续了卢卡斯、普雷斯科特和基德兰德的动态随机一般均衡模型的传统，这实际上是真实经济周期建模的产物。新兴凯恩斯模型最重要的介入是这样一种思想：宏观经济系统的行为不能简单地从微观基础［即自下而上（bottom-up），从个人的行为中衍生出来］得到。相反，他们认为，产生于群体行为的新兴属性，如羊群效应和传染效应，也需要自上而下（top-down）的分析。此外，他们反对说，原子主义、利己主义、理性主体的比喻都是具有误导性的；劳动力市场不应被假定为处于均衡状态；商品、劳动力和服务的灵活价格意味着维护契约义务和客户义务的各种实践，无论是明确的还是默示的，都在发挥作用。而且他们认为非自愿就业是市场不完美的结果，信息不能被假定是完美的。在这些假设下，新兴凯恩斯主义者建立了动态随机一般均衡模型的变体，如不完全竞争模型、黏性工资模型、合同模型、信息不对称模型和消费者不确定性模型。[44]

2003 年，哥伦比亚大学教授迈克尔·伍德福德（Michael Woodford）出版了《利率与价格：货币政策理论的基础》（*Interest and Prices：Foundations of A Theory of Monetary Policy*）一书，在书中他将这些宏观经济计划最近的融合称为"'新的'新古典综合"。根据伍德福德的说法，新新古典综合包括动态随机一般均衡计量经济学框架（不论是否有理性预期）、约翰·泰勒的以货币主义规则为基础的瞄准通货膨胀的方法，以及新兴凯恩斯主义的宏观分析。[45] 在泰勒规则下，美联储的基金利率操作目标被设定为当前通货膨胀率和当前实际产出与潜在产出之间差距的一个测度的线性函数，隐含的通货膨胀目标是每年 2%。[46] 马文·古德弗伦德（Marvin

Goodfriend）和罗伯特·默顿解释了这种新综合最重要的政策含义：

> 新新古典综合（以下简称"新综合"）继承了旧（综合）的精神，因为它把凯恩斯主义和古典元素结合了起来。在方法上，它涉及罗伯特·卢卡斯所强调的跨时优化和理性预期的系统性应用。在这个综合中，这些思想被应用于定价和产出决策这些新旧凯恩斯模型的核心当中……而且新综合也体现了货币主义者，如米尔顿·弗里德曼和卡尔·布伦纳（Karl Brunner）关于货币政策理论和实践的见解……新新古典综合的模型表明，货币行为对持续数年的实际经济活动有重要影响……这些模型表明，从长期来看，通货膨胀和实际活动之间几乎没有什么权衡关系……这些模型表明，消除通货膨胀有着重大收益……而这些模型意味着，信用在理解货币政策作用方面起着重要作用。[47]

在我们结束对危机之间时期产生的经济和金融理论的讨论之前，需要提到少数几个真正认识到这些年的波动具有结构转型迹象的经济学家中的一位——海曼·明斯基，他早在 1957 年就警告说，现代金融体系本质上是不稳定的，但他在接下来 40 年里的著作几乎被所有主流的宏观经济学家和金融理论家忽视了。在那个年代里，明斯基接触了我们在本书中提到的许多人物：他与弗兰克·奈特和奥斯卡·兰格一起在芝加哥大学学习，是阿尔文·汉森在哈佛大学的研究助理；他在约瑟夫·熊彼特的指导下开始了博士论文写作，然后在华西里·列昂惕夫的指导下完成了论文（熊彼特去世之后）；他在剑桥大学待了一年，与琼·罗宾逊和弗兰克·哈恩合作；他的成熟作品借鉴了约翰·G. 格利和爱德华·S. 肖的金融著作；在 1996 年，他被演化经济学学会授予了凡勃伦－康芒斯奖。正如这个奖项所暗示的那样，明斯基被理解为一个凡勃伦传统中的制度主义者，但他也认为自己是一个"金融凯恩斯主义者"，他的意思是他想复活美国凯恩斯主义几乎抹去的凯恩斯著作中的金融主题。[48] 然而，明斯基既落后于时代，也超越了时代。明斯基主要是在 2008 年全球金融危机之后被重新发现的，在有生之年，他在这一学科的边缘做出了很大努力，主要是因为他想展示制度约束如何影响一个被理解为进化性的经济体，而这门学科的其余学者则信奉数学和建模，并将经济视为各种自然趋于均衡的状态。

从演化论的角度看经济，明斯基确定了资本主义历史中的 4 个阶段，每一个阶段都有一个独特的金融结构。19 世纪的商业资本主义以商业银行和短期贷款为主。20 世纪初，这一体系被由投资银行和长期贷款所支配的金融资本主义所取代。在第二次世界大战末期，我们在第四章中研究的罗斯福新政限制了金融活动，结果导致了管理福利和国家资本主义的出现，并在接下来的几十年里持续存在，直到大量的累积储蓄开始鼓励更大的风险承担，以及影子银行系统的整合鼓励了私人债务相对于收入的增长，并导致投资者依赖于短期金融资产。明斯基称这最后一个阶段为资金管理者资本主义（money-manager capitalism）。这个阶段与我们所称的以市场为基础的金融体系紧密对应。

明斯基除了认识到正在改变美国金融和实体经济面貌的结构性转变，以及金融侧和实体侧的相互渗透，值得注意的还有他所谓的"金融不稳定性假说"。根据这一对凯恩斯的投资支出波动推动了经济周期发展论点的阐释，明斯基认为，融资——这是投资所必需的，但本质上也是昂贵的——造成了结构性不稳定。兰德尔·雷（Randall Wray）对明斯基的立

场做了如下总结:

> 在复苏期间,逐利的企业和银行变得更加乐观,采用了风险更高的金融结构。公司将更多的预期收入用于偿还债务。贷款人接受较少的首付和较低质量的担保。在繁荣时期,金融机构创新产品并灵活应对金融监管机构实施的金融监管规则和条例。借款者更多地使用外部金融(借款而不是使用储蓄或留存收益),越来越多地发行具有潜在不稳定性的短期债务(必须"展期"或延期,因此存在贷款方可能拒绝这样做的风险)。随着经济的升温,央行提高利率来对经济降温,但随着短期金融服务的更多使用,借款者将面临更高的还本付息成本(短期借款者无法"锁定"利率)……在经济周期中,脆弱程度提高,使整个体系面临来自不同方向的危机的可能性变大:收入流变得低于预期,利率上升,贷款人减少贷款,著名的公司或银行不履行付款承诺。就如同金融促进繁荣,同时也导致了崩溃,因为债务人需要通过削减支出和出售资产来进行合同付款。随着支出下降,收入和就业减少;随着资产出售,它们的价格下跌。在极端情况下,可能会产生欧文·费雪在大萧条时期所看到的债务——通货紧缩的动态,即资产价值暴跌,财富被抹去,发生大量破产。这导致个人和企业削减支出,产出和就业锐减。[49]

在动态随机一般均衡模型和理性预期宏观经济理论的背景下——无论是新兴古典的、新兴凯恩斯主义的,还是新新古典综合的——明斯基的论点似乎既不合拍,又有着诡异的先见之明。在其他人正在"盲人摸象"时,明斯基描述的是这种"野兽"可能造成的损害。不幸的是,他的论点没有得到重视。

新的研究倡议

在危机之间期间，动态随机一般均衡框架不仅得到了扩充和完善，而且受到了来自众多令人眼花缭乱的研究项目所形成的观点的挑战——并不是所有这些项目都像明斯基那样被边缘化了。许多人借助了实证研究，有的人使用了试验方法，还有一些人利用了心理学、社会学、政治学、数学、哲学和制度科学等不同学科的研究成果。从整体上看，这些新方案表明，尽管新兴古典—实际经济周期模型（RBC）—新兴凯恩斯—新新古典综合动态随机一般均衡模型确实如圣菲研究所的科学家所抱怨的那样，"淡化（并）忽视了心理、社会和政治力量在经济体系中的作用"，但这个学科作为一个整体应该被排除在这项罪名之外。尽管还不存在定论，罗伯特·席勒在2003年所说的"优雅的理论"，将会弥合宏观经济学与金融学之间的裂痕，并可能出现在这些研究项目中。[50] 虽然对这些倡议的全面研究超出了本书的范围，但我们可以总结一个对经济主体、信息、公司财务、经济增长和动态进行建模的方法的代表性抽样。这些项目在全球金融危机之后具有了新的意义。

通过对经济主体行为的建模，前景理论和行为经济学的实证研究证明了在不确定性条件下判断的形成过程中认知偏差的规律性，博弈论理论家在模拟市场行为的测试中展示了纳什均衡的局限性。[51] 行为经济学和行为金融学为经济行为中的信念、社会规范和价值观发挥的影响建立了模型。[52] 信息经济学用不对称信息和信号模型解构了完全信息的假设。[53] 对外汇和证券市场价格和收益的实证研究探讨了过度波动、股票风险溢价难题和名义汇率变动等市场现象中的理性假设的局限性。[54] 随着理论家运用哲学和经验洞察力来超越所有理性假设，与"不可知的未知"和"独特的不可知的未知"有关的经济和金融理论探讨了弗兰克·奈特版本的不确定性的含义。[55]
新制度经济学研究了构成经济活动、社会和法律规范的正式和非正式制约因素，以及关于组织结构、交易成本、产权、治理结构和合同等因素的规则；现代公司金融理论对代理问题、信息不对称、道德风险以及公司和金融中介机构内部的激励和动机造成的断层进行了建模。[56]内生经济增长理论扩展了约瑟夫·熊彼特的发展理论，引入了企业家"创造性破坏"作用作为技术创新的源泉，以探讨技术演变与创新之间的协同作用。[57]在系统动力学方面，复杂系统理论证明了新兴古典模型中代表性主体的局限性，而复杂系统的多重均衡数学允许这些理论家将资产泡沫的形成建模为非线性的激增或突然崩溃。[58]从社会核算的角度来看，连贯的存量／流量模型已经指出了基于流量的动态随机一般均衡模型中的盲点。[59]新的地理经济学使用分析产业组织、国际贸易和经济增长的新建模技术来研究经济的空间维度。[60]

向以市场为基础的金融体系转型

1980 年以后美国放松管制与金融增长

虽然我们把对经济和金融理论未来的完整分析留给了其他人，但是只有我们更深入地探讨这些导致 20 世纪 70 年代危机不断却被人忽视的因素——这些因素在 1980 年以后才被人所认知——才能结束对危机之间时期的分析。与所有潜在的不稳定性一起，这些力量——放松管制、证券化、影子银行系统（去中介化）和金融创新——通过放大已经出现的全面以市场为基础的金融体系的导向，共同改变了美国的金融体系。

放松管制是罗纳德·里根推动的供给侧政策的核心内容，旨在通过释放市场力量来帮助经济体摆脱经济困境。金融放松管制是普遍放松管制的一个重要部分。从卡特政府开始的接下来 4 任总统期间，持续进行了金融放松管制。[61] 它的早期阶段体现在 1980 年通过的《存款机构放松管制和货币控制法案》（Depository Institutions Deregulation and Monetary Control Act），这解除了"规则 Q"这一银行对活期存款支付利息的限制。[62] 金融放松管制的其他重要里程碑包括美国最高法院 1978 年的裁决，即银行可以将本州的高利贷法律适用于其他州；1982 年的《甘恩－圣哲曼储蓄机构法案》（Garn-St. Germain Depository Institutions Act）解除了对储蓄业的管制；1989 年的《金融机构改革和恢复法案》废除了联邦住房贷款银行董事会，创造了重组信托公司（Resolution Trust Corporation）来解决储蓄机构破产的问题；1994 年的《里格尔－尼尔州际银行及分行效率法案》（Riegel-Neal Interstate Banking and Breaching Efficiency Act）取消了对州际银行分支机构的限制；1996 年联邦储备委员会对《格拉斯－斯蒂格尔法案》重新解释；1998 年花旗集团和旅行者集团的合并，通过将一家商业银行与一家保险公司结合起来，创建了世界上最大的金融服务公司；1999 年的《格雷姆－里奇－比利雷法案》（Gramm-Leach-Bliley Act）取代了《格拉斯－斯蒂格尔法案》；2000 年的《商品期货现代化法案》（Commodities Futures Modernization Act）阻止了商品期货交易委员会监管的大多数场外衍生品合同，包括信用违约掉期。[63] 不仅 4 届不同的美国政府——卡特、里根、乔治·布什和克林顿政府——通过了这些法案，而且许多法案是在国会两党的大力支持下颁布的。在乔治·布什政府（2001—2009 年）的领导下，金融放松管制仍在继续推进。

放松管制导致并加速了美国金融部门的大幅增长。这一增长始于1980年，除了放松管制，还得益于金融理论家和金融工程师在20世纪六七十年代创造的创新性产品，以及数字通信领域的技术突破。在放松监管的背景下，1980—2007年金融服务的收费一直在飙升。金融部门的规模在美国国内生产总值中所占的比例相较前30年增长得更快，2007年度国内生产总值30个基点的增长率，高于前30年每年7个基点的增长率。[64]与此同时，美国金融系统与世界各地同行之间的联系得到了加强，因为全球电传网络（Global telex network，1966年起）、清算所银行间支付系统（1970年起）、环球同业银行金融电讯协会（1973年起）、网上证券交易委员会（1982年起）和花旗银行金融服务技术联合会（1993年起）等联合创建了一个全球金融体系。美国只是其中一个——尽管通常是最重要的——参与者。

2013年，NBER研究助理及哈佛商学院的教职员工罗宾·格林伍德（Robin Greenwood）和大卫·沙尔夫斯坦（David Scharfstein）发表了一篇关于美国金融增长规模和驱动因素的分析报告。格林伍德和沙尔夫斯坦使用的是我们已经追溯过其历史的数据，包括美联储的资金流量账户。在他们的众多发现中，有两项特别能说明问题：第一，在1980年，金融资产总额的价值约为美国国内生产总值的5倍；到2007年，这一比率翻了一番；第二，在同一时期，金融资产相对于有形资产（如厂房和设备、土地和住宅）的比率也增加了。这些观察简单地反映出，自1980年以来，美国经济的实体侧和金融侧的关系是如何发生变化的。

同样重要的是，格林伍德和沙尔夫斯坦对导致金融部门增长的因素进行了分析。在他们看来，资产管理（费用）和家庭信贷（债务）的扩张是推动金融业增长的两个主要因素。来自资产管理的产出（主要以收费的形式）大幅增长，是因为专业管理下的金融资产价值增加了。这一增加始于 1982 年沃尔克通货紧缩引发的利率逐步下降，这种下降持续了 20 年。资产管理的产出增加反映了拥有股票的家庭比例的增长，即从 1989 年的 32% 增加到 2007 年的 51%。这也反映了专业管理下的家庭股权份额增加，即从 1980 年的 25% 上升到 2007 年的 53%。但产出的增加也反映了管理资产的价值飙升，1980—2007 年，交易股权和固定收益证券的价值从占美国国内生产总值的 107% 增加到 323%。单就共同基金（包括货币市场基金）而言，它管理下的资产从 1980 年的 1 340 亿美元增加到 2007 年的超过 12 万亿美元，所有管理资产的费用——在管理资产的 1.1%~1.6% 之间波动——都使整个金融部门膨胀。"总的来说，在 1980—2007 年，资产管理费总额占 GDP 的比例增长了 2.2 个百分点，超过金融部门产出增长的 1/3。"资产价值大幅上升，部分原因在于长达 20 年的低利率制度证明了 20 世纪 30 年代弗雷德里克·麦考利提出的久期规则，即当利率下降时，固定收益资产的价值就会增加。

1980 年以来美国家庭信贷的增长同样能够说明问题。在第四章中，我们看到了 20 世纪 20 年代的金融泡沫是如何被诸如分期付款购买计划这样的创新信贷安排所激发的。我们也看到，罗斯福新政对 1929 年信贷崩溃的反应之一，是扩大胡佛的"居者有其屋"计划和增加政府对住房市场的参与，两者都是通过承销抵押贷款和将税收优惠向抵押贷款持有者扩展进行的。虽然美国人从 20 世纪 30 年代至 1980 年都在购买抵押贷款和其他形式的债务，但是家庭信贷（主要是抵押贷款）在美国 GDP 中所占的比例在 1980 年才开始急剧上升。从 1980 年到 2007 年，家庭信贷在美国 GDP 中的占比从 48% 增长到 99%，同期企业信贷在美国 GDP 中的占比只从 31% 增长到 50%。

证券化和影子银行系统

家庭信贷的增长得益于金融体系的两个进一步变化，同时也加速了这两个变化：证券化的提高和影子银行系统的扩展。格林伍德和沙尔夫斯坦指出，1980—2007 年，银行持有的家庭信贷占美国国内生产总值的比例没有变化，仍保持在 40% 左右。真正改变的是银行和其他金融中介持有的资产担保证券的数量和价值。一般来说，银行创造证券化资产（贷款），以从资产负债表上剥离它们进行融资的抵押贷款。"早在 1995 年，"格林伍德和沙尔夫斯坦指出，"超过一半的未偿还的单户家庭抵押贷款和相当大比例的商业抵押贷款以及消费信贷被证券化了。"

商业银行不想把抵押贷款放在它们的资产负债表上，部分原因是人们对银行持有的储备资本水平的担忧，这促使美国政府在 20 世纪 80 年代末实施了更严格的银行监管规则。20 世纪 90 年代中期，当这些规定开始产生影响时，银行开始将贷款抵押债券打包成资产担保证券（CLOs）和债务抵押债券（CDOs）的形式，它们把这些债券分成了具体的风险类别，然后出售给外部投资者，如证券经纪交易商、养老基金和保险公司。证券化是由几个因素驱动的：消费者需求增加，由于管理大量证券的技术突破而造成的供给增加，以及立法监督不足。不管是什么原因，与证券化相关的信贷增长（以及随之而来的费用增加）助长了影子银行业务的扩展。

影子银行是指在受监管的正式银行体系之外履行核心银行中介职能（到期日转换、流动性转换、杠杆和信贷风险转换）的机构。因此，影子银行系统是金融去中介化的一个例子。影子银行系统起源于 20 世纪 30 年代，当时美国政府创建了房利美等机构来支持抵押贷款。除了政府资助的实体，如房利美和房地美，影子银行系统现在还包括对冲基金、货币市场基金、金融公司、以回购协议（repos）为资产提供资金的证券经纪交易商，以及结构化投资工具（Structured Investment Vehicles，SIV）。组成影子银行系统的实体历来与银行面临着同样的风险，但在 2008 年之前，它们不被联邦存款保险监管或保险，而且它们没有获得美联储最后贷款人的信贷支持。[65] 影子银行体系开发了向家庭消费者提供信贷的新方法，但它们不受美联储、美国证券交易委员会和其他联邦监管机构的监督，这使得它们很容易受到外部冲击，比如受到房价暴跌以及 2006 年开始的抵押贷款违约的影响。影子银行体系的脆弱性反过来又让数百万借款人面临并不知道自己正在承担风险的情况。

影子银行系统产生了两种明显相反的影响。一方面，它从正式银行系统中移除了戈德史密斯和科普兰在 20 世纪 50 年代让人们看到的银行中介过程中的一个重要部分。结果，联邦储备资金流量账户用来追踪的大部分金融业务从官方视野中消失了。然后，许多以前通过机构进行的金融活动，也变成了在受监管的金融体系之外形成关系的功能。因为机构历来是监管的对象，所以这些活动从监管网络中溜走了。另一方面，影子银行系统在金融产品和担保它们的资产之间设置了多层中介。仅仅因为影子银行系统将中介从受监管的银行系统中移除，并不意味着不再发生中介活动。相反，在影子银行系统中，信贷是通过多种工具进行中介的，范围包括资产支持证券等证券产品、回购协议和货币市场基金。影子银行系统内的中介往往利用短期负债为流动性不佳的长期资产提供资金，虽然这可能降低了一些消费者的信贷成本，但也导致基于市场的系统容易受到冲击。

格林伍德和沙尔夫斯坦建立了一个信贷中介指数来衡量信贷创造所涉及的步骤的数量。他们的指数显示，信贷中介层的增加大部分发生在20世纪90年代，当时非银行金融中介开始购买大量的资产担保证券。因为这些金融中介机构用债务为它们的购买提供资金，所以它们成倍地增加了在信贷中介过程中的层次。

结构化投资工具

结构化投资工具提供了一个影子银行系统内信贷中介分层的绝佳例子，并有助于说明这种分层的风险在2008年之前是如何增加的。结构化投资工具是一个实体，其创立的目的是从其持有的长期资产组合与发行的短期负债之间的信贷利差中获利。这些非银行机构是永久资本化的，而且拥有一个活跃的管理团队，它们通常注册为离岸公司以避税。在2008年之前，它们的活动通常不会被记录在银行或保荐人的资产负债表上。这些结构化投资工具的活动本质上与传统的信贷利差银行的活动是相同的：结构化投资工具通常通过以低利率从货币市场借款筹集资金；通过发行短期证券（如商业票据或公共债券）来为资本举债；然后使用这些资金购买更长期的，以住房抵押贷款、学生贷款或信用卡债务证券化为形式的证券，这些证券赚取的收益高于资金成本。结构性投资工具的利润来自其所持有的资产的收入与为其负债供资的成本之间的差额。结构性投资工具进行两种中介活动并接受伴随的风险：信用转换（在发行高评级负债的同时向较不合格的借款人提供贷款）和到期日的转换（短期借入，同时贷款期较长）。在数量上，结构性投资工具从未成为影子银行系统的一个较大组成部分，但它们管理的资产是相当大的：2004年只有18个结构性投资工具，管理价值为1 470亿美元的资产；到2007年，这一数字增至36个，而它们管理的资产价值超过了4 000亿美元。[66]

第一批结构化投资工具是花旗银行在20世纪80年代末创造的，目的是应对资本市场的波动。由于信用评级机构赋予它们的AAA评级似乎保证了其高质量，这些结构化投资工具被认为是投资者获得稳定资本回报的安全途径。然而，结构化投资工具面临着一些风险，这部分源于它们购买和出售的资产的密集中介性质。由于所有证券化产品都由实物形式不同的资产组成，因此很难评估为结构化投资工具买卖的衍生品提供担保的资产的综合风险。当一些结构化投资工具投资于美国次级抵押贷款担保的证券时，它们将自己暴露在无人监管的风险之下。评级机构的数学模型本应取代传统银行进行的第一手监控，但其却依赖于一些有时是灾难性的错误假设，比如房价将永远以每年6%的速度上涨，或者抵押贷款违约不会引发汽车贷款等其他贷款违约。再加上不明智地——在某些情况下可谓是违法地——将抵押贷款销售给无法满足可变利率抵押贷款重新设定利率条件的个人，这些模型的失败意味着结构化投资工具持有的捆绑贷款开始表现得低于统计预期，同时发现很难利用结构化投资工具出售商业票据。这导致了整个影子银行系统被挤兑，而且由于许多银行依赖结构化投资工具和影子银行系统的其他部分来获得短期资金，这种挤兑行为给商业银行系统造成了压力。下面我们将回到2008年前后的全球金融危机，但在这里我们仅指出，当 2008 年 10 月美国国会通过不良资产救助计划（Troubled Asset Relief Program，TARP）时，最后一个保留的结构化投资工具，即西格玛金融公司已经进入了清算阶段。

信贷衍生产品

2000 年的美国《商品期货现代化法案》（The Commodities Futures Modernization Act）使金融工程师有可能创造出各种令人眼花缭乱的金融新产品，其中大多数是衍生品，包括信用关联票据、信用违约掉期、债务抵押债券，同时债务抵押债券成倍增加了。这些产品与我们在第九章中研究的衍生品（远期、互换、期权和期货）相似，因为它们的价值来源于一项标的资产，但信贷衍生品的设计目的是让投资者能够通过将风险与相关产品或事件分离出来，并将风险转移给买家，从而管理他们的风险敞口。第一个信贷衍生品是由摩根公司于 1993 年创立的；到 1996 年，未偿还信用衍生品的价值已达到了 400 亿美元；截至 2008 年 9 月 15 日雷曼兄弟申请破产之日，根据伦敦《泰晤士报》的数据，全球信用衍生品市场的价值为 62 万亿美元。[67]

融资信用衍生品通常由金融机构创造，涉及承担信用风险的一方的首次付款；这笔付款将在发生信用事件（违约或信用降级）时被用于合同结算。融资信用衍生品的一种常见形式是债务抵押债券。无资金信用衍生品是一种双边合同，除非发生信贷事件，否则双方都不提供资金。最常见的无资金信用衍生品是信用违约掉期。无资金信用衍生品可以与融资信用衍生品结合在一起，这是另一个分层的例子，它创造了一条证券化金融产品的链条雏形。这个过程导致了保险巨头 AIG 在 2008 年 9 月几近崩溃，美国政府不得不出手相救。AIG 伦敦分行的金融工程师创建了信用违约掉期，旨在为债务抵押债券的违约行为提供保险。AIG 把这份保险卖给了持有各种债务的投资者，这些债券集中在债务抵押债券中，事实证明，该业务为该部门带来了极高的利润；在 5 年内，其收入从 7.35 亿美元增加到 30 亿美元。然而，由于投保的债务抵押债券中包含捆绑的抵押贷款债务，如果房主拖欠贷款，它将面临风险。当这种情况发生时，AIG 蒙受了巨大损失，股价下跌，而 AIG 的信用评级下降，迫使其为自己未偿的贷款提供抵押品。当美国政府介入并用 850 亿美元挽救该公司，使其免于破产时，仅它的伦敦分部就损失了 250 亿美元。[68]

美国政府拯救了 AIG，因为该公司被认为"大到不能倒闭"。根据美国联邦储备委员会主席本·伯南克和财政部长蒂莫西·盖特纳（Timothy Geithner）等人的判断，这家保险巨头通过保险合同和债权凭证与世界各地许多其他金融机构联系得如此紧密，以至于它的破产可能会波及全球金融体系，摧毁养老基金、对冲基金、投资银行，甚至主权基金。[69]信用违约掉期等衍生品典型的层次性是系统性风险的来源之一，这种风险可能威胁到全球金融体系，而不仅仅是像美国这样的单个国家的国内经济。[70]

困境中的以市场为基础的金融体系

我们刚才描述的所有特点——在放松管制的背景下加快证券化、影子银行系统的扩张、投资于结构化投资工具的资产增长以及信贷衍生品等工程化金融产品的扩散——都是我们一再提到的美国金融体系结构转型的征兆。虽然要全面了解这一新兴金融体系，需要将美国金融体系置于全球背景下，但在这里，我们只对美国国内形势进行了简要介绍。我们从纽约联邦储备银行员工托拜厄斯·阿德里安（Tobias Adrian）和申铉松（Hyun Song Shin）所撰写的《金融中介的变化性质和2007—2009年的危机》(The Changing Nature of Financial Intermediation and the Crisis of 2007—2009) 一文中，借鉴了对基于市场的金融体系的分析。

阿德里安和申铉松将1980年以来发展起来的以市场为基础的金融体系与传统的以银行为基础的金融体系进行了对比。在后者中，银行充当存款人和借款人之间的中介机构，中央银行监督并支持银行及其他商业贷款机构。相比之下，在以市场为基础的金融体系中，银行业与资本市场有着不可分割的联系，信贷市场为整个体系的稳定提供了最好的晴雨表。在以市场为基础的体系出现的背后，有两个相互关联的发展：作为一种资产类别的资产担保证券的增长和经济中的经纪人和交易商部门的增长。[71] 商业银行仍然是以市场为基础的金融体系的重要组成部分，但是，由于金融机构的银行和投资职能之间的区别被《格雷姆－里奇－比利雷法案》和《商品期货现代化法案》所抹去，它们越来越多地被信贷市场的相互作用所束缚。

根据阿德里安和申铉松的说法，证券化的发展让经纪交易商和结构化投资工具在提供信贷，特别是向住房抵押贷款市场提供信贷方面发挥了更大的作用。与其他金融机构一样，这些金融中介机构使用短期债务，通常是回购，为长期的非流动性债务，如证券化的抵押贷款池融资。事实上，经纪交易商的资产负债表几乎完全是短期市场借款。这些金融中介机构的资产负债表比商业银行的资产负债表更不稳定，这一方面是因为它们严重依赖短期市场借贷，另一方面是因为它们将资产负债表的价值与当前市场价格挂钩。阿德里安和申铉松认为这些金融中介机构最显著的特点是它们的市值资产负债表估值。这种估值形式使经纪交易商对市场状况和彼此的反应同步，而且在全系统范围内去杠杆化的情况下，这可能导致贷款的普遍减少。

金融中介机构通过证券化、依赖杠杆和短期借款相结合而形成的相互联系意味着，自 1980 年以来，金融体系作为一个整体，开始越来越多地持有由短期负债提供融资的长期非流动性资产。换句话说，整个体系的到期日不匹配，如果市场状况开始改变，系统的某些部分就将开始坍塌。到 2008 年 9 月，这一结构性问题的迹象已经开始显现，这不仅体现在 2008 年 3 月贝尔斯登的破产上，还体现在当年 9 月中旬雷曼兄弟的破产中。当它们的贷款人为了应对日益恶化的市场状况而减少风险敞口时，那些保持高杠杆率并持有由短期债务融资的长期非流动性资产的机构就充当了"临界点"。反过来，市场状况也在恶化，因为许多向投资产品提供担保的证券化资产，包括住房抵押贷款中有许多是提供给不合格的借款人的。当借款人在房屋价值下跌时开始拖欠抵押贷款之后，这些抵押贷款担保的证券就失去了价值。在 2008 年开始的危机中，最初由单个投资银行和经纪交易商承受的流动性危机迅速蔓延到整个体系，并且出现了普遍的贷款收缩。因为许多金融机构（不仅在美国，而且在全球范围内），都在资产抵押证券上有着重要的头寸，或持有为这些资产提供支撑而创造的保险产品（如信用违约掉期）。美国短期贷款市场的冻结、主要保险公司（AIG）承受着不可持续的压力，以及一位重要的经纪交易商（雷曼兄弟）的破产，都将全球金融体系推向了破产的边缘。

当然，2008—2009 年的事件并不是美国金融体系出现问题的第一个迹象，以往对危机的处理方式，也使得人们难以认识到潜在的结构性转变，以及当金融危机最终爆发时，进行处理的代价之高昂。1987—2006 年艾伦·格林斯潘担任美联储主席期间，金融体系中的问题通常是通过大幅降低联邦基金目标利率和向市场注入流动性来解决的。事实上，尽管经济学家接受新新古典综合和动态随机一般均衡模型，但格林斯潘并没有一以贯之地遵循任何计量经济或货币模型的要求。正如艾伦·布林德（Alan Blinder）和里卡多·莱斯（Ricardo Reis）在 2005 年称赞美联储"大师级"的管理水准时所解释的那样，"格林斯潘……从未接受过这样的观点，即任何具有不变的系数，甚至是不变结构的模型，都能充分描述美国经济"。[72] 布林德和莱斯描述的是一个"格林斯潘标准"，而不是一种理论、规则或者模型驱动的政策，他们把"格林斯潘非模型"描述为"风险管理而不是最优化"，"扑灭各种火场"，而不是遵循单一的规则，以及"微调的复兴"而不是坚持预先设定的政策。布林德和莱斯称格林斯潘为"有史以来最伟大的央行行长"，认为他成功地应对了一系列具有潜在破坏性的金融危机，包括 1987 年 10 月的股市崩盘、1986—1995 年的储蓄和信贷业崩溃、1994—2002 年困扰新兴市场的货币危机，以及长期资本管理公司的崩溃和俄罗斯债务违约之后 1997—1998 年的金融危机，2000 年互联网泡沫的破灭，以及股市对 2001 年 9 月 11 日恐怖袭击的反应。

　　格林斯潘通过操控短期利率和向市场传递美联储注入流动性的意愿来应对这些具有潜在破坏性的事件。根据布林德和莱斯的说法，"美联储似乎在宣布，它已准备好在 1987 年股市崩盘后、1998 年全球金融危机期间，以及'9·11'恐怖袭击事件之后提供足够的流动性，以维持市场的运转"。2000 年，互联网泡沫摧毁了 8 万亿美元的财富，格林斯潘的做法不是干预，而是等待其结束，然后"清理"损失，通过这样做，他避免了除了一场微小的衰退之外的一切，这被布林德和莱斯形容为经济的"软着陆"。

我们想通过美联储的货币政策、美国经济，特别是以新兴市场为基础的金融体系，对格林斯潘对美联储的管理提出两点看法。第一，我们在本章前文中描述的宏观计量经济和货币模型可以为央行制定政策提供参考，或者这些模型可能只是被宁愿凭她（他）自己的判断力和自由裁量权进行决策的美联储主席搁置起来。第二，格林斯潘开创的先例——危机时期向市场注入流动性——在短期内会给美国纳税人带来极高的成本。阿德里安和申铉松也赞同第一点，他们在 2008 年建议美联储不要使用当时流行的新新古典综合模型。[73] 阿德里安和申铉松认为，这类模型的问题在于，它们将金融中介机构视为被动的、基本上无关紧要的参与者，而中央银行只是利用它们来执行其政策。阿德里安和申铉松建议放弃所有试图管理投资者预期，以及假定商品价格黏性构成经济中主要摩擦的模型。阿德里安和申铉松建议采用强调"嵌入在市场金融中介组织中的代理关系"的模型代替它们，将信贷供应视为摩擦的主要来源，并认识到金融中介机构所做的不仅仅是被动地传递美联储政策。阿德里安和申铉松还建议经济学家采取新的测度来衡量美国经济：他们建议监管抵押贷款，而不是米尔顿·弗里德曼的货币存量。货币存量是衡量接受存款的银行的负债的一个指标，随着银行的信贷供应越来越多地受到经纪人和交易商的竞争，货币存量的规模已经无法支撑它曾经拥有的证明价值。[74] 另外，一个愿意并能够在危机中向经济注入流动性的联邦储备系统可能会付出很大代价，这在 2008 年金融危机中已经被充分证明了：在被称为"量化宽松"（quantitative easing）的三轮购买中，美联储购买了数十亿美元的抵押贷款担保证券、机构担保证券和国库券，以稳定美国金融体系。[75]

最后的思考

在描述美国金融体系向以市场为基础的体系转变时，我们已经总结了2008—2009年爆发的金融危机的许多细节。大量的文章和书籍讲述了这场危机的发展，以至于我们把这些事件的基本摘要写在了注释中。[76]除了在数千页纸质媒介和网上发表的分析，我们想补充的一点是，现代金融学的出现和发展——不仅是在一门包含大量依赖于数学、逻辑学和概率学的理论和方法的学科的外部，也是在这门学科的内部，并与这门学科的发展并行——是在一种否定宏观经济和货币模型可能提供的监督的背景和方式下发生的。大多数宏观经济学家和央行行长所使用或搁置的模型，并没有让那些改变美国和全球金融体系的发展变得可见。[77]此外，监管宽松的金融创新——包括住房抵押贷款的证券化和这些证券的衍生品——可以赚到如此多的钱，以至于任何从这些创新中获取利润的人都没有什么动力来提出担忧。

在《美国金融体系：起源、转型与创新》中，我们追溯了许多故事，所有这些故事都通向2008年的金融危机，但没有以它为终结。其中一个是大公司的故事，这些公司是在20世纪初创造出来的，目的是提高美国经济实体侧的生产力。法律赋予它们"人格"，通过新的会计惯例使它们更有效率且更可计算，这些公司（在某些情况下）是在1998年旅行者集团和花旗集团合并后迅速发展起来的巨型跨国金融机构的前身。我们需要记住的是，一些规模最大、实力最强的金融机构只是在放松管制的背景下，以市场为基础的金融体系开始形成以来的几十年里成立的。例如，

1998年高盛成为一家大公司；直到2000年大通曼哈顿（Chase Manhattan Corporation）与摩根公司合并时，摩根大通才采取了现代企业形式。与20世纪初的同类机构一样，这些机构也受到法律规定的保护，但它们的繁荣所依存的政策环境不仅受到限制性法律的影响，也受到放松管制的影响。部分原因是，20世纪70年代出现了新的合并运动的早期迹象，美国现在有许多大公司——尤其是金融公司——被认为"大到不能倒闭"，因为美国（和世界）的福祉取决于它们的稳定。

伴随着大公司的增长，我们记录了包括联邦储备系统在内的联邦政府的成长。在20世纪初，联邦政府相对弱势，美国最高法院在当时否决了它对公民收入征税的权力。美国的银行体系也很薄弱，货币供应缺乏足够的弹性，不足以在庄稼种植的时期为农民提供流动性，也不足以奖励储户的储蓄行为。两次世界大战极大地促进了联邦政府的发展，同时，两项措施——1946年的《就业法案》和1951年的《美联储协议》——明显扩大了美联储的权力。到我们讨论的时期结束时，联邦政府已经变得非常强大（尽管它仍然在某些问题的管辖权上与各州政府角力，比如大麻的刑事定罪），而且联邦储备委员会已经获得了管理美国经济和预算的权力，而不仅仅是充当最后贷款人。当然，在美联储负责管理美国经济的同时，其他可能帮助美联储的措施已受到限制。最重要的是，在20世纪三四十年代被用来发挥重大作用的财政政策，已经被朝圣山学社倡议的政治追随者，比如茶党（Tea Party）束缚起来，他们成功地煽动了对所有政府举措的反对行为，特别是对提高税收的观点的怀疑。在一定程度上，由于茶党和其他保守派团体的反对，美国人仍在激烈地争论联邦政府的增长和中央银行权力的扩大是否，或者在多大程度上有利于美国的稳定和安全。在紧随

2008 年金融危机而来的大衰退之后，美国的收入不平等问题已成为人们关注的焦点，现代金融实践和自由资本规则对长期增长的好处（或威胁）被再次置于讨论之中。在这种背景下，必须对美联储通过货币政策管理美国经济的权力、财政政策的中立性以及监管金融体系的现有措施进行评估。

在经济学和金融学科中，我们看到了依赖数学、统计学和概率技术的平行发展，其中许多技术在第二次世界大战期间得到了改进。这两个专业团体开发的政策和产品的核心是关于如何以最佳方式管理不确定性的假设，最引人注目的是一种将弗兰克·奈特宣布为超越概率测度的不确定性简化为统计上可管理的风险的普遍倾向。将不确定性简化为风险的做法一再受到批评——这些批评不仅来自奈特，还来自约翰·梅纳德·凯恩斯和一些当代经济学家，如托尼·劳森和纳西姆·尼古拉斯·塔勒布，但这种简化几乎被写入了自二战以来建立的每一个模型。[78] 此外，为了使用从数学家、逻辑学家、物理学家和航天工程师那里借用的工具，现代经济学家还假定竞争市场的一般均衡范式（假设金融通过创造对冲未来风险的机会，从而完备了市场）适用于由现代金融实践驱动的经济体。然而，在这些经济体中，只有有限和主观选定数量的因素可以进行套期保值，而这样做的技术都受制于风险模型、人为错误、市场心理，有时还有高昂的成本。现代金融理论家和工程师假定了不存在套利和近似有效市场的原则，但这两种假设都隐含性地依赖于制度保障——至少是一种由合同和强制执行组成的法律体系，使得个人能够相信在未来遵守现有的协议。然而，驱动经济学家的政策和金融理论家的产品的模型通常忽略了对制度或历史背景的考虑，而任何假设代表性主体概念的模型都对收入分配效应保持沉默，考虑到 1970 年以来美国不平等现象的加剧，这是一个重要的考虑因素。此外，对有限理性和有效市场等概念的信奉也是如此，这使得制定脱离机构和金融产品的经济政策成为可能，而这些政策与理论上支撑它们的资产仅有着微弱的关系。

现代经济和金融模型也假定了某种类型的理性，从而允许应用线性规划来确定最优结果。该平台被应用于现代经济学和金融学，要求使用者在未知和不可知的概率分布上下注，并假定实体和金融市场不存在道德风险、信息不对称和不完美。新兴古典经济学淡化了名义价值，偏向于使用"真实"价值；在这样做的过程中，这些模型有效地掩盖了一整套金融关系——包括金融体系自身结构的变化。在我们的叙事中，过分相信特定的模型（以及金融工程整体）也是一个反复出现的问题，正如美联储在货币观点，而不是信贷观点上的过分自信，后者其实有助于阐明金融中介机构在金融体系中一直扮演的角色。尽管美联储主席本·伯南克信守信贷观点，基于他在大萧条问题上的研究工作，渗透到美联储对 2008 年金融危机的反应中，但宏观经济政策制定者并不认为金融监管是一个可行的面对次贷危机的工具。[79] 回到这两种观点之间的辩论，在指数数据的性质仍具争议的年代，或者早期模型仍然暴露出其局限性的年份，可能会鼓励把模型作为日常工作的一部分的经济学家、金融工程师和决策者更加谦逊、谨慎。

在《美国金融体系：起源、转型与创新》一书中，我们还讲述了数据的收集、管理和传播的故事——无论是美国为了提高税收以支持战争，还是为了提高企业生产力和国民核算的透明度。在 2008 年金融危机中，由于经济学家对高等数学的神秘语言的依赖，华尔街量化公司设计的金融产品的不透明性、结构化投资工具等表外投资工具的不透明性，以及早期对提高的透明度进行的努力都遭到了破坏。后者使过度杠杆和风险变得不可见，即使对遵循格雷厄姆和多德原则的最勤奋的华尔街分析师来说也是如此。如今，尽管数据比以往任何时候都更庞大且更容易获得，但能够理解金融经济学的美国人却越来越少；对冲基金是美国最大的金融资产池，其投资规模很大，但从设计上看，它是不透明的；对冲基金用于分享利润的费用安排被保密协议所隐藏；基金经理受益于有利的附带利益条款的离岸安排制度，并因此使其不在公众审查的范围内从而不受监督。如今，即使是最负盛名的公募基金也不知道它们因为投资管理服务而向华尔街支付了多少钱。在危机后立法方面的努力，如《多德－弗兰克华尔街改革和消费者保护法》和《巴塞尔协议Ⅲ》的监管框架，超出了本书的范围。然而，我们确实注意到，截至本书撰写之时，金融体系比 2008 年金融危机之前更容易受到少数大型、复杂的金融机构的影响。

《美国金融体系：起源、转型与创新》主要集中在假设、技术和模型的构建上，而 2008 年的金融危机则暴露了现代金融理论的这些组成部分的缺陷。将概率因素纳入其形式的正确的估计模型使得我们能够预测未来价格和事件，这种信念受到了"黑天鹅"的挑战——"黑天鹅"指的是房地产价格下跌和老牌投资公司的破产。金融中介体系中代理成本和信贷摩擦的暴露，挑战了行为者理性并始终为自身利益服务的假设。会计准则在帮助公司（和国家）管理其事务方面所起的作用，如今被会计准则在将债务从公司资产负债表转移到非透明的离岸账户和结构性投资工具中扮演的更黑暗的角色所掩盖。而金融工程在通过多元化和证券化来管理风险方面所发挥的作用，则暴露出有害的影响：投资产品的复杂性和关联性，致使风险系统化，导致普通投资者受到真正的奈特不确定性的残酷考验。

我们在创作《美国金融体系：起源、转型与创新》的过程中学到的是，我们很难觉察到金融中形形色色的伪装，使其变得透明的努力一直受到要求更多隐私和技术语言不透明的呼声的困扰，而使金融工程有利可图的模型的效果，可能会因为应用条件的变化而变得不那么理想。我们从《美国金融体系：起源、转型与创新》的写作中还学到了，这个故事确实尚未完成，要使金融为众人所理解，仍然需要许多人的努力。

注 释

引 言

1 Robin Greenwood and David Scharfstein, "The Growth of Finance," *Journal of Economic Perspectives* 27, no. 2（Spring 2013）: 4.

2 Dani Rodrik, *Economics Rules*: *The Rights and Wrongs of the Dismal Science*（New York:Norton, 2015）; Ben S. Bernanke, *The Courage to Act*: *A Memoir of a Crisis and Its Aftermath*（New York: Norton, 2015）.

3 Schumpeter, *Ten Great Economists from Marx to Keynes*（New York: Oxford University Press, 1951）, 223; Tobin, "Fisher, Irvin（1867-1947）," in Steven N. Durlauf and Lawrence E.Blume, eds., *The New Palgrave Dictionary of Economics*, 2nd ed.（1987）, 369-76; Milton Friedman, *Money Mischief*: *Episodes in Monetary History*（New York: Harcourt Brace, 1994）, 37.

4 Paul Davidson, *Financial Markets, Money, and the Real World*（Cheltenham: Edward Elgar, 2002）.

5 有关"金融化"的统计测度，参阅 Greta R. Krippner, *Capitalizing on Crisis*: *The Political Origins of the Rise of Finance*（Cambridge, MA: Harvard University Press, 2011）。

6 Robert M. Solow, "How Did Economics Get That Way and What Way Did It Get?" *Deadalus* 126, no. 1（Winter 1997）: 39-58.

7 参阅 Alvin H. Hansen, Seymour E. Harris, and John M. Keynes, *A Guide to Keynes*, 第 7 章（New York: McGraw-Hill, 1979）, 140-53。

8 关于经济学建模，参阅 Mary S. Morgan, *The World in the Model*: *How Economists Work and Think*（Cambridge: Cambridge University Press, 2012）, Marcel Boumans, *How Economists Model the World into Numbers*（Abington: Routledge, 2007）, and Rodrik, *Economics Rules*。

9　米歇尔·卡隆（Michel Callon）和唐纳德·麦肯齐曾探讨过经济学和金融学，特别是其中的模型。参阅 Callon, "Introduction: The Embeddedness of Economic Markets in Economies," in Callon, ed., *The Laws of the Markets*（Oxford:Blackwell, 1998）; and MacKenzie, *An Engine, Not a Camera*: *How Financial Models Shape Markets*（Cambridge, MA: MIT Press, 2006）。

10　麦肯齐认为，布莱克－斯科尔斯－莫顿期权定价模型在这种较强的意义上是具有可操演性的："该模型的使用将实践转向了模型的结果。"

11　参阅 Charalambos D. Aliprantis and Kim C. Border, "A Foreword to the Practical: Why We Use Infinite Dimensional Analysis: A Hitchhiker's Guide," in *Infinite Dimensional Analysis*, 3rd ed.（Berlin: Springer, 2007）, xix-xxiv。

12　例如参阅 John G. Gurley and Edward S. Shaw, *Money in a Theory of Finance*（Washington, DC: Brookings Institution: 1960）。

13　Veblen, "The Preoccupations of Economic Science, III," *Quarterly Journal of Economics* 14, no. 2（February 1900）: 254-55. 凡勃伦在第 261 页命名了"新古典"一词。这是一系列关于经济学性质的文章中的第 3 篇。也参阅 "The Preoccupations of Economic Science, I," *Quarterly Journal of Economics* 13, no. 2（1899）: 121-50 和 "The Preoccupations of Economic Science, II," *Quarterly Journal of Economics* 13, no. 4（1899）:396-426。

14　Colander, "The Death of Neoclassical Economics," *Journal of the History of Economic Thought* 22, no. 2（2000）: 131-32.

15　"Death," 132, 130.

16　Philip Mirowski, *Never Let a Serious Crisis Go to Waste*: *How Neoliberalism Survived the Financial Meltdown*（London: Verso, 2013）, 22. 柯南德尔含蓄而毫不迟疑地同意米罗斯基的观点，即非正统经济学家已被逐出"主要的"研究生院。事实上，他将"非正统"定义为"解决不被视为合法问题的方法。因此，我对非正统经济学家的试金石是他们在各大研究生院找到工作的能力"。

17　Lawson, "What Is This 'School' Called Neoclassical Economics?" *Cambridge Journal of Economics* 37（2013）: 950, 953, 957, 954. 参阅 Lawson, *Reorienting Economics*（New York: Routledge, 2003）和 "The Current Economic Crisis: Its

Nature and the Course of Academic Economics," *Cambridge Journal of Economics* 33, no. 4（2009）: 759-88。感谢耶娃·哈塞尔伯格（Ylva Hasselberg）提醒我 们注意劳森的研究。

18　柯南德尔列出的特点是：关注某一特定时刻的资源配置，接受某种功利主义 变体，关注边际权衡，假设具有远见的理性，以及接受方法论上的个人主义。

19　Monboit, "Neoliberalism—The Ideology at the Root of All Our Problems," http:// www.theguardian.com/books/2016/apr/15/neoliberalism-ideology-problem-george-monbiot?CMP = share btn link.

20　根据米罗斯基的说法，新自由主义的核心原则包括：现代社会必然是建构出 来的，而不是一种自然现象；市场是社会核心，其处理信息的能力总是超过 国家；相信市场是"自然的"（即使它所围绕的社会不是）；国家必须被重新 定义，而不是被毁灭；关于新自由主义市场国家需要不断予以加强的民众支 持的主张；新自由主义国家中的"自我"必须不断监测和规范身份认同所在 的"自我"；这种状态下的"自由"是由"自主的自治实体"组成的，"一切 都带有某种形式的'理性'和不可言说的自我利益的动机，努力通过市场交 换来改善自己的命运"；坚信资本具有自由流动，甚至跨越国界的自然权利； 假定不平等是市场体系的自然特征和进步的动力；认为公司是新自由主义市 场社会中的建设性角色；相信市场可以为所有问题，甚至为那些显然是由市 场造成的问题提供解决办法；以及假设扩大的限制制度可以防止任性的个人 避开有效的市场。

21　*Never*, 190.

22　Brett Christophers, "The Limits to Financialization," *Dialogues in Human Geography* 5, no. 2（2015）: 183-85.

23　Martin J. Sklar, *The Corporate Reconstruction of American Capitalism, 1890-1916*: *The Market, The Law, and Politics*（Cambridge: Cambridge University Press, 1988）; Alfred D. Chandler Jr., *The Visible Hand*: *The Managerial Revolution in American Business*（Cambridge, MA.: Harvard University Press, 1977）; Philip Mirowski, *Machine Dreams*: *Economics Becomes a Cyborg Science*（Cambridge: Cambridge University Press, 2002）; Peter L. Bernstein, *Capital Ideas*: *The*

Improbable Origins of Modern Wall Street（New York: Free Press, 1992）; Perry Mehrling, *The Money Interest and the Public Interest*: *American Monetary Thought*, *1920-1970*（Cambridge, MA.: Harvard University Press, 1997）and *Fischer Black and The Revolutionary Idea of Modern Finance*（New York: John Wiley & Sons, 2005）; Colin Read, *The Rise of the Quants*: *Marschak, Sharpe, Black, Scholes, and Merton*（Basingstoke: Palgrave Macmillan, 2012）and *The Portfolio Theorists*: *Von Neumann, Savage, Arrow, and Markowitz*（Basingstoke: Palgrave Macmillan, 2012）; Geoffrey Poitras, ed., *Pioneers of Financial Economics*: *Volume Two, Twentieth-Century Contributions*（Cheltenham, UK: Edward Elgar, 2007）; Franck Jovanovic, "The Construction of the Canonical History of Financial Economics," *History of Political Economy* 40, no. 2（2008）: 213-42.

24 Merton, *Continuous-Time Finance*, rev. ed.（Oxford: Blackwell, 1992）; Bingham and Kiesel, *Risk-Neutral Valuation*（London: Springer-Verlag, 2004）; Cochrane, *Asset Pricing*, rev. ed.（Princeton, NJ: Princeton University Press, 2005）;Joshi, *Concepts and Practice*, 2nd ed.（Cambridge: Cambridge University Press, 2008）; Blyth, *Introduction to Quantitative Finance*（Oxford: Oxford University Press, 2014）; Kreps, *Microeconomic Foundations*（Princeton, NJ: Princeton University Press, 2013）; Pliska, *Introduction to Mathematical Finance*: *Discrete-Time Models*（Oxford: Blackwell, 1997）.

25 Hendry and Morgan, *The Foundations of Econometric Knowledge*（Cambridge: Cambridge University Press, 1995）, and Morgan, *The History of Econometric Ideas*（Cambridge: Cambridge University Press, 1992）; Morgan, *The World in the Model*; Boumans, *How Economists Model the World*; Weintraub, *General Equilibrium Analysis*: *Studies in Appraisal*（Cambridge: Cambridge University Press, 1985）, *Stablizing Dynamics*: *Constructing Economic Knowledge*（Cambridge: Cambridge University Press, 1991）,and *How Economics Became a Mathematical Science*（Durham, NC: Duke University Press, 2002）; Donald MacKenzie,*Engine*; Krippner, *Capitalizing*; and Rubenstein, *A History of the Theory of Investments*: *My Annotated Bibliography*（Hoboken, N. J.: John Wiley and Sons, 2006）.

26 Goetzmann, *Money Changes Everything*（Princeton, NJ: Princeton University Press, 2016）, 19.

27 Piketty, *Capital in the Twenty-First Century*, trans. Arthur Goldhammer（Cambridge, MA: Harvard University Press, 2014）, 16.

28 正如詹姆斯·K. 加尔布雷斯（James K.Galbraith）在一份扩展了 20 世纪 50 年代和 60 年代著名的剑桥资本争论的分析中所说的那样，"在没有事先确定利率的情况下，不可能把资本对象的价值相加以得到共同的数量，而利率（既然是先验的）必须来自金融而不是实体世界……如果实际利率是金融变量，由于金融原因而变化，对美元价值资本存量的物理解释是毫无意义的"。"James K. Galbraith Takes on Thomas Piketty's *Capital in the Twenty-First Century*," *Dissent Magazine* (April 21, 2014), http:// www .alternet.org/ economy/ james-k-galbraith-takes-thomas-pikettys-capital-twenty-first-century. 剑桥资本争论，有时被称为"两个剑桥之争"的原因是其主要参与者，因为论战一方的代表来自英国剑桥大学，另一方则来自美国的坎布里奇市，英国一方的主要参与者包括英国剑桥大学的琼·罗宾逊、斯拉法（Piero Sraffa）和卢伊季·帕西内蒂（Luigi Pasinetti），美国一方包括罗伯特·默顿·索洛和保罗·萨缪尔森。1966 年，萨缪尔森承认英国一方的论点是正确的。这一争论的经典叙述是：G. C. Harcourt, *Some Cambridge Controversies in the Theory of Capital*（Cambridge:Cambridge University Press, 1972）。对争议的最新分析是 Roger Backhouse, "MIT and the Other Cambridge," *History of Political Economy* 46（2014）：252-71。

29 Solow and Tobin, "Introduction," in *Two Economic Revolutions in Economic Policy: The First Economic Reports of Presidents Kennedy and Reagan*, ed. James Tobin and Murray Weidenbaum（Cambridge, MA: MIT Press, 1988）, 5.

第一章　20 世纪初美国金融的起源：美国现代大公司的兴起和联邦储备系统的建立

1 Thomas Philippon, "The Evolution of the U.S. Financial Industry from 1860 to 2007:Theory and Evidence"（November 2008, http:// pages .stern .nyu .edu/-tphilipp/

papers/ finsize_old .pdf), 附录: 表 1 和图 1。

2 关于公司化的文化意义，参阅 Alan Trachtenberg, *The Incorporation of America*: *Culture and Society in the Gilded Age*（New York: Hill & Wang, 1982; rpt. 2007），特别是第 2 章至第 5 章。在许多对这些发展的历史讨论中，最相关的是 Alfred D. Chandler Jr., *The Visible Hand*: *The Managerial Revolution in American Business*（Cambridge, MA: Harvard University Press, 1977）; Martin J. Sklar, *The Corporate Reconstruction of American Capitalism, 1890-1916*: *The Market, The Law, and Politics*（Cambridge: Cambridge University Press, 1988），特别是第一部分；以及 James Livingston, *Origins of the Federal Reserve System*: *Money, Class, and Corporate Capitalism, 1890-1913*（Ithaca, NY:Cornell University Press, 1986），特别是第一部分。

3 Edward S. Meade, *Trust Finance*: *A Study of the Genesis, Organization, and Management of Industrial Corporations*（New York: D. Appleton, 1903）；第 1 章。虽然同时代人有时交替使用"托拉斯"、"工业公司"和"大公司"等术语，但法律上的差异区分了这些公司形式。参阅 William Z. Ripley, *Trusts, Pools, and Corporations*（New York: Ginn & Co., 1905），引言部分。除了同时代人使用的"托拉斯"之外，我们更倾向于用"大公司"来表示公开交易的公司，但不包括这个时代创造的公共服务公司。估测这一时期合并公司数量的现代历史学家是 Naomi Lamoreaux，见 *The Great Merger Movement in American Business, 1895-1904*（Cambridge: Cambridge University Press, 1985），2。当时的和现代的历史学家都在争论第一次合并运动的明确界限。米德定义"真正的托拉斯运动"（Real Trust Movement）为 1898—1903 年（Trust Finance, 149）。关于现代历史学家对如何确定这场运动年代的探讨，参阅 Sklar, *Corporate Reconstruction*, 46；以及 Lawrence C. Mitchell, *The Speculation Economy*: *How Finance Triumphed over Industry*（San Francisco: Berrett-Koehler,2007），283-84, n. 12。米切尔还讨论了关于美国经济中增加的公司数量和资本化程度的争议，*Speculation Economy*, 12 and 284, n. 12。对于这个主题来说，同样重要的书是 Jonathan Barron Baskin & Paul J. Miranti Jr. *A History of Corporate Finance*（Cambridge: Cambridge University Press, 1997），特别是第 4 章和第 5 章。对于

同时代人对公司数量和它们为经济增加的财富的估计，参阅 John Moody, *The Truth about the Trusts*（New York: Moody,1904），485-89。

4　Meade, *Trust Finance*, 78.

5　一些历史学家将合并运动的成功归因于对边际主义理论的采纳。参阅 Sklar, *Corporate Reconstruction*, chap. 2; & Mary Susan Murname, *The Mellon Tax Plan*: *The Income Tax and the Penetration of Marginalist Economic Thought into American Life and Law in the 1920s*（未发表的博士论文，Case Western Reserve, UMI ProQuest, 2007），52, 80-88。

6　Jeremiah Whipple Jenks & Walter F. Clark, *The Trust Problem*（1900; rev. ed. New York: Doubleday, 1925），50.

7　Sklar, *Corporate Reconstruction*, 49-50。正如斯卡勒解释的那样，圣克拉拉裁决对于现代大公司的出现至关重要。"公司重组要求所有者放弃实物单位或资产的所有权，以换取作为股票的证券，这些证券是对一部分收益的债权。反过来，在这一债权上附着了证券的交换价值。这一价值在市场中得到了相应的提升，因为先前分离的企业的统一信誉、商誉和强化的市场力量提高了新公司的预期盈利能力。对于无形资产价值的法律保护对财产权至关重要，同时法院在其'自然实体'原则中加强了有限股东责任，降低了风险，提高了公司股票的价值，从而促进了有形资产与证券的交换，进而使经营控制权与法人财产形式的合法所有权分离"（*Corporate Reconstruction*, 50）。正如斯卡勒所解释的，尽管有这个偏向公司的裁决，美国最高法院仍在 1897—1911 年通过了对《谢尔曼法》的解释，禁止了现代大公司控制市场（参阅 *Corporate Reconstruction*，第 3 章）。我们也应该注意到，大公司过去是（现在也是）受州而非联邦法律管理的，这意味着，在一家公司的业务活动跨越州界线之前，该公司的司法管辖权仍属于公司注册的州。不同的州确实也可以相应地立法，如像马萨诸塞州那样限制公司的增长，或者像特拉华州和新泽西州那样鼓励公司发展。不出所料，大公司的法律地位在这一时期一直存在争论。尽管有 1886 年的圣克拉拉裁决，但大公司有时仍被视为合伙人和法人的总和。要讨论这些争论及其法律上的细微差别，参阅 Marjorie E. Kornhauser, "Corporate Regulation and the Origins of the Corporate Income Tax," *Indiana Law Journal* 66, no. 53（1990-91）: 62-68。

8 衡量现代大公司受关注程度的一个指标是公开发表的，即跟这个主题有关的官方报告和经济文章的数量。1901 年，卫斯理学院的查尔斯·布洛克（Charles J.Bullock）报告指出，仅 1899—1900 年，就出现了 28 种书、报告和小册子，"连同一批期刊文章，当 1900 年收到全部的报告时，这些文章的数量可能会达到 150 份"。"Trust Literature: A Survey and a Criticism," *Quarterly Journal of Economics* 15 (1901): 168.

9 与此同时，各州能够并确实进行了立法，要么就像新泽西州、特拉华州和纽约州那样促进公司的形成，要么像马萨诸塞州那样禁止组建公司。

10 引自 Eric R. Hake, "The Stock Watering Debate: More Light, Less Heat," *Journal of Economic Issues* 35, no. 2（June 2001）：424。

11 参阅 Ripley，"Stock Watering," *Political Science Quarterly* 26, no. 1（March 1911）：117。虽然詹克斯似乎赞成这种估值方法，但他的评论是如此谨慎和模棱两可，以至于很难确定他到底支持什么政策。关于过度资本化问题，参阅 Jenks & Clark, The *Trust Problem*，第 7 章。

12 参阅 Meade, *Trust Finance*; Francis Cooper, *Financing an Enterprise*: *A Manual of Information and Suggestion for Promoters, Investors and Business Men Generally*, 3rd ed.（New York: Ronald, 1909），引言、第 21 章、第 22 章。米德在沃顿商学院任教，在那里开设了名为"投资"、"公司财务"，以及"铁路、金融和会计"的课程。参阅 Paula A. McLean & D. G. Brian Jones, "Edward Sherwood Mead（1874-1956），" *European Business Review* 19, no. 2（2007）：118-28。米德在 1912—1915 年的某个时候改变了他的姓的拼写方式。

13 Frenyear, "The Ethics of Stock Watering," *Annals of the American Academy of Political and Social Science* 8（1896）：78.

14 1906 年，阿瑟·W. 斯宾塞（Arthur W.Spencer）描述了他所支持的"资产价值"理论如何成为"过度资本化的幌子"。当一家公司积累了价值升值的财产或它不需要立即用于生产的设备，并持有这些资产以避免可能出现的竞争时，过度资本化就可能会发生。当两家公司合并，留下重复的工厂或设备时，也会出现"过剩资产"的情况。公司将不再清算这些资产以支付改善和持续的成本，而是从收益中支付改进费用，从而将未使用的财产视为可发行股本的资产。斯宾塞抱怨说，允许这种过度的资产"资本化对公众的影响与在没有有形资产可作为基础的情况下同等数量的资本的影响是完全相同的"。"The Prevention of Stock-Watering by Public-Service Corporations," *Journal of Political Economy* 14, no. 9 (November 1906): 547.

15 Ripley, "Stock Watering," 98。斯蒂芬·泽夫（Stephen A. Zeff）对股票掺水的解释是：当非现金资产的价值明显低于股票面值时，按股票面值计算非现金资产的价值，以换取股本。*Henry Rand Hatfield: Humanist, Scholar, and Accounting Educator* (Bingley: Emerald, 2000), 98.

16 为此，里普利引用了联合太平洋铁路公司（Union Pacific Railway Company）使用俄勒冈州短线铁路公司（Oregon Short Line Railway Company）的方式的例子："最终的结果当然是增加联合太平洋公司的资金债务，而不相应地增加当时的实际资产。""Stock Watering," 100.

17 Ripley, "Stock Watering," 103-4.

18 Cooper, *Financing an Enterprise*, 241.

19 同上，174, 174-75, 178。

20 同上，第 19 章至第 22 章。

21 Meade, *Trust Finance*, 46.

22 同上，89。

23 同上，62。

24 同上，129。

25 关于米德的建议，参阅 *Trust Finance* 第 16 章、第 19 章和第 20 章。

26 *Trust Finance*, 368。这两句话暗示了米德对他认为是当时的基本问题提出了补救措施，即公司的资本化是为了吸引投机者。除了建议联邦政府监督公司并要求它们披露更多信息外，米德还建议实施"保守的利润配置"，要求上市公司在派息前将达到预期盈利能力一定比例的利润存入一个储备基金。参阅 *Trust Finance*, 368-75。

27 1907 年，纽约的另一位律师弗雷德里克·道格拉斯（Frederick Douglas）建议废除要求公司给股票确定票面价值的法律。参阅 "The Par Value of Stock," *The Yale Law Review* 16, no. 4（February 1907）: 247-52。1900 年，耶利米·詹克

斯还提出了取消票面估价的可能性，理由是纽约州采用了一项宽松但并非强制性的股票发行方案。然而，詹克斯没有推行这一想法，他评论说，这种改变"没有普遍的利益"。参阅 *The Trust Problem*, 101-103。顺便说一下，库珀也提出了这一点；参阅 *Financing a Company*, 175-176。从 1912 年开始，就通过了无面值股票规则。至少有一位现代学者认为，取消这种面值的要求确实解决了股票掺水的问题，尽管人们对这种做法的抱怨一直持续到 20 世纪 20 年代。参阅 Hake, "The Stock Watering Debate," 423-430。

28 1908 年，阿瑟·洛伊斯·狄金森提醒美国专业会计师协会（American Association of Professional Accountants），会计既是一门科学，也是一门艺术："很少有两件案子是完全一样的。你必须根据每一件案子的实际情况来处理它。即使你把世界上所有的规则都写下来还是会有规则不适用的案例。你必须利用自己的经验……这就是我们作为专业会计师来这里的原因：因为我们必须在处理会计问题上获得经验、判断力和机智，并充分利用各种不同的方法来确定问题。"引自 Gary John Previts & Barbara Dubis Merino, *A History of Accounting in America: An Historical Interpretation of the Cultural Significance of Accounting* (New York: John Wiley &Sons, 1979), 105。关于会计职业化，参阅 Paul J. Miranti, "Birth of a Profession," *CPA Journal* 1996; http://www.nysscpa.org/ cpajournal/ 1996/ 0496/ features/ f14.htm。会计课程最终制定和教授的"假设"由足够一般的原则组成，这些原则足以为会计行业建立一个基准的方法（例如，会计的方法应该是一致的，公司应该被视为一个"持续经营的企业"），但这些只是足够具体地解决会计师可能遇到的一些实际问题，而不是全部问题（例如，建议会计人员使用历史成本，而不是重置成本来评估购买的价值）。参阅 William Andrew Paton, *Accounting Theory with Special Reference to the Corporate Enterprise* (New York: Ronald Press, 1922), 第 20 章。在会计工作中，总是需要使用更灵活的准则来调整规则，这一点在最近的会计实践中也是显而易见的。2009 年编纂的《公认会计准则》(Generally Accepted Accounting Practices, GAAP) 提供了一套作为标准的原则，而不是一套可由联邦政府强制执行的规则。《公认会计准则》又衍生自一套类似的原则，均由专业会计组织委员会颁布：美国会计师协会会计委员会（成立于 1929 年）发布的 51 份会计研究简报、会计原则理事会颁布的 31 条会计原则，以及财务会计标准委员会（1973 年成立）公布的 169 项财务会计标准报表。因此，即使在联邦政府规定披露信息的要求（例如 1887 年的《州际商业法》和 1913 年采用联邦所得税）之后，会计仍然有能力——实际上是必须——以原则来监督自己，而不是遵守严格的法律。因此，会计法最好被理解为一种在边界内运作的实践法，而不是严格受法律约束的实践法。对会计的这一特性的一种非常有趣的认可，以及一种从原理上推导和描述会计原则的尝试是 George H. Sorter, *Boundaries of the Accounting Universe*: *The Accounting Rules of Selection*（Manchester, NH: Ayer Publishing Company, 1978）。有关会计准则的编撰历史，请参阅 http://accountinginfo.com/financial-accounting-standards/asc-100/105-gaap-history .htm。

29　参阅 Previts & Merino, *History of Accounting*, 93-148; Paul J. Miranti, "Associationism, Statism, Professional Regulation: Public Accountants and the Reform of Financial Markets,1896-1940," *Business History Review* 60:3（Autumn 1986）: 438-45, and "Birth of a Profession," *CPA Journal* 1996; http://www.nysscpa.org/cpajournal/1996/0496/features/f14.htm。

30　Previts & Merino, *History of Accounting*, 105, 107.

31　哈特菲尔德在 1909 年时抱怨缺乏通用术语（*Modern Accounting*,vi），并在这本教科书 1915 年的修订版中再次抱怨。直到 1915 年，美国注册会计师协会一直都在任命专门研究术语的委员会。参阅 John Gary Previts, *A Critical Evaluation of Comparative Financial Accounting Thought in America 1900 to 1920*（New York: Arno Press, 1980）, 3。

32　参阅 Previts & Merino, *History of Accounting*, 165-176, 222-229。普雷维茨和莫里诺讨论了实体理论，该理论是由威廉·帕顿提出的所有权理论的对手，在该书第 176~180 页提出的。

33　Charles Ezra Sprague, *The Philosophy of Accounts*（New York: Ronald Press, 1908）, 61-62.

34　Hatfield, *Modern Accounting*, 196. 参阅 Previts and Merino, *History of Accounting*, 169。

35　Sprague, *Philosophy of Accounts*, 61.

36 Thorstein Veblen, *The Theory of Business Enterprise* (1904; reprint Mansfield Centre,CT: Martino, 2013), 78.

37 复式记账系统可以体现出利润，但这些利润的时间性在资产负债表中却看不到。参阅 B. S. Yamey, "Scientific Bookkeeping and the Rise of Capitalism," *Economic History Review*, 2nd series, 1, nos. 2-3（1949）: 99-113。

38 Hatfield, "Some Neglected Phases of Accounting," *Electric Railway Journal* 46, no. 16（October 15, 1915), 800; 引自 Previts, *Critical Evaluation*, 171。正如托马斯·A. 金（Thomas A.King）所解释的，一个相关的问题是特定资源的未来可获利性："也许簿记员能做出的最重要的会计决定是，今天消耗的资源是否会在未来会计期间产生收入。如果答案是肯定的，那么该费用应该被资本化，并作为资产在资产负债表上体现。如果没有，那么余额应该作为支出流经损益表，并累积为留存收益的减少。" *More Than a Numbers Game*: *A Brief History of Accounting* (Hoboken,NJ: Wiley, 2006, 9)。

39 斯蒂芬·泽夫长期以来一直坚持认为，这两种理论之间的差异并不像一些历史学家所坚持的那样重要。参阅 *A Critical Examination of the Orientation Postulate in Accounting, with Particular Attention to Its Historical Development in New York*（New York: Arno Press, 1978）。也参阅 Steven A. Bank, "Entity Theory as Myth in the Origin of the Corporate Income Tax," *William and Mary Law Review* 43, no. 2（2001), 447。

40 Richard K. Fleischman and Thomas N. Tyson, "Cost Accounting during the Industrial Revolution: The Present State of Historical Knowledge," *Economic History Review* 46, no. 3（1993）: 503-17; 以及 Previts & Merino, *History of Accounting*, 62-64, 113-19. 早期的课程是由两名注册会计师杰罗姆·李·尼科尔森（Jerome Lee Nicholson）和约翰·弗朗西斯·罗尔巴赫（John Francis Deems Rohrbach）在哥伦比亚大学教授的。1913 年，尼科尔森出版了一本教科书《成本会计理论和实践》，他在教科书中提到了有关这一主题的文献数量在急剧增加。他声称 90% 的这类材料是自 1903 年以来出版的，75% 是自 1908 年以来出版的。*Cost Accounting, Theory and Practice*（New York: Ronald Press, 1913, 19）。尼科尔森和罗尔巴赫在 1919 年更新了这本教科书的

内容，以响应联邦贸易委员会倡导的成本会计和第一次世界大战暴露出来的收集有关美国公司利润信息的需要。*Cost Accounting*（New York: Ronald Press, 1919），iii.

41 Previts, *Critical Evaluation*, 179-181. 关于损益表的发展，见 Clifford D. Brown, *The Emergence of Income Reporting: An Historical Study*（East Lansing, MI.: Michigan State University Business Studies Division of Research, 1971）。布朗的总结证实了我们的假设："今天报告的损益表数据是逐渐出现，而不是突然或戏剧性地出现的。"

42 "Profits of a Corporation," *Cyclopedia of Commerce, Accountancy, Business Administration*（Chicago: American Technical Society, 1909），285, 275。狄金森认识到，"部分实现"和适当定价的需要使资产负债表对于现代公司而言不再足够，但是，对于一份对该行业产生如此大影响的文件，他对损益表本身的关注非常少。从他的呈现方式可以清楚地看出，他仍在从所有权理论的角度关注他所称的"损益账户"。狄金森明确指出，合并公司资产负债表是一家公司的主要财务文件。

43 参阅 Richard J. Joseph, *The Origins of the American Income Tax*: *The Revenue Act of 1894 and Its Aftermath*（Syracuse, NY: Syracuse University Press, 2004），169。

44 Brief "Corporate Financial Reporting at the Turn of the Century," *Journal of Accountancy*（May 1987）: 149。

45 John L. Carey, "The Origins of Modern Financial Reporting," in *The Evolution of Corporate Financial Reporting*, ed. T. A. Lee and R. H. Parker（Sunbury-on-Thames: Thomas Nelson, 1979），242.

46 *Accountants' Handbook*, ed. Earl A. Saliers, 14th ed.（New York: Ronald Press, 1923），338. 资产负债表和损益表都包括在题为"财务报表"的一节中（319-343）。塞利尔斯（Saliers）指出，资产负债表和损益表需要一并考虑。感谢斯蒂芬·泽夫指导我们找到这一来源。

47 帕顿在《会计原理》（*Principles of Accounting*, 1916）中讨论了损益表，这是他与史蒂文森一起写的教科书，见第 176~186 页。"这样的报表包括了显示这一期间的开支和收入的所有账目，以及净收益的拨款"。相反，在他

1922 年撰写的《会计理论——兼论公司会计的一些特殊问题》(*Accounting Theory with Special Reference to the Corporation*) 中，只关注了"收入报表"或"收益报表"(269-70)。

48 到了 1965 年，损益表并不像 20 世纪初那样被视为"附表"。相反，资产负债表上出现的数字被认为是"剩余数字"，即"从损益表的角度"做出决定的结果。Willard J. Graham, "Some Observations on the Nature of Income, Generally Accepted Accounting Principles, and Financial Reporting," *Law and Contemporary Problems* 30, no. 4 (Autumn 1965): 661.

49 N. Loyall McLaren, *Annual Reports to Stockholders, Their Preparation and Interpretation* (New York: Ronald Press, 1947), 253.

50 迈凯伦 (McLaren) 解释说，公司在审计报告中确实使用了收入表，但在用于向股东例行报告时，采用这种表格的速度很慢。参阅 *Annual Reports*, 154。美联储的范例表格分别在 1929 年和 1936 年进行了修订。

51 帕顿在 1922 年关于会计理论的书中注意到，州际商业委员会对在何处登记利息的规定所产生的影响。他解释道，州际商业委员会将利息费用视为从收入而不是从收益中扣除，委员会似乎主要强调"运营"与"非经营"收费在技术意义上的区别，"而不是将真正的费用和收入分配给股票的界限"。(*Accounting Theory*, 269)。在这段时间，关于在何处登记利息的问题一直是有争议的。在这本书中，帕顿没有讨论损益表，只是讨论了他交替所说的"收入表"和"收益报表"在何处登记利息的问题。

52 1965 年，格雷厄姆明确地阐明了这一原则。"衡量企业收入的主要目的是提供决策数据。决策涉及未来，过去发生的事情在很大程度上是无关的，除非它为对未来的合理估计提供了依据……大多数商业决策都是（或应该是）基于对企业未来盈利能力的预期……管理层和会计专业人员有责任提供过去业务收入的计量，为估算未来的盈利能力提供最有用的依据。""Some Observations," 672, 673.

53 Charles Arthur Conant, *A History of Modern Banks of Issue, with an Account of the Economic Crises of the Nineteenth Century and the Crisis of 1907* (4th ed., 1909), 424.

54 Eugene N. White, "Were Banks Special Intermediaries in Late Nineteenth-Century America?" *Review of the Federal Reserve Bank of St. Louis*（May/June 1998）, 13.

55 Ellis W. Tallman & Jon R. Moen, "Lessons from the Panic of 1907," *Economic Review of the Federal Bank of Atlanta* 75（May/June 1990）: 9.

56 Conant, *History of Modern Banks of Issue*, 714-715.

57 Tallman and Moen, "Lessons," 11.

58 Allan H. Meltzer, *A History of the Federal Reserve*（Chicago: University of Chicago Press, 2003）, 1:71.

59 Charles W. Calomiris, "Volatile Times and Persistent Conceptual Errors: U.S. Monetary Policy 1914-1951," in Michael D. Bordo and William Roberds, eds., *The Origins, History, and Future of the Federal Reserve*: *A Return to Jeckyl Island*（Cambridge: Cambridge University Press, 2010）, 172. 也参阅 William L. Silber, *When Washington Shut Down Wall Street*: *The Great Financial Crisis of 1914 and the Origins of America's Monetary Supremacy*（Princeton, NJ: Princeton University Press, 2007）。

60 这一比喻来自佩里·梅林。"相互关联的债务承诺网，每一项承诺或多或少都是对不确定未来的轻率承诺，就像一座桥梁，我们共同走向未知的未来，走向未知的彼岸。作为一家银行家的银行，美联储在最脆弱的时刻，就在现在和未来之间的边缘照看着这座桥的建设。" *The New Lombard Street*: *How the Fed Became the Dealer of Last Resort*（Princeton, NJ: Princeton University Press, 2011, 3-4）. 梅林在第 32~36 页上讨论了美联储成立初期的情况。

61 梅林使用"商业贷款理论"这一术语（*New Lombard Street*, 33）。我们的分析归功于梅林在《新伦巴底街》一书的第 33~34 页的讨论。"银行商业票据理论"一词来源于 Joseph A. Schumpeter, *History of Economic Analysis*, ed. Elizabeth Boody Schumpeter（1954; New York: Oxford University Press, 1994）,729。

62 Mehrling, *New Lombard Street*, 34。

63 参阅 Perry Mehrling "The Money Muddle: The Transformation of American Monetary Thought, 1920-1979," *History of Political Economy*（1998）, 293-306, and *The Money Interest and the Public Interest*: *American Monetary Thought, 1920-1970*（Cambridge,

MA: Harvard University Press, 1997），特别是第 2~3 章和第 6 章。

第二章　20 世纪早期的美国经济和金融理论

1 关于美国经济学会的早期状况的分析，参阅 Mary O. Furner, *Advocacy and Objectivity*: *A Crisis in the Professionalization of American Social Science, 1865-1905*（Lexington: University Press of Kentucky, 1975），特别是第 3 章；Dorothy Ross, *The Origins of American Social Science*（New York: Cambridge University Press, 1991），63, 110, 159；以及 A. W. Coats, "The First Two Decades of the American Economic Association," *American Economic Review* 50（1960）: 555-74。关于经济学家争取社会权威的努力，参阅 Robert L.Church, "Economists as Experts: The Rise of an Academic Profession in the United States,1870-1920," in *The University in Society*, vol. 2: *Europe, Scotland, and the United States from the 16th to the 20th Century*, ed. Lawrence Stone（Princeton, NJ: Princeton University Press, 1974），571-609；以 及 Michael A. Bernstein, *A Perilous Progress*: *Economists and Public Purpose in Twentieth-Century America*（Princeton, NJ: Princeton University Press, 2001），特别是第 1 章。

2 参阅例如 ,Wesley Clair Mitchell, *Types of Economic Theory*: *From Mercantilism to Institutionalism*, ed. Joseph Dorfman（New York: Augustus M. Kelley, 1969），2 volumes; Joseph A. Schumpeter, *History of Economic Analysis*, ed. Elizabeth Boody Schumpeter（1954; New York: Oxford University Press, 1994）；以 及 Malcolm Rutherford & Mary S. Morgan, "American Economics: The Character of the Transformation," *History of Political Economy* 30, no. 1（1998）: 1-26。在《一个危险的进步》中，迈克尔·伯恩斯坦（Michael Bernstein）为这两种观点之间分歧的利害关系提供了一个有益的总结："正统理论家认为经济学可以是一门真正客观的社会科学的信念（和决心），在于致力通过研究其各个部分来理解整体；把重点放在个人交易和行为上，从而成为科学的一个恰当（和可辩护的）起点。然而，如果这种方法论的立场不稳定，而且如果这些部分被理解为依赖于整体，那么处理一系列不同的历史、社会学和描述性问题的需要将使经济学失去对其

学科与生俱来权利的有力理由。当然，制度主义者和新古典理论家之间的斗争是对经济学本身性质的一场较量：不仅如此，这正是一场专业化项目的对抗，它自 19 世纪 80 年代以来就几乎界定了该领域。"

3 凡勃伦的学生、崇拜者和编辑韦斯利·克莱尔·米切尔表示，凡勃伦的作品与经济学如此格格不入，以至于许多正统经济学家会说"凡勃伦没有经济学理论"。*Types of Economic Thought*, 2: 609, 651.

4 关于这一时期的制度主义，参阅 Malcolm Rutherford, *The Institutional Movement in American Economics, 1918-1947: Science and Social Control*（Cambridge: Cambridge University Press, 2011）。关于制度主义的延续传统，参阅 Rutherford, "Institutional Economics: Then and Now," *Journal of Economic Perspectives* 15, no. 3（Summer 2001）: 173-94。卢瑟福说，"制度经济学"一词是由沃尔特·汉密尔顿（Walter Hamilton）于 1919 年提出的（"Institutional Economics", 173）。然而，在关于阐述米切尔的《经济学理论类型》的脚注中，约瑟夫·多夫曼（Joseph Dorfman）说，米切尔在 1917—1918 年开始将凡勃伦的研究称为"制度理论"，此前它被称为"进化理论"（*Types of Economic Thought*, 2: 610, n. 3）。

5 Veblen, *The Theory of Business Enterprise*（1904; reprint Manfield Centre, CT: Martino Publishing, 2013）, 160. 后面的引文参考的是这个版本。

6 Mitchell, *Types of Economic Theory*, 2: 667.

7 Veblen, "Preoccupations of Economic Science, Ⅲ ," *Quarterly Journal of Economics* 14, no. 2（1900）: 267。"新古典"一词出现在第 261 页。凡勃伦是在区分一些经济学家，比如马歇尔追求"分类学"项目，但正朝着凡勃伦偏好的演化论方向发展，而另一些经济学家则无法逃避非历史分类学。凡勃伦对分类学项目提出了强烈的批评，因为它使经济学的"科学"不适用于现实世界。"构成经济学家理论知识的科学定律是标准情况的规律。标准情况不存在于具体的事实中。这些规律是……'假设的'真理；经济科学是'假设的'科学。它们只适用于具体的事实，因为这些事实是根据基本的假设来解释和抽象的。因此，经济科学是关于标准情况的理论，是对生命的具体事实与标准情况的近似程度进行的讨论。"（254-255）对凡勃伦文章的探讨，参阅 Tony Lawson, "What Is the 'School' Called Neoclassical Economics?" *Cambridge Journal of Economics* 37, no. 5（2013）:947-83。

8 美国数理经济学创始人之一亨利·舒尔茨解释了为什么数学对于描述多种因素之间复杂的相互关系是必要的："即使一种所需商品的数量是所有价格的函数，其价格的上涨也会减少，而收入的增加将增加所需的数量，只要该商品在消费方面不与任何其他商品竞争。当一种商品的消费与另一种商品的消费有关时，后者价格的上涨和收入的增加可能会减少所消费的数额。" *The Theory and Measurement of Demand* （Chicago: University of Chicago Press, 1938, p. 1950）.

9 John B. Clark, "Distribution as Determined by a Law of Rent," *Quarterly Journal of Economics* 5, no. 3（1891）: 293.

10 主要著作包括 William Stanley Jevons, *Principles of Political Economy*（1871）、Carl Menger, *Principles of Economics*（1871）和 Léon Walras, *éléments d'économie politique*（1874）。

11 Richard S. Howey, "The Origins of Marginalism," in R. D. Collison Black, A. W. Coats, & Crauford D. W. Goodwin, *The Marginal Revolution in Economics*: *Interpretation and Evaluation*（Durham, NC: Duke University Press, 1973）, 24. 1914 年，约翰·霍布森（John A. Hobson）在《工作和财富》一书中使用了"边际主义"一词，指边际效用和边际生产力。

12 例如，"书面"是乔治·斯蒂格勒使用的术语，例如在 *Production and Distribution Theories*: *The Formative Period*（New York: Agathon Press, 1968）,1; 以及熊彼特在 *History of Economic Analysis*, 960。

13 引自 Mitchell, *Types of Economic Theory*, 2:240-241。

14 约瑟夫·多夫曼暗示克拉克对芝加哥的 5 月干草市场罢工和爆炸惨案做出了回应，他认为这解释了克拉克为什么偏离了他在《财富的哲学》（*The Philosophy of Wealth*）一书中所持的立场，这本书于 1886 年出版，但包含了其在之前 10 年写的一些文章。参阅 *Economic Mind in American Civilization*（New York: Viking, 1946-1949）, 3:195。 也参阅 Joseph Persky, "The Neoclassical Advent: American Economics at the Dawn of the 20th Century," *Journal of Economic Perspectives* 14, no. 1（Winter 2000）: 98, n. 4。

15 Clark, "Distribution as Determined by a Law of Rent," *Quarterly Journal of Economics* 5, no. 3（April 1891）: 312. 之后在文中引用。

16 克拉克一再提到经济学的"科学"本质，称其为"经济科学"和"科学思想"的一个例子。"Capital and Its Earnings," *Publications of the American Economics Association* 3, no. 2（1888）: 32, 17.

17 Clark, "The Law of Wages and Interest," *Annals of the American Academy of Political and Social Science* 1（July 1890）: 52. 之后在文中引用。

18 Clark, *The Distribution of Wealth*: *A Theory of Wages, Interest, and Profi ts*（1889: New York, 1902）, 327, 328, 329, 330.

19 经济史学家对克拉克自称的公正进行了辩论。例如，韦斯利·克莱尔·米切尔提到了克拉克的"既定目标"（set purpose）和"确定目标"（definite end），这指导了他所谓的客观理论公式（*Types of Economic Theory*, 2:237）。也参阅 Morris A. Copeland, "Institutional Economics and Model Analysis," *American Economic Review* 41, no. 2（1951）, 58; Thomas C. Leonard, " 'A Certain Rude Honesty': John Bates Clark as a Pioneering Neo-Classical Economist," *History of Political Economy* 35, no. 3（2003）: 548-49; 以及 Dorfman, *The Economic Mind*, 3:191-204。

20 玛丽·摩根指出，这一时期的美国人面临着"卖家垄断、买家垄断或各种极端做法"，而不是支持公平贸易和公平价格的公平竞争环境或习惯定价做法。参阅 "Marketplace Morals and the American Economists: The Case of J. B. Clark," in *Transactors and Their Markets*, *History of Political Economy* 26（1994）, Annual Supplement, 230。

21 参阅 Persky, "Neoclassical Advent," 97, 100。珀斯基认为，克拉克相信除非劳动力在工资问题上得到公平对待，否则美国将面临严重的暴力，甚至可能是革命。因此，克拉克的经济学理论起到了警示作用，而不仅仅是抽象的对正义的口头辩护。

22 关于静态分析与抽象的关系以及与数据差异的讨论，参阅 Schumpeter, *History of Economic Analysis*, 963。熊彼特在第 990~991 页讨论了局部分析，他将其描述为另一种简化的方法。

23 Samuelson, "On the Problem of Integrability in Utility Theory," *Economica* 17（1950）: 355. 费雪在临终前，列举了他博士论文的要点。他把自己的贡献归

为：（1）以欲望为基础的效用和边际效用的概念，而不是像杰文斯等人试图做的那样，以享乐（欲望的满足）为基础，因而适合统计测量；（2）流体静力学和其他机械类比；（3）独特的价格决定方程；（4）吉布斯向量概念在经济学中的应用；（5）无差异曲线；（6）因果关系的逆转等。"Fisher's Unpublished Annotations" in *The Works of Irving Fisher*, ed. William J. Barber, volume I（London: Pickering & Chatto, 1997），173.

24 George J. Stigler "The Development of Utility Theory II," *Journal of Political Economy* 58, no. 5（October 1950），377-79. 1890 年春天，当费雪向他最喜欢的老师之一威廉·格雷厄姆·萨姆纳（William Graham Sumner）征求关于一个博士论文主题的建议时，这位年轻的学生承认，他一直在经济学和数学这两门学科之间纠缠不清，这是他迄今所学习的两门学科。萨姆纳在耶鲁大学教政治经济学和社会学，他建议费雪研究数理经济学，这是费雪当时所不知道的一门学科。从两本书——杰文斯 1971 年的《政治经济学理论》与鲁道夫·奥斯皮茨和理查德·利本的 *"Untersuchungen euber die Theorie des Prises"*（*Researches in Price Theory*, 1887,1889）——开始，费雪用他的方式研究了为数不多的关于数理经济学的著作，并在书中加入了吉布斯的向量分析。参阅 Robert Loring Allen, *Irving Fisher: A Biography*（Cambridge, MA: Blackwell, 1993），53。

25 费雪关于一般均衡理论的表述在其他方面也有别于瓦尔拉斯公式，因为它不同于后来对需求理论的阐述，使用了由意大利理论家维尔弗雷多·帕累托提出，并由俄国经济学家尤金·斯卢茨基在 1915 年推广的效用指数和无差异曲线。费雪意识到了他的方法和瓦尔拉斯的一些不同之处，他在写论文之前还没有读过瓦尔拉斯的著作。他在序言中指出，自己所使用的公式"本质上和瓦尔拉斯在《纯粹政治经济学要义》（*Éléments d'Économie Politique Pure*）中所使用的公式是一样的。唯一的重要区别是，我使用的全部都是边际效用，并将其视为商品数量的函数，而瓦尔拉斯教授将每种商品的数量作为价格的函数"（*MI* 4）。正如罗伊·温特劳布所证明的，一般均衡理论中的现代证明是基于瑞典经济学家古斯塔夫·卡塞尔（Gustav Cassel）后来开创的学说，而不依赖费雪或瓦尔拉斯的公式。参阅 *General Equilibrium Analysis: Studies in*

Appraisal（Ann Arbor: University of Michigan Press, 1985），59。

26 吉布斯最重要的著作包括 "Graphic Methods in the Thermodynamics of Fluids"
（*Scientific Papers of J. Willard Gibbs*, ed. H. A. Bumstead and R. G. Van Name .London:
Longmans Green, 1906. 1:1-32）；"A Method of Geometrical Representation of the
Thermodynamic Properties of Substances by Means of Surfaces"（*Scientific Papers*
1:33-54）；及 *On the Equilibrium of Heterogeneous Substances*（*Scientific Papers*,
1:55-353）。

27 因此，例如，精心设计的容器的示意图可以在空间上显示为一种商品的坐标，
并将这种商品的效用展示为一种力，这种容器能够使得不同形状和大小的水
箱在水中浮动（*Mathematical Investigations in the Theory of Value and Prices*,
1902; reprint Old Chelsea Station, NY: Cosimo, 2007, 85）。虽然这种机制可以显
示容器中连接水箱的一些相互关系，但"水箱的形状之间也存在着其他联系，
无法机械地展示出来"（*MI*，66）。费雪认为每一种连续表现方式的不足都是
不可避免的，他甚至认为，把它们加在一起可能产生的分析也是不完整的："不
能指望经济学和任何其他科学进行详尽的分析。"（*MI*，67）

28 费雪解释说："数学是灯笼，它使得以前隐约可见的东西逐渐显现出坚实而醒
目的轮廓。"（*MI*，119）费雪不是第一位在印刷文本中使用数学方程式和符
号的作者，但以前的例子往往是数学教科书或旨在阐明数学原理的博士论文。
费雪重新发现并翻译的文本——古诺 1838 年的《财富理论的数学原理的研
究》（Récherches sur les principes mathematic de la theorie des richesses）也是如
此。对现代学者来说，费雪作品的这一特点使得它看起来在方法论上是严谨
的，在某种方式和某种程度上是费雪同时代的作品所没有的。这是关于数学
表示法和论证在经济学实践中被吸收程度的一个例子，它是费雪的研究中比
较简单的一种，也是他偏爱的一种代表性模式，后来似乎成了建立经济学理
论的最佳方式。例如，参见威廉·鲍莫尔（William J. Baumol）的文章，他写
道："只有在数理经济学中——尤其是在欧文·费雪的研究中——我才发现
了一项在使用方法方面与最近的著作相比更站得住脚的研究。""On Method
in U.S. Economics a Century Earlier," *American Economic Review* 75, no. 6
（December 1985），1.

29 他把数学论证放在《利息理论》（1930）的正文中。

30 1926 年版费雪的博士论文不仅包括费雪的原始图表，还包括费雪模型中两种物理构造的照片。1893 年的模型是两者中较小的，容器是设置在似乎是木质支架上的一个盒子。这个模型建于 1925 年，那时，第一种模型由于反复在教室中使用而磨损殆尽，后一种模型似乎已经填满了整个房间。费雪从没有讨论关于当他把二维图表转换成三维设备时所产生的复杂性。他也没有夸大图表与图表所体现的经济原则之间的精确（或缺乏）配合。前者是玛丽·摩根和马塞尔·布曼斯有关另一台由另一位经济学家（比尔·菲利普斯）建造的液压机器的文章的主题："Secrets Hidden by Two-Dimensionality: The Economy as a Hydraulic Machine," in *Models*: *The Third Dimension of Science*, ed. Soraya de Chadarevian and Nick Hopwood（Stanford, CA: Stanford University Press, 2004），369-401. 后者是玛丽·摩根以下文章的主题："The Technology of Analogical Models: Irving Fisher's Monetary Worlds," *Philosophy of Science* 64, Supplement Proceedings of the 1996 Biennial Meetings of the Philosophy of Science Association, Part II:Symposium Papers（December 1997）: S 304-314。

31 这些关系包括（但不限于）："*the quantities of each commodity consumed by each individual during the year*"（*MI*, 42）; "*the given total quantities of each commodity consumed by the whole market*"（*MI*, 42）; "*the marginal utility of each commodity to each individual*"（*MI*, 43）; "*the prices of commodities in terms of each other*"（*MI*, 43）; and "*the marginal utility of money to each individual*"（*MI*, 43）。

32 Anne Mayhew, "Copeland on Money as Electricity," *Real World Economics Review* 53（2010）.

33 这是菲利普·米罗斯基极力追求的论点。米罗斯基认为"新古典的交易理论是能量比喻的一个分支，由基本理性机制的数学支撑"。*More Heat Than Light*: *Economics as Social Physics, Physics as Nature's Economics*（Cambridge: Cambridge University Press, 1989），196.

34 这是费雪最初出版的教科书标题的一部分，出现在 *Publications of the American Economic Association* 11（August 1996）: 331-442。我们引用的 *AI* 的版本与《数

学研究》有关，Reprint, Old Chelsea Station, NY: Cosimo, 2007。后文还将引用此参考资料。

35 费雪效应指出，实际利率（购买力随时间增长的数额）不受名义利率和预期通货膨胀率等货币测度的影响，实际利率等于名义利率减去预期的通货膨胀率。

36 在利率为零的衰退环境中，就像 2008 年金融危机之后的情况一样，通货紧缩预期会刺激负反馈效应，并加剧衰退。在这种时期，美联储无法采用降低利率以刺激经济的典型策略。参阅 Kenneth S. Rogoff, *The Curse of Cash*（Princeton, NJ: Princeton University Press, 2016），chaps. 8-10; and Michael D. Bordo and Andrew J.Filardo, *Deflation and Monetary Policy in a Historical Perspective*: *Remembering the Past or Being Condemned to Repeat It?*（Cambridge, MA: National Bureau of Economic Research, 2004）。我们在第八章中讨论了米尔顿·弗里德曼对美联储在大萧条时期行为的批评。

37 费雪没有费心去证明现值计算所假定的"一般定理"，因为正如他所解释的，"这些证明在大多数关于利息、年金、保险等的博士论文中都是可以找到的"（*AI*, 20, n.1）。包含这些"精心制作的表格"的文本如此之多，费雪只是在这里和其他一些地方对他认为读者想知道的资料来源做了示意：参阅例如 the 'Encyclopedia Britannica,' 'Annuities'"（*AI*, 20, n. 1）。费雪还提到了"霍纳方法"（*AI*, 27），这是一种用于计算多项式的合成除法。霍纳的表格（或报表）提供了一条捷径，使人们不必费劲地计算。费雪非常熟悉这类表格及其用途；1894 年，他和耶鲁大学的同事安德鲁·W. 菲利普斯（Andrew W.Phillips）出版了一张五位数的对数表，以配合费雪和菲利普斯 1896 年出版的几何教科书。

38 费雪在一个注释中解释了他如何生成一个表格，将 1875—1895 年以黄金和白银支付利息的印度债券与按白银计算的黄金升值的估计和实际百分比进行比较，从中我们看出他对数据（以及使其可用所需的劳动力）感到失望："第一栏（以白银表示的利率）计算的方法与前一章所解释的相同，考虑到卢比纸币的报价不是'统一'的，因此不需要对应计利息进行更正。为了计算第二栏（以黄金表示的利率），需要一种更费力的方法，因为同一债券的报价不连续。前者的报价是 4% 的债券，后者是 3% 的债券。4% 债券的买方被视为将其按 1888 年的到期日（更早先债券到期日）换算成 3%。由于这种转换不适用债券表，因此使用了现值表，并通过试验（和插值）找到了这一比率，从而使所有收益的现值等于购买价格。"（*AI*，50，n. 6）

39 为了预期有利于建模，米尔顿·弗里德曼提出了"适应性预期"的概念，约翰·穆斯提出了"理性期望"的概念。为了使行为适合建模，丹尼尔·卡尼曼和阿莫斯·特弗斯基开发了前景理论。

40 *The Theory of Interest as Determined by Impatience to Spend Money and Opportunity to Invest It*（1930; reprint Mansfield Centre, CT: Martino, 2012），ix.

41 *The Nature of Capital and Income*（New York: Macmillan Co., 1906），vii.

42 作为对费雪为经济学的核心术语引入新概念的尝试的回应，查尔斯·A. 塔特尔（Charles A. Tuttle）提出了许多同僚共有的反对意见："这种经济术语的革命没有'消除某些阻碍当前重要思想的语言障碍'，反而使相互理解变得几乎不可能。""The Fundamental Notion of Capital, Once More," *Quarterly Journal of Economics* 19, no. 1（November 1904）: 8. 费雪回顾了其中一些术语争论: "Precedents for Defining Capital," *Quarterly Journal of Economics* 18, no. 3（May 1904）: 386-408。

43 债券及其利息是费雪研究工作的基本模型，这一点在《利率理论》中更为明确: "在整个经济和商业领域，没有比（写在债券表中的公式）更明确和被普遍接受的公式了。它每天都在经纪人的办公室里被使用……这是理论和实践中资本化原则的一种卓越的类型。"

44 Maurice Allais, "Fisher, Irving," in David L. Sills, ed., *International Encyclopedia of the Social Sciences*, vol. 5（New York: Macmillan and Free Press, 1968），477.

45 Jérôme de Boyer des Roches and Rebeca Gomez Betancourt, "American Quantity Theorists Prior to Irving Fisher's *Purchasing Power of Money*," *Journal of Economic Perspectives* 26, no. 4（2012），1。物价不断下降的时期从 1873 年延长到 1897 年，有时被称为大萧条。对货币供给长期趋势的权威讨论参阅 Milton Friedman and Anna Jacobson Schwartz, *A Monetary History of the United States, 1867-1960*（Princeton, NJ: Princeton University Press, 1963），特别是第 3 章和第 4 章。

46 Schumpeter, *History of Economic Analysis*, 1088.

47 Des Roches and Betancourt, "American Quantity Theorists," 13-15.

48 *The Works of Irving Fisher*, ed. William J. Barber（London: Pickering & Chatto, 1997）,4:563.

49 Schumpeter, *History of Economic Analysis*, 1102, 1103. 兰斯·吉尔顿（Lance Girton）和唐·罗珀（Don Roper）也在费雪的数量理论中发现了冲突。参阅 "J. Laurence Laughlin and the Quantity Theory of Money," International Finance Discussion Paper 103（March 1977）: 17-19。

50 Quinn and Roberds, "Evolution," 14。到 1915 年，共有 229 家银行清算所。

51 最著名的联邦储备历史学家艾伦·梅尔策（Allen Meltzer）对费雪对经济周期理论的贡献做了如下描述："根据费雪（1920 年，第 4 章）的观点，在扩张初期，银行贷款和银行存款的增长速度远远超过货币。在他的表述中，随着黄金或其他基础货币资源的流入，M'（活期存款）相对于 M（流通货币数量）上升。在扩张的后期，消费支出增加，M 与 M' 的比率上升。这一上升迫使按金本位规则运作的部分准备金银行交出储备。面对准备金的损失，银行提高了贷款利率，收回了贷款，并减少了存款。货币的减少使扩张结束，并开始了收缩……他对周期的解释的关键因素是，企业、银行和家庭未能预测货币扩张造成的通货膨胀。以货币原则为基础的中央银行（或金本位规则）将总是反应太慢，而无法防止通货膨胀的发生。"*A History of the Federal Reserve*, 2 vols.（Chicago: University of Chicago Press, 2003）, 1:61.

52 在此期间，银行还通过贴现短期商业票据、流动资金和固定资本创造了信贷。关于银行利用它们的投资组合的"可转移性"以保持流动性的分析，参阅 Perry Mehrling, *The New Lombard Street: How the Fed Became the Dealer of Last Resort*（Princeton, NJ: Princeton University Press, 2011）, 34。

53 Mehrling, "The Money Muddle: The Transformation of American Monetary Thought, 1920-1970," *History of Political Economy*（1998）: 293-306.

54 Irving Fisher, "Recent Changes in Price Levels and Their Causes," *American Economic Review* 1, no. 2（April 1911）: 37, 38.

55 Laughlin, "Causes of the Changes in Prices since 1896," *American Economic Review* 1, no. 2（April 1911）: 35.

56 D. E. F. Houston, W. Kemmerer, Joseph French Johnson, Murray S. Wildman, T. N. Carver, W. F. Taussig, Ralph H. Hess, J. Laurence Laughlin, and Irving Fisher, "Money and Prices: Discussion," *American Economic Review* 1, no. 2（April 2011）: 65. 在对费雪和劳克林做出回应的 7 位经济学家中，有 4 位支持费雪的立场，3 位支持劳克林的立场。

57 Houston et al., "Money and Prices: Discussion," 67.

58 Knight, *Risk, Uncertainty, and Profit*（1921; reprint Chicago: University of Chicago Press, 1971）, 237. 后文还将引用此文献。

59 Keynes, *A Treatise on Probability*（London: Macmillan & Co., 1921），第 1 章。

60 关于超越不确定性的未知形式的有益讨论，可在理查德·泽克豪斯（Richard Zeckhauser）的书中找到："Investing in the Unknown and Unknowable," *Capitalism and Society* 1, no. 2（2006）: 1-39。理查德·布克斯塔伯（Richard Bookstaber）将这些未知的不可知因素称为"原始风险"。参阅 *A Demon of Our Own Design*: *Markets, Hedge Funds, and the Perils of Financial Innovation*（Hoboken, NJ: John Wiley & Sons, 2007）,232。

61 Robert Riegel and Henry James Loman, *Insurance, Principles and Practices*, 2nd ed.（New York: Prentice-Hall, 1922）, 5, 8.

62 Knight, "The Limitations of Scientific Method in Economics," in *The Trend of Economics*, ed. Rexford Tugwell（New York: Knopf, 1924）, 137, 135. See, Malcolm Rutherford, "Chicago Economics and Institutionalism," in *The Elgar Companion to the Chicago School of Economics*, ed. Ross B. Emmett（Cheltenham, UK: Edward Elgar, 2010）.

63 玛丽·摩根为边际主义在这些辩论的中心地位提供了令人信服的理由，特别是在 20 世纪 20 年代。克拉克是参与这些运动的经济学家之一。参阅 Murname, *The Mellon Tax Plan*: *The Income Tax and the Penetration of Marginalist Economic Thought into American Life and Law in the 1920s*（PhD diss., Case Western Reserve, 2007）, 80, 182-184。简单地说，这是边际主义者对累进所得税的立场："如果富人所得的最后一美元所带来的效用比穷人挣得的最后一美元少，那么累进所得税就增加了整个社会的福利。"（Murname, 88; 她引用艾德温·赛里格曼的话。）

64　参阅 Murname, *The Mellon Tax Plan*, and W. Elliot Brownlee, "Economists and the Formation of the Modern Tax System in the United States: The World War I Crisis," in Mary O. Furner and Barry Supple, eds., *The State and Economic Knowledge*: *The American and British Experiences* (Cambridge: Cambridge University Press, 1990), 401-435。在对税收的更深入的讨论中，布朗利（Brownlee）几乎没有提到 1909 年的《公司税法案》。参阅 *Federal Taxation in America* (Cambridge: Cambridge University Press, 1996)，第 1 章。

65　Reuven S. Avi-Yonah, "9," http:// www .enotes .com/ major-acts-congress/ corporate-income-tax-act.

66　参阅 Brownlee, *Federal Taxation*, 45。

67　一些州曾试图对大公司征税，但只有宾夕法尼亚州和纽约州成功地通过了公司税法。

68　正如玛乔丽·科恩豪泽（Marjorie Kornhauser）解释的那样，"净收益的计算方法是，从总收益中减去从其他支付税款的公司收到的股息，所有'正常和必要的费用'、折旧、损失，以及'该年内就其保税或其他债务实际支付的利息，减去该公司在年底时未清偿的此种保税和其他债务的数额'"。"Corporate Regulation and the Origins of the Corporate Income Tax" (1990) http://heinonline; citation 66 Ind. L. J. 53 1990—1991, 101. 虽然这一定义似乎相当具体，但随后的辩论以及会计师必须就何时实现"普通和必要的开支"做出决定的事实表明，它总是要被解释的。

69　Willard J. Graham, "Some Observations on the Nature of Income, Generally Accepted Accounting Principles, and Financial Reporting," *Law and Contemporary Problems* 30, no. 4 (Autumn 1965): 655, 在"艾斯纳诉麦康伯"一案中，皮特尼法官写道："收入可以定义为从资本、劳动或两者结合中获得的收益，但条件是它被理解为包括通过出售或转换资本资产所获得的收益……在这里，我们有一个根本的问题：既不是资本产生的收益，也不是投资中的增长或增值，而是一种收益，一种利润，一种来自财产的具有可交换价值的东西，无论是投资还是雇用，都是从资本中分离出来的，是'派生'的。也就是说，接收者接收或提取……供他单独使用、受益和处置：即从财产中获得的收入"

（引用于 Graham,655）。格雷厄姆指出，这一定义的基本要素是实现（要成为收入，必须将其从资本中分离出来）、收益（必须高于成本）、生产（必须从人力或资本或两者中获得收益）、对已实现的资本资产的增值（由所有者获得）以及货币概念。（"Some Observations," 654-655）。在随后的判决中，格雷厄姆指出，法院坚持认为净收入并不完全相同，也不应被视为如此。

70 布朗利按时间记述了这些事件对经济学专业的影响。参阅 "Economists and the Formation of the Modern Tax System," 406-426。

71 Paton, *Accounting Theory, with Special Reference to the Corporate Enterprise*（New York: Ronald Press, 1922）, 470.

72 Murname, *Mellon Tax Plan*, 386.

73 Seligman, "Federal Taxes Upon Income and Excess Profits— A Discussion," *American Economic Review* 8, no. 1, Supplement（March 1918）, 41, 44. 塞里格曼对被普遍认为是联邦税收方面的主要专家，即对耶鲁大学政治经济学家托马斯·塞维尔·亚当斯发表的一篇论文做出的回应。

第三章　美国的统计和现代政府的治理

1 Stephen M. Stigler, *The History of Statistics*: *The Measurement of Uncertainty before 1900*（Cambridge, MA: Harvard University Press, 1986）.

2 North, "The Relation of Statistics to Economics and Sociology," *Publications of the American Statistical Association* 11, no. 85（March 1909）: 432.

3 同上，441。沃尔克从 1882 年到 1897 年去世之前一直担任美国统计协会主席。他也是美国经济学会（1886 年）的第一任主席，曾任美国统计局局长（1869—1870 年），并在 1870 年和 1880 年指导了美国的人口普查工作。1884 年，沃尔克成为麻省理工学院的校长。

4 查尔斯·卡米克（Charles Camic）和谢宇提到了亨利·勒德韦尔·穆尔和克拉克曾一起求学的约翰·霍普金斯大学、耶鲁大学、宾夕法尼亚大学、康奈尔大学、密歇根大学、哈佛大学、芝加哥大学，以及威斯康星大学，这些是除麻省理工学院和哥伦比亚大学之外少数几所提供统计学专业培训的大学。参阅 "The

Statistical Turn in American Social Science," *American Sociological Review* 59, no. 5（October 1994）: 778。

5 穆尔通过引用劳动的边际产品，明确地证明了他提到"正常"工资的理由。参阅 Henry L. Moore, *Laws of Wages*: *An Essay in Statistical Economics*（New York: Macmillan, 1911），46-47。大卫·卡德（David Card）和克雷格·A. 奥尔森（Craig A. Olsen）指出，穆尔对罢工的评价要么是成功的，要么是不成功的——从来没有不完全的评价——这是 20 世纪初这一时期的典型特征，包括美国劳工局报告的作者在内的其他作者也是这样认为。参阅 "Bargaining Power, Strike Durations, and Wage Outcomes: An Analysis of Strikes in the 1880s," *Journal of Labor Economics*, 13, no. 1（January 1995）: 32。

6 Henry Schultz, *The Theory and Measurement of Demand*（Chicago: University of Chicago Press, 1938），48. 以下是舒尔茨对穆尔成就的总结："穆尔教授对解决这一问题的贡献有三点：他以纳入具体归纳处理的形式重新表达了假设的需求统计规律；他设计了巧妙的统计技术，例如环比法（method of link relatives）和趋势比率法，以处理时间变量，并且是最早将多重相关方法应用于需求研究的人之一；他成功地首次推导出几种重要商品的统计需求曲线，并测量其需求弹性。"

7 Henry L. Moore, *Forecasting the Yield and the Price of Cotton*（New York: Macmillan, 1917），65-92.

8 费雪还提到数学模型："公式、图表和模型是高级研究的工具。受过训练的数学家用它们来澄清和扩展以前的非符号知识。" *Mathematical Investigations in the Theory of Value and Prices,* 1902;reprinted Old Chelsea Station, N. Y.: Cosimo, 2007, 108.

9 穆尔解释说，要预测棉花的可能价格，人们就必须了解"棉花的需求规律"——"与计算的供应量变化相伴随的价格可能出现的变化"（*FY*, 8）。这个公式既显示了穆尔强调边际主义范式的需求方面，也表明了他对一个最基本的边际主义观点的赞同：价格代表供求曲线之间的交集。

10 逆概率计算可以使用以下方法：描述误差分布的正态分布曲线或高斯曲线；用直线与数据点之间差值的均方进行回归的最小二乘法；与算术平均值的标准

差或者大数定律，它涉及执行相同的大量重复计算。

11 George J. Stigler, "Henry L. Moore and Statistical Economics," *Econometrica* 30, no. 1（1962）: 1.

12 多萝西·罗斯（Dorothy Ross）关于美国社会科学起源的重要著作强调了他们共同的抱负，即变得"科学"，因为"科学"被认为是一门比依赖数据的历史分析学科更抽象的事业，将经济学等社会科学与科学，而非历史联系起来，无疑提高了这门学科的地位，它还引入了数据问题。参阅 *The Origins of American Social Science*（Cambridge: Cambridge University Press, 1991），第 3 章。

13 Guy Alchon, *The Invisible Hand of Planning*: *Capitalism, Social Science, and the State in the 1920s*（Princeton, NJ: Princeton University Press, 1985），53. 格林在 1913 年为经济研究所征求意见，不久就成立了一个以盖伊为主席的探索性委员会。1914 年 6 月，该委员会发布了一份备忘录，呼吁对工资、价格和租金等"基本事实"进行公正调查。也参阅 Herbert Heaton, *A Scholar in Action*: *Edwin F. Gay*（Cambridge, MA: Harvard University Press, 1952），91-93。NBER 成立前的另一个历史版本强调了在美国电话电报公司工作的电气工程师和统计专家马尔科姆·C. 罗蒂（Malcolm C.Rorty）和经济学家兼关税专家纳洪·I. 斯通（Nahum I. Stone）所扮演的角色。根据这一版本，罗蒂和斯通首先在 1916 年讨论了成立一个机构的想法，罗蒂很快就找到了盖伊、米切尔和约翰·R. 康芒斯。罗蒂特别感兴趣的是能够预见美国作为对欧洲战争的回应而"必然会出现的工业调整"。罗蒂的计划与格林的计划一样，因美国加入第一次世界大战而中断。参阅 Alchon,*Invisible Hand*, 53-56; and Solomon Fabricant, "Toward a Firmer Basis of Economic Policy: The Founding of the National Bureau of Economic Policy"（New York: NBER, 1984），3-4。

14 引自 Alchon, *Invisible Hand*, 76。拉凯什·库拉纳（Rakesh Khurana）讨论哈佛商学院的建立 : *From Higher Aims to Hired Hands*: *The Social Transformation of American Business Schools and the Unfulfilled Promise of Management as a Profession*（Princeton, NJ: Princeton University Press, 2007），111-21。

15 Heaton, *Scholar*, 77-78.

16 同上，81。

17 1910 年 6 月 19 日给露西·斯普拉格·米切尔的信。Lucy Sprague Mitchell, "A Personal Sketch," in *Wesley Clair Mitchell: The Economic Scientist*（New York: NBER, 1952），91。

18 *Survey of Current Business*（Washington, DC: US Government Printing Office, 1921）。艾伦指出指数不但可以代表随时间推移的变化，还可以代表空间意义上的两种情况（例如，一个国家的两个区域）或两组个体［*Index Numbers in Theory and Practice*（Houndsmills: Macmillan Press, 1975）］。

19 20 世纪中期一个尝试确定指数起源的文献是：M. G. Kendall, "Studies in the History of Probability and Statistics, XXI: The Early History of Index Numbers," *Review of the International Statistical Institute* 37, no 1（1969）: 1-12。肯德尔将这些指数与毕晓普·弗莱特伍德（Bishop Fleetwood）联系在一起，后者试图捕捉 1707 年一篮子商品货币购买力的下降。根据肯德尔的说法，指数理论是在 18 世纪中叶制定的，当时货币在 10 年里的贬值情况十分严重，导致固定价格合约陷入困境。也参阅 Joseph Persky, "Retrospectives: Price Indexes and General Exchange Values," *Journal of Economic Perspectives* 12, no. 1（Winter 1998）: 197-205。到了 1900 年，指数的基本理论已经建立得相当完善。参阅 F. Y. Edgeworth, "Index Numbers," *Dictionary of Political Economy*, ed. R. H. Inglis Palgrave（London: Macmillan, 1900），384-387。1905 年，米切尔把帮助撰写 1893 年《奥尔德里奇报告》（Aldrich Report）的统计学家罗纳德·P. 福克纳（Ronald P. Faulkner）认定为使用指数编制价格表的第一人，但到了 1821 年，他把这一起源进一步推回到了 18 世纪，当时意大利人 G. I. 卡利（G.I.Carli）计算了 1500—1750 年石油、谷物和葡萄酒价格的变化情况。参阅 Mitchell, "Methods of Presenting Statistics of Wages," *Publications of the American Statistical Association* 9, no. 72（December 1905）: 325。对时间序列历史最好的研究是：Judy L. Klein, *Statistical Visions in Time: A History of Time Series Analysis, 1662-1938*（Cambridge: Cambridge University Press,1997）。

20 Frisch, "Annual Survey of General Economic Theory: The Problem of Index Numbers," *Econometrica* 4, no. 1（January 1936）: 1。

21 Warren Persons, "Indices of Business Conditions," *The Review of Economic*

Statistics 1（January 1919）: 7.

22 这一调查包含三种数据集，大部分数据集（20 组表格中的 19 组）描述了经济的真实情况，使用的 "商品" 既包括商品，也包括服务。一个数据集（银行和金融）在其对当前货币的调查（例如，新资本问题）中既描绘了经济的货币视角，又描述了经济的金融视角，在其表格中显示了资本资产（如股票、债券、股息和利息）。

23 参阅 Evan B. Metcalf, "Secretary Hoover and the Emergence of Macroeconomic Management," *Business History Review* 49, no. 1（Spring 1975）: 60-80。梅特卡夫在第 66~68 页简要讨论了《现代商业概览》，并解释说："固特异公司（Goodyear）的一位高管称这项调查是自美联储体系启用以来，我们工业生活中最重要的一步。"

24 艾伦指出，发现《现代商业概览》使用 "指数" 来指这类数字所代表的那种用词不当并不罕见。"相当普遍的是，将 '指数' 一词应用于一个可直接测量的量级的变化。通常可以方便地将这样一幅度的变化表示出来，例如，作为一个年度系列，以一年比一年的百分比增减情况。参照的基准写作 100，可以是该系列的任意一年。这个结果看起来非常像一个指数，而且延伸起来常常被描述成这样。"（*Index Numbers*, 3）我们应该指出，从技术上讲，《现代商业概览》的表格中的一些数字是指数。但是作者没有在这些记录了可测度数量（如银行清算的数字的指数）以及由无法测量或不相称的实体构造而成的适当的指数之间做出区分。

25 参阅 William J. Barber, *From New Era to New Deal: Herbert Hoover, the Economists, and American Economic Policy, 1921-1933*（Cambridge: Cambridge University Press, 1985），13。

26 Mitchell, *History of Prices during the War*（Washington, DC: Government Printing Office, 1919），3.

27 Tjalling C. Koopmans, "Measurement without Theory," *Review of Economics and Statistics* 29, no. 3（August 1947）: 161-172.

28 伊蒂丝·艾伯特（Edith Abbott）称《奥尔德里奇报告》中的数据 "对经济学和统计学专业的学生来说是一个宝贵的信息来源"。伊蒂丝·艾伯特报告说，"统计学家（对这份报告）的一致意见是，这些数据是无可挑剔的"。"The Wages of Unskilled Labor in the United States, 1850-1900," *Journal of Political Economy* 13, no. 3（1905），339.

29 米切尔指责这份报告没有对指数进行加权：米切尔抱怨说，没有任何一种产生"一个相对工资的平均水平"的"计算"，无论是算术计算还是几何计算，都无法揭示"两个时期之间工资变化的复杂事实"。尽管米切尔对《奥尔德里奇报告》提出了批评，但他同意大多数同行的看法，认为这是当时可以获得的工资数据的"最佳收集"。（"Statistics of Wages," 331-332）

30 Mitchell et al. *Income in the United States, Its Amount and Distribution, 1909-1919*,vol. I（New York: Harcourt Brace, 1921），ix.

31 胡佛在 1927 年向 NBER 提出了进行这项研究的请求，这项研究的目的是关注前 4 年的繁荣。1929 年出版了经济变化委员会的《最近经济变化》（*Recent Economic Changes*）报告，这份报告没有记录 1929 年即将到来的崩盘的不祥迹象。NBER 的下一个项目更具争议，因为关于总统研究委员会的《美国最近的社会趋势》（*Recent Social Trends in the United States*）（1933）的研究工作，与总统竞选以及股市崩盘前的金融狂热交织在了一起。NBER 的预算在大萧条期间被大幅削减，部分是由于它明显与胡佛政府勾结而引起的愤怒。卡耐基公司（Carnegie Corporation）的一位董事说，NBER"使自己蒙羞"，因为"想必是在政治压力之下"，它"忽视了灾难的可能性"。引自 Jeff Biddle, "Social Science and the Making of Social Policy: Wesley Mitchell's Vision," *Economic Mind in America*: *Essays in the History of American Economics* (London: Routledge, 1998），64。

32 米切尔从他最早的关于绿背美钞的著作开始就一直在努力解决这一工具的复杂性问题，费雪 1911 年关于通货膨胀的研究，即《货币的购买力》，用了整整一节（第 10 章的附录）对各种构造指数的模式的相对优点进行了演绎评估。1920 年 12 月，费雪在美国统计协会年会上宣读了一篇关于指数的论文，次年 4 月，他向美国艺术和科学学会提交了另一份报告。虽然费雪的这篇论文从未公开发表，但在 1921 年 3 月该学会的期刊上刊登了一篇摘要。为了回应其他经济学家的反对，费雪用了一整本书来讨论这个问题。这本 400 多页的

《指数的编制》一书出版于 1922 年。同时，在我们已经研究过的 WIB 报告中，以及在对这些价格系列的评论中，米切尔还反复谈到指数的主题；在 1921 年一篇关于价格指数的文章的脚注中，米切尔称赞费雪已经以草稿的形式阅读了这篇文章。在关于经济周期的 NBER 项目的第 1 卷中，扩展并阐述了米切尔早先在这个主题上进行的工作，指数的构建是一个反复出现的主题，米切尔用了很长的篇幅来解释使用这个测量工具所涉及的复杂性。我们还应该注意到，1923 年，费雪成立了指数研究所（Index Number Institute），其目的是为像《纽约时报》这样的报纸编制和销售指数。该研究所成为第一家以指数形式向公众提供系统经济数据的机构。1929 年，费雪的批发价格指数的报纸读者数经常达到 500 万。关于最后一个话题，参阅 Robert Loring Allen, *Irving Fisher: A Biography*（New York: John Wiley & Sons, 1993），173。在 20 世纪 30 年代中期，费雪将指数研究所卖给了应用计量经济学研究所。

33 米切尔可能对费雪为说明均衡而建的水箱表达方法并不认可，他批评了这种分析方法。"一个聪明的人，如果认为这个游戏是有价值的，可能会设计出一种在经过周期性商业运作之后可能会有些效果的机械装置。然而，如果他这样做了，大多数经济学家都会认为他的机制很难理解，也有真正的相似之处。它的运作与业务流程的相似性是如此不确定，以至于他们会把它的复杂性留给发明家来沉思。"*Business Cycles: The Problem and Its Setting*（New York: National Bureau of Economic Research, 1927, 186-187.

34 Mitchell, "Index Numbers of Wholesale Prices," 11. "虽然指数是对最方便的价格变动的集中提炼，但这远不是它们所总结的所有事实的合格代表。大多数"统计消费者"都没有时间回溯到生成数据的地方。但是，关于价格变化的原因和后果的知识的增加，更多地取决于对最终数据的深入研究，而不是对平均数或总量的操纵。"

35 从现代的观点来看，米切尔的立场看上去很幼稚，正如几年前一本文集的标题所指出的那样，参阅 Lisa Gitelman, ed., "Raw Data" Is an Oxymoron（Cambridge, MA: MIT Press, 2013）。从 1927 年的角度来看，米切尔的立场看上去不那么天真，因为他所关注的是过早的理论化或政治先入为主的观念，似乎对收集和使用数据的方式造成了损害。

36 Weintraub, *How Economics Became a Mathematical Science*（Durham, NC: Duke University Press, 2002）, 特别是第 1 章和第 2 章。也请参阅这些章节的早期版本："From Rigor to Axiomatics: The Marginalization of Griffith C. Evans," in *From Interwar Pluralism to Postwar Neoclassicism*（Durham, NC: Duke University Press, 1998）, 227-59; 以及 "Measurement and Changing Images of Mathematical Knowledge," in *The Age of Economic Measurement*（Durham, NC: Duke University Press, 2001）, 303-21。后者包含我们引用的短语——"不断改变的数学形象"。

37 当一个公式特别不规则时，它被称为具有"怪异性"。

38 珀森斯的新技术之一是"有釉顶部的照明盒，以便于比较循环图"。他在"一般商业状况指数"中描述了这一点, *Review of Economic Statistics* 2（April 1919）。

39 珀森斯把它归功于穆尔和费雪："Statistics and Economic Theory," Review of Economic Statistics 7, no. 3（July 1925）: 194。他在同一篇文章中也认可了米切尔（194）。

40 Persons, "An Index of General Business Conditions," 78.

41 A. W. Magret, "Morgenstern on the Methodology of Economic Forecasting," *Journal of Political Economy* 37（1929）; 引自 David F. Hendry and Mary S. Morgan, eds., *The Foundations of Econometric Analysis*（Cambridge: Cambridge University Press, 1995）, 181。

42 图表转载于 Paul Crosthwaite, Peter Knight, and Nicky Marsh, *Show Me the Money: The Image of Finance, 1700 to the Present*（Manchester: Manchester University Press, 2014）, 46-47。

43 引自 Harold Glenn Moulton, *The Financial Organization of Society*（Chicago: University of Chicago Press, 1921）, 765, 767。后文还将引用此书。

44 Moulton, "Commercial Banking and Capital Formation I," *Journal of Political Economy* 26（May 1918）, 487.

45 参阅 Clark Warburton, "Monetary Control under the Federal Reserve Act," *Political Science Quarterly*（1946）: 505-534。

第四章　两次世界大战之间的美国金融

1 Thomas Philippon, "The Evolution of the U.S. Financial Industry from 1860 to 2007:Theory and Evidence" (November 2008), 6; http://pages.stern.nyu.edu/~tphilipp/ papers/finsize old .pdf.

2 Allan H. Meltzer, *A History of the Federal Reserve, Volume I: 1913-1951* (Chicago: University of Chicago Press, 2003), 109.

3 Peter Temin, "The Great Depression" (Historical Working Paper Series no. 62, NBER, New York, 1994), 1. 至于第二次逆转，参阅美联储的数据，https://fred.stlouisfed.org/series/M0892AUSM156SNBR 和 R. Gordon and R. Krenn, *The End of the Great Depression 1939-41*: *Fiscal Multipliers, Capacity Constraints, and Policy Contributions,* 可见 http:// economics .weinberg .northwestern .edu/robert-gordon/ researchPapers .php. Thanks to Bill Janeway for these citations。

4 参阅 H. T. Warshow, "The Distribution of Corporate Ownership in the United States," *Quarterly Journal of Economics* 39, no. 1 (November 1924): 15-38; and Gardiner Means, "The Diffusion of Stock Ownership in the United States," *Quarterly Journal of Economics* 44, no. 4 (August 1930)。也参阅 Mary O'Sullivan, "The Expansion of the U.S. Stock Market, 1885-1930: Historical Facts and Theoretical Fashions," *Enterprise & Society* 8, no. 3 (2007): 533。

5 Frederick Lewis Allen, *Only Yesterday*: *An Informal History of the Nineteen-Twenties* (New York: John Wiley & Sons, 1931), 72. 炸弹大概是由美国无政府主义者或布尔什维克主义者引爆的。

6 Michael E. Parrish, *Anxious Decades*: *America in Prosperity and Depression, 1920-1941* (New York: W. W. Norton & Co., 1992), 228。塞德里克·考宁（Cedric Cowing）估计，由于自由债券，持有证券的美国人增加到 1 700 万。参阅 *Populists, Plungers, and Progressives*: *A Social History of Stock and Commodity Speculation, 1890-1936* (Princeton, NJ: Princeton University Press, 1965), 95。虽然他同意 1915 年以后投资股票的人数有所增加，但大卫·霍奇费尔德（David Hochfelder）将这一上升归因于有效的打击非法经纪公司运动，以及自由债券

运动。参阅 "'Where the Common People Could Speculate': The Ticker, Bucket Shops, and the Origins of Popular Participation in Financial Markets, 1880-1920," *Journal of American History* 93, no. 2（September 2006）: 335-58。关于讨论公司、股票发行与汽车、航空和无线电行业的创新趋势之间关系的内容，参阅 Mary A. O'Sullivan, "Funding New Industries: A Historical Perspective on the Financing Role of the U.S. Stock Market in the Twentieth Century," in *Financing Innovation in the United States, 1870 to the Present*, ed. Naomi R. Lamoreaux and Kenneth L. Sokoloff（Cambridge, MA: MIT Press, 2007）, 163-216。

7 David M. Tucker, *The Decline of Thrift in America*: *Our Cultural Shift from Saving to Spending*（New York: Praeger, 1991）, 84. 目前尚不清楚这些债券是否曾被出售过。

8 James Grant, *Money of the Mind*: *Borrowing and Lending in America from the Civil War to Michael Milken*（New York: Farrar, Straus & Giroux, 1994）, 150.

9 关于这些数据的缺乏及其重要性的论述，参阅 O'Sullivan, "The Expansion of the U.S. Stock Market," 537。我们没有数据来说明这个国家的 GDP 中有多少是由金融贡献的，原因之一是第一次全美收入的总指数并没有持续地分离出这个行业。

10 奥沙利文发现，1900—1916 年，美国国民银行持有的证券所占比例保持稳定（约为 16%），但这一比例在 1920 年后开始上升，到 1928 年达到 25%。O'Sullivan, "The Expansion of the U.S. Stock Market," 532. 也参阅 Julia Ott, *When Wall Street Met Main Street*（Cambridge, MA: Harvard University Press, 2011）。

11 巴里·艾肯格林（Barry Eichengreen）认为 "20 世纪 20 年代华尔街繁荣的原因是……金融史文献中一个尚未解决的重大谜团"。*Golden Fetters*: *The Gold Standard and the Great Depression, 1919-1939*（New York: Oxford University Press, 1992）, 14,n. 18。在解决这个谜团的最突出的尝试中，请参阅 John Kenneth Galbraith,*The Great Crash 1929*（Boston: Houghton Mifflin, 1954）; Charles P. Kindleberger, *Manias, Panics, and Crashes*: *A History of Financial Crises*（New York: Basic Books, 1978）; Milton M.Friedman and Anna J. Schwartz, *A Monetary History of the United States, 1867-1960*（Princeton,NJ: Princeton University Press, 1963）, 305-8, 334-42;以及 Eugene N. White, "When the Ticker Ran Late: The Stock Market Boom and Crash of 1929," in *Crashes and Panics*: *The Lessons from History*, ed. Eugene N.

White（Homewood, IL: Dow Jones-Irwin, 1990），143-87。

12 Lawrence Chamberlain and William Wren Hay, *Investment and Speculation*: *Studies of Modern Movements and Basic Principles*（New York: Henry Holt, 1931），109。张伯伦和哈伊是这一时期经验丰富的债券销售员，他们解释说，由于美国政府出售自由债券，以前对证券的适度需求转为急剧增加。"自由债券的贷款产生了大量消费，交易商在商业银行的帮助下，必然创造了数量制造和分销的机制。" 2 200 万爱国的美国人在 1917—1919 年耗资 270 亿美元购买了自由和胜利债券。

13 引自 Joel Seligman, *The Transformation of Wall Street*: *A History of the Securities and Exchange Commission and Modern Corporate Finance*（Boston: Houghton Mifflin,1982），24。

14 引自 Seligman, *The Transformation of Wall Street*, 24。

15 1932—1933 年的皮科拉听证会（Pecora Hearings）揭示了米切尔的野心给股东带来了多大的损失：1927 年，他从这两家公司得到的报酬是 1 056 230 美元；1929 年，他拿到了 1 108 000 美元（Seligman, *The Transformation of Wall Street*, 26）。

16 William Nelson Peach, *The Security Affiliates of National Banks*（Baltimore, MD.: Johns Hopkins University Press, 1941），28.

17 同上，37。

18 同上，83。

19 同上，107。投资银行资助了其余大部分证券购买。

20 Allen, *Only Yesterday*, 313.

21 Winfield W. Riefier, David Friday, Walter Lichtenstein, and J. H. Riddle, *A Program of Financial Research, Vol. 1*: *Report of the Exploratory Committee on Financial Research*（New York: NBER, 1937），4.

22 参阅 White, "When the Ticker Ran Late," 162-63。怀特观察到，"1926 年和 1927 年，与其他两种利率（贴现率和商业票据利率）一起运行后，同业拆借利率急剧上升。虽然在整个繁荣时期，差别不是固定不变的，但它仍然非常大，表明吸引资金的是不断上升的投机活动浪潮，而不是任何独立的信贷创造"。

23　Alexander Noyes, *The Market Place: Reminiscences of a Financial Editor*（Boston: Little, Brown, 1938）, 332.

24　同上，333。

25　Chamberlain and Hay, *Investment and Speculation*, 65.

26　同上，66。

27　同上，107。怀特提供了以下数字：1921 年以前，美国只有 40 只投资信托基金，在接下来的 5 年里，又增加了 139 只信托基金。1927 年，又成立了 140 只信托基金；1928 年和 1929 年分别增加了 186 只和 265 只信托基金（"When the Ticker Ran Late," 147）。

28　Chamberlain and Hay, *Investment and Speculation*, 189-90, xi. 张伯伦和哈伊指出，几乎每一家公司在战后都获得了巨额利润，而大多数投资者，包括那些为投资信托做出决策的专家投资者，只关注短期收益的历史。"他们只考虑了从 1920 年经济崩溃的复苏中获得的收益。总的来说，他们推断这些收入将继续增加，而它们代表了经济萧条后的恢复。这样，投资者和投机者都对未来收益趋势产生了错误的看法，这反过来又导致了另一个更严重的错误。1928 年初，投机者开始把周期性扩张误认为是长期增长。"

29　Irving Fisher, *The Stock Market Crash—and After*（New York: Macmillan, 1930）, x. 在这本书中费雪的主要论点是，20 世纪 20 年代发生的股价上涨有商业基本面的理由，而不仅仅是受投机性狂热的影响。尽管费雪的同时代人和许多经济史学家嘲笑他的分析，但有些人像怀特一样，认为费雪的评估更有智慧。参阅 White, "When the Ticker Ran Late," 151-52。费雪确实承认，投资信托公司的一种做法促成了这次崩盘。这些信托基金经常相互合并，一旦它们这样做了，就会发行新的证券来取代以前的信托基金中的证券；在这些新发行的证券在交易所上市之前，没有流动性。费雪解释说："从某种程度上说，这次崩盘的时机似乎正好如此，许多拥有大量抵押品的人都无法使用它，因为它包括未上市和非流动性的临时性投资信托证书。"这一因素明显（在崩盘中）起到了一定的作用，这一点可以从以下事实中得到证明：几周前的成交价格仍超过其清算价值，在恐慌中，许多投资信托证券为使投资信托管理资本化，开始以低于其清算价值的价格卖出；也就是说，这些投资信托所持有的成分股价值高于其以信托凭证形式持有的所有权价值。（Fisher, *The Stock Market Crash—and After*, 49）

30 Edgar Lawrence Smith, *Common Stocks As Long Term Investments*（New York: Macmillan, 1928），81.

31 Fisher, *The Stock Market Crash—and After*, 202.

32 同上，203。

33 同上，206。

34 同上，207~208。

35 本·伯南克在他的关于萧条的研究工作中复兴了费雪的论析。见 Ben Bernanke, *Essays on the Great Depression*（Princeton, NJ: Princeton University Press, 2000），23-35。

36 参阅 Gauti B. Eggertsson and Paul Krugman, "Debt, Deleveraging, and the Liquidity Trap: A Fisher-Minsky-Koos Approach," *Quarterly Journal of Economics* 127, no. 3（2012）:1469-1513。

37 William W. Bartlett, *Mortgage-Backed Securities*: *Products*, *Analysis*, *Trading*（New York: New York Institute of Finance, 1989），5.

38 Gries and Taylor, *How to Own Your Own Home*: *A Handbook for Prospective Homeowners*（Washington, DC: US Government Printing Office, 1923）. 参阅 Alyssa Katz, *Our Lot*: *How Real Estate Came to Own Us*（New York: Bloomsbury, 2009），3-5。

39 "我们正在通过提倡'居者有其屋'来促进节俭。"演讲者宣称。哈丁总统和他的商务部长赫伯特·胡佛一再发出这样的声音："没有什么比让美国成为一个'居者有其屋'的国家更能为维护美国的民主做出贡献的了。" *Thrift Education: Being the Report of the National Conference on Thrift Education*; *Held in Washington, D. C., June 27 and 28, 1924, Under the Auspices of the Committee on Thrift Education of the National Education Association and the National Council of Education*, 9（http:// lcweb2 .10c .gov: 808/ ammem/ amrlhtm/inthrift .html）. 第一个"节俭周"（Thrift Week）是在 1916 年作为成立于 1915 年的节俭教育委员会（Committee on Thrift Education）活动的一个部分举行的。"节俭周"

开始于 1 月 17 日，这是美国伟大的节俭倡导者本杰明·富兰克林的生日，每年都要庆祝这一节日，直到 1966 年因缺少赞助者而消亡。

40　Simon William Strauss, *A History of the Thrift Movement in America*（New York: Lippincott,1920）, 23, 111.

41　引自 Grant, *Money of the Mind*, 163。

42　艾德温·赛里格曼是第一位将分期付款购买理论化的经济学家，他明确指出购买自由债券是分期付款购买的一个例子。参阅 *The Economics of Instalment Selling*: *A Study in Consumers' Credit*（New York: Harper & Bros., 1927）, 1:7。

43　Grant, *Money of the Mind*, 48-49.

44　同上，51。

45　同上，165~69。施特劳斯只受到纽约州总检察长的斥责，但他的债券最终在 1831—1832 年的恐慌中遭遇了灾难性的价值下跌（Grant 200）。

46　引自 Katz, *Our Lot*, 3。

47　引自 Seligman, *The Transformation of Wall Street*, 41。

48　对这本书的重要学术论述包括：William W. Bratton and Joseph A. McCahery, "The Content of Corporate Federalism"（2004 年在加州大学伯克利分校法律和经济学研讨会上宣讲的论文）; William W. Bratton and Michael L. Wachter, "Shareholder Primacy's Corporatist Origins: Adolf Berle and the Modern Corporation," *Journal of Corporation Law* 34, no. 1（September 2008）: 99-152; John C. C. Macintosh, "The Issues, Effects and Consequences of the Berle-Dodd Debate, 1931-1932," *Accounting, Organizations and Society* 24: 2（1999）: 139-53; Fenner L. Stewart Jr., "Berle's Conception of Shareholder Primacy: A Forgotten Perspective for Reconsideration during the Rise of Finance," *Seattle University Law Review* 34（Summer 2011）: 1457-99; and Elizabeth Pollman, "Reconceiving Corporate Personhood," *Utah Law Review* 2011, no. 4（November 2011）: 1629-75。关于代理成本的现代概念，参阅 Eugene F. Fama and Michael C. Jensen, "Separation of Ownership and Control," *Journal of Law and Economics* 26, no. 2（June 1983）: 301-25; Michael Jensen, "Agency Cost of Free Cash Flow, Corporate Finance, and Takeovers," *American Economic Review* 76, no. 2（May 1986）: 223-29。

49 Adolf Berle and Gardiner Means, *The Modern Corporation and Private Property* （1932; revised, New Brunswick, NJ: Transaction Publishers, 2011）, 255. 文中做了进一步引用。

50 "因此很明显，现在必须大力修改股票的概念。从投资者的角度来看，它不能再被视为主要是资产基金的按比例份额，或者是对收益的持续的按比例参与……事实性的概念并不是这些合法的参股和权利，而是股东对它们的期望能以分配的形式得以充分体现，以及一个公开市场对这些预期的评价。"Berle and Means, *The Modern Corporation and Private Property*, 251-52.

51 "从这一主要是为了确保流动性，并导致通过买方和卖方的操作和自由市场来进行公开市场评估的机制中，证券市场已经形成了完全不同的功能。它们是衡量证券价值的标准，不仅是对浮动供应的衡量，还是对美国大量不动资产持有的衡量。这种价值计量加上流动性，使证券可作为信贷或交换的基础；同时也为这些目的衡量证券的货币价值。"Berle and Means, *The Modern Corporation and Private Property*, 262.

52 Seligman, *The Transformation of Wall Street*, 40, 38, 20。塞里格曼讨论了罗斯福总统对信息披露的崇尚，而不是对惩罚性监管的偏好；参阅 41-42, 50。

53 关于他们讨论的"欺骗"，是指原告可能对公司发起人或银行家的某种违法行为提出的异议，而"撤销"则是一种补救办法，使原告能够通过向公司返还股份来弥补他的损失。参阅伯利和米恩斯《现代公司与私有财产》第 2 章第 3 节, 特别是第 264~277 页。

54 引自 Seligman, *The Transformation of Wall Street*, 71。一位与罗斯福同时代的人，布伦森·麦克切斯尼（Brunson MacChesney）在其实施 3 年后对 1933 年的法案进行了评估，并认为它的公开性要求相对有效，特别是在抑制发起人欺诈方面。参阅 Brunson MacChesney, "The Securities Act and the Promoter," *California Law Review* 25, no. 1（September 1936）: 66-79。

55 引自 Seligman, *The Transformation of Wall Street*, 100。

56 Geoffrey Poitras, *Security Analysis and Investment Strategy*（Malden, MA: Wiley-Blackwell, 2005）, 91. 格雷厄姆和多德的《证券分析》自 1933 年出版以来一直在不断再版。每一个新版本都包含了对金融理论和实践方面的新进展的修

订。最近的第 6 版于 2009 年出版。其中包含了沃伦·巴菲特的导言，他是格雷厄姆最著名的学生之一。关于格雷厄姆和多德研究的更多讨论包括：Peter L. Bernstein, *Capital Ideas*: *The Improbable Origins of Modern Wall Street*（New York: Free Press, 1992）Chapter 8 和 Justin Fox, *The Myth of the Rational Market*: *A History of R*isk, Reward, and D*elusion on Wall Street*（New York: Harper Collins, 2009）Chapter 3。

57 Irving Kahn and Robert D. Milne, "Benjamin Graham: The Father of Financial Analysis"（Occasional Paper Series 5［Charlottesville: Financial Analysts Research Foundation, 1977］, 18）。关于格雷厄姆的传记资料主要来源于这篇文章。

58 例如，当一家公司提供认股权证期权时，往往会稀释它已经发行的普通股的价值。参阅 Benjamin Graham and David L. Dodd, *Security Analysis*（New York: McGraw-Hill, 1934），第 23~26 章。后续参考资料在文本中按页码引用。公司关于如何筹集资金的决定，现在被称为资本预算，是金融模型中最重要的应用之一。基于债务和股权混合的加权平均资本成本的正式计算直到 1951 年才在这本书中出现: Joel Dean, *Capital Budgeting*: *Top-Management Policy on Plant, Equipment, and Product Development*（New York: Columbia University Press, 1951）。也参阅 Mark Rubenstein, "Great Moments in Financial Economics: I. Present Value," *Journal of Investment Management* 1, no. 1（2003）: 48。

59 一项投资业务是经详尽分析后，保证本金的安全和令人满意的回报的业务。不符合这些要求的业务是投机性的。Graham and Dodd, *Security Analysis*, 54.

60 引入正式的股利增长模型的麦伦·戈登（M.J.Gordon）反驳道："格雷厄姆和多德甚至宣称股价应该与收益和股息有特定的关系，但他们既没有提供数据，也没有引用数据来支持这一概括。""Dividends, Earnings, and Stock Prices," *Review of Economics and Statistics* 41, no. 2（May 1959）: 99. 马歇尔·布卢姆（Marshall Blume）和杰里米·J. 西格尔（Jeremy J.Siegel）也指出，两次世界大战之间时期的美国金融"没有正式的理论来解释为什么市场价格和内在价格可能会产生差异。""The Theory of Security Pricing and Market Structure," *Journal of Financial Markets, Institutions, and Instruments* 1, no. 3（August 1992）: 10.

61 格雷厄姆和多德表达为"对不断变化的投资环境所做的特定历史反应"，现在被许多分析师称为"投资风格"。一种风格是强调增长，另一种风格是强调价值。一些现代分析师对格雷厄姆和多德青睐的历史分析做了一些修改。例如，可参阅 Janette Rutterford, "From Dividend Yield to Discounted Cash Flow: A History of U. K. and U.S. Equity Valuation Techniques," *Accounting, Business, and Financial History* 14, no. 2（2004）: 115-49; 以及 Geoffrey Poitras, *Valuation of Equity Securities*: *History, Theory, and Application*（Singapore: World Scientific Publishing, 2011）, 97-149。

62 John Burr Williams, *The Theory of Investment Value*（1938; facsimile, Burlington, VT: Fraser Publishing, 1997）, vii, ix.

63 一些历史学家已经认识到威廉姆斯的重要性，但他们不相信他的研究引入了一个意义重大的认识论上的创新，正如我们在这里所做的那样。参阅 Mark Rubenstein, *A History of the Theory of Investments*: *My Annotated Bibliography*（New York: John Wiley & Sons, 2006）, 75。其他与威廉姆斯相关的内容包括 Bernstein, *Capital Ideas*, 151-54, 182-83; Donald R. Stabile, *Forerunners of Modern Financial Economics*: *A Random Walk in the History of Economic Thought*（Northampton, MA: Edward Elgar, 2005）, 122-28; 以及 Fox, *The Myth of the Rational Market*, 53-54, 214-16。

64 Harold T. Davis, *The Theory of Econometrics*（Bloomington, IN: Principia Press,1941）, 210-211.

65 参阅 Mary S. Morgan, "Business Cycles: Representation and Measurement," in *Monographs of Official Statistics*: *Papers and Proceedings of the Colloquium on the History of Business-Cycle Analysis*, ed. Dominique Ladiray（Luxembourg: Office for Official Publications of the European Communities, 2001）, 184。

66 斯塔比尔解释了威廉姆斯考虑概率的方式。参阅 *Forerunners of Modern Financial Economics*, 125, 127-28。"威廉姆斯，即使没有使用风险的统计措施，对概率也有一个坚实的理解。"

67 1951 年，莫里斯·科普兰认为经济学家对数学的广泛使用始于 20 世纪 30 年代中期："在 20 世纪 30 年代中期以前,讲英语的经济学家使用的数学符号比较少。"

但在随后的 15 年里，"代数和微积分符号的更广泛使用"开始出现在学术刊物上。"Institutional Economics and Model Analysis," in *Fact and Theory in Economics*: *The Testament of an Institutionalist*; *Collected Papers of Morris A. Copeland*, ed. Chandler Morse（Ithaca, NY: Cornell University Press, 1958），55. 到了 1998 年，当劳伦斯·A. 博兰（Laurence A.Boland）为新的《帕尔格雷夫词典》撰写了一篇关于方法的文章时，这门学科已经完全改变了。"虽然 20 世纪 50 年代初的《经济学》杂志几乎没有什么正规的数学，但到了 20 世纪 70 年代末，几乎所有的主要期刊都把大部分篇幅用于那些涉及对所发明的数学模型进行数学分析或用数学形式主义提出经济思想的文章。""Methodology," in *The New Palgrave*: *A Dictionary of Economics*, ed. John Eatwell, Murray Milgate, and Peter Newman, 3rd ed.（London: Macmillan, 1998），456.

68 威廉·戈兹曼和罗杰·伊博森（Roger G. Ibbotson）认为威廉姆斯提出了股票风险溢价的形式，参阅 "History and the Equity Risk Premium"（working paper, International Center for Finance, Yale School of Management, New Haven, April 2005），5。

69 例如，参阅 Lawrence Klein and Arthur Goldberger, *An Econometric Model of the United States, 1929-1952*（Amsterdam: North-Holland, 1955）。

第五章　美国金融：1920—1940 年的股权与固定收益市场研究

1 引自 George J. Stigler, "Henry L. Moore and Statistical Economics," *Econometrica* 30,no. 1（January 1962）: 17。

2 华莱士 1920 年出版的书是《农业价格》（*Agricultural Prices*）；他与斯内德克合著的论文《相关性和机器计算》最初出现在 *Iowa State College Bulletin* 23, no. 35（1925）。华莱士 1933—1940 年担任美国农业部长，1941—1945 年担任富兰克林·罗斯福第三个任期的副总统。

3 参阅 David Alan Grier, *When Computers Were Human*（Princeton, NJ: Princeton University Press, 2005），162-66。

4 这一思想的理论陈述可以追溯到两个法国人：1863 年提出这一思想的朱尔斯·雷格纳特（Jules Regnault）和 1900 年在《投机理论》中阐述这一思想的路易·巴切利耶。麻省理工学院教授保罗·库特纳（Paul Cootner）在《股票市场价格的随机性质》（*The Random Character of Stock Market Prices*, 1964）中重拾了这一观点，普林斯顿大学的伯顿·麦基尔（Burton Malkiel）在《漫步华尔街》（*A Random Walk down Wall Street*, 1973）中对其进行了推广。1965 年，尤金·法马发表了："Random Walks in Stock Market Prices" the *Financial Analysts Journal* 21, no. 5（1965）: 55-59。

5 有关考尔斯的详细情况和考尔斯委员会的成立情况，参阅 Carl F. Christ, "History of the Cowles Commission, 1932-52," *Economic Theory and Measurement: A Twenty Year Research Report, 1932-1952*（Chicago: Cowles Commission for Research in Economics, 1952）: 3-65; Peter L. Bernstein, *Capital Ideas: The Improbable Origins of Modern Wall Street*（New York: Free Press, 1992）, 12; Grier, *When Computers Were Human*, 2; Justin Fox, *The Myth of the Rational Market: A History of Risk, Reward, and Delusion on Wall Street*（New York: Harper Collins, 2009）。

6 Harold Hotelling, "Statistical Methods for Research Workers," *Journal of the American Statistical Association* 22, no. 159（September 1927）: 411-12.

7 1922 年，费希尔发表了 "Statistical Methods for Research Workers", *Philosophical Transactions of the Royal Society of London* 222（1922）: 309-68; 1925 年，第一版《研究者的统计方法》（*Statistical Methods for Research Workers*）出版了。

8 斯内德克写信给费希尔说，自己的《统计方法》是"旨在引导初学者欣赏您的书"。引自 Erich L. Lehmann, *Fisher, Neyman, and the Creation of Classical Statistics*（New York: Spring Science and Business, 2011）, 27. 斯内德克的著作《应用于农业和生物学实验的统计方法》（*Statistical Methods Applied to Experiments in Agriculture and Biology*）于 1937 年出版。它经历了无数个版本，最终卖出了 20 多万册。费希尔的《研究者的统计方法》作为相对技术性的教科书销售得很好 —— 在 1925—1970 年经历了 14 个版本——但它的销量从未接近斯内德克这个更容易阅读的出版物（Lehmann, 28, 25）。费希尔的女儿和传记作家琼·费希尔·博克斯（Jean Fisher Box）透露，费希尔是通过斯内德克在美国广受欢迎的："正是负责农业应用的乔治·斯内德克在将新的统计学带给美国的过程中担当了助产士。"*R. A. Fisher: The Life of a Scientist* (New York: John Wiley & Sons, 1978), 313.

9 Box, *R. A. Fisher*, 313-24。博克斯通过列举二战期间使用的统计学教科书，总结了费希尔的工作将在 20 世纪 30 年代和 40 年代产生的影响。"所有这些书都是对费希尔的统计思想和评论的介绍，以及对他所写的内容的解释和阐述。其中几本是他看到的手稿，并与他们的作者进行了讨论；只有来自艾奥瓦市的林德奎斯特和哈佛大学的弗里德曼与费希尔没有直接交往。"

10 统计推断和抽样理论的概念基础之一是概率理论。在概率理论中，样本被假定属于的整体一般被称为"全体"（universe）；当概率理论被引入生物统计学时，则被称为"总体"（population）。

11 父女身高的相关内容转载于 R. A. Fisher, *Statistical Methods for Research Workers*（Edinburgh: Oliver & Boyd, 1925），180-81。费希尔从卡尔·皮尔逊那里获得了这些数据。有时，研究人员被告知在构建散点图后要制作表格，因为表格是"大量数据的简洁记录"。

12 在 1935 年出版的教科书中，哈罗德·戴维斯和纳尔逊（C.Nelson）遵循了这种向学生介绍频率分布概念的方法。参阅 *Elementary Statistics with Applications to Economic Data*（Bloomington, IN: Principia Press, 1935）。

13 Fisher, *Statistical Methods for Research Workers*, 367.

14 同上，314。

15 这些检验包括拟合优度检验（同上，78），以及更多的技术性检验，如 t 检验（"学生检验"）和 z 检验（后来根据费希尔名字，被命名为 f 检验）。

16 从对其进行的统计检验的角度宣布一个假设是充分的或令人满意的，并不等于说它是"真实"世界的准确代表。阿瑞斯·斯潘诺斯（Aris Spanos）解释说，每一个假说"都是一个概念结构，其目的是在其预定范围内对这些现象提供理想化的描述……经济'现实'太复杂了，从而让这样一个精确的副本无法理解，因而对解释有关现象没有用处"。*Statistical Foundations of Econometric Modeling* (Cambridge: Cambridge University Press, 1986），662.

17 对考尔斯文章的二次描述都没有提到他读过费希尔的著作，但考尔斯在《股票预测员可以预测准吗？》中多次引用费希尔的方法，关于这篇文章的讨论，见 Fox, *Myth of the Rational Market*, 36-38; Bernstein, *Capital Ideas*, 31-36; Robert W. Dimand, "The Cowles Commission and Foundation on the Functioning of Financial Markets from Irving Fisher and Alfred Cowles to Harry Markowitz and James Tobin," *Révue d'histoire des sciences humaines* 1, no. 20（2009）: 79-100; 以及 Robert W. Dimand and William Veloce, "Alfred Cowles and Robert Rhea on the Predictability of Stock Prices," *Journal of Business Inquiry* 9, no. 1（2010）: 56-64. 罗伯特·迪曼德（Robert W. Dimand）和威廉·韦洛斯（William Veloce）将这篇文章称为"有效市场假说发展的里程碑之一"，而迪曼德在 2009 年的文章中说，考尔斯的文章贡献了"一项具有持久价值的技术创新"。

18 Cowles, "Can Stock Market Forecasters Forecast?" *Econometrica* 1, no. 3（July 1933）, 310. 之后在文中引用。

19 考尔斯一度提到了标准统计公司的指数，该指数有 90 只代表性的股票（"Can Stock Market Forecasters Forecast?" 316）。我们假设他用这个指数来构造"股票市场"。

20 16 项金融服务安全建议和火灾保险公司的实际证券选择允许他测试证券选择，而《华尔街日报》专栏和 24 篇市场通讯的建议允许他测试股票市场的时机。

21 考尔斯证明，当他把数据投进了一个概率方程时，他是在统计推断和概率理论的认识论范围内操作的："*A.D.*（ *t* ）=5.42+1.5*t*（ *A.D.*= 平均偏差 *t*，单位≥4 周），表示每只股票在 1 个月到 1 年的所有期间与所有股票的平均值之间的偏差。""Can Stock Market Forecasters Forecast?" 311.

22 1932 年 12 月 28 日至 31 日举行的美国统计学会第 94 次会议的议程见 *Journal of the American Statistical Association* 28, no. 181（March 1933）: 1-9。这些组织聚集在一起，是因为美国国务院要求美国人尽量减少假日旅行，以节省国家资源。考尔斯提交博士论文的小组是会议的最后一个小组。这个小组的重要性在于，该小组由欧文·费雪担任主席（他还发表了一次全体会议发言）。参加小组讨论的有来自高盛的哈罗德·戴维斯、拉格纳·奈斯，耶鲁大学的雷·韦斯特费尔德和密歇根大学的哈里·C. 卡弗。一些火灾保险公司的成员在较早的会议上发言，另一次会议讨论了"萧条中的保险记录"，人们只能想象一些参与制定或使用股票预测的专家是如何对考尔斯的言论做出反应的，尽管在

1970 年接受采访时，他给出了一个关于这些反应的暗示：“当然，很多人指责我。谁任命我跟踪数据的？还有，我贬低了投资顾问这一职业。我过去告诉他们，这不是一个职业，当然，这让他们更加疯狂。”引自 Murray Teigh Bloom, *Rogues to Riches*（New York:G. P. Putnam's Sons, 1971），28。

23 1937 年，考尔斯和赫伯特·琼斯发表了 "Some Posteriori Probabilities in Stock Market Action," *Econometrica* 5, no. 3（1937）: 280-94。这项研究的结果是不确定的。一方面，考尔斯和赫伯特·琼斯发现了“股票价格结构的确凿证据”；另一方面，他们没有保证投机者可以利用这种结构来获得“持续的或丰厚的利润”。

24 哈罗德·戴维斯关于时间序列的著作帮助澄清了考尔斯论文的部分内容，因为在第 11 章中，戴维斯一步步地完成了考尔斯给出的例子，同时戴维斯提供了一些考尔斯仅提及的表格和公式。参阅 *The Analysis of Economic Time Series*（Bloomington, IN: Principia Press, 1941），第 11 章。考尔斯描述的两种程序和计算是如此接近——戴维斯有时会逐字逐句地重复考尔斯的话——以至于我们认为这两个人在 1933 年的那篇文章中合作过。

25 斯蒂芬·斯蒂格勒（Stephen M.Stigler）认为 1933 年是现代数理统计的起源。虽然斯蒂格勒没有引用考尔斯的文章，也没有引用刊登这篇文章的那一期《计量经济学》杂志，但 1927 年评论费希尔研究成果的哈罗德·霍特林在斯蒂格勒的分析中占据了突出的位置。他曾是考尔斯委员会的成员。参阅 Stigler, "The History of Statistics in 1933," *Statistical Science* 11, no. 3（1996）: 244-52。关于考尔斯和霍特林都参加的会议的情况，参阅 H. T. Davis, "Report of the Meeting of the Econometric Society, Colorado Springs, June 22-24, 1935," *Econometrica* 3, no. 4（October 1935）: 473-76。

26 麦考利出生于加拿大，在科罗拉多大学获得文学学士学位和（工商管理）硕士学位，后来先后在华盛顿大学和加州大学伯克利分校任教。1924 年，他在米切尔的指导下从哥伦比亚大学获得博士学位，并加入了 NBER，在那里工作到 1938 年。1934 年，麦考利加入了彼得·L. 伯恩斯坦［《投资组合管理杂志》（*Journal of Portfolio Management*）的创始人］父亲的团队，以创立一家投资咨询企业，即伯恩斯坦 - 麦考利公司。他的最后一个研究课题是纽约证券交易所赞助的卖空研究。参阅 Geoffrey Poitras, "Frederick R. Macaulay, Frank M. Redington and the Emergence of Modern Fixed Income Analysis," in *Pioneers of Financial Economics*, vol. 2, eds. Geoffrey Poitras and Franck Jovanovic（Cheltenham,U. K.: Edward Elgar, 2007），5-9。

27 Robert W. Dimand, "The Cowles Commission," 86.

28 1938 年教科书第 2 章中提出的"麦考利久期"及其扩展"麦考利调整久期"是从现值法中衍生出来的统计方法。这些统计方法可以用来衡量债券或投资组合对利率波动的敏感性，这是衡量证券风险的一个关键指标。麦考利的技术见解关注如何在现值基础上加权固定收益证券所有者未来的现金流量，以建立未来现金流量与当前价格之间的关系。正如他所解释的那样，"债券的'久期'是债券可能被分解成的单个付款贷款期限的平均值。要计算这一平均数，每笔单个付款贷款的久期必须对个人贷款的规模按比例加权；换句话说，根据个人未来付款的现值与所有现值之和的比率，当然也就是为债券支付的价格"加权。Frederick R. Macaulay, *Some Theoretical Problems Suggested by the Movements of Interest Rates, Bond Yields and Stock Prices in the United States Since 1856*（New York: NBER, 1938），48. 之后在文中引用。麦考利久期及其扩展在固定收益投资组合管理中的应用，在于 1972 年被马丁·莱博维茨（Martin Leibowitz）和西德尼·荷马（Sidney Homer）最初为所罗门兄弟公司的债券交易者撰写的《解密收益率手册》（*Inside the Yield Book*）中进行了推广。参阅 Leibowitz & Homer, *Inside the Yield Book*: *The Classic that Created the Science of Bond Analysis*（Princeton, NJ: Bloomberg, 2004）。关于麦考利久期理论和应用的历史，参阅 Poitras, "Frederick R. Macaulay," 9-16。我们注意到，麦考利在 1938 年并没有将久期作为利率风险的一种测度。麦考利的久期分析是一个经验性的问题，后来的理论家将之描述为风险。这提供了另一个例子，说明 NBER 坚持认为测量必须为金融理论提供基础，这些理论将在以后发展起来。由劳伦斯·费希尔（Lawrence Fisher）和罗曼·韦尔（Roman Weil）在 1971 年阐明了风险概念。"Coping with Risk of Interest-Rate Fluctuations: Returns to Bondholders from Naïve and Optimal Strategies," *Journal of Business* 44:4（October 1971）: 408-31。

29 "特征事实"是尼古拉斯·卡尔多在 1961 年提出的一个术语，它捕捉了总结复杂统计计算的简单化的表述或广义的概括。参阅 Nicholas Kaldor, "Capital Accumulation and Economic Growth," in *The Theory of Capital*, eds. Friedrich A. Lutz and D. C. Hague（London: Macmillan, 1961）, 177-222。

30 Eugene F. Fama, *Foundations of Finance: Portfolio Decisions and Securities Prices*（New York: Basic Books, 1976）.

31 考尔斯指的是"平均投资经验"，但他也仔细区分了他的"平均"意识和这个词更常见的用法。"假定我们的假设投资者只是按其所持有的股票价值分配其所持股份的比例，只要我们不认为他是'平均'的，即所有投资者的表现都和他一样，那么现金红利的修正似乎就是合适的。"Alfred Cowles, *Common-Stock Indexes: 1871-1937* (Bloomington,IN: Principia Press, 1938), 14, n. 15. 之后在文中引用。

32 Macaulay, *Theoretical Problems*, 3.

33 链式连接的统计方法将两个在一个时期内重叠的指数连在一起，为了将这两个指数放在一个时间序列中，统计学家重新调整了一个指数，使其在同一时期的价值等于另一个指数。参阅 *Concepts and Methods of the United States National Income and Products Accounts*（July 2009）, *by US Chamber of Commerce, 11-23*。本出版物为《NIPA 手册》。

34 采用这一设计最重要的项目之一是克拉克·沃伯顿关于货币数量的研究，这使沃伯顿发现了凯恩斯理论中的货币 – 收入关系，即货币存量的变化对国民收入和支出的影响。沃伯顿关于货币经济学的文章出现在 1943—1945 年的《美国经济评论》和《政治经济学杂志》中。关于沃伯顿的研究，参阅 Paul B. Trescott, "Discovery of the Money-Income Relationship in the United States, 1921-1944," *History of Political Economy* 14, no. 1（1982）: 85-87。

35 第一条注释是这样写的："董事的批注:'这虽然是真的，但并不意味着相反的论点，即在僵化的社会体制下，经济将更加稳定是成立的。在完全的自由放任下反复出现的不平衡可能比独裁统治之下的经济治理水平更不合理。应该在两个极端之间走向稳定的道路。'M. C. Rorty。"Macaulay, *Some Theoretical Problems* 14, n.4.

第六章 两次世界大战之间美国经济的衡量和征税

1 可以将凯恩斯革命理解为源自英国、瑞典、奥地利、德国和美国的各种思想在凯恩斯主义框架上的融合。参阅 David Laidler, *Fabricating the Keynesian Revolution: Studies of the Inter-War Literature on Money, the Cycle, and Unemployment*（Cambridge: Cambridge University Press, 1999）。

2 凯恩斯主义理论需要国民收入和生产账户，从而与现实相联系，国民收入和生产账户的存在使凯恩斯宏观经济学取得了丰硕的成果（并帮助塑造了这一理论）。Robert M.Solow, "How Did Economics Get That Way and What Way Did It Get?" *Daedalus* 126, no. 1（Winter 1997）: 47-48.

3 在英国，早在 17 世纪约翰·格兰特（John Graunt）、威廉·配第（William Petty）和杰弗里·金（Geoffrey King）就对国民收入进行了计算。在两次世界大战之间，荷兰、挪威和德国加入了美国和英国的汇编国家统计总数的工作。这一工作在两次世界大战期间由于一系列抗衡敌国力量的出现而加强，这也使这些努力具有鲜明的特点。一方面，最近结束的冲突表明，交战国之间在政治、经济和货币方面有着复杂的联系。另一方面，由于这些国家最近才刚刚摆脱了一个基于共同的金本位制度而相对不受阻碍的资本流动国际体系，它们在货币方面是最近才相互独立的。20 世纪 30 年代初放弃金本位制，使各国能够编制符合国家（货币）界限的账户，换言之，这些国家的国家经济是"封闭的"。参阅 Brett Christophers, *Banking across Boundaries: Placing Finance in Capitalism*（Malden, MA: Wiley-Blackwell, 2013）。

4 从一个非常真实的意义上说，"经济"并不是作为一个离散的对象存在的，直到国民收入和生产的估计使之可见时才能加以衡量。参阅 Daniel Breslau, "Economics Invents the Economy: Mathematics, Statistics, and Models in the Work of Irving Fisher and Wesley Mitchell," *Theory and Society* 32, no. 3（June 2003）: 379-411; and Adrienne van den Bogaard, "Past Measurement and Future Prediction," in *Models as Mediators*, ed. Mary S. Morgan and Margaret Morrison（Cambridge: Cambridge University Press, 1999）, 296。

5 第六个问题在国家总量中很重要，即边界问题。这个问题主要针对的是生产发生的地方，帮助会计师区分国内生产总值和国民生产总值。库兹涅茨和吉尔伯特没有直接分析这个问题。

6 西蒙·库兹涅茨在《社会科学百科全书》（*Encyclopedia of the Social Sciences*）第 9 卷中发表了他关于国民收入估计数的第一篇文章，该文引起了威斯康星州参议员马里恩·拉福莱特（Marion La Follette）的一位助理的注意。这导致了一项指示美国商务部提供大萧条前若干年份的收入估算数据的决议。由于不知道谁适合落实这个项目，美国商务部长丹尼尔·罗珀（Daniel Roper）向韦斯利·克莱尔·米切尔咨询建议，而米切尔推荐了库兹涅茨。在两名学生——米尔顿·吉尔伯特和罗伯特·内森（Robert Nathan）——的帮助下，库兹涅茨完成了这项研究，然后继续致力于 20 世纪 30 年代的国民统计估计数据。要对库兹涅茨的工作进行考察，参阅 Vibha Kapuria-Foreman and Mark Perlman, "An Economic Historian's Economist: Remembering Simon Kuznets," *Economic Journal* 105, no. 433（November 1995）: 1524-47。

7 吉尔伯特团队的其他成员是乔治·贾齐、爱德华·丹尼森（Edward F. Denison）和查尔斯·施瓦茨（Charles Schwartz）。

8 Simon Kuznets, "National Income," in *Readings in the Theory of Income Distribution*（1933; reprint, Homewood, IL: Richard D. Irwin, 1946）, 8.

9 Richard E. Kane, "Measures & Motivations: National Income and Product Estimates During the Great Depression and World War II," Munich Personal RePEc Archive（February 2013）, 6. 这一参考资料（可在 http://mpra.ub.uni-muenen.de/44336/ 上查阅）是对关于两次大战之间时期国家总量辩论的最佳学术分析。

10 同上，9。

11 Milton Gilbert and George Jaszi, "National Product and Income Statistics as an Aid in Economic Problems," in *Readings in the Theory of Income Distribution*, 44-45. 之后在文中引用。最初发表于 1944 年 2 月的《丹斯评论》（Dun's Review）第 9~11 页和第 28~32 页上。

12 Kane, "Measures & Motivations," 13.

13 以下是吉尔伯特对国民生产总值的定义："它可以定义为流向政府、消费者，以及为了资本形成总额的目的而流向企业的当前生产的商品和服务的总价值。"（Gilbert and Jaszi, "National Product and Income Statistics," 46-47）参阅 Carol S. Carson, "The History of the United States National Income and Product Accounts: The Development of an Analytical Tool," *Review of Income and Wealth* 21, no. 2（June 1975）: 169-70。

14 "用国内生产总值代替国民收入对战时政策分析的结果是，第二次世界大战动员的预期效果不会像许多人当时所预测的那样可怕，这也意味着更积极的生产战争计划目标是可以实现的。这不仅是因为国民生产总值在定义上就比国民收入大，也是因为国民生产总值显示的最终支出构成表明了从国民产品产生的收入是如何支出的。使用最终的支出测度，国内生产总值估计数显示，尽管实现战争目标所需的非战争产出大幅度减少，但减少的大部分将通过减少私人投资和耐用消费品来吸收，而不是减少对食物、衣服和住房的消费。"Kane, "Measures & Motivations," 13.

15 联合国一份 1947 年的报告描述了处理被估算物品的推荐方法。"从一个角度来看，表格中的项目可以分为付现条件和估算项目，前者是反映市场交易的要素，后者是在没有市场交易的情况下必须进行计算的项目。鉴于难以为第二类估计找到共同接受的依据，最好尽可能将这类项目分开显示。"（Sub-Committee on National Income Statistics of the League of Nations Committee of Statistical Experts, "Measurement of National Income and the Construction of Social Accounts," Richard Stone, chairman, *Studies and Reports on Statistical Methods*, report no. 7（Geneva: United Nations, 1947）, 18.

16 Simon Kuznets, "National Income: A New Version," *Review of Economics and Statistics* 30, no. 3（August 1948）: 151-79; 以及 Milton Gilbert, George Jaszi, Edward F. Denison, and Charles Schwartz, "Objectives of National Income Measurement: A Reply to Professor Kuznets," *Review of Economics and Statistics* 30, no. 3（August 1948）: 179-95。之后在文中引用。能更广泛地反映两队人立场的差异的参考文献包括库兹涅茨 1934 年提交给参议院财务委员会的报告。*National Income, 1929-1932*（Washington, DC: US Government Printing Office, 1934）; Kuznets's 1944 work on war accounting [*National Product, War and Prewar* (Occasional

Paper 17; New York: NBER, 1944）]; 吉尔伯特等人对库兹涅茨论文的回应见
"National Product, War and Prewar: Some Comments on Professor Kuznets' Study
and a Reply by Professor Kuznets," *Review of Economics and Statistics* 26, no. 3
（August 1944）: 109-35; 关于 1946 年库兹涅茨的研究结果的介绍见 *National
Income*: *A Summary of Findings* (New York: NBER, 1946)。

17 George Jaszi, "The Conceptual Basis of the Accounts: A Reexamination," in *A
Critique of the United States Income and Product Accounts*（*Studies in Income and
Wealth*, vol. 22; Princeton, NJ: Princeton University Press, 1958）, 31.

18 关于支出法发展最有帮助的学术著作是 Carson, "The History of the United States
National Income and Product Accounts"; and Gérard Duménil and Dominique Lévy,
"Pre-Keynesian Themes at Brookings," in *The Impact of Keynes on Economics in the
Twentieth Century*, ed. L. Pasinetti and B. Schefold（Aldershot, UK: Edward Elgar,
1999）, 182-201。

19 到 1939 年，一些制度主义美国经济学家已经接受了凯恩斯的研究。其中包
括莱昂·凯泽林、J. M. 克拉克（J.M.Clark）和克拉伦斯·艾雷斯（Clarence
Ayres）。其他人，包括两位最重要的布鲁金斯学会的经济学家——埃德温·格
伦·努尔斯和哈德罗·格伦·莫尔顿则不然。参阅马尔科姆·卢瑟福（Malcolm
Rutherford）和泰勒·德罗什（C. Tyler Desroches）: "The Institutionalist Reaction
to Keynesian Economics," *Journal of the History of Economic Thought* 30, no. 1
（March 2008）: 29-48。我们将在第八章回到这一主题。

20 Brookings Institution, "Brookings Institution History," Annual Report（2008）, 20.

21 Clark Warburton, "Three Estimates of the Value of the Nation's Output of
Commodities and Services: A Comparison," in *Studies in Income and Wealth*, vol. 3
（New York: NBER, 1939）, 317-98.

22 Harold Glenn Moulton, *Income and Economic Progress*（Washington, DC:
Brookings Institution, 1935）, 46. 关于莫尔顿研究工作的讨论，参阅 Duménil
and Lévy, "Pre-Keynesian Themes at Brookings," 2-5。

23 萨缪尔森的著作有《经济分析基础》和《经济学》（*Economics*: *An Introductory
Analysis*, 1948）。关于后者的影响，参见 Kenneth G. Elzinga, "The Eleven

Principles of Economics," *Southern Economic Journal* 58, no. 4（April 1992）: 861-79。

24 Martin Kohli, "Leontief and the U.S. Bureau of Labor Statistics, 1941-54: Developing a Framework for Measurement," supplement, *History of Political Economy* 33（2001）: 199-212。关于列昂惕夫的早期研究工作，参阅 J. Adam Tooze, *Statistics and the German State, 1900-1945*: *The Making of Modern Economic Knowledge*（Cambridge: Cambridge University Press, 2001）, 201。讨论政府对 IOA 项目的资助，参阅 Milton P. Reid III and Stacey L.Schreft, "Credit Aggregates from the Flow of Funds Accounts," *Federal Reserve Bank of Richmond Economic Quarterly* 79, no. 3（Summer 1993）, 51。

25 Wassily Leontief, *The Structure of American Economy, 1919-1939*: *An Empirical Application of Equilibrium Analysis*（New York: Oxford University Press, 1951）. 这个版本包含 1941 年的文本（第一部分到第三部分）和 1951 年版本增加的内容（第五部分）。第四部分的第 4 章是基于劳工统计局汇编的更广泛的统计数据，并在前三部分中提出的材料中增加了"开放"系统的概念。第四部分还得益于"大型计算程序"对含 90 个或更多线性方程组的数值解的可用性，即计算机的可用性。参阅 "Preface to the Second Edition," ix。之后在文中引用。

26 列昂惕夫可能发明了这种特殊的推断技术，但他并不是第一位在图表中描述经济关系的人。弗朗索瓦·魁奈（Francois Quesnay）在 18 世纪就画出了一张经济表（*tableau économique*），里昂·瓦尔拉斯在 19 世纪也尝试过这种形式。此外，亚历山大·博格达诺夫（Alexander Bogdanov）在 1921 年向全俄国劳动和生产科学组织会议提交过一份投入—产出分析报告。参阅 A. A. Belykh, "A Note on the Origins of Input-Output Analysis and the Contribution of the Early Soviet Economists: Chayanov, Bogdanov and Kritsman," *Soviet Studies* 41, no. 3（1989）: 426-29。

27 列昂惕夫在他的矩阵方法中明确了瓦尔拉斯一般均衡模型所起的作用："每一种一般均衡理论所依据的经济系统的图景都是大量数据，这些数据决定了整个系统所有因变量的大小。变量是我们试图解释的'未知数'；数据是用作解释基础的那些元素……如果数据是常数，变量保持不变，一旦确定条件被修改，一些或所有变量都会随着相应的变化发生反应。这些反应的性质取决于经验给定的系统的初始结构性质。一般均衡问题的这个特定方面构成了本研究的中心问题。"Leontief, *The Structure of American Economy*, 34-35.

28 我们在这一节中对税收的处理在很大程度上依赖于：Joseph J. Thorndike, *Their Fair Share: Taxing the Rich in the Age of FDR*（Washington, DC: Urban Institute Press, 2012）。桑代克解释了他的论点，即"阶级税"（class tax）被"群众税"（mass tax）所取代，但他强调的是两次世界大战之间时期结束时所得税的增加，而不是 1932—1943 年的整个时期。"1939—1943 年,国会将（个人所得税）从'阶级税'转变为'群众税'。免税额大幅下降，纳税人数增加了超过 6 倍。后来有人说，所得税几乎在一夜之间就'改头换面了'。与此同时，立法者提高了税率，最高税率最终达到了 94%。这些变化共同使所得税成为一种财政手段，使其收入从 1939 年的 10 亿美元增加到 1945 年的 184 亿美元。到战争结束时，这一税收占总收入的 40% 以上，取代了消费税——在整个 20 世纪 30 年代中期,消费税一直主导着整个税收体系——成为联邦资金的主要来源。"桑代克称 1932 年的《税收法案》是美国历史上最大的增税法案。*Their Fair Share.* 关于这一时期第一个 10 年的税收，也参阅 Mark H. Leff , *The Limits of Symbolic Reform: The New Deal and Taxation, 1933-1939*（Cambridge: Cambridge University Press, 1984）。

29 梅隆于 1932 年离开美国财政部，1934 年他被指控犯有逃税罪。这个案子一直拖到梅隆死后。他最终被免除了刑事责任，但他的遗产被评估有 48 万美元的欠税（Thorndike, *Their Fair Share*, 143-45）。正如桑代克所指出的那样，摩根的案例更加复杂，因为他用来避税的许多策略都是完全合法的，但一旦公之于众，似乎总体上是不公平的。桑代克的结论是："摩根的披露助长了围绕所得税的危机感。"避税令许多批评人士感到非常不民主。通过破坏所得税的公平要求，它使人们对国家财政政策的根本基础产生了怀疑。

30 同上，第 4 章。

31 同上，第 7 章和 314 页注释 73。

32 同上，201。

33 参阅 https://www.ssa.gov/history/reports/trust/tf1941.html。

34 发现和惩罚逃税者的运动在罗斯福第一届任期的前两年最为激烈，而且常常
与参议院银行委员会首席法律顾问费迪南德·佩科拉（Ferdinand Pecora）联
系在一起。1933 年 5 月，报纸的头条新闻尤其引人注目，当时委员会的听证
会显示，1931—1932 年，银行业巨头摩根大通银行没有缴纳所得税（Thorndike,
Their Fair Share, 83-94）。"压榨富人"的征税办法反映了财政部总法律顾问
赫尔曼·奥利芬特（Herman Oliphant）的影响；但它也启发了罗斯福对税收
正义的坚定承诺。这项运动促进了 1935 年经常被称为"富人税"的《税收法
案》的通过。赫尔曼·奥利芬特也提倡对"社会征税"的理念，并被大众媒体，
特别是像美国《国家》（*Nation*）这样的自由派期刊所接受（Thorndike, *Their
Fair Share*, 132-37）。

35 哈佛大学财政政策研讨班开班的第一年恰逢美国经济急剧衰退的开始。沃尔
特·萨兰特（Walter Salant）记得，在秋季初，美国经济的实际国民生产总值
增长了超过 44%，达到了 1929 年 10 月的水平；但在 4 个月内，工业生产下
降了惊人的 30%。"1937—1938 年的衰退显然给人们带来了创伤。"萨兰特回
忆说，研讨班的重点是如何重新启动复苏。研讨班上反复提到的主题包括税
收，当年应邀参加研讨班的还有税法专家。参阅 Salant, "Alvin Hansen and the
Fiscal Policy Seminar," *Quarterly Journal of Economics* 90, no. 1（February 1976）:
16, 18。

36 David C. Colander and Harry H. Landreth, "Introduction," in *The Coming of
Keynesianism to America*, ed. David C. Colander and Harry H. Landreth（Cheltenham,
UK: Edward Elgar, 1996），3-9. 这两名学生是罗伯特·布莱斯（Robert Bryce）
和洛丽·塔尔希斯（Lorie Tarshis）。他们的笔记，连同其他学生的笔记，都
被重新整理并出版:Thomas K. Rymes,ed., *Keynes's Lectures 1932-35*: *Notes of a
Representative Student*（Ann Arbor, MI: Michigan University Press, 1989）。

37 Byrd L. Jones, "The Role of Keynesians in Wartime Policy and Postwar Planning,
1940-1946," *American Economic Review* 62: 1/2（March 1972）:125-33.

38 引自 Colander and Landreth, *The Coming of Keynesianism to America*, 219-20。

39 同上，84。

40 约翰逊把"流亡大学"这一词语作为一种筹款手段。他向 200 位著名的慈善

家和社会科学家寻求支持，其中除 4 人外，其他人都做出了积极的响应。在 1 个月内，约翰逊筹集了 1.7 万美元，但如果没有富有的美国实业家希拉姆·哈勒（Hiram J.Halle）承诺向约翰逊提供 12 万美元，约翰逊的救援行动就会失败。约翰逊还从其他基金会获得了资金，包括多丽丝·杜克慈善基金会、洛克菲勒基金会（1933—1940 年提供了 5.4 万美元）和罗森瓦尔德家族协会（11 万美元）。到了 1941 年，改名为社会研究新学院研究生院的该学院，共有 26 名教职工，学生人数从 153 人增加到 520 人。Lewis A. Coser, *Refugee Scholars in America*: *Their Impact and Their Experiences* (New Haven, CT: Yale University Press, 1984), 104. 并不是所有的美国人都支持救援行动，美国国务院也不急于发放允许这些逃亡者留在美国的必要签证。这种态度部分是因为担心欧洲人会取代美国年轻人担任学术职位，其中有超过 2 000 人（占教授职位的 10%）会在大萧条时期丢掉工作。这种态度有时也源于反犹太主义或反德国情绪。参阅 Claus-Dieter Krohn, *Intellectuals in Exile*（Amherst, MA: University of Massachusetts Press, 1993),22, 76-77。

41 最初，基尔研究所的全称是德国皇家海运和世界经济研究所。它成立于 1914 年，是世界上唯一致力于研究世界经济而不是研究德国国内经济的机构。该研究所的创始主任是伯恩哈德·哈姆斯（Bernhard Harms），同时该研究所拥有世界上最大的经济学研究图书馆。1926 年，该研究所成立了一个新的统计经济学和经济周期研究部门，由阿道夫·洛厄领导。1933 年，格哈特·科尔姆、汉斯·奈塞尔、马尔沙克和列昂惕夫一起成为该部门的工作人员。列昂惕夫在 1931 年离开基尔研究所前往 NBER，然后加入了哈佛大学经济系；1933 年，当基尔的教务长要求证明"雅利安血统"时，马尔沙克来到巴黎，他很快就去了牛津大学；1933 年，奈塞尔和科尔姆一起离开基尔，成为约翰逊在 1933 年聘用的 12 位"流亡大学"教员中的一个。基尔研究院，即现在的基尔世界经济研究所，仍然是一个充满活力的国际经济研究中心。

42 Tooze, *Statistics and the German State*, 103.

43 科尔姆的研究小组得到的战前国民收入数字比霍夫里奇的估计要高得多。参阅 Tooze, *Statistics and the German State*, 124。

44 同上，104 页。正如图兹所指出的，瓦格曼对统计数据力量的看法的部分吸引力在于，他声称拥有"预测的力量，为决策者提供了做出长期决策的明确前景"。

45 同上，126~127。

46 关于 1930 年 IfK 接踵而来的丑闻和内斗的描述，参阅同上，第 161~176 页。

47 Krohn, *Intellectuals in Exile*, 52-58。这些经济学家有时被称为"新古典主义者"，因为他们就像李嘉图、穆勒和马克思所做的那样专注于积累、技术进步和失业之间的关系，而不是像新古典学派那样，把注意力集中在孤立研究的供需均衡上。

48 同上，120。

49 同上，41。

50 参阅 Gerhard Colm, "The Ideal Tax System," in *Essays in Public Finance and Fiscal Policy*, ed. Helen Nicol（New York: Oxford University Press, 1955），62, 63, 65。这篇文章最初被发表为 "The Ideal Tax System," *Social Research* 1, no. 3（Fall 1934）: 319-42, 但我们在这里参考的是收集到的卷中的页码。

51 同上，67。科尔姆在 1954 年增加的一个脚注中证明了这一悲观态度。到了那个日期，由于要缴纳所得税的人数要多得多，税收在美国国民收入中所占的比例也要高得多，因此他认为税收政策是一种更为重要的周期性政策工具（第67 页，注释 20）。

52 Colm, "Technical Requirements for an Effective Fiscal Policy," in *Essays in Public Finance*, 176.

53 同上，172~187。《就业法案》提倡但没有强制科尔姆一再建议的那种预算预测。它还成立了一个跨部门的金融委员会，可以帮助总统制定经济战略；这是科尔姆的另一项建议。该法案还设立了经济顾问委员会，科尔姆成为该委员会的成员。这个小组负责制定长期经济目标并发布，旨在教育公众，以及编撰激励投资的报告。在这些报告中："没有在当时任何教科书中出现的金融和政治观点被体现出来了……从现在起，预算决策将不再以过去的事态发展为基础，而是要着眼于未来，并着眼于政治上定义的宏伟目标，即预算政策将有助于实现……这些报告的目的是产生一种让私人企业可以使用的'公告效应'。"（Krohn, *Intellectuals in Exile*, 128）。《就业法案》在某些方面令科尔姆失望，但它确实实施了他长期以来支持的许多政策。

54 "Public Finance in the National Income," in *Essays in Public Finance and Fiscal Policy*, 229. 科尔姆关于政府收入和支出在国民收入账户中应有的地位的论点源于他认为政府是经济的"第三个支柱"的观点：与个人和公司并存但独立运作，政府有着独特的经济和社会责任。这些责任的核心是稳定经济和保护人民这两项职能。参阅科尔姆 1948 年的文章："Why Public Finance?" in *Essays in Public Finance and Fiscal Policy*, 3-23。

55 关于美国人对计划的态度，参阅 Marcia L. Balisciano, "Hope for America: American Notions of Economic Planning between Pluralism and Neoclassicism, 1930-1959," in *From Interwar Pluralism to Postwar Neoclassicism*, ed. Mary S. Morgan and Malcolm Rutherford（Durham, NC: Duke University Press），15-78。

56 "National Economic Budgets," in *Essays in Public Finance and Fiscal Policy*, 253.

57 在《国民经济预算》一文中，科尔姆将模型定义为"定量地展示和评价理论分析结果的工具"（同上，244）。

58 "Public Spending," in *Essays in Public Finance and Fiscal Policy*, 113, n. 1.

59 同上，127。图表出现在第 125 页和第 126 页。

60 同上，133。

61 关于对科尔姆的进一步讨论，参阅 Krohn, *Intellectuals in Exile*, 112-29。沃尔特·萨兰特和莱昂·凯泽林对科尔姆的尊重被记录在：Colander and Landreth, *The Coming of Keynesianism to America*, 127 and 233。

62 Claus-Dieter Krohn, "An Overlooked Chapter of Economic Thought: The 'New School's' Effort to Salvage Weimar's Economy," *Social Research* 50, no. 2（Summer 1983）: 452-68; Krohn, *Intellectuals in Exile*, 112-29; and Coser, *Refugee Scholars in America*, 104, 108.

63 Hebert Stein, *The Fiscal Revolution in America*: *Policy in Pursuit of Reality*（Chicago: University of Chicago Press, 1969），168. 关于德国改革经济学家与凯恩斯思想的关系，参阅 Krohn, *Intellectuals in Exile*, 110-19。

64 参阅 Laidler, *Fabricating the Keynesian Revolution*, 323-24。

65 Thorndike, *Their Fair Share*, 249。这项法案"建立了现代美国税收制度"，关

于扣缴条款，见第 253、第 257 和第 259 页。

第七章　经济和金融的模型：1930—1940 年

1 参阅 Robert M. Solow, "How Did Economics Get That Way and What Way Did It Get?" *Daedalus* 126, no. 1（Winter 1997）: 39-58。马塞尔·布曼斯认为简·丁伯根 1935 年在第 5 届欧洲计量经济学会会议上发表的论文，是"经济学家第一次使用'模型'这个术语来表示一个人的实证研究的具体数学成果"。*How Economists Model the World into Numbers* (London and New York: Routledge, 2005), 21. 关于总体的经济建模，参阅 Mary S. Morgan, *The World in the Model:How Economists Work and Think*（Cambridge: Cambridge University Press, 2012）第 1 章；以及 Dani Rodrik, *Economics Rules*: *The Rights and Wrongs of the Dismal Science*（New York and London: W. W. Norton, 2015），第 1 章，第 2 章和第 4 章。

2 Ragnar Frisch, *A Dynamic Approach to Economic Theory*: *The Yale Lectures of Ragnar Frisch*, ed. Olav Bjerkhold and Duo Qin（London: Routledge, 2013），29, 30·31, 32. 之后在文中引用。弗里希在数学建模和统计建模方面都做出了重要贡献。1933 年的《动态经济学中的传播问题和脉冲问题》一文为未来几代动态增长模型奠定了基础。此外，正如亨德利和摩根所表明的，他在《完全回归系统的统计汇流分析》（*Statistical Confluence Analysis by Means of Complete Regression Systems*,1934）中发展起来的统计技术是"第一种专门针对经济数据问题的通用统计方法"。David F.Hendry and Mary S. Morgan, eds., *The Foundations of Econometric Analysis* (Cambridge:Cambridge University Press, 1995), 41.

3 对计量经济学会的历史分析包括: Carl F. Christ, "History of the Cowles Commission, 1932-52," in *Economic Theory and Measurement*: *A Twenty Year Research Report*（Chicago: Cowles Commission for Research in Economics, 1952）; Roy Epstein, *A History of Econometrics*（Amsterdam: North Holland, 1987）; Mary S. Morgan, *The History of Econometric Ideas*（Cambridge: Cambridge University Press, 1990）;

Olav Bjerkholt, "Ragnar Frisch and the Foundation of the Econometric Society and *Econometrica*," in *Econometrics and Economic Theory in the Twentieth Century: The Ragnar Frisch Centennial Symposium*, ed., S. Strom（Cambridge: Cambridge University Press, 1998）, 26-57; 以及 Francisco Louçã, *The Years of High Econometrics: A Short History of the Generation That Reinvented Economics*（New York: Routledge, 2007）, 特别是第 2 章。创始小组选出 10 人组成第一届理事会，其美国成员包括欧文·费雪、查尔斯·罗斯（Charles Ross）和埃德温·威尔逊，欧洲成员是弗里希（挪威）、熊彼特（德国）、阿莫罗索（Luigi Amoroso，意大利）、拉迪斯劳斯·冯·鲍特凯维兹（Ladislaus von Bortkiewicz，德国）、阿瑟·鲍利（Arthur Bowley，英国）、弗朗克索瓦·迪维西亚（François Divisia，法国）和瓦迪斯瓦夫·扎瓦德斯基（Wladislaw Zawadzki，波兰）。参阅 Louçã, *The Years of High Econometrics*, 29, 16。

4 Frisch, *A Dynamic Approach to Economic Theory*, 17.

5 Joseph A. Schumpeter, *Business Cycles: A Theoretical, Historical and Statistical Analysis of the Capitalist Process*（1939; 删节版, New York: McGraw-Hill, 1964）, 23。这项研究发表时，熊彼特在哈佛大学任教，他当时正在指导约翰·伯尔·威廉姆斯的博士论文。我们不知道他从 1933 年开始写的这个课题有多少内容与他的哈佛研究生分享了，所以我们不知道威廉姆斯的方法受到了他的博士论文指导老师这一研究的多少影响，但是熊彼特的建模方法与威廉姆斯的代数预算方法是一致的。

6 Ronald Bodkin, Lawrence Klein, and K. Marwah, *A History of Macroeconomic Model-Building*（Cheltenham, UK: Edward Elgar, 1991）, 5。马塞尔·布曼斯对模型构建过程进行了一个有趣的类比："造模型就像在没有食谱的情况下烤蛋糕一样。它的成分是理论思想、政策观点、周期的数学化、比喻和经验事实。"为了建立模型，你开始了一个试错的过程，直到得到你想称之为"蛋糕"的结果，即"颜色"和"味道"都令人满意。这一结果的特点是你再也分辨不出"蛋糕"里的成分了。"Built-In Justification," in *Models as Mediators: Perspectives on Natural and Social Science*, ed. Mary S. Morgan and Margaret Morrison（Cambridge: Cambridge University Press, 1999）, 67.

7 Trygve Haavelmo, "The Probability Approach in Econometrics," supplement, *Econometrica* 12（July 1944）: iii-vi, 1-115. "计量经济学的研究方法，本质上是要把经济学理论和实际计量相结合，把统计推断的理论和技术作为桥墩，但桥梁本身从来没有完全建成过。"引自 Olav Bjerkholt, "Writing 'The Probability Approach' With Nowhere to Go: Haavelmo in the United States," *Econometric Theory* 23, no. 5（October 2007）: 775, 1。

8 Stephen Stigler, *The History of Statistics*: *The Measurement of Uncertainty Before 1900*（Cambridge, MA: Harvard University Press, 1986）; Anders Hald, *A History of Mathematical Statistics from 1750 to 1930*（New York: Wiley, 1998）; and Aris Spanos, "Curve-Fitting, the Reliability of Inductive Inference and the Error-Statistical Approach," *Philosophy of Science* 74, no. 5（2007）: 357-81.

9 John Maynard Keynes, *General Theory of Employment, Interest and Money*（New York: Harcourt Brace, 1936）, 298.

10 凯恩斯在致罗伊·哈罗德的一封信中确实提到了建模，他认为建模是经济分析的核心。"在我看来，经济学似乎是逻辑的一个分支，一种思维方式……但除非设计出新的和改进的模型，否则我们不能走得太远。正如你所说的，这需要'警惕地观察我们体系的实际运作'……经济学是一门选择与当代世界有关的模型的艺术相结合的思维科学。它必须是这样的，因为，不像典型的自然科学，它应用到的材料，在太多的方面随着时间的推移不是同质的。模型的目的是将半永久或相对恒定的因素与暂时的或非固定的因素分离开来，从而发展出一种合理的思维方式来思考后者，并理解它们在特定情况下产生的时间序列……经济学的进步几乎完全在于对模型选择的逐步改进。"John Maynard Keynes to Roy Harrod, July 4, 1938, in *The Collected Interwar Papers and Correspondence of Roy Harrod*, ed. Daniele Besomi, http:// economia .unipv .it/harrod/ edition/ editionstuff / rfh .346 .htm. 感谢比尔·珍妮薇（Bill Janeway）提醒我们注意这段话，这也提醒我们注意到凯恩斯承认的未知数的形式："物质……在时间上不是同质的。"

11 1940 年, 欧文·费雪评论了社会科学中新出现的数学推理的"趋势"。参阅 Irving Fisher, "Mathematical Method in the Social Sciences," *Econometrica* 9,

nos. 3-4（July-October 1941）, 188。关于数理经济学, 参阅 Alpha C.Chiang, *Fundamental Methods of Mathematical Economics*, 3rd ed.（New York: McGraw-Hill, 1967）, 4。

12　Fisher, "Mathematical Method in the Social Sciences," 189.

13　Keynes, *General Theory*, 161.

14　这些引文都来自: Don Patinkin, "Anticipations of the *General Theory*? The Significance of the Central Message," in Patinkin, *Anticipations of the General Theory?And Other Essays on Keynes*（Chicago: University of Chicago Press, 1982）, 79-80。

15　David C. Colander and Harry H. Landreth, eds., *The Coming of Keynesianism to America*（Cheltenham, UK: Edward Elgar, 1996）, 15. 在区分研究项目的"复杂内核"及其"表面结构"时, 柯南德尔和兰德雷斯指的是匈牙利科学和数学哲学家伊姆雷·拉卡托斯（Imre Lakatos）的研究。

16　这里有一个独特的具有凯恩斯风格的简单例子："比方说今天的净产出更大, 但价格水平比 10 年前或 1 年前要低, 这与'维多利亚女王'是一个比伊丽莎白女王更好但不是更幸福的女人的说法具有相似的性质, 即一个并非没有意义, 也不是没有兴趣的命题, 但不适合作为微分演算的材料。"Keynes, *General Theory*, 40.

17　J. R. Hicks, "A Suggestion for Simplifying the Theory of Money," *Economica*, n.s., 2, no. 5（February 1935）: 3. 之后在文中引用。

18　Keynes, *General Theory*, 208.

19　凯恩斯对国家数据的参与和科林·克拉克在国家统计方面的工作联系在一起；到 1940 年, 凯恩斯出版《如何支付战争费用》一书时, 他不仅使用了克拉克的统计数据, 而且根据这些统计数据提出了自己的政策建议, 并提供了他自己对部门划分的看法。1941 年, 第一份官方的英国核算估计发表在詹姆斯·米德和理查德·斯通编写的白皮书中。凯恩斯撰写了伴随这些估计数的文本, 以《对 1938 年和 1940 年战争资金来源的分析和国民收入和支出的估计》为题公开出版。关于凯恩斯与国家总量的数据, 参阅 Geoff Tily, "John Maynard Keynes and the Development of National Income Accounts in Britain, 1895-1941," *Review of Income and Wealth* 55, no. 2（June 2009）:347-51。关于凯恩斯与宏观经济学, 参阅

Victoria Chick, *Macroeconomics after Keynes*（Cambridge, MA: MIT Press, 1983）。

20 关于雷德韦的模型，参阅 David Laidler, *Fabricating the Keynesian Revolution*: *Studies of the Inter-war Literature on Money, the Cycle, and Unemployment*（Cambridge: Cambridge University Press, 1999）, 305。

21 米歇尔·德·弗罗埃（Michel De Vroey）和凯文·D. 胡佛（Kevin D.Hoover）解释说，希克斯的模型是通过两个阶段成为典范的: 1944 年，弗朗哥·莫迪利亚尼"加深了古典和凯恩斯子模型之间的对比"；1949 年，汉森"用希克斯的模型重新解释凯恩斯，改写了基本的宏观经济学"。汉森还用"LM"代替希克斯的"LL 曲线"。参阅 "Introduction: Seven Decades of the IS-LM Model," in *The IS-LM Model:Its Rise, Fall, and Strange Persistence*, ed. Michel De Vroey and Kevin Hoover（Durham, NC:Duke University Press, 2004）, 5。萨缪尔森对 IS-LM 模型的表述，后来被作为"新古典综合"的一部分，出现在《经济分析基础》和《经济学》中。关于萨缪尔森的研究和 IS-LM 模型在新古典综合中所起作用的讨论，参阅 Martin Goodfriend and Robert G. King, "The New Neoclassical Synthesis and the Role of Monetary Policy," in *NBER Macroeconomics Annual*, vol. 12, ed. Ben S. Bernanke and Julio Rosenberg（Cambridge: MIT Press, 1997）, 233-34。戴维·莱德勒（David Laidler）认为，"从 20 世纪 50 年代初到 1970 年中期，IS-LM 模型示意图及其在这里描绘的模型是宏观经济学的必要因素"（*Fabricating the Keynesian Revolution*, 303）。他还指出，这个模型有时被称为希克斯 – 汉森模型（303~304）。

22 卢伊季·帕西内蒂（Luigi L. Pasinetti）和吉安·保罗·毛瑞提（Gian Paolo Mariutti）认为，把凯恩斯的文学内容转换成一个联立方程组的系统，产生了与凯恩斯的意图完全相反的东西。参阅 Pasinetti and Mariutti, "Hicks's 'Conversion' — from J. R. to John," in *Markets, Money and Capital*, ed. Roberto Scazzieri（Cambridge: Cambridge University Press, 2009）, 61。

23 J. R. Hicks, "Mr. Keynes and the 'Classics'; A Suggested Interpretation," *Econometrica 5, no. 2*（April 1937）: 153.

24 "这就引出了从许多角度来看，凯恩斯的书中最重要的一件事。它不仅有可能表明，给定的货币供应量决定了收入和利息之间的某种关系（我们用曲线 LL

表示了这一点）；也有可能就曲线的形状说些什么……它很可能会在左面几乎是水平的，在右边几乎是垂直的。这是因为（1）利率不太可能低于某个最低水平，而且（尽管凯恩斯没有强调这一点）（2）收入水平有一个上限，可以用一定数额的钱来实现。如果我们喜欢的话，就可以把曲线看作逐渐接近这些极限的……因此，如果曲线位于右边的远处（要么是强烈的投资诱因，要么是强烈的消费倾向），那么 P（静态平衡点）就会位于曲线的那一部分，这部分绝对是向上倾斜的，而经典理论将是一个很好的近似，它所需要的仅仅是后来的马歇尔派学者那里实际所得到的条件。在古典理论中，投资诱因的增加会提高利率，但它也会在促进收入和就业方面起到一定的辅助作用……但是如果点 P 位于曲线 LL 的左边，那么凯恩斯理论的特殊形式就变得有效了。资本边际效率的提高只会增加就业，而根本不会提高利率。我们完全与古典世界脱节了。"（同上，154 页）

25 同上，158。

26 比较静态的 IS-LM 模型成为美国凯恩斯主义经济学家在 20 世纪 60 年代之前接触宏观经济学的透镜，但它确实受到了批评。在阿克塞尔·莱荣霍夫德（Axel Leijonhufvud）的《论凯恩斯学派的经济学和凯恩斯的经济学》（*On Keynesian Economics and the Economics of Keynes:A Study in Monetary Theory*, New York: Oxford University Press, 1968）出版之后，分析凯恩斯和他的美国追随者之间的差异就变成了陈年旧事。一种质疑针对的是该模型忽视了时间；另一种则认为希克斯对新古典理性主体的强调压制了凯恩斯最重要的一些见解（"动物精神"）；第 3 条是理查德·卡恩和琼·罗宾逊领导的英国"凯恩斯圈子"成员，认为美国的"准凯恩斯主义"其实是希克斯、汉森和萨缪尔森的成果，而不是凯恩斯的。关于这些批评的讨论，参阅 Roger Backhouse and David Laidler, "What Was Lost with IS-LM?" *History of Political Economy* 36（2004）: 25-56; Marc Lavoie, *Post-Keynesian Economics*: *New Foundations*（Cheltenham: Edward Elgar, 2015）；以及 Roger Backhouse and Bradley W. Bateman, eds. *The Cambridge Companion to Keynes*（Cambridge: Cambridge University Press, 2006）。

27 Don Patinkin, *Money, Interest, and Prices*: *An Integration of Monetary and Value Theory* 2nd. ed.（New York: Harper & Row, 1965）第 2 部分。

28 欧洲流亡者的学术研究包括: Earlene Craver, "Patronage and the Directors of Research in Economics: The Rockefeller Foundation in Europe, 1924-38," *Minerva* 24, no. 2（1986）: 205-22; Claus-Dieter Krohn, "Dismissal and Emigration of German-Speaking Economists after 1933," in *Forced Migration and Scientific Change*: *émigré German-Speaking Scientists and Scholars after 1933*, ed. Mitchell G. Ash and Alfons Söllner（Cambridge: Cambridge University Press, 1996）, 175-97; Harald Hagemann and Claus-Dieter Krohn, eds., *Biographisches Handbuch Der Deutschsprachigen Wirtschaftswissenschaftlichen Emigration Nach 1933*（Munich: K. G. Saur, 1999）; F. M. Scherer, "The Emigration of German-Speaking Economists after 1933," *Journal of Economic Literature* 38, no. 3（September 2000）: 614-26; and Keith Tribe, "German émigré Economists and the Internationalization of Economics," *Economic Journal* 111, no. 475（November 2001）: F740-F746. 关于流亡者数学家的情况，参阅 Reinhard Siegmund-Schultze, *Mathematicians Fleeing from Nazi Germany*: *Individual Fates and Global Impact*（Princeton, NJ: Prince ton University Press, 2009）; 以及 Steve Batterson, "The Vision, Insight, and Influence of Oswald Veblen," *Notices of the AMS* 54, no. 5（2007）: 606-18。

29 引自 Harald Hagemann, "European émigrés and the 'Americanization' of Economics, *European Journal of the History of Economic Thought* 18, no. 5（2011）: 660。关于马尔沙克的履历的细节信息，参阅 657-63; Kenneth J. Arrow, "Portrait: Jacob Marschak," *Challenge* 21, no. 1（March/April 1978）: 69-71; and Colin Read, *The Rise of the Quants*: *Marschak, Sharpe, Black, Scholes, and Merton*（Basingstoke: Palgrave Macmillan, 2012）,7-38。

30 与剑桥学派有联系的教职员工包括：庇古、丹尼斯·罗伯特森（Dennis Robertson）、弗雷德里克·拉文顿（Frederick Lavington）和年轻的凯恩斯。

31 A. W. Coats, "The Distinctive LSE Ethos in the Inter-War Years," *Atlantic Economic Journal* 10, no. 1（1982）: 26; 以及 Lionel Robbins, *The Nature and Significance of Economics*（London: Macmillan, 1935）, 第 6 章。

32 关于罗宾斯的圈子，参阅 Coats, "The Distinctive LSE Ethos," 18-30; 以及 Yuichi

Kimura, "The 'Robbins Circle' of the London School of Economics and Political Science: The Liberalism Group's Counterattack of Laissez-Faire against Cambridge," *Journal of Saitama University Faculty of Education* 59: 2（September 2010）: 119-34。

33 Hans Staehle, "Report of the Fifth European Meeting of the Econometric Society," *Econometrica* 5, no. 1（January 1937）: 91。丁伯根在会议上发表了一篇论文，其中他提出了一个经济周期政策的数学模型（他称之为"机制"，而不是"模型"）。拉格纳·弗里希也出席了会议，他和马尔沙克是所有总结讨论的参与者中最活跃的。

34 同上，91。

35 同上。

36 同上，92~93。

37 1939 年，丘吉尔聘请马科尔加入了一个名为"S 小组"的统计学家小组，该小组致力于在战前配置英国的资源。在加入伦敦经济学院后，马科尔的研究专长包括定量配给、活动分析、线性规划、关税联盟和国际贸易。她是著名经济学家理查德·利普西（Richard G Lipsey）、拉赫曼（L. M. Lachmann）和哈里·约翰逊（Harry G Johnson）的老师。后来，她与鲍莫尔、熊彼特、费雪和罗宾逊合著论文，沙克尔深情地回忆了与她的往事："George G. Shackle（1903-1992），" in *A Biographical Dictionary of Dissenting Economists*, 2nd edition, ed. Philip Arestis and Malcolm Sawyer（Cheltenham, UK: Edward Elgar, 2000）, 587。

38 第一个脚注的部分内容是："这篇文章重新考虑了当前的作者之一（马尔沙克）在 1935 年私下散发的一份关于投资的备忘录和在 1935 年计量经济学会会议上宣读的一篇博士论文中所分析的某些想法。这篇文章的数学版本不久将出现在《计量经济学》杂志上……这一主题也被作者（马科尔）在一篇未发表的博士论文，即《资本市场价值理论》（*The Theory of Value on the Capital Market*）中讨论过。" H. Makower and J. Marschak, "Assets, Prices and Monetary Theory," new series, *Economica* 5, no. 19（August 1938）: 261.

39 未发表的博士论文是打印出来的，马科尔不得不在正文中手写方程式，并在文章末尾添加包含手绘曲线的页面。非常感谢马丁·吉劳多（Martin Giraudeau）找到并影印了马科尔的博士论文。

40 Helen Makower, "The Theory of Value in the Capital Market"（未发表的博士论文，伦敦经济学院，1937 年）。这段引文出现在摘要中，但分页从论文的三个部分重新开始，因此按页码引文是没有帮助的。

41 参阅 Matthias Klaes, "The History of the Concept of Transaction Costs: Neglected Aspects," *Journal of the History of Economic Thought* 22, no. 2（2000）: 191-216。

42 Jacob Marschak, "Money and the Theory of Assets," *Econometrica* 6, no. 4（October1938）: 312. 之后在文中引用。

43 玛丽·摩根就丁伯根的研究工作提出了这一点。参阅 Morgan, *The History of Econometric Ideas*，第 4 章。

44 博得金、克莱因和马尔瓦认为弗朗索瓦·魁奈特征化的《经济表》（*table-auéconomque*）是丁伯根模型的前身，而瓦尔拉斯抽象的一般均衡模型是这一荣誉在 20 世纪以前的候选人。他们还提到了拉格纳·弗里希和米哈尔·卡莱茨基在 20 世纪 30 年代初创造的经济周期的数理模型，以作为更接近的成果。参阅 *A History of Macroeconomic Model-Building*, xiii. 授予经济学家的奖项在官方并非称为"诺贝尔奖"，而是纪念阿尔弗雷德·诺贝尔的瑞典中央银行经济科学奖（Sveriges Riksbank Prize in Economic Sciences，瑞典语: *Sveriges riksbanks pris i ekonomisk vetenskap till Alfred Nobels minne*）。

45 博得金、克莱因和马尔瓦讨论了丁伯根的模型: Bodkin, Klein, and Marwah, *A History of Macroeconomic Model-Building*, 31-41。

46 关于经济周期项目和丁伯根模型项目之间的关系，参阅 Adrienne van den Bogaard, "Past Measurement and Future Prediction," in *Models as Mediators*: *Perspectives on Natural and Social Science*, ed. Mary S. Morgan and Margaret Morrison（Cambridge: Cambridge University Press, 1999）, 297-305。丁伯根于 1928 年开始在荷兰中央统计局工作，并在第二部升任了领导职务。他撰写了关于物理学和经济学的博士论文，并于 1935 年提出了他的第一个模型（"Past Measurement," 300-305）。

47 Victor Zarnowitz, *Business Cycles*: *Theory, History, Indicators, and Forecasting*（Chicago:University of Chicago Press, 1992）, 171.

48 参阅 Morgan, *The History of Econometric Ideas*, 114。弗里希把动态理论定义为"解释一种情况是如何从以前的情况中发展而来的"。"Propagation Problems and Impulse Problems in Dynamic Economics" in *The Foundations of Econometric Analysis*, ed. David F. Hendry and Mary S. Morgan（1933; reprint, Cambridge: Cambridge University Press, 1995）, 333.

49 Jan Tinbergen, *Statistical Testing of Business-Cycle Theories: Business Cycles in the United States of America 1919-1932*, vol. II（Geneva: League of Nations, 1939）, 15-18.

50 同上，15~20。

51 同上，21。

52 John Maynard Keynes, "Professor Tinbergen's Method," in *The Foundations of Econometric Analysis*, 382。凯恩斯的评论最初出现在: *Economic Journal* 49（1939）: 558-68。韩德瑞和摩根将凯恩斯的辞令解释为对计量经济学持怀疑态度的表达: "在某种程度上，凯恩斯试图用辞令抑制人们对这个领域的热情，他认为这一领域所能发挥的作用比计量经济学本身所设想的要小。"但他们也指出，罗伯特·斯通坚持认为凯恩斯不是"反计量经济学"。"Introduction," in *The Foundations of Econometric Analysis*, 55.

53 "我认为多重相关分析的方法本质上取决于经济学家所提供的，不仅是一份关于主要原因的清单，就目前而言，这是正确的，而且是一份完整的清单。这种方法既不是发现，也不是批评，它是一种方法，能使我们在定性上已经知道是完整理论分析结果的东西具有定量的精确性。"在定性的术语中，我们已经知道，作为一个完整的理论分析结果，它是一种定量精确的方法（Keynes, "Professor Tinbergen's Method," 383）。

54 同上，387。

55 这结合了凯恩斯在第二项和第六项中提出的反对意见，他在后一段评论中更好地反映了这一点: "这些曲线和方程在多大程度上只能是一段历史曲线的拟合和描述，它们参照未来和过去提出归纳主张的程度有多大?"（同上，387~388 页）。

56 同上，388。

57 凯恩斯对 1939 年的统计数据和一般的经济计量所提出的实际和理论问题都十分清楚。他提到丁伯根模型中"所使用的大多数统计数据的可怕不足"，他注意到丁伯根使用了各种不同的测度，许多是"**间接的**"，因为它们是由指数组成的，而不是"直接衡量因素本身"，其他的似乎是任意选择的。"他坚持认为，他的因素必须是可衡量的，但他对于测量这些因素的单位，仍然是不做任何要求的，尽管最终他会把这些因素加起来。"这一抱怨激起了凯恩斯在丁伯根整个研究课题中最令人难忘的批评之一："这就像给孩子们的那些谜题，你写下你的年龄，乘以、加上这个和那个，减去其他的东西，最终得到《启示录》中的野兽数量。"同上，388、386、385。

58 一位脱离了计量经济学学会官方立场的计量经济学家是拉格纳·弗里希。在其一篇为学会 1938 年剑桥会议撰写的，因向大会投交得太晚而不能在会上讲读的论文中，用卢昂（Louçã）的转译就是，弗里希认为，"如果不能估计真正的因果关系，即自治的结构方程，政策制定者就不能将他们的预测建立在使用传统但有缺陷的工具的基础上，因为它们可能只是暗示着虚构之事。只有高度自治的方程才能揭示现实，但这需要的是方程系统本身以外的信息……"正如卢昂接着指出的那样，"对于弗里希来说，这需要从系统外部获得信息，这些信息是通过访谈和实验获得的，当然，其他计量经济学家无法承认这一点"。Louçã, *The Years of High Econometrics*, 205.

59 Paul B. Trescott, "Discovery of the Money-Income Relationship in the United States, 1921—1944," *History of Political Economy* 14, no. 1（1982）: 65-88.

60 Tinbergen, *Statistical Testing of Business-Cycle Theories*, vol. II, 72, n. 3.

第八章 二战后美国的经济学：1944—1970 年

1 Till Düppe and E. Roy Weintraub, "Siting the New Economic Science: The Cowles Commission's Activity Analysis Conference of June 1949," EHES Working Paper 40（June 2013）, 9, n. 10（http:// ehes .org/ EHES .n040 .pdf）.

2 C. D. C. Goodwin, "The Patrons of Economics in a Time of Transformation," in Mary S. Morgan and Malcolm Rutherford, eds., *From Interwar Pluralism to Postwar Neoclassicism*（Durham, NC: Duke University Press, 1998）: 62-63.

3 Roger E. Backhouse and Mauro Boianovsky, *Transforming Modern Macroeconomics*: *Exploring Disequilibrium Microfoundations, 1956-2003*（Cambridge: Cambridge University Press, 2013）, 32.

4 Anita Wells, "Legislative History of Excess Profits Taxation in the United States in World Wars I and II," *National Tax Journal* 4, no. 3（September 1951）: 232-54.

5 Marc Labonte and Mindy Levit, "CRS Report for Congress: Financing Issues and Economic Effects of American Wars," Congressional Research Service, RL31176, 6-7（https:// www.fas .org/ sgp/ crs/ natsec/ RL31176 .pdf）.

6 Robert Leeson, "The Eclipse of the Goal of Zero Inflation," *History of Political Economy* 29, no. 3（1997）: 448, 459-60.

7 Allan H. Meltzer, *A History of the Federal Reserve*（Chicago: University of Chicago Press, 2003-9）, vol. I, 579-724; vol. II, 2-41.

8 Samuelson, *Economics*, 3rd edition（New York: McGraw-Hill, 1955）, vi.

9 Samuelson, Michel De Vroey, "The History of Macroeconomics Viewed against the Background of the Marshall-Walras Divide," in *The IS-LM Model: Its Rise, Fall, and Strange Persistence*, ed. Michel De Vroey and Kevin D. Hoover（Durham, NC: Duke University Press, 2004）, 75.

10 Franco Modigliani, "The Monetarist Controversy or, Should We Forsake Stabilization Policies?" *American Economic Review* 67, no. 2（March 1977）: 2.

11 David Laidler, *Fabricating the Keynesian Revolution: Studies in the Inter-War Literature on Money, the Cycle, and Unemployment*（Cambridge: Cambridge University Press, 1999）, 第 11 章。

12 正因为如此，"在许多经济问题中，把我们的均衡方程看作最大化（最小化）条件是可以接受的，甚至是强制性的。多数企业家行为的目标是利润最大化，同时具有支出最小化等一定的隐含意义"。Samuelson, *Foundations of Economic Analysis*, enlarged edition（Cambridge, MA: Harvard University Press, 1983）, 21. 之后在文中引用。

13 Olivier Jean Blanchard and Stanley Fischer, *Lectures in Macroeconomics*（Cambridge, MA: MIT Press, 1989）, 26-27.

14 Backhouse and Boianovsky, *Transforming*, 37.

15 Patinkin, *Money, Interest and Prices*: *An Integration of Monetary and Value Theory*（Evanston, IL: Row, Peterson, 1956），21。具有讽刺意味的是，帕廷金复兴了庇古的真实余额效应，恢复了凯恩斯试图用《通论》推翻的经济学。

16 同上，xxiv。

17 Düppe and Weintraub, "Siting," and Mirowski, *Machine Dreams: Economics Becomes a Cyborg Science*（Cambridge: Cambridge University Press, 2002），第5章和第6章。

18 兰德公司赞助了一系列项目，从抽象数学到武器系统工程。根据杜普和温特劳布的说法，唯一的"共同愿景"是致力于"将理性主体的原理应用于政治和战争"（"Siting," 12）。与强烈暗示兰德凭借其军事研究议程深刻地塑造了战后经济的米罗斯基不同，杜普和温特劳布坚持认为兰德公司"没有学科上的专注"，对重建经济学也并不感兴趣（"Siting," 12）。

19 Haavelmo, "The Statistical Implications of a System of Simultaneous Equations," *Econometrica* 11, no. 1（January 1943）: 5, 1-2.

20 Haavelmo, "The Probability Approach in Econometrics," *Econometrica*, Supplement（1944）: iii-115. 哈维尔莫关于概率理论的发展和他与其他经济学家的切磋，参阅 Olav Bjerkholt, "Frisch's Econometric Laboratory and the Rise of Trygve Haavelmo's Probability Approach," *Econometric Theory* 21, no. 3（June 2005）: 491-533, 以及 "Writing 'The Probability Approach' with Nowhere to Go: Haavelmo in the United States, 1939-1944," *Econometric Theory* 23, no. 5（October 2007）: 775-837。

21 Haavelmo, "Probability Approach," lii.

22 Reichenbach, "Philosophical Foundations of Probability," in Jerzy Neyman, ed., *Proceedings of the Berkeley Symposium on Mathematical Statistics and Probability*（Berkeley: University of California Press, 1949）,20.

23 同上，5。

24 Hotelling, "The Place of Statistics in the University," in *Berkeley Symposium*, 25.

25 E. L. Lehmann, "The Fisher, Neyman-Pearson Theories of Testing Hypotheses:

One Theory or Two?" *Journal of the American Statistical Association* 88, no. 424 （December 1993）: 1243.

26　菲利普·米罗斯基在《机器梦想》中描述了冯·诺伊曼抛弃了约翰·纳什的博弈理论版本。

27　马尔沙克的论文属于他专门研究博弈论的一系列论文和评论之一："Neumann's and Morgenstern's New Approach to Static Economics," *Journal of Political Economy* 54, no. 2（April 1946）: 97-115; "Measurable Utility and the Theory of Assets"（会议论文）; 以及 "Rational Behavior, Uncertain Prospects, and Measurable Utility," *Econometrica* 18, no. 2（April 1950）: 111-41。

28　对博弈论的解释，参阅 E. Roy Weintraub, *Toward a History of Game Theory*（Durham, NC: Duke University Press, 1992）; 以及 *John von Neumann and Modern Economics*, eds. Mohammed Dore, Sukhamoy Chakravarty, and Richard Goodwin（Oxford: Clarendon Press, 1989）, 特别是第 4 部分。关于这门学科在迟缓纳入博弈论核心原理方面的令人信服的描述可以在下文找到: Nicola Giocoli, *Modeling Rational Agents*: *From Interwar Economics to Early Modern Game Theory*（Cheltenham, UK: Edward Elgar, 2003）。我们要指出的是，与乔科利相反，詹姆士·托宾在 20 世纪 50 年代中期使用了这些数学技术。

29　"这本书的主要成就在于，它把现代逻辑的工具引入经济学，并以惊人的概括力使用它们。每一种经验性的情况——无论是关于投机还是双边垄断——都被剥夺了不必要的特征，并以毫不含糊的符号来表达。由经验在作者头脑中产生的'直觉'或'启发式'考虑被形式化为概念和命题，这些概念和命题一旦被声明，就会脱离经验，直到得出最后的结论为止。这种独立推理防止潜意识地将未确定的术语，或尚未被证明且未被明确规定为公理的断言和操作带入进来。"Marschak, "Neumann's and Morgenstern's New Approach," 114-15.

30　在定义理性或理性行为时，马尔沙克并没有描述真实人类的行为。相反，正如他在 1950 年所写文章的第一段中所承认的，"理性行为理论是一组命题，可以被看作对人的实际行为的理想化近似，也可以看作要遵循的建议"。"Rational Behavior," 111.

31　Marschak, "Neumann and Morgenstern's New Approach," 109.

32 Nassim Nicholas Taleb, *The Black Swan*: *The Impact of the Highly Improbable*（New York: Random House, 2007）.

33 The Accuracy of Economic Observations," *Activity Analysis of Production and Allocation*: *Proceedings of a Conference*, ed. Tjalling C. Koopmans（New York: John Wiley & Sons, 1951）, 283.

34 将线性规划介绍给非军方受众的第一篇文章是马歇尔·伍德和乔治·丹齐格在考尔斯会议上提交的早期论文草稿。他们于 1948 年 12 月 27 日向克利夫兰经济计量学会会议提交了这份早期草稿。这篇论文的扩充版发表于 "Programming of Interdependent Activities: I. General Discussion," in *Econometrica* 17, nos. 3-4（July-October 1949）: 193-99。

35 Düppe and Weintraub, "Siting," 1-2. 布尔巴基学派（Bourbaki group）是战后数学的 "纯洁性" 缩影。1946 年，马歇尔·斯通聘请了该学派的一名领导人安德烈·韦尔（André Weil），作为他重建芝加哥大学数学系运动的一部分。杜普和温特劳布描述了考尔斯委员会与数学之间的相互影响关系。布尔巴基学派专注于集合论、类型学、代数、一个实变量的函数和积分。

36 Tjalling C. Koopmans, "Introduction" to Koopmans, ed., *Activity Analysis of Production and Allocation*, 1.

37 例如，库普曼斯很小心地将规划与战争工作分开。"当然，在防御或战争与系统研究配置和规划问题之间没有排他性的联系。据悉，本卷所收集的研究与工业管理和效率问题具有同等的相关性。"（"Introduction," 4）马歇尔·伍德和单纯形算法的创建者的乔治·丹齐格还定义了规划的方式，将其扩展到了弹道工作之外。"规划或程序规划，可能是指建立一个行动计划，通过该计划，一个经济、组织或其他复杂的活动可以从一种确定的状态转移到另一种状态。" "The Programming of Interdependent Activities: I. General Discussion," in *Activity Analysis*, 15.

38 Dantzig, "The Programming of Interdependent Activities: Mathematical Models," in *Activity Analysis*, 21, 20.

39 Koopmans, "Analysis of Production," in *Activity Analysis*, 34. 之后在文中引用。

40 Von Neumann, "A Model of General Economic Equilibrium," *Review of Economic*

Studies 13, no. 1（1945）:1-9.

41 彼得·L.伯恩斯坦提到，马科维茨跟随马尔沙克和库普曼斯学习，但他遵循自己对"投资组合选择"起源的解释，强调约翰·伯尔·威廉姆斯的《投资理论》比他任何一位导师的研究都更有影响力。参阅 *Capital Ideas: The Improbable Origins of Modern Wall Street*（New York: Free Press, 1992）。

42 例如参阅温·戈德利（Wynne Godley）和马克·拉沃伊（Marc Lavoie）引入的股票流量一致性模型。*Monetary Economics: An Integrated Approach to Credit, Money, Income, Production and Wealth*（Houndsmills, Basingstoke: Palgrave Macmillan, 2006），第 3 章、12 章和 13 章。

43 Morris A. Copeland, "Some Problems in the Theory of National Income," *Journal of Political Economy* 40, no. 1（1932）: 1-55; "National Wealth and Income— An Interpretation," *Journal of the American Statistical Association* 30, no. 190（June 1935）: 377-86; 以及 "Social Accounting for Money Flows," *The Accounting Review* 24, no. 3（1949）: 254-64。也参阅 Morris A. Copeland and Edwin M. Martin, "National Income and Capital Formation," *Journal of Political Economy* 47, no. 3（June 1939）: 398-407。

44 Lawrence S. Ritter, "An Exposition of the Structure of the Flow-of-Funds Accounts," *Journal of Finance* 18, no. 2（May 1963）: 229-30.

45 Ritter, "Exposition," 230.

46 Copeland, *A Study of Money flows in the United States*（New York: National Bureau of Economic Research, 1952）, 30. 之后在文中引用。

47 Anne Mayhew, "Copeland on Money as Electricity," *Real-World Economics Review* 53（2010）: 53-54.

48 Copeland, *Study of Moneyflows*, 271. 这是"货币数量论的一个注释"的一部分（267~279），科普兰直接讨论了他的电力模型对货币数量理论提出的挑战（277-79）。

49 Ritter, "Exposition," 220, 227-28.

50 Ritter, "Exposition," 228-29.

51 Goldsmith, *Financial Intermediaries in the American Economy since 1900*（Princeton,

NJ: Princeton University Press, 1958），xiv, xv, 180. 之后在文中引用。

52 参阅 Frederic R. Mishkin, *The Economics of Money, Banking, and Financial Institutions*, 8th ed.（Upper Saddle River, N. J.: Pearson Addison Wesley, 2007），223; 以及 Anat Admati and Martin Hellwig, *The Bankers' New Clothes*: *What's Wrong with Banking and What to Do about It*（Princeton, NJ: Princeton University Press, 2013），第 4 章。

53 Mehrling, *The Money Interest and the Public Interest*: *American Monetary Thought, 1920-1970*（Cambridge, MA: Harvard University Press, 1997），164.

54 John G. Gurley and Edward S. Shaw, *Money in a Theory of Finance*（Washington, DC: Brookings Institution, 1960），10. 之后在文中引用。虽然他们避免在正文中出现大量令人眼花缭乱的"数学元素"，但是这本书包含一个由兰德公司阿兰·C. 恩特芬（Alain C. Enthoven）撰写的数学附录。

55 "有一种货币理论的方法……这就是说，非货币金融的发展与真正的加总行为无关，特别是对货币市场的分析更是如此。这就是货币理论……净货币理论整合了私人国内账户，从而使私人国内债务抵消了等价数量的货币和非货币形式的私人国内金融资产的影响。在综合分析中，唯一剩下的金融资产是私营部门对外部世界，即政府和外国部门的净债权。因此，货币作为这些外部金融资产的一部分，完全是外部资产。根据净货币理论，私人国内债务的数量和质量及其对应物——内部债务和金融资产——与加总分析无关，特别是与货币需求和货币存量无关……这忽视了公司和消费者对金融多元化的渴望。" Gurley and Shaw, *Money in a Theory of Finance*, 187-88.

56 Mehrling, *The Money Interest*, 190.

57 Doug Noland, "John G. Gurley and Edward S. Shaw on Financial Intermediaries,"（April 20, 2001）www .safehaven .com/ browse/ articles/ by month/ 2001/ 04. 诺兰引用了格利对 1957 年英国财政大臣关于拉德克利夫委员会的报告的回应。这份报告发表于 1959 年。

58 Thomas I. Palley, "Milton Friedman's Economics and Political Economy: An Old Keynesian Critique," IMK working paper 134（July 2014），4. 重印于 *Milton Friedman*: *Contributions to Economics and Public Policy*, ed. Robert Cord（Oxford: Oxford

University Press, 2015）。

59　Friedman, "Methodology of Positive Economics," in *Essays in Positive Economics*（Chicago: University of Chicago Press, 1953）, 3-34.

60　据菲尔普斯说，弗里德曼"表明，一个持续活跃的（货币）政策——例如改变货币供给，以对就业数据中的每一个扭曲做出反应——可能会破坏稳定，因为它实际上增加了失业的方差，在比较这两个变量（货币增长和失业）之间的差异和相关性时，政策干预可能无意中使失业波动性更大且更不稳定，而且除其他事项外:（1）数据往往非常不准确，尤其是在数据修订之前;（2）到政策行动生效时，它可能不再被需要。因此,'被动'政策……可能比任何容易被选中的积极政策都要好"。*Seven Schools of Macroeconomic Thought*: *The Arne Memorial Lectures*（Oxford: Clarendon Press, 1990）, 30.

61　James R. Lothian, "Milton Friedman's Monetary Economics and the Quantity-Theory Tradition," *Journal of International Money and Finance* 28, no. 7（209）: 1087; 以及 Friedman, "The Quantity Theory of Money: A Restatement," in *Studies in the Quantity Theory of Money*, ed. Milton Friedman（Chicago: University of Chicago Press, 1956）. 马克·布劳格（Mark Blaug）将弗里德曼的研究与希克斯和凯恩斯的研究进行了对比:"他对进入家庭需求函数的相关常数和机会成本变量进行了精确的说明。他的自变量包括财富或'永久收入'——所有来源的预期收入的现值……就像希克斯一样，弗里德曼把财富具体化为一种适当的预算约束，但他的财富概念远比希克斯所采用的更广泛。凯恩斯认为债券是唯一与现金竞争的资产，而弗里德曼则认为所有类型的财富都是个人资产负债表中现金持有的潜在替代品；因此，我们得到了弗里德曼的相对收益率清单，而不是凯恩斯流动性偏好方程中的单一利率变量。另一个新的特征，对弗里德曼来说也是全新的，就是包含预期变化率的 P 作为现金余额购买力中的预期折旧率的一个测度。"Blaug, *Economic Theory in Retrospect*（Cambridge: Cambridge University Press, 1996）, 627-28.

62　Friedman, "The Quantity Theory of Money: A Restatement," *Studies in the Quantity Theory of Money*, 10. 弗里德曼继续说:"更重要的一点是，所有需求分析都依赖于效用函数的最大化，这个需求等式必须被认为是独立于衡量货币变量的

名义单位的任何基本方式。"之后在文中引用。

63 许多经济史学家和宏观经济学家都对弗里德曼和施瓦茨认为美联储是延长萧条的唯一责任人的观点提出异议。而斯蒂芬·G. 塞切蒂（Stephen G. Cecchetti）同意"美联储在这段时期的几乎每一次政策失败中都扮演了关键角色"，例如，他说"现在有广泛共识支持的三个结论：第一，如果中央银行能正确理解其作为最后贷款人的职能，金融体系的崩溃本可以停止。第二，通货紧缩对经济萧条的深化起到了极其重要的作用。第三，金本位制度作为支持金融汇率制度的一种手段，是灾难性的"。"Understanding the Great Depression: Lessons for Current Policy," NBER Working Paper no. 6015（1997），1. 也参阅 Ben S. Bernanke, "The Macroeconomics of the Great Depression:A Comparative Approach," *Journal of Money, Credit and Banking* 27, no. 1（1995）: 1-28;Barry Eichengreen and Jeffrey Sachs, "Exchange Rates and Economic Recovery in the 1930s," *Journal of Economic History* 45, no. 4（December 1985）: 925-46; Ehsan U. Choudhri and Levis A. Kochin, "The Exchange Rate and the International Transmission of Business Cycle Disturbances:Some Evidence from the Great Depression," *Journal of Money, Credit and Banking*（November 1980）: 565-74; and Peter Temin, "Transmission of the Great Depression," *Journal of Economic Perspectives* 7, no. 2（Spring 1993）: 87-102.

64 弗里德曼认为这个项目是 NBER 和弗里德曼所在的芝加哥大学货币和银行研讨会之间的"合作成果"。J. Daniel Hammond, *Theory and Measurement: Causality Issues in Milton Friedman's Monetary Economics*（Cambridge: Cambridge University Press, 1996），47. 该项目的另一部分《货币趋势》（*Monetary Trends*）已于 1982 年出版，但第 3 部分至今仍未完成。

65 参阅:Phillip Cagan, *Determinants and Effects of Changes in the Stock of Money, 1875-1960*（New York: National Bureau of Economic Research, 1965）。卡甘参加了弗里德曼的货币和银行研讨会，并在 NBER 工作。卡甘解释说，他的研究是对弗里德曼和施瓦茨的《美国货币史》的一个"补充"（*Determinants*, xx）。

66 Milton Friedman and Anna Jacobson Schwartz, *A Monetary History of the United States, 1867-1960*（Princeton, NJ: Princeton University Press, 1963），xvi. 他们在

叙述货币供给变化的历史时将大萧条称为"大收缩"。之后在文中引用。

67 对与朝圣山学社联系在一起的新自由主义的持续批判，参阅 Philip Mirowski, *Never Let a Serious Crisis Go to Waste*: *How Neoliberals Survived the Financial Meltdown*（London: Verso, 2013），特别是第 1 章。在第一次会议上，对制定社会自由市场意识形态至关重要的有弗里德里希·哈耶克、路德维希·冯·米塞斯和莱昂内尔·罗宾斯。

68 Hammond, *Theory and Measurement*, 60.

69 Hammond, *Theory and Measurement*, 63. 该基金会确实为弗里德曼的银行和货币研讨会提供了资金（第 65 页，注释 12，第 78~79 页，注释 6）。

70 托马斯·梅耶解释说，弗里德曼认为，追踪货币对收入或消费影响的渠道是可取的，但没有必要。弗里德曼相信，"人们可以记录到无数个名义收入的变化带来的货币外部变化的例子，并将这一事实与价格理论中的一般解释结合起来，即当一项资产（货币）供应出现外生增长时，对另一项资产（商品）的需求就会增加"。"The Influence of Friedman's Methodological Essay," in *The Methodology of Positive Economics*: *Reflections on the Milton Friedman Legacy*, ed. Uskali Mäki（Cambridge: Cambridge University Press, 2009），136-37.

71 "联邦储备委员会的整个治理结构已经发展到对其主要支持者——金融的顶端——确保回应性……各成员私人银行在地区联邦储备系统中的'自有'存量，事实上是它们股票的已付股利。12 个地区联邦储备委员会由 9 名成员组成的董事会管理，6 名成员由成员银行选出，其余 3 名成员由董事会选出。" 12 家地区联邦储备银行中的每一家都是单独成立的非营利性机构，由其所在地区成员银行私人拥有。此外，整个美联储体系都是自筹资金的，不受外部预算控制或任何严肃的问责约束。当然，联邦储备委员会有 7 名理事由总统任命，参议院确认，任期为 14 年，但几乎不可避免的是，他们是从那些在地区联邦储备银行中有经验的人中挑选出来的，或者是银行或财政部的代表，尽管他们可能同时担任过学术职务。从技术上讲，美联储是由 12 位地区联储的主席和美国联邦储备委员会成员管理的。联邦储备委员会主席拥有相当大的权力，他也由总统任命，任期可再延长 4 年。这张 1935 年开始的不伦不类的组织结构图高超地掩盖了美联储过去的许多活动。事实上，美联储是行业"自我监管"的堡垒，它被装扮成一个致力于公共福利的政府实体；一只披着狼皮的绵羊。"美联储董事通常在其他地方担任全职工作，因此在实践中，大多数董事都是银行的职员，或者是与它们有某种联系的学者。这种对权力高度集中的美国政府监管机构的私人控制……实现了行业的更高程度的'自我监管'，并覆盖着一层看似合理的推诿光环。这与一种关键的动态相结合，随着时间的推移，美联储已经在金融领域制造了更大的集中（通过破产银行的强制合并，再加上其他的附带条件），从而减少了提供和选举合格董事的银行，因此整个系统越来越多地受到少数超大企业的'监管'，这些企业方便地指挥着美联储的工作人员……这导致了那些在危机时期被纾困的银行都是相同的。"（Mirowski, *Never*, 190）迪恩·贝克（Dean Baker）同样直言不讳："美联储是故意将其从民主控制中隔离出来的，而让它成了金融行业的工具。"*The End of Loser Liberalism*（Washington: Center for Economic and Policy Research, 2011），59.

72 Mayer, *The Structure of Monetarism*（New York: W. W. Norton, 1978），2.

73 Kevin D. Hoover, *The New Classical Macroeconomics*: *A Sceptical Inquiry*（Oxford: Basil Blackwell, 1988），213-32.

74 Neil Fligstein, *The Transformation of Corporate Control*（Cambridge, MA: Harvard University Press, 1990），191-92.

75 根据尼尔·弗雷格斯坦的说法，在 1959 年以前，美国 100 家最大的企业的总裁或首席执行官中只有两位拥有 MBA 学位。"到 1979 年，最大的 100 家公司中有 20 家公司的总裁拥有 MBA 学位。其中 13 人来自哈佛商学院"（*Transformation*, 282）。

76 Fligstein, *Transformation*, 252.

77 马尔科姆·卢瑟福（Malcolm Rutherford）认为,制度主义在二战后几乎消失了,但我们认为，将这些人与制度主义联系起来是有用的，因为许多人与布鲁金斯学会或 NBER 有联系，后者是两次大战之间许多制度主义者的家园，也因为与新古典主义的一般均衡理论经济学家和凯恩斯主义者形成对比，这些人的立场与凡勃伦和康芒斯的许多观点更为一致。参阅 Rutherford, "Institutional Economics: Then and Now," *Journal of Economic Perspectives* 15, no. 3（Summer

2001）: 173-94。

78　Michael A. Bernstein, *A Perilous Progress*: *Economists and Public Purpose in Twentieth-Century America*（Princeton, NJ: Princeton University Press, 2001）, 94-103.

79　Malcolm Rutherford and C. Tyler DesRoches, "The Institutionalist Reaction to Keynesian Economics"（May 30, 2006）, 特别是第 12~24 页。来自 SSRN: https:// ssrn .com/abstract = 905613。

80　Samuelson, "In Search of the Elusive Elite," *New York Times*（26 June 1975）, 845. 关于对"没有理论的测度"的争论，参阅 David F. Hendry and Mary S. Morgan, eds., *The Foundations of Econometric Analysis*（Cambridge: Cambridge University Press, 1995）, 491-524。

81　Robert L. Hertzel, "The Treasury-Federal Reserve Accord to the Mid-1960s," www. federalreservehistory .org/ Events, 1. 1946 年《就业法案》的具体目标要求经济顾问委员会"在自由竞争的企业下促进就业，提高生产和购买力"。http:// fraser.stlouisfed .org; Public Law 304（S. 380）, section 4.

82　"Statement by William McChesney Martin, Jr., Chairman of the Board of Governors of the Federal Reserve System before the House Banking and Currency Committee"（May 10,1951）, http:// fraser .stlouisfed .org, 1, 3, 13.

83　Romer and Romer, "The Evolution of Economic Understanding and Postwar Stabilization Policy," NBER Working Paper 9274（2002）, http:// nber .org/ papers/ w9274, 6.

84　同上，7。

85　同上，8。

86　Bernstein, *Perilous Progress*, 134. 我们的讨论借鉴了伯恩斯坦作品的第 5 章。

87　Romer and Romer, "Evolution," 9-10.

88　同上，10~12。

89　Bernstein, *Perilous Progress*, 137-40.

90　Tobin and Brainard, "Financial Intermediaries and the Effectiveness of Monetary Controls," *American Economic Review* 53, no. 2（May 1963）: 384. 之后在文中

引用。

91 Willem H. Buiter, "James Tobin: An Appreciation of his Contribution to Economics," *Economic Journal* 113（November 2003）: 585-631.

92 Tobin, "Money and Finance in the Macro-Economic Process," Nobel Memorial Lecture, December 8, 1981. Available at http:// www .nobelprize .org/ nobel prizes/ economic-sciences/ laureates/ 1981/ tobin. 之后在文中引用。

93 David Colander, "Conversations with James Tobin and Robert J. Shiller," in *Inside the Economist's Mind*: *Conversations with Eminent Economists*, ed. Paul A. Samuelson and William A. Barnett（Malden, MA: Blackwell, 2007）, 400.

94 为了解释储蓄的独特性，托宾引用凯恩斯的话说："因为储蓄行为并不意味着替代某些特定的额外消费的当前消费，这种消费准备所需的直接经济活动与当前消费所需的金额相等，相当于节省的金额，而储蓄意味着对'财富'本身的渴望，即在未具体规定的时间内消费一件未具体说明的物品的潜力。"

95 参阅 Richard Lagos, "Inside and Outside Money," *New Palgrave Dictionary of Economics*, 2 edition, eds. Steven N. Durlauf and Lawrence E. Blum（London: Palgrave Macmillan, 2016）。"内部"货币包括代表或由任何形式的私人信贷担保的任何资产。"外部"一词用来形容中央金融管理机构发行的法定（无担保）货币，意思是货币来源于私营部门以外。

96 James Tobin and William C. Brainard, "Asset Markets and the Cost of Capital," in *Economic Progress, Private Values, and Public Policy*（Amsterdam: North Holland, 1977）, 235.

97 Friedman, "The Role of Monetary Policy," *American Economic Review* 58:1（March 1968）, 6. 之后在文中引用。

98 *Economic Report of the President Together with the Annual Report of the Council of Economic Advisors*（Washington, DC: Government Printing Office, 1962）, 7. 之后在文中引用。

99 这些早期增长模型的最佳概览是：F. H. Hahn and R. C. O. Matthews, "The Theory of Economic Growth: A Survey," *Economic Journal* 74, no. 296（December 1964）: 779-902。

100 Jorgenson, "Technology in Growth Theory," 45, in *Technology and Growth*: *Conference Proceedings* ed. Jeff rey C. Fuhrer and Jane Sneddon Little（Boston: Federal Reserve Bank of Boston, 1996）; 45-77.

101 索洛的诺贝尔奖演讲可以在下面找到：http://www.nobclprize.org/nobelprizes/economic-sciences/laureates/1987/solow-facts.html。

102 Solow, "A Contribution to the Theory of Economic Growth," *Quarterly Journal of Economics* 70, no. 1（February 1956）: 65.

103 Solow, Nobel 6, 5。1987 年 10 月的股市崩盘，在美国被称为"黑色星期一"，始于中国香港地区，迅速吞没了世界各地的证券市场。我们将在第十章中回顾这一事件。

第九章　现代金融

1 最好的长期金融历史是：William N. Goetzmann, *Money Changes Everything*: *How Finance Made Civilization Possible*（Princeton, NJ: Princeton University Press, 2016）。戈兹曼发现了古代近东地区金融的证据。

2 关于 AFA 的起源，参阅 Robert Kavesh, J. Fred Weston, and Harry Suvain, "The American Finance Association: 1939-1969," *Journal of Finance* 25, no. 1（1970）: 1-17。关于 AEA 对子领域的列表，参阅 Michael A. Bernstein, *A Perilous Progress*: *Economists and Public Purpose in Twentieth-Century America*（Princeton, NJ: Princeton University Press, 2001）, 83。

3 尽管工商管理硕士学位除了要求开设各种金融课程外，还需要开设各种其他课程，在美国被授予的工商管理硕士学位数量的增加正是反映金融日益普及的一个指标。在 20 世纪 50 年代中期，美国大学每年授予 3 000 多个工商管理硕士学位。到 1997—1998 年，这一数字已经超过 10 万人。1980 年，MBA 学位超过医学和法律高级学位的总和，2000 年，获得 MBA 人数是工程学士学位人数的两倍多。参阅 Esteban Perez Caldentey and Matias Vernengo, "Modern Finance, Methodology, and the Global Crisis," *Real-World Economics Review* 52（2010）: 74。佛兰克·约万诺维奇指出，金融经济学的两大准则是在 20 世纪 60 年代建立的。一条准则以麻省理工学院为中心，认为金融市场是不完美的；另一条准则以芝加哥大学为中心，认为金融市场是完美的。参阅 "The Construction of the Canonical History of Financial Economics," *History of Political Economy* 40,no. 2（2008）: 230-36。佩里·梅林将经济学家对金融的完全接受追溯到 20 世纪 70 年代中期。1970 年，沃顿商学院的研究生斯蒂芬·罗斯警告说，"金融之于经济学，就像骨病之于医学"。梅林说，1970 年的金融仍然是"一种描述性的领域，主要涉及记录现实世界实践的范围，并以经验法则而不是分析性的原则和模型加以总结"。*Fischer Black and the Revolutionary Idea of Finance*（New York: John Wiley & Sons, 2005），136.

4 Jovanovic, "Construction of the Canonical History," 213-42.

5 Whitley, "The Rise of Modern Finance Theory: Its Characteristics as a Scientific Field and Connections to the Changing Structure of Capital Markets," *Research in the History of Economic Thought and Methodology* 4（1986）: 154-55; Donald MacKenzie, *An Engine, Not a Camera: How Financial Models Shape Markets*（Cambridge, MA: MIT Press, 2006）.

6 Peter A. Bernstein, *Capital Ideas: The Improbable Origins of Modern Wall Street*（New York: Free Press, 1992），42. 罗伯特·莫顿重申了这一点："金融在 20 世纪初首先被视为独立的研究领域，在接下来的 40 年里，它几乎完全是一门描述性的学科，专注于制度和法律事务。就在最近一代人以前，金融理论仍然只不过是由逸事、经验法则和会计数据操纵的结合体。最复杂的分析工具是贴现价值，而重大的学术争议主要集中在是否使用现值或内部收益率来衡量公司投资上。"Merton, "Preface," *Continuous Time Finance*（New York: Wiley-Blackwell, 1992），xii.

7 沃金在康奈尔大学获得经济学博士学位；1920—1925 年在明尼苏达大学教授农业经济学，并在芝加哥大学（1928 年夏季）和密歇根大学（1934—1935 年）担任非终身任期的教师，然后搬到斯坦福食品研究所。1952—1960 年，他担任该研究所副所长。

8 Holbrook Working, "New Concepts Concerning Futures Markets and Prices," *American Economic Review* 52, no. 3（June 1962）: 433-34。此书其他章节还将

引用此文。

9 同上，435~436。

10　Mark Rubenstein, "Markowitz's 'Portfolio Selection': A Fifty Year Retrospective," *Journal of Finance* 57, no. 3（2002）: 1041-45; Bernstein, *Capital Ideas*, 41-55.

11 Harald Cramér, *Mathematical Methods of Statistics*（Princeton, NJ: Princeton University Press, 1946）; and A. D. Roy, "Safety First and the Holding of Assets," *Econometrica* 20, no. 3（July 1952）: 431-49.

12 Fisher, *The Theory of Interest*: *As Determined by Impatience to Spend Income and Opportunity to Invest It*（1930; Mansfield Centre, CT: Maritime Publishing, 2012）, 316.

13 Markowitz, "Portfolio Selection," *Journal of Finance* 7, no. 1（1952）: 77.

14 马科维茨的方法要求证券分析师计算一个秩与投资组合中的资产数量相等的协方差矩阵，而对于上市公司发行的股票，这个秩可能高达 10 万。Colin Read, *The Rise of the Quants*: *Marschak, Sharpe, Black, Scholes, and Merton*（Basingstoke: Palgrave Macmillan, 2012）, 74.

15 Wood and Dantzig, "The Programming of Interdependent Activities: I General Discussion," in Tjalling C. Koopmans, ed., *Activity Analysis of Production and Allocation*: *Proceedings of a Conference*（New York: John Wiley & Sons, 1951）, 15.

16 "Arrow, Kenneth Joseph（Born 1921）," http:// www .nobelprize .org/nobel prizes/economic-sciences/ laureates/ 1972/ arrow-bio. html. 阿罗与德布鲁和莱昂内尔·麦肯齐（Lionel McKenzie）开发的一类一般均衡模型使用固定点定理作为均衡解，类似于数学家约翰·纳什提出的博弈中的均衡。这常被称为阿罗 – 德布鲁模型。参阅 Arrow and Debreu, "Existence of Equilibrium for a Competitive Economy," *Econometrica* 22, no. 3（July 1954）: 265-90; 以及 Ross M. Starr, *General Equilibrium Theory*: *An Introduction*（Cambridge: Cambridge University Press, 2011）。

17 阿罗的活动分析论文题为《一般情况下列昂惕夫模型替代定理的另一种证明》in Koopmans, ed., *Activity Analysis*, 155-64。

18 这篇论文以英文发表: the *Journal of Economic Studies* 31, no. 2（1964）: 91-

96。

19 "自然状态"的概念是由柯尔莫哥洛夫提出的。杰克·赫施莱佛和约翰·瑞利（J.Riley）将阿罗的贡献描述为一场"学术界革命"的一部分，其中还包括冯·诺伊曼的期望效用函数。"就像跨时分析要求按日期登记商品债权一样，不确定性分析要求按状态登记商品债权。"The Analytics of Uncertainty and Information: An Expository Survey," *Journal of Economic Literature* 17, no. 4（1979）: 1376.

20 证券化是指将一组资产，例如住房抵押贷款、学生贷款、未偿还的汽车贷款，打包成一个单独的证券，然后再将其细分为"部分"，其价格取决于每一批资产的风险敞口（以及各部分之间的关系）。随着金融工程的到来，对这类证券和证券"部分"进行定价已成为金融衍生品创造和交易的关键阶段。

21 夏普的模型从投资者的角度考虑了定价问题；杰克·特拉诺（Jack Traynor）和约翰·林特纳（John Lintner）的证券发行公司的观点也得到了类似的结果。尽管这三位经济学家的结果是相似的，但只有夏普因为这项研究获得了诺贝尔经济学奖。关于特拉诺，参阅 Mehrling, *Fischer Black and The Revolutionary Idea of Modern Finance*（New York: John Wiley & Sons, 2005），第 2 章；关于林特纳，参阅 Mehrling,*Fischer Black*，第 3 章。

22 Sharpe, "Capital Asset Prices: A Theory of Market Equilibrium under Conditions of Risk," *Journal of Finance*, rpt. in Howard R. Vane and Chris Mulhearn, eds., *Pioneering Papers of the Nobel Memorial Laureates in Economics*: *Harry M. Markowitz, Merton H. Miller, William F. Sharpe, Robert C. Merton and Myron S. Scholes*, vol. 2（Cheltenham, UK: Edward Elgar, 2009），260.

23 对于此一般化的一个例外，参阅 Richard Zeckhauser, "Investing in the Unknown and Unknowable," *Capitalism and Society* 1, no. 2（2006）: 1-39。

24 伦德伯格的博士论文题为 "*Approximations of the Probability Function/Reinsurance of Collective Risks*"。

25 巴施里耶描述的价格运动通常被称为"布朗运动"，因为这种模式类似于悬浮在气体或液体中并受到随机冲击的粒子的物理运动。这是由英国物理学家罗伯特·布朗在 19 世纪 20 年代第一次观察到的。参阅 Paul H. Cootner,

"Introduction" to Part I in Cootner, ed., *The Random Character of Stock Market Prices*（Cambridge, MA: MIT Press, 1964）, 4。

26　Cootner, "Preface," *Random Character*, xxiii.

27　Mandelbrot, "The Variation of Certain Speculative Prices," in Cootner, ed., *Random Character*, 369-412；Paul H. Cootner, "Comments on the Variation of Certain Speculative Prices," in Cootner, ed., *Random Character*, 413-18. 除了方法论问题，一些经济学家对曼德博的"救世主腔调"持保留态度。

28　Samuelson, "Proof," *Industrial Management Review* 6, no. 2（Spring 1965）: 42.

29　这种模式被理论化为"遍历状态"。

30　作为没有将随机游走模型与有效市场假说等同起来的金融理论家之一，罗闻全说:"（这两个概念之间的）这种区别来自现代金融经济学的核心思想之一……风险和预期回报之间必须进行某种权衡。如果一种证券的预期价格变化是正向的，这可能只是吸引投资者持有资产并承担相应风险所需的回报。事实上，如果投资者对风险足够厌恶，他或她可能会很乐意付钱，以避免持有一种无法预测回报的证券。在这样的世界里，即使市场运行有效和理性，价格也不需要完全随机。""Introduction" to Cootner, ed., *Random Character*, ix.

31　Fama, "Random Walks in Stock Market Prices," *Financial Analysts Journal* 21, no. 5（Sept.-Oct. 1965）: 56. 之后在文中引用。

32　史蒂芬·纳尔逊和彼得·卡赞斯坦（Peter J. Katzenstein）认为，20 世纪 60 年代和 70 年代的金融理论家几乎都忽视了奈特对风险和不确定性的区分。See, "Risk, Uncertainty, and the Financial Crisis of 2008," *International Organization* 68, no. 2（2014）: 361-92.

33　罗闻全认为，为了检验有效市场假说，"人们必须指定附加结构，例如投资者的偏好、信息结构等，但市场有效性的检验也会成为几个辅助假设的检验，而对联合假说的拒绝几乎没有告诉我们联合假说的哪一方面与数据不一致"。"Introduction" to Cootner, ed., *Random Character*, x.

34　Lo, "Efficient Market Hypothesis," *New Palgrave*, 2:124. 波顿·马尔基尔（Burton G.Malkiel）描述了"有效市场假说"的三个版本: John Eatwell, Murray Milgate, and Peter Newman, eds., *The New Palgrave: A Dictionary of Economics*（London:

Macmillan, 1998），2:120-23。

35 Samuelson, "Proof," 45, 48.

36 Eugene F. Fama and Merton H. Miller, *The Theory of Finance*（Hinsdale, IL: Dryden Press, 1972），vii, viii, ix. 之后在文中引用。

37 曼德博最初的反对意见是针对 CAPM 的假设，即价格变化遵循高斯分布。他认为，在价格变化的实证研究中，明显的"高峰"分布提出了一种被称为列维过程的随机分布。参阅 "The Variation of Certain Speculative Prices," in Cootner, ed, *Random Character*。进一步的实证研究也重新评估了 CAPM，参阅 Michael C. Jensen, Fischer Black, and Myron S. Scholes, "The Capital Asset Pricing Model: Some Empirical Tests," https:// ssrn .com/ abstract = 908569）; Richard Roll, "A Critique of the Asset Pricing Theory's Tests: Part I: On Past and Potential Testability of the Theory," *Journal of Financial Economics* 4, no. 2（1977）: 129-76; Marshall E. Blume and Irwin Friend, "A New Look at the Capital Asset Pricing Model," *Journal of Finance* 28, no. 1（1973）: 19-34。到了 1991 年，即使是 CAPM 的构造者之一，尤金·法马也宣称"贝塔已经死了"［"Efficient Capital Markets II," *Journal of Finance* 46, no. 5（1991）1575-1617］。这句话来自埃里克·伯格对法马的采访，发表于 "Market Place: A Study Shakes Confidence in the Volatile-Stock Theory," *New York Times*（February 18, 1992）。包括 CAPM 在内的新古典金融理论中隐含的假设也受到了关于组织、投资者行为和交易成本的新研究的质疑。See Michael Jensen and William H. Meckling, *Theory of the Firm*: *Managerial Behavior*, *Agency Costs*, *and Ownership Structure*（Netherlands: Springer, 1979）; and Daniel Kahneman and Amos Tversky, "Prospect Theory: An Analysis of Decision under Risk," *Econometrica* 47, no. 2（March 1979）: 263-91.

38 Arrow, "The Organization of Economic Activity," in *General Equilibrium*: *Collected Papers of Kenneth J. Arrow*（Cambridge, MA: Belknap Press, 1983），142. 以保险业的两个例子来看，阿罗指出"逆向选择"和"道德风险"表明自由市场安排的帕累托有效性"并不是先验的显而易见的"。在逆向选择下，保险公司不知道不同风险的保险购买者对赔付保险金的反应迥异，导致保险人低估了风险。在道德风险下，"任何有效确保不受不利的最终结果影响的系统都会自动减少对好的决策的激励"。

39 参阅 John F. Marshall and Vipul K. Bansal, *Financial Engineering*: *A Complete Guide to Financial Innovation*（New York: New York Institute of Finance, 1992），第 2 章。

40 Leon Melamed, "The International Money Market," in *The Merits of Flexible Exchange Rates*: *An Anthology*, ed. Leon Melamed（Fairfax, VA: George Mason University Press, 1988），41. 参阅 Mehrling, *Fischer Black*, 188-89。

41 Stephen Blyth, *An Introduction to Quantitative Finance*（Oxford: Oxford University Press, 2014），21.

42 Eirk Brynjolfsson, "The Productivity Paradox of Information Technology," *Communications of the ACM* 36, no. 12（1993）: 66-77. 参阅表 4、图 3a 和 3b。

43 参阅 Steven E. Shreve, *Stochastic Calculus for Finance I*: *The Binomial Asset Pricing Model*（Springer Science and Business, 2012），I:3, 4; 156-59。

44 Blyth, *An Introduction to Quantitative Finance*, 147.

45 Modigliani and Miller, "The Cost of Capital, Corporation Finance and the Theory of Investment," *American Economic Review* 48, no. 3（June 1958）: 269.

46 对费希尔·布莱克的最佳分析是梅林的《费希尔·布莱克》（*Fischer Black*）一书。

47 Black and Scholes, "The Pricing of Options and Corporate Liabilities," *Journal of Political Economy* 81, no. 3（May-June 1973）: 637.

48 Aswath Damodaran, *Damodaran on Valuation*: *Security Analysis for Investment and Corporate Finance*（Hoboken, NJ: John Wiley & Sons, 2006），16.

49 4 种基本的衍生品是期货、远期、互换和期权，这些衍生品的两种基本契约关系是看跌和看涨。期货合约是指在未来以特定价格和特定时间交易标的资产的协议，它涉及规定到期日为止的现金周转，期货几乎总是在交易所交易。远期也是一种以特定价格和未来日期交易标的资产的协议，但与期货合约不同的是，远期合约不涉及固定的现金流，也不涉及双方之间的许多远期交易，如场外交易。互换是一种合同，限定双方必须在给定的时间交换一系列现金流，这些可以从利率或货币汇率或任何其他产生现金的金融标的中衍生出来。

最后，期权是一种合同，赋予买方以特定的价格和时间交换标的资产的选择权，但不是义务。各种期权包括欧洲期权，其协议只能在资产到期日行使；美式期权允许在任何时候行使期权，包括到期日；百慕大期权，允许在特定时间点行使期权。看跌期权是出售的契约协议，看涨期权是购买的契约协议。

50 为了探讨金融资产与流动性的关系，参阅 Richard Bookstaber, *A Demon of Our Own Design*: *Markets, Hedge Funds, and the Perils of Financial Innovation*（Hoboken, NJ: John Wiley & Sons, 2007），特别是第 1 章、第 2 章和第 6 章。

51 布莱斯描述了 2008 年 9 月违反无套利原则的情况：*Introduction*, 18-19, 49, 131。

52 Black and Scholes, "Pricing," 641.

53 该模型允许金融工程师复制投资组合，即通过构造使投资组合产生的现金能够随着时间的推移再生标的资产的成本方式。这简化了交易商的工作，因为他们不需要对资产设定贴现率或计算利率的期限结构。参阅 Bruce Kogut and Hugh Patrick, "Executive Summary," in "The Quantitative Revolution and the Crisis: How Have Quantitative Financial Models Been Used and Misused?"（Columbia Business School, December 4, 2009），http://markleehunter.free.fr/documents/quant crisis.pdf。也参阅 https://www8.gsb.columbia.edu/leadership/research/dec2009。

54 这篇文章最初发表在兰德公司的一份期刊上：*Bell Journal of Economics and Management Science* 4（Spring 1973）: 141-83。它被转载在莫顿的《连续时间金融》修订版中（Malden, MA: Blackwell, 1992），第 255~308 页。这一引用出现在第 256 页。

55 引自 Kogut and Patrick, "Executive Summary," 7。也参阅 Mackenzie, *Engine, Not a Camera*, "Introduction"。

56 MacKenzie, *Engine, Not a Camera*, 6.

57 Paul A. Samuelson and Robert C. Merton, "A Complete Model of Warrant Pricing That Maximizes Utility," *Industrial Management Review* 10, no. 2（1969）: 17-46. 随机微积分是二战后为工程、理论物理和生物学方面的应用而发展起来的，研究人员特别关注随机扩散，如热传导过程。照此类推，热传导方程可

以应用于以模型化为随机过程的证券价格（正如巴施里耶所表明的那样）。这种类比在 1966 年保罗·萨缪尔森的《认股权证定价的合理理论》发表时就已经明确了，这篇文章中包含亨利·麦基恩（Henry P.McKean）的附录，题为《数理经济学问题引发的热方程的自由边界问题》。

58　这个名字存在一些误导性，因为投资者不能持续交易，即使是在数字环境下，每一家交易所都会关门。然而，"连续时间金融"却与"离散时间金融"相反。前者需要随机微积分。

59　Merton, "Preface," *Continuous-Time Finance*, xiii.

60　Merton, *Continuous-Time Finance*; Cox, Ross, and Rubenstein, "Option Pricing: A Simplified Approach," *Journal of Financial Economics* 7, no. 3（1979）: 229-63; 以及 Harrison and Kreps, "Martingales and Arbitrage in Multiperiod Securities Markets," *Journal of Economic Theory* 20, no. 3（1979）: 381-408. 约翰·考克斯和斯蒂芬·罗斯在麻省理工学院斯隆管理学院任教，马克·鲁宾斯坦在加州大学伯克利分校哈斯商学院任教。迈克尔·哈里森和戴维·克雷普斯是斯坦福大学商学院教员，斯坦利·普利斯卡在芝加哥伊利诺伊大学任教。

61　Cox, Ross, and Rubenstein, "Option Pricing," 229-63.

62　Doob, *Stochastic Processes*（New York: Wiley, 1953）, 91.

63　Stephen A. Ross, *Neoclassical Finance*（Princeton, NJ: Princeton University Press, 2005）, 第 1 章; 和 Philip H. Dybvig and Ross, "Arbitrage" in *New Palgrave*: *A Dictionary of Economics*, ed. J. Eatwell, M. Milgate, and P. Newman（London: Macmillan, 1987）I:100-106。

64　Stephen A. Ross, "The Arbitrage Theory of Capital Asset Pricing," Working Paper no. 2（Wharton School Rodney L. White Center for Financial Research）https://rodneywhitecenter.wharton.upenn.edu/working-papers/papers-1973/.

65　Pliska, *Introduction to Mathematical Finance*: *Discrete Time Models*（Oxford: Blackwell,1997）, 6. 之后在文中引用。

66　Bookstaber, *Demon*, 第 8 章。

67　Lo, "Introduction," Financial Econometrics（unpublished PDF［2006］）, 1-2.

68　在 2006 年完成的一份论文草稿中，罗闻全指出，"金融计量经济学"一词不是 1986 年发明的，但这个专业正迅速成为 "当今学术界和工业界发展最快的经济学分支之一"。"Introduction," Financial Econometrics, 1, 14.

69 John H. Cochrane, *Asset Pricing*, revised ed. (Princeton, NJ: Princeton University Press, 2005) , 390-91.

70 Fama, "Efficient Capital Markets II," 1575-1617.

71 http:// vlab .stern .nyu .edu/ en/. Further reading on ARCH and GARCH can be found in Robert F. Engle and C. W. J. Granger, *Long-run Economic Relationships*: *Readings in Cointegration* (Oxford: Oxford University Press, 1991) ; and Robert F. Engle, ed., *ARCH*: *Selected Readings* (Oxford: Oxford University Press, 1995) .

72 Robert J. Shiller, *Market Volatility* (Cambridge, MA: MIT Press, 1989) , 154. See, Shiller, *Irrational Exuberance* (Princeton, NJ: Princeton University Press, 2000) .

73 Shiller, "From Efficient Markets Theory to Behavioral Finance," *Journal of Economic Perspectives* 17, no. 1 (Winter 2003) : 90, 91. 除了席勒的《非理性繁荣》之外，行为金融的例子还包括 :Hersh Shefrin, *Beyond Greed and Fear*: *Understanding Behavioral Finance and the Psychology of Investing* (Boston: Harvard Business School Press, 2000) ; Andrei Shleifer, *Inefficient Markets* (Oxford: Oxford University Press, 2000) ; George A. Akerlof and Robert J. Shiller, *Animal Spirits*: *How Human Psychology Drives the Economy and Why It Matters for Global Capitalism* (Princeton, NJ: Princeton University Press, 2009) ; José A. Scheinkman, *Speculation, Trading, and Bubbles* (New York: Columbia University Press, 2014)。

74 参阅 Nicola Giocoli, *Modeling Rational Agents*: *From Interwar Economics to Early Modern Game Theory* (Cheltenham : Edward Elgar, 2003) , 第 2 章。

75 *Econometrica* 47, no. 2 (1979) : 263-91.

76 Zeckhauser, "Investing in the Unknown and Unknowable".

77 Shiller, "From Efficient Markets Theory," 101-2.

78 Akerlof, "Behavioral Macroeconomics and Macroeconomic Behavior," *American Economic Review* 92, no. 3 (June 2002) : 411-33.

第十章 美国金融的转型

1 Olivier J. Blanchard, "The Lucas Critique and the Volcker Deflation," *American Economic Review* 74, no. 2（May 1984）: 211-15.

2 Greta R. Krippner, *Capitalizing on Crisis*: *The Political Origins of the Rise of Finance*（Cambridge, MA: Harvard University Press, 2011）, 120.

3 "The Great Moderation: Remarks by Governor Ben S. Bernanke"（February 20, 2004）,Federal Reserve Board（http:// www .federalreserve .gov/ boarddocs/ speeches/ 2004/20040220/）.

4 Olivier Blanchard, "The State of Macro," NBER Working Papers Series, n. 14259（2008）, 17, n. 7（http:// www .nber .org/ papers/ w14259）.

5 大莱信用卡有限公司（Diners Club）在 20 世纪 50 年代推出了第一张信用卡，但这实际上是一张收费卡，借款人必须在每一个记账周期进行偿还。同一年代，美国银行发行了美国银行信用卡，这是第一张通用信用卡。20 世纪 70 年代中期，这变成了维萨卡（Visa）。

6 Jeffrey Frankel and Peter Orszag, "Introduction," to Frankel and Orszag, eds., *American Economic Policy in the 1990s*（Cambridge, MA: MIT Press, 2002）, 1.

7 投资组合保险是运用布莱克－斯科尔斯－莫顿期权定价模型理论的一种投资策略。其目的是保护股票投资组合不跌破规定的最低价值。正如唐纳德·麦肯齐所解释的那样，"资产价值下降不能超过的下限，就是对该资产的看跌期权，即以保证价格水平出售资产的一种期权。因此，原则上，投资组合的价值可以通过购买投资组合的卖空价格来保证，其价格相当于期望价格的下限"。*An Engine, Not a Camera*: *How Financial Models Shape Markets*（Cambridge, MA: MIT Press, 2006）, 179. 加州大学伯克利分校的海恩·利兰（Hayne E. Leland）和马克·鲁宾斯坦两位金融学教授在 20 世纪 70 年代末开发了投资组合保险（这是一种交易策略，而不是保险），1981 年，他们联合约翰·奥布莱恩创立了利兰·奥布莱恩·鲁宾斯坦合伙人公司（Leland O'Brien Rubenstein Associates, Inc., LOR）。他们意识到，假设资产价格会像布莱克－斯科尔斯－莫顿期权定价模型设想的那样呈现对数的正态波动是不现实的，所以他们建模和出售的策略并没有在一段时间内对一个投资组合进行"保险"，而只是针对给定数量的股票－价格波动产生了一个复制投资组合。投资组合保险在 20 世纪 80 年代中期变得非常流行，到 1987 年秋天，价值 500 亿美元的股票被 LOR 及其特许持有人融券；另外 500 亿美元被包括摩根士丹利在内的模仿者融券。这种策略的问题是，如果股票价格开始不连续地下跌，就不可能足够快地产生一个复制投资组合。当这么多投资者使用投资组合保险技术时，情况就是这样：当计算机程序按照要求所有投资者同时卖出的 LOR 公式来管理交易时，价格下跌就开始在一个反馈回路中"滚雪球"。1987 年 10 月 19 日（星期一）道琼斯工业平均指数带头暴跌，是美国股市历史上最大的单日跌幅。在崩盘之后的两天，价格几乎相等地上涨，所谓的"波动率偏倚"或"波动率微笑"开始出现在期权的隐含波动率和相同到期日的套期价格两者之间的比率上。这一现象揭示了布莱克－斯科尔斯－莫顿期权定价模型的缺陷。参阅 MacKenzie, *Engine*，第七章和 Richard Bookstaber, *A Demon of Our Own Design*: *Markets, Hedge Funds, and the Perils of Financial Innovation*（Hoboken, NJ: John Wiley & Sons, 2007），第二章。

8 Jacob Hacker, *The Great Risk Shift*: *The Assault on American Jobs, Families, Health Care, and Retirement, and How You Can Fight Back*（New York: Oxford University Press, 2006）.

9 Frankel and Orszag, "Introduction," 8.

10 关于长期资本管理公司的崩溃，参阅 MacKenzie, *Engine*, 第八章。

11 Robin Greenwood and David Sharfstein, "The Growth of Finance," *Journal of Economic Perspectives* 27, no. 2（Spring 2013）: 1. 之后在文中引用。

12 美国经济的转变与其他经济体的变化，也与全球经济有着千丝万缕的联系。不受监管的资本流动通过出售证券化资产，以及各种货币的价值变动来转移风险，所有这些因素都影响到美国经济和金融结构的变化。虽然这些因素是至关重要的，但它们并不构成我们历史的一部分。全球化的重要研究包括: Assaf Razin, *Understanding Global Crises*: *An Emerging Paradigm*（Cambridge, MA: MIT Press, 2014）; Paul Langley, *The Everyday Life of Global Finance*: *Saving and Borrowing in Anglo-America*（Oxford: Oxford University Press, 2008）; Rawi

Abdelal, *Capital Rules*: *The Construction of Global Finance*（Cambridge, MA: Harvard University Press, 2007）; Xavier Freixas, Luc Laeven, and José-Luis Peydró, *Systemic Risk, Crises, and Macroprudential Regulation*（Cambridge, MA: MIT Press, 2015; 以及 Edward LiPuma and Benjamin Lee, *Financial Derivatives and the Globalization of Risk*（Durham, NC: Duke University Press, 2004）。

13 N. Gregory Mankiw and David Romer, eds., *New Keynesian Economics, Volume I: Imperfect Competition and Sticky Prices*（Cambridge, MA: MIT Press, 1991）, 1-2. 关于菲利普斯曲线的争论可以在下文中找到 :Edmund Phelps, ed., *The Microeconomic Foundations of Employment and Inflation Theory*（New York: W. W. Norton, 1970）。

14 经济学家和金融理论家看到这种结构转变的不同面孔有助于解释劳伦斯·萨默斯在 1985 年所描述的这两门学科之间的分裂。参阅 "On Economics and Finance," *Journal of Finance*, 40, no. 3（July 1985）: 633-35。

15 Ezra Solomon, *The Anxious Economy*（San Francisco: W. H. Freeman, 1975）。所罗门是经济顾问委员会的工作人员。

16 Merton H. Miller, "Financial Innovation: The Last Twenty Years and the Next," *Revue De La Banque*（1986）: 35-42.

17 Christopher A. Sims, "Macroeconomics and Reality," *Econometrica* 48, no. 1（1980）: 1-48.

18 关于这些冲击的总结，参阅 Alan S. Blinder, *Economic Policy and the Great Stagflation*（New York: Academic Press, 1979）, 42。史蒂文·麦克尼斯（Stevn K. McNees）指出了 6 种冲击: "(1) 实行和放松了工资和价格管制的几个不同阶段;（2) 从固定汇率向弹性汇率的转变以及随后学会适应汇率引起的商品价格变动的经验;（3) 进口石油价格突然翻了两番;（4) 人口结构、公共政策和社会态度的变化及其据称对'自然'失业率的影响;（5) 政府规定的限制供应或提高成本的措施日益重要;（6) 实行货币政策的新框架。" "An Empirical Assessment of New Theories of Inflation and Unemployment," in *After the Phillips Curve: Persistence of High Infl ation and High Unemployment: Proceedings of a Conference Held at Edgartown, Massachusetts, June, 1978* (Boston: Federal

Reserve Bank of Boston, Public Information Centre, 1978）, 45.

19 James Tobin, "Stabilization Policy Ten Years After," *Brookings Papers on Economic Activity*, 11, no. 1（1980）: 20-89.

20 管理数百万美国人退休储蓄的费用，加上诸如投资经理附带权益准备金等优惠税收减免，帮助金融部门在 20 世纪 80 年代的资金成倍增长，并为多名拥有亿万美元资产的对冲基金经理、私募股权顾问和风险资本巨头提供了一个新的镀金时代。关于 2015 年对冲基金经理的薪酬，见机构投资者 Alpha 的 2015 年对冲基金排名：http://www.institutionalinvestorsalpha.com/HedgeFundCompensationReport/html。

21 July L. Klein, "The Cold War Hot House for Modeling Strategies at the Carnegie Institute of Technology," Working Paper No. 19, Institute for New Economic Thinking.

22 John F. Muth, "Rational Expectations and the Theory of Price Movements," *Econometrica* 29, no. 3（1961）: 316.

23 罗杰·法马（Roger E. A. Farmer）称穆斯的理性预期是一场"革命"：*How the Economy Works*: *Confidence, Crashes and Self-Fulfilling Prophecies*（Oxford: Oxford University Press, 2010）, 65。米歇尔·德弗洛埃同意这一观点，尽管他对穆斯的评价低于法马的评价："科学革命的概念经常被滥用。但如果微观经济学史上有一段时期值得贴上这个标签，那就是卢卡斯发起的，由基德兰德和普雷斯科特完成的转型——从凯恩斯主义者转向卢卡斯式方法。"*A History of Macroeconomics from Keynes to Lucas and Beyond*（Cambridge:Cambridge University Press, 2016）, 280.

24 Lucas, "Expectations and the Neutrality of Money," in *Studies in Business Cycle Theory*（Cambridge, MA.: MIT Press, 1981）, 65-89. 卢卡斯的其他重要文章包括："An Equilibrium Model of the Business Cycle"（1975）in *Studies*, 179-214; 以及 "Understanding Business Cycles"（1977）in *Studies*, 215-39。

25 De Vroey, *History*, 第 9 章。

26 参阅 Kevin D. Hoover, *The New Classical Macroeconomics*（Oxford: Basil Blackwell, 1988）; 以及 De Vroey, *History*, 第 15~17 章。

27 Prescott, "Nobel Lecture: The Transformation of Macroeconomic Policy and Research," *Journal of Political Economy* 114（2006）: 231-32.

28 De Vroey, *History*, 264-65. 关于"结构参数"的概念化及其局限性，参阅 Duo Qin, *A History of Econometrics*: *The Reformation from the 1970s*（Oxford: Oxford University Press, 2013）, 115-17。

29 De Vroey, *History*, 281. 虽然秦朵同意 RBC 模型是创新的，但她认为，"一般均衡方法继承并正规化了 NBER 的传统，即强调特定部门的冲击在经济周期研究中的作用，但代价是以校准取代计量经济估计，从而取消了模型检验的相关计量标准"（*History of Econometrics*, 102）。

30 Robert E. Lucas and Edward C. Prescott, "Investment under Uncertainty," *Econometrica* 39, no. 5（1971）: 659-81.

31 Charles G. Renfro, *The Practice of Econometric Theory*: *An Examination of the Characteristics of Econometric Computation*（Berlin: Springer, 2009）.

32 该丛书的作者包括约翰·穆斯、克莱夫·格兰杰、克里斯托弗·西姆斯、本耐特·迈考卢姆（Bennett Macallum）、约翰·泰勒、罗伯特·巴罗（Robert Barrow）、芬恩·基德兰德、爱德华·普雷斯科特和吉列尔莫·卡尔沃（Guillermo Calvo）。

33 这些是罗伯特·默顿·索洛从卢卡斯 - 萨金特的报告中挑选出来的一些短语，索洛将其描述为包含了"使人联想起斯皮罗·阿格纽（Spiro Agnew）的有争议的用词"。"Summary and Evaluation," in *After the Phillips Curve*, 203-4. 至于保罗·罗默对这次交流的评论，参阅 "Solow's Choice"（August 14, 2015）, http:// paulromer .net/ solows-choice/。

34 Robert E. Lucas and Thomas J. Sargent, "After Keynesian Macroeconomics," in *Rational Expectations and Econometric Practice*, ed. Robert E. Lucas Jr. and Thomas J. Sargent（Minneapolis: University of Minnesota Press, 1981）, 307.

35 Lawrence Klein, "Disturbances in the International Economy," in *After the Phillips Curve*, 84-85.

36 Klein, "Disturbances," 85.

37 Richard Palmer, "Final Plenary Discussion," in Philip W. Anderson, Kenneth

J. Arrow, and David Piner, eds., *The Economy as an Evolving Complex System* （Westview, CT: Westview Press, 1988）, 258, 259, 261.

38 引自 Klein, "Cold War Hot House" 45-46。

39 "正如普雷斯科特的措辞所暗示的那样，有人错误地认为，基德兰德－普雷斯科特模型解释了在研究所期间，美国商业的波动在一定程度上是由于主体对外部冲击的优化反应。正确的措辞应该是：'基德兰德和普雷斯科特建立了一种模型经济，在这种经济中，各个主体被定义在均衡状态；他们通过模拟发现，用它的几个矩复制了根据美国统计数据计算出的在所考虑的时期内的矩。'从方法上讲，这种差异是不可忽略的：忽略它，人们会认为理性预期这一均衡规律等是现实的特征，而实际上它们只是构建模型的工具。"De Vroey, *History*, 305.

40 De Vroey, *History*, 264. 真实经济周期理论将计量经济学降级，这有助于解释计量经济学历史学家秦朵对所有理性预期模型的批评，尽管她明确指出了模型与它们声称要阐明的世界之间的差距。"从应用的角度来看，形式化的意义变得更加难以识别，特别是在经济衰退的事前预测成功率被作为一个关键标准的情况下。只有少数几个聪明绝顶的人预测过，2008 年金融危机引发的经济衰退，而有不同模型的常规预报员错过了这一事实，这是对我们的最新警告，表明形式化的效率可能远远不是最优的。"Qin, *History of Econometrics*, 111.

41 Lawrence J. Christiano, Martin S. Eichenbaum, and Charles Evans, *Nominal Rigidities and the Dynamic Effects of a Shock to Monetary Policy*（Cambridge, MA: National Bureau of Economic Research, 2001）.

42 Renfro, *Practice of Econometric Theory*, 第 7 章。TSP 是 1965—1966 年发展起来的；MODLR 和 PcGive 是在 1968 年发明的。TSP 是为了避免而不是利用桌面计算机。

43 德弗洛埃称这组模型为"第二代新兴凯恩斯主义"模型（History, chap. 18）。与新兴凯恩斯主义有关的经济学家包括霍尔迪·加利（Jordi Gali）、迈克尔·格特勒（Michael Gertler）和迈尔斯·金博尔（Miles Kimball）。

44 除了德弗洛埃的《历史》的第 11 章以外，参阅 David Colander, "Introduction" to Colander, ed., *Post-Walrasian Microeconomics*: *Beyond the Dynamic Stochastic*

General Equilibrium Model（Cambridge: Cambridge University Press, 2006），
1-23。

45 Michael Woodford, *Interest and Prices*: *Foundations of a Theory of Monetary Policy*（Princeton, NJ: Princeton University Press, 2003）.

46 Woodford, *Interest and Prices*, 39.

47 "New Neoclassical Synthesis and the Role of Monetary Policy," in Ben S. Bernanke and Julio Rotemberg, eds., *NBER Macroeconomics Annual*（1997），232-33.

48 L. Randall Wray, *Why Minsky Matters*: *An Introduction to the Work of a Maverick Economist*（Princeton, NJ: Princeton University Press, 2016），24. 我们对明斯基的讨论得益于雷（Wray）对明斯基工作的及时研究。

49 Wray, *Why Minsky Matters*, 31-33.

50 Shiller, "From Efficient Markets Theory to Behavioral Finance," *Journal of Economic Perspectives* 17, no. 1（Winter 2003）: 83-104.

51 Daniel Kahneman and Amos Tversky, *Choices*, *Values*, *and Frames*（New York: Russell Sage Foundation, 2000）; Richard H. Thaler, *Misbehaving*: *The Making of Behavioral Economics*（New York: W. W. Norton & Co., 2015）;and Herbert Gintis, *The Bounds of Reason*: *Game Theory and the Unification of the Behavioral Sciences*（Princeton, NJ: Princeton University Press, 2009）. For comprehensive reviews of game theory, See Robert J. Aumann and Sergiu Hart, *Handbook of Game Theory with Economic Applications*（Amsterdam: North-Holland,1992）; Aumann and Hart, *Handbook of Game Theory with Economic Applications*, vol. 2.（Amsterdam:North-Holland, 1995）; Aumann and Hart, *Handbook of Game Theory with Economic Applications*, vol. 3（Amsterdam: Elsevier, 2002）and H. P. Young, Shmuel Zamir, and Ken Binmore, *Handbook of Game Theory*, vol. 4（Amsterdam: Elsevier, 2015）.

52 Colin Camerer, George Lowenstein, and Matthew Rabin, *Advances in Behavioral Economics*（New York: Russell Sage Foundation, 2004）; and Peter A. Diamond and Hannu Vartiainen, *Behavioral Economics and Its Applications*（Princeton, NJ: Princeton University Press, 2007）.

53 Carl Shapiro and Hal R. Varian, *Information Rules*: *A Strategic Guide to the Network Economy*（Boston, MA: Harvard Business School Press, 1999）. 2001 年，乔治·阿克洛夫、迈克尔·斯宾塞（Michael Spence）和约瑟夫·斯蒂格利茨（Joseph E. Stiglitz）共同获得了诺贝尔经济学奖。

54 William N. Goetzmann and Roger G. Ibbotson, *The Equity Risk Premium*: *Essays and Explorations*（New York: Oxford University Press, 2004）.

55 Roman Frydman and Michael D. Goldberg, *Imperfect Knowledge Economics*: *Exchange Rates and Risk*（Princeton, NJ: Princeton University Press, 2007）.

56 Claude Ménard and Mary M. Shirley, *Handbook of New Institutional Economics*（Berlin: Springer, 2008）;and Jean Tirole, *The Theory of Corporate Finance*（Princeton, NJ: Princeton University Press, 2006）.

57 Philippe Aghion and Peter Howitt, with Maxine Brant-Collett and Cecilia Garcia-Penalosa, *Endogenous Growth Theory*（Cambridge, MA: MIT Press, 1998）; and Stelios Michalopoulos,Luc Laeven, and Ross Levine, *Financial Innovation and Endogenous Growth*（Cambridge, MA: National Bureau of Economic Research, 2009）.

58 Sunny Y. Auyang, *Foundations of Complex-Systems Theories in Economics, Evolutionary Biology, and Statistical Physics*（Cambridge: Cambridge University Press, 1998）.

59 Wynne Godley, Marc Lavoie, and Gennaro Zezza, *The Stock-Flow Consistent Approach*: *Selected Writings of Wynne Godley*（New York: Palgrave Macmillan, 2006）.

60 Masahisa Fujita, Paul R. Krugman, and Anthony Venables, *The Spatial Economy*: *Cities, Regions, and International Trade*（Cambridge, MA: MIT Press, 1999）.

61 在卡特总统任期内，最初对卡车、航空公司、天然气和银行业实行放松管制。在里根总统任期内，放松管制的范围扩大到电信、电力和环境保护等领域。

62 Krippner, *Capitalizing*, 第 3 章。

63 Matthew Sherman, "A Short History of Financial Deregulation in the United States," Center for Economic and Policy Research（July 2009）, 1-2（http:// cepr

.net/ documents/publications/ dereg-timeline-2009-07.pdf ）.

64 Greenwood and Scharfstein, "The Growth of Finance," 3.

65 Zoltan Pozsar, Tobias Adrian, Adam Ashcroft, and Haley Boesky, "Shadow Banking," Federal Reserve Bank of New York Staff Report（2010）.

66 《金融危机调查报告》(*The Financial Crisis Inquiry Report*)（Washington, DC: US Government National Commission on the Causes of the Financial and Economic Crisis in the United States, 2011）, 252。

67 Patrick Hosking et al., "Dow Dives as Federal Reserve Lines Up \$75b loan for AIG," *Times*（London）, September 16, 2008.

68 Gregory Gethard, "Falling Giant: A Case Study of AIG," www .investopedia .com/ articles/ economics/ 09/ american-investment-group-aig-bailout .asp.

69 Ben S. Bernanke, *The Courage to Act*: *A Memoir of a Crisis and its Aftermath*（New York:W. W. Norton & Co., 2015）, 第 13 章。

70 参阅 Freixas, Laeven, and Peydro, *Systemic Risk*, 第 2、3、6 章。

71 Tobias Adrian and Hyun Song Shin, "The Changing Nature of Financial Intermediation and the Financial Crisis of 2007-2009," *Annual Review of Economics* 2（2010）: 603-8,C1-C14, 609-18. 此书其他章节还将引用此文。也参阅 Tobias Adrian and Hyun Song Shin, "Liquidity and Leverage," http:// hdl .handle. net/ 10419/ 60918。这篇论文是在 2008 年 4 月 18 日的国际基金会议上发表的，写于危机刚开始时。

72 Alan S. Blinder and Ricardo Reis, "Understanding the Greenspan Standard," Paper presented at the Fed Reserve Bank of Kansas Symposium, "The Greenspan Era"（September 12, 2005）, 48, 8（https:// www .kansascityfed .org/ publicat/ sympos/ 2005/ pdf/ Blinder-Reis2005.pdf ）。此书其他章节还将引用此文。

73 Adrian and Shin, "Liquidity and Leverage," 12.

74 同上，26~28。

75 量化宽松 1（QE1）始于 2008 年 11 月，当时美联储购买了 6 000 亿美元的按揭贷款抵押证券；QE1 在 2010 年 6 月达到 2.1 万亿美元的峰值。QE2 始于 2010 年 11 月，当时美联储购买了 6 000 亿美元的国债证券。QE3 开始于 2012

年 9 月，最初包括每月购买 400 亿美元的机构抵押证券，但在 2012 年 12 月，开放式的月度购买额增加到 850 亿美元。美联储在 2014 年 2 月开始缩减购买规模，并在 2014 年 10 月停止购买。

76 2007—2009 年金融危机的部分时间表：

2007 年 3 月　抵押贷款拖欠和丧失房屋赎回权的案例数量达到新高

　　　　　　　新世纪金融停止发放新贷款

2007 年 4 月　新世纪金融按美国《破产法》第 11 章的规定申请破产

2007 年 5 月　USB 关闭其美国次级贷款部门

2007 年 7 月　S&P 和穆迪对次级按揭贷款抵押债券降级

2007 年 8 月　美国住房抵押贷款公司申请破产

　　　　　　　法国巴黎银行（BNP Paribus）冻结了受次贷影响的 3 只基金

　　　　　　　美洲银行收购了全美抵押贷款公司价值 20 亿美元的股权

　　　　　　　雷曼兄弟关闭了次级按揭贷款发行部门

2007 年 12 月　衰退开始（第一季度）

　　　　　　　瑞银（UBS）宣布减记 100 亿美元

　　　　　　　花旗集团拯救了 7 家附属结构化投资工具

2008 年 3 月　摩根大通宣布将收购贝尔斯登

2008 年 5 月　穆迪发起评级错误调查

2008 年 6 月　S&P 揭露了其评级模型中的错误

2008 年 7 月　IndyMac 申请破产

2008 年 8 月　消费信贷紧缩

2008 年 9 月　房利美和房地美被接管

　　　　　　　1 只大型货币市场基金跌破 1 美元（"breaks the buck"）

　　　　　　　美国政府接管了 AIG 的控制权

　　　　　　　雷曼兄弟公司申请破产

　　　　　　　巴克莱银行同意收购雷曼兄弟公司

　　　　　　　美洲银行收购美林公司

　　　　　　　华盛顿互惠公司申请破产

2008 年 10 月　消费者支出出现 17 年以来第一次下降

2008 年 11 月　美联储开始 QE1

2008 年 12 月　美国政府救助汽车行业

　　　　　　　高盛集团公布自 1999 年首次出现损失

2009 年 3 月　　AIG 公布第四季度损失 617 亿美元

2010 年 11 月　美联储开始 QE2

2012 年 9 月　　美联储开始 QE3

2012 年 12 月　美联储增加 QE3 购买

2014 年 2 月　　美联储开始缩减 QE3 购买

此时间表的主要来源是：www.centerforfinancialstability.org/timeline.php.

77　全球金融危机对美国政策的影响，参阅 Martin N. Baily and John B. Taylor, *Across the Great Divide*: *New Perspectives on the Financial Crisi*s（Stanford: Hoover Institution Press, 2014）; Alan S. Blinder, Andrew W. Lo, and Robert M. Solow, *Rethinking the Financial Crisis*（New York: Sage, 2013）; George O. Akerlof, Olivier Blanchard, David Romer, and Joseph E. Stiglitz, *What Have We Learned?*: *Macroeconomic Policy after the Crisis*（Washington, DC: International Monetary Fund, 2014）; Carmen M. Reinhart and Kenneth S. Rogoff , *This Time Is Diff erent*: *Eight Centuries of Financial Folly*（Princeton, NJ: Princeton University Press, 2009）。从历史的角度看 20 世纪 70 年代对微观基础的争论，参阅 Roman Frydman and Edmund S. Phelps, *Rethinking Expectations*: *The Way Forward for Macroeconomics*（Princeton, NJ: Princeton University Press, 2013）。从历史的角度来看菲利普斯曲线含义的现代解读，参阅 Jeffrey C. Fuhrer et al., *Understanding Inflation and the Implications for Monetary Policy*: *A Phillips Curve Retrospective*（Cambridge, MA: MIT Press, 2009）。

78　See Nassim N. Taleb, *The Black Swan*: *The Impact of the Highly Improbable*（New York: Random House, 2007）.

79　Ben Bernanke, *Essays on the Great Depression*（Princeton, NJ: Princeton University Press, 2000）. See Olivier Blanchard, Giovanni Dell'Aricca, and Paolo Mauro, "Rethinking Macroeconomic Policy," *Journal of Money, Credit and Banking* 42（2010）: 199-215.

参考文献

Abbott, Edith. "The Wages of Unskilled Labor in the United States, 1850–1900." *Journal of Political Economy* 13, no. 3 (1905): 321–67.

Abdelal, Rawi. *Capital Rules: The Construction of Global Finance.* Cambridge, MA: Harvard University Press, 2007.

Accountants' Handbook. Edited by Earl A. Saliers. 14th ed. New York: Ronald, 1923.

Adams, T. S. "Federal Taxes upon Income and Excess Profits." *American Economic Review* 8, no. 1, suppl. (March 1918): 18–35.

Admati, Anat, and Martin Hellwig. *The Bankers' New Clothes: What's Wrong with Banking and What to Do about It.* Princeton, NJ: Princeton University Press, 2013.

Adrian, Tobias, and Hyun Song Shin. "Liquidity and Leverage." Staff Report no. 328. New York: Federal Reserve Bank of New York, 2008. https://www.econstor.eu/handle/10419/60918.

———. "The Changing Nature of Financial Intermediation and the Financial Crisis of 2007–2009." *Annual Review of Economics* 2 (2010): 603–18.

Aghion, Philippe, and Peter Howitt with Maxine Brant-Collett and Cecilia García-Peñalosa. *Endogenous Growth Theory.* Cambridge, MA: MIT Press, 1998.

Akerlof, George A. "Behavioral Macroeconomics and Macroeconomic Behavior." *American Economic Review* 92, no. 3 (June 2002): 411–33.

Akerlof, George, Olivier Blanchard, David Romer, and Joseph Stiglitz, eds. *What Have We Learned? Macroeconomic Policy after the Crisis.* Washington, DC: International Monetary Fund, 2014.

Akerlof, George A., and Robert J. Shiller. *Animal Spirits: How Human Psychology Drives the Economy, and Why It Matters for Global Capitalism.* Princeton, NJ: Princeton University Press, 2009.

Alchon, Guy. *The Invisible Hand of Planning: Capitalism, Social Science, and the State in the 1920s.* Princeton, NJ: Princeton University Press, 1985.

Aliprantis, Charalambos D., and Kim C. Border. "A Foreword to the Practical." In *Infinite Dimensional Analysis: A Hitchhiker's Guide,* 3d ed., xix–xxiv. Berlin: Springer, 2007.

Allais, Maurice. "Irving Fisher." In *International Encyclopedia of the Social Sciences* (17 vols.), ed. David L. Sills, 5:475–85. New York: Macmillan/Free Press, 1968.

Allen, Frederick Lewis. *Only Yesterday: An Informal History of the 1920s.* New York: John Wiley & Sons, 1931.

Allen, R. G. D. *Index Numbers in Theory and Practice.* Houndsmills: Macmillan, 1975.

Allen, Robert Loring. *Irving Fisher: A Biography*. New York: John Wiley & Sons, 1993.

An Analysis of the Sources of War Finance and an Estimate of the National Income and Expenditure in 1938 and 1940. Command Paper 6261. London: HM Stationery Office, 1941.

Arrow, Kenneth J. "Alternative Proof of the Substitution Theorem for Leontief Models in the General Case." In *Activity Analysis of Production and Allocation: Proceedings of a Conference,* ed. Tjalling C. Koopmans, 155–64. New York: Wiley, 1951.

———. "The Role of Securities in the Optimal Allocation of Risk-Bearing." *Journal of Economic Studies* 31, no. 2 (April 1964): 91–96.

———. "The Organization of Economic Activity: Issues Pertinent to the Choice of Market versus Nonmarket Allocation." 1969. In *Collected Papers of Kenneth J. Arrow*, vol. 2, *General Equilibrium*, 133–55. Cambridge, MA: Belknap Press of Harvard University Press, 1983.

———. "Portrait: Jacob Marschak." *Challenge* 21, no. 1 (March/April 1978): 69–71.

Arrow, Kenneth J., and Gérard Debreu. "Existence of an Equilibrium for a Competitive Economy." *Econometrica* 22, no. 3 (July 1954): 265–90.

Aumann, Robert J., and Sergiu Hart. *Handbook of Game Theory with Economic Applications*. 3 vols. Amsterdam: North-Holland, 1992–2002.

Auspitz, Rudolf, and Richard Lieben. *Untersuchungen über die Theorie des Preises* (Researches in price theory). Leipzig: Duncker & Humblot, 1889.

Auyang, Sunny Y. *Foundations of Complex-Systems Theories in Economics, Evolutionary Biology, and Statistical Physics*. Cambridge: Cambridge University Press, 1998.

Avi-Yonah, Reuven S. "Corporate Income Tax of 1909." Major Acts of Congress, 2004. http://www.encyclopedia.com/doc/1G2-3407400068.html.

Bachelier, Louis. "Theory of Speculation." 1900. Translated by A. James Boness. In *The Random Character of Stock Prices* (rev. ed.), ed. Paul H. Cootner, 17–78. Cambridge, MA: MIT Press, 1964.

Backhouse, Roger E. "MIT and the Other Cambridge." *History of Political Economy* 46, suppl. 1 (2014): 252–71.

Backhouse, Roger E., and Bradley W. Bateman, eds. *The Cambridge Companion to Keynes*. Cambridge: Cambridge University Press, 2006.

Backhouse, Roger E., and Mauro Boianovsky. *Transforming Modern Macroeconomics: Exploring Disequilibrium Microfoundations, 1956–2003*. Cambridge: Cambridge University Press, 2013.

Backhouse, Roger E., and David Laidler. "What Was Lost with IS-LM?" *History of Political Economy* 36, suppl. (2004): 25–56.

Baily, Martin Neil, and John B. Taylor, eds. *Across the Great Divide: New Perspectives on the Financial Crisis*. Stanford, CA: Hoover Institution Press, 2014.

Baker, Dean. *The End of Loser Liberalism: Making Markets Progressive*. Washington, DC:

Center for Economic and Policy Research, 2011.

Balisciano, Marcia L. "Hope for America: American Notions of Economic Planning between Pluralism and Neoclassicism, 1930–1959." In "From Interwar Pluralism to Postwar Neoclassicism," ed. Mary S. Morgan and Malcolm Rutherford, *History of Political Economy* 30, suppl. (1998): 153–78.

Bank, Steven A. "Entity Theory as Myth in the Origins of the Corporate Income Tax." *William and Mary Law Review* 43, no. 2 (2001): 447–537.

Barber, William J. *From New Era to New Deal: Herbert Hoover, the Economists, and American Economic Policy, 1921–1933.* Cambridge: Cambridge University Press, 1985.

Bartlett, William W. *Mortgage-Backed Securities: Products, Analysis, Trading.* New York: New York Institute of Finance, 1989.

Baskin, Jonathan Barron, and Paul J. Miranti, Jr. *A History of Corporate Finance.* Cambridge: Cambridge University Press, 1997.

Batterson, Steve. "The Vision, Insight, and Influence of Oswald Veblen." *Notices of the American Mathematical Society* 54, no. 5 (May 2007): 606–18.

Baumol, William J. "On Method in U.S. Economics a Century Earlier." *American Economic Review* 75, no. 6 (December 1985): 1–12.

Belykh, A. A. "A Note on the Origins of Input-Output Analysis and the Contribution of the Early Soviet Economists: Chayanov, Bogdanov and Kritsman." *Soviet Studies* 41, no. 3 (July 1989): 426–29.

Berg, Eric N. "Market Place: A Study Shakes Confidence in the Volatile-Stock Theory." *New York Times,* February 18, 1992.

Berle, Adolf A., and Gardiner C. Means. *The Modern Corporation and Private Property.* 1932. With a new introduction by Murray L. Weidenbaum and Mark Jensen. 1991. New Brunswick, NJ: Transaction, 2011.

Bernanke, Ben S. "The Macroeconomics of the Great Depression: A Comparative Approach." *Journal of Money, Credit, and Banking* 27, no. 1 (February 1995): 1–28.

———. *Essays on the Great Depression.* Princeton, NJ: Princeton University Press, 2000.

———. "The Great Moderation." Remarks by Governor Ben S. Bernanke at the meetings of the Eastern Economic Association, Washington, DC, February 20, 2004. Federal Reserve Board. http://www.federalreserve.gov/boarddocs/speeches/2004/20040220.

———. *The Courage to Act: A Memoir of a Crisis and Its Aftermath.* New York: Norton, 2015.

Bernstein, Michael A. *A Perilous Progress: Economists and Public Purpose in Twentieth-Century America.* Princeton, NJ: Princeton University Press, 2001.

Bernstein, Peter L. *Capital Ideas: The Improbable Origins of Modern Wall Street.* New York: Free Press, 1992.

Besomi, Daniele, ed. *The Collected Interwar Papers and Correspondence of Roy Harrod.* 3 vols. Cheltenham: Edward Elgar, 2003.

Biddle, Jeff. "Social Science and the Making of Social Policy: Wesley Mitchell's Vision." In *Economic Mind in America: Essays in the History of American Economics,* ed. Malcolm Rutherford, 43-79. London: Routledge, 1998.

Bingham, N. H., and Rüdiger Kiesel. *Risk-Neutral Valuation: Pricing and Hedging of Financial Derivatives.* 1998. 2nd ed. London: Springer, 2004.

Bjerkholt, Olav. "Ragnar Frisch and the Foundation of the Econometric Society and *Econometrica.*" In *Econometrics and Economic Theory in the Twentieth Century: The Ragnar Frisch Centennial Symposium,* ed. Steinar Strøm, 26-57. Cambridge: Cambridge University Press, 1998.

——. "Frisch's Econometric Laboratory and the Rise of Trygve Haavelmo's Probability Approach." *Econometric Theory* 21, no. 3 (June 2005): 491-533.

——. "Writing 'The Probability Approach' with Nowhere to Go: Haavelmo in the United States, 1939-1944." *Econometric Theory* 23, no. 5 (October 2007): 775-837.

Black, Fischer, Michael C. Jensen, and Myron S. Scholes. "The Capital Asset Pricing Model: Some Empirical Tests." In *Studies in the Theory of Capital Markets,* ed. Michael C. Jensen, 79-124. New York: Praeger, 1972.

Black, Fischer, and Myron Scholes. "The Pricing of Options and Corporate Liabilities." *Journal of Political Economy* 81, no. 3 (May-June 1973): 637-54.

Blanchard, Olivier J. "The Lucas Critique and the Volcker Deflation." *American Economic Review* 74, no. 2 (May 1984): 211-15.

——. "The State of Macro." Working Paper no. 14259. Cambridge, MA: National Bureau of Economic Research, 2008. http://www.nber.org/papers/w14259.

Blanchard, Olivier, Giovanni Dell'Ariccia, and Paolo Mauro. "Rethinking Macroeconomic Policy." *Journal of Money, Credit, and Banking* 42, suppl. (2010): 199-215.

Blanchard, Olivier Jean, and Stanley Fischer. *Lectures on Macroeconomics.* Cambridge, MA: MIT Press, 1989.

Blaug, Mark. *Economic Theory in Retrospect.* 1962. 5th ed. Cambridge: Cambridge University Press, 1996.

Blinder, Alan S. *Economic Policy and the Great Stagflation.* New York: Academic, 1979.

Blinder, Alan S., Andrew W. Lo, Robert M. Solow, eds. *Rethinking the Financial Crisis.* New York: Russell Sage Foundation, 2013.

Blinder, Alan S., and Ricardo Reis. "Understanding the Greenspan Standard." Paper presented at the Federal Reserve Bank of Kansas City symposium "The Greenspan Era," Kansas City, MO, September 12, 2005. https://www.kansascityfed.org/publicat/sympos/2005/pdf/Blinder-Reis2005.pdf.

Bloom, Murray Teigh. *Rogues to Riches: The Trouble with Wall Street.* New York: Putnam's, 1971.

Blume, Marshall E., and Irwin Friend. "A New Look at the Capital Asset Pricing Model."

参考文献

Journal of Finance 28, no. 1 (March 1973): 19–34.

Blume, Marshall E., and Jeremy J. Siegel. "The Theory of Security Pricing and Market Structure." *Journal of Financial Markets, Institutions, and Instruments* 1, no. 3 (August 1992): 1–58.

Blyth, Stephen. *An Introduction to Quantitative Finance.* Oxford: Oxford University Press, 2014.

Bodkin, Ronald G., Lawrence R. Klein, and Kanta Marwah. *A History of Macroeconomic Model-Building.* Cheltenham: Edward Elgar, 1991.

Boland, Laurence A. "Methodology." In *The New Palgrave: A Dictionary of Economics* (4 vols.), ed. John Eatwell, Murray Milgate, and Peter Newman, 3:455–58. London: Macmillan, 1998.

Bookstaber, Richard. *A Demon of Our Own Design: Markets, Hedge Funds, and the Perils of Financial Innovation.* Hoboken, NJ: Wiley, 2007.

Bordo, Michael D., and Andrew Filardo. "Deflation and Monetary Policy in a Historical Perspective: Remembering the Past or Being Condemned to Repeat It?" Working Paper no. 10833. Cambridge, MA: National Bureau of Economic Research, October 2004.

Boumans, Marcel. "Built-in Justification." In *Models as Mediators: Perspectives on Natural and Social Science,* ed. Mary S. Morgan and Margaret Morrison, 66–96. Cambridge: Cambridge University Press, 1999.

———. *How Economists Model the World into Numbers.* London: Routledge, 2005.

Box, Joan Fisher. *R. A. Fisher: The Life of a Scientist.* New York: John Wiley & Sons, 1978.

Bratton, William W., and Joseph A. McCahery. "The Equilibrium Content of Corporate Federalism." *Wake Forest Law Review* 41, no. 3 (2006): 619–96.

Bratton, William W., and Michael L. Wachter. "Shareholder Primacy's Corporatist Origins: Adolf Berle and the Modern Corporation." *Journal of Corporation Law* 34, no. 1 (September 2008): 99–152.

Breslau, Daniel. "Economics Invents the Economy: Mathematics, Statistics, and Models in the Work of Irving Fisher and Wesley Mitchell." *Theory and Society* 32, no. 3 (June 2003): 379–411.

Brief, Richard A. "Corporate Financial Reporting at the Turn of the Century." *Journal of Accountancy* 163, no. 5 (May 1987): 142–57.

Brown, Clifford D. *The Emergence of Income Reporting: An Historical Study.* East Lansing: Michigan State University, Graduate School of Business Administration, Division of Research, 1971.

Brownlee, W. Elliot. "Economists and the Formation of the Modern Tax System in the United States: The World War I Crisis." In *The State and Economic Knowledge: The American and British Experiences,* ed. Mary O. Furner and Barry Supple, 401–35. Cambridge: Cambridge University Press, 1990.

———. *Federal Taxation in America: A Short History*. Cambridge: Cambridge University Press, 1996.

Brynjolfsson, Erik. "The Productivity Paradox of Information Technology: Review and Assessment." *Communications of the Association for Computing Machinery* 36, no. 12 (December 1993): 66–77.

Buiter, Willem H. "James Tobin: An Appreciation of His Contribution to Economics." *Economic Journal* 113, no. 491 (November 2003): F585–F631.

Bullock, Charles J. "Trust Literature: A Survey and a Criticism." *Quarterly Journal of Economics* 15 (1901): 167–217.

Burns, Arthur F., and Wesley C. Mitchell. *Measuring Business Cycles*. New York: National Bureau of Economic Research, 1946.

Cagan, Phillip. *Determinants and Effects of Changes in the Stock of Money, 1875–1960*. New York: National Bureau of Economic Research, 1965.

Caldentey, Esteban Pérez, and Matías Vernengo. "Modern Finance, Methodology and the Global Crisis." *Real-World Economics Review*, no. 52 (March 2010): 69–81.

Callon, Michel. "Introduction: The Embeddedness of Economic Markets in Economics." In *The Laws of the Markets*, ed. Michel Callon, 1–57. Oxford: Blackwell, 1998.

Calomiris, Charles W. "Volatile Times and Persistent Conceptual Errors: U.S. Monetary Policy, 1914–1951." In *The Origins, History, and Future of the Federal Reserve: A Return to Jeckyll Island*, ed. Michael D. Bordo and William Roberds, 166–218. Cambridge: Cambridge University Press, 2010.

Camerer, Colin F., George Loewenstein, and Matthew Rabin, eds. *Advances in Behavioral Economics*. New York: Russell Sage Foundation, 2004.

Camic, Charles, and Yu Xie. "The Statistical Turn in American Social Science: Columbia University, 1890 to 1915." *American Sociological Review* 59, no. 5 (October 1994): 773–805.

Card, David, and Craig A. Olson. "Bargaining Power, Strike Durations, and Wage Outcomes: An Analysis of Strikes in the 1880s." *Journal of Labor Economics* 13, no. 1 (January 1995): 32–61.

Carey, John L. "The Origins of Modern Financial Reporting." In *The Evolution of Corporate Financial Reporting*, ed. T. A. Lee and R. H. Parker, 142–57. Sunbury-on-Thames: Thomas Nelson, 1979.

Carson, Carol S. "The History of the United States National Income and Product Accounts: The Development of an Analytical Tool." *Review of Income and Wealth* 21, no. 2 (June 1975): 153–81.

Cecchetti, Stephen G. "Understanding the Great Depression: Lessons for Current Policy." Working Paper no. 6015. Cambridge, MA: National Bureau of Economic Research, April 1997.

Chamberlain, Lawrence, and William Wren Hay. *Investment and Speculation: Studies of Modern Movements and Basic Principles.* New York: Henry Holt, 1931.

Chandler, Alfred D., Jr. *The Visible Hand: The Managerial Revolution in American Business.* Cambridge, MA: Harvard University Press, 1977.

Chiang, Alpha C. *Fundamental Methods of Mathematical Economics,* 3rd ed. New York: McGraw-Hill, 1967.

Chick, Victoria. *Macroeconomics after Keynes: A Reconsideration of the General Theory.* Cambridge, MA: MIT Press, 1983.

Choudhri, Ehsan U., and Levis A. Kochin. "The Exchange Rate and the International Transmission of Business Cycle Disturbances: Some Evidence from the Great Depression." *Journal of Money, Credit, and Banking* 12, no. 4, pt. 1 (November 1980): 565–74.

Christ, Carl F. "History of the Cowles Commission, 1932–52." In *Economic Theory and Measurement: A Twenty Year Research Report, 1932–1952,* 3–65. Chicago: Cowles Commission for Research in Economics, 1952.

Christiano, Lawrence J., Martin Eichenbaum, and Charles Evans. "Nominal Rigidities and the Dynamic Effects of a Shock to Monetary Policy." Working Paper no. 8403. Cambridge, MA: National Bureau of Economic Research, July 2001.

Christophers, Brett. *Banking across Boundaries: Placing Finance in Capitalism.* Malden, MA: Wiley-Blackwell, 2013.

———. "The Limits to Financialization." *Dialogues in Human Geography* 5, no. 2 (2015): 183–200.

Church, Robert L. "Economists as Experts: The Rise of an Academic Profession in the United States, 1870–1920." In *The University in Society,* vol. 2, *Europe, Scotland, and the United States from the 16th to the 20th Century,* ed. Lawrence Stone, 571–609. Princeton, NJ: Princeton University Press, 1974.

Clark, John B. *The Philosophy of Wealth: Economic Principles Newly Formulated.* Boston: Ginn, 1886.

———. "Capital and Its Earnings." *Publications of the American Economic Association,* vol. 3, no. 2 (May 1888).

———. "The Law of Wages and Interest." *Annals of the American Academy of Political and Social Science* 1 (July 1890): 43–65.

———. "Distribution as Determined by a Law of Rent." *Quarterly Journal of Economics* 5, no. 3 (April 1891): 289–318.

———. *The Distribution of Wealth: A Theory of Wages, Interest, and Profits.* 1889. Reprint, New York: Macmillan, 1914.

Coats, A. W. "The First Two Decades of the American Economic Association." *American Economic Review* 50, no. 4 (September 1960): 555–74.

———. "The Distinctive LSE Ethos in the Inter-War Years." *Atlantic Economic Journal* 10, no. 1 (March 1982): 18–30.

Cochrane, John H. *Asset Pricing*. 2001. rev. ed. Princeton, NJ: Princeton University Press, 2005.

Colander, David. "The Death of Neoclassical Economics." *Journal of the History of Economic Thought* 22, no. 2 (2000): 127–43.

———. Introduction to *Post Walrasian Macroeconomics: Beyond the Dynamic Stochastic General Equilibrium Model,* ed. David Colander, 1–23. Cambridge: Cambridge University Press, 2006.

———. "Conversations with James Tobin and Robert J. Shiller on the 'Yale Tradition' in Macroeconomics." In *Inside the Economist's Mind: Conversations with Eminent Economists,* ed. Paul A. Samuelson and William A. Barnett, 392–419. Malden, MA: Blackwell, 2007.

Colander, David C., and Harry Landreth. Introduction to *The Coming of Keynesianism to America: Conversations with the Founders of Keynesian Economics,* ed. David C. Colander and Harry H. Landreth, 1–38. Cheltenham: Edward Elgar, 1996.

Colm, Gerhard. "The Ideal Tax System." *Social Research* 1, no. 3 (August 1934): 319–42. Reprinted in Gerhard Colm, *Essays in Public Finance and Fiscal Policy*, ed. Helen Nicol, 44–67. New York: Oxford University Press, 1955.

———. "Technical Requirements for an Effective Fiscal Policy." Original title: "Maintaining High-Level Production and Employment." *American Political Science Review* xxxix (December 1945): 1126–37. Reprinted in Gerhard Colm, *Essays in Public Finance and Fiscal Policy*, ed. Helen Nicol, 172–87. New York: Oxford University Press, 1955.

———. "Why Public Finance?" *National Tax Journal* 1, no. 3 (September 1948): 193–206. Reprinted in Gerhard Colm, *Essays in Public Finance and Fiscal Policy*, ed. Helen Nicol, 3–23. New York: Oxford University Press, 1955.

———. "Public Finance in the National Income" (in Spanish). *Bulletin of the Central Bank of Venezuela* (June–February 1950): 17–26. Reprinted in Gerhard Colm, *Essays in Public Finance and Fiscal Policy*, ed. Helen Nicol, 223–40. New York: Oxford University Press, 1955.

———. "National Economic Budgets" (in Spanish). *Bulletin of the Central Bank of Venezuela* (May–June 1951): 13–21. Reprinted in Gerhard Colm, *Essays in Public Finance and Fiscal Policy*, ed. Helen Nicol, 241–57. New York: Oxford University Press, 1955.

Colm, Gerhard, and Fritz Lehman. "Public Spending and Recovery in the United States." *Social Research* 3, no. 2 (May 1936): 129–66. Reprinted in Gerhard Colm, *Essays in Public Finance and Fiscal Policy*, ed. Helen Nicol, 113–35. New York: Oxford University Press, 1955.

Committee on Recent Economic Changes. *The Recent Economic Changes in the United States.* 2 vols. New York: National Bureau of Economic Research, 1929.

Conant, Charles A. *A History of Modern Banks of Issue: With an Account of the Economic Cri-*

ses of the Nineteenth Century and the Crisis of 1907. 1896. 4th ed. New York: Putnam's, 1909.

Concepts and Methods of the U.S. National Income and Products Accounts (Chapters 1–5). US Chamber of Commerce/Bureau of Economic Analysis, July 2009. http://www.bea.gov/national/pdf/NIPAhandbookch1–4.pdf.

Cooper, Francis [Hugh Ronald Conyngton]. *Financing an Enterprise: A Manual of Information and Suggestion for Promoters, Investors and Business Men Generally.* 3rd ed. New York: Ronald, 1909.

Cootner, Paul H. "Comments on the Variation of Certain Speculative Prices." In *The Random Character of Stock Market Prices,* ed. Paul H. Cootner, 413–18. Cambridge, MA: MIT Press, 1964.

———. Introduction to *The Random Character of Stock Market Prices,* ed. Paul H. Cootner, 1–6. Cambridge, MA: MIT Press, 1964.

———. Preface to *The Random Character of Stock Market Prices,* ed. Paul H. Cootner, [unpaginated]. Cambridge, MA: MIT Press, 1964.

———, ed. *The Random Character of Stock Market Prices.* Cambridge, MA: MIT Press, 1964.

Copeland, Morris A. "Some Problems in the Theory of National Income." *Journal of Political Economy* 40, no. 1 (February 1932): 1–51.

———. "National Wealth and Income—an Interpretation." *Journal of the American Statistical Association* 30, no. 190 (June 1935): 377–86.

———. "Social Accounting for Money Flows." *Accounting Review* 24, no. 3 (1949): 254–64.

———. *A Study of Moneyflows in the United States.* New York: National Bureau of Economic Research, 1952.

———. "Institutional Economics and Model Analysis." *American Economic Review* 41, no. 2 (1951): 56–65. Reprinted in *Fact and Theory in Economics: The Testament of an Institutionalist; Collected Papers of Morris A. Copeland,* ed. Chandler Morse (Ithaca, NY: Cornell University Press, 1958), 54–66.

Copeland, Morris A., and Edwin M. Martin. "National Income and Capital Formation." *Journal of Political Economy* 47, no. 3 (June 1939): 398–407.

Coser, Lewis A. *Refugee Scholars in America: Their Impact and Their Experiences.* New Haven, CT: Yale University Press, 1984.

Cournot, Augustin. *Récherches sur les principes mathématic de la théorie des richesses.* Paris: Hachette, 1838. Translated by Nathaniel T. Bacon as *Researches into the Mathematical Principles of the Theory of Wealth,* with a bibliography of mathematical economics by Irving Fisher (New York: Macmillan, 1897).

Cowing, Cedric B. *Populists, Plungers, and Progressives: A Social History of Stock and Commodity Speculation, 1890–1936.* Princeton, NJ: Princeton University Press, 1965.

Cowles, Alfred, III. "Can Stock Market Forecasters Forecast?" *Econometrica* 1, no. 3 (July

1933): 309–24.

———. *Common-Stock Indexes: 1871–1937.* Bloomington, IN: Principia, 1938.

Cowles, Alfred, III, and Herbert E. Jones. "Some A Posteriori Probabilities in Stock Market Action." *Econometrica* 5, no. 3 (July 1937): 280–94.

Cox, John C., Stephen A. Ross, and Mark Rubenstein. "Option Pricing: A Simplified Approach." *Journal of Financial Economics* 7, no. 3 (September 1979): 229–63.

Cramér, Harald. *Mathematical Methods of Statistics.* Princeton, NJ: Princeton University Press, 1946.

Craver, Earlene. "Patronage and the Directions of Research in Economics: The Rockefeller Foundation in Europe, 1924–1938." *Minerva* 24, nos. 2–3 (Summer–Autumn 1986): 205–22.

Crosthwaite, Paul, Peter Knight, and Nicky Marsh. *Show Me the Money: The Image of Finance, 1700 to the Present.* Manchester: Manchester University Press, 2014.

Damodaran, Aswath. *Damodaran on Valuation: Security Analysis for Investment and Corporate Finance.* 1994. 2nd ed. Hoboken, NJ: Wiley, 2006.

Dantzig, George B. "The Programming of Interdependent Activities: Mathematical Model." In *Activity Analysis of Production and Allocation: Proceedings of a Conference,* ed. Tjalling C. Koopmans, 19–32. New York: Wiley, 1951.

Davidson, Paul. *Financial Markets, Money, and the Real World.* Cheltenham: Edward Elgar, 2002.

Davis, Harold T. "Report of the Meeting of the Econometric Society, Colorado Springs, June 22–24, 1935." *Econometrica* 3, no. 4 (October 1935): 473–76.

———. *The Analysis of Economic Time Series.* Bloomington, IN: Principia, 1941.

———. *The Theory of Econometrics.* Bloomington, IN: Principia, 1941.

Davis, H. T., and W. F. C. Nelson. *Elementary Statistics with Applications to Economic Data.* Bloomington, IN: Principia, 1935.

Dean, Joel. *Capital Budgeting: Top-Management Policy on Plant, Equipment, and Product Development.* New York: Columbia University Press, 1951.

des Roches, Jérôme de Boyer, and Rebeca Gomez Betancourt. "American Quantity Theorists Prior to Irving Fisher's *Purchasing Power of Money.*" *Journal of the History of Economic Thought* 35, no. 2 (June 2013): 135–52.

De Vroey, Michel. "The History of Macroeconomics Viewed against the Background of the Marshall-Walras Divide." In "The IS-LM Model: Its Rise, Fall, and Strange Persistence," ed. Michel De Vroey and Kevin Hoover, *History of Political Economy* 36, suppl. (2004): 57–91.

———. *A History of Macroeconomics from Keynes to Lucas and Beyond.* Cambridge: Cambridge University Press, 2016.

De Vroey, Michel, and Kevin D. Hoover. "Introduction: Seven Decades of the IS-LM Model."

In *The IS-LM Model: Its Rise, Fall, and Strange Persistence*," ed. Michel De Vroey and Kevin Hoover, 1–11. Durham, NC: Duke University Press, 2004.

Diamond, Peter, and Hannu Vartiainen, eds. *Behavioral Economics and Its Applications*. Princeton, NJ: Princeton University Press, 2007.

Dickinson, Arthur Lowes. "Profits of a Corporation: A Paper Read Before the Congress of Accountants at St. Louis, on September 27, 1904." N.p.: privately printed by Jones, Caesar, Dickinson, Wilmot & Co. and Price, Waterhouse & Co, 1904.

Dickinson, Arthur Lowes. "Profits of a Corporation." Cyclopedia of Commerce, Accountancy, Business Administration. Chicago: American Technical Society, 1909: 272–94.

Dimand, Robert W. "The Cowles Commission and Foundation on the Functioning of Financial Markets from Irving Fisher and Alfred Cowles to Harry Markowitz and James Tobin." *Révue d'histoire des sciences humaines* 1, no. 20 (2009): 79–100.

Dimand, Robert W., and William Veloce. "Alfred Cowles and Robert Rhea on the Predictability of Stock Prices." *Journal of Business Inquiry* 9, no. 1 (May 2010): 56–64.

Doob, J. L. *Stochastic Processes*. New York: Wiley, 1953.

Dore, Mohammed, Sukhamoy Chakravarty, and Richard Goodwin, eds. *John von Neumann and Modern Economics*. Oxford: Clarendon, 1989.

Dorfman, Joseph. *The Economic Mind in American Civilization*. 5 vols. New York: Viking, 1946–59.

Douglas, Frederick. "The Par Value of Stock." *Yale Law Review* 16, no. 4 (February 1907): 247–52.

Duménil, Gérard, and Dominique Lévy. "Pre-Keynesian Themes at Brookings." In *The Impact of Keynes on Economics in the Twentieth Century*, ed. Luigi L. Pasinetti and Berträm Schefold, 182–201. Aldershot: Edward Elgar, 1999.

Düppe, Till, and E. Roy Weintraub. "Siting the New Economic Science: The Cowles Commission's Activity Analysis Conference of June 1949." European Economics Historical Society Working Paper no. 40. June 2013. http://ehes.org/EHES_N040.pdf.

Dybvig, Philip H., and Stephen A. Ross. "Arbitrage." In *New Palgrave: A Dictionary of Economics* (4 vols.), ed. John Eatwell, Murray Milgate, and Peter Newman, 1:100–106. London: Macmillan, 1998.

Economic Report of the President: Together with the Annual Report of the Council of Economic Advisors. Washington, D.C: US Government Printing Office, 1962.

Edgeworth, F. Y. "Index Numbers." In *Dictionary of Political Economy*, ed. R. H. Inglis Palgrave, 384–87. London: Macmillan, 1900.

Eggertsson, Gauti B., and Paul Krugman. "Debt, Deleveraging, and the Liquidity Trap: A Fisher-Minsky-Koos Approach." *Quarterly Journal of Economics* 127, no. 3 (August 2012): 1469–1513.

Eichengreen, Barry. *Golden Fetters: The Gold Standard and the Great Depression, 1919–1939*.

New York: Oxford University Press, 1992.

Eichengreen, Barry, and Jeffrey Sachs. "Exchange Rates and Economic Recovery in the 1930s." *Journal of Economic History* 45, no. 4 (December 1985): 925–46.

Elzinga, Kenneth G. "The Eleven Principles of Economics." *Southern Economic Journal* 58, no. 4 (April 1992): 861–79.

Engle, R. F., and C. W. J. Granger. *Long-Run Economic Relationships: Readings in Cointegration.* Oxford: Oxford University Press, 1991.

Engle, Robert F., ed. *ARCH: Selected Readings: Advanced Texts in Econometrics.* Oxford: Oxford University Press, 1995.

Epstein, R. J. *A History of Econometrics.* Amsterdam: North Holland, 1987.

Fabricant, Solomon. "Toward a Firmer Basis of Economic Policy: The Founding of the National Bureau of Economic Research." Working Paper. New York: National Bureau of Economic Research, 1984.

Fama, Eugene F. "Random Walks in Stock Market Prices." *Financial Analysts Journal* 21, no. 5 (September/October 1965): 55–59.

———. *Foundations of Finance: Portfolio Decisions and Securities Prices.* New York: Basic, 1976.

———. "Efficient Capital Markets II." *Journal of Finance* 46, no. 5 (December 1991): 1575–1617.

Fama, Eugene F., and Michael C. Jensen. "Separation of Ownership and Control." *Journal of Law and Economics* 26, no. 2 (June 1983): 301–25.

Fama, Eugene F., and Merton H. Miller. *The Theory of Finance.* Hinsdale, IL: Dryden, 1972.

Farmer, Roger E. A. *How the Economy Works: Confidence, Crashes and Self-Fulfilling Prophecies.* Oxford: Oxford University Press, 2010.

"Final Plenary Discussion." In *The Economy as an Evolving Complex System,* ed. Philip W. Anderson, Kenneth J. Arrow, and David Pines, 257–61. Boulder, CO: Westview, 1988.

The Financial Crisis Inquiry Report: Final Report of the National Commission on the Causes of the Financial and Economic Crisis in the United States. Official Government ed. Washington, DC: Financial Crisis Inquiry Commission, January 2011.

Fisher, Irving. "Mathematical Investigations in the Theory of Value and Prices." PhD diss., Yale University, 1891. A revised version was issued as "Mathematical Investigations in the Theory of Value and Prices," *Transactions of the Connecticut Academy of Arts and Sciences* 9 (1892): 1–124. The latter was reprinted as *Mathematical Investigations in the Theory of Value and Prices* (New Haven, CT: Yale University Press, 1902).

———. "Appreciation and Interest: A Study of the Influence of Monetary Appreciation and Depreciation on the Rate of Interest, with Applications to the Bimetallic Controversy and the Theory of Interest." *Publications of the American Economic Association* 11, no. 4 (July 1896): 1–100.

——. *Appreciation and Interest* (bound with *Mathematical Investigations*). Reprint, Old Chelsea Station, NY: Cosimo, 2007.

——. *Mathematical Investigations in the Theory of Value and Prices.* New Haven, CT: Yale University Press, 1902. Reprint, Old Chelsea Station, NY: Cosimo, 2007.

——. "Precedents for Defining Capital." *Quarterly Journal of Economics* 18, no. 3 (May 1904): 386–408.

——. *The Nature of Capital and Income.* New York: Macmillan, 1906.

——. *The Rate of Interest: Its Nature, Determination, and Relation to Economic Phenomena.* New York: Macmillan, 1907.

——. *The Purchasing Power of Money: Its Determination and Relation to Credit Interest and Crises.* New York: Macmillan, 1911.

——. "Recent Changes in Price Levels and Their Causes." *American Economic Review* 1, no. 2 (April 1911): 37–45.

——. "The Best Form of Index Number." *Quarterly Publication of the American Statistical Association,* n.s., 17, no. 133 (March 1921): 533–37.

——. *The Making of Index Numbers: A Study of Their Varieties, Tests, and Reliability.* Boston: Houghton Mifflin, 1922.

——. *The Stock Market Crash—and After.* New York: Macmillan, 1930.

——. *The Theory of Interest: As Determined by Impatience to Spend Income and Opportunity to Invest It.* New York: Macmillan, 1930. Reprint, Mansfield Centre, CT: Maritime, 2012.

——. "Mathematical Method in the Social Sciences." *Econometrica* 9, nos. 3–4 (July–October 1941): 185–97.

Fisher, Lawrence, and Roman Weil. "Coping with Risk of Interest-Rate Fluctuations: Returns to Bondholders from Naïve and Optimal Strategies." *Journal of Business* 44, no. 4 (October 1971): 408–31.

"Fisher's Unpublished Annotations." In *The Works of Irving Fisher* (14 vols.), ed. William J. Barber, 1:171–75. London: Pickering & Chatto, 1997.

Fisher, R. A. "On the Mathematical Foundations of Theoretical Statistics." *Philosophical Transactions of the Royal Society of London* 222 (1922): 309–68.

——. *Statistical Methods for Research Workers.* Edinburgh: Oliver & Boyd, 1925.

Fleischman, Richard K., and Thomas N. Tyson. "Cost Accounting during the Industrial Revolution: The Present State of Historical Knowledge." *Economic History Review* 46, no. 3 (1993): 503–17.

Fligstein, Neil. *The Transformation of Corporate Control.* Cambridge, MA: Harvard University Press, 1990.

Fox, Justin. *The Myth of the Rational Market: A History of Risk, Reward, and Delusion on Wall Street.* New York: HarperCollins, 2009.

Frankel, Jeffrey A., and Peter R. Orszag. Introduction to *American Economic Policy in the*

1990s, ed. Jeffrey A. Frankel and Peter R. Orszag, 1–16. Cambridge, MA: MIT Press, 2002.

Freeman, Harold A. *Industrial Statistics: Statistical Technique Applied to Problems in Industrial Research and Quality Control.* New York: Wiley, 1942.

Freixas, Xavier, Luc Laeven, and José-Luis Peydró. *Systemic Risk, Crises, and Macroprudential Regulation.* Cambridge, MA: MIT Press, 2015.

Frenyear, T. C. "The Ethics of Stock Watering." *Annals of the American Academy of Political and Social Science* 8 (November 1896): 77–82.

Friedman, Milton. "The Methodology of Positive Economics." In *Essays in Positive Economics,* 3–34. Chicago: University of Chicago Press, 1953.

———. "The Quantity Theory of Money: A Restatement." In *Studies in the Quantity Theory of Money,* ed. Milton Friedman, 3–21. Chicago: University of Chicago Press, 1956.

———. "The Role of Monetary Policy." *American Economic Review* 58, no. 1 (March 1968): 1–17.

———. *Money Mischief: Episodes in Monetary History.* New York: Harcourt Brace, 1994.

Friedman, Milton, and Anna Jacobson Schwartz. *A Monetary History of the United States, 1867–1960.* Princeton, NJ: Princeton University Press, 1963.

———. *Monetary Trends in the United States and the United Kingdom: Their Relation to Income, Prices, and Interest Rates, 1867–1975.* Chicago: University of Chicago Press, 1982.

Frisch, Ragnar. "Propagation Problems and Impulse Problems in Dynamic Economics." In *The Foundations of Econometric Analysis,* ed. David F. Hendry and Mary S. Morgan, 333–46. Cambridge: Cambridge University Press, 1995. Reprinted (abridged) from *Economic Essays in Honour of Gustav Cassel,* 171–205 (London: Allen & Unwin, 1933).

———. *Statistical Confluence Analysis by Means of Complete Regression Systems.* Publication no. 5. Oslo: Universitetets Økonomiske Instituut, 1934.

———. "Annual Survey of General Economic Theory: The Problem of Index Numbers." *Econometrica* 4, no. 1 (January 1936): 1–38.

———. *A Dynamic Approach to Economic Theory: The Yale Lectures of Ragnar Frisch.* Edited by Olav Bjerkhold and Duo Qin. London: Routledge, 2013.

Frydman, Roman, and Michael D. Goldberg. *Imperfect Knowledge Economics: Exchange Rates and Risk.* Princeton, NJ: Princeton University Press, 2007.

Frydman, Roman, and Edmund S. Phelps. Introduction to *Individual Forecasting and Aggregate Outcomes: "Rational Expectations" Examined,* ed. Roman Frydman and Edmund S. Phelps, 1–30. Cambridge: Cambridge University Press, 1983.

———, eds. *Rethinking Expectations: The Way Forward for Macroeconomics.* Princeton, NJ: Princeton University Press, 2013.

Fuhrer, Jeff, Yolanda K. Kodrzycki, Jane Sneddon Little, and Giovanni P. Olivei, eds. *Understanding Inflation and the Implications for Monetary Policy: A Phillips Curve Retrospec-*

tive. Cambridge, MA: MIT Press, 2009.

Fujita, Masahisa, Paul Krugman, and Anthony J. Venables. *The Spatial Economy: Cities, Regions, and International Trade.* Cambridge, MA: MIT Press, 1999.

Furner, Mary O. *Advocacy and Objectivity: A Crisis in the Professionalization of American Social Science, 1865–1905.* Lexington: University Press of Kentucky, 1975.

Galbraith, James K. "James K. Galbraith Takes on Thomas Piketty's *Capital in the Twenty-First Century.*" *Dissent,* April 21, 2014. http://www.alternet.org/economy/james-k -galbraith-takes-thomas-pikettys-capital-twenty-first-century.

Galbraith, John K. *The Great Crash, 1929.* Boston: Houghton Mifflin, 1954.

Gethard, Gregory. "Falling Giant: A Case Study of AIG." Investopedia. Updated August 31, 2016. http://www.investopedia.com/articles/economics/09/american-investment-group -aig-bailout.asp.

Gibbs, J. Willard. "Graphic Methods in the Thermodynamics of Fluids." In *Scientific Papers of J. Willard Gibbs* (2 vols.), ed. H. A. Bumstead and R. G. Van Name, 1:1–32. London: Longmans Green, 1906.

———. "A Method of Geometrical Representation of the Thermodynamic Properties of Substances by Means of Surfaces." In *Scientific Papers of J. Willard Gibbs* (2 vols.), ed. H. A. Bumstead and R. G. Van Name, 1:33–54. London: Longmans Green, 1906.

———. *On the Equilibrium of Heterogeneous Substances.* In *Scientific Papers of J. Willard Gibbs* (2 vols.), ed. H. A. Bumstead and R. G. Van Name, 1:55–353. London: Longmans Green, 1906.

Gilbert, Milton, and George Jaszi. "National Product and Income Statistics as an Aid in Economic Problems." *Dun's Review* 52, no. 2190 (February 1944): 9–11, 30–38. Reprinted in *Readings in the Theory of Income Distribution,* ed. William Fellner and Bernard F. Haley (1944; reprint, Homewood, IL: Richard D. Irwin, 1951), 3–43.

Gilbert, Milton, George Jaszi, Edward F. Denison, and Charles Schwartz. "Objectives of National Income Measurement: A Reply to Professor Kuznets." *Review of Economics and Statistics* 30, no. 3 (August 1948): 179–95.

Gilbert, Milton, Hans Staehle, W. S. Woytinsky, and Simon Kuznets. "National Product, War and Prewar: Some Comments on Professor Kuznets' Study and a Reply by Professor Kuznets." *Review of Economics and Statistics* 26, no. 3 (August 1944): 109–35.

Gintis, Herbert. *The Bounds of Reason: Game Theory and the Unification of the Behavioral Sciences.* Princeton, NJ: Princeton University Press, 2009.

Giocoli, Nicola. *Modeling Rational Agents: From Interwar Economics to Early Modern Game Theory.* Cheltenham: Edward Elgar, 2003.

Girton, Lance, and Don Roper. "J. Laurence Laughlin and the Quantity Theory of Money." International Finance Discussion Paper 103. Washington, DC: Board of Governors of the Federal Reserve System, March 1977. Reprinted as "J. Laurence Laughlin and the

Quantity Theory of Money," *Journal of Political Economy* 86, no. 4 (August 1978): 599–625. Also available at http://www.federalreserve.gov/pubs/ifdp/1977/103/ifdp103.pdf.

Gitelman, Lisa, ed. *"Raw Data" Is an Oxymoron.* Cambridge, MA: MIT Press, 2013.

Godley, Wynne, and Marc Lavoie. *Monetary Economics: An Integrated Approach to Credit, Money, Income, Production and Wealth.* Basingstoke: Palgrave Macmillan, 2006.

Goetzmann, William N. *Money Changes Everything: How Finance Made Civilization Possible.* Princeton, NJ: Princeton University Press, 2016.

Goetzmann, William N., and Roger G. Ibbotson. *The Equity Risk Premium: Essays and Explorations.* New York: Oxford University Press, 2004.

———. "History and the Equity Risk Premium." Working Paper no. 05–04. New Haven, CT: International Center for Finance, Yale School of Management, April 2005.

Goldsmith, Raymond W. *Financial Intermediaries in the American Economy since 1900.* Princeton, NJ: Princeton University Press, 1958.

Goodfriend, Martin, and Robert G. King. "The New Neoclassical Synthesis and the Role of Monetary Policy." In *NBER Macroeconomics Annual* (vol. 12), ed. Ben S. Bernanke and Julio Rosenberg, 231–96. Cambridge, MA: MIT Press, 1997.

Goodwin, Craufurd D. "The Patrons of Economics in a Time of Transformation." In "From Interwar Pluralism to Postwar Neoclassicism," ed. Mary S. Morgan and Malcolm Rutherford, *History of Political Economy* 30, suppl. (1998): 53–81.

Gordon, M. J. "Dividends, Earnings, and Stock Prices." *Review of Economics and Statistics* 41, no. 2 (May 1959): 99–105.

Gordon, Robert J., and Robert Krenn. *The End of the Great Depression, 1939–41: Fiscal Multipliers, Capacity Constraints, and Policy Contributions.* February 14, 2014; http://economics.weinberg.northwestern.edu/robert-gordon/files/RescPapers/EndGreatDepression.pdf.

Graham, Benjamin, and David L. Dodd. *Security Analysis.* New York: McGraw-Hill, 1934. 6th ed. Updated with a new preface and new commentary. New York: McGraw-Hill, 2009.

Graham, Willard J. "Some Observations on the Nature of Income, Generally Accepted Accounting Principles, and Financial Reporting." *Law and Contemporary Problems* 30, no. 4 (Autumn 1965): 652–73.

Grant, James. *Money of the Mind: Borrowing and Lending in America from the Civil War to Michael Milken.* New York: Farrar, Straus, Giroux, 1994.

Greenwood, Robin, and David Scharfstein. "The Growth of Finance." *Journal of Economic Perspectives* 27, no. 2 (Spring 2013): 3–28.

Grier, David Alan. *When Computers Were Human.* Princeton, NJ: Princeton University Press, 2005.

Gries, John M., and James S. Taylor. *How to Own Your Own Home: A Handbook for Prospec-*

tive Homeowners. Washington, DC: US Government Printing Office, 1923.

Gurley, John G., and Edward S. Shaw. "Reply" [to Culbertson]. *American Economic Review* 48, no. 1 (March 1958): 132–38.

———. *Money in a Theory of Finance.* Washington, DC: Brookings Institution, 1960.

———. "Money." In *American Economic History,* ed. Seymour E. Harris, 101–29. New York: McGraw-Hill (1961).

Haavelmo, Trygve. "The Statistical Implications of a System of Simultaneous Equations." *Econometrica* 11, no. 1 (January 1943): 1–12.

———. "The Probability Approach in Econometrics." *Econometrica* 12, suppl. (July 1944): iii–vi, 1–115.

Hacker, Jacob S. *The Great Risk Shift: The Assault on American Jobs, Families, Health Care, and Retirement and How You Can Fight Back.* New York: Oxford University Press, 2006.

Hagemann, Harald. "European Émigrés and the 'Americanization' of Economics." *European Journal of the History of Economic Thought* 18, no. 5 (December 2011): 643–71.

Hagemann, Harald, and Claus-Dieter Krohn, eds. *Biographisches Handbuch der deutschsprachigen wirtschaftswissenschaftlichen Emigration nach 1933.* 2 vols. Munich: K. G. Saur, 1999.

Hahn, F. H., and R. C. O. Matthews. "The Theory of Economic Growth: A Survey." *Economic Journal* 74, no. 296 (December 1964): 779–902.

Hake, Eric R. "The Stock Watering Debate: More Light, Less Heat." *Journal of Economic Issues* 35, no. 2 (June 2001): 423–30.

Hald, Anders. *A History of Mathematical Statistics from 1750 to 1930.* New York: Wiley, 1998.

Hammond, J. Daniel. *Theory and Measurement: Causality Issues in Milton Friedman's Monetary Economics.* Cambridge: Cambridge University Press, 1996.

Hansen, Alvin H., Seymour E. Harris, and John M. Keynes. *A Guide to Keynes.* New York: McGraw-Hill, 1979.

Harcourt, G. C. *Some Cambridge Controversies in the Theory of Capital.* Cambridge: Cambridge University Press, 1972.

Harrison, J. Michael, and David M. Kreps. "Martingales and Arbitrage in Multiperiod Securities Markets." *Journal of Economic Theory* 20, no. 3 (1979): 381–408.

Hatfield, Henry Rand. *Modern Accounting: Its Principles and Some of Its Problems.* New York: Appleton, 1909. Reprint, New York: Appleton, 1915.

———. "Some Neglected Phases of Accounting." *Electric Railway Journal* 46, no. 16 (October 15, 1915): 799–802.

Heaton, Herbert. *A Scholar in Action: Edwin F. Gay.* Cambridge, MA: Harvard University Press, 1952.

Hendry, David F., and Mary S. Morgan, eds. *The Foundations of Econometric Analysis.* Cambridge: Cambridge University Press, 1995.

———. Introduction to *The Foundations of Econometric Analysis,* ed. David F. Hendry and Mary S. Morgan, 1–82. Cambridge: Cambridge University Press, 1995.

Hetzel, Robert L. "The Treasury–Federal Reserve Accord to the Mid-1960s." *Federal Reserve History,* November 2013. http://www.federalreservehistory.org/Period/Essay/12.

Hicks, J. R. "A Suggestion for Simplifying the Theory of Money." *Economica,* n.s., 2, no. 5 (February 1935): 1–19.

———. "Mr. Keynes and the 'Classics': A Suggested Interpretation." *Econometrica* 5, no. 2 (April 1937): 147–59.

Hirshleifer, J., and John G. Riley. "The Analytics of Uncertainty and Information—an Expository Survey." *Journal of Economic Literature* 17, no. 4 (December 1979): 1375–1421.

Hobson, J. A. *Work and Wealth: A Human Valuation.* New York: Macmillan, 1914.

Hochfelder, David. "'Where the Common People Could Speculate': The Ticker, Bucket Shops, and the Origins of Popular Participation in Financial Markets, 1880–1920." *Journal of American History* 93, no. 2 (September 2006): 335–58.

Hoover, Kevin D. *The New Classical Macroeconomics: A Sceptical Inquiry.* Oxford: Blackwell, 1988.

Hosking, Patrick, Miles Costello, and Marcus Leroux. "Dow Dives as Federal Reserve Lines Up $75bn loan for AIG." *The Times* (London), September 16, 2008.

Hotelling, Harold. Review of *Statistical Methods for Research Workers,* by Irving Fisher. *Journal of the American Statistical Association* 22, no. 159 (September 1927): 411–12.

———. "The Place of Statistics in the University." In *Proceedings of the Berkeley Symposium on Mathematical Statistics and Probability,* ed. Jerzy Neyman, 21–40. Berkeley: University of California Press, 1949.

Houston, D. F., E. W. Kemmerer, Joseph French Johnson, Murray S. Wildman, T. N. Carver, F. W. Taussig, Ralph H. Hess, J. Laurence Laughlin, and Irving Fisher. "Money and Prices: Discussion." *American Economic Review* 1, no. 2 (April 2011): 46–70.

Howey, Richard S. "The Origins of Marginalism." In *The Marginal Revolution in Economics: Interpretation and Evaluation,* ed. R. D. Collison Black, A. W. Coats, and Craufurd D. W. Goodwin, 15–36. Durham, NC: Duke University Press, 1973.

Jaszi, George. "The Conceptual Basis of the Accounts: A Reexamination." In *A Critique of the United States Income and Product Accounts* (*Studies in Income and Wealth,* vol. 22), 13–127. Princeton, NJ: Princeton University Press, 1958.

Jenks, Jeremiah Whipple, and Walter F. Clark. *The Trust Problem.* 1900. 4th ed. New York: Doubleday, 1925.

Jensen, Michael C. "Agency Cost of Free Cash Flow, Corporate Finance, and Takeovers." *American Economic Review* 76, no. 2 (May 1986): 223–29.

Jensen, Michael C., Fischer Black, and Myron S. Scholes. "The Capital Asset Pricing Model: Some Empirical Tests." Available at SSRN: https://ssrn.com/abstract=908569.

Jensen, Michael C., and William H. Meckling. "Theory of the Firm: Managerial Behavior,

参考文献

Jensen, Michael C., and William H. Meckling. "Theory of the Firm: Managerial Behavior, Agency Costs and Ownership Structure." *Journal of Financial Economics* 3, no. 4 (October 1976): 305–60.

Jevons, W. Stanley. *The Theory of Political Economy*. London: Macmillan, 1871.

Jones, Byrd L. "The Role of Keynesians in Wartime Policy and Postwar Planning, 1940–1946." *American Economic Review* 62, nos. 1–2 (March 1972): 125–33.

Jorgenson, Dale. "Technology in Growth Theory." In *Technology and Growth: Conference Proceedings,* ed. Jeffrey C. Fuhrer and Jane Sneddon Little, 45–77. Boston: Federal Reserve Bank of Boston, 1996.

Joseph, Richard J. *The Origins of the American Income Tax: The Revenue Act of 1894 and Its Aftermath*. Syracuse, NY: Syracuse University Press, 2004.

Joshi, Mark S. *The Concepts and Practice of Mathematical Science*. 2003. 2nd ed. Cambridge: Cambridge University Press, 2008.

Jovanovic, Franck. "The Construction of the Canonical History of Financial Economics." *History of Political Economy* 40, no. 2 (2008): 213–42.

Jovanovic, Franck, and Philippe Le Gall. "Does God Practice a Random Walk? The 'Financial Physics' of a Nineteenth-Century Forerunner, Jules Regnault." *European Journal of the History of Economic Thought* 8, no. 3 (Autumn 2001): 332–62.

Kahn, Irving, and Robert D. Milne. "Benjamin Graham: The Father of Financial Analysis." Occasional Paper no. 5. Charlottesville, VA: Financial Analysts Research Foundation, 1977.

Kahneman, Daniel, and Amos Tversky. "Prospect Theory: An Analysis of Decision under Risk." *Econometrica* 47, no. 2 (March 1979): 263–91.

——, eds. *Choices, Values, and Frames*. New York: Russell Sage Foundation, 2000.

Kahneman, Daniel, Paul Slovic, and Amos Tversky, eds. *Judgment under Uncertainty: Heuristics and Biases*. Cambridge: Cambridge University Press, 1982.

Kaldor, Nicholas. "Capital Accumulation and Economic Growth." In *The Theory of Capital,* ed. Friedrich A. Lutz and D. C. Hague, 177–222. London: Macmillan, 1961.

Kane, Richard. "Measures and Motivations: U.S. National Income and Product Estimates during the Great Depression and World War II." February 2012. Munich Personal RePEc Archive, http://mpra.ub.uni-muenchen.de/44336.

Kapuria-Foreman, Vibha, and Mark Perlman. "An Economic Historian's Economist: Remembering Simon Kuznets." *Economic Journal* 105, no. 433 (November 1995): 1524–47.

Katz, Alyssa. *Our Lot: How Real Estate Came to Own Us*. New York: Bloomsbury, 2009.

Kavesh, Robert. "The American Finance Association: 1939–1969." *Journal of Finance* 25, no. 1 (March 1970): 1–17.

Kemmerer, Edwin Walter. *Money and Credit Instruments in Their Relation to General Prices*. New York: H. Holt, 1907.

Kendall, M. G. "Studies in the History of Probability and Statistics, XXI: The Early History of Index Numbers." *Review of the International Statistical Institute* 37, no. 1 (1969): 1–12.

Keynes, John Maynard. *A Treatise on Probability.* London: Macmillan, 1921.

———. *The General Theory of Employment, Interest and Money.* New York: Harcourt Brace, 1936.

———. "Professor Tinbergen's Method." In *The Foundations of Econometric Analysis,* ed. David F. Hendry and Mary S. Morgan. Cambridge: Cambridge University Press, 1995. Reprinted (abridged) from *Economic Journal* 49, no. 195 (September 1939): 558–77.

———. *How to Pay for the War: A Radical Plan for the Chancellor of the Exchequer.* New York: Harcourt Brace, 1940.

Khurana, Rakesh. *From Higher Aims to Hired Hands: The Social Transformation of American Business Schools and the Unfulfilled Promise of Management as a Profession.* Princeton, NJ: Princeton University Press, 2007.

Kimura, Yuichi. "The 'Robbins Circle' of the London School of Economics and Political Science: The Liberalism Group's Counterattack of Laissez-Faire against Cambridge." *Journal of Saitama University Faculty of Education* 59, no. 2 (September 2010): 119–34.

Kindleberger, Charles P. *Manias, Panics, and Crashes: A History of Financial Crises.* New York: Basic, 1978.

King, Thomas A. *More Than a Numbers Game: A Brief History of Accounting.* Hoboken, NJ: Wiley, 2006.

Klaes, Matthias. "The History of the Concept of Transaction Costs: Neglected Aspects." *Journal of the History of Economic Thought* 22, no. 2 (2000): 191–216.

Klein, Judy L. *Statistical Visions in Time: A History of Time Series Analysis, 1662–1938.* Cambridge: Cambridge University Press, 1997.

———. "The Cold War Hot House for Modeling Strategies at the Carnegie Institute of Technology." Working Paper no. 19. New York: Institute for New Economic Thinking, October 2015.

Klein, Lawrence R. "Disturbances to the International Economy." Paper presented at the Federal Reserve of Boston conference "After the Phillips Curve: Persistence of High Inflation and High Unemployment," Edgartown, MA, June 1978.

Klein, L. R., and A. S. Goldberger. *An Econometric Model of the United States, 1929–1952.* Amsterdam: North-Holland, 1955.

Knight, Frank H. *Risk, Uncertainty and Profit.* 1921. Reprint, Chicago: University of Chicago Press, 1971.

———. "The Limitations of Scientific Method in Economics." In *The Trend of Economics,* ed. Rexford Guy Tugwell, 229–67. New York: Knopf, 1924.

Kogut, Bruce, and Hugh Patrick. "Executive Summary." In "The Quantitative Revolution and the Crisis: How Have Quantitative Financial Models Been Used and Misused?" Columbia Business School, December 4, 2009. http://markleehunter.free.fr/documents/quant_crisis.pdf.

Kohli, Martin. "Leontief and the U.S. Bureau of Labor Statistics, 1941–54: Developing a Framework for Measurement." *History of Political Economy* 33, suppl. (2001): 199–212.

Koopmans, Tjalling C. "Measurement without Theory." *Review of Economics and Statistics* 29, no. 3 (August 1947): 161–72.

———. "Analysis of Production as an Efficient Combination of Activities." In *Activity Analysis of Production and Allocation: Proceedings of a Conference,* ed. Tjalling C. Koopmans, 33–97. New York: Wiley, 1951.

———. Introduction to *Activity Analysis of Production and Allocation: Proceedings of a Conference,* ed. Tjalling C. Koopmans, 1–12. New York: Wiley, 1951.

Kornhauser, Marjorie E. "Corporate Regulation and the Origins of the Corporate Income Tax." *Indiana Law Journal* 66, no. 53 (1990–91): 62–68.

Kreps, David M. *Microeconomic Foundations I: Choices and Competitive Markets.* Princeton, NJ: Princeton University Press, 2013.

Krippner, Greta R. *Capitalizing on Crisis: The Political Origins of the Rise of Finance.* Cambridge, MA: Harvard University Press, 2011.

Krohn, Claus-Dieter. "An Overlooked Chapter of Economic Thought: The 'New School's' Effort to Salvage Weimar's Economy." *Social Research* 50, no. 2 (Summer 1983): 452–68.

———. *Intellectuals in Exile: Refugee Scholars and the New School for Social Research.* Amherst: University of Massachusetts Press, 1993.

———. "Dismissal and Emigration of German-Speaking Economists after 1933." In *Forced Migration and Scientific Change: Émigré German-Speaking Scientists and Scholars after 1933,* ed. Mitchell G. Ash and Alfons Söllner, 175–97. Cambridge: Cambridge University Press, 1996.

Kuznets, Simon. *National Income, 1929–1932.* Report prepared for the Senate Finance Committee. Washington, DC: US Government Printing Office, 1934.

———. *National Product, War and Prewar.* Occasional Paper 17. New York: National Bureau of Economic Research, 1944.

———. "National Income." In *Encyclopedia of the Social Sciences* (15 vols.), 11:205–24. New York: Macmillan, 1933). Reprinted in *Readings in the Theory of Income Distribution: Selected by a Committee of the American Economic Association* (Philadelphia: Blakiston, 1946), 3–43.

———. *National Income: A Summary of Findings.* New York: National Bureau of Economic Research, 1946.

———. "National Income: A New Version." *Review of Economics and Statistics* 30, no. 3 (August 1948): 151–79.

Labonte, Marc, and Mindy Levit. "CRS Report for Congress: Financing Issues and Economic Effects of American Wars." Congressional Research Service Report RL31176. Updated July 28, 2008. https://www.fas.org/sgp/crs/natsec/RL31176.pdf.

Lagos, Richard. "Inside and Outside Money." Staff Report 374. Minneapolis: Federal Reserve Bank of Minneapolis, May 2006. https://www.minneapolisfed.org/research/sr/sr374 .pdf. This report was prepared for the *New Palgrave Dictionary of Economics* (2nd ed.), ed. Steven N. Durlauf and Lawrence E. Blum. Manchester: Palgrave Macmillan, 2008.

Laidler, David. *Fabricating the Keynesian Revolution: Studies of the Inter-War Literature on Money, the Cycle, and Unemployment.* Cambridge: Cambridge University Press, 1999.

Lamoreaux, Naomi. *The Great Merger Movement in American Business, 1895–1904.* Cambridge: Cambridge University Press, 1985.

Langley, Paul. *The Everyday Life of Global Finance: Saving and Borrowing in Anglo-America.* Oxford: Oxford University Press, 2008.

Laughlin, J. Laurence. "Causes of the Changes in Prices since 1896." *American Economic Review* 1, no. 2 (April 1911): 26–36.

Lavoie, Marc. *Post-Keynesian Economics: New Foundations.* Cheltenham: Edward Elgar, 2015.

Lavoie, Marc, and Gennaro Zezza, eds. *The Stock-Flow Consistent Approach: Selected Writings of Wynne Godley.* New York: Palgrave Macmillan, 2011.

Lawson, Tony. *Reorienting Economics.* New York: Routledge, 2003.

———. "The Current Economic Crisis: Its Nature and the Course of Academic Economics." *Cambridge Journal of Economics* 33, no. 4 (2009): 759–88.

———. "What Is This 'School' Called Neoclassical Economics?" *Cambridge Journal of Economics* 37, no. 5 (2013): 947–83.

Leeson, Robert. "The Eclipse of the Goal of Zero Inflation." *History of Political Economy* 29, no. 3 (Fall 1997): 445–96.

Leff, Mark H. *The Limits of Symbolic Reform: The New Deal and Taxation, 1933–1939.* Cambridge: Cambridge University Press, 1984.

Lehmann, E. L. "The Fisher, Neyman-Pearson Theories of Testing Hypotheses: One Theory or Two?" *Journal of the American Statistical Association* 88, no. 424 (December 1993): 1242–49.

———. *Fisher, Neyman, and the Creation of Classical Statistics.* New York: Springer Science & Business, 2011.

Leibowitz, Martin L., and Sidney Homer. *Inside the Yield Book: The Classic That Created the Science of Bond Analysis.* Princeton, NJ: Bloomberg, 2004.

Leijonhufvud, Axel. *On Keynesian Economics and the Economics of Keynes: A Study in Monetary Theory.* New York: Oxford University Press, 1968.

Leonard, Thomas C. "'A Certain Rude Honesty': John Bates Clark as a Pioneering Neoclassical Economist." *History of Political Economy* 35, no. 3 (Fall 2003): 521–58.

参考文献

Leontief, Wassily. *The Structure of the American Economy, 1919–1939: An Empirical Application of Equilibrium Analysis*. New York: Oxford University Press, 1951.

Lindquist, E. F. *Statistical Analysis in Educational Research*. Boston: Houghton Mifflin, 1940.

LiPuma, Edward, and Benjamin Lee. *Financial Derivatives and the Globalization of Risk*. Durham, NC: Duke University Press, 2004.

Livingston, James. *Origins of the Federal Reserve System: Money, Class, and Corporate Capitalism, 1890–1913*. Ithaca, NY: Cornell University Press, 1986.

Lo, Andrew W. "Financial Econometrics." October 2006. http://papers.ssrn.com/s013/papers.cfm?abstract_id=991805. This is the introduction to the first volume of the forthcoming Edward Elgar series The International Library of Financial Economics.

———. "Efficient Markets Hypothesis." n.d. http://papers.ssrn.com/s013/papers.cfm?abstract_id=991509. This report was prepared for the *New Palgrave Dictionary of Economics* (2nd ed.), ed. Steven N. Durlauf and Lawrence E. Blum. Manchester: Palgrave Macmillan, 2008.

Lothian, James R. "Milton Friedman's Monetary Economics and the Quantity-Theory Tradition." *Journal of International Money and Finance* 28, no. 7 (November 2009): 1086–96.

Louçã, Francisco. *The Years of High Econometrics: A Short History of the Generation That Reinvented Economics*. New York: Routledge, 2007.

Lucas, Robert E., Jr. "Expectations and the Neutrality of Money." 1972. In *Studies in Business Cycle Theory*, 66–89. Cambridge, MA: MIT Press, 1981.

———. "An Equilibrium Model of the Business Cycle." 1975. In *Studies in Business Cycle Theory*, 179–214. Cambridge, MA: MIT Press, 1981.

———. "Understanding Business Cycles." 1977. In *Studies in Business Cycle Theory*, 215–39. Cambridge, MA: MIT Press, 1981.

Lucas, Robert E., Jr., and Edward C. Prescott. "Investment under Uncertainty." *Econometrica* 39, no. 5 (September 1971): 659–81.

Lucas, Robert E., Jr., and Thomas J. Sargent. "After Keynesian Macroeconomics." In *Rational Expectations and Econometric Practice*, ed. Robert E. Lucas Jr. and Thomas J. Sargent, 295–320. Minneapolis: University of Minnesota Press, 1981.

———, eds. *Rational Expectations and Econometric Practice*. 2 vols. Minneapolis: University of Minnesota Press, 1981.

Lundberg, Filip. "Approximations of the Probability Function/Reinsurance of Collective Risks" (in Swedish). PhD diss., University of Uppsala, 1903.

Macaulay, Frederick R. *Some Theoretical Problems Suggested by the Movements of Interest Rates, Bond Yields and Stock Prices in the United States since 1856*. New York: National Bureau of Economic Research, 1938.

MacChesney, Brunson. "The Securities Act and the Promoter." *California Law Review* 25, no. 1 (September 1936): 66–79.

美国金融体系：起源、转型与创新

Macintosh, John C. C. "The Issues, Effects and Consequences of the Berle-Dodd Debate, 1931–1932." *Accounting, Organizations and Society* 24, no. 2 (February 1999): 139–53.

MacKenzie, Donald. *An Engine, Not a Camera: How Financial Models Shape Markets.* Cambridge, MA: MIT Press, 2006.

Magret, Arthur W. "Morgenstern on the Methodology of Economic Forecasting." In *The Foundations of Economic Analysis,* ed. David F. Hendry and Mary S. Morgan, 180–90. Cambridge: Cambridge University Press, 1995. Reprinted (abridged) from *Journal of Political Economy* 37, no. 3 (June 1929): 312–39.

Makower, Helen. "The Theory of Value in the Capital Market." PhD diss., London School of Economics, 1937.

Makower, H., and J. Marschak. "Assets, Prices and Monetary Theory." *Economica,* n.s., 5, no. 19 (August 1938): 261–88.

Malkiel, Burton. *A Random Walk Down Wall Street.* New York: Norton, 1973.

———. "Efficient Market Hypothesis." In *The New Palgrave: A Dictionary of Economics* (4 vols.), ed. John Eatwell, Murray Milgate, and Peter Newman, 2:120–23. London: Palgrave Macmillan, 1998.

Mandelbrot, Benoit. "The Variation of Certain Speculative Prices." 1963. In *The Random Character of Stock Market Prices,* ed. Paul H. Cootner, 369–412. Cambridge, MA: MIT Press, 1964.

Mankiw, N. Gregory, and David Romer. Introduction to *New Keynesian Economics,* vol. 1, *Imperfect Competition and Sticky Prices,* ed. N. Gregory Mankiw and David Romer, 1–26. Cambridge, MA: MIT Press, 1991.

Markowitz, Harry. "Portfolio Selection." *Journal of Finance* 7, no. 1 (March 1952): 77–91.

Marschak, J. "Money and the Theory of Assets." *Econometrica* 6, no. 4 (October 1938): 311–25.

———. "Neumann's and Morgenstern's New Approach to Static Economics." *Journal of Political Economy* 54, no. 2 (April 1946): 97–115.

———. "Measurable Utility and the Theory of Assets." Paper presented at the meeting of the Econometric Society, University of Wisconsin, Madison, September 7–10, 1948. Subsequently published as "Rational Behavior, Uncertain Prospects, and Measurable Utility" (see below).

———. "Rational Behavior, Uncertain Prospects, and Measurable Utility." *Econometrica* 18, no. 2 (April 1950): 111–41.

Marshall, John F., and Vipul K. Bansal. *Financial Engineering: A Complete Guide to Financial Innovation.* New York: New York Institute of Finance, 1992.

Mayer, Thomas. *The Structure of Monetarism.* New York: Norton, 1978.

———. "The Influence of Friedman's Methodological Essay." In *The Methodology of Positive Economics: Reflections on the Milton Friedman Legacy,* ed. Uskali Mäki, 119–42. Cam-

564

bridge: Cambridge University Press, 2009.

Mayhew, Anne. "Copeland on Money as Electricity." *Real-World Economics Review,* no. 53 (July 2010): 213–22.

McKean, Henry P., Jr. "Appendix: A Free Boundary Problem for the Heat Equation Arising from a Problem of Mathematical Economics." *Industrial Management Review* 6, no. 2 (Spring 1965): 32–39.

McLaren, N. Loyall. *Annual Reports to Stockholders: Their Preparation and Interpretation.* New York: Ronald, 1947.

McLean, Paula A., and D. G. Brian Jones. "Edward Sherwood Mead (1874–1956)." *European Business Review* 19, no. 2 (2007): 118–28.

McNees, Steven K. "An Empirical Assessment of 'New Theories' of Inflation and Unemployment." Paper presented at the Federal Reserve Bank of Boston conference "After the Phillips Curve: Persistence of High Inflation and High Unemployment," Edgartown, MA, June 1978. Subsequently published in *After the Phillips Curve: Persistence of High Inflation and High Unemployment: Proceedings of a Conference Held at Edgartown, Massachusetts, June, 1978,* 29–49. Boston: Federal Reserve Bank of Boston, Public Information Centre, 1978.

Meade, Edward S. *Trust Finance: A Study of the Genesis, Organization, and Management of Industrial Corporations.* New York: D. Appleton, 1903.

"'Measurement without Theory' Debate." In *The Foundations of Economic Analysis,* ed. David F. Hendry and Mary S. Morgan, 491–524. Cambridge: Cambridge University Press, 1995.

Means, Gardiner C. "The Diffusion of Stock Ownership in the United States." *Quarterly Journal of Economics* 44, no. 4 (August 1930): 561–600.

Melamed, Leo. "The International Money Market." In *The Merits of Flexible Exchange Rates: An Anthology,* ed. Leo Melamed, 417–27. Fairfax, VA: George Mason University Press, 1988.

Mehrling, Perry. *The Money Interest and the Public Interest: American Monetary Thought, 1920–1970.* Cambridge, MA: Harvard University Press, 1997.

———. "The Money Muddle: The Transformation of American Monetary Thought, 1920–1979." *History of Political Economy* 30, suppl. (1998): 293–306

———. *Fischer Black and the Revolutionary Idea of Modern Finance.* New York: Wiley, 2005.

———. *The New Lombard Street: How the Fed Became the Dealer of Last Resort.* Princeton, NJ: Princeton University Press, 2011.

Meltzer, Allan H. *A History of the Federal Reserve.* 2 vols. Chicago: University of Chicago Press, 2003–9.

Ménard, Claude, and Mary M. Shirley, eds. *Handbook of New Institutional Economics.* Berlin: Springer, 2008.

Menger, Carl. *Grundsätze der Volkswirthschaftslehre* (Principles of Economics). Vienna:

Wilhelm Braumuller, 1871.

Merton, Robert C. "Theory of Rational Option Pricing." *Bell Journal of Economics and Management Science* 4, no. 1 (Spring 1973): 141–83. Reprinted in Robert C. Merton, *Continuous-Time Finance* (1990), rev. ed. (Oxford: Blackwell, 1992), 255–308.

———. *Continuous-Time Finance*. 1990. rev. paperback ed., 1992. Reprint, Oxford: Blackwell, 2004.

Metcalf, Evan B. "Secretary Hoover and the Emergence of Macroeconomic Management." *Business History Review* 49, no. 1 (Spring 1975): 60–80.

Michalopoulos, Stelios, Luc Laeven, and Ross Levine. "Financial Innovation and Endogenous Growth." Working Paper no. 15356. Cambridge, MA: National Bureau of Economic Research, September 2009.

Miller, Merton H. "Financial Innovation: The Last Twenty Years and the Next." *Revue de la Banque* (Brussels) (September 1986): 35–42. An expanded version appears in *Journal of Financial and Quantitative Analysis* 21, no. 4 (December 1986): 459–71.

Miranti, Paul. J. "Associationism, Statism, Professional Regulation: Public Accountants and the Reform of Financial Markets, 1896–1940." *Business History Review* 60, no. 3 (Autumn 1986): 438–45.

———. "Birth of a Profession." *CPA Journal* 66, no. 4 (April 1996): 14–20, 72. http://archives.cpajournal.com/1996/0496/features/f14.htm.

Mirowski, Philip. *More Heat Than Light: Economics as Social Physics, Physics as Nature's Economics*. Cambridge: Cambridge University Press, 1989.

———. *Machine Dreams: Economics Becomes a Cyborg Science*. Cambridge: Cambridge University Press, 2002.

———. *Never Let a Serious Crisis Go to Waste: How Neoliberalism Survived the Financial Meltdown*. London: Verso, 2013.

Mishkin, Frederic S. *The Economics of Money, Banking, and Financial Institutions*. 8th ed. Upper Saddle River, NJ: Pearson Addison Wesley, 2007.

Mitchell, Lawrence C. *The Speculation Economy: How Finance Triumphed over Industry*. San Francisco: Berrett-Koehler, 2007.

Mitchell, Lucy Sprague. "A Personal Sketch." In *Wesley Clair Mitchell: The Economic Scientist* (Publications of the National Bureau of Economic Research, no. 53), ed. Arthur F. Burns, 55–106. New York: National Bureau of Economic Research, 1952.

Mitchell, W. C. "Methods of Presenting Statistics of Wages." *Publications of the American Statistical Association* 9, no. 72 (December 1905): 325–43.

———. *History of Prices during the War*. Washington, DC: US Government Printing Office, 1919.

———. "Index Numbers of Wholesale Prices in the United States and Foreign Countries." *Bulletin of the U.S. Department of Labor Statistics*, no. 284 (October 1921).

———. *Business Cycles: The Problem and Its Setting*. New York: National Bureau of Economic

Research, 1927.

———. *Types of Economic Theory: From Mercantilism to Institutionalism.* Edited by Joseph Dorfman. 2 vols. New York: Augustus M. Kelley, 1969.

Mitchell, Wesley C., Willford I. King, Frederick R. Macaulay, and Oswald W. Knauth. *Income in the United States: Its Amount and Distribution, 1909–1919.* Vol. 1, *Summary.* New York: Harcourt Brace, 1921.

Modigliani, Franco. "Liquidity Preference and the Theory of Interest and Money." *Econometrica* 12, no. 1 (1944): 45–88.

———. "The Monetarist Controversy; or, Should We Forsake Stabilization Policies?" *American Economic Review* 67, no. 2 (March 1977): 1–19.

Modigliani, Franco, and Merton H. Miller. "The Cost of Capital, Corporation Finance and the Theory of Investment." *American Economic Review* 48, no. 3 (June 1958): 261–97.

Monbiot, George. "Neoliberalism—the Ideology at the Root of All Our Problems." *The Guardian,* April 15, 2016. https://www.theguardian.com/books/2016/apr/15/neoliberalism-ideology-problem-george-monbiot?CMP=share_btn_link.

Moody, John. *The Truth about the Trusts.* New York: Moody, 1904.

Moore, Henry L. *Laws of Wages: An Essay in Statistical Economics.* New York: Macmillan, 1911.

———. *Forecasting the Yield and the Price of Cotton.* New York: Macmillan, 1917.

Morgan, Mary S. *The History of Econometric Ideas.* Cambridge: Cambridge University Press, 1992.

———. "Marketplace Morals and the American Economists: The Case of John Bates Clark." In *Higgling: Transactors and Their Markets (History of Political Economy,* annual suppl., vol. 26), ed. Neil De Marchi and Mary S. Morgan, 229–52. Durham, NC: Duke University Press, 1994.

———. "The Technology of Analogical Models: Irving Fisher's Monetary Worlds." In "Proceedings of the 1996 Biennial Meetings of the Philosophy of Science Association: Pt. 2, Symposia Papers." *Philosophy of Science* 64, suppl. (December 1997): S304–S314.

———. "Business Cycles: Representation and Measurement." In *Monographs of Official Statistics: Papers and Proceedings of the Colloquium on the History of Business-Cycle Analysis,* ed. Dominique Ladiray, 175–90. Luxembourg: Office for Official Publications of the European Communities, 2001.

———. *The World in the Model: How Economists Work and Think.* Cambridge: Cambridge University Press, 2012.

Morgan, Mary S., and Marcel Boumans. "Secrets Hidden by Two-Dimensionality: The Economy as a Hydraulic Machine." In *Models: The Third Dimension of Science,* ed. Soraya de Chadarevian and Nick Hopwood, 369–401. Stanford, CA: Stanford University Press, 2004.

Morgan, Mary S., and Malcolm Rutherford. "American Economics: The Character of the Transformation." *History of Political Economy* 30, suppl. (1998): 1–26.

Morgenstern, Oskar. "The Accuracy of Economic Observations." In *Activity Analysis of Production and Allocation: Proceedings of a Conference,* ed. Tjalling C. Koopmans, 282–84. New York: Wiley, 1951.

Moulton, Harold Glenn. "Commercial Banking and Capital Formation I." *Journal of Political Economy* 26, no. 5 (May 1918): 484–508.

———. *The Financial Organization of Society.* Chicago: University of Chicago Press, 1921.

———. *Income and Economic Progress.* Washington, DC: Brookings Institution, 1935.

Murname, Mary Susan. "The Mellon Tax Plan: The Income Tax and the Penetration of Marginalist Economic Thought into American Life and Law in the 1920s." PhD diss., Case Western Reserve University, 2007.

Muth, John F. "Rational Expectations and the Theory of Price Movements." *Econometrica* 29, no. 3 (July 1961): 315–35.

Nelson, Stephen, and Peter J. Katzenstein. "Risk, Uncertainty, and the Financial Crisis of 2008." *International Organization* 68, no. 2 (March 2014): 361–92.

Nicholson, J. Lee. *Cost Accounting: Theory and Practice.* New York: Ronald, 1913.

Nicholson, J. Lee, and John F. D. Rohrbach. *Cost Accounting.* New York: Ronald, 1919.

"Ninety-Fourth Annual Meeting." *Journal of the American Statistical Association* 28, no. 181, suppl. (March 1933): 1–9.

Noland, Doug. "John G. Gurley and Edward S. Shaw on Financial Intermediaries." Safe Haven, April 20, 2001. http://www.safehaven.com/article/185/john-g-gurley-and-edward-s-shaw-on-financial-intermediaries.

North, S. N. D. "The Relation of Statistics to Economics and Sociology." *Publications of the American Statistical Association* 11, no. 85 (March 1909): 431–43.

Noyes, Alexander. *The Market Place: Reminiscences of a Financial Editor.* Boston: Little, Brown, 1938.

O'Sullivan, Mary. "The Expansion of the U.S. Stock Market, 1885–1930: Historical Facts and Theoretical Fashions." *Enterprise and Society* 8, no. 3 (September 2007): 489–542.

———. "Funding New Industries: A Historical Perspective on the Financing Role of the U.S. Stock Market in the Twentieth Century." In *Financing Innovation in the United States, 1870 to the Present,* ed. Naomi R. Lamoreaux and Kenneth L. Sokoloff, 163–216. Cambridge, MA: MIT Press, 2007.

Ott, Julia C. *When Wall Street Met Main Street: The Quest for an Investors' Democracy.* Cambridge, MA: Harvard University Press, 2011.

Palley, Thomas I. "Milton Friedman's Economics and Political Economy: An Old Keynesian Critique." Working Paper no. 134. Dusseldorf: Institut für Makroökonomie und Konjunkturforschung, July 2014. Reprinted as "The Economics and Political Economy of Milton Friedman: An Old Keynesian Critique." In *Milton Friedman: Contributions to Economics and Public Policy,* ed. Robert Cord and J. Daniel Hammond, 631–56. Oxford: Oxford University Press, 2015.

Palmer, Richard. "Final Plenary Discussion." In *The Economy as an Evolving Complex System,* ed. Philip W. Anderson, Kenneth J. Arrow, and David Piner, 257–61. Westview, CT: Westview Press, 1988.

Pareto, Vilfredo. *Manual of Political Economy: A Critical and Variorum Edition.* Edited by Aldo Montesano, Alberto Zanni, Luigino Bruni, John S. Chipman, and Michael McLure. Oxford: Oxford University Press, 2014.

Parrish, Michael E. *Anxious Decades: America in Prosperity and Depression, 1920–1941.* New York: Norton, 1992.

Pasinetti, Luigi L., and Gianpaolo Mariutti. "Hicks's 'Conversion'—from J. R. to John." In *Markets, Money and Capital: Hicksian Economics for the Twenty-First Century,* ed. Roberto Scazzieri, Amartya Sen, and Stefano Zamagni, 52–71. Cambridge: Cambridge University Press, 2009.

Patinkin, Don. *Money, Interest, and Prices: An Integration of Monetary and Value Theory.* Evanston, IL: Row, Peterson, 1956.

———. "Anticipations of the *General Theory?* Conclusion: The Significance of the Central Message." In *Anticipations of the General Theory? And Other Essays on Keynes,* 79–92. Chicago: University of Chicago Press, 1982.

———. "Keynesian Monetary Theory and the Cambridge School." In *Anticipations of the General Theory? And Other Essays on Keynes,* 165–80. Chicago: University of Chicago Press, 1982.

Paton, William Andrew. *Accounting Theory: With Special Reference to the Corporate Enterprise.* New York: Ronald, 1922.

Paton, William A., and Russell A. Stevenson. *Principles of Accounting.* Ann Arbor, MI: Ann Arbor, 1916.

Peach, William Nelson. *The Security Affiliates of National Banks.* Baltimore: Johns Hopkins University Press, 1941.

Persky, Joseph. "Retrospectives: Price Indexes and General Exchange Values." *Journal of Economic Perspectives* 12, no. 1 (Winter 1998): 197–205.

———. "The Neoclassical Advent: American Economics at the Dawn of the 20th Century." *Journal of Economic Perspectives* 14, no. 1 (Winter 2000): 95–108.

Persons, Warren M. "Indices of Business Conditions." *Review of Economic Statistics* 1, no. 1 (January 1919): 1–107.

———. "An Index of General Business Conditions." *Review of Economic Statistics* 1, no. 2 (April 1919): 111–205.

———. "Statistics and Economic Theory." *Review of Economic Statistics* 7, no. 3 (July 1925):

179–197.

Phelps, Edmund S., et al., eds. *The Microeconomic Foundations of Employment and Inflation Theory.* New York: Norton, 1970.

———. *Seven Schools of Macroeconomic Thought: The Arne Ryde Memorial Lectures.* Oxford: Clarendon Press, 1990.

Philippon, Thomas. "The Evolution of the US Financial Industry from 1860 to 2007: Theory and Evidence." November 2008. http://pages.stern.nyu.edu/~tphilipp/papers/finsize _old.pdf.

Piketty, Thomas. *Capital in the Twenty-First Century.* Translated by Arthur Goldhammer. Cambridge, MA: Harvard University Press, 2014.

Pliska, Stanley R. *Introduction to Mathematical Finance: Discrete Time Models.* Oxford: Blackwell, 1997.

Poitras, Geoffrey. *Security Analysis and Investment Strategy.* Malden, MA: Wiley-Blackwell, 2005.

———. "Frederick R. Macaulay, Frank M. Redington and the Emergence of Modern Fixed Income Analysis." In *Pioneers of Financial Economics,* vol. 2, *Twentieth-Century Contributions,* ed. Geoffrey Poitras and Franck Jovanovic, 5–16. Cheltenham: Edward Elgar, 2007.

———, ed. *Pioneers of Financial Economics.* Vol. 2, *Twentieth-Century Contributions.* Cheltenham: Edward Elgar, 2007.

———. *Valuation of Equity Securities: History, Theory and Application.* Singapore: World Scientific, 2011.

Pollman, Elizabeth. "Reconceiving Corporate Personhood." *Utah Law Review* 2011, no. 4 (November): 1629–75.

Pozsar, Zoltan, Tobias Adrian, Adam Ashcroft, and Haley Boesky. "Shadow Banking." Staff Report no. 458. New York: Federal Reserve Bank of New York, July 2010/rev. February 2012.

Prescott, Edward C. "Nobel Lecture: The Transformation of Macroeconomic Policy and Research." *Journal of Political Economy* 114, no. 2 (April 2006): 203–35.

President's Research Committee on Social Trends. *Recent Social Trends in the United States.* New York: McGraw-Hill, 1933.

Previts, Gary John. *A Critical Evaluation of Comparative Financial Accounting Thought in America, 1900 to 1920.* New York: Arno Press, 1980.

Previts, Gary John, and Barbara Dubis Merino. *A History of Accounting in America: An Historical Interpretation of the Cultural Significance of Accounting.* New York: Wiley, 1979. Revised as *A History of Accountancy in the United States: The Cultural Significance of Accounting* (Columbus: Ohio State University Press, 1998).

"Public Law 79-304, 79th Congress, S. 380." https://fraser.stlouisfed.org/scribd/?title_id= 1099&filepath=/docs/historical/congressional/employment-act-1946.pdf.

Qin, Duo. *A History of Econometrics: The Reformation from the 1970s.* Oxford: Oxford University Press, 2013.

Quinn, Stephen, and William Roberds. "The Evolution of the Check as a Means of Payment: A Historical Survey." *Economic Review of the Federal Reserve* 93, no. 4 (December 2008): 10–14.

Razin, Assaf. *Understanding Global Crises: An Emerging Paradigm.* Cambridge, MA: MIT Press, 2014.

Read, Colin. *The Portfolio Theorists: Von Neumann, Savage, Arrow and Markowitz.* Basingstoke: Palgrave Macmillan, 2012.

———. *The Rise of the Quants: Marschak, Sharpe, Black, Scholes, and Merton.* Basingstoke: Palgrave Macmillan, 2012.

Regnault, Jules. *Calcul des chances, et philosophie de la bourse.* Paris: Mallet-Bachelier, 1863. https://archive.org/details/calculdeschances00regn.

Reichenbach, Hans. "Philosophical Foundations of Probability." *Proceedings of the Berkeley Symposium on Mathematical Statistics and Probability,* ed. Jerzy Neyman, 1–20. Berkeley: University of California Press, 1949.

Reid, Milton P., III, and Stacey L. Schreft. "Credit Aggregates from the Flow of Funds Accounts." *Federal Reserve Bank of Richmond Economic Quarterly* 79, no. 3 (Summer 1993): 49–63.

Reinhart, Carmen M., and Kenneth S. Rogoff. *This Time Is Different: Eight Centuries of Financial Folly.* Princeton, NJ: Princeton University Press, 2009.

Renfro, Charles G. *The Practice of Econometric Theory: An Examination of the Characteristics of Econometric Computation.* Berlin: Springer, 2009.

Riefler, Winfield W., David Friday, Walter Lichtenstein, and J. H. Riddle. *A Program of Financial Research.* Vol. 1, *Report of the Exploratory Committee on Financial Research.* New York: National Bureau of Economic Research, 1937.

Riegel, Robert, and Henry James Loman. *Insurance: Principles and Practices.* 1921. 2nd ed. New York: Prentice-Hall, 1922.

Ripley, William Z. *Trusts, Pools, and Corporations.* New York: Ginn & Co., 1905.

———. "Stock Watering." *Political Science Quarterly* 26, no. 1 (March 1911): 98–121.

Ritter, Lawrence S. "An Exposition of the Structure of the Flow-of-Funds Accounts." *Journal of Finance* 18, no. 2 (May 1963): 219–30.

Robbins, Lionel. *An Essay on the Nature and Significance of Economic Science.* 1932. London: Macmillan, 1935.

Rodrik, Dani. *Economics Rules: The Rights and Wrongs of the Dismal Science.* New York: Norton, 2015.

Rogoff, Kenneth S. *The Curse of Cash.* Princeton, NJ: Princeton University Press, 2016.

Roll, Richard. "A Critique of the Asset Pricing Theory's Tests: Part 1, On Past and Potential Testability of the Theory." *Journal of Financial Economics* 4, no. 2 (March 1977): 129–76.

Romer, Christina D., and David H. Romer. "The Evolution of Economic Understanding and Postwar Stabilization Policy." Working Paper no. 9274. Cambridge, MA: National Bureau of Economic Research, October 2002.

Romer, Paul. "Solow's Choice." August 14, 2015. https://paulromer.net/solows-choice.

Ross, Dorothy. *The Origins of American Social Science*. Cambridge: Cambridge University Press, 1991.

Ross, Stephen A. "The Arbitrage Theory of Capital Asset Pricing." Working Paper no. 2–73. Philadelphia: University of Pennsylvania, Wharton School, Rodney L. White Center for Financial Research, 1973. https://rodneywhitecenter.wharton.upenn.edu/wp-content/uploads/2014/03/73-02.pdf.

———. *Neoclassical Finance*. Princeton, NJ: Princeton University Press, 2005.

Roy, A. D. "Safety First and the Holding of Assets." *Econometrica* 20, no. 3 (July 1952): 431–49.

Rubenstein, Mark. "Markowitz's 'Portfolio Selection': A Fifty-Year Retrospective." *Journal of Finance* 57, no. 3 (June 2002): 1041–45.

———. "Great Moments in Financial Economics: I, Present Value." *Journal of Investment Management* 1, no. 1 (2003): 45–54.

———. *A History of the Theory of Investments: My Annotated Bibliography*. New York: Wiley & Sons, 2006.

Rutherford, Malcolm. "Institutional Economics: Then and Now." *Journal of Economic Perspectives* 15, no. 3 (Summer 2001): 173–94.

———. "Chicago Economics and Institutionalism." In *The Elgar Companion to the Chicago School of Economics,* ed. Ross B. Emmett, 25–40. Cheltenham: Edward Elgar, 2010.

———. *The Institutional Movement in American Economics, 1918–1947: Science and Social Control*. Cambridge: Cambridge University Press, 2011.

Rutherford, Malcolm, and C. Tyler DesRoches. "The Institutionalist Reaction to Keynesian Economics." May 2006. http://papers.ssrn.com/s013/papers.cfm?abstract_id=905613.

———. "The Institutionalist Reaction to Keynesian Economics." *Journal of the History of Economic Thought* 30, no. 1 (March 2008): 29–48.

Rutherford, Malcolm, and Mary S. Morgan. "American Economics: The Character of the Transformation." *History of Political Economy* 30, no. 1 (1998): 1–26.

Rutterford, Janette. "From Dividend Yield to Discounted Cash Flow: A History of UK and US Equity Valuation Techniques." *Accounting, Business and Financial History* 14, no. 2 (2004): 115–49.

Rymes, Thomas K., ed. *Keynes's Lectures, 1932–35: Notes of a Representative Student*. Ann Arbor: University of Michigan Press, 1989.

Salant, Walter. "Alvin Hansen and the Fiscal Policy Seminar." *Quarterly Journal of Economics* 90, no. 1 (February 1976): 14–23.

Samuelson, Paul A. *The Foundations of Economic Analysis.* Cambridge, MA: Harvard University Press, 1947. Enlarged ed. Cambridge, MA: Harvard University Press, 1983.

———. *Economics: An Introductory Analysis.* New York: McGraw-Hill, 1948. 3rd ed. New York: McGraw-Hill, 1955.

———. "The Problem of Integrability in Utility Theory." *Economica* 17, no. 68 (November 1950): 355–85.

———. "Proof That Properly Anticipated Prices Fluctuate Randomly." *Industrial Management Review* 6, no. 2 (Spring 1965): 41–49.

———. "Rational Theory of Warrant Pricing." *Industrial Management Review* 6, no. 2 (Spring 1965): 13–32.

———. "In Search of the Elusive Elite." *New York Times,* June 26, 1975, 845.

Samuelson, Paul A., and Robert C. Merton. "A Complete Model of Warrant Pricing That Maximizes Utility." *Industrial Management Review* 10, no. 2 (1969): 17–46.

Scheinkman, José A. *Speculation, Trading, and Bubbles.* New York: Columbia University Press, 2014.

Scherer, F. M. "The Emigration of German-Speaking Economists after 1933." *Journal of Economic Literature* 38, no. 3 (September 2000): 614–26.

Schultz, Henry. *The Theory and Measurement of Demand.* Chicago: University of Chicago Press, 1938.

Schumpeter, Joseph A. *Business Cycles: A Theoretical, Historical and Statistical Analysis of the Capitalist Process.* 1939. Abridged ed. New York: McGraw-Hill, 1964.

———. *Ten Great Economists: From Marx to Keynes.* New York: Oxford University Press, 1951.

———. *History of Economic Analysis.* Edited by Elizabeth Boody Schumpeter. 1954. With a new introduction by Mark Perlman. New York: Oxford University Press, 1994.

Seligman, Edwin R. A. "Federal Taxes upon Income and Excess Profits—Discussion." *American Economic Review* 8, no. 1, suppl. (March 1918): 36–54.

———. *The Economics of Instalment Selling: A Study in Consumers' Credit.* 2 vols. New York: Harper & Bros., 1927.

Seligman, Joel. *The Transformation of Wall Street: A History of the Securities and Exchange Commission and Modern Corporate Finance.* Boston: Houghton Mifflin, 1982.

"Shackle, George L. S. (1903–1992)." In *A Biographical Dictionary of Dissenting Economists* (2nd ed.), ed. Philip Arestis and Malcolm Sawyer, 585–89. Cheltenham: Edward Elgar, 2000.

Shapiro, Carl, and Hal R. Varian. *Information Rules: A Strategic Guide to the Network Economy.* Boston: Harvard Business School Press, 1999.

Sharpe, William F. "Capital Asset Prices: A Theory of Market Equilibrium under Conditions of Risk." *Journal of Finance* 19, no. 3 (September 1964): 425–42. Reprinted in *Harry M. Markowitz, Merton H. Miller, William F. Sharpe, Robert C. Merton and Myron S. Scholes* (Pioneering Papers of the Nobel Memorial Laureates in Economics, vol. 2), ed. Howard R. Vane and Chris Mulhearn, 244–61. Cheltenham: Edward Elgar, 2009.

Shefrin, Hersh. *Beyond Greed and Fear: Understanding Behavioral Finance and the Psychology of Investing.* Boston: Harvard Business School Press, 2000.

Sherman, Matthew. "A Short History of Financial Deregulation in the United States." Washington, DC: Center for Economic and Policy Research, July 2009. http://cepr.net/documents/publications/dereg-timeline-2009-07.pdf.

Shiller, Robert J. *Market Volatility.* Cambridge, MA: MIT Press, 1989.

———. *Irrational Exuberance.* Princeton, NJ: Princeton University Press, 2000.

———. "From Efficient Markets Theory to Behavioral Finance." *Journal of Economic Perspectives* 17, no. 1 (Winter 2003): 83–104.

Shleifer, Andrei. *Inefficient Markets: An Introduction to Behavioral Finance.* Oxford: Oxford University Press, 2000.

Shreve, Steven E. *Stochastic Calculus for Finance I: The Binomial Asset Pricing Model.* 2004. New York: Springer, 2012.

Siegmund-Schultze, Reinhard. *Mathematicians Fleeing from Nazi Germany: Individual Fates and Global Impact.* Princeton, NJ: Princeton University Press, 2009.

Silber, William L. *When Washington Shut Down Wall Street: The Great Financial Crisis of 1914 and the Origins of America's Monetary Supremacy.* Princeton, NJ: Princeton University Press, 2007.

Sims, Christopher A. "Macroeconomics and Reality." *Econometrica* 48, no. 1 (January 1980): 1–48.

Sklar, Martin J. *The Corporate Reconstruction of American Capitalism, 1890–1916: The Market, the Law, and Politics.* Cambridge: Cambridge University Press, 1988.

Slutsky, Eugene. "Sulla teoria del bilancio del consumatore." Roma: Athenaeum, 1916. Reprinted from *Giornale degli economisti e rivista statistica* 51 (July 1915): 1–26.

Smith, Edgar Lawrence. *Common Stocks as Long Term Investments.* 1924. Reprint. New York: Macmillan, 1928.

Snedecor, George W. *Statistical Methods Applied to Experiments in Agriculture and Biology.* Ames, IA: Collegiate, 1937.

Solomon, Ezra. *The Anxious Economy.* San Francisco: Freeman, 1975.

Solow, Robert M. "A Contribution to the Theory of Economic Growth." *Quarterly Journal of Economics* 70, no. 1 (February 1956): 65–94.

———. "Summary and Evaluation." *After the Phillips Curve: Persistence of High Inflation and High Unemployment: Proceedings of a Conference Held at Edgartown, Massachusetts,*

June, 1978, 203–9. Boston: Federal Reserve Bank of Boston, Public Information Centre, 1978.

———. "Growth Theory and After." Nobel Prize lecture, December 8, 1987. http://www .nobelprize.org/nobel_prizes/economic-sciences/laureates/1987/solow-lecture.html.

———. "How Did Economics Get That Way and What Way Did It Get?" *Daedalus* 126, no. 1 (Winter 1997): 39–58.

Solow, Robert M., and James Tobin. Introduction to *Two Revolutions in Economic Policy: The First Economic Reports of Presidents Kennedy and Reagan,* ed. James Tobin and Murray Weidenbaum, 3–16. Cambridge, MA: MIT Press, 1988.

Sorter, George H. *Boundaries of the Accounting Universe: The Accounting Rules of Selection.* Manchester, NH: Ayer, 1978.

Spanos, Aris. *Statistical Foundations of Econometric Modeling.* Cambridge: Cambridge University Press, 1986.

———. "Curve-Fitting, the Reliability of Inductive Inference, and the Error-Statistical Approach." In "Proceedings of the 2006 Biennial Meeting of the Philosophy of Science Association," pt. 1, "Contributed Papers," ed. Cristina Bicchieri and Jason Alexander, *Philosophy of Science* 74, no. 5 (2007): 1046–66.

Spencer, Arthur W. "The Prevention of Stock-Watering by Public-Service Corporations." *Journal of Political Economy* 14, no 9 (November 1906): 542–52.

Sprague, Charles Ezra. *The Philosophy of Accounts.* New York: Ronald, 1908.

Stabile, Donald R. *Forerunners of Modern Financial Economics: A Random Walk in the History of Economic Thought, 1900–1950.* Northampton, MA: Edward Elgar, 2005.

Staehle, Hans. "Report of the Fifth European Meeting of the Econometric Society." *Econometrica* 5, no. 1 (January 1937): 87–102.

Starr, Ross M. *General Equilibrium Theory: An Introduction.* Cambridge: Cambridge University Press, 2011.

Stein, Hebert. *The Fiscal Revolution in America: Policy in Pursuit of Reality.* Chicago: University of Chicago Press, 1969.

Stewart, Fenner L., Jr. "Berle's Conception of Shareholder Primacy: A Forgotten Perspective for Reconsideration during the Rise of Finance." *Seattle University Law Review* 34 (Summer 2011): 1457–99.

Stigler, George J. "The Development of Utility Theory II." *Journal of Political Economy* 58, no. 5 (October 1950): 373–96.

———. "Henry L. Moore and Statistical Economics." *Econometrica* 30, no. 1 (January 1962): 1–21.

———. *Production and Distribution Theories: The Formative Period.* 1941. Reprint, New York: Agathon, 1968.

Stigler, Stephen M. *The History of Statistics: The Measurement of Uncertainty before 1900.*

Cambridge, MA: Harvard University Press, 1986.

———. "The History of Statistics in 1933." *Statistical Science* 11, no. 3 (August 1996): 244–52.

Strauss, Simon. *History of the Thrift Movement in America*. New York: Lippincott, 1920.

Sub-Committee on National Income Statistics of the League of Nations Committee of Statistical Experts. "Measurement of National Income and the Construction of Social Accounts." In Richard Stone, chairman, *Studies and Reports on Statistical Methods* (Report 7). Geneva: United Nations, 1947.

Summers, Lawrence H. "On Economics and Finance." *Journal of Finance* 40, no. 3 (July 1985): 633–35.

Survey of Current Business. Washington, DC: US Government Printing Office, 1921.

Taleb, Nassim Nicholas. *The Black Swan: The Impact of the Highly Improbable*. New York: Random House, 2007.

Tallman, Ellis W., and Jon R. Moen. "Lessons from the Panic of 1907." *Economic Review of the Federal Reserve Bank of Atlanta* 75 (May–June 1990): 2–13.

Temin, Peter. "Transmission of the Great Depression." *Journal of Economic Perspectives* 7, no. 2 (Spring 1993): 87–102.

———. "The Great Depression." Historical Working Paper Series no. 62. New York: National Bureau of Economic Research, November 1994.

Thaler, Richard H. *Misbehaving: The Making of Behavioral Economics*. New York: Norton, 2015.

Thorndike, Joseph J. *Their Fair Share: Taxing the Rich in the Age of FDR*. Washington, DC: Urban Institute Press, 2012.

Thrift Education: Being the Report of the National Conference on Thrift Education; Held in Washington, D.C., June 27 and 28, 1924, under the Auspices of the Committee on Thrift Education of the National Education Association and the National Council of Education. Washington, DC: National Education Association, 1924. http://lcweb2.10c.gov/gc/amrlg/lg26/lg26.html.

Tily, Geoff. "John Maynard Keynes and the Development of National Income Accounts in Britain, 1895–1941." *Review of Income and Wealth* 55, no. 2 (June 2009): 331–59.

Tinbergen, Jan. *Statistical Testing of Business-Cycle Theories*. Vol. 2, *Business Cycles in the United States of America, 1919–1932*. Geneva: League of Nations, 1939.

Tirole, Jean. *The Theory of Corporate Finance*. Princeton, NJ: Princeton University Press, 2006.

Tobin, James. "Stabilization Policy Ten Years After." *Brookings Papers on Economic Activity* 11, no. 1 (1980): 19–90.

———. "Money and Finance in the Macro-Economic Process." Nobel Memorial Lecture, December 8, 1981. http://www.nobelprize.org/nobel_prizes/economic-sciences/laureates/1981/tobin-lecture.pdf.

———. "Fisher, Irving (1867–1947)." In *The New Palgrave: A Dictionary of Economics* (4 vols.), ed. John Eatwell, Murray Milgate, and Peter Newman, 2:369–76. London: Palgrave Macmillan, 1998. Reprinted in "Celebrating Irving Fisher: The Legacy of a Great Economist," ed. Robert W. Dimand and John Geanakoplos, special issue, *American Journal of Economics and Sociology* 64, no. 1 (January 2005): 19–42.

Tobin, James, and William C. Brainard. "Financial Intermediaries and the Effectiveness of Monetary Controls." *American Economic Review* 53, no. 2 (May 1963): 383–400.

———. "Asset Markets and the Cost of Capital." In *Economic Progress, Private Values, and Public Policy: Essays in Honor of William Fellner*, ed. Béla A. Balassa and Richard R. Nelson, 235–62. Amsterdam: North-Holland, 1977.

Tooze, J. Adam. *Statistics and the German State, 1900–1945: The Making of Modern Economic Knowledge*. Cambridge: Cambridge University Press, 2001.

Trachtenberg, Alan. *The Incorporation of America: Culture and Society in the Gilded Age*. 1982. 25th anniversary ed. New York: Hill & Wang, 2007.

Trescott, Paul B. "Discovery of the Money-Income Relationship in the United States, 1921–1944." *History of Political Economy* 14, no. 1 (Spring 1982): 65–88.

Tribe, Keith. "German Émigré Economists and the Internationalisation of Economics." *Economic Journal* 111, no. 475 (November 2001): F740–F746.

Tucker, David M. *The Decline of Thrift in America: Our Cultural Shift from Saving to Spending*. New York: Praeger, 1991.

Tuttle, Charles A. "The Fundamental Notion of Capital, Once More." *Quarterly Journal of Economics* 19, no. 1 (November 1904): 1–110.

"Unemployment Rate for United States." Updated August 17, 2012. Economic Research, Federal Reserve Bank of St. Louis. https://fred.stlouisfed.org/series/M0892AUSM156SNBR.

"U.S. GAAP Codification of Accounting Standards." n.d. http://accountinginfo.com/financial-accounting-standards/asc-100/105-gaap-history.htm.

van den Bogaard, Adrienne. "Past Measurement and Future Prediction." In *Models as Mediators: Perspectives on Natural and Social Science*, ed. Mary. S. Morgan and Margaret Morrison, 282–325. Cambridge: Cambridge University Press, 1999.

Veblen, Thorstein. "The Preoccupations of Economic Science, I." *Quarterly Journal of Economics* 13, no. 2 (January 1899): 121–50.

———. "The Preoccupations of Economic Science, II." *Quarterly Journal of Economics* 13, no. 4 (July 1899): 396–426.

———. "The Preoccupations of Economic Science, III." *Quarterly Journal of Economics* 14, no. 2 (February 1900): 240–69.

———. *The Theory of Business Enterprise*. 1904. Reprint, Mansfield Centre, CT: Martino, 2013.

v[on] Neumann, J[ohn]. "A Model of General Economic Equilibrium." *Review of Economic Studies* 13, no. 1 (1945–46): 1–9.

Wallace, Henry A. *Agricultural Prices.* Des Moines, IA: Wallace Publishing, 1920.

Wallace, Henry A., and George W. Snedecor. "Correlation and Machine Calculation." *Iowa State College of Agriculture and Mechanic Arts Bulletin* 23, no. 35 (January 1925): 1–47.

Walras, Léon. *Éléments d'économie politique pure; ou, Théorie de la richesse sociale* (Elements of pure economics; or, The theory of social wealth). Lausanne: L. Corbaz, 1874.

Warburton, Clark. "Three Estimates of the Value of the Nation's Output of Commodities and Services: A Comparison." In *Studies in Income and Wealth* (vol. 3), 317–98. New York: National Bureau of Economic Research, 1939.

———. "Monetary Control under the Federal Reserve Act." *Political Science Quarterly* 61, no. 4 (December 1946): 505–34.

———. *Depression, Inflation, and Monetary Policy: Selected Papers, 1945–1953.* Baltimore: Johns Hopkins University Press, 1966.

Warshow, H. T. "The Distribution of Corporate Ownership in the United States." *Quarterly Journal of Economics* 39, no. 1 (November 1924): 15–38.

Weintraub, E. Roy. *General Equilibrium Analysis: Studies in Appraisal.* 1985. With a new preface. Ann Arbor: University of Michigan Press, 1993.

———. *Stabilizing Dynamics: Constructing Economic Knowledge.* Cambridge: Cambridge University Press, 1991.

———. *Toward a History of Game Theory.* Durham, NC: Duke University Press, 1992.

———. "From Rigor to Axiomatics: The Marginalization of Griffith C. Evans." In "From Interwar Pluralism to Postwar Neoclassicism," ed. Mary S. Morgan and Malcolm Rutherford, *History of Political Economy* 30, suppl. (1998): 227–59.

———. "Measurement and Changing Images of Mathematical Knowledge." In "The Age of Economic Measurement," ed. Judy L. Klein and Mary S. Morgan, *History of Political Economy* 33, suppl. (2001): 303–12.

———. *How Economics Became a Mathematical Science.* Durham, NC: Duke University Press, 2002.

Wells, Anita. "Legislative History of Excess Profits Taxation in the United States in World Wars I and II." *National Tax Journal* 4, no. 3 (September 1951): 237–54.

White, Eugene N. "When the Ticker Ran Late: The Stock Market Boom and Crash of 1929." In *Crashes and Panics: The Lessons from History,* ed. Eugene N. White, 143–87. Homewood, IL: Dow Jones–Irwin, 1990.

———. "Were Banks Special Intermediaries in Late Nineteenth-Century America?" *Review of the Federal Reserve Bank of St. Louis* 80, no. 3 (May–June 1998): 13–32.

Whitley, Richard. "The Rise of Modern Finance Theory: Its Characteristics as a Scientific Field and Connections to the Changing Structure of Capital Markets." *Research in the*

History of Economic Thought and Methodology 4 (1986): 147–78.

Williams, John Burr. *The Theory of Investment Value.* 1938. Reprint, Burlington, VT: Fraser, 1997.

Wood, Marshall K., and George B. Dantzing. "Programming of Independent Activities." Paper presented to the meeting of the Econometric Society, Cleveland, December 27, 1948.

———. "Programming of Interdependent Activities: I. General Discussion." *Econometrica* 17, nos. 3–4 (July–October 1949): 193–99.

———. "Programming of Independent Activities." In *Activity Analysis of Production and Allocation: Proceedings of a Conference,* ed. Tjalling C. Koopmans, 15–18. New York: Wiley, 1951.

Woodford, Michael. *Interest and Prices: Foundations of a Theory of Monetary Policy.* Princeton, NJ: Princeton University Press, 2003.

Working, Holbrook. "New Concepts concerning Futures Markets and Prices." *American Economic Review* 52, no. 3 (June 1962): 431–59.

Wray, L. Randall. *Why Minsky Matters: An Introduction to the Work of a Maverick Economist.* Princeton, NJ: Princeton University Press, 2016.

Yamey, B. S. "Scientific Bookkeeping and the Rise of Capitalism." *Economic History Review,* 2nd ser., 1, nos. 2–3 (1949): 99–113.

Young, H. Peyton, and Shmuel Zamir. *Handbook of Game Theory.* Vol. 4. Amsterdam: Elsevier, 2015.

Yule, G. Udny. *Introduction to the Theory of Statistics.* London: Charles Griffin; Philadelphia: Lippincott, 1911.

Zarnowitz, Victor. *Business Cycles: Theory, History, Indicators, and Forecasting.* Chicago: University of Chicago Press, 1992.

Zeckhauser, Richard. "Investing in the Unknown and Unknowable." *Capitalism and Society* 1, no. 2 (2006): 1–39.

Zeff, Stephen A. *A Critical Examination of the Orientation Postulate in Accounting, with Particular Attention to Its Historical Development in New York.* New York: Arno, 1978.

———. *Henry Rand Hatfield: Humanist, Scholar, and Accounting Educator.* Bingley: Emerald, 2000.

致　谢

　　在我们长达 10 年的合作中，我们都亏欠了家人和同事太多太多！撰写这段历史的想法产生于纽约大学的再启蒙项目（Re-Enlightenment Project），该项目由 Kevin 和 Cliff Siskin 共同创立，而 Mary，Peter de Bolla，Lisa Gitelman，David Marshall，William St. Clair，William Warner 和 Robert Young 是早期成员。我们中的一人或两人随后在再启蒙项目的会议上发表了基于这一著作的论文。项目会议分别在纽约公共图书馆、杜克大学、剑桥大学、哈佛大学法学院、苏黎世大学、加拿大艾伯塔大学、英国萨塞克斯大学、瑞典乌普萨拉大学和纽约大学举行。在挪威政府的资助下，以及在 Tord Larsen 的友好帮助下，我们在冰岛的雷克雅未克和挪威的特隆赫姆举办了研究讲座。在这些场合中，我们在与 Ian baucolm、Sven Becert、Tom bender、Jess Benhabib、Ranjeet Bhatia、Elisabeth Bronfen、Brett Christophers、Stefan Collini、Chris Desan、Rupert Gatti、Simon GoldHill、John Guillory、Phil Harper、Ylva Hasselberg、Matt Matta Hasselberg、Matt Hockenberry、Peter Knight、Chris MC Kenna、Perry Mehrling、Frank E. Merle、Ted Porter、Helen Small、Carl Winnerland 和 Caitlin Zaloom 的交谈中获益匪浅。我们还要感谢 Robert Rosenkranz 和 Bill Janeway，他们读过此书的部分或全部草稿。也要感谢 Carol Mandel，他帮助我们找到了纽约大学博斯特图书馆和研究中心的资源。我们从纽约大学的亚伯拉罕和丽贝卡·斯坦学院出版基金那里获得了资助。

　　Kevin 对 Jessica E. Smith 表示感谢，感谢她的忍让、关爱和通情达理。

Mary 和往常一样，感谢她的两只爱犬 Jake 和 Jamie 在她写作时没有发出太多噪声。我们把这本书献给 Mary 的父亲 Willam Edgar Poovey，虽然他没能看到这本书的出版，但他的精神却活在本书的每一页之中。

译后记

经过差不多两年的不懈工作，终于完成了《美国金融体系：起源、转型与创新》的翻译工作。

在最终完成这本书的翻译校对工作的时刻，整个中华大地还笼罩在新型冠状病毒肆虐投下的阴影之中。人们被不对称信息、羊群行为、医疗资源挤兑和规制等术语和词汇困扰着。仔细思考一下，人们就会发现传染病的传播和防治规律与金融事件冲击以及金融危机的扩散有着同样的内在原因和驱动因素。不过，不管是传染病防治，还是对金融危机的处置，人们都从历史教训中得到了更多的经验，危机也促进了人们的反思及对整个体系的改进。

金融本身就是利用不同主体在时间禀赋上的异质性进行各种资源的优化配置，以获得最大化的收益。在金融理论和实践中处处可见对现在和未来的时间权衡。然而这并不代表过去在金融当中不重要，让历史照进现实，让历史启示未来，在金融领域同样适用。

《美国金融体系：起源、转型与创新》一书主要叙述了 19 世纪以来美国金融理论的进步，以及美国金融体系的形成和转型。虽然美国金融的发展历史并不长，但这并不妨碍它在全球金融产品、金融体系和金融学学科发展的历史中占有重要地位，也不妨碍美国的金融界在当今的全球化经济和金融中占据显著的位置。虽然《美国金融体系：起源、转型与创新》大体上是按照时间顺序来记录这段历史的，但这本书侧重于描述美国金融发展过程当中的经济背景、规制体系和理论基础，这些因素驱动了美国金融理论和金融体系的兴起、不断发展和近期的转型。

与市面上较多关注金融发展中的重大事件或者奇闻趣事的著作不同，《美国金融体系：起源、转型与创新》这本书更适合具有一定经济学和金融学基础的读者，也是经济学及金融学专业学生和学者的有益补充读物，同样适合从事金融实践工作的人士按照本书提供的理论和历史线索，更系统地总结和梳理金融理论、金融实践以及金融工具的特点和内在规律。

在本书的翻译过程中，还有如下同学参与了校对工作，分别是：

第一章和第八章，李筱萌；第二章和第九章，黄圆圆；第三章和第十章，方宁静；第四章，张伟；第五章，于静；第六章，张玲慧；第七章，王欢。

本书翻译工作的顺利完成要感谢中信出版集团的信任和大力协作。在这段时间里我们双方通力配合，一起探讨术语的翻译、词语的选取和语句的逻辑，而所有这一切都是为了负责任地向读者充分展现原书的魅力。全书由我本人翻译并负责总体校对，所以如果存在错漏之处，责任自负。

李酣